CAMPAGNES

TRIOMPHES, REVERS, DÉSASTRES

DES FRANÇAIS

Paris. — Imprimerie WALDER, rue Bonaparte, 44.

LIBRAIRIE POPULAIRE DES VILLES ET DES CAMPAGNES,
8, rue Larrey, à Paris.

CAMPAGNES
TRIOMPHES, REVERS, DÉSASTRES

ET GUERRES CIVILES DES FRANÇAIS

Depuis 1792 jusqu'à la Paix en 1856

PAR F. LADIMIR ET E. MOREAU

D'APRÈS LES BULLETINS DES ARMÉES, LE MONITEUR, LES DOCUMENTS OFFICIELS, LES NOTES, MÉMOIRES ET RAPPORTS OFFICIELS

OUVRAGE ENRICHI DE CARTES GÉOGRAPHIQUES
Dressées pour l'intelligence du récit.

ORNÉ DE **150** GRAVURES REPRÉSENTANT DES FAITS MILITAIRES OU HISTORIQUES MÉMORABLES,

LES PORTRAITS DES PRINCIPAUX GÉNÉRAUX
QUI ONT COMMANDÉ LES ARMÉES FRANÇAISES

Et accompagné d'un Recueil des grandes Batailles, sur Terre et sur Mer, des objets d'Art, Arcs-de-triomphe, Colonnes, Tableaux, Statues, Médailles, etc.

EXÉCUTÉS PAR LES MEILLEURS ARTISTES
ET CONSACRÉS A CÉLÉBRER LES VICTOIRES DES FRANÇAIS JUSQU'A NOS JOURS.

Dans l'histoire des nations, la France s'est toujours montrée resplendissante de l'auréole militaire. Le sang généreux versé pour elle par ses enfants est comme une pourpre glorieuse dont elle s'enveloppe et qui fait reculer quiconque tenterait de l'asservir. Le nom de Français est en quelque sorte synonyme de brave, et partout où ont paru nos intrépides soldats, ils ont laissé la trace lumineuse de leurs pas.

Un peuple qui, par sa bravoure héréditaire, s'est placé à une telle hauteur ne doit rien ignorer des hauts faits qui constituent pour lui des titres de noblesse universellement respectés et dont il peut à bon droit être fier. Aussi s'est-on toujours parmi nous montré avide de ces récits qui font vibrer la fibre héroïque et entretiennent au cœur de tous le feu sacré du patriotisme et de l'honneur.

Ce sont surtout les guerres modernes de 1792 à 1856 qui ont le privilége de surexciter la curiosité populaire et d'accaparer toutes les sympathies. Commencées au nom de la liberté, pour repousser l'étranger du sol menacé de la patrie, terminées au nom de la civilisation pour défendre l'Europe contre une nouvelle invasion de la barbarie, elles ont, plus que toutes les anciennes campagnes, mis en relief les sentiments généreux qui, dans notre noble armée, s'allient à la valeur et au mépris du danger. Ce sont les pages les plus éclatantes de notre histoire, et de loin la postérité contemplera avec admiration ces grandes choses dont nous sommes orgueilleux d'être contemporains.

Voilà ce qui explique le succès constant et inépuisable des ouvrages retraçant nos fastes militaires. Malheureusement la curiosité du public sous ce rapport n'a été jusqu'ici qu'imparfaitement satisfaite. On ne voit guère que dans les historiens de la Révolution et par

1856

lambeaux détachés, ce qu'ont été, par exemple, les guerres de géants de la République. Il existe, il est vrai, des recueils spéciaux savamment rédigés, des monographies plus ou moins étendues de telle ou telle campagne. Mais, destinés surtout aux hommes du métier, ces ouvrages sont hérissés de détails techniques sous lesquels se noie l'intérêt. Bien peu de gens ont le loisir de compulser la compendieuse collection des *Victoires et Conquêtes* en 35 volumes, véritable arsenal, fort respectable sans doute, mais tellement respecté que personne n'y touche plus. On est donc forcé de reconnaître qu'il manquait une publication résumant les faits militaires de cette période d'une manière assez complète pour ne rien omettre d'intéressant et les dépouillant de tout ce qui pourrait nuire à leur clarté.

Telle est la lacune que nous nous sommes efforcé de combler par l'ouvrage que nous annonçons. Sans avoir eu la prétention d'initier le lecteur aux combinaisons complexes et ardues de la science militaire et de la stratégie, nous croyons avoir retracé les manœuvres et les opérations des armées d'une manière assez lucide pour que les personnes les plus étrangères à la profession des armes puissent les comprendre et les suivre avec le même intérêt que les tacticiens et les hommes de guerre. Nous avons tâché d'exposer les faits d'une manière saisissante, dans une narration rapide, mouvementée, éveillant constamment l'attention et ne donnant jamais place à l'ennui. Nous avons désiré qu'avec la véracité de l'histoire notre publication offrît le charme d'une narration bien agencée et bien écrite. Après avoir lu cet ouvrage, on sera au fait de la période militaire qu'il embrasse ; on connaîtra suffisamment ces événements et ces personnages qui, soit dans la conversation, soit dans les écrits contemporains, sont cités si fréquemment qu'il y aurait quelque honte à demeurer dans l'ignorance à leur sujet.

L'OUVRAGE FORME 8 VOLUMES GRAND IN-8 SUR JÉSUS,

Ornés de Cartes, de 150 Gravures, Faits militaires, Portraits, Arcs-de-triomphe, Statues, Médailles, etc., et accompagnés d'un ATLAS renfermant 50 sujets de Batailles, Vues et Événements maritimes, etc.

Prix net. . . . . fr.

CONDITIONS DE LA SOUSCRIPTION.

Les **1,000 premiers Souscripteurs** du département recevront avec l'ouvrage complet, à titre de Prime :

Un Tableau richement encadré et doré avec le plus grand soin, représentant, à leur choix, un des sujets suivants peints à l'huile par nos premiers artistes :

Le **PORTRAIT DE NAPOLÉON III**, Empereur des Français ;

Celui de **L'IMPÉRATRICE EUGÉNIE** ;

L'**UNE DES GRANDES BATAILLES** de la République, de l'Empire, d'Afrique ou de Crimée ;

UN ÉVÉNEMENT DE MER, Combat ou Aventure maritime ;

UN RICHE PAYSAGE choisi dans l'une des contrées les plus pittoresques des cinq parties du monde.

Après la réception intégrale de l'ouvrage et du tableau donné en prime, le Souscripteur réglera le montant de sa souscription en cinq paiements égaux, dont le premier payable en espèces, et les autres de mois en mois.

Paris. — Imprimerie de Pommeret et Moreau, quai des Augustins, 17.

LIBRAIRIE POPULAIRE
DES
VILLES ET DES CAMPAGNES

RENAULT ET C⁹

ÉDITEURS,

RUE LARREY, 8.

CAMPAGNES
TRIOMPHES, REVERS, DÉSASTRES
ET GUERRES CIVILES DES FRANÇAIS
DEPUIS 1792 JUSQU'A LA PAIX EN 1856
PAR LADIMIR ET E. MOREAU
D'APRÈS LES BULLETINS DES ARMÉES, LE MONITEUR, LES DOCUMENTS OFFICIELS, LES NOTES, MÉMOIRES ET RAPPORTS OFFICIELS
8 volumes grand in-8° jésus, de plus de 3000 pages
ENRICHIS DE CARTES GÉOGRAPHIQUES ET DE PORTRAITS
ET ORNÉS DE 120 GRAVURES REPRÉSENTANT DES FAITS MILITAIRES OU HISTORIQUES, DES MONUMENTS, ARCS-DE-TRIOMPHE, COLONNES, STATUES, MÉDAILLES, ETC.

Pour recevoir *franco*, à votre domicile, *l'Histoire des campagnes, triomphes, etc. des Français*, en 8 forts vol. avec cartes ou gravures spécifiées ci-contre, ainsi que les 8 billets de loterie vous donnant la possibilité de gagner 400,000 francs en espèces, il suffit de signer et de nous adresser par la poste les bulletins ci-dessous, qui ne seront payables que dans deux et quatre mois.

Aussitôt que nous les aurons reçus, nous nous empresserons de vous faire parvenir, sans aucun frais à votre charge, les 8 volumes et les 8 billets de loterie dont les tirages s'approchent.

Veuillez, Monsieur, communiquer ce Prospectus à vos amis, et les engager à profiter d'une occasion avantageuse.

Nous avons l'honneur de vous présenter nos salutations distinguées.

RENAULT ET C⁹.

Le nom de Français est en quelque sorte synonyme de brave. Partout où ont paru nos intrépides soldats, ils ont laissé la trace lumineuse de leurs pas.

Un peuple, qui, par sa bravoure héréditaire, s'est placé à une telle hauteur, ne doit rien ignorer des hauts faits qui constituent pour lui des titres de noblesse universellement respectés et dont il peut à bon droit être fier. Aussi s'est-on toujours parmi nous montré avide de ces récits qui font vibrer la fibre héroïque et entretiennent au cœur de tous le feu sacré du patriotisme et de l'honneur.

Ce sont surtout les guerres modernes de 1792 à 1856, qui ont le privilège de surexciter la curiosité populaire et d'accaparer toutes les sympathies. Commencées au nom de la liberté pour repousser l'étranger du sol menacé de la patrie, terminées au nom de la civilisation, pour défendre l'Europe contre une nouvelle invasion de la barbarie, elles ont, plus que toutes les anciennes campagnes, mis en relief les sentiments généreux qui, dans notre noble armée, s'allient à la valeur et au mépris du danger. Ce sont les pages les plus éclatantes de notre histoire, et de loin la postérité contemplera avec admiration ces grandes choses dont nous sommes orgueilleux pour nos contemporains.

Sans avoir eu la prétention d'initier le lecteur aux combinaisons complètes et ardues de la science militaire et de la stratégie, nous croyons avoir retracé les manœuvres et les opérations des armées d'une manière assez lucide pour que les personnes les plus étrangères à la profession des armées puissent les comprendre et les suivre avec intérêt, et nous avons désiré qu'avec la véracité de l'histoire notre publication offrit le charme d'une narration bien agencée et bien écrite. Après avoir lu cet ouvrage, on sera au fait de la période militaire qu'il embrasse ; on connaîtra suffisamment ces événements et ces personnages qui, soit dans la conversation, soit dans les écrits contemporains, sont cités si fréquemment qu'il y aurait quelque honte à demeurer dans l'ignorance à leur sujet.

SIGNER CES BULLETINS et les adresser par la poste à MM. RENAULT et C⁹, rue Larrey, 8, à Paris, qui expédieront immédiatement et franco l'Ouvrage et les 8 Billets de Loterie.

B. P. 15 F.

Le TRENTE NOVEMBRE prochain (1857), je payerai à l'ordre de MM. RENAULT et C⁹ la somme de QUINZE FRANCS pour l'HISTOIRE DES CAMPAGNES, TRIOMPHES, ETC., et 8 BILLETS DE LOTERIE. Le tout doit m'être adressé immédiatement franco. (1ᵉʳ payement.)

1 _____ 3 _____
2 _____ 4 _____

1. Mettre la date du jour où l'on souscrit.
2. Indiquer son adresse et son département.
3. Signer lisiblement.
4. Indiquer sa qualité.

B. P. 20 F.

Le TRENTE ET UN JANVIER prochain (1858), je payerai à l'ordre de MM. RENAULT et C⁹ la somme de VINGT FRANCS pour l'HISTOIRE DES CAMPAGNES, TRIOMPHES, ETC., et 8 BILLETS DE LOTERIE. Le tout doit m'être adressé immédiatement franco. (2ᵐᵉ payement pour solde.)

1 _____ 3 _____
2 _____ 4 _____

1. Mettre la date du jour où l'on souscrit.
2. Indiquer son adresse et son département.
3. Signer lisiblement.
4. Indiquer sa qualité.

1857

DEUX TIRAGES, les 31 Octobre et 15 Novembre

Et cinq autres tirages successivement de mois en mois

AUX QUATRE LOTERIES DES

ORPHELINES DE PARIS, PRÉMONTRÉ, NOTRE-DAME-DE-LA-GARDE, NOTRE-DAME DE CAHORS, DITE DE ROC-AMADOUR

8 BILLETS assortis des QUATRE LOTERIES pouvant gagner **400,000 FR.** payables en espèces

Sont expédiés franco, avec les huit volumes des CAMPAGNES, TRIOMPHES, ETC., DES FRANÇAIS

A TOUTE PERSONNE

Qui signera et adressera à MM. RENAULT et C**ⁱᵉ**, rue Larrey, 8

LES DEUX BULLETINS CI-CONTRE DE 15 ET 20 FRANCS, ENSEMBLE 35 FRANCS, PAYABLES DANS 2 ET 4 MOIS, 32 FRANCS EN UN MANDAT A VUE SUR PARIS

LES DIVERS LOTS DES SUSDITES LOTERIES

Forment une somme totale de **700,000 fr.**

INDÉPENDAMMENT DES 170 PIÈCES D'ARGENTERIE DONNÉES PAR LEURS MAJESTÉS IMPÉRIALES.

GROS LOTS DES SEPT TIRAGES

Lot de 100,000 francs. — Divers autres lots ensemble 75,000 francs.
Lot de 100,000 15,000
Lot de 60,000 60,000
Lot de 50,000 50,000

Tous nos souscripteurs recevront gratuitement, et sous peu, les listes des numéros gagnants, immédiatement après chaque tirage; ils auront, en outre, le droit de nous réclamer les listes de tirage de toutes les loteries, en joignant deux timbres-poste à leur demande.

LES BULLETINS A SIGNER ET A ENVOYER A MM. RENAULT et Cⁱᵉ, rue Larrey, 8

NOTA. — En raison des frais considérables de recouvrement sur les départements, ceux de MM. les Souscripteurs à qui il conviendrait de solder leur souscription en un mandat à vue sur Paris, n'auront à payer que 32 francs au lieu de 35 francs.

Paris. — Imprimerie Walder, rue Bonaparte, 44.

Le TRENTE NOVEMBRE prochain (1857) je payerai à l'ordre de MM. RENAULT et Cⁱᵉ la somme de QUINZE FRANCS pour l'histoire des CAMPAGNES, TRIOMPHES, etc., et 8 BILLETS DE LOTERIE. Le tout doit m'être adressé immédiatement franco. (1ᵉʳ payement.)

1. Mettre la date du jour où l'on souscrit.
2. Indiquer son adresse et son département.
3. Signer lisiblement.
4. Indiquer sa qualité.

Le TRENTE ET UN JANVIER prochain (1858) je payerai à l'ordre de MM. RENAULT et Cⁱᵉ la somme de VINGT FRANCS pour l'histoire des CAMPAGNES, TRIOMPHES, ETC., et 8 BILLETS DE LOTERIE. Le tout doit m'être adressé immédiatement franco. (2ᵐᵉ payement pour solde.)

B. P. 20 F.

1. Mettre la date du jour où l'on souscrit.
2. Indiquer son adresse et son département.
3. Signer lisiblement.
4. Indiquer sa qualité.

DEUX TIRAGES, les 31 Octobre et 15 Novembre

Et cinq autres tirages successivement de mois en mois

AUX QUATRE LOTERIES DES

ORPHELINES DE PARIS, PRÉMONTRÉ, NOTRE-DAME-DE-LA-GARDE, NOTRE-DAME DE CAHORS, DITE DE ROC-AMADOUR

8 BILLETS assortis de ces QUATRE LOTERIES pouvant gagner **400,000 FR.** payables en espèces

Sont expédiés franco avec les huit volumes des CAMPAGNES, TRIOMPHES, ETC., DES FRANÇAIS

A TOUTE PERSONNE

Qui signera et adressera à **MM. RENAULT et C⁹, rue Larrey, 8**

LES DEUX BULLETINS CI-CONTRE DE 15 ET 20 FRANCS

ENSEMBLE **35** FRANCS PAYABLES DANS 2 ET 4 MOIS OU **32** FRANCS EN UN MANDAT A VUE SUR PARIS

LES DIVERS LOTS DES SUSDITES LOTERIES

Forment une somme totale de **700,000 fr.**

INDÉPENDAMMENT DES 170 PIÈCES D'ARGENTERIE DONNÉES PAR LEURS MAJESTÉS IMPÉRIALES.

GROS LOTS DES SEPT TIRAGES

1 Lot de 100,000 francs.	— Divers autres lots ensemble	75,000 francs.
1 Lot de 100,000 »	—	15,000 »
1 Lot de 60,000 »	—	60,000 »
1 Lot de 50,000 »	—	50,000 »

Tous nos souscripteurs recevront gratuitement, et sous peu, les listes des numéros gagnants, immédiatement après chaque tirage; ils auront, en outre, le droit de nous réclamer les listes de tirage de toutes les loteries, en joignant deux timbres-postes à leur demande.

LES BULLETINS A SIGNER ET A ENVOYER A MM. RENAULT ET C⁹, éditeurs, rue Larrey, 8, se trouvent d'autre part au bas de la page.

CAMPAGNES

TRIOMPHES, REVERS, DÉSASTRES

ET

GUERRES CIVILES DES FRANÇAIS

DE 1792 A LA PAIX DE 1856

PAR

F. LADIMIR ET E. MOREAU

D'APRÈS LES BULLETINS DES ARMÉES, LE MONITEUR, DES DOCUMENTS, NOTES, MÉMOIRES ET RAPPORTS OFFICIELS.

ouvrage enrichi

DE CARTES DRESSÉES POUR L'INTELLIGENCE DU RÉCIT

ORNÉ DES PORTRAITS DES PRINCIPAUX GÉNÉRAUX.

QUI ONT COMMANDÉ LES ARMÉES FRANÇAISES

Et accompagné d'un Recueil des plus célèbres Batailles, Faits militaires, Tableaux, Statues, Médailles, etc.,

GRAVÉS PAR LES MEILLEURS ARTISTES

ET CONSACRÉS A CÉLÉBRER LES VICTOIRES DES FRANÇAIS JUSQU'A NOS JOURS

Ici tout est merveille et tout est vérité.

TOME PREMIER

PARIS

LIBRAIRIE POPULAIRE DES VILLES ET DES CAMPAGNES,

8, RUE LARREY, 8.

—

1856

AVANT-PROPOS.

Il n'a pas manqué d'écrivains pour raconter les guerres de la République et de l'Empire ; mais, pendant que les faits en étaient encore récents, ils n'ont pas toujours été bien appréciés. D'abord, plusieurs de ces faits étaient insuffisamment connus ; d'autres avaient été étrangement défigurés dès l'origine et l'ont encore été davantage dans la suite, lorsque les survivants se sont avisés de revendiquer pour eux-mêmes la gloire des morts. Il est hors de doute qu'au moment où la France eut pour la première fois, depuis qu'elle avait levé l'étendard de la liberté, à résister au flot d'une formidable coalition, elle dut, pour ne pas être accablée, faire un effort immense ; mais on aurait tort de croire à l'emphase des quatorze armées de la République, soudainement organisées par Carnot. Cela veut dire tout simplement que la défense du territoire fut établie sur quatorze points différents par Carnot, qui sut promptement et habilement lier le réseau de cette défense, en la confiant à quatorze corps, dont l'effectif, tout exagéré qu'il était dans les bulletins de cette époque, n'égala jamais celui de la grande armée impériale.

Il y a toujours beaucoup à rabattre, sous certains rapports, dans le récit des historiens, des rhéteurs ou des enthousiastes. Pour savoir la vérité, il faut la chercher dans les ouvrages des hommes de guerre qui ont examiné les faits au point de vue de la science, et qui les ont jugés le compas à la main, et en tenant compte de tous les chiffres comme de tous les documents. C'est aux écrits de Mathieu Dumas, de Toulongeon, de Jomini, du prince Charles et de Napoléon qu'il faut demander des éclaircissements sur cette période belliqueuse, durant laquelle, même au sein des plus terribles revers, les Français eurent constamment de la gloire à recueillir. Là, on apprend positivement quelle fut l'étendue des dangers de la patrie à l'heure où elle eut à repousser la première invasion, et l'on peut se rendre compte des services que chacun des chefs qui commandaient nos bataillons improvisés rendit en cette grave circonstance; là on peut peser le mérite de nos généraux Marceau, Dampierre, Kellermann, et l'on trouve à s'édifier sur la trahison des uns, sur les fautes des autres : Dumouriez et ses aides-de-camp; puis Dillon, Houchard, Custine, etc.; là on s'instruit de ce que valait Moreau, de ce que valait Pichegru, et l'on est à même de ramener à la juste proportion de leurs œuvres ces deux renommées exaltées outre mesure au temps où elles avaient un parti dans l'armée, et peut-être trop ravalées depuis qu'une juste flétrissure a été imprimée à leur félonie. Là on apprend à connaître quel fut ce vaillant Dugommier, grand capitaine avant d'avoir été soldat, ce héros à cheveux blancs, que l'esprit de la Révolution avait rajeuni pour qu'il vînt se placer à la tête de nos armées. Là aussi Joubert, Desaix, Kléber se révèlent immenses; mais, par dessus tous, s'élève Hoche, ce colosse républicain, ce caractère antique qui s'était teint des lectures de Plutarque, et à qui le poison du Directoire ne permit pas d'être le vengeur de nos droits. Issu des rangs populaires, celui-là n'eût pas été infidèle à son origine, et il avait assez de génie pour ne pas répudier la tâche de faire réaliser à la Révolution toutes les espérances que le prolétaire en avait conçues.

Hoche descendit dans la tombe après avoir reçu le titre de pacificateur de la Vendée. Quelle fut cette guerre? N'interrogez pas à ce sujet les écrivains royalistes. A les entendre, Charrette, Cathélineau, Georges Cadoudal, Bonchamp, Larochejacquelein furent des prodiges de magnanimité, de constance, de bravoure; des guerriers illustres et des héros chrétiens dans toute la force du terme; ce sont les seuls vrais Français. Ne croyez pas non plus ceux qui vous les représentent tous comme des brigands : il y avait parmi eux quelques exceptions, les gens égarés. Il faut faire la part du fanatisme et des préjugés, et ne s'enquérir des événements que dans les relations impartiales, retracées par des gens qui n'avaient ni les préventions ni la haine aveugle des hommes de parti. Quand il était de bon ton, parmi les suppôts de la Restauration, de dénigrer tout ce qui avait fait la gloire de la République ou de l'Empire, il devint aussi de bon ton parmi les patriotes de se faire les panégyristes de tout ce que les royalistes essayaient de livrer au mépris. Alors parurent les *Fastes de la gloire, victoires, conquêtes et revers des Français.* C'étaient autant de représailles apologétiques en faveur de nos guerriers, qu'on avait appelés les *brigands de la Loire ;* mais, dans ces livres, faits à la hâte, il se glissait nécessairement une foule d'erreurs, et la nécessité de se monter sans cesse au diapason de l'éloge ne permettait guère d'être véridique en tous points. D'ailleurs il y avait encore un homme (l'empereur) à qui il était interdit de rendre justice ; et si on ne le blâmait pas toujours, c'était à la condition de le calomnier quelquefois.

Il n'y a donc eu jusqu'ici aucune *histoire populaire des guerres de la Révolution* qui ait pu être composée dans des conditions d'impartialité ; celle-ci sera la première. Nous la donnons aussi complète que possible ; et comme nous en avons puisé les matériaux aux sources les plus authentiques, sous le double rapport de la vérité des faits et de l'équité des jugements, nous avons l'orgueil de la croire irréprochable. Nous ne présenterons pas avec toute son immense variété de détails et d'incidents l'aspect si changeant du théâtre de la guerre. C'est à grands traits et rapidement que nous avons esquissé ce tableau ; c'était d'ailleurs le seul moyen de le rendre complet. Ainsi resserré, le drame est plus saisissant et l'intérêt de la lecture ne languit jamais. Les jeunes Français ne se lasseront pas de lire les hauts faits de leurs pères, et chaque fois que la patrie aura besoin de leurs bras, ils seront fiers de les imiter. L'exemple d'un tel courage ne sera pas perdu.

Nous n'avons eu la prétention d'indiquer ni les causes de nos triomphes, ni celles de nos revers ; toutefois nous les avons fait pressentir. Les premiers succès du général Bonaparte tinrent surtout à l'étonnement de l'ennemi de rencontrer partout nos soldats ; c'était la continuation et l'étonnante mise en œuvre du système des *quatorze armées* inventé par Carnot. Bonaparte décupla la puissance de cet éparpillement nécessaire par une vitesse inouïe et un coup d'œil miraculeux. C'est ainsi qu'avec des troupes peu nombreuses, mais aguerries — les Français le sont dès qu'ils ont les armes à la main et des périls devant eux, — il battit successivement en Italie toutes les armées et les généraux de l'Autriche.

Mais il vint un moment où les chefs ennemis, ayant enfin pénétré le mystère de cette stratégie insolite, se mirent en garde contre elle. Alors, Bonaparte, trouvant tout à coup dans la spontanéité de son génie de nouvelles ressources, organisa, par une savante concentration, ces colonnes de granit, auxquelles aucune formidable épaisseur ne résistait, ces terribles batteries qui, lançant mille foudres à la fois, lui livraient les champs de bataille disputés avec le plus d'acharnement.

Marengo ouvrit, dans l'art de la guerre, cette ère nouvelle, qui eut ses époques les plus brillantes à Austerlitz, à Eylau, à Friedland, à Wagram, à Esling, à la Moskowa ; qui ne fut pas irrévocablement close à Leipsick et à Dresde ; car, par intervalle, elle jeta encore des lueurs pendant les campagnes si admirables de 1813 et 1814, et elle se fût rouverte à Waterloo, si tous les plans du grand homme eussent été suivis, si tous ses ordres eussent été exécutés, si ses dispositions n'eussent été vendues ou paralysées par les infâmes qui s'étaient donné la coupable mission de les faire échouer.

Après les tristes événements de 1815, la France entra dans une période de paix de quarante années, qu'incidentèrent seulement quelques faits militaires, tels que l'expédition d'Espagne, Navarin, Saint-Jean-d'Ulloa, Anvers, Ancône, Rome. Sur ce fond peu brillant, se détache l'éclatante série des campagnes algériennes où se sont formés les généraux et les soldats que la guerre contre la Russie vient de couvrir de gloire. La Méditerranée purgée de pirates, le territoire français porté au double, la marine considérablement accrue, un centre d'émigration offert à l'Europe, tels sont les résultats de nos guerres d'Afrique, qui, en outre, ont fait naître pour l'art militaire une tactique nouvelle.

Nous avons essayé d'en écrire une narration rapide, émouvante, et d'en réunir en un faisceau tous les faits épars. Ce récit est, en quelque sorte, la préface de la guerre d'Orient qui ajoutera tant de renommée aux fastes militaires de la France.

NOTICE HISTORIQUE

SUR LES

ARMÉES FRANÇAISES

DEPUIS LEUR ORIGINE JUSQU'A NOS JOURS.

Pour bien apprécier les victoires et les conquêtes d'une nation qui fit toujours reposer son honneur et son indépendance sur la gloire des armes, il convient de savoir quels furent ses commencements dans l'art militaire, et de suivre ses progrès afin d'apprendre à la postérité, étonnée de nos prodiges, comment le noble caractère français, essentiellement porté à la guerre, éleva la nation à ce haut degré de puissance qui effaça ses erreurs politiques, et lui mérita le surnom de *Grande*, des peuples mêmes qu'elle avait vaincus.

Il y a en France une disposition qui ne s'éteint jamais, c'est le courage ; un sentiment qui est toujours près de se manifester avec la plus vive énergie, c'est la haine du joug étranger. En vain la nation, par les efforts d'une politique d'abaissement, par les calculs d'une déshonorante faiblesse, ou par les influences funestes d'une lâche connivence, a-t-elle été entretenue dans des sentiments en apparence pacifiques ; le jour où il devient évident pour tous que se sont accumulés des dangers qui menacent son indépendance, est un jour de réveil pour le peuple, et plus le sommeil a été long, plus il a semblé profond, plus ce réveil est terrible. Et alors, tous autres soins que celui de défendre la patrie, toute autre idée que celle de la venger de ses humiliations, sont complétement abandonnés ; et en dépit de toutes les tendances industrielles, de toutes les incorrigibles avidités du bien-être matériel, de toutes les soifs de quiétudes, de toutes les spéculations coupables, de toutes les trames ourdies pour amortir un magnanime élan, le peuple se lève puissant dans son courroux et dans son enthousiasme ; il court aux armes, et dans son juste ressentiment, avant de se mesurer avec les ennemis du dehors, il frappe les traîtres qui l'ont trompé et qui pourraient le tromper encore.

Dès les temps les plus reculés, les habitants du pays où nous vivons ont été renommés pour leur bravoure. A ces belliqueuses peuplades que conduisaient au combat les premiers chefs des Francs, la discipline était étrangère : femmes, enfants, vieillards suivaient en masses confuses le guerrier maniant la pique ou lançant le javelot. Après avoir réuni sous un même drapeau Gaulois et Francs, Clovis établit un ordre militaire et organisa la première infanterie. De tout Français la loi salique fit un soldat debout pour la défense du pays. Les hommes libres, les propriétaires terriens marchaient sous leur propre bannière ; les ducs ou gouverneurs de provinces ordonnaient les levées au nom du chef de l'Etat ; les comtes les rassemblaient et les conduisaient au lieu désigné, où le roi en prenait le commandement, à moins qu'il ne le déléguât à un prince de sa famille ou à un général de son choix. L'armée ne consista d'abord qu'en infanterie. On y remarquait deux espèces de troupes qui se reconnaissaient au bouclier, rond pour les Gaulois, carré ou en losange pour les Francs. Plus lourdement armés, les premiers formaient le noyau de bataille ; portant des armes moins pesantes, les seconds composaient les ailes des colonnes d'attaque, et combattaient comme le font aujourd'hui nos tirailleurs ou notre infanterie légère ; les uns se servaient de la redoutable *francisque* ou hache d'armes à deux tranchants ; les autres de l'arc, de la fronde et du javelot à pointe de fer.

C'est ainsi que l'on combattait sous la première race. La vigueur corporelle unie au courage était, à cette époque, le premier mérite du guerrier. Les chefs étaient à la fois les hommes les plus forts et les plus vaillants.

Vers le milieu du sixième siècle, sous Clotaire, on leva dans les provinces les premières milices, fournies par les bourgs, les villages, les métairies et divisées en trois classes : hommes libres, serfs et vilains. Au lieu de solde elles avaient le butin et la rançon des prisonniers.

Les armes et l'habillement étaient fournis par les provinces.

Sous les rois de la seconde race, la multitude fut moins intéressée dans les luttes qui s'engageaient. Ce furent les chefs qui voulurent guerroyer, et il ne leur convint pas de le faire à pied. Pépin et Charlemagne comptèrent dans leurs armées un nombre de cavaliers égal à celui des fantassins.

Depuis le règne de Charlemagne jusqu'à celui de Philippe Ier, les troupes furent levées par les sénéchaux des provinces, et elles marchaient sous leurs bannières.

A partir de l'affranchissement des communes (1124), sous Louis-le-Gros, les villes furent seules chargées de fournir l'infanterie, et les nobles possesseurs de fiefs, la cavalerie.

Lorsque fut établie l'hérédité des fiefs, l'armée fut presque entièrement composée de cavaliers, dans les rangs desquels les fantassins se trouvaient disséminés. Leur fonction était de relever les cavaliers auxquels ils étaient attachés lorsqu'il leur arrivait d'être renversés dans le combat. Sans le secours des fantassins, le cavalier, accablé sous le poids de son armure, n'aurait pu se remettre en selle. Les soldats à pied ne furent plus armés que de l'arc ou de l'arbalète. Les boucliers, qui accompagnaient auparavant la hache et le javelot, furent supprimés, et l'épée fut remplacée par un couteau, ou poignard long et aigu, avec lequel ils égorgeaient, par le défaut du hausse-col et de la cuirasse, les cavaliers ennemis désarçonnés.

Plus les fantassins s'exposaient, en quelque sorte sans défense, plus les cavaliers multipliaient les moyens de se rendre invulnérables ; bientôt leur tête fut entièrement enfermée dans un casque de fer ; leurs corps fut emprisonné dans une cuirasse, et leurs membres furent couverts de cuissards et de brassards. Les chevaux eux-mêmes étaient revêtus d'une enveloppe de métal, dont le poids rendait leur chute irrémédiable et leur choc terrible. Les armes offensives de ces hommes si bien défendus, étaient le sabre et la lance, auxquels fut ajoutée, plus tard, la masse d'armes. Ces cavaliers, qui tous étaient nobles, prirent le titre de chevaliers, et bientôt la chevalerie devint la force la plus brillante des armées européennes.

Les premières armes de l'infanterie changèrent vers l'année 1160, et les corps d'arbalétriers qui s'étaient introduits dans ses rangs, s'étant augmentés, on leur donna un grand-maître.

Sous Philippe-le-Bel, on remarquait déjà plusieurs troupes d'infanterie spéciales et ayant ses chefs. Elles furent organisées en bandes ou grandes compagnies, de 100 à 300 hommes, par Philippe-Auguste.

Le temps de la durée du service a beaucoup varié. D'anciens rôles fixent cette durée à 5, 15, 20, 25 et 40 jours, et quelquefois plus. Cependant, dans les circonstances extraordinaires, le roi avait le droit d'appeler tous ses sujets à la défense de l'Etat : alors tous les Français, sans distinction de rang, depuis l'âge de dix-huit jusqu'à soixante ans, devaient se tenir prêts à marcher au premier signal; tous n'entraient pas immédiatement en campagne. On donna le nom de ban au premier contingent qui appelait les seigneurs au service, et celui d'arrière-ban au second et au troisième contingents, composés de la milice des communes et des vassaux des seigneurs.

Ce n'est qu'en 1180 ou 1190 que l'on trouve les premières traces des troupes réglées et soldées, destinées à remplacer les milices des seigneurs. L'origine du mot soldat est dans celui de soudoyé (payé), dont on a fait depuis le mot soldé. L'institution des troupes réglées fut améliorée sous Philippe-Auguste; on remarque que c'est à la bataille de Bouvines (1214) que l'infanterie française commença à faire usage du bataillon carré, et que les arbalétriers à pied formèrent, en 1346, la principale force de nos armées; on en comptait 15,000 à la bataille de Crécy.

Ce fut Charles VII qui, le premier, introduisit l'usage des armées permanentes. Ce prince, qui avait à disputer son royaume aux Anglais, réorganisa le corps des hommes d'armes; il y fit entrer les hommes les plus robustes et les plus vaillants, et en forma 15 compagnies de 100 lances chacune. La force totale de cette élite était de 8 à 9,000 hommes, sans compter de nombreux volontaires, que le désir de chasser l'étranger y attirait. La 15ᵉ compagnie étant spécialement attachée à la garde du monarque, ce fut là le principe de l'armée permanente dont le ban et l'arrière-ban ne faisaient pas partie, car ils n'étaient convoqués que quand la gendarmerie et l'infanterie ne suffisaient pas pour les besoins de la guerre. Charles VII créa, en outre, un corps de 4,000 archers à pied.

Lorsque, par l'invention de la poudre, on fut amené à renoncer à l'usage des arbalètes, le grand-maître des arbalétriers devint le grand-maître de l'artillerie. Sa charge était une des premières dignités militaires. L'artillerie était alors dans son enfance. Les canons, d'un calibre monstrueux, étaient mal fondus, mal montés, et encore plus mal servis. Ils avaient peu de portée, n'offraient aucune justesse de tir, et souvent ceux qui les manœuvraient étaient en danger de leur vie.

L'introduction de la mousqueterie et des bouches à feu opéra une révolution complète dans l'attaque et la défense des places. Le génie devint une arme de la plus haute importance. Le système des fortifications dut être changé; il fallut leur donner plus d'élévation; les remparts furent composés d'une double et même d'une triple enceinte. Les assiégeants apprirent à s'avancer à l'abri des tranchées; les siéges ne furent plus une affaire d'arme blanche. Les mines remplacèrent les béliers et les autres engins de l'ancienne balistique. Les mineurs jouèrent le rôle principal; les rencontres dans les galeries qu'ils creusaient étaient des plus acharnées et des plus sanglantes : on minait et l'on contre-minait; dès que les mineurs des deux partis jugeaient par le bruit que leurs travaux les rapprochaient, ils en donnaient avis; aussitôt les guerriers les plus déterminés se présentaient pour les soutenir; on se défiait réciproquement et l'on se donnait rendez-vous dans le souterrain de la mine. On posait une barrière à hauteur d'appui à l'extrémité de la mine des assiégeants; au moment où les assiégés avaient poussé leur trouée jusque-là, ils se retiraient pour faire place aux chevaliers, à qui, dans cette occasion, appartenait l'honneur de se mettre en avant et d'engager l'action; on combattait en nombre égal, à la lueur des torches, et l'on ne pouvait se frapper que dans la partie du corps qui excédait la barrière; des juges établis d'avance discutaient la validité des coups et prononçaient sur la défaite ou la victoire. Les vaincus étaient soumis à la rançon; s'ils ne pouvaient pas la payer, ils étaient privés de leur liberté.

Avant l'invention de la poudre, les mines avaient pour but de produire un éboulement considérable qui entraînât à sa suite l'écroulement d'une grande étendue de fortifications; c'est ainsi que se pratiquait la brèche, dont l'ouverture donnait le signal de l'assaut. Un vaste et long souterrain était creusé sous le rempart; de tous les côtés, les terres étaient soutenues par des étançons de bois, au pied desquels on disposait des fascines. Les mineurs, en se retirant, y mettaient le feu, et l'incendie ayant consumé les supports, le rempart s'abîmait. Aujourd'hui cet embrasement est remplacé par l'explosion des fourneaux, qui bouleversent tout au-dessus et autour d'eux, et portent au loin la mort.

L'arc et l'arbalète, le javelot, la javeline, la lance et la halebarde, l'esponton (demi-pique), la pertuisane, qui tenait de la pique et de la halebarde, furent successivement abandonnés. L'arquebuse fut la première arme à feu portative, c'est-à-dire individuelle. Les hommes qui s'en servaient étaient ceux qu'on appelait arquebusiers. L'arquebuse était depuis longtemps tombée en désuétude, qu'il y avait encore en France des compagnies urbaines d'arquebusiers.

Après l'arquebuse vint le mousquet à rouet, auquel succéda le mousquet à batterie; enfin le fusil, armé de sa baïonnette, fut tout à la fois une arme à feu et une arme blanche à l'usage du fantassin. La baïonnette se plaçait d'abord dans le canon du fusil, puis, pour plus de commodité, on la fixa au bout du fusil par le moyen d'une douille.

Quoique les fastes militaires de Philippe-Auguste, de saint Louis, de Charles V, de Louis XI, de Charles VIII et de Louis XII brillent de faits éclatants, ce n'est guère que vers la fin du quinzième siècle, et lorsque l'invention de la poudre appliquée aux armes à feu créa un nouvel ordre de bataille, que l'état militaire de la France eut assez de consistance pour pouvoir fournir matière à des considérations historiques. En luttant contre la puissance de Charles-Quint, François Ier donna à son règne militaire une haute renommée. Ce roi, après avoir perdu son infanterie allemande à la fatale bataille de Pavie, augmenta l'armée française et la fit commander par ses plus grands seigneurs; ceux-ci prirent le nom de capitaines des bandes. Il voulut même former un corps particulier d'infanterie, sur le modèle des légions romaines, qu'il appela aussi légion; mais l'existence de cette nouvelle milice dura peu, et on revint aux bandes, qui n'étaient que de cinq à six cents hommes, au lieu que les légions étaient de 6,000 hommes. François Ier institua (1544) la charge de colonel général de l'infanterie et celle de général des galères. Les fonctions de maréchaux de camp étaient temporaires, et c'est sous Henri IV seulement qu'ils en eurent le titre par des brevets à vie.

Charles IX et Henri III ne firent, dans l'organisation militaire, aucun changement important. A la bataille d'Ivry, Henri IV n'avait que 10,000 hommes d'infanterie, avec 4 canons, 2 couleuvrines et 2,300 chevaux. En 1600, lorsqu'il se disposait à attaquer le duc de Savoie, son infanterie ne se composait que de 7,000 hommes; mais dix ans plus tard, quand il en vint à organiser son agression contre l'Autriche, alors si puissante, il avait 32,000 hommes d'infanterie, soutenus par 33 pièces de canon et 5,000 cavaliers. Une expédition qui allait changer la face de l'Europe, et dans laquelle le vaillant

Béarnais avait su faire entrer l'Angleterre, la Savoie, le Danemarck et les Provinces-Unies, fut anéantie par le poignard de Ravaillac.

Pendant les onze guerres qu'eut à soutenir Louis XIII, les armées françaises ne subirent que des accroissements momentanés. De 1635 à 1643, ce prince eut sur pied une nombreuse infanterie. Ses cinq armées réunissaient 100,000 hommes, dont 18,000 de cavalerie. C'est de cette époque que date la prépondérance de la France. Sous Louis XIV eut lieu le complément de la révolution amenée par la découverte de la poudre. Les arquebuses étaient si pesantes que, pour s'en servir, le soldat sortait des rangs et appuyait son arme sur une fourchette en fer. Le mousquet, plus léger, fit supprimer la fourchette; mais l'usage de sortir des rangs avant de faire feu fut conservé. Enfin, le fusil, armé de la baïonnette, devint l'arme générale de l'infanterie, et en 1703 les piques furent supprimées dans la plupart des corps. On sait tous les perfectionnements que l'art militaire doit à Louis XIV : de nombreux règlements sur la discipline, la tactique, l'administration, les récompenses; l'établissement définitif de l'hôtel des invalides; la création d'écoles pour les jeunes gens destinés à la carrière des armes; l'ordre militaire de Saint-Louis, etc. Sous son règne cessa d'avoir lieu la convocation du ban et de l'arrière-ban. A ce mode de recrutement, presque aussi ancien que la monarchie, fut substituée l'institution de 30 régiments de milice, fournis et équipés par les communautés, et qui s'exerçaient au métier des armes sans abandonner l'agriculture. Avant lui, les compagnies étaient commandées et administrées isolément, et n'étaient réunies que sur le champ de bataille; il rendit invariables les titres des chefs et les divisions des corps en régiments, bataillons, escadrons et compagnies. Il installait lui-même les colonels, en leur donnant de sa main un hausse-col doré, avec une pique et ensuite un esponton, quand l'usage des piques fut aboli. Il établit un uniforme régulier, car auparavant les corps n'étaient distingués que par les couleurs des écharpes, couleurs que les chefs choisissaient à leur gré. Il améliora considérablement l'état du soldat. Le premier, il fit pendant la paix une répétition de la guerre, et le camp de 70,000 hommes, qu'il rassembla à Compiègne en 1698 pour l'instruction de ses petits-fils, fit toutes les opérations d'une campagne. La baïonnette, inventée par M. de Puységur, fut généralement adoptée vers 1700. Grâce à la forte organisation militaire créée par Louis XIV, lorsqu'il lui fallut tenir tête à toutes les puissances de l'Europe liguées contre lui, il put tenir sur pied 450,000 hommes à la fois.

Le colonel portait deux épaulettes, une de chaque côté, en or ou en argent, suivant la couleur du bouton; ces épaulettes étaient ornées de franges riches à nœud de cordelière. Le lieutenant-colonel n'avait qu'une seule de ces épaulettes, et il la portait à gauche. Le major avait deux épaulettes comme le colonel, mais les franges étaient sans nœud de cordelière. Le capitaine et l'aide-major ayant commission de capitaine, n'avaient qu'une seule épaulette pareille à celle du major. Le lieutenant avait une épaulette traversée de carreaux de soie jaune ou blanche (jaune quand le bouton était blanc, et blanche dans le cas contraire, et à franges de soie mêlées d'or ou d'argent). Enfin, le sous-lieutenant se reconnaissait à une épaulette de soie jaune ou blanche, suivant le bouton, avec des carreaux d'or ou d'argent en opposition. Les sous-officiers et soldats ont porté longtemps des épaulettes en drap, pour fixer la buffleterie sur leurs épaules; celles des grenadiers étaient en drap écarlate. Peu à peu le luxe s'étant introduit dans l'armée, les compagnies du centre, dans la ligne, furent les seules qui conservèrent l'épaulette de drap. Les grenadiers et voltigeurs, ainsi que toutes les troupes d'élites, prirent les épaulettes en laine, les sous-officiers en eurent où la laine se cachait sous une frange d'or ou d'argent.

Le soldat français fut, dans tous les temps, celui qui comprit le mieux ce qu'on doit appeler l'honneur du drapeau; quelle qu'en ait été la couleur, il se dévoua pour le couvrir de gloire. Le drapeau est un signe de ralliement; c'est le symbole de la patrie, c'est un palladium qu'on entoure du plus saint respect; l'oriflamme est le plus ancien de nos étendards dont il soit fait mention dans l'histoire. C'était un morceau uni de soie rouge à trois flammes pendantes. A la Fédération de 1790 on adopta, pour nouvel oriflamme, une bannière de soie bleue parsemée de fleurs de lis d'or et à deux flammes seulement ornées de franges, nœuds et broderies. L'étendard royal était un carré blanc, uni, sans ornements ni broderies. La cornette de cavalerie, qu'on ne doit pas confondre avec la cornette royale, était blanche, à fleur de lis d'or. Les drapeaux des régiments se ressemblaient seulement en ce que tous étaient coupés en quatre quartiers par une grande croix : Picardie avait le drapeau rouge à croix blanche; Navarre, le drapeau de couleur feuille morte, avec une croix blanche ornée de fleurs de lis d'or et les armes de Navarre; Piémont, le drapeau noir, coupé d'une croix blanche unie.

Longtemps la cornette fut l'insigne d'une compagnie, parce que, comme nous l'avons vu, chaque compagnie formait un corps à part. La cornette était un étendard à cornes, celui qui la portait recevait le nom de cornette.

Sous Louis XV eut lieu une importante amélioration due à M. de Choiseul. Les capitaines exploitaient à leur profit, et comme leur bien propre, les compagnies qu'ils étaient chargés de recruter; on leur en ôta l'administration et on les réduisit à de simples appointements, ce qui effaça dans l'armée les dernières traces du régime féodal. En établissant des conseils d'administration, le même ministre détruisit le despotisme des colonels, devenu dans quelques corps tout à fait intolérable.

La difficulté des enrôlements volontaires avait fait recourir le maréchal de Saxe à la formation des milices. Il y en eut 110 bataillons, dont il sut tirer un grand parti en choisissant parmi eux des grenadiers provinciaux dont la discipline et le courage servirent de modèle à toute l'armée. Pendant la guerre de 1741, le prince Dessau fit adopter les baguettes de fer qui rendirent le feu plus prompt, et le pas mesuré qui accéléra les mouvements en y mettant de l'ensemble. Il fit aussi adopter la formation sur trois rangs, suite nécessaire de l'emploi du fusil. Ces découvertes, dont profitèrent la France et l'Europe, eurent sur la tactique une grande influence.

Les régiments et les milices ne constituaient pas toute la force militaire de la France ; outre ces corps, il y avait les gardes du roi, c'est-à-dire sa maison et quelques autres troupes irrégulières. A l'avénement d'Henri IV, il n'y avait dans l'armée française que 4 régiments d'infanterie, connus dans l'histoire sous le nom de *vieux corps*, et célèbres par leurs exploits : c'étaient les régiments de Picardie, de Champagne, de Navarre et de Piémont. En 1620, 6 autres régiments avaient été créés, c'étaient ceux de Normandie, Bourbonnais, Béarn, Flandre et Guyenne. Le premier avait seul pris rang parmi les vieux corps, les autres étaient connus sous la désignation de *petits vieux*. Peu de temps après on créa encore 5 nouveaux régiments. Ce nombre fut successivement augmenté, en sorte qu'à la mort de Louis XIII, il s'élevait à 33.

De grands changements s'étaient opérés dans la cavalerie. Les compagnies d'ordonnance, gendarmes et chevau-légers n'existaient plus ; toutes les anciennes armes avaient disparu. Le seul plastron, espèce de demi-cuirasse, avait été maintenu. Le sabre à lame droite, épaisse et partagée par deux côtes, le sabre court ou cimeterre étaient les armes principales des cavaliers; les pistolets et les carabines n'étaient, en quelque sorte, que des pièces secondaires. On marchait à l'ennemi le sabre au poing et le pistolet à la main..

Après avoir fait la décharge du pistolet, à vingt-cinq ou trente pas, on le remettait promptement dans la fonte découverte, et l'on fonçait la pointe en avant. Ces mouvements devaient être précipités ; ils s'effectuaient toujours le cheval étant lancé au galop ; souvent alors il arrivait au cavalier de perdre ses pistolets.

Les variations du costume militaire ont suivi celles des armes. La cotte d'armes armoriée, qui recouvrait l'armure des anciennes troupes, fut remplacée par un autre surtout, le hoqueton, espèce de manteau en forme de sac et à manches ouvertes. Le hoqueton des chefs était chargé de broderies, or ou argent. A Paris, les archers du grand prévôt portaient le hoqueton, dont on donnait le nom à tous les militaires qui en étaient revêtus. Avant la Révolution de 1789, les cent suisses de la garde du roi prenaient le hoqueton en grande parade. Quand le vêtement était ouvert par-devant et que les manches en étaient fermées, il devenait une casaque. La casaque s'agrafait au cou, sa couleur servait à distinguer les compagnies, et la forme de la croix dont elle était ornée servait à faire reconnaître la nation.

L'armée française comptait alors un grand nombre de mercenaires venus de toutes les contrées de l'Europe. C'étaient des Suisses, des Allemands, des Irlandais, des Écossais, des Italiens, des Corses, des Grecs et jusqu'à des Albanais. Sous Henri II, on renonça à la casaque, et l'on donna aux troupes, comme signe de reconnaissance, l'écharpe qu'elles avaient déjà portée du temps de saint Louis. Chaque soldat avait deux écharpes ; l'une indiquait la couleur de la nation, ce que l'on appelait la livrée, et l'autre la compagnie. Les deux écharpes se portaient en bandoulière ; la première, sur l'épaule droite ; la seconde, sur l'épaule gauche. Elles se croisaient et formaient ainsi le sautoir devant et derrière. Chaque compagnie se parait de sa couleur choisie par celui qui la commandait.

L'usage des écharpes se perdit après la bataille de Steinkerque ; elles furent remplacées par les aiguillettes ou nœuds d'épaule, qui permirent encore à chaque capitaine de donner ses couleurs aux hommes de sa compagnie. L'aiguillette des officiers était d'or ou d'argent, avec mélange de soie, celle des soldats était de laine.

Avant Louis XIII, on n'avait pas encore songé à vêtir les soldats d'une manière uniforme. Peu de temps avant le siége de la Rochelle, on habilla quelques corps de la même manière. Des couleurs identiques et une coupe régulière furent adoptées pour les vêtements des hommes qui en faisaient partie : jusque-là, cependant, il y avait eu une certaine similitude entre les vêtements des gens de guerre ; ce fut même l'avantage qu'on trouvait à cette similitude qui suggéra l'idée de l'appliquer plus complétement. L'ordre et la discipline ne pouvaient qu'y gagner, et le coup d'œil n'en était que plus satisfaisant.

Sous Louis XIV, en 1670, une ordonnance régla la qualité et la couleur du drap, la forme des armes, le genre de coiffure et de chaussure, l'équipement, le harnachement qui seraient affectés aux officiers et soldats de chaque corps. On fixa aussi la taille des hommes et des chevaux suivant les armes auxquelles ils étaient destinés, et l'on détermina la robe de ces derniers. Avant cette époque, on voyait dans le même corps des soldats de toutes les tailles, des chevaux de toutes les proportions et de toutes les robes. Quant à l'habit, en dehors de quelques régiments que Richelieu avait assujettis à l'uniforme, chacun le portait selon ses facultés ou selon son caprice. Les officiers n'avaient aucun signe distinctif, et les soldats, fantassins, cavaliers ou dragons, s'affublaient, ceux-ci d'une couleur, ceux-là d'une autre. C'était un bariolage, un pêle-mêle de haillons et d'étoffes dans tout l'éclat de la nouveauté ; ici le luxe, là, la misère, et souvent les deux contraires s'unissaient, chez le même individu, dans la plus grotesque disparate. Toutefois, quelques corps, jaloux de se distinguer, avaient adopté des vestes et des culottes rouges ; pour le surplus, on s'affublait comme on l'entendait.

A cette époque, où l'armée se recrutait en très-grande partie au moyen des engagements volontaires, l'élégance du costume était, pour la jeunesse, d'un attrait puissant; aussi s'efforça-t-on de le faire dégagé, de manière à charmer la vue. Il fallait qu'il eût ce qu'on appelait une tournure galante et un aspect martial, car pour que de jeunes hommes aimassent à le porter, il était indispensable qu'il plût aux dames.

L'aiguillette ou nœud d'épaule, plus ou moins riche, marquait alors les grades; en 1759, on lui substitua l'épaulette. Le hausse-col fut encore une marque distinctive; mais elle devint commune à tous les officiers. Le hausse-col était un ornement de cuivre ou d'argent doré, en forme de croissant courbé. Il rappelait l'armure ancienne que l'on portait au cou. Il indiquait que l'officier était de service. En route et en guerre, on le portait constamment; en garnison, on le prenait pour les visites de corps, et toutes les fois que le régiment sortait avec le drapeau.

A l'avénement de Louis XVI, l'armée était réduite à 127,000 hommes. Il n'y avait dans les régiments aucune uniformité : les uns comptaient quatre bataillons, tandis que d'autres étaient réduits à deux et même à un seul. Le comte de Saint-Germain, ministre de la guerre, voulut régénérer l'armée. Il la composa de 101 régiments, tous à deux bataillons, excepté le régiment du roi qui en avait quatre. Chaque bataillon était formé de 4 compagnies, chacune de 116 hommes. Cette organisation ne dura pas plus que l'uniforme simple et économique que le comte de Saint-Germain avait donné aux soldats et auquel on est revenu depuis. Des 101 régiments, il n'y en avait pas les quatre cinquièmes de français. On en comptait onze suisses et douze allemands, irlandais ou liégeois.

Notre force en cavalerie était de 59 régiments de différentes armes, savoir : 24 de grosse cavalerie, instruits et disciplinés, montés sur de bons chevaux bien dressés; 18 régiments de dragons, 12 de chasseurs à cheval, et 5 de hussards, parfaitement montés, bien instruits et animés du plus ardent patriotisme.

L'artillerie formait 7 régiments, chacun de 2 bataillons, et depuis longtemps exercés au tir dans les différentes écoles; 9 compagnies d'artillerie volante venaient d'être créées, à l'instar de celle que le grand Frédéric avait formée. Elles allaient devenir le noyau de plusieurs régiments qui reçurent le nom d'artillerie légère, par opposition à l'artillerie de position.

Un décret de l'Assemblée constituante créa 200 bataillons de volontaires. Ces troupes auraient été insuffisantes pour lutter contre toutes les forces de l'Europe si les dangers de la patrie n'avaient soulevé toute la partie active de la nation. Le peuple se fit armée, et les rois qui s'étaient avancés avec la menace du châtiment et la présomption de la victoire, eurent bientôt à trembler pour leurs trônes.

Dans la première période de 1793, alors que la guerre n'offrait plus qu'un enchaînement de revers à peine interrompu par quelques faveurs que la constance et le courage arrachaient à la fortune, la Convention ordonna le dédoublement et la reformation de tous les régiments d'infanterie. Les anciens régiments, les bataillons de volontaires, les légions et les compagnies franches, formés depuis dix-huit mois, subirent à la fois une fusion complète ; on amalgama 1 bataillon de ligne dans 2 de volontaires, et l'on forma ainsi 196 demi-brigades de ligne et 30 régiments d'infanterie légère. Tous les corps de cavalerie irrégulière furent incorporés dans ceux de ligne, qui furent portés à 85 régiments à 4 escadrons. On créa en même temps 8 régiments d'artillerie à cheval. Le tout présenta un effectif de 710,000 baïonnettes, de 60,000 sabres, et pour l'artillerie 31,000 combattants.

L'Empire continua les triomphes de la République. Il rétablit les corps d'élite, dont l'existence est incompatible avec l'esprit d'égalité. La garde impériale fut une sorte d'armée à part, remarquable par la beauté de ses hommes et par la magnificence de ses uniformes. Elle compta dans ses rangs les grenadiers à cheval, véritables colosses, les gendarmes d'élite, autres géants qui l'emportaient peut-être sur les premiers par la stature ; les chasseurs à cheval dont le costume était aussi riche qu'élégant ; l'artillerie légère dont l'allure dégagée et l'air martial indiquaient assez qu'elle était la fleur des régiments d'artillerie ; les mamelucks, dont la présence était un souvenir glorieux de l'expédition d'Égypte ; les lanciers, innovation importée de l'héroïque Pologne, et enfin les dragons qui reçurent le nom populaire de dragons de l'impératrice.

La garde à pied se composait des artilleurs, des grenadiers, des chasseurs, des flanqueurs, des fusiliers de marine, et, en dernier lieu, des pupilles. Dans chacun de ces corps, l'artillerie, les gendarmes et les mamelucks exceptés, on comptait un certain nombre de vélites, jeunes gens qui payaient pour être soldats, et qui aspiraient, soit à être gardes en pied, soit à de l'avancement dans la ligne.

Quelque considérables qu'eussent été les armées de la Réublique obligée de faire face aux innombrables ennemis qui vinrent l'assaillir, elles n'équivalurent jamais aux grandes armées de Napoléon. Les trahisons de 1814 ayant amené l'étranger au cœur de la patrie, la France n'eut plus que le petit nombre de soldats qui lui fut accordé par des traités humiliants.

Le désastre de Waterloo rendit encore ces conditions plus dures. Les Bourbons, qui préféraient les étrangers aux enfants de la patrie, s'entourèrent de Suisses, et ils costumèrent leur garde royale à la prussienne. La révolution de 1830 a balayé tous ces uniformes d'emprunt. Depuis cette époque, plusieurs changements ont été opérés dans l'arme de l'artillerie. La démarcation entre l'artillerie légère et l'artillerie de position a disparu par l'effet d'un système qui permet la fusion des deux armes.

Une faible augmentation de solde a été accordée à toutes les troupes, et les uniformes ont subi plus d'une modification sans importance, peut-être même sans utilité. La conquête d'Alger a donné naissance aux spahis et aux zouaves.

Le drapeau tricolore, que les guerres de la République et de l'Empire ont immortalisé, et qui a jeté depuis le même éclat partout où les Français ont porté leurs armes, est aujourd'hui, et sans doute pour toujours, le drapeau national. Pendant les quinze années de la Restauration, il fut remplacé par le drapeau blanc. Sous la République, le drapeau aux trois couleurs était terminé par un fer de lance, quelquefois il était surmonté du bonnet phrygien.

Sous l'Empire, au signe de la liberté, on substitua l'aigle d'or, dont après le règne éphémère de la Restauration le coq gaulois a pris la place, pour la céder définitivement à l'aigle impériale.

Depuis Napoléon, l'infanterie française n'a rien perdu de sa renommée, et l'expédition de Crimée a montré que toujours nos soldats savent, non seulement se battre avec courage, mais encore supporter avec une héroïque constance les fatigues, les maladies, les privations et toutes les souffrances inséparables d'un long siége.

CAMPAGNES

TRIOMPHES, REVERS, DÉSASTRES ET GUERRES CIVILES

DES FRANÇAIS.

CHAPITRE I.

Situation des puissances de l'Europe au commencement de la guerre. — Première coalition continentale. — Déclaration de guerre de la France. — Enumération des forces de l'Europe. — Premières opérations militaires. — Manifeste du duc de Brunswick. — Entrée des coalisés en France. — Prise de Longwy et de Verdun. — Siége de Thionville. — Défilés de l'Argonne — Camps de Grand-Pré et de Sainte-Ménehould. — Jonction de Beurnonville, de Kellermann et de Dumouriez. — Bataille de Valmy. — Retraite des coalisés. — Evacuation du territoire français.

A peine la Révolution française eut-elle éclaté, qu'une vaste coalition de rois menaça la France. Les aristocraties sacerdotales, nobiliaires, féodales, parlementaires et ministérielles, frémirent à la vue des droits du peuple français proclamés et constitués par une Assemblée nationale; épouvantées, vaincues et non détruites, elles se réunirent par l'émigration, et, pour asservir la France, appelèrent les puissances étrangères, qui ne voyaient pas sans inquiétude un peuple renverser ses institutions, dicter des lois à son roi et donner la liberté aux autres nations. Elles craignaient que le mot indépendance, prononcé par les Français, ne vînt retentir dans leurs Etats.

C'était la cause des peuples. Les rois durent donc la combattre; ils se liguèrent contre les Français.

Les plaies d'une guerre qui venait de désoler le Nord n'étaient pas fermées; un traité que la Russie et l'Empire avaient conclu avec la Porte, n'était pas même ratifié; Léopold était à peine affermi sur son trône, et n'avait pu parvenir à rétablir la paix dans ses provinces révoltées; la Suède n'était qu'incomplétement remise des secousses de sa révolution intérieure et de ses guerres; la Pologne était en feu, malgré la proclamation d'une constitution nouvelle où régnait la sagesse. Néanmoins, tous les souverains de l'Europe se concertaient pour une réconciliation générale, dans le but d'arrêter les progrès de l'esprit démocratique des Français.

Deux cabinets se déclarèrent les premiers, l'Autriche et la Prusse; un traité fut conclu à Pilnitz; le comte d'Artois s'y trouva avec Léopold et Frédéric-Guillaume; il leur représenta que le fanatisme révolutionnaire des Français menaçait toute l'Europe. Les déclamations des Jacobins, l'arrestation du roi, dont les conséquences étaient exagérées par tous les émigrés, jetèrent la terreur dans l'âme des princes. Une convention s'établit entre eux pour soutenir Louis XVI; mais leurs intérêts particuliers l'emportant encore sur ce qu'ils appelaient l'intérêt général, ils s'engagèrent seulement à inviter tous les princes souverains à accéder à leur ligue si les dangers continuaient. L'efficacité de cette ligue paraissait déjà très-douteuse. Les princes de la maison de Bourbon sentirent que l'on retarderait autant que possible le commencement des hostilités, et, pour hâter ce moment, sur lequel se fondaient toutes leurs espérances, ils adressèrent au roi une lettre énergique par laquelle ils l'engageaient à ne point sanctionner la Constitution, lui promettant la protection de toute l'Europe, et l'assurance d'une prompte délivrance.

Louis XVI, soit qu'il fût mu alors par le désir sincère de se réunir au peuple français et d'adopter les principes de la Révolution, soit qu'il entrevît les dangers de son refus, accepta la Constitution; alors la ligue des monarques, qui ne cherchaient qu'un prétexte pour ajourner une entreprise hasardeuse et sans profit, se sépara, ayant borné ses démonstrations à quelques menaces et à la déclaration solennelle de ne point abandonner le roi de France dans le danger, et de soutenir les droits des princes de l'Empire, possessionnés en Alsace, pour lesquels la diète de Ratisbonne refusait d'accepter aucune indemnité. Le pape lança les foudres de l'Eglise contre les schismatiques français; Gustave de Suède offrit aux émigrés de se mettre à leur tête; mais, sauf ces vaines démonstrations, tous restèrent tranquilles, donnant à la France le temps de se préparer au combat, et d'avancer par une pente plus rapide dans la carrière des révolutions.

Deux événements imprévus arrêtèrent encore les projets hostiles des princes coalisés. Dans le même mois de mars, la mort frappa Léopold, empereur et roi de Bohême et de Hongrie, et Gustave, roi de Suède, expira quelques jours après, victime d'un assassinat. Des changements de ministres ou d'intérêts détachèrent bientôt la Russie et l'Espagne de la coalition, et l'Angleterre, se renfermant dans une neutralité hostile, entretenait elle-même nos passions et nos excès, pour se venger du rôle actif que nous avions joué lors de l'affranchissement des Etats-Unis. Restaient donc pour auxiliaires à l'Autriche la Prusse, l'Empire, et le Piémont qui n'était pas encore prêt à entrer en ligne.

Tandis que la cour espérait que François Ier montrerait plus de résolution que Léopold n'en avait témoigné et qu'il parviendrait à intimider les patriotes, la grande question, la question de vie ou de mort pour le peuple français, se débattait toujours avec la même véhémence; les opposants à la guerre multipliaient leurs efforts pour la détourner; leurs adversaires, convaincus de la nécessité de prévenir une attaque combinée de la part des puissances, poussaient les choses aux dernières extrémités, pour amener une explosion inévitable dans toutes les hypothèses.

Bientôt le cabinet de Vienne ne laissa plus à la France aucune espérance de paix. — Il exigeait, au nom de l'empereur, les clauses principales du traité de Pilnitz. C'était nous imposer le rétablissement des trois ordres, la restitution du comtat Venaissin, celle des biens du clergé déjà vendus, et, par suite, la banqueroute inévitable, enfin la destruction d'une Constitution jurée par l'Assemblée, par le roi et la nation. L'Europe paiera bien cher cette grande faute, qui lui fit juger de nous comme de la Pologne, de la Hollande et du Brabant. Dumouriez, ministre des affaires étrangères, comprenant tout le parti qu'il devait tirer de cet insolent défi, s'empressa d'entraîner Louis XVI à l'Assemblée, le 20 avril 1792.

Au moment de l'arrivée du monarque, tous les députés se levèrent et demeurèrent dans le plus respectueux silence. « Je viens, dit Louis XVI, au milieu de l'Assemblée nationale, pour un des objets les plus importants qui doivent occuper l'attention d'une nation. Mon ministre des affaires étrangères va vous lire le rapport qu'il a fait dans mon conseil sur notre situation politique. »

Dumouriez prit immédiatement la parole et développa tous les griefs que la France avait contre l'Autriche depuis le traité de 1756.

Après la lecture de ce rapport, le roi reprit la parole en ces termes : « Pour ne pas voir plus longtemps la dignité du peuple français outragée et la sûreté nationale menacée, je viens aujourd'hui, aux termes de la Constitution, proposer à l'Assemblée nationale la guerre contre le roi de Hongrie et de Bohême. »

Le roi quitta la séance après la réponse du président, qui annonçait un prochain message dans lequel le gouvernement serait instruit des résolutions de l'Assemblée nationale. A cinq heures les députés se réunirent. Quelques-uns des plus modérés opinèrent pour la guerre; d'autres parlèrent dans un sens contraire; mais la majorité se prononça bientôt, et la question mise aux voix, la déclaration de guerre fut décrétée presque à l'unanimité.

A peine le décret fut-il rendu, que la foule qui remplissait la salle fit éclater les plus vifs applaudissements. Le décret fut, à onze heures du soir, offert à la sanction du roi, qui l'accorda sur-le-champ.

Ainsi fut entreprise, avec la principale des puissances confédérées, une guerre qui s'est prolongée un quart de siècle, qui a affermi la Révolution victorieuse, et qui a changé la face même de l'Europe.

Honneur aux hommes d'audace et de résolution qui, après avoir entendu le peuple français répondre à leurs cris de guerre, se lancèrent au-devant des périls avec la profonde conviction de ses triomphes ! Gloire aux auteurs de cette grande témérité, source de notre salut; le génie de la liberté les fit prophètes, et un jour le monde, affranchi par elle, bénira la guerre de la Révolution comme la plus juste, la plus sainte et la plus utile de toutes les guerres !

Voici maintenant quelles étaient les forces respectives des États qui allaient entrer en lice.

L'armée française, composée de 394 bataillons et de 206 escadrons, montait à 160,000 hommes d'infanterie et 35,000 de cavalerie. L'infanterie était belle, mais en proie à l'indiscipline, la cavalerie admirablement montée, mais on trouvait les régiments trop faibles et son ordonnance défectueuse. L'état-major, décimé par l'émigration, offrait peu de garanties de talent et d'expérience; l'artillerie se trouvait remplie d'officiers du plus grand mérite et de soldats instruits. Mais ce que l'Europe ignorait, ce que nous ignorions nous-mêmes, c'est que nous possédions les éléments de la meilleure des armées et la matière d'une suite de triomphes inouïs. Bientôt, et tandis que les émigrés s'imaginent que la fuite de tant d'officiers nous a laissés sans chefs et sans défense, les hautes inspirations de l'amour de la patrie, l'enthousiasme de la liberté, les premières merveilles de nos volontaires, les épreuves multipliées du champ de bataille, les dignités militaires accordées aux officiers et aux soldats, l'autorité dictatoriale des représentants, qui commanderont la victoire et la récompenseront sur le théâtre de l'action, feront surgir les Saint-Cyr, les Régnier, les Soult, les Jourdan, les Kléber, les Moreau, les Hoche, et toute une race de capitaines illustres, qui se renouvellera pendant la durée de la guerre.

L'armée prussienne passait pour la première du monde. Frédéric lui avait laissé une admirable discipline, une organisation forte; rien n'égalait la beauté de la cavalerie que le général Seidlitz avait formée sous les yeux du grand homme. Les places d'officiers appartenaient de droit à la noblesse; mais Frédéric, le moins superstitieux des hommes à cet égard comme à beaucoup d'autres, ne comptait pas les quartiers pour accorder un commandement, et fermait les yeux sur la supercherie d'un plébéien qui promettait un homme de tête et de courage. Pour Frédéric, on était assez noble quand on se battait bien; un descendant dégénéré de Turenne ou de Condé n'aurait peut-être pas obtenu un grade dans l'armée. La Prusse avait 186 bataillons et 233 escadrons; l'artillerie était nombreuse et assez instruite. L'armée autrichienne, humiliée par de nombreuses défaites en Silésie et dans la Saxe, avait repris quelque confiance en elle-même depuis les dernières affaires de Bohême et de Turquie, sous la direction du célèbre Landon; son système de recrutement, vicieux comme celui de la Prusse, était peu propre à entretenir l'esprit militaire; mais la Hongrie lui fournissait onze régiments d'infanterie et huit de cavalerie, qui, avec les Wallons, formaient l'élite des troupes impériales, composées de 232 bataillons et de 222 escadrons. On estimait le total de ces forces à 240,000 hommes d'infanterie, à 35,000 de cavalerie et 10,000 d'artillerie; mais ce nombre doit être réduit à cause des pertes éprouvées par l'armée allemande dans la campagne contre les Turcs, et provenues de quelques maladies épidémiques. La Saxe comptait 60,000 hommes sous les armes; le Hanovre, 30,000; la Bavière, 20,000; le Wurtemberg, 12,000; Bade, 4,000; les Hessois étaient de bons soldats, mais peu nombreux. L'Espagne avait 116,000 fantassins et 12,000 cavaliers. Quant à l'armée sarde, une des mieux instituées de l'Europe, elle offrait un effectif de 30,000 hommes d'infanterie et de 15,000 miliciens, et de 3,600 chevaux. Le mode de recrutement était volontaire; mais un système de milices bien entendu assurait au prince d'excellents renforts dans un corps de montagnards intrépides et qui rappelaient, pour la vigueur et le courage, les paysans du Jura.

A cette masse imposante s'étaient joints 20,000 émigrés français, dont 6,000 cavaliers, sous les ordres du prince de Condé et des maréchaux de Broglie et de Castries. Enfin le commandement suprême de toutes ces forces avait été confié au duc régnant de Brunswick, qui passait pour être le meilleur général de l'Europe.

L'armée française fut d'abord divisée en quatre corps : le premier, en Flandre, sous les ordres du maréchal Rochambeau (40,000); le second entre les Vosges et la Sambre, commandé par La Fayette (50,000); le troisième, en Alsace, dans les deux départements du Rhin, sous le commandement du vieux maréchal Lukner (40,000). Au midi, Montesquieu, avec le 4ᵉ corps (40 à 50,000), observait les Alpes et les Pyrénées. Dumouriez, alors ministre des affaires étrangères, dirigeait à la fois les opérations politiques et les opérations militaires.

La Fayette et Rochambeau furent chargés d'ouvrir les hostilités par l'invasion de la Belgique en débouchant de Lille, Valenciennes et Givet.

Le 28 avril 1792, le lieutenant-général Biron reçoit, du maréchal Rochambeau, l'ordre d'aller attaquer la ville de Mons dont la prise paraissait facile à l'aide des Belges, soulevés contre le gouvernement de l'Autriche. Le 29, à la pointe du jour, Biron sort de Valenciennes avec 10 bataillons d'infanterie et 10 escadrons de cavalerie. Le soir, il s'empare du village de Quiévrain, il marche vers Mons, et trouve en avant de cette place un corps de troupes composé de 1,800 hommes de cavalerie autrichienne et de 1,200 fantassins : ils étaient rangés en bataille et avaient à leur front 10 pièces de canon. La position des Français, et les sages mesures du général Biron, qui se borna d'abord à quelques escarmouches, semblaient promettre une victoire aisée. Tout à coup un mouvement se manifeste sur la ligne occupée par le 5ᵉ et le 6ᵉ régiments de dragons. Ils quittent le poste qui leur avait été assigné, et fuyant tout épouvantés vers la gauche du camp, ils s'y rangent en colonne. Le général Biron se porte à l'instant de ce côté, pour savoir la cause de ce mouvement; mais il ne put d'abord se faire entendre, et, forcé de suivre la colonne qui fuyait en criant: *Nous sommes trahis*, ce ne fut qu'après plus d'une heure d'efforts inutiles, qu'il parvint à rallier les fuyards dans la plaine et à les ramener au camp. Cependant tous les autres points de la ligne avaient éprouvé le même désordre ; les soldats, à la débandade, se sauvent à Valenciennes, en criant également : *Nous sommes trahis, Biron a déserté devant Mons, et le camp est au pouvoir de la cavalerie ennemie!* Le général, avec la colonne qu'il avait ralliée, rentre dans Quiévrain; mais, serré de près par les Autrichiens, qui profitent de la terreur des Français, il est presque aussitôt forcé d'abandonner ce poste. La retraite, ou plutôt la déroute, causa aux Français la perte de 250 hommes, qui restèrent sur le champ de bataille. Les Autrichiens s'emparèrent de 5 pièces de canon et firent beaucoup de prisonniers. Cette affaire eût eu de plus funestes suites si le maréchal de Rochambeau, qui était arrivé la veille à Valenciennes avec 3 régiments, ne les eût fait avancer au-delà d'Huin et n'eût pris position sur les hauteurs de Sainte-Sauve, d'où il dirigeait le feu de huit pièces de canon contre les Impériaux, qui n'osèrent avancer plus loin. Le ministre de la guerre donna ordre au général Biron de poursuivre les coupables et de faire un exemple. Il fit faire une enquête, dont le résultat fut que la masse du 5ᵉ régiment, commandée par le colonel Dampierre, avait fait son devoir, et que la déroute n'avait été occasionnée que par la terreur panique de quelques recrues nouvellement arrivées à l'armée.

Une autre expédition tentée sur Tournay eut une issue encore plus défavorable.

Le général Théobald Dillon, qui commandait à Lille, chargé de cette opération, part le 28 avril avec 10 escadrons de cavalerie : il rencontre à Marquain, à une demi-lieue des frontières, le général Beaulieu, commandant une colonne autrichienne. Nul mouvement ne se fait dans la ville. Un ordre précis enjoint à Dillon d'éviter tout engagement. Quelques signes d'insubordination, qui s'étaient manifestés dans sa troupe depuis son départ de Lille, lui en faisaient une loi. Il communique ses ordres à ses colonels, qui reconnaissent l'erreur profonde du ministre. Le signal de la retraite est donné. Elle s'opérait avec ordre, quand une décharge de 12 pièces de canon tombe sur l'arrière-garde : elle était encore hors de la portée de l'infanterie autrichienne, lorsque quelques hommes lâches ou vendus sèment l'épouvante parmi les escadrons qui fermaient la marche, et crient: *A la trahison! sauve qui peut!* Le désordre se met dans tous les rangs, les lâches fuient, les braves même sont entraînés. L'armée est poursuivie par les Autrichiens, tambour battant, jusqu'aux frontières. Le général et son aide-de-camp Dupont sont atteints d'un coup de feu en voulant rallier cette troupe en désordre. Dans sa déroute, elle perd ses bagages et 4 pièces de canon; la moitié des hommes périssent sur le chemin de lassitude et de besoin. Le reste entre pêle-mêle dans Lille, répand l'épouvante et met la ville dans le plus grand danger. Des Autrichiens faits prisonniers avant l'attaque sont lâchement massacrés, et le malheureux Théobald Dillon, ainsi que plusieurs de ses officiers, sont tués par leurs propres soldats. Un cri d'indignation et d'horreur s'élève dans l'armée; il retentit à la tribune de l'Assemblée législative. Arthur Dillon demande justice des meurtriers de son parent, de son ami, de son frère d'armes; les assassins subirent la peine de leur crime. Une pension est accordée à la veuve de l'infortuné Dillon, victime des dispositions imprudentes et des plans mal combinés du ministre.

La nouvelle de ces échecs vint flétrir les espérances prématurées qu'on avait conçues de la valeur française. Mais on jugea qu'arrivés simultanément, sans aucune cause connue, leurs fauteurs avaient évidemment le même but, et qu'ils ne pouvaient être que le résultat d'un complot tramé par les ennemis de la Révolution. Au reste, le mauvais succès de cette première expédition, au lieu d'affaiblir l'ardeur de l'armée, lui inspira une forte indignation et le désir d'effacer une tache que son honneur ne pouvait supporter : elle ne tarda guère à être satisfaite.

L'Assemblée nationale se déclara en permanence, et, entre autres mesures à prendre pour s'opposer à une invasion, elle ordonna la formation d'une armée de réserve tirée des départements; 20,000 hommes de ces nouvelles levées devaient camper sous Paris.

D'après le plan de Dumouriez, tandis que Rochambeau et Dillon auraient marché sur Mons et sur Tournay, La Fayette devait se porter sur Givet, à la tête de 10,000 hommes, bientôt suivis du reste de son armée, pour de là aller enlever Namur par un coup de main, et marcher sur Bruxelles et sur Liége. La Fayette arrivait en effet à Givet le 30 avril, après une marche forcée de cinq jours; mais là il apprend les désastres de Valenciennes et de Lille. Le but était manqué; La Fayette alla prendre position au camp de Valenciennes, se bornant à laisser à Bouvines une avant-garde de 3,000 hommes.

Nos premiers revers furent quelque peu compensés par la prise de Porentrui. Le maréchal Lukner, qui commandait dans les deux départements du Rhin, après avoir cantonné 10,000 hommes entre Landau et Weissembourg, chargea le général Custine d'occuper la principauté de Porentrui. Ce général partit aussitôt avec 300 dragons, 100 artilleurs et un millier de fantassins, et alla occuper le village de Rechesi, tandis que, par son ordre, le général Ferrière s'avançait avec 1,500 hommes sur Porentrui. Trop faible pour tenter de se défendre, le prince-évêque, souverain de cette principauté, prit aussitôt la fuite, escorté de ses gardes et suivi de 400 Autrichiens.

Cette occupation militaire ayant pour objet principal de mettre en état de défense cette partie des frontières de la haute Alsace, le général Custine fit aussitôt élever des retranchements sur la montagne de Laumont, pour y défendre les défilés de Bienne, Fribourg, Soleure et Bâle, et le but de l'expédition fut ainsi atteint sans que nos soldats eussent brûlé une amorce.

Cependant on commençait à reconnaître combien il était préjudiciable à la patrie d'avoir déclaré la guerre prématurément, avant que pas un des corps de l'armée française eût été mis en état d'entrer en campagne. Près de six semaines s'écoulèrent pendant lesquelles les parties belligérantes restèrent en observation. La Fayette, Rochambeau et Lukner ayant été appelés à Valenciennes pour être consultés, il fut enfin résolu que Lukner tenterait d'entrer en Belgique par la Flandre maritime, tandis que La Fayette occuperait le camp retranché de Maubeuge avec une partie de son armée.

Les hostilités recommencèrent, le 13 juin, par le combat de la Glinselle, où l'avant-garde de La Fayette, attaquée par les Autrichiens sous les ordres du général Clairfait, fut d'abord obligée de céder le terrain devant des forces supérieures. Secourus à temps par tout leur corps d'armée, les Français reprirent leurs positions, tandis qu'à son tour l'ennemi se repliait sur Mons. Dans cet engagement, le général Gouvion, qui commandait l'avant-garde de La Fayette, fut emporté par un boulet; du reste, les pertes furent égales et peu importantes de part et d'autre.

De son côté, Lukner, après être entré sans résistance dans la place de Menin, s'empara de Courtray (18 juin). Mais il ne put s'y maintenir longtemps : plusieurs colonnes autrichiennes et prussiennes le forcèrent bientôt à évacuer entièrement les Pays-Bas, et à se retirer au camp de Famars sous Valenciennes.

La guerre, sur les frontières du Nord, se continuait ainsi avec des avantages et des revers de peu d'importance. Attaqué dans Orchies, où il n'avait que 600 hommes de garnison, par 6,000 Autrichiens, dans la nuit du 13 au 14 juillet, le commandant Desmarest ne céda au nombre qu'après une glorieuse défense qui coûta à l'ennemi plus de 600 hommes. Vingt-quatre heures après, cette place était reprise par le général Massé, devant lequel les Autrichiens s'enfuirent honteusement. En même temps Custine se défendait avec opiniâtrete dans Laudau (12 août), et, après avoir battu le prince de Hohenlohe, il le forçait à s'éloigner de la place.

Cependant l'Assemblée nationale s'était vivement émue de l'évacuation complète des Pays-Bas par nos généraux. Bientôt la nouvelle de l'arrivée du roi de Prusse à Coblentz, à la tête d'une nombreuse armée, jeta l'alarme dans la France entière. Déjà, le 20 juin, les Tuileries avaient été envahies par une foule furieuse qui s'était livrée aux plus graves excès : le roi, coiffé d'un bonnet rouge, avait été forcé de boire avec cette populace effrénée descendue des faubourgs. En apprenant cet attentat, La Fayette, quittant son armée, était accouru à Paris, s'était présenté à la barre de l'Assemblée pour demander le châtiment des fauteurs de cette journée, et avait offert son appui au roi. Mais Louis XVI, dominé par son entourage, ne voyait plus de salut pour lui que dans les secours qu'il attendait de l'Autriche et de la Prusse; et la démarche de La Fayette n'eut d'autre résultat que de le déconsidérer auprès du parti populaire.

Bientôt, au sein de l'Assemblée nationale, Vergniaud et Brissot, accusent Louis XVI de s'opposer de tous ses efforts à l'élan du peuple : « On vous dit de poursuivre tous les intrigants, tous les factieux, tous les conspirateurs, s'écrie Brissot, et moi je vous dis que tous disparaissent si vous frappez sur le cabinet des Tuileries, car ce cabinet est le point où tous les fils aboutissent, où se trament toutes les manœuvres, d'où partent toutes les impulsions! La nation est le jouet de ce cabinet! »

Ces terribles questions de culpabilité et de déchéance sont commentées par la multitude, et la poussent au dernier degré d'exaltation. Le canon d'alarme se fait entendre, et le 11 juin, le président de l'Assemblée fait solennellement cette déclaration : « *Citoyens, la patrie est en danger!* »

Cela était vrai; et ce danger qui menaçait la patrie était grand, car l'armée des coalisés qui se disposait à franchir nos frontières était la plus formidable qui, depuis longtemps, eût été mise sur pied. Au traité de Pilnitz avait succédé celui de Berlin qui réunissait contre la France toutes les forces de l'Allemagne que nous avons énumérées plus haut.

Les coalisés, toutefois, ne comptaient pas seulement sur la grandeur de leurs moyens militaires; ils étaient convaincus qu'il suffirait que leurs soldats missent le pied sur notre territoire pour que la majorité des Français, touchée des malheurs de Louis XVI, se joignît à eux pour étouffer la Révolution et rétablir ce souverain dans toute la jouissance des droits qui lui avaient été enlevés. Cette erreur pouvait ne pas leur être funeste; mais ils y joignirent la menace, et ce fut une faute irréparable. Au lieu des paroles de concorde qu'il aurait dû adresser aux Français qu'il croyait disposés à se joindre à lui, le duc de Brunswick eut l'inconcevable folie de lancer, le 25 juillet, de son quartier général à Coblentz, cet insolent manifeste dans lequel, après avoir fait la plus amère censure de la Révolution, il ose dire à vingt-quatre millions d'hommes : « Qu'il vient, les armes à la main, relever le trône, l'autel et détruire l'anarchie; que les alliés puniront comme rebelles tous les Français, sans distinction, qui combattront les armes étrangères; qu'ils seront individuellement responsables s'ils ne s'opposent pas aux attentats des révolutionnaires contre le roi et sa famille; que toutes les autorités constituées, tous les citoyens seront punis de mort ; que toutes les villes et villages seront frappés d'exécution militaire et de pillage en cas de résistance et de désordre, et que si l'on fait tomber en seul cheveu de la tête du roi, il ne laissera pas à Paris pierre sur pierre..... »

Pas un émigré ne protesta contre ce monstrueux outrage au pays natal, mais un cri de colère et d'indignation fut poussé par le peuple : les enrôlements volontaires qui avaient été provoqués par la déclaration faite à la tribune du danger que courait la patrie, se continuèrent avec un véritable enthousiasme ; sur tous les points de la France surgirent, comme par enchantement, de nombreux bataillons qui s'élancèrent à la frontière pleins de résolution et de généreuse audace. En même temps, les hommes de la Révolution les plus influents résolurent de répondre à la terreur que le manifeste du duc de Brunswick pouvait faire naître, par une terreur encore plus grande : le 10 août le peuple attaque les Tuileries, s'en empare, et le roi, déclaré déchu, est emprisonné au Temple.

Le ministère fut destitué ; une nouvelle Assemblée nationale, sous le nom de *Convention*, fut projetée, et des commissaires, munis de pleins pouvoirs, députés vers les armées, s'assurèrent de leur fidélité. La Fayette seul refusa de les reconnaître, oubliant trop alors qu'il se devait à son pays bien plus qu'au parti qu'il espérait servir par ce refus. Eclairé bientôt sur sa véritable position, et, se séparant de son armée, il résolut d'aller retrouver la liberté dans les champs américains, où il avait combattu près de Washington. Contre le droit des gens et de la guerre, les Autrichiens le firent prisonnier et le jetèrent dans un cachot. Dumouriez le remplaça.

Chargé du commandement suprême de toutes les forces qui couvraient la frontière du Nord, depuis Dunkerque jusqu'à Strasbourg, Dumouriez ne se dissimulait pas les difficultés de sa position. Inconnu aux troupes sous ses ordres, il n'avait lui-même aucune notion exacte sur ses soldats, dont l'infériorité numérique vis-à-vis des armées compactes et aguerries des étrangers, n'était rien moins que rassurante. Son plan était de porter le théâtre de la guerre dans les Pays-Bas ; mais la prise de Longwy et la reddition probable de Verdun le força de prendre d'autres dispositions. Il se décida à occuper les défilés de la forêt de l'Argonne, qui longe les Evêchés et la Champagne, et par lesquels les alliés devaient passer pour marcher sur Paris ; dans ces gorges, qui ne permettaient pas de se développer, ils perdaient l'avantage du nombre et couraient la chance d'une défaite. Le duc de Brunswick, au lieu de précipiter sa marche, laissa à son adversaire le moyen de préparer sa résistance.

Le 19 août 1792, les coalisés passèrent la frontière. Le même jour, 22,000 Prussiens attaquèrent Fontoi, village fortifié situé entre Thionville et Longwy, et défendu par 4,000 hommes sous les ordres du maréchal de Luckner. L'attaque fut vigoureuse ; mais l'héroïsme des défenseurs de cette petite place suppléa au nombre : ils se battirent avec tant de valeur, se montrèrent si résolus à se faire tuer jusqu'au dernier plutôt que de se rendre, que l'ennemi, après des efforts inouïs et toujours impuissants, finit par se retirer en désordre sous le feu de la place, laissant les abords des retranchements couverts de ses morts et de ses blessés.

Malheureusement ce premier succès était insuffisant pour arrêter l'ennemi si nombreux qui se précipitait sur la Champagne. Pendant la nuit qui suivit cette belle défense, Lukner, sentant qu'il ne pourrait résister longtemps s'il demeurait isolé, se replia sur Thionville menacé par le prince de Hohenlohe-Kirchberg, à la tête de 25,000 hommes, formant l'aile gauche de l'armée ennemie, tandis que l'aile droite, forte de 30,000 hommes, commandée par le général Clairfait, prenait position à Carignan, et que le centre, comptant environ 50,000 hommes, marchait sur Longwy, conduit par le roi de Prusse en personne et par le duc de Brunswick.

Longwy, place forte de second ordre, était dans un excellent état de défense; 60 pièces de canon garnissaient ses remparts, et, bien que la garnison ne fût que de 1,800 hommes, elle pouvait, secondée par les habitants, opposer une longue résistance. Malheureusement le désordre qui régnait dans la place devait paralyser les efforts du gouverneur Lavergne, qui avait résolu de se défendre jusqu'à la dernière extrémité. Sommé de se rendre, le 19 août, il répond par un refus positif. Le 22, l'ennemi ouvre le feu contre les remparts; les 60 pièces françaises ripostent d'abord avec vigueur; mais leur feu, mal dirigé par des artilleurs inexpérimentés, ne fait que peu ou point de mal aux assiégeants, tandis que les bombes et les obus, qui commencent à tomber dans la ville, y jettent la confusion et l'effroi. Bientôt quelques maisons et deux magasins de fourrage deviennent la proie des flammes, et la terreur est à son comble. Le conseil municipal s'assemble; mais la salle des délibérations est aussitôt investie par une foule furieuse, qui demande à grands cris que les portes de la ville soient ouvertes à l'ennemi, et profère des menaces de mort contre ceux qui tenteraient de s'opposer à l'accomplissement de cette lâcheté. Les municipaux, effrayés de ces menaces, pressent le gouverneur d'obéir à la volonté du peuple, et Lavergne, ainsi abandonné des citoyens sur le concours desquels il avait compté, accepte, dans la matinée du 23 août, la capitulation qui lui est offerte : la garnison sort avec les honneurs de la guerre, mais elle demeure prisonnière des Prussiens.

Un seul des officiers municipaux, nommé Courtois, avait refusé de signer cette proclamation, déclarant hautement qu'il préférait la mort au déshonneur. On brûla sa maison, et quelques jours après, étant tombé dans un parti prussien, le commandant, encore irrité du souvenir de sa noble fermeté, le condamna à être pendu; arrêt contraire aux usages de la guerre et fait pour déshonorer celui qui l'avait rendu. Mais, au moment où on l'entourait pour l'accrocher au clou, Courtois saute cinquante marches d'un escalier, tombe dans une écurie et gagne un grenier, d'où il s'élance dans la rue par un œil de bœuf. Armé seulement d'une fourche, ce brave renverse tout ce qui s'oppose à son passage, fait plusieurs prisonniers et les ramène aux avant-postes de l'armée française.

Son patriotisme et son courage méritaient une récompense. Il fut aussitôt nommé lieutenant en présence des soldats, qui prirent les armes et le saluèrent de leurs acclamations.

Le siége de Verdun, qui eut lieu peu de jours après, devait être également malheureux pour nos armes, à cause de la pusillanimité des habitants de cette ville, et célèbre par la généreuse résistance et l'honorable désespoir du commandant de place Beaurepaire. Le 30 août l'armée prussienne avait pris position, trois batteries sont promptement construites par l'ennemi pour battre les remparts et jeter des bombes dans la ville. Le 31, le feu commence et acquiert bientôt une violence prodigieuse : les boulets ennemis pleuvent de toutes parts ; plusieurs maisons sont incendiées. Alors, comme à Longwy, les autorités civiles demandent au conseil de défense que l'on ouvre les portes. Beaurepaire résiste ; l'ennemi offre une capitulation ou menace de l'escalade. Les habitants, dont les vœux se confondent avec ceux des ennemis de la patrie, détruisent les subsistances et anéantissent les approvisionnements. La terreur d'un premier bombardement, les horreurs du pillage, dont ils se voient menacés, éteignent tout sentiment généreux. La garnison est pleine de bravoure, elle veut combattre, elle entend la voix de Marceau et celle de ses dignes émules de gloire, les chefs de bataillon Lemoine et Dufour. Enflammée par l'exemple de son intrépide commandant, le colonel Beaurepaire, elle se prépare aux plus héroïques efforts ; c'est en vain : la reddition est résolue. Beaurepaire, indigné d'une pareille lâcheté, ne peut survivre à cet affront ; repoussant d'une main la plume qu'on lui présente pour signer la capitulation, de l'autre il prend un pistolet à sa ceinture et se fait sauter la cervelle.... « Et la France, dit un historien moderne, n'a pas encore élevé une statue à celui qui donna un si bel exemple à ses défenseurs ! »

Marceau fut chargé d'aller porter la capitulation au monarque ennemi, devoir cruel que les lois de la guerre imposent au plus jeune officier. Le front couvert d'un bandeau, il s'avance de la place vers ces troupes étrangères, qu'il aurait vaincues si l'on eût suivi ses conseils. Des larmes inondaient son visage ; le roi de Prusse les vit couler. Il dut penser qu'avec de tels hommes la France allait devenir invincible. Marceau avait perdu pendant le siége ses équipages, ses chevaux, son argent : « Que voulez-vous que l'on vous rende ? lui dit un représentant du peuple. — Un sabre nouveau pour venger notre défaite, » répondit le guerrier.

Le roi de Prusse reçut à Verdun un accueil qui ressemblait presque à de

SIÉGE DE THIONVILLE.

l'enthousiasme. Les partisans de la monarchie, dont la chute était imminente, voyaient en lui un libérateur. Des jeunes filles belles et pures, le front orné de fleurs, allèrent à sa rencontre, et lui présentèrent l'imprudent témoignage de la joie de leurs parents. Mais, quelques mois plus tard, la Convention prit le pouvoir, et Fouquier-Tinville fit tomber sous le sanglant couteau toutes ces têtes virginales qui avaient porté de riantes couronnes.

Thionville, une des fortes places du nord de la Lorraine, avait été investie par les Prussiens presque en même temps que Longwy et Verdun; mais l'ennemi devait trouver là une résistance bien autrement énergique que celle qui leur avait à peine disputé ces deux dernières villes. Sommé de se rendre, le 24 août, le général de Wimphen, qui y commandait, répondit :
« Il n'est pas impossible que vous brûliez la ville et que vous en égorgiez
« les habitants, ainsi que vous l'avez annoncé ; mais jamais vous ne ferez
« commettre une lâcheté à moi non plus qu'aux braves que je commande. »
En même temps les habitants, pour montrer qu'ils partageaient les sentiments de l'habile et intrépide général, placèrent sur leurs remparts un cheval de bois, au cou duquel ils avaient attaché une botte de foin avec cette inscription : *Quand ce cheval aura mangé le foin, Thionville se rendra.*

Wimphen n'avait pourtant que 5,000 hommes sous son commandement, et la ville était assez mal approvisionnée; mais il comptait, avec raison, sur le concours et le dévouement des citoyens, qui devaient, en effet, justifier cette confiance.

Cependant les Prussiens établissaient des batteries, faisaient rougir des boulets : pendant quinze heures la ville fut inondée d'une pluie de fer et de feu. Mais rien ne semblait devoir intimider les habitants, et, tandis que les canons de la place répondaient avec succès à ceux de l'ennemi, les rues étaient gardées par d'intrépides habitants qui couraient sur les bombes pour en éteindre les mèches, et ramassaient avec des cuillères de fer les boulets rouges et les jetaient dans des puits remplis d'eau.

Il serait impossible de rapporter tous les traits d'audace, d'intrépidité, de dévouement qui se produisirent pendant ce siège mémorable. Wimphen ayant appris que les assiégeants avaient formé à Gavisse un dépôt considérable d'approvisionnements de toute espèce, prend la resolution de le détruire; pour y parvenir, il fait d'abord couper un pont jeté par l'ennemi sur le Castenon. Cette opération terminée, un volontaire se jette à la nage, traverse la Moselle, s'empare, sur l'autre bord, d'un canot, et le ramène sur la rive d'où il est parti. A l'aide de cette embarcation, Wimphen et 14 volontaires passent la rivière, surprennent un poste prussien et l'anéantissent; puis ils s'emparent du dépôt, et, en un instant, vivres, boissons, munitions sont jetés à la rivière.

Désespérant de vaincre l'énergique défenseur de Thionville, les coalisés tentèrent de le corrompre et lui firent offrir un million pour prix de sa soumission. « J'accepte, répondit en riant le brave général, à condition que « l'acte devant me garantir cette somme sera passé par-devant notaire. »

Le siége continua donc, mais la garnison s'affaiblissait de jour en jour, en même temps que les assiégeants se grossissaient des renforts qui leur arrivaient incessamment. Wimphen conçut alors le projet d'envoyer demander du secours à Metz. La mission était des plus périlleuses; car la place était, sur tous les points, serrée de très-près. Le général demande un homme de bonne volonté. Trois hussards se présentent; une expédition de la dépêche est remise à chacun d'eux; ils partent au galop, et traversent la première ligne ennemie. Un peu plus loin des *qui-vive* se font entendre; pour toute réponse, les hussards mettent le sabre à la main et piquent des deux. Vingt coups de fusils retentissent en même temps; deux des hussards tombent morts; mais le troisième n'est pas atteint : on l'entoure; il se dégage à coups de sabre, et, couvert de blessures, il arrive à Metz, et remet sa dépêche au commandant.

Il est indispensable, ici, de faire un pas en arrière, et d'entrer, pour l'intelligence des faits, dans quelques détails topographiques qui ont, en outre, le mérite de donner une juste idée du génie des hommes de guerre les plus justement célèbres de cette époque.

Si le duc de Brunswick avait marché sans retard au-devant des corps peu nombreux et mal unis qui sortaient des environs de Metz, et qu'il eût laissé des forces suffisantes, non seulement pour attaquer, mais pour contenir les Français dans l'Alsace, jamais, malgré les enrôlements volontaires et l'habile activité du ministre de la guerre Servan, la France ne se serait vue plus près de sa perte; jamais, peut-être, un général en chef ne se serait trouvé dans une position plus désespérée que celle de Dumouriez.

Ce fut à Sedan, où il était venu prendre le commandement de l'armée de La Fayette, que Dumouriez apprit la prompte reddition de Lonwy, le blocus de Thionville et la marche de l'armée prussienne sur Verdun, qui était beaucoup moins capable de résister que la place de Longwy. Changeant aussitôt son plan de campagne, le général français abandonne, avec un corps de 8 à 10,000 hommes, le camp de Maulde, afin de tenir en échec, à la tête de cette faible troupe, mais en comptant sur les renforts qu'il appellera à lui, une armée de 70,000 hommes, exercée aux plus savantes manœuvres.

Dumouriez ne se déconcerta pas; il commença par rassurer les troupes, puis, assemblant un grand conseil de guerre composé des généraux Dillon, Vouilliers, Chazot, Dangest, de Dietmann, et du commissaire ordonnateur Petiet, il fit ainsi l'exposé de la situation :

« Le roi de Prusse ayant pris Longwy et marchant sur Verdun, un autre corps d'armée s'étant porté sur Thionville et menaçant Metz, il n'y a aucun moyen, ni d'opérer une jonction avec le maréchal de Lukner, ni de recevoir d'ailleurs des secours assez prompts pour délivrer Verdun..... Il faut donc regarder cette place comme perdue.

« Ainsi nous ne pouvons compter que sur la petite armée que nous avons ; elle est chargée du salut de la patrie. Elle ne renferme, il est vrai, que le quart des forces de l'ennemi, mais la cavalerie est composée des meilleurs régiments de France, au nombre de plus de 5,000 hommes ; l'infanterie, au nombre de 18,000, est composée, pour plus de moitié, de régiments de ligne, le reste de bataillons de gardes nationales, bien disciplinés, aguerris par une année de campement, de marches et de combats continuels ; l'artillerie est nombreuse et excellente, ayant plus de 60 pièces de canon, outre les pièces des bataillons.

« Avec ces moyens, et dans son propre pays, il faut tout espérer, parce que les Prussiens seront naturellement retardés par la nécessité des siéges, par la difficulté des vivres, par la longueur des convois, par leur propre nombre et par la formidable quantité de leur cavalerie. Mais, que les brillants équipages de tant de princes, que la quantité de chevaux de trait nécessaires à leur artillerie rendent leur marche pesante et embarrassée, nous ne pouvons pas, néanmoins, rester inactifs dans la position de Sedan : il faut prendre un parti. »

Dillon, malgré son ardeur à courir à l'ennemi, proposa l'absurde projet de se retirer derrière la Marne et d'en disputer le passage, pour couvrir la capitale, et se tenir à portée des renforts qui, dès lors, se mettraient en marche de tous les points de la France. Bien qu'approuvé par tous les autres membres du conseil, ce plan ne fut point adopté par Dumouriez. Il pensait qu'outre le danger des mouvements rétrogrades devant un ennemi supérieur, et l'inconvénient de laisser à sa disposition les contrées fertiles des départements de la Meurthe et de la Moselle, ce plan péchait par la base, et que la Marne étant guéable partout, ne pourrait arrêter l'ennemi qui, après avoir facilement franchi cet obstacle, pousserait l'armée française sur Paris. Il dit néanmoins qu'il y réfléchirait ; mais la séance était à peine levée, que déjà sa résolution était prise, et que, montrant à son aide-de-camp Thouvenot, sur une carte, la forêt de l'Argonne, il disait : « Voilà les Thermopyles de la France ; si j'ai le bonheur d'y arriver avant les Prussiens, tout est sauvé. »

Cette forêt de l'Argonne est une lisière de bois qui, courant du sud-est et nord-ouest, s'étend depuis Passavant jusqu'à une lieue au-delà de Sainte-Ménehould, et près de Sedan. Elle comporte une longueur de 13 lieues ; sa largeur varie de 1 à 4 lieues. Elle sépare les anciens Evêchés, pays riche et fertile, de la Champagne-Pouilleuse, contrée la plus stérile et la plus misérable de la France. Coupée par des montagnes, des rivières, des ruisseaux, des étangs, des marais, elle est à peu près impénétrable pour une armée en marche, excepté sur cinq points ou débouchés plus ou moins praticables. Le plus large de ces débouchés est celui du Chêne-Populeux, où se trouve le chemin de Sedan à Rethel ; celui de la Croix-aux-Bois, moins ouvert que le précédent, conduit de Bouquenai à Vouziers; le troisième est Grand-Pré, où se trouve la route de Stenay à Reims; le quatrième est celui de la Chalade, qui conduit de Varennes à Sainte-Menehould ; enfin le cinquième est celui des Islettes, où passe la grand'route de Verdun à Paris.

C'était cette position de treize lieues d'étendue qu'il s'agissait de défendre, et il fallait, pour y parvenir, gagner les débouchés dont nous venons de parler par des marches dont l'ennemi ne pût pénétrer le but; ce qui était d'autant plus difficile, que Stenay était occupé par l'avant-garde de l'armée ennemie, sous les ordres de Clairfait, et que les autres positions étaient plus rapprochées de l'ennemi que de l'armée française.

Dillon, qui, avec une avant-garde de 5,000 hommes devait occuper le défilé des Islettes et une position à la Chalade, se mit en mouvement le 31 août, et attaqua vigoureusement l'avant-garde autrichienne, composée de 6,000 hommes, qui furent obligés de repasser la Meuse, pour se replier sur leur corps d'armée. Le lendemain, le général Chazot partit avec 5,000 hommes pour conduire l'artillerie et les équipages. En même temps, Dumouriez se mettait en marche à la tête des 13,000 hommes qui lui restaient, et suivait la même route que Dillon.

Le 3 septembre, Dillon était maître des défilés de Varennes, de la Chalade et des Islettes; le lendemain 4, Dumouriez occupait le camp de Grand-Pré. Il plaça alors au Chêne-Populeux le général Dubouquet avec une division nouvellement organisée à Reims, et il confia la défense de la Croix-au-Bois à 300 dragons et à 1,000 hommes d'infanterie. Dès lors le but était atteint : Dumouriez était maître des défilés de l'Argonne.

Tandis que cela se passait, les Prussiens prenaient Verdun et assiégeaient Thionville, comme on l'a vu plus haut. Cela n'intimida pas Dumouriez, qui écrivit alors à Servan, ministre de la guerre : *Verdun est pris; j'attends les Prussiens; le camp de Grand-Pré et celui des Islettes sont les Thermopyles de la France; mais je serai plus heureux que Léonidas.*

Pendant huit jours, c'est-à-dire jusqu'au 11 septembre, tout se passa, sur ce point, en escarmouches et affaires d'avant-postes. Dumouriez attendait des renforts qui ne pouvaient tarder à lui arriver. Beurnonville n'était plus qu'à quelques lieues, et Kellermann n'avait plus que huit jours de marche pour arriver à Bar. Le général en chef allait donc se trouver à la tête de 60,000 hommes d'excellentes troupes, et si la ligne qu'il s'était proposé de tenir était bien gardée, elle devait être inexpugnable. Malheureusement le colonel à qui l'on avait confié la défense de la Croix-aux-Bois reçut, le 11 septembre, l'ordre de revenir à Grand-Pré avec la troupe qu'il commandait, en même temps qu'on faisait marcher un bataillon des Ardennes et 60 cavaliers de la gendarmerie nationale pour remplacer les forces qui quittaient la Croix-aux-Bois; mais le poste se trouva abandonné, le 12 au matin. Le général

Clairfait apprit aussitôt cette haute imprudence par ses espions, et le 13, il dirigea sur la Croix-aux-Bois le prince de Ligne, qui s'empara des abatis informes que nous y avions faits. Les chemins permirent même à la cavalerie et à l'artillerie de le suivre. A la première nouvelle de l'occupation par l'ennemi de ce poste important, Dumouriez ordonna au général Chazot de prendre avec lui deux brigades et six escadrons, ainsi que de l'artillerie, et d'enlever sur-le-champ, à la baïonnette, la position qu'avait prise le prince de Ligne, qu'il fallait absolument rejeter hors du défilé si malencontreusement abandonné. Chazot, retenu et arrêté, on ne sait par quel motif, laissa passer toute la journée du 14 sans attaquer. Le 15, du camp de Grand-Pré on entendit un feu très-violent ; enfin, à onze heures du matin, un aide-de-camp du général Chazot vint annoncer que les Autrichiens avaient été forcés de se retirer et que le général de Ligne avait été tué. Mais, quelque temps après, attaqué par des forces supérieures avant d'avoir eu le temps de se retrancher, Chazot fut contraint de se replier sur Vouziers en laissant ses canons au pouvoir du vainqueur.

Dumouriez reçut cette fatale nouvelle à cinq heures du soir. Les choses allaient mieux d'un autre côté : le général Dubouquet, pendant l'affaire de la Croix-aux-Bois, avait été attaqué par le corps des émigrés, qu'il avait vivement repoussé ; il était dans la joie de ce succès, lorsque, instruit tout à coup du malheur du général Chazot, réduit à reculer sur Vouziers, il résolut de profiter de la nuit pour se retirer, par Attigny et Somme, sur Châlons. Ainsi les Autrichiens se trouvèrent maîtres, dans la forêt de l'Argonne, des débouchés du Chêne-Populeux et de la Croix-aux-Bois.

La position de Dumouriez devenait déplorable : le camp de Grand-Pré, abandonné à lui-même, avait en face la grande armée prussienne, tandis que Clairfait et Kalkreuth pouvaient marcher rapidement sur Brecy, se placer à Senucque, enfermer ainsi l'armée nationale, et la forcer à déposer les armes ; car il lui aurait été impossible de se faire jour sur l'Aisne.

Plein de confiance dans ses troupes, le général français ne désespéra pas de tout réparer. Enflammé par une pensée heureuse et sagement téméraire, il résolut de tenir ferme à Sainte-Ménehould ; lors même que les alliés feraient mine de le tourner et de vouloir lui barrer la route de Paris, ne lui resterait-il pas celles de Metz et de Vitry ? Il y avait plus que de l'audace dans ce parti ; quelle foudroyante responsabilité allait tomber sur la tête de son auteur, s'il était trahi par la fortune, ou seulement si, avant l'exécution, Paris, instruit de la situation critique des affaires et surpris par l'effroi du danger, venait à pousser le cri fatal de trahison !

Conformément au nouveau plan de Dumouriez, Beurnonville, qui se trouvait à Rhetel, reçut l'ordre de gagner Sainte-Ménehould ; les généraux Dubouquet et Chazot suivirent ce mouvement ; Kellermann fut supplié, au nom du salut de l'Etat, d'arriver en toute hâte, pour opérer la jonction des deux armées. Dillon dut se charger de défendre jusqu'à la dernière extrémité les passages de la Chalade et des Islettes, et de jeter de nombreux éclaireurs sur l'aile gauche de l'ennemi, afin d'inquiéter et de gêner sa marche.

Le général en chef, avant de commencer son mouvement, se hâta de placer sur les hauteurs d'Olizy, de Termes et de Beauregard, 6 bataillons et autant d'escadrons, avec quelques pièces de position, faisant face à la Croix-aux-Bois, pour arrêter l'ennemi dans le cas où il voudrait se porter sur Senucque. Ces dispositions faites, Dumouriez s'empressa de faire filer son parc d'artillerie sur les hauteurs d'Autry, de l'autre côté de l'Aisne.

Un temps épouvantable favorisait Dumouriez, qui, du reste, ne laissait voir aucun projet de retraite; il la préparait en secret, lorsque le prince de Hohenlohe lui fit demander une entrevue. Ne pouvant s'y rendre lui-même, de peur d'éveiller les soupçons, Dumouriez envoya le général Duval, officier d'une figure vénérable, plein de talent, de courage et d'urbanité. Le prince, en parcourant nos avant-postes avec Duval, ne dissimulait pas le sentiment de surprise qu'il éprouvait en voyant à la tête des jeunes soldats beaucoup d'officiers instruits et décorés. Hohenlohe ne put soupçonner que nous eussions l'intention de nous retirer; pour le confirmer dans sa sécurité, le général français commit l'adroite indiscrétion de lui avouer que le lendemain Beurnonville faisait sa jonction avec 10,000 soldats, et que les 30,000 hommes de Kellermann n'étaient plus qu'à deux journées de marche.

Le camp de Grand-Pré fut levé à trois heures du matin; à huit heures les dernières troupes passèrent les ponts de Senucque et de Grand-Pré, et se joignirent à l'armée, qui se rangeait en bataille sur la hauteur, avec tout son matériel de guerre, n'ayant abandonné que quelques tentes à l'ennemi.

Cette retraite, si habilement combinée, faillit dégénérer en une déroute par suite d'une terreur panique. Le général Chazot, qui devait partir de Vouziers à minuit, ne s'était mis en marche qu'à la pointe du jour. En arrivant à Vaux, il rencontra la cavalerie légère prussienne. L'apparition subite et inattendue des hussards ennemis répand l'épouvante; la division se croit coupée; elle se jette sur quelques colonnes de l'armée, auxquelles elle communique cette frayeur, et voilà 10,000 hommes fuyant devant une poignée de hussards! Le général, qui était allé avec Thouvenot visiter un camp à Dammartin-sur-Hans, voit venir les fuyards; mais il trouve, à sa grande satisfaction, Miranda faisant bonne contenance avec l'arrière-garde, et forçant bientôt l'ennemi à se retirer. Nos troupes, entièrement ralliées, passèrent la nuit sous les armes à Dammartin; l'avant-garde à Vigny.

Le 17, le général, non sans peine, remit l'ordre dans les corps; il franchit la Bionne et vint occuper le camp de Sainte-Ménehould sans être inquiété par l'armée ennemie qui s'avançait lentement et à tâtons. Son avant-garde ne parut que le 18 devant les Français.

A peine établi, Dumouriez écrivit au ministre Servan, pour lui faire part

BATAILLE DE VALMY.

de tout ce qui s'était passé. « Soyez sans inquiétude, lui mandait-il ; l'ennemi s'est contenté de recueillir les fruits de l'erreur de l'armée. Aujourd'hui cette erreur est connue ; l'armée me témoigne la plus heureuse confiance, elle est en bon ordre et a bon courage. Ce qui est arrivé n'est point une retraite, c'est une fuite de 10,000 hommes devant 1,500 ; encore si les 1,500 eussent poussé leur pointe, ils eussent mis la déroute dans l'armée. Cela n'arrivera plus. Beurnonville m'a joint avec 10,000 hommes : je puis encore répondre du salut de ma patrie ; je vais faire des punitions terribles. Je vous renverrai les bataillons qui ont abandonné leurs canons ; je préfère 1,000 hommes de moins avec moi et ne point avoir de lâches. »

Dumouriez ne tarda point à punir, suivant sa menace, ceux qui avaient déserté le poste de l'honneur. Dillon lui ramena 28 fuyards. Il leur fit raser les sourcils et les cheveux, leur ôta leurs uniformes, et les renvoya avec opprobre. Ces hommes étaient doublement coupables ; car, après la lâcheté de leur conduite, ils avaient, pour excuser leur terreur, répété partout que les généraux avaient passé à l'ennemi. Cet exemple d'une juste sévérité produisit les plus salutaires effets sur l'armée. Cependant, après avoir failli l'entraîner dans une déroute générale, les misérables que Dumouriez venait de renvoyer d'une manière si infamante, risquèrent encore de tout perdre en répandant la nouvelle d'une grande déroute qui avait engagé Beurnonville à se replier sur Châlons, et Kellermann à faire un mouvement en arrière sur Vitry. Si les chefs ennemis avaient eu de l'audace et de la célérité, s'ils avaient su profiter de l'occasion pour frapper vite et fort, ils auraient pu empêcher la réunion de nos deux généraux avec Dumouriez. Kellermann et Beurnonville reçurent des lettres pressantes du général en chef, et la jonction des troupes françaises fut complète le 19.

L'armée prussienne, ce même jour, s'établit au camp de Massiges : Clairfait se rapprocha et prit possession à Maure : le général Kalkreuth fut placé à Ripont, et les émigrés à Suippe. Le duc de Brunswick se posta, dès la pointe du jour, sur les hauteurs de Montremoi, près de Ville-sur-Tourbe. Il reconnut un corps de 7 à 8,000 Français, mais il ne put pas découvrir les positions que couvrait notre corps d'armée principal.

De faux rapports, dus sans doute à la singulière présomption des officiers amis des émigrés, lui représentèrent l'armée française comme se retirant précipitamment et en désordre sur Châlons ; le roi de Prusse pensa que nous cherchions à éviter une action. Il voulut nous couper la retraite et nous forcer à combattre.

Le 20, à six heures du matin, l'avant-garde ennemie marcha par la droite sur Somme-Bionne ; un brouillard très-épais ne permettait pas de distinguer les objets à vingt-cinq pas. Le duc de Brunswick dirigea son avant-garde de manière à tourner les sources de la Bionne ; à peine les troupes ennemies eurent-elles fait une demi-lieue qu'elles rencontrèrent quelque peu de cavalerie française soutenue par du canon, qui se replia ; l'armée prussienne arriva ainsi sur la route qui conduit de Sainte-Ménehould à Châlons.

Dumouriez avait engagé Kellermann à s'établir entre Dampierre et Élise, derrière l'Auve, et à prendre, en cas d'attaque, les hauteurs du moulin de Valmy et de Gizaucourt pour champ de bataille. Malheureusement, confondant la position où Dumouriez lui conseillait de tendre son camp avec celle qu'il lui indiquait comme étant très-propre à recevoir une action, Kellermann était venu occuper les hauteurs de Valmy, en prenant la précaution d'établir sa formidable artillerie sur le plateau du moulin. Dès que le brouillard se fut dissipé, le général en chef, du camp de Sainte-Ménehould, s'aperçut de la méprise de son collègue nouvellement arrivé ; et, le voyant déjà débordé sur sa gauche ainsi que dans l'impossibilité de s'étendre sur la hauteur de Gizaucourt, il envoya le général Chazot avec 9 bataillons et 8 escadrons pour se poster derrière cette position importante, prendre les ordres de Kellermann et soutenir la gauche, tandis que le général Stengel, placé à l'extrémité de l'Yron, protégerait sa droite.

En seconde ligne, Dumouriez plaça derrière Stengel une colonne de 16 bataillons qui se développerait sur l'Yron dans le cas où Brunswick voudrait tenter un effort sur Stengel et le déborder ; la droite de Beurnonville fut couverte par le général Leveneur avec 12 bataillons et 8 escadrons, qui avaient l'ordre de se diriger sur Vigny par Bézieux et de tourner ainsi l'aile gauche de l'ennemi.

Les Français exécutaient avec précision ces divers mouvements, tandis que les Prussiens se déployaient lentement sur la Lune, dans l'alignement de Felcour à Somme-Bionne : 58 bouches à feu protégeaient leur front. Aussitôt qu'elles furent découvertes, il s'engagea une vive canonnade. Les Prussiens, écrasés par notre artillerie, démasquent de nouvelles batteries ; Dumouriez, à son tour, fait serrer la seconde ligne sur la première, et redouble son feu. La victoire va pencher de notre côté, lorsque l'ennemi, changeant tout à coup la position de ses obusiers, porte le désordre et la mort dans les rangs des troupes de Kellermann, qui, s'étant imprudemment avancé, voit tomber mort son aide-de-camp et a son cheval tué sous lui. Au même instant, des obus éclatent au milieu des caissons français, en font sauter deux avec une détonation épouvantable. La première ligne rétrograde, les conducteurs des charrois s'enfuient et brisent les lignes ; le feu meurt faute de munitions. Il était temps d'agir ou l'armée allait être perdue. La réserve d'artillerie à cheval, aux ordres du général d'Aboville, se précipite près du moulin de Valmy ; elle vomit une grêle de boulets, rétablit le combat, et Dumouriez rallie les troupes. Brunswick, qui veut profiter du désordre que ses batteries ont jeté dans l'armée française, dispose trois colonnes d'attaque : celle de gauche se dirigeait sur le village, la colonne du centre sur le moulin, la troisième, de droite, était en échelon plus en arrière, suivant les mouvements progressifs des deux premières colonnes. Les Prussiens marchaient sous le feu de notre artillerie avec cet aplomb et ce calme qui ne quittent que rarement des troupes manœuvrières ; Kellermann avait formé son armée en colonne par bataillon. La vue de ces masses profondes d'infanterie, et le sang-froid intrépide des artilleurs, électrisent l'héroïque général. « Camarades, s'écrie-t-il, le moment de la victoire est venu ; laissons arriver l'ennemi sans tirer un seul coup et chargeons-le à la baïonnette ! » Puis, mettant son chapeau au bout de son épée : *Vive la nation! allons vaincre pour elle!*

La ligne française se raffermit. Un cri immense : *Vive la nation!* s'élève sur tout notre front, et porte l'étonnement chez les Prussiens. Ils hésitent, et semblent s'arrêter devant la clameur inattendue qui leur annonce que cette France insultée par le mépris des émigrés, possède, sur le plateau de Valmy, des enfants prêts à mourir ou à vaincre pour elle ! L'artillerie redouble d'efforts, elle brise avec ses boulets les colonnes ennemies. Brunswick comprend que ce n'est pas la victoire, mais la ruine qui l'attend ; il donne le signal de la retraite ; les colonnes d'attaque rétrogradent lentement et en bon ordre.

Pendant cette canonnade, Clairfait, après avoir passé la Bionne à Hans, avait vainement tenté d'entamer l'extrême droite de Kellermann, c'est-à-dire les troupes sous les ordres du général Stengel ; toujours repoussé, l'ennemi ne put pas tourner la position de Valmy.

A quatre heures du soir, Brunswick et Clairfait voulurent tenter de nouvelles attaques contre Kellermann et Stengel ; reçus comme la première fois, ils furent obligés de battre de nouveau en retraite. A sept heures, le feu cessa de part et d'autre. Les troupes de Dumouriez rentrèrent dans leur camp, celles de Kellermann bivouaquèrent sur le champ de bataille.

Pendant la nuit, Kellermann exécuta le mouvement que la bataille avait interrompu : il passa l'Auve et se rangea sur les hauteurs à gauche de Gizaucourt, couvrant la route de Vitry et menaçant la droite de Brunswick.

Celui-ci, le lendemain, forma ses colonnes ; les émigrés, qui composaient l'avant-garde ennemie, se portèrent en avant pour recommencer le combat ; mais quelques volées de canon avertirent le prince prussien de la manœuvre habile de son adversaire, et il renonça dès lors à vouloir le forcer dans sa nouvelle position.

Telle fut *la canonnade de Valmy*. L'armée française eut de sept à huit cents morts ou blessés ; les pertes des Prussiens durent être beaucoup plus considérables ; mais, sans compter la perte numérique, la possession du champ de bataille de Valmy qu'en vain Brunswick, ou plutôt le roi de Prusse, avait tenté d'occuper, était pour de jeunes soldats un encouragement, un prélude de triomphes. Les officiers ennemis sentirent la faute qu'ils avaient faite; ils accusèrent avec aigreur les émigrés de les avoir trompés. Les émigrés, à leur tour, auraient pu reprocher aux alliés une lenteur et une indécision également funestes. Quoi qu'il en soit, Dumouriez présenta la retraite des colonnes ennemies comme un succès décisif; et dès lors la France et le général en chef purent compter sur l'armée.

La retraite du duc de Saxe-Teschen ne précéda que de bien peu celle du duc de Brunswick. La position des deux armées, en Champagne, était des plus singulières : les troupes prussiennes tournaient le dos à Paris, et l'armée française lui faisait face. Ainsi, théoriquement parlant, ces deux corps se trouvaient dans une situation fausse et hasardée ; mais Dumouriez avait un immense avantage : ses communications étaient libres avec Vitry et Bar, dont il recevait facilement des approvisionnements de toute espèce, tandis que les Prussiens se voyaient réduits à prendre un détour immense pour faire arriver des convois de vivres. Les distributions manquaient, et les troupes, attaquées d'une dyssenterie épouvantable, vivaient d'eau crayeuse et d'une décoction de blé. Plusieurs régiments avaient perdu le tiers de leur effectif par la maladie ; le reste était considérablement affaibli. Telle était la situation des Prussiens, lorsque le duc de Brunswick, informé d'ailleurs que de nombreux renforts arrivaient chaque jour aux Français, sentit la nécessité de battre en retraite. Le roi de Prusse voulut d'abord s'opposer à cette mesure ; il parlait de risquer une bataille ; l'opinion du duc l'emporta.

La retraite des Prussiens commença le 30 septembre; le 10 octobre ils étaient à Verdun. Le 11, ils évacuèrent cette place; aussitôt tous les postes environnants furent occupés par le général Arthur Dillon, frère de Théobald Dillon, si horriblement massacré à Lille peu de temps auparavant. En même temps, le général Galbaud plaça 10 pièces de canon sur le mont Saint-Barthélemi, qui domine la citadelle à 350 toises de la place. Dillon fit précéder le feu d'une sommation de se rendre; il y eut d'assez longs pourparlers. Enfin, le 14, les portes s'ouvrent; Dillon fait son entrée à la tête de ses troupes, et reprend possession de la ville de Verdun au nom de la République française.

La retraite continuant, le siège de Thionville fut complétement levé le 16. Longwy était dès lors la seule place de France qui fût encore au pouvoir de l'ennemi.

Kellermann, qui poursuivait les Prussiens et leur faisait de nombreux prisonniers, occupa Etain le 14. Le 18, il arriva devant Longwy. Le 20, les Français prirent position sur les hauteurs de Rouvroy et de Longuyon, à Cosne, en vue Longwy, qui fut sommé de se rendre. Les Prussiens offrirent de se retirer ; mais le général français exigea que la ville lui fût remise dans l'état où elle se trouvait lorsque l'ennemi y était entré, et il obligea Clairfait de ramener à Longwy 50 canons qui avaient été transportés à Luxembourg, et de restituer aux caisses publiques 100,000 fr. qui y avaient été pris.

CHAPITRE II.

Siége et bombardement de Lille. — Prise de Spire, de Worms et de Mayence. — Occupation de Francfort-sur-le-Mein. — Invasion de la Savoie. — Prise de Chambéry. — Conquête du comté de Nice. — Invasion de la Belgique et bataille de Jemmapes. — Entrée à Mons. — Capitulation de Bruxelles. — Prise de Namur et d'Anvers. — Disposition de Custine sur le Rhin. — Les Prussiens reprennent Francfort. — Retraite des Français sur Mayence. — Quartiers d'hiver. — Affaire de Hocheim.

Tandis que Kellermann s'illustrait par le combat de Valmy, le département du Nord, laissé à découvert par Dumouriez pour secourir la Champagne, restait en quelque sorte à la discrétion des Autrichiens. Leurs ingénieurs, qui se trouvaient répandus dans les différentes places, avaient reçu ordre de se réunir à l'armée active. Des canons, des munitions de guerre et des mortiers les mirent en mesure, sur divers points, d'attaquer une ou plusieurs places françaises, et découvrirent l'intention de faire une diversion avantageuse, au moment où la France portait toutes ses forces sur Châlons et Sainte-Ménehould. Les Autrichiens partagèrent en trois colonnes les divisions qu'ils avaient cantonnées aux environs de Mons, et les firent marcher, la première, commandée par le général Beaulieu, sur Bosne, par les routes de Quiévrain et de Valenciennes; la seconde, aux ordres du général Lisien, sur Maubeuge, et la troisième, dirigée par le général Starray, sur Philippeville. Le général Latour paraissait également menacer par sa position Lille et Douai.

Dès le 10 septembre, le général Ruault, commandant à Lille, se prépara à repousser les efforts des ennemis, qui semblaient devoir se porter principalement sur cette ville. Il distribua les 10,000 hommes qui formaient sa garnison sur les diverses positions de la Haute-Deule, telles que le Haut-Bourdin, et l'abbaye de Loos, et de la Basse-Deule, telles que Vambrechies et le Quesnoy; mais la discipline était dans ce moment très-relâchée parmi les troupes, et ce n'est pas sans peine que les généraux français purent s'en faire obéir.

Le 17 septembre, le duc de Saxe-Teschen transporta son quartier-général à Tournai, où se replièrent aussi les colonnes, qui menaçaient auparavant Valenciennes, Maubeuge et Philippeville. Les Autrichiens, au nombre de vingt-quatre à vingt-cinq mille hommes, vinrent établir leur camp, le 24, à Helemmes à la vue de Lille, qui fut bloquée, le lendemain, depuis la Madeleine, sur la Basse-Deule, jusqu'à la hauteur du Haut-Bourdin, sur la Haute-Deule; n'ayant pas assez de monde pour compléter le blocus, ils furent forcés de laisser libre le côté de la porte d'Armentières, qui ménageait à la place une communication avec Dunkerque. Le duc fit répandre, le même jour, une proclamation. Il s'était flatté qu'en faisant éclater sur la ville une forte pluie de boulets rouges et de bombes, il en serait bientôt le maître ; mais les Français commencèrent par brûler les faubourgs de Five et de Saint-Maurice, qui pouvaient favoriser les Autrichiens pour s'approcher de la place. Le général Labourdonnaye eut ordre, du ministre de la guerre, de rassembler des troupes dans les plaines de Lens, afin d'inquiéter les Autrichiens sur leurs communications.

Les ennemis ayant reçu d'Ath une nombreuse artillerie et un amas prodigieux de poudre, de bombes et de boulets, commencèrent leurs travaux, dans la nuit du 25 au 26, du côté des portes de Five et des Malades; mais ils en furent délogés par les assiégés qui firent une sortie, dès l'après-midi, se jetèrent sur la tête de leurs ouvrages, et les obligèrent de les abandonner.

Les deux jours suivants, les Autrichiens s'étendirent sur la gauche et sur la droite, à l'abri des masures du faubourg de Five, et y placèrent de formidables batteries avec des grils pour rougir les boulets. Après avoir achevé leurs travaux, et reculé jusqu'à Hanaspes leur quartier-général, ils envoyèrent au commandant et à la municipalité le major d'Aspes, précédé d'un trompette, avec deux sommations : on y flattait les habitants d'être traités avec la plus grande modération, s'ils voulaient oublier la cause qu'ils avaient servie jusqu'à ce jour, et se livrer à leur souverain ; et on les menaçait en même temps de tous les fléaux de la guerre, s'ils opposaient quelque résistance. Le brave Bryan, à la tête de la garde nationale, et le maire de Lille, d'André, acceptèrent noblement le défi et se montrèrent tous deux dignes de la France. La réponse du maire est trop belle pour ne pas être rapportée. « Nous venons de renouveler notre serment d'être fidèles à la nation, de maintenir la liberté et l'égalité, ou de mourir à notre poste. Nous ne sommes pas des parjures. »

Les Lillois avaient juré de s'ensevelir sous leurs murailles plutôt que d'ouvrir leurs portes à l'ennemi ; et les premières bombes lancées sur la ville ne firent que ranimer ce généreux dévouement. Vingt-quatre pièces de canon de gros calibre chargées tirent sur la ville à boulets rouges. Les Lillois oublient leurs propres intérêts pour ne songer qu'à se défendre et à veiller à l'intérêt général : ils agissent dans le plus grand ordre. Des hommes postés dans tous les quartiers arrêtaient les ravages des bombes, aux lieux où elles tombaient ; des réservoirs pleins d'eau étaient établis à toutes les portes, et, au premier cri, des groupes de citoyens, des enfants même, qui s'efforçaient d'éteindre les mèches des obus, accouraient vers la demeure en danger, et le dommage se bornait au trou du boulet, ou à l'éclat de la bombe. Un canonnier, M. Ovigneur, servait une pièce sur les remparts ; on accourt l'avertir qu'un boulet rouge a incendié sa maison ; il se retourne, voit les flammes qui la dévoraient, et continue sa charge, en disant : *Je suis ici à mon poste ; rendons-leur feu pour feu.* Quand une maison ne pouvait plus être habitée, on s'empressait d'offrir un asile aux malheureux qui en avaient été possesseurs ; et, dès lors, tout leur était commun. *Buvez, mangez,* leur disait-on ; *quand la provision sera épuisée, la Providence pourvoira à l'avenir.* On vit, longtemps après, plusieurs habitants faire sceller sur la façade de leurs maisons les boulets dont elles avaient été atteintes, et les montrer avec un noble orgueil comme une marque de leur fidélité.

La fureur de ce siége était encore excitée par l'archiduchesse Christine, gouvernante des Pays-Bas, qui le dirigeait elle-même, en plaisantant sur les calamités des courageux Lillois. Ceux-ci répondaient vivement de leurs remparts au feu terrible de l'ennemi : mais ce n'était qu'un faible secours pour la ville. L'incendie avait consumé l'église Saint-Etienne et plusieurs maisons voisines ; le quartier de la paroisse Saint-Sauveur était encore plus endommagé.

Le 1er octobre, l'ennemi continua un feu très-vif ; des incendies partiels se manifestèrent à l'hôpital militaire et à l'hôtel-de-ville. Le même jour, le général Lamorlière entra dans la place avec 8 bataillons. Le feu, qui avait paru se ralentir dans la journée du 2, reprit le lendemain avec une telle violence, que les pompes de la ville ne furent plus suffisantes, et que ce fut avec la plus grande satisfaction qu'on vit arriver celles de Béthune, d'Aire, de Saint-Omer et de Dunkerque. Le bombardement et la canonnade duraient depuis cent quarante-quatre heures sans interruption, et les ennemis semblaient moins acharnés contre les remparts et les troupes que sur les demeures des malheureux habitants. Six mille bombes et 30,000 boulets étaient déjà tombés dans la ville, lorsque la garnison se vit augmentée de 2 nouveaux bataillons de volontaires et de 1 bataillon de troupes de ligne. Le feu des Autrichiens diminua dès lors sensiblement jusqu'au 6 octobre, où il cessa tout à fait dans l'après-midi.

Des traits d'une rare fermeté se multiplièrent durant ce mémorable siége. Un boulet, tombé dans le lieu des séances du conseil de guerre, y fut déclaré en permanence comme l'assemblée ; d'un autre côté un barbier ramasse un éclat de bombe, et, avec cette gaîté naturelle aux Français, même au fort des plus grands dangers, il s'en sert de bassin pour raser quatorze citoyens.

Fatigué de la résistance des Lillois, averti d'ailleurs des avantages des Français en Champagne, et de l'obligation où ils avaient mis les alliés de battre en retraite, le duc de Saxe-Teschen songea lui-même à se retirer.

L'armée du camp de Lens augmentait de jour en jour ; Dumouriez était près de s'y réunir. Le duc courait donc les risques, en demeurant quelques jours de plus devant Lille, de se trouver entre deux armées, l'une sortie des murs de la place, l'autre venant de Champagne vers Valenciennes, et se portant entre Tournay, et ses derrières pour le couper, avant qu'il eût le temps d'être secouru par le général Clairfait. Il fut forcé en conséquence d'abandonner une place dont il avait tenté vainement de faire la conquête, et qu'il avait cruellement incendiée par un bombardement inutile, puisque, loin de pouvoir entreprendre un siége en règle, il n'avait pas même assez de troupes pour la cerner. On apprit pendant la nuit la retraite des Autrichiens, sur la droite de la rivière de Marque, à Pont-à-Tressin. On se mit sur-le-champ à détruire les travaux de l'ennemi, qui perdit dans cette tentative un grand nombre d'affûts et d'attirails d'artillerie, et environ deux mille hommes tués ou blessés; les Français eurent à regretter à peu près autant des leurs, outre des dommages immenses, mais une gloire éternelle leur restait.

Si l'ennemi avait commis une double faute en se détournant pour attaquer Lille, sans être certain de s'en rendre maître, il fut bien puni par l'effet moral que la levée du siége produisit dans toute la France. En apprenant la victoire des Lillois, elle releva la tête avec un sentiment d'orgueil qui agrandit son courage et enflamma le cœur des soldats et des citoyens. Après la bataille de Valmy, on se sentait soulagé du poids d'une horrible inquiétude; après la victoire des Lillois, on se disait avec confiance : « Non seulement la République ne périra pas, mais encore elle est appelée à une suite de triomphes. La gloire vient d'adopter nos drapeaux. »

Au commencement de la campagne, les Autrichiens avaient établi, sur le Rhin, un cordon de troupes depuis Rheinfelden jusqu'à Philipsbourg ; elles étaient commandées par le prince d'Esterhazy et le comte d'Erbach. Le corps auxiliaire des émigrés, fort de 4,000 hommes, occupait le margraviat de Baden : tous obéissaient au prince de Condé. En face des troupes ennemies, 4,500 hommes se trouvaient réunis en Alsace, sous le commandement de Biron; ils étaient répartis en deux camps : l'un, à Strasbourg, obéissait au général Biron; l'autre, à Landau, commandé par Custine, occupait les lignes de Weissembourg.

Tandis que Dumouriez harcelait l'ennemi dans sa retraite, il était réservé à Custine de planter l'arbre de la Liberté sur les deux rives du Rhin. Ayant appris que le comte d'Erbach avait commis l'imprudence de ne laisser que 4,000 homes pour défendre les riches magasins de guerre de la ville de Spire, Custine, qui dès longtemps méditait l'attaque de cette ville et de celle de Worms, marchait sur la première de ces deux places avec deux colonnes conduites par les généraux Meunier et Deblon ; Houchard commandait l'avant-garde.

La colonne de droite se mit en bataille, faisant face à la ville ; la droite en arrière du village de Berghausen.

La colonne de gauche, où était Custine, retardée par la difficulté des chemins, n'arriva qu'à deux heures après midi. L'armée ennemie, composée en grande partie de troupes palatines, avait sa droite appuyée à un escarpement. On fit tourner leur aile gauche par 4 bataillons ; ce mouvement les décida à se replier dans la ville. Custine proposa d'en briser les portes à coups de hache, ce qui fut à l'instant accueilli par les troupes, et exécuté avec courage. Il s'engagea dans les rues, dont les maisons étaient crénelées, un combat d'abord douteux. Quelques obusiers le terminèrent.

Houchard, qui se trouvait opposé à la porte du Rhin, descendit d'une hauteur sous le feu de l'ennemi ; et, trouvant au bas un terrain que l'inondation avait rendu marécageux, il fut obligé de remonter, toujours sous le feu de l'ennemi, mais avec peu de perte. Il donna alors sa cavalerie au colonel Clarke, qui, longeant le front de l'infanterie, vint faire face à un corps de 300 hommes qui mit aussitôt bas les armes. Les restes de l'armée ennemie, suivis dans leur retraite et acculés au Rhin, se rendirent au nombre de 3,000 hommes. On trouva dans Spire des magasins considérables.

L'expédition de Custine jeta l'épouvante dans le Palatinat et sur les deux rives du Rhin. Il se hâta d'en profiter. Dès le lendemain, 3 octobre, un corps aux ordres du général Neuwinger se porta sur Worms, et les magistrats vinrent lui apporter les clefs de la ville.

Maître de Worms, qui avait été pendant quelque temps le point de ralliement des émigrés, Custine, après avoir hésité un instant entre Manheim et Mayence, se décida à marcher sur cette dernière place, qui, bien que très-importante, n'avait en ce moment que 5,000 hommes de garnison. Toutefois, l'armée de Custine n'étant que de 25,000 hommes, le général ne devait agir qu'avec une extrême prudence.

Dans la nuit du 14 au 15 octobre, Custine détacha du camp d'Edersheim de fortes patrouilles : elles s'approchèrent, par Edersheim et Franckental, à portée de Worms. Elles avaient ordre de ne point revenir au camp, mais de se replier sur Mutterstatt, après avoir terminé leurs reconnaissances. Le lendemain une autre patrouille prit la route de Turkeim et Alsei, poussant des détachements sur Creutznach et Kayserslautern, afin de couvrir l'intervalle entre Worms et Creutznach, et par conséquent le flanc gauche de l'armée qui allait se diriger sur Mayence. Certain qu'il n'existait aucun corps autrichien, Custine s'avança le 18 octobre sur Worms ; le lendemain un fort détachement de cavalerie se porta à Weissenau, au-dessus de Mayence. Le reste de l'armée, arrivant le 20 octobre, investit complétement la rive gauche du Rhin, en occupant Hechsteim, Marienborn, Gentzeheim et Monbach. Custine, en parcourant le front de sa position, ordonna plusieurs mouvements, qui avaient pour but de tromper ses ennemis sur le nombre de ses troupes. On plaça quelques pièces de canon, dont les boulets atteignirent la ville : elle riposta ; mais cette canonnade ne produisit aucun effet de part ni d'autre.

Après ces préliminaires, Custine envoya Houchard sommer le baron de

Gimmnich, gouverneur de Mayence. Sa lettre fut parfaitement appuyée par l'éloquence soldatesque de Houchard. Le gouverneur répondit verbalement qu'il était résolu à se défendre de toutes ses forces; mais que le lendemain il communiquerait ses dernières intentions. Custine commençait à craindre de s'être trop avancé; on continua de tirer de part et d'autre; mais bientôt on apprit que l'opinion de la bourgeoisie était de ne pas s'exposer à un siége. Pour accélérer le dénoûment, Custine écrivit la lettre suivante, qui mérite d'être conservée comme spécimen de l'esprit de cette époque :

« Monsieur le gouverneur, mon désir de ménager le sang est tel, que je céderais avec transport au vœu que vous témoignez d'obtenir jusqu'à demain pour me donner votre réponse; mais l'ardeur de nos grenadiers est telle, que je ne puis plus la retenir. Ils ne voient que la gloire de combattre les ennemis de la liberté, et la riche proie qui doit être le prix de leur valeur; car, je vous en préviens, ce n'est point une attaque régulière, c'est une attaque de vive force à laquelle il faut vous attendre. Non seulement elle est possible, mais même elle est sans danger. Aussi bien que vous, je connais votre place et l'espèce de troupes qui la défendent. Epargnez le sang de tant de victimes innocentes, de tant de milliers d'hommes. Notre vie sans doute n'est rien; accoutumés à la prodiguer dans les combats, nous savons la perdre tranquillement. Je dois à la gloire de ma République, qui jouit de l'impuissance des despotes qui voudraient l'opprimer, et qui les fait fuir devant les enseignes de la liberté, de ne pas enchaîner l'ardeur de mes braves soldats, et je le voudrais en vain. »

Après deux conseils de guerre, tenus le 20 octobre, Mayence fut rendu le lendemain 21, et sa garnison promit de ne pas servir contre la France pendant un an.

L'occupation de cette ville par l'armée républicaine fut un sujet de grande joie pour la France. En Allemagne, elle produisit un sentiment général d'indignation, lorsqu'on y apprit que cette place importante, la clef de l'empire, avait capitulé, quoiqu'elle renfermât 5,000 hommes de bonnes troupes auxquels pouvaient facilement se joindre les soldats de l'électeur de la rive droite du Rhin. Elle avait, en outre, une nombreuse artillerie, et ses magasins de vivres étaient bien garnis. Certes, dans cette situation, elle eût pu attendre une attaque régulière et opposer une vigoureuse résistance; mais tel est l'ascendant moral d'une armée victorieuse, qu'elle terrifie l'ennemi par son approche, à mesure que s'accroît son propre enthousiasme. Pénétré de cette vérité, Custine se hâta d'en tirer tous les avantages possibles.

Après ces événements inouïs, présent inappréciable pour la France, on peut juger sans peine dans quelle terrible position Custine eût mis les alliés, en se portant rapidement sur Coblentz, pour détruire encore ce grand magasin. Mais l'unité manquant entre les généraux français, leurs dissensions éclatèrent avec violence, lorsque les ennemis eurent passé le Rhin. Ces funestes querelles, en attestant l'absence d'une direction suprême, servirent encore à prouver une chose, c'est que Dumouriez aurait dû poursuivre Brunswick avec toutes ses forces, tandis que Custine aurait cherché à le prévenir à Trèves ou à Coblentz. Si, à cette époque, toute l'armée prussienne ne fut pas anéantie, la faute en doit être attribuée à Dumouriez, rêvant toujours à la conquête de la Belgique, aux dépens de la République, et quittant une victoire certaine pour suivre son plan de prédilection, qui, exécuté plus tard, après nos succès décisifs sur le Rhin, ne nous aurait pas fait courir le risque de voir sa brillante expédition du Brabant aboutir à des désastres.

Le jour même de son entrée à Mayence (21 octobre), Custine donne l'ordre au général Neuwinger de se porter, à la tête de 1,500 hommes, sur Oppenheim, de jeter un pont volant sur le Rhin, de passer ce fleuve, et après avoir traversé les Etats du prince de Hesse-Cassel, d'entrer dans Francfort par le faubourg Saxen-Hausen, où il devait arriver par la rive droite du Mein.

Le général Houchard, avec sept à huit cents hommes, avait passé le Rhin à Mayence, et se rendait aussi à Francfort en remontant le Mein; arrivé à sept heures du matin, le 22, il s'établit à la porte Bockenhum; rien ne dévoilait ses intentions. Les magistrats de la ville lui ayant demandé les motifs de son arrivée, il se contenta de répondre qu'il attendait d'autres troupes, et demanda des rafraîchissements dont il avait besoin. On était à Francfort sans aucune inquiétude; arrivé à Saxen-Hausen vers les trois heures, Neuwinger demande que les troupes du général Houchard et les siennes soient introduites dans la ville; les magistrats, dans l'incertitude, veulent faire lever le pont, mais les canons de Neuwinger sont braqués sur la porte. A cette seule démonstration, les Français, précédés d'une musique guerrière, entrent dans Francfort et se rangent en bataille dans les rues. Pendant ce temps-là, leur général, porteur d'une lettre de Custine pour les magistrats, était allé la porter à l'hôtel-de-ville; par cette lettre, Custine demandait que Francfort payât 2,000,000 de florins pour avoir donné asile aux émigrés français. Trois cent mille fr. furent comptés dès le lendemain au général Neuwinger; on publia, par ordre de ce général, que les nobles, les ecclésiastiques et les couvents, tant de la ville que du territoire de Francfort, paieraient seuls la contribution; on tranquillisa, par ce moyen, la bourgeoisie et le peuple, et on laissa garnison dans la ville.

Jusqu'alors, le roi de Sardaigne, si fier de sa belle armée, s'était contenté de se ruiner en revues et en parades; mais enfin, pressé par les puissances coalisées, il se persuada qu'il était temps que ses beaux régiments lui rendissent en gloire l'argent qu'ils lui avaient coûté, et, après de longues hésitations, il se joignit ouvertement à la coalition.

Chargé de surveiller les mouvements de ce nouvel ennemi, le général

Montesquiou, dont la petite armée ne se composait que de 2 bataillons d'infanterie, d'une cavalerie moins nombreuse encore et d'une très-faible artillerie, n'en conçut pas moins l'audacieux projet de s'emparer de la Savoie, défendue par une armée de 15,000 hommes et une nombreuse artillerie. Ces forces du roi de Sardaigne étaient d'autant plus redoutables qu'elles occupaient les défilés peu nombreux qui permettent le passage de France en Savoie. En outre, les Piémontais avaient élevé trois redoutes vis-à-vis du seul débouché par lequel les Français eussent pu espérer franchir la frontière. Mais Montesquiou ne leur donna pas le temps d'armer ces redoutes : le 19 septembre 1792, il fait tourner cette position par une colonne de grenadiers et de chasseurs ; surpris par cette manœuvre, les Piémontais fuient en désordre sans tirer un coup de fusil. Pendant que leur armée, coupée en deux, se porte, partie sur Anneci, partie sur Montmélian, les Français marchent sur Chambéry, qui ouvre ses portes à la première sommation. Huit jours après, l'armée piémontaise était dispersée, et la Savoie conquise était incorporée à la France sous le nom de *département du Mont-Blanc.*

Le général Anselme avait rivalisé d'audace et de célérité avec Montesquiou. Sans vivres et presque sans munitions, cet officier, plein de zèle et d'intelligence, avait établi ses forces sur le cours du Var, torrent impétueux, limite naturelle entre la France et le pays ennemi. Le comte Saint-André gouvernait le comté de Nice ; il n'avait sous ses ordres que 4,000 hommes de troupes et un corps incomplet de milices provinciales : Anselme n'avait guère plus de forces à sa disposition, mais il se hâta de requérir 6,000 gardes nationaux marseillais, patriotes exaltés, brûlant d'ardeur, dont le seul nom, associé aux idées d'insurrection et aux souvenirs de violences révolutionnaires, était si propre à répandre à la fois sur leur passage et la terreur du nom français et la contagion de la liberté. Appelant la ruse au secours de sa faiblesse numérique, partout sur son passage il donna des ordres pour la nourriture et le logement de 40,000 hommes. En même temps l'amiral Truguet, manœuvrant avec son escadre dans le golfe de Gênes, inquiétait l'ennemi sur ses derrières et portait l'épouvante dans la ville de Nice. Il envoie à terre un parlementaire pour réclamer, avec hauteur, le consul de France qui avait cessé de remplir ses fonctions depuis le commencement des hostilités en Savoie, et le consul est rendu. Troublée, surprise d'une invasion qu'elle eût dû prévenir, la cour de Turin résolut de changer sa ligne de défense et de transporter son armée sur le revers des Alpes maritimes. Anselme, averti de ce mouvement de retraite, passa le Var à la tête d'une partie de ses troupes et s'empara sans peine de Nice, malgré l'inutile résistance de 5,000 émigrés français qui sortirent de la ville satisfaite d'être délivrée de leur fâcheuse présence.

Bientôt les forts de Montalban et de Villefranche tombent en notre pouvoir, et le comté de Nice devient le département français des Alpes-Maritimes. Tous ces événements signalèrent les premiers jours de la République française, et les premières séances de la nouvelle Assemblée des représentants de la nation, qui, après l'abolition de la royauté, réunirent, sous le nom de Convention nationale, toute la puissance législative, l'exercice de tout le pouvoir d'exécution, et la distribution de toutes les autorités.

Dumouriez, après avoir laissé Kellermann à la poursuite des Prussiens dans l'Argonne, était venu à Paris (16 octobre) et s'était présenté à la barre de la Convention. On lui donna des fêtes ; on lui rendit peu d'honneurs, et il dut comprendre que sa position le condamnait à des victoires qui fissent oublier la complaisance et la courtoisie avec lesquelles il avait permis aux Prussiens de repasser nos frontières, lorsque l'occasion se présentait peut-être de les écraser sans retour. De son côté, le Conseil exécutif, après avoir vu l'ennemi au cœur de la France et le sort de la patrie commis au hasard d'une bataille, sentait profondément la nécessité de porter la guerre au dehors, pour ne pas perdre dans une dangereuse inertie le fruit des précédents succès. Dumouriez ayant donc fait adopter ses plans au gouvernement, en reçut à peu près carte blanche et se prépara à envahir la Belgique à la tête d'une armée de 100,000 hommes réunis vers la fin d'octobre sur la frontière du nord. Voici quels furent ses préparatifs et ses dispositions :

En entreprenant la conquête des Pays-Bas autrichiens, il pouvait, avec des succès, compter sur un parti dans l'intérieur, et l'état où se trouvaient réduites les armées qui naguère avaient envahi la France, lui donnait une grande supériorité de forces.

Son plan de campagne commençait ce grand et nouveau système de tactique que des hommes de guerre avaient bien entrevu déjà et indiqué, mais que, depuis, les généraux français ont étendu, développé, mis en pratique, et justifié par une longue suite d'expériences victorieuses.

Le front de l'armée de Dumouriez se développait sur un prolongement de près de 30 lieues, de la droite en avant de Givet, à la gauche qui se terminait à Turcoing et Ypres, et de là encore, par des corps détachés, jusqu'aux places maritimes.

Valence formait la droite avec l'armée des Ardennes, qui, après avoir suivi les Prussiens jusqu'aux frontières de la Champagne, était venue se réunir aux opérations combinées pour la conquête de la Belgique. Cette armée était d'environ 16,000 hommes, et sa première destination était de se porter sur Namur pour tâcher d'empêcher la jonction du général Clairfait, accourant du pays de Luxembourg au secours des Etats héréditaires de son souverain. Des délais, dans le service des fournitures nécessaires, retardèrent la marche de Valence, et la jonction de Clairfait put s'effectuer.

Entre l'armée de Dumouriez et son aile droite, le général d'Harville, avec 12,000 hommes, devait se porter en avant de Maubeuge, sur Charleroi, son mouvement avait le double objet de tourner de plus près la gauche de l'ennemi, et de s'opposer aux renforts qui pouvaient lui arriver du Luxembourg. Ces deux corps devaient se réunir pour empêcher la retraite des Autrichiens sur Liége, ou s'étendre, si cette retraite s'effectuait par l'intérieur de la Belgique, sur Bruxelles et Anvers.

Au centre de cette ligne, Dumouriez s'était réservé 40,000 hommes, et comptait attaquer l'armée réunie devant Mons, si elle tenait dans cette position, ou la pousser devant lui et marcher droit à Bruxelles où il avait promis, à Paris, d'entrer le 14; il en fut maître la veille.

A l'aile gauche, Labourdonnaye, avec 18,000 hommes, devait menacer Tournay, pour forcer l'ennemi à étendre et à partager sa défensive, ou s'emparer de cette place, s'il renonçait à la soutenir. Des corps détachés vers la Flandre maritime devaient décider la retraite de quelques postes qui la ravageaient encore. Tel fut le premier plan que des obstacles intérieurs, des contrariétés ministérielles obligèrent de changer dans ses détails, mais dont le résultat fut l'envahissement rapide de tous les pays héréditaires de la maison d'Autriche.

L'armée impériale, commandée par le duc Albert de Saxe-Teschen, était d'environ 40,000 hommes depuis la jonction de Clairfait; mais dispersés sur un front étendu. A la droite, le général Latour occupait Tournay avec 8,000 hommes; des corps détachés occupaient encore des postes sur le territoire français, vers Roubaix, Turcoing et à Lanoi qui fut le dernier poste évacué. Dès les premiers mouvements, la gauche et le centre de cette armée, en avant de Mons, s'étendaient par des postes trop séparés, dans un pays de plaines, coupé par des bois, par des villages, traversé par la rivière de l'Aisne et par plusieurs ruisseaux qui rendaient les communications difficiles, et isolaient chaque portion de cette armée.

Dès le 28 octobre, Dumouriez fit partir de Condé un corps de 8,000 hommes aux ordres du général Berneron, qui dut se porter sur le chemin d'Ath, menacer cette ville au centre des positions de l'ennemi, pour l'obliger à partager encore ses moyens de défense dans ses positions en avant de Mons et de Tournay. L'avant-garde, commandée par Beurnonville, dut lier la communication de ce corps détaché avec l'armée, et s'établir au village de Quiévrain.

Labourdonnaye en même temps se portait en avant de Lille, s'approchait de Tournay, et tenait en échec, dans cette partie, le corps d'armée formant la droite des Autrichiens, aux ordres du général Latour. Toutes ces mesures, soutenues de la supériorité du nombre, retenaient l'ennemi dans ses positions séparées, et laissaient à leurs seules forces les retranchements pratiqués à Jemmapes, où le général français préparait les attaques décisives.

La ville de Mons est couverte par des hauteurs qui s'étendent depuis ses faubourgs jusqu'à la chaussée de Valenciennes, traversant le village de Quareignon qui ferme la droite de cette position. Cet espace formant le front de l'armée impériale, comprend deux villages, Cuesmes et Jemmapes; les hauteurs en avant de ces villages, dominant toute la plaine, étaient couvertes de retranchements, de redoutes élevées par étages, garnies d'une artillerie nombreuse, et défendues par des abatis pratiqués sur les penchants boisés. Cette position était protégée par toutes les défenses de l'art. Le duc Albert était résolu d'y attendre les Français et le sort d'un combat. Il serait imprudent et présomptueux de juger les motifs qui firent préférer l'attaque sur le point le plus fort et le plus défendu, tandis que cette position de Jemmapes, débordée au loin sur ses deux flancs par les corps d'armée qui marchaient sur Ath et sur Namur, semblait pouvoir être tournée et dépostée sans combat. Le succès justifia Dumouriez, et les résultats décidèrent de celui de la campagne.

Le duc de Saxe-Teschen occupait encore, en avant de sa position, plusieurs points qui en couvraient le front. La plaine en avant de Mons est terminée par une longue lisière de bois à peu près parallèle à la position de Jemmapes, et qui s'étend depuis les villages de Frameries jusqu'à ceux de Paturages et de Vasmes; la profondeur de cette forêt porte jusqu'au village de Bossut que les ennemis avaient retranché. Ce poste fut attaqué le 3 par l'infanterie belge, qui, s'étant hasardée sans ordre et sans artillerie, fut repoussée avec perte; Beurnonville, qui commandait cette avant-garde, crut devoir retirer ses postes jusqu'à Quiévrain. Cet échec, peu considérable, devenait important au début. Dumouriez fit rattaquer le poste qui fut emporté, et peu défendu, ainsi que les bois de Sars où le terrain difficile et les travaux faisaient prévoir une plus longue résistance. Le duc de Saxe crut devoir resserrer sa position en arrière, abandonna tous ses postes en avant, et Dumouriez se hâta de franchir, avec son avant-garde, cet espace jusqu'aux bords de la plaine de Jemmapes, à la lisière des bois; il occupa les villages de Frameries et Vasmes, et fit avancer l'armée en seconde ligne, entre les villages d'Elonge et Hesnin. Le général d'Harville, que Dumouriez avait rapproché de lui à sa droite, avec 12,000 hommes, eut ordre de se tenir en mesure de ce mouvement, et de s'avancer sur les hauteurs en avant de Sipli, menaçant la gauche des Autrichiens, et pouvant les tourner par les hauteurs de Berthaumont et du Mont-Palisel qui dominent la ville de Mons, et même les prévenir sur les hauteurs de Nimi où était leur retraite, s'ils tardaient trop à l'effectuer.

Le 5, Dumouriez acheva ses dispositions; il fit commencer l'attaque du flanc droit de l'ennemi, au village de Quareignon, par l'infanterie belge soutenue de 3 bataillons d'infanterie légère. Ayant fait avancer l'avant-garde de Beurnonville en avant de Frameries, faisant face au grand chemin de Cuesmes, il rangea son armée en colonne le long du bois, mais de manière à pouvoir la mettre en bataille par un à-gauche, en faisant face au village de Jemmapes et adossée au bois. Il plaça, à sa gauche, 12 bataillons pour soutenir l'attaque de Quareignon et pour prendre le village de Jemmapes à revers, en le tournant par son flanc droit. Il divisa ensuite sa cavalerie en trois corps, pour soutenir dans cette plaine les trois parties de son infanterie qui devaient attaquer le village, et fit filer son artillerie sur tout le front, afin de la placer à de justes portées pour croiser ses feux sur les batteries fixes de l'ennemi.

Il paraît que ces dispositions, soutenues de la supériorité du nombre, en imposèrent assez pour faire délibérer les généraux allemands, si, abandonnant leurs positions de Jemmapes, ils se porteraient sur les hauteurs en arrière de Mons, tenant devant eux la ville avec une forte garnison, ou s'ils attaqueraient pendant la nuit les postes des Français. Cet avis était celui du général Beaulieu, qui se souvenait de l'affaire de Mons l'année précédente; mais les troupes n'étaient plus les mêmes. Enfin on prit le plus mauvais parti : celui de se laisser attaquer le lendemain dans les retranchements par les Français.

Les deux armées occupaient chacune une position demi-circulaire, à peu près également distantes l'une de l'autre, dans tous les points de la circonférence de leur développement. L'armée autrichienne couronnant les hauteurs en avant de Mons, depuis le faubourg de Berthaumont jusqu'au village de Quareignon; passant de la gauche à la droite par ceux de Cuesmes et de Jemmapes; tout ce front était couvert par des retranchements formés de grosses redoutes élevées par étages en amphithéâtre sur le penchant boisé des hauteurs. La ligne de l'armée française, dont les ailes dépassaient les deux flancs de l'armée ennemie, s'étendait depuis le village de Frameries jusqu'en avant de Quareignon, passant par les villages de Paturages et de Vasmes. L'espace qui séparait les deux armées, d'environ mille toises, est une pente dont la déclivité descend d'abord par un escarpement, puis par une courbure moins rapide, des hauteurs qu'occupaient les Autrichiens, jusqu'à celles où l'armée française était déployée. Cent bouches à feu, de part et d'autre, couvraient le front des deux lignes ; mais les positions de l'ennemi lui donnaient l'avantage et commandaient celles des Français. Le duc Albert occupait ses positions avec environ 20,000 hommes. Dumouriez attaquait avec le double.

Le 6, dès la pointe du jour, le corps commandé par d'Harville eut ordre de s'avancer en avant de Sipli à la droite, et de se tenir en mesure des mouvements de cette aile que formait l'avant-garde commandée par Beurnonville. Ce corps détaché ne pouvait pas prendre part à l'action, mais il pouvait en compléter le succès en tournant la gauche de l'ennemi, et le devançant sur les hauteurs de Palisel et de Niim, s'il voulait, comme il le fit, y prendre une position de retraite.

L'attaque avait, dès la veille, commencé à la gauche, au poste de Quareignon. Cette aile était commandée par le général Férand, et conduite par les maréchaux de camp Blottefières et Rosières. Ils avaient en tête une artillerie formidable, et cette attaque se prolongeait en un combat de canonnade sans décision. Dumouriez fit soutenir et pousser en avant l'infanterie légère par 12 bataillons de ligne. Le poste fut emporté et les Autrichiens se replièrent sur la position de Jemmapes. La division de gauche dut tourner ce village avec ses troupes à cheval, et l'infanterie l'attaquer en colonnes par bataillon, cette ordonnance si pratiquée depuis, et toujours avec succès.

Cette aile gauche ne dut se déployer qu'après que les mouvements en avant du centre lui auraient donné la facilité de se rejoindre à lui.

A la droite, l'attaque de Beurnonville était retardée par le feu très-vif des cinq redoutes en avant du village de Cuesmes.

Cependant, après des délais, l'attaque de Jemmapes s'était effectuée ; les colonnes françaises s'étaient portées rapidement sur le village et sur le flanc droit des redoutes. Là, après une résistance opiniâtre, l'ennemi avait cédé au nombre et à la valeur. Son aile droite se trouvait enlevée, et son corps de bataille tourné et pris à revers. Alors le centre de l'armée française s'ébranla ; il était midi, et les attaques avaient commencé avec le jour.

Les troupes combattaient et bivouaquaient depuis trois jours ; depuis le matin, elles étaient en panne sous le feu des batteries ennemies. L'ordre d'attaque, attendu avec impatience, fut reçu avec allégresse, exécuté avec rapidité, et les colonnes de bataillons perdirent peu en traversant la plaine qui les séparait de l'ennemi. Dumouriez, pour décider sa victoire, au moment où il faisait avancer le centre de son armée, cria à ses soldats : « Voilà l'ennemi ; l'arme blanche et la terrible baïonnette sont la tactique nouvelle que, pour vaincre, il faut employer. » Au centre de sa position, le chemin qui conduit à Jemmapes forme une ouverture à travers les bois. Quelques escadrons autrichiens s'y étant présentés subitement, il y eut, dans les colonnes d'attaque de cette partie commandées par le général Drouet, un moment d'hésitation, de flottement : une brigade restant en arrière rompit la ligne au centre. Ce fut alors qu'un jeune domestique de Dumouriez nommé Baptiste Bernard, par un de ces mouvements d'inspiration et de caractère que l'histoire doit conserver, se porta au point du désordre, rallia l'infanterie, fit avancer 7 escadrons que cet échec avait arrêtés, et rétablit le combat. La Convention nationale connut cette action et en consacra le souvenir par une récompense honorable.

Cependant ce mouvement de désordre s'était déjà communiqué aux troupes les plus proches : trois colonnes de bataillons s'étaient arrêtées sous le feu terrible des redoutes ; elles commençaient à se mêler et à tourbillonner sur elles-mêmes, présage assuré de la fuite. Le fils de Philippe d'Orléans, le jeune duc de Chartres, que la loi venait de nommer *Egalité*, servait dans cette armée. Il se porta précipitamment au milieu du désordre, rallia les troupes ébranlées et déjà éparses, en forma, sous le feu, une masse en colonne qu'il appela le bataillon de *Jemmapes*. Toute la ligne entière marcha en avant; les redoutes du centre sont escaladées, et des escadrons de cavalerie légère s'y précipitent par les intervalles aussi rapidement que l'infanterie. Le premier et le second étage des redoutes sont emportés.

Dans ce moment, l'attaque de l'aile gauche, dirigée par Thouvenot que Dumouriez y avait laissé, ayant dépassé le village de Jemmapes, mit les Autrichiens entre deux feux. Une partie se précipite dans la rivière d'Aisne, et la bataille est gagnée à la droite et au centre.

Au premier moment du désordre de cette attaque, Dumouriez s'était porté à son aile droite où l'attaque se soutenait sans progrès décisif. Son artillerie n'avait pu éteindre le feu des redoutes; et Dumouriez, incertain encore du succès du centre, pensait déjà à retirer les troupes de cette attaque pour protéger la retraite. Sur la hauteur de Cuesmes, il trouva 3 bataillons de Paris, de ses anciennes troupes du camp de Maulde, et 10 escadrons de cavalerie légère. Ces souvenirs militaires qui rattachent les soldats au nom de leur général agissent toujours fortement sur les affections des gens de guerre. Dumouriez leur rappela le temps où ils le nommaient leur père, et leur acclamation l'assura de leur bonne volonté.

En ce moment, un corps de cavalerie impériale s'ébranlait pour les charger; une décharge à bout portant leur fit un rempart d'hommes et de chevaux. Alors les escadrons français s'élancent, et toute cette cavalerie ennemie fuit jusqu'à Mons. La colonne d'infanterie qui la soutenait se mit aussi en retraite.

Beurnonville, arrivant avec l'avant-garde, occupe ce même terrain, et les troupes, qui venaient de repousser l'ennemi, marchent aux redoutes, commandées par les deux frères Frecheville, par Fournier et Nordman, colonels. Là, Dumouriez se met à leur tête et entonne l'*hymne des Marseillais*. Cet usage, renouvelé des phalanges grecques, s'était établi dans les camps des Français républicains; et ce chant belliqueux, qui fut trop souvent au-dedans le présage des désordres civils, fut souvent aussi au-dehors le signal de la victoire. Les redoutes, défendues par les grenadiers hongrois, attaquées de front et tournées par la gorge, furent emportées. Il s'y fit un grand carnage des troupes qui les défendaient. Alors la bataille engagée sur tous les points du front des deux armées fut gagnée. Le dernier étage des redoutes opposées au centre avait été peu défendu.

Les troupes eurent quelques heures de halte sur le champ de bataille, et reprirent les armes pour suivre la retraite de l'ennemi; mais la poursuite fut lente. La réserve de droite, qui devait occuper les hauteurs en arrière de Mons, ne put l'y prévenir. Il prit une position à trois lieues en arrière, à Braine-le-Comte.

Les Autrichiens avouèrent, dans leurs écrits, une perte de 5,000 hommes. L'attaque fut meurtrière et la défaite sanglante. Les troupes françaises y déployèrent un courage, une constance et même une exécution dans leurs mouvements qui contribua beaucoup aux succès rapides qui décidèrent bientôt du sort de cette province, par l'opinion de supériorité qui leur fut accordée dans les armées et chez les nations ennemies. C'était la première bataille de la guerre de la Révolution. Les Français n'avaient pas été forcés de l'accepter, ils l'avaient, au contraire, livrée volontairement. Des bataillons, la plupart de nouvelle formation et novices dans les manœuvres, y avaient vaincu des vieux corps exercés et aguerris.

La Germanie s'émut jusque dans ses contrées les plus éloignées ; sa constitution politique parut menacée d'une invasion où les idées républicaines et démocratiques seraient apportées par des armées victorieuses. On crut la défense impossible, dès qu'on vit le gouvernement autrichien, peu de jours après la bataille, abandonner sa capitale, se retirer de Bruxelles à Ruremonde, et les routes se couvrir d'hommes du parti royaliste et de Français réfugiés qui allaient chercher un asile en Hollande ou en Angleterre. La dernière révolution du Brabant avait laissé un parti patriote comprimé par la force de l'autorité, mais qui, voyant s'avancer les vainqueurs de ses adversaires, les reçut comme ses libérateurs ; et, quoique l'insurrection des Belges eût été bien plus théocratique que populaire, les Français, en entrant dans les villes conquises, ne trouvaient que des démonstrations d'allégresse, et ne recevaient que des actions de grâces. Mons, Ath, Tournai, Nieuport, Ostende, Bruges ouvrirent leurs portes, et les magistrats vinrent au-devant des généraux, leur en offrir les clefs. L'armée de Jemmapes entra le 7 dans Mons, et Labourdonnaye fut reçu le 8 à Tournai.

La prise même de Bruxelles ne coûta qu'un léger engagement entre l'arrière-garde ennemie et l'avant-garde française : le général en chef s'y trouva, un moment, hasardé avec des forces inférieures, près d'Anderlecht. La contenance des troupes et sa présence d'esprit donnèrent au reste de l'avant-garde, et ensuite à l'armée, le temps d'arriver et de le dégager. Maître de Bruxelles, ses dispositions achevèrent la conquête du reste de la Belgique. Labourdonnaye marcha à Gand et Anvers. Valence, après la prise de Charleroi, marcha sur Namur.

Namur devait avoir le même sort : arrivé sous les murs de la ville, le 19 novembre, le général Valence avait, le même jour, commencé à faire jouer son artillerie, et, dès les premiers coups de canon, la ville lui avait ouvert ses portes, tandis que les Autrichiens, au nombre de 6,000, sous le commandement du général Moitelle, se retiraient dans la citadelle. L'attaque de cette forteresse est aussitôt commencée, et deux de ses forts, ceux Le Camus et La Cassotte, sont emportés à la baïonnette par notre infanterie, tandis que, sous la protection de l'artillerie, la tranchée est ouverte.

Cependant le fort Villatte, qui défend également le château, donnait quelque inquiétude aux assiégeants : on savait qu'il y avait sous ses glacis des fourneaux où l'on présumait qu'avait été préparée une mine destinée à faire sauter les assaillants s'ils donnaient l'assaut. Le général Leveneur forma le projet de s'en emparer en surprenant la garnison et en tournant le fort par sa gorge. Entre cette gorge et le château se trouvait un chemin de communication garni de palissades et de parapets, lequel conduisait au fort à travers deux voûtes, dont la seconde était gardée, et la première sans défense. A minuit, le 29 novembre, le général Leveneur, guidé par un déserteur, sort de la tranchée à la tête de 1,200 hommes; ils franchissent les palissades dans le plus grand silence, marchent vers la première voûte, qu'ils trouvent déserte. Arrivés à la seconde, ils sont aperçus par les sentinelles, qui crient et font feu. Au même instant le général, qui se trouvait trop petit pour sauter par-dessus la palissade, dit à un officier très-grand et très-fort : *Jetez-moi par-dessus*. L'officier le porte au-dessus de la palissade, et le suit, accompagné de quelques grenadiers. Le général atteint le commandant du poste, qui tentait de rassembler sa garde; il fait briller à ses yeux son épée; la lui appuie sur la poitrine, en lui disant : *Conduis-moi à tes mines!* L'officier balbutie quelques mots. *Conduis-moi à tes mines ou tu es mort*, répète le général d'une voix terrible, en lui pressant la poitrine de son épée. L'officier se décide alors à faire ce qu'on exigeait de lui; le général arrache lui-même les mèches; pendant ce temps, les troupes avaient sauté dans le fort et désarmé la garnison. Cette action hardie épouvante les Autrichiens enfermés dans le château; et bientôt après, le feu d'une batterie de pièces de 24 produisit un effet si terrible, que le général autrichien Moitelle se détermina à capituler.

Les Français entrèrent dans le château de Namur, dont la garnison fut faite prisonnière de guerre. La prise de ce fort, que l'on dut à la hardiesse et à la bonne conduite du général Leveneur, qui, en s'emparant des fourneaux placés sous les glacis du fort Villatte, ôtait aux assiégés la ressource sur laquelle ils comptaient le plus pour éloigner l'ennemi, eut lieu le 2 décembre. Le général Valence envoya 8 drapeaux déposés sur les glacis de Namur; ce furent les premiers dont on fit hommage au gouvernement républicain, qui, depuis quelques mois, avait remplacé en France le pouvoir monarchique. Enfin, le 21 novembre, à huit heures du matin, Dumouriez entrait à Tirlemont presque sans coup férir, et bientôt il ne resta plus aux Impériaux que les places de Liége et d'Anvers.

Le 26 novembre 1792, Dumouriez, après quelques délais causés par les difficultés de l'administration des subsistances, quitta la position de Tirlemont, et après deux jours de marche, il arriva devant Liége.

Cette ville était alors fatiguée de ses discordes civiles et des violences exercées par son prince-évêque; mais l'arrière-garde autrichienne, composée de 12,000 hommes, se tenait campée à une lieue en avant de la ville, et ces troupes, vieilles et aguerries, semblaient devoir opposer une vive et opiniâtre résistance à des soldats encore peu rompus au rude métier de la guerre; mais, chez les Français, en pareil cas, l'ardeur, l'impétuosité tiennent lieu de tout. Dumouriez savait dès lors à quoi s'en tenir sur cette *furia francese* qui devait, pendant un demi-siècle, accomplir tant de prodiges ; il n'hésita donc pas à attaquer les Autrichiens, commandés par le général Staray, et fortement retranchés dans six villages, qu'ils croyaient avoir rendus inaccessibles.

Jamais ces vieilles bandes impériales n'avaient montré plus de courage que dans cette journée; jamais elles n'avaient exécuté de manœuvres plus savantes ; mais rien ne put refroidir l'ardeur des républicains dont l'irrésistible impétuosité renversa tous les obstacles. Tous les postes de l'ennemi furent emportés, et cette arrière-garde si imposante, se voyant sur le point d'être cernée, fut contrainte de se retirer du champ de bataille couvert de ses morts et de ses blessés. Dès lors les Impériaux, divisés en deux corps, évacuèrent entièrement les Pays-Bas; l'un, sous le commandement de Clairfait, se dirigea vers Aix-la-Chapelle, et l'autre, commandé par Beaulieu, alla prendre ses quartiers aux environs de Luxembourg. Le lendemain, 28 novembre, Dumouriez entra dans Liége.

Dans le même temps, le général Labourdonnaye marchait sur Anvers ; deux généraux sous ses ordres, Lamarlière et Champmorin, s'avancèrent d'abord jusqu'à une certaine distance de la place, l'un par la rive droite de l'Escaut, l'autre par la rive gauche. Lamarlière, arrivé au point où il s'était proposé de faire halte, le 28 novembre, fait aussitôt prévenir les magistrats de la ville de la présence des Français sous leurs murs, sans leur faire aucune menace ; car on savait que les Belges, fatigués de la tyrannie que les Autrichiens faisaient peser sur eux, attendaient la venue de l'armée française comme un bienfait. Sur ce simple avis, les portes s'ouvrirent devant le général républicain, et les 10,000 hommes qu'il commandait furent accueillis par les habitants de la ville comme des libérateurs. Labourdonnaye, qui arriva le lendemain avec des forces égales à celles de Lamarlière, ne fut pas moins bien accueilli ; mais il fut, à cette époque, remplacé par le général Miranda, qui devait partager avec Lamarlière l'honneur de cette expédition.

Au premier avis de l'approche des Français, les Autrichiens s'étaient retirés dans la citadelle et paraissaient résolus à faire une vigoureuse résistance. Miranda, de son côté, se prépara à faire le siége de cette forteresse. Les travaux furent dirigés par les capitaines du génie Dejean et Marescot ; l'artillerie était commandée par le capitaine de Sénarmont, braves officiers qui ont acquis une juste célébrité. Les parallèles furent tirées du bastion de Paniotto jusqu'à la porte Saint-Georges ; mais l'humidité du sol, qu'on ne pouvait creuser à plus de deux pieds sans trouver l'eau, rendait l'établissement des tranchées difficile, et on fut obligé de prendre sur la largeur le déblai destiné à former les parapets. Tout était pourtant terminé le 28 novembre, et le feu commença aussitôt. Par un hasard singulier, le premier boulet parti de nos batteries entra dans l'appartement du gouverneur et broya la table sur laquelle était dressé le couvert de cet officier. Les coups qui suivirent eurent des résultats plus importants : ils allumèrent un violent incendie, qui consuma deux casernes et la plus grande partie de l'arsenal. Ces débuts suffirent pour effrayer le gouverneur, qui, dès le lendemain 29, demanda une capitulation qui lui fut accordée, et aux termes de laquelle la garnison, après être sortie avec les honneurs de la guerre, put rejoindre l'armée autrichienne. 102 canons, 67 obusiers et 1,300 fusils restèrent entre les mains des vainqueurs.

Mais pendant ces succès brillants et rapides, la fortune changeait de parti sur les rives du Rhin. Custine, après la prise de Francfort, ayant reçu des renforts considérables, s'était porté au-devant de l'armée combinée des Prussiens, des Autrichiens et des Hessois. Cette armée, forte de 50,000 hommes, s'était rassemblée sur la rive droite de la Lahn, entre Giessen et Nassau, aux ordres du prince de Brunswick. Houchard, à la tête de l'avant-garde française, eut d'abord un avantage sur les postes avancés de l'ennemi : sa cavalerie légère, et même l'infanterie prussienne, furent poussées, le 9 novembre, près de Limbourg, par des bataillons nationaux, et obligées de se retirer dans la ville.

Ce mouvement avait été combiné avec celui qu'avait dû faire l'armée de Kellermann, que Beurnonville avait remplacé après avoir remontré tous les inconvénients de l'entreprise.

Le plan de cette expédition était de s'emparer de Trèves et de se porter de là sur Coblentz, où devait se faire la jonction avec l'armée de Custine : appuyée par ce mouvement, elle se serait avancée de Mayence par les deux rives du Rhin dont il était maître. Les armées de la Belgique se rapprochaient en même temps par les places de la Meuse, mettaient tout le pays entre la Meuse et la Moselle sous le feu de deux grandes armées, et forçaient les puissances coalisées de repasser le Rhin, ou de se laisser enfermer entre le territoire français et trois grandes rivières. Ce plan, profondément combiné, manqua par les délais, par les retards, par les obstacles de tous genres, que l'intrigue du dedans eut l'art de susciter. L'armée de la Moselle, retardée dans ses marches, embarrassée dans un pays montueux et difficile, fit une campagne pénible et brillante, livra plusieurs combats glorieux, mais inutiles; pour être célèbres, il ne manqua aux journées du 14 et du 15 décembre qu'un résultat important.

Le général Labarolière, avec une avant-garde de 3,000 hommes, fut d'abord envoyé sur Trèves par le pays entre Sarre et Moselle. Ce pays offre deux pendants, qui versent dans les deux rivières; il est couvert de bois, coupé de gorges étroites resserrées par des bords escarpés, et hérissées de roches à pic et de précipices; l'âpreté de la saison ajoutait à l'âpreté du climat. Cinquante ans auparavant, une armée française, commandée par Créqui, y avait éprouvé des obstacles et des échecs. La mission de Labarolière ne pouvait être donnée que comme une reconnaissance. Il devait essayer de pénétrer jusqu'à Kons-Sarrebruck, où le pont établi au confluent ouvre un passage sur Trèves et rend maître du cours des eaux. Labarolière se porta d'abord à Sierk, puis à Linch, d'où il s'empara des magasins établis à Remich, en détruisit une partie et retira le reste sur Sarrelouis; il se porta ensuite en avant par Freudenbourg et Sarrebourg jusqu'au pont de Kons. Les ennemis n'occupaient pas encore Trèves en forces; il eût pu s'en emparer; mais l'armée n'étant pas en mesure pour le soutenir, les ordres du général en chef le rappelèrent, et l'armée se mit en mouvement.

Deux chemins sont ouverts pour se porter de Sarrelouis sur le pays de Trèves; l'un entre Sarre et Moselle, par les ouvertures et les défilés que le sillage des eaux a pratiqués dans les gorges des montagnes; l'autre, par l'ancienne voie romaine, dans le pays moins difficile sur la rive droite de la Sarre. Ce fut ce chemin que le général français choisit, ne laissant qu'un corps détaché dans le pays entre Sarre et Moselle, pour s'y maintenir en mesure et à hauteur des mouvements de l'armée.

Incertain du succès, et calculant les difficultés qu'offraient le pays, la saison, les forces de l'ennemi, le dénûment de l'armée, la retraite d'un grand nombre de volontaires qui, rassurés par un décret, retournaient dans leurs foyers, Beurnonville essaya d'abord d'effectuer la jonction sur Mayence, par un détachement de 6,000 hommes, qui fut mis aux ordres de Ligneville, et dut s'y rendre en cinq marches par Honsbourg et Kaiserlautern. A moitié chemin, ce corps fut rappelé; les ordres réitérés de l'intérieur prescrivirent l'expédition sur Trèves. Le corps de Ligneville fit alors l'avant-garde de l'armée et fut porté à Saint-Vandel, et Beurnonville se mit en mouvement pour l'y joindre; ayant rassemblé, le 25 novembre, les cantonnements épars depuis Saint-Dizier jusqu'aux bords de la Sarre, il réunit environ 20,000 hommes, et marcha sur Trèves par la route de Saint-Vandel. Une partie de l'armée se réunit le lendemain avec Ligneville à Tholei, où toute l'armée se trouva rassemblée le 27. Les jours suivants, l'armée campa à Méternick, à Nouveiler et à Scherf; les ennemis s'étaient portés au-devant et s'étaient retranchés sur les hauteurs de Peligen. Ils occupaient aussi les positions de la Chartreuse et de la montagne Verte, et couvraient ainsi Trèves. La montagne Verte est une haute élévation qui descend, par deux ondulations rapides, au confluent de la Moselle et de la Rover. Cette montagne, dépouillée des bois qui la couvraient jadis, ne présente plus qu'un tapis de mousse et de verdure, où l'assaillant gravissait à découvert et sans aucun abri.

Il ne s'agissait de rien moins que d'attaquer à la fois sur ces trois points, et les dispositions furent faites. La gelée arrêta les opérations; la rigueur du froid fut telle, que des sentinelles furent trouvées mortes.

Dès que le dégel permit d'agir, l'attaque s'effectua : le corps entre la Sarre et la Moselle s'empara de Sarrebourg le 6 décembre; l'attaque du centre sur Peligen manqua, l'artillerie ne put arriver ; la montagne Verte fut attaquée par l'avant-garde aux ordres des généraux Labarolière et Delâge. Vers le soir, toutes les batteries ennemies avaient été démontées, les Tyroliens qui couvraient la côte repoussés, le château situé au pied de la montagne pris, et les colonnes d'attaque se formaient, lorsqu'on vit se déployer les renforts que la garnison de Luxembourg avait envoyés. Aucune diversion n'avait été tentée pour la retenir, et l'arrivée de ces troupes décida la retraite.

On tenta, deux jours après, une double attaque; l'une sur Kons-Sarrebruck, l'autre sur Peligen. Les ennemis prévinrent la première à Bibelhausen. Ce fut là qu'un officier supérieur, Pointcaré, homme septuagénaire, à la tête d'un bataillon national de 300 hommes seulement, arrêta l'ennemi fort de 1,200 hommes et de 400 chevaux, jusqu'à l'arrivée du général Pully: l'ennemi reçut des renforts, et la partie devint à peu près égale. Le combat fut vif et long ; enfin les Impériaux furent mis en déroute et poursuivis par l'infanterie légère jusque dans leurs retranchements.

Le lendemain (13 décembre), tandis que Beurnonville attaquait de nouveau Peligen, qu'il emporta, mais qu'il ne put garder, on fit une dernière tentative pour s'emparer de Kons-Sarrebruck. Le corps du général Delâge fut disposé sur trois colonnes. La première, composée des grenadiers sans artillerie, à cause de la difficulté des chemins, emporta à l'arme blanche les hauteurs de Wavren, où, dans sa retraite précipitée, l'ennemi laissa un canon.

La seconde colonne, conduite par Pully et Landremont, repoussa la cavalerie ennemie jusque sous ses batteries, qui furent démontées par quelques pièces que les soldats hissèrent sur les hauteurs d'alentour.

Les troupes françaises avaient dépassé les abatis et doublé la montagne quand la nuit survint.

On remit l'attaque de Kons-Sarrebruck au lendemain. Mais la troisième colonne de gauche, incertaine dans ses mouvements, faute d'ordre et d'accord entre les chefs, fut mise en déroute ; les fuyards criaient *à la trahison ;* la cavalerie légère fit sa retraite en ordre, sur les colonnes victorieuses.

Pendant la nuit, Beurnonville renforça ce point d'attaque, et le lendemain on rattaqua les hauteurs de Ham, sur quatre points différents, et les républicains restèrent encore maîtres du champ de bataille. Ce fut là qu'un déserteur français vint se rendre à Pully, le conjurant de ne point attaquer l'ennemi trop supérieur ; le soldat demande sa liberté pour prix de son avis. « Si tu veux la mériter, lui dit le général, suis-moi. » Il donne le signal de la charge. Arrivés près de Kons-Sarrebruck, les généraux jugèrent impossible de forcer les ennemis fortifiés dans leur position ; la retraite fut résolue. Le quartier-général prit poste à Merzig ; et Labarolière, chargé de la retraite, fit attaquer, le 27, pour couvrir son mouvement. On établit en même temps un feu vif d'artillerie sur Kons-Sarrebruck et sur les postes ennemis, le long de la Moselle, autour du bourg de Greven-Makeren. A la faveur de ces attaques, les mouvements rétrogrades de l'armée s'exécutèrent sans obstacle et presque sans échec ; on retira sans perte les équipages d'artillerie et les bagages ; et l'armée fut mise en quartiers d'hiver dans le territoire français, sur les rives de la Sarre, après une campagne d'hiver de moins de deux mois, mais qui fut remarquable par la quantité de combats de détails où les troupes, déjà fatiguées de la campagne de l'Argonne, eurent à souffrir de l'âpreté du climat et de la saison, et montrèrent une grande constance et un grand courage. Le corps de cavalerie des carabiniers s'y distingua. Cette expédition fut dirigée par les généraux Delâge, Pully, Landremont, Muratel, Labarolière, Hédouville, Tolosan, Lefèvre, depuis général, alors capitaine dans un bataillon d'infanterie légère. On eût pu s'emparer de Trèves, mais les échecs qu'avait reçus l'armée de Custine, rompirent les mesures prises ; l'occupation de Trèves n'était plus un poste soutenable ; et les Prussiens tenaient déjà en force Coblentz où devait se faire la jonction des armées. Les ordres du conseil exécutif arrêtèrent les opérations sur ce point d'attaque qui n'était plus en mesure avec les autres.

La prise de Francfort par l'armée de Brunswick, et les mouvements rétrogrades que cet échec rendit nécessaires, firent manquer toute cette partie du plan d'opérations.

Après les conventions stipulées dans les plaines de la Champagne, la Prusse n'avait plus qu'un intérêt indirect à la guerre ; il paraît même que son roi, mieux éclairé sur ses vrais intérêts, était décidé à se détacher de la coalition, et se croyait quitte avec l'empereur, son allié, par le retour des armées combinées sur les terres de l'Empire. Le but commun de l'invasion était manqué, et selon le mot du général prussien, « l'honneur exige que des voyageurs qui ont commencé une route, l'achèvent ensemble ; rien ne les oblige à en entreprendre une nouvelle. » Mais lorsque l'on vit le cours du Rhin occupé par les armées de la République, les clefs de la Germanie entre leurs mains par l'occupation de tous les passages, lorsqu'on vit surtout une ville impériale et commerçante, envahie et soumise à des contributions étendues encore au loin dans le pays, Frédéric-Guillaume, comme membre de l'Empire, ne put plus avec honneur poser les armes, et laisser ses alliés aux prises avec un ennemi vainqueur et conquérant. Le roi de Prusse s'engagea à ne point se séparer de la cause commune que l'ennemi commun ne fût repoussé dans ses anciennes limites, et que le cours du Rhin ne fût affranchi. On prépara de loin les moyens d'exécution : une armée de 50,000 Prussiens ou Hessois fut rassemblée, et toutes les mesures furent combinées avec de grandes précautions pour reprendre Francfort ;

ce succès, plus brillant que difficile, devait rassurer l'Allemagne alarmée, et rendre le lustre et la confiance à ses armes. L'armée, aux ordres de Brunswick, s'étendait depuis Coblentz sur la rive droite de la Lahn, jusqu'à Giessen ; quatre divisions se mirent en mouvement le même jour (24 novembre), et marchèrent à même hauteur : les deux de droite, partant de Coblentz, côtoyèrent les deux rives du Rhin, l'une par Rhinfelz et Bingen, l'autre par Neustadt ; elles devaient contenir les troupes qui occupaient Mayence, et qui couvraient les travaux de Cassel ; les deux autres colonnes, partant le 25 des quartiers étendus sur la Lahn, depuis Montabauer jusqu'à Giessen, se portèrent en cinq marches, l'une par Limbourg, Esch et Hombourg ; l'autre, celle de gauche, par Friedberg et Bergen, sur Francfort. Les postes français se replièrent successivement devant ces forces supérieures, et dans un de ces combats, le fils du prince de Brunswick fut blessé.

Le général français, mal informé de ces mouvements, ne voulant ni abandonner Francfort ni l'occuper en force, y laissa une faible garnison d'environ 1,500 hommes, retira son armée en arrière de la ville, la droite à Hœchst, et couvrit son front par deux villages retranchés, Sadenheim et Sultzbach ; cette position trop en arrière de Francfort, ne le défendait pas, et ajoutait ainsi à la faute d'un envahissement impolitique et sans objet, celle de laisser reprendre la place avant de l'abandonner. Le point de défense était le fort de Cassel et la tête du pont de Mayence.

Francfort n'était fortifié que d'une enceinte de murailles avec un fossé large et profond, et quinze bastions de construction ancienne, mal revêtus. Le fleuve du Mein traverse la ville ; il est navigable et même d'un accès facile pour de grands bâtiments ; les fossés sont bordés, dans toute l'étendue de leur contour, de maisons de campagne, d'enclos, de jardins et de vignobles qui en facilitent les approches.

La garnison qu'avait laissée Custine, d'environ 1,500 hommes, était trop faible pour défendre les remparts et contenir la ville ; cette garnison n'avait point d'artillerie, et lorsqu'on voulut en tirer de l'arsenal, le peuple rassemblé s'y opposa ; le magistrat réclama son droit de neutralité, et le général français Van Helden prudemment n'insista pas.

Le 2 décembre, les troupes prussiennes et hessoises se rassemblèrent sur les hauteurs de Bergen ; les bataillons destinés à l'attaque se portèrent en avant sur la chaussée qui conduit à Francfort ; des postes furent disposés le long de la rivière de Nida, pour couvrir les opérations, et s'opposer aux secours que l'armée française pourrait tenter d'envoyer à la garnison.

L'attaque commença vers huit heures du matin, aux portes d'Essenheim, de Friedberg et de la Toussaint, et en même temps au faubourg de Saxen-Hausen ; la garnison française, diminuée encore par des détachements, ne pouvait fournir que 60 hommes à chaque bastion et une faible réserve de 200 hommes qui ne purent même se porter aux points d'attaque, parce que le peuple rassemblé leur fermait les passages, et s'opposait à toute défense ; Custine avait promis qu'il n'exposerait pas la ville à un siége.

Les Hessois essayèrent d'abord d'ouvrir une porte à coups de canon, mais ce moyen ne réussissant pas, les assaillants établirent un feu vif contre les troupes peu nombreuses qui bordaient le rempart ; et, après une heure de combat, les portes furent enfoncées, et les habitants eux-mêmes aidant à baisser les ponts, les colonnes d'attaque pénétrèrent rapidement dans la ville. Le roi de Prusse y entra bientôt avec le reste de l'armée, aux acclamations des habitants. Alors la garnison fut faite prisonnière : une partie seulement avait pu se retirer vers l'armée française.

La résistance de la garnison fut si opiniâtre, qu'après la reddition proclamée, on vit de jeunes soldats se défendre dans les rues et dans les maisons, et refuser de demander quartier ; les généraux allemands employèrent avec générosité leur autorité pour arrêter les excès. Les Hessois perdirent 300 hommes ; les Français, environ 50, et le nombre des prisonniers fut d'environ mille.

Custine, qui, peu de jours avant la prise de la ville y était entré pour conférer avec les magistrats, était retourné à son armée ; il essaya de s'approcher pour secourir ou retirer la garnison ; repoussé, il fut obligé de rentrer dans sa position de Hœchst, d'où il communiquait encore avec la forteresse de Kœnigstein ; mais, dès le lendemain, il fut forcé de l'abandonner à ses propres forces, et se retira avec l'armée, en avant de Mayence. Kœnigstein se soutint quatre mois avec une faible garnison, et, après une défense honorable, commandée par le capitaine Meunier, capitula et obtint encore les honneurs de la guerre.

Les revers de Custine n'arrêtèrent pas d'abord les succès de Dumouriez. Pendant son séjour à Liége, le général Miranda, après la prise de la citadelle d'Anvers, s'était porté en cinq marches, du 6 au 11 décembre, à travers la Gueldre, sur Ruremonde, et s'était emparé des places de la Meuse, Wessem et Werth. Un corps de 3 à 4,000 hommes céda presque sans résistance ; et le gouvernement autrichien qui s'y était retiré de Bruxelles, se réfugia à Aix-la-Chapelle. Dumouriez y marcha. Le plan de ces mouvements combinés entre les armées de Beurnonville sur la Moselle, et les différents corps aux ordres de Dumouriez sur la Meuse, était de forcer les Allemands à repasser le Rhin, depuis Cologne jusqu'à Coblentz, et de rouvrir ensuite une communication avec l'armée de Custine, trop pressée autour de Mayence.

L'armée de la Belgique ne pouvait prendre ses quartiers d'hiver sur la Meuse ; la saison et le dénûment les rendaient cependant nécessaires ; la ville de Liége n'est pas susceptible de défense : il fallait nécessairement affranchir le pays sur la droite de la Meuse où l'ennemi était établi par postes en échelons, depuis Aix-la-Chapelle jusqu'à Herve. Pour y parvenir, un corps, aux ordres du colonel Frécheville, partit de Spa, le 7 décembre, et dut tourner la gauche; le colonel Hak attaqua le même flanc, tandis que le général Stengel le poussait de front; cette action se passa près de Verviers, et l'on y vit encore l'infanterie française, formée, en bataillons carrés, recevoir et repousser des charges d'une cavalerie nombreuse et exercée. Peu de jours après, les Autrichiens évacuèrent Aix-la-Chapelle, et se retirèrent vers le Rhin sur Cologne. Le général Clairfait conduisit cette retraite, qui se fit avec lenteur et avec ordre, malgré la prodigieuse désertion de ses troupes.

Les armées républicaines entrèrent alors en quartiers d'hiver dans la Belgique, et occupèrent tout le pays entre la Meuse et la Roër, depuis Ruremonde jusqu'à Hui, sur la Meuse, et jusqu'aux sources de la Roër.

Retiré en avant de Mayence, comme on l'a vu plus plus haut, Custine ne tarda pas à concevoir des craintes pour cette ville, sous les murs de laquelle les Prussiens et les Hessois parurent bientôt. Dès le 14 décembre, ces derniers avaient attaqué et pris le poste d'Hocheim, malgré la belle défense des Français qui, presque tous, s'étaient fait tuer plutôt que de se rendre. Le 2 janvier 1793, Custine s'attendant à être prochainement attaqué, essaya de reprendre l'offensive, et il donna l'ordre aux généraux Sédillot et Houchard de se porter sur Hocheim et de reprendre ce poste ainsi que celui de Costheim. Tous deux furent promptement emportés. Mais les Prussiens revinrent dans la nuit du 5 au 6, profitant d'un temps neigeux qui favorisait merveilleusement leurs projets de surprise. Une de leurs colonnes prit le village d'Hocheim à revers, tandis que l'autre l'attaqua de front. Cette nuit fut fatale aux Français : le général Sédillot, enveloppé de toutes parts, ne parvint à se retirer et à se faire jour sur Cassel qu'en laissant sur le terrain 500 des siens, et en abandonnant les 12 pièces de canons que l'on avait tirées de Mayence. Mais les Prussiens ne poursuivirent pas leurs succès, et bientôt ils rentrèrent dans leurs cantonnements.

La campagne de 1792 se termina ainsi : les armées du Nord et de l'Est formaient une ligne courbe passant par Juliers, Thionville et Mayence. La droite des coalisés était retranchée derrière l'Erft, leur centre occupait fortement l'électorat de Trèves, et leur gauche avait resserré Custine sur le Rhin. Toutes les positions des Français étaient indécises, la Meuse cessait d'être un appui, et le sthatouder livrait Maëstricht à la coalition. Custine était à la veille de se voir renfermé dans Mayence par le passage des Prussiens à Rhemfels, tandis que les ennemis, en déployant leur centre et renforçant leurs ailes, avaient la chance de prendre une prompte revanche et de ramener rapidement leurs vainqueurs à la frontière.

CHAPITRE III.

Ouverture de la campagne de 1793. — Situation militaire de la République. — Disposition de l'Europe. — Déclaration de guerre. — Invasion du Brabant hollandais. — Déblocus de Maestricht. — Revers en Belgique. — Bataille de Nerwinde. — Défection de Dumouriez. — Opérations sur le Rhin. — Insurrection de la Vendée.

L'exécution de Louis XVI entraîna la République dans une guerre générale. Sous chacune des couronnes de l'Europe, elle trouva un ennemi. L'Autriche, l'Allemagne, l'Angleterre, la Hollande, Rome, Naples, le Portugal, l'Espagne, se jetèrent tumultueusement dans la lice pour nous anéantir. De toutes parts, ainsi, un cercle de fer se resserrait comme pour comprimer la France révolutionnaire; mais celle-ci renfermait dans son sein les éléments bouillonnants d'une explosion qui devait rejeter loin de nos frontières toutes les armées ennemies.

Depuis la bataille de Jemmapes, les Autrichiens avaient évacué successivement toutes les places de la Flandre et du Brabant. Les armées républicaines s'étendaient le long de la Meuse, depuis Givet jusqu'à Ruremonde, avec des postes en avant de Rochefort, Huy, Stavelo, Malmedi, Spa, Spremort et Aix-la-Chapelle.

Mais cette armée, bien que victorieuse, manquait de subsistances, et elle se désorganisait rapidement. Il était mort à la fin de décembre 6,000 chevaux d'artillerie, à Tongres et à Liége, faute de nourriture. Les fusils des fantassins n'étaient pas en état de servir. La cavalerie manquait de selles, de bottes, de manteaux, de carabines, de pistolets, de sabres. L'argent manquait absolument.

Au lieu de tirer du pays de Liége, de la Belgique ou de la Hollande, les fournitures de l'armée, l'entreprise générale de ces objets avait été établie à Paris. On achetait, dans le pays de Liége, des draps pour faire des habits, des cuirs pour faire des souliers, des toiles pour faire des chemises. Le tout était voituré à Paris, pour le mettre en œuvre et le renvoyer à l'armée. Il en résultait que les souliers des soldats revenaient à 7 fr., tandis qu'on les aurait eus pour 4 fr. 50 c. à Liége, et que les capottes, qu'on aurait fabriquées à Anvers pour 20 fr., en coûtaient 40. Les blés des Pays-Bas allaient à Nantes, revenaient à Paris. On les faisait moudre à Montmartre, et on les renvoyait en farines dans les Pays-Bas.

Les officiers, sans considération dans les bataillons où, sous prétexte d'établir le niveau de l'égalité, les jacobins soufflaient les fureurs de l'anarchie, se rendaient en foule à Liége ou à Aix-la-Chapelle, qui devenaient pour eux ce que la délicieuse Capoue fut pour l'armée d'Annibal après la bataille de Cannes. Les soldats restaient, dans leurs quartiers, sans commandants. Le besoin et l'indiscipline avaient porté la maraude à son comble ; les soldats allaient, par bandes, piller les villages, et les paysans se vengeaient en massacrant tous ceux qui s'écartaient.

Ce fut dans ces circonstances que Dumouriez se rendit à Paris, en vertu d'un congé qui ne lui avait été accordé qu'avec beaucoup de difficulté. Il espérait être reçu en triomphateur dans la capitale ; mais déjà ses projets ambitieux avaient été soupçonnés ; l'opinion publique s'en était émue, et il ne trouva partout que froideur et dédain. Ses plans pour la campagne qui allait s'ouvrir furent mal accueillis ou rejetés par le Conseil exécutif, et les choses prirent, en ce qui le concernait, une telle tournure, qu'il se hâta de retourner à son armée, où il arriva le 28 janvier 1793. Peu de jours après la France déclarait la guerre à l'Angleterre, à la Hollande et à l'Espagne. En même temps un décret de la Convention ordonnait une levée de 300,000 hommes, ce qui devait porter à 600,000 le nombre de combattants des armées républicaines. On ne pouvait douter que les princes de la péninsule italique ne réunissent bientôt leurs intérêts à ceux de Londres, de Madrid, de Vienne, de Berlin et de Saint-Pétersbourg, qui armaient de concert contre la France. Les républiques de Venise et de Gênes avaient déclaré qu'elles observeraient une religieuse neutralité, et le grand-duc de Toscane, de même que les ducs de Parmes et de Modène, se montraient disposés à suivre cet exemple. Mais les cours de Naples et de Rome, malgré leur faiblesse, osaient se déclarer ouvertement. Ferdinand IV offrait des armées que l'état de ses affaires ne lui permettait ni de lever, ni de payer, ni de nourrir ; il ne pouvait rendre de services réels à la coalition que sous le rapport des avantages offerts par ses rades aux forces navales de la Grande-Bretagne et d'Espagne. Les forces militaires de Pie VI n'étaient pas plus considérables ; cependant le pontife, malgré sa vieillesse, visitait ses arsenaux et se préparait à la guerre.

Maître de la Belgique, Dumouriez conçut le projet de faire la conquête de la Hollande. Ce pays, qui avait joui pendant longtemps d'une paix profonde, était regardé comme l'entrepôt des richesses de l'Europe, et Dumouriez se flattait d'y trouver non seulement toutes les ressources dont il avait besoin pour nourrir et habiller ses soldats, mais des trésors immenses avec lesquels il était sûr de faire triompher le parti qu'il avait embrassé.

Mais déjà l'Angleterre avait envoyé une escadre dans l'Escaut, et 2,000 hommes étaient passés en Hollande, sous le commandement du duc d'Yorck. Un corps de 12,000 Hanovriens, à la solde de la Grande-Bretagne, se mit en marche pour augmenter l'armée anglaise. 20,000 hommes furent levés en Écosse et en Irlande. La rapidité avec laquelle ces troupes se rendaient en Hollande annonçait à Dumouriez une résistance à laquelle il ne s'était pas attendu.

Le général Miranda, dont la division montait à peine à 15,000 hommes effectifs, n'étant pas en situation d'assiéger Maestricht dans les règles, se contentait de bombarder cette place, qu'il réduisait en cendres, sans' que la garnison parlât de se rendre. Le général Valence couvrait cette opération militaire. Son armée de 30,000 hommes était répandue dans des cantonnements étendus des bords de la Meuse à ceux de la Roër. Le prince de Cobourg et le duc de Brunswick, instruits de la faiblesse de ces cantonnements, ayant rassemblé brusquement 45,000 hommes, attaquent successivement les quartiers français, les culbuttent les uns sur les autres et s'emparent, dans Liége, des magasins immenses que les Français avaient rassemblés pour leur habillement. La surprise et la consternation des bataillons, pris au dépouvu, étaient si grandes, qu'à l'exception de la grosse artillerie, qui fut amenée à Louvain, et de là à Tournay, rien ne fut sauvé, pas même les bagages des soldats. La division qui bombardait Maestricht, pouvant être coupée, abandonna le siége à la hâte, et se repliant à la gauche de la Meuse, vint se réunir aux principaux corps de l'armée sous Louvain.

Cependant Dumouriez, arrivé à Anvers vers la fin de janvier, et ayant réuni 21 bataillons, 5,000 chevaux et quelque artillerie, en tout 14,000 hommes, n'hésita pas à entrer sur le territoire hollandais, à la tête de cette petite armée, qui, le 17 février, fut établie en cantonnement entre Berg-op-Zoom et Breda; l'avant-garde dut se porter en avant, jusque sur le bord du Moerdik, y rassembler et y retenir tous les bâtiments ou bateaux qu'elle y trouverait. Cet ordre, mal exécuté, fut une des premières causes qui firent échouer l'expédition : l'ennemi put retirer les navires au bord opposé, et ôta ainsi les premiers moyens de passage.

Le général Darçon, avec la division de droite, de 9 bataillons, dut bloquer Breda, et le colonel Leclerc, avec la division de gauche et le même nombre de troupes, alla cerner Berg-op-Zoom et Steenberg. Dumouriez, avec l'arrière-garde, s'avança entre les deux divisions de son armée à Sewenbergen, et fit assiéger par l'avant-garde les deux places de Klundert et Willemstadt.

Le passage du Moerdik était devenu l'obstacle le plus difficile à vaincre. On avait espéré se servir des bâtiments qui se seraient trouvés sur la rive, y entasser trois ou quatre mille hommes, armer de canons quelques chaloupes. Dort n'était pas en état de défense; les patriotes réfugiés comptaient sur les habitants, et, une fois cette tête de colonne établie, le pont était fait.

Il était nécessaire de suppléer à ce plan devenu impossible.

Ce pays, ainsi que toute la Hollande, est coupé par des canaux, qui semblent d'abord autant d'obstacles à la marche d'une armée, mais dont les digues peuvent servir d'approches contre les places et de moyens de transport pour l'artillerie. Le commerce couvre en tout temps ces canaux de bateaux de différente capacité; on en trouva plusieurs pontés près de Sevenbergen; ils furent gréés et armés, et cette flottille se trouva en état de porter l'avant-garde de l'armée.

Ces préparatifs entraînant à des retards, Dumouriez employa le temps à s'emparer de quelques postes défensables. Cette opération devait à la fois donner du relief à ses forces et lui assurer une place d'armes.

Breda fut assiégé et pris par le général Darçon, déjà connu par l'ingénieuse et célèbre entreprise des batteries flottantes à Gibraltar. Breda est une place réputée très-forte; la garnison était de près de 3,000 hommes. Il s'établit un feu vif de part et d'autre pendant trois jours; le quatrième elle capitula. On y trouva 250 bouches à feu et beaucoup de munitions de guerre. Tel était l'esprit de gaîté des soldats, qu'ils allaient sur les glacis de la place, du coté qui n'était pas sous l'inondation, danser ce qu'on appelait alors la *Carmagnole*, sorte de danse guerrière et révolutionnaire, dont le refrain était : *Vive le son du canon*. Cette saillie nationale était héréditaire, et les Belges avaient déjà vu les Français, commandés par Maurice de Saxe, danser autour des remparts de Berg-op-Zoom.

Klundert, petit fort au milieu d'un terrain inondé, fut pris deux jours après par le général Berneron, qui alla immédiatement attaquer Willemstadt, tandis que Darçon mit le siége devant Gertruidenberg. Tous les ouvrages extérieurs furent enlevés ou abandonnés le premier jour, et le quatrième, après quelques boulets échangés, la place capitula. On y trouva aussi beaucoup d'armes et de munitions; de plus, un bon port et 30 bâtiments de transport de toutes grandeurs.

On était parvenu à armer et à équiper 23 bâtiments. A peu de distance à l'ouest du Moerdik est la petite anse de Roowœrt. On y fit descendre ces navires, pourvus de vivres pour douze cents hommes; on avait rassemblé dans l'armée tout ce qui s'y trouvait de soldats des provinces maritimes de la France; ils devinrent matelots. Un marin anglais et un officier de la marine hollandaise dirigeaient cette flotte. Le quartier général était établi à Roowœrt; on avait pratiqué sur les dunes des huttes en paille pour les soldats, et ils appelaient ce cantonnement aquatique, *le camp des castors*. Ils étaient impatients de passer à l'autre bord, et le génie ardent du général y dévorait l'avenir. Son véritable plan d'attaque était encore ignoré de l'ennemi. Le stathouder rassemblait tous ses moyens de défense à Gorcum, où quelques troupes anglaises s'étaient rendues, ainsi que les corps de Fran. çais émigrés.

Dumouriez avait reçu un renfort de 6,000 hommes; il l'envoya remplacer les corps de troupes les plus éloignés, qu'il appela à lui. Il entreprit alors de se servir de la marine assez considérable qu'il avait trouvée à Gertruidenberg, pour faire exécuter à sa division de droite le passage par le Bisbos, qui, quoique plus large, offre des facilités par la quantité de petites îles, qui forment là un archipel favorable à des positions, et dont les bas-fonds défendaient l'approche aux bâtiments armés des Hollandais. Mais c'est alors qu'il reçut les nouvelles de l'armée de Miranda, et la destinée arrêtant là ses succès ou ses entreprises, commença cette suite de revers qui détruisit sa fortune et ses espérances.

Cependant les grands rassemblements des armées ennemies s'étaient formés à Cologne et derrière la rivière d'Erft. Clairfait y avait réuni 30,000 hommes, Cobourg à peu près autant; et le prince Ferdinand de Brunswick s'avançait par la Gueldre prussienne à la tête de 20,000 hommes.

Dès le 27 février, les avant-postes autrichiens passèrent la Roër et se portèrent trois lieues en avant. Tous les corps s'étaient réunis aux ordres du général Clairfait; cette armée était de 55,000 hommes; le prince de Saxe-Cobourg en prit le commandement. On y comptait plusieurs généraux de l'empire : le prince de Wurtemberg, le général Latour; le jeune archiduc Charles y servait à l'avant-garde, à la tête des bataillons de grenadiers. Un grand appareil d'artillerie suivait cette armée, et toutes les mesures que sait préparer la sage lenteur germanique, étaient déployées pour opérer un grand effort, prévu de loin et mûrement combiné. L'électeur palatin de Bavière s'étant départi de son système de neutralité, que la République avait religieusement respecté, la ville de Juliers fut livrée aux Impériaux, et le quartier général s'y établit.

A tous ces préparatifs, l'armée française n'avait opposé que sécurité et imprévoyance. L'armée ennemie entière avait passé la Roër, et nul point de grand rassemblement n'était encore indiqué. L'attaque se fit, le 3 mars, par trois colonnes sur toute la ligne des postes avancés, depuis Ruremonde jusqu'à Swalmen; le premier combat eut lieu à Aldenhoven. Les Français y furent repoussés; les hussards hongrois emportèrent la hauteur d'Aldenhoven; le combat se rétablit dans la plaine, mais les Français y furent encore forcés.

L'attaque avait été effectuée en même temps sur Ruremonde avec le même succès; tout plia et se retira sur Aix-la-Chapelle, qui fut bientôt évacué.

Il y a, entre Tongres et Maestricht, une position reconnue; ces deux villes en appuient les flancs, et le front est couvert par la chaussée; c'était là que, selon le premier ordre envoyé par Dumouriez, l'armée devait prendre poste, et d'où elle pouvait encore défendre le passage de la Meuse. Si l'ennemi obligeait à abandonner les ouvrages et les batteries construits devant Maestricht, sur la rive gauche de la Meuse, on avait encore une position à prendre entre Tongres et Liége, les flancs appuyés à ces deux places, ce qui aurait pu maintenir la possession de Liége, qu'il était très-impolitique d'abandonner, après avoir fait déclarer les Liégeois pour la Révolution. On ne prit point ce dernier parti, que l'état de désordre de l'armée ne permettait peut-être pas. Les ennemis attaquèrent Tongres, au nombre de 12,000 hommes, et s'en emparèrent. Là, il y eut un combat sur les hauteurs de Saumagne. Valence, à la tête de la cavalerie, exécuta une charge, qui sauva l'infanterie et assura sa retraite sur Saint-Tron. Les corps aux ordres des généraux Dampierre et Champmorin avaient rejoint l'armée, qui fit sa retraite sur Tirlemont, et ensuite à Louvain.

Ce fut là que Dumouriez la trouva le 14 mars 1793. Elle était composée de 62 bataillons et 5 mille chevaux, formant un total de 35 à 40,000 hommes. Son avant-garde se trouvait à Cumptich, et un corps détaché campait sous Tirlemont. Les villages qui sont entre Tongres et Tirlemont étaient occupés par les Autrichiens.

Dumouriez étendit son front jusqu'à Hougarde, et porta sa gauche à Diest, où il fit des retranchements. Hougarde fut occupé par le général Dampierre. Le prince Frédéric de Brunswick pouvant venir prendre l'armée à revers par la campine, le général Lamarlière se porta à Lierre, d'où il pouvait éclairer ce poste : par le moyen de ces corps avancés, la communication devenait libre avec les troupes qui étaient au Moerdick. On envoya le colonel Westermann à Turnhout, parce que, communiquant par Herentals avec le général Lamarlière, il pouvait de là couvrir la retraite. L'avant-garde des Autrichiens ayant, à la suite des Français, passé la Meuse à Maestricht et à Liége dans la matinée du 15 mars, surprit Tirlemont, d'où elle chassa 400 hommes qui y étaient postés. Les généraux Dampierre et Miacksinski, commandant les troupes avancées, furent obligés de se replier sur l'armée. Le général Neuilly retourna dans sa position de Judoigne, et Dampierre s'établit en arrière de Meldert. Miacksinski fut remplacé sur les hauteurs d'Opplinter par le général Champmorin, et l'armée se porta le soir en avant de Cumptich, derrière son avant-garde.

Une forte avant-garde des ennemis tenait tout le pays qui est entre les deux Gettes et Tirlemont ; elle y fut attaquée le 18 par Dumouriez. Le général Valence, à la tête des grenadiers, reprit Tirlemont : il s'y était rendu du côté de la Gette et par le chemin d'Hougarde. Un corps de troupes, aux ordres du général Miranda, qui s'était porté sur les hauteurs d'Opplinter, dépassa l'ennemi et le força de se retirer derrière la Gette, où il occupa les hauteurs entre Saint-Tron et Owerwinden.

Le général Lamarche s'empara du village de Goidzenhowen, poste très-avantageux que les ennemis avaient négligé et dont ils connurent trop tard l'importance. L'avantage sur ce point fut vigoureusement disputé ; cependant les impériaux furent forcés de se retirer derrière la petite Gette à l'arrivée du général Neuilly, venant de la droite pour prendre la position de Neer-Heilissem.

Après ces deux succès, qui rendirent l'avantage aux Français et à l'armée la confiance, Dumouriez se décida à hasarder une action décisive; il se porta donc en avant et étendit son front. La droite, commandée par le général Valence, à Goidzenhowen, et le centre aux ordres du duc de Chartres, vers la chaussée de Tirlemont. La gauche, qui s'étendait en potence d'Orsmaël aux hauteurs d'Opplinter, était commandée par le général Miranda; la droite du général Neuilly était appuyée à Neer-Heilissem; le général Dampierre était en avant du centre à Esmaël, et le général Miacksinski, avec sa cavalerie, au pont de la Gette, vers Orsmaël.

Le développement du front des deux armées s'étendait sur à peu près deux lieues de terrain; le front de l'armée française occupait depuis Goidzenhowen jusqu'aux hauteurs de Wommersom et d'Opplinter, et celui de l'armée autrichienne depuis les hauteurs du village de Racourt jusqu'au-delà de Hall, dans la plaine de Leau. L'archiduc Charles commandait l'avant-garde; la première ligne et une partie de la seconde étaient aux ordres du général Colloredo; le prince de Wirtemberg était à la tête de l'infanterie de la seconde ligne et des dragons de Coblentz; la défense de la plaine avait été confiée au général-major Stipshitz, commandant 2 divisions de cavalerie et de l'infanterie. Le général Clairfait était chargé du corps de réserve; les deux armées étaient séparées par la petite Gette, qui couvrait le front de cette ligne.

Afin de déborder la gauche de l'ennemi et de l'inquiéter sur le flanc, la première colonne française, formant la droite de l'armée, devait déboucher par le pont de Neer-Heilissem et se porter dans la plaine entre Landen et Owerwinden. Le général Leveneur, commandant l'infanterie de l'armée des Ardennes, qui formait la seconde colonne, devait déboucher par le même point, prendre là un gros corps de cavalerie, se porter rapidement sur la Tombe de Mindelwinden, et attaquer le village d'Owerwinden, qui, suivant toutes les apparences, ne pouvait pas résister au canon de douze placé sur la Tombe. Le village de Nerwinde devait en même temps être attaqué sur sa droite par le général Neuilly, commandant la troisième colonne. Le général Valence commandait ces trois colonnes, et était chargé de l'attaque de droite.

Deux colonnes formaient l'armée qui, sous les ordres du duc de Chartres, devait attaquer au centre. Le général Dietmann, commandant l'une de ces colonnes, avait reçu l'ordre de passer un ruisseau sur le pont de Laer, de traverser le village, et de se porter avec rapidité sur le pont de Nerwinde. La seconde colonne, commandée par le général Dampierre, devait se porter sur la gauche de Nerwinde, après avoir passé le pont d'Esmael. Miranda était chargé de l'attaque de gauche; trois colonnes formaient son armée : la première, dirigée par le général Miacksinski, devait se rendre par la Gette à Ower-Hespen et attaquer devant elle en se portant sur Neer-Landen; la seconde, commandée par le général Ruault, avait l'ordre de passer la rivière au pont d'Orsmaël et d'attaquer par le grand chemin de Saint-Tron à Liége. On avait ordonné au général Champmorin, commandant la troisième, de passer la grande Gette au pont de Bingen et de s'emparer de Leau.

Les colonnes se mirent en mouvement au point du jour, et la droite commença à passer la petite Gette à neuf heures ; à la gauche, les troupes légères de l'ennemi furent d'abord délogées du village d'Orsmaël par le général Miranda. On fit de part et d'autre un feu terrible d'artillerie, et pendant ce temps-là la ville de Leau fut prise par la troisième colonne, qui s'y maintint. En même temps le général Valence passa le pont de Neer-Heilissem et chassa les Autrichiens du village de Racourt. L'avant-garde, après cet avantage, passa sans difficulté et rejoignit le général Valence : avec ce nouveau renfort, il attaqua les Autrichiens, qui furent débordés à leur aile gauche.

Les généraux Neuilly et Leveneur profitèrent de ce moment pour traverser la petite Gette, et prirent Owerwinden ; l'infanterie française s'était d'abord emparée d'un monticule qui est en avant d'Owerwinden, et qu'on nomme la Tombe de Mindelwinden. En la possédant, on a l'avantage sur trois villages voisins qu'elle domine ; mais les Autrichiens reprirent ce poste, parce que les Français n'y avaient pas reçu de renforts : on l'attaqua de nouveau, et on se le disputa mutuellement pendant toute l'action.

Après avoir emporté le village de Nerwinde, le général Neuilly aurait dû y rester ; mais il le dépassa et s'étendit dans la plaine, ce qui fut une grande faute. Les succès de l'aile droite de l'armée autrichienne lui permettant de se dégarnir, elle envoya des renforts au général Clairfait qui fit attaquer et emporta les trois points importants de Nerwinde, la Tombe de Mindelwinden et Racourt : l'armée française fut par là mise dans une position extrêmement critique. Les hauteurs étaient occupées par les Allemands ; une artillerie nombreuse défendait leur front, et les villages de Racourt et de Nerwinde couvraient leur centre et leur gauche. Une colonne formidable d'infanterie et de cavalerie soutenait ces trois postes. Placés sur la pente du terrain, les Français au contraire avaient à dos la petite Gette.

Dumouriez prétend, dans ses Mémoires, avoir repris les villages de Racourt et de Nerwinde, et avoir laissé le dernier jonché de morts et de blessés, après l'avoir perdu et repris une seconde fois. Selon le prince de Cobourg, quelques efforts que Dumouriez pût faire pour se maintenir dans le village de Racourt, il en fut repoussé ; il le fut également de celui de Nerwinde, et les Autrichiens restèrent maîtres de ces deux postes.

Ce combat dura onze heures, et la nuit seule y mit fin. L'armée française fut obligée de songer à la retraite ; étant tournée par le centre et la droite, elle ne pouvait plus tenir contre les ennemis maîtres des hauteurs de Wommersom, et elle était foudroyée sur la chaussée de Tirlemont par une artillerie formidable qui la dominait. Elle repassa avec une sorte de désordre la petite Gette et se reforma la droite à Goidzenhowen, et la gauche à Hackendowen. Les Français, dans cette affaire, perdirent 4,000 hommes. Des fautes essentielles furent commises de part et d'autre; celles de Dumouriez, plus considérables en elles-mêmes, le furent encore par leurs résultats, puisqu'elles furent cause que les chefs perdirent à peu près la confiance des soldats. Ces revers continuels avaient découragé l'armée.

Le lendemain, 19, Dumouriez, jugeant trop périlleuse la position qu'il avait prise, alla occuper le camp situé sur les hauteurs de Cumptich; le 20, il passa la Velpe et prit position en arrière, à Bautersem, sa droite appuyée au village de Neerwelpe, sa gauche sur les hauteurs et dans les bois en avant de Pellemberg. Ce même jour, les ennemis attaquèrent Diest où était une garnison aussi forte que l'assiégeant, et qui abandonna ce poste sans résistance. Alors Dumouriez, craignant d'être coupé de Maline et de Bruxelles, se rapprocha de Louvain, gardant en avant les hauteurs du Pellemberg et s'étendant sur sa droite, par les bois de Mezendael et par le poste de Florival, jusqu'à l'entrée de la grande forêt de Soignies. Cette position couvrait Louvain et Bruxelles; les Impériaux l'attaquèrent le 22 mars sur tous les points, et partout furent repoussés avec perte. Champmorin, sur le Pellemberg, résista à toutes les attaques qui se succédèrent pendant la journée. Leveneur, avec les 18 bataillons de l'armée des Ardennes, occupait les hauteurs de Mezendael. Les grenadiers hongrois s'emparèrent d'abord d'un village en avant de sa position; ils y furent rattaqués et délogés, avec un grand carnage, par le régiment d'Auvergne.

L'attaque contre l'avant-garde fut moins vive et également repoussée. Cette brillante journée remonta le moral de nos soldats.

Le lendemain les Impériaux attaquèrent de nouveau les corps postés sur Pellemberg. Le combat se soutint avec des chances diverses; mais le soir, la retraite du général Lamarche entraîna celle de la droite et du centre, et le désordre devint général. Le matin du même jour, Dumouriez avait envoyé au camp autrichien le colonel Montjoie, chargé, selon l'usage, de traiter de l'échange des prisonniers. Il reçut quelques ouvertures sur l'intérêt réciproque des deux armées de convenir d'une suspension d'armes. Dumouriez saisit cette occasion d'entrer en pourparlers, et, sur l'invitation qu'en reçut le colonel Mack, celui-ci se rendit le même soir à Louvain. Il fut convenu verbalement que la retraite des Français se ferait tranquillement et en ordre, qu'elle ne serait inquiétée qu'autant qu'il serait nécessaire pour couvrir l'intelligence du prince de Cobourg et de Dumouriez. On convint en outre que Dumouriez marcherait sur Paris avec les seules troupes françaises, dès que l'occasion serait favorable, et que s'il avait besoin du secours des Autrichiens, ces derniers n'agiraient sous ses ordres que comme auxiliaires.

Le 28, l'armée française occupa la position d'Antoing, ayant son avant-garde à Tournay. Une division commandée par le général Miackinski occupait le mont de la Trinité ; une autre division, sous les ordres de Leveneur, s'était portée au camp de Maulde. Dumouriez apprit dans cet endroit que le général Neuilly, en arrivant à Mons, n'avait pu retenir sous ses drapeaux la colonne qu'il commandait, et qu'au lieu de prendre sa position sur les hauteurs de Nimy, elle avait pillé les magasins, et, sans être attaquée, s'était repliée jusque sous le canon de Condé. Il ne restait au général Neuilly que sa cavalerie. Il lui fut ordonné de se retirer dans les environs de Condé.

Quelques précautions que Dumouriez eût prises pour envelopper ses liaisons avec les généraux autrichiens du plus profond mystère, il s'élevait sur l'ensemble de sa conduite des nuages qui s'obscurcissaient tous les jours. Un décret de la Convention du 30 mars manda Dumouriez à la barre pour y rendre compte de sa conduite, et quatre conventionnels, Camus, Bancal, Quinette et Lamarque, accompagnés du ministre de la guerre Beurnonville, furent chargés de se rendre au camp de l'armée du Nord pour mettre le décret à exécution. Dumouriez refuse d'obéir, et, à la suite d'une orageuse discussion, il fait arrêter les cinq envoyés de la Convention, et les envoie comme otages au camp autrichien.

Après cette conduite, Dumouriez n'avait plus de mesure à garder ; il publia une adresse à son armée pour lui annoncer sa marche prochaine sur Paris ; mais sa voix fut méconnue, et bientôt, abandonné de ses soldats, il se vit réduit à fuir vers l'armée impériale avec un petit nombre de ses compagnons d'armes, le général Valence, le duc de Chartres, et se fixa en Angleterre où il mourut.

Voyons maintenant dans quelle situation se trouvait l'armée de l'Est. Custine, qui avait repassé le Rhin, et qui commençait à être inquiet sur sa position hasardée, avait envoyé en arrière le général Meunier avec un corps de 12,000 hommes qui se tint à Spire, et dut élever des batteries sur la rive gauche du Rhin, pour menacer la tête du pont de Manheim ; on rassemblait en même temps à Weissembourg un autre corps d'armée à peu près d'égale force, composé d'une partie des troupes qui gardaient le Haut-Rhin, depuis Bâle jusqu'à Strasbourg. Toute la fin du mois de février se passa encore sans aucune action remarquable ; ce calme sembla présager les orages militaires qui devaient bientôt changer le théâtre de la guerre.

Outre le corps d'armée qui couvrait les travaux de Cassel, souvent inquiétés par l'ennemi, les troupes républicaines étaient encore en possession de toute la rive gauche du Rhin. La petite rivière de Nahe, qui a son embouchure dans le Rhin à Bingen, séparait les avant-postes des deux armées ; au-delà, l'ennemi occupait les deux rives du fleuve et communiquait par des ponts construits à Bacarath, entre Bingen et Coblentz ; Houchard commandait cette avant-garde qui formait l'aile gauche de l'armée française ;

ses avant-postes furent attaqués et repliés. Custine arrivant avec un renfort de dix bataillons et huit escadrons, fit rattaquer l'ennemi, le déposta des hauteurs du Stromberg ; cette journée fut très-brillante pour les bataillons nationaux. Custine voulait pousser ses avantages ; mais, sur l'avis qu'il était sorti de Trèves un corps considérable, il se borna à étendre ses positions en avant de la Nahe, et voulut en même temps faire arriver à lui une partie de l'armée de la Moselle, que commandait alors Ligniville, en lui faisant occuper Kaiser-Lautern, mais ce mouvement ne put s'exécuter, et l'armée prussienne, qui passa le Rhin en force à Rhin-Selds, n'en laissa pas le temps. Deux jours se passèrent en préparatifs pour l'attaque et pour la défense. Custine avait environ 20,000 hommes : son armée occupait une position en avant et sur la rivière de Nahe, et son centre, divisé en plusieurs corps, occupait les hauteurs en avant de Creutznach. Le 27 mars, Custine fut de nouveau assailli par les Prussiens ; une élévation dominait au-delà de Stromberg, un bataillon de la Corrèze le gardait seul ; il fut attaqué à droite et à gauche par deux colonnes ennemies qu'il repoussa d'abord et qui finirent par le repousser. Maîtres de cette position, les Prussiens y élevèrent des batteries d'où ils abîmaient Bingen et toute l'aile droite des Français. La retraite des troupes sur Bingen fut si précipitée, que le général Neuwinger fut fait prisonnier. Custine fit repasser la Nahe au centre et à la gauche de son armée. Cette retraite fut couverte par la cavalerie ; quoique le général Clarke n'eût qu'un seul escadron, il profita si bien des dispositions du terrain, qu'il ralentit la poursuite des nombreuses troupes légères à cheval qui pressaient trop vivement l'infanterie française. Alzei fut le lieu de réunion de cette partie de de l'armée ; Custine y conduisit le reste le jour suivant ; la droite s'était portée sur Mayence après avoir abandonné Bingen. Quoique cette affaire n'eût pas fait couler beaucoup de sang, elle fut cependant décisive, et força Custine à céder petit à petit ses conquêtes de l'année précédente.

Etonné des forces que déployaient les ennemis, qu'il crut plus considérables encore qu'elles n'étaient, le général français n'osa tenir dans sa position à Alize, et commença à préparer sa retraite sur Landau ; il voulait même se retirer jusqu'à Strasbourg, si les administrateurs et les commissaires de la Convention ne s'y fussent opposés ; il sentait alors tout le poids de la responsabilité qu'il avait prise, en s'obstinant à suivre les rapides conquêtes de la campagne précédente, sans s'assurer les moyens de s'y maintenir.

Il fit réunir d'abord et camper les troupes répandues sur le Rhin aux environs d'Oppenheim, afin de pouvoir au moins maintenir, de Worms, sa communication avec Mayence, où restait une garnison plus forte qu'il ne l'aurait voulu, car il en avait appelé à lui 8,000 hommes, qui sortirent et rentrèrent précipitamment ; il resta ainsi 22,000 hommes de garnison dans Mayence, qui y soutinrent le siège, devenu célèbre par le système de défense offensive qui y fut employé.

Le 29 mars, Custine fut attaqué et presque surpris dans sa retraite, au poste d'Oberslersheim, et cette journée le couvrit de gloire par le courage et le sang-froid qu'il montra; Houchard y commandait l'arrière-garde, et, après l'établissement de ses postes, il s'était retiré de sa personne au petit village de Stombern; Custine y était, et traita de vision les premiers rapports qui lui donnaient avis de la présence de l'ennemi, supérieur en forces, et ayant déjà, à la faveur d'un bois, tourné l'infanterie; la valeur des troupes répara tout. A l'arrivée du général, deux bataillons poussèrent l'ennemi au pas de charge et à la baïonnette. La cavalerie française, prise à revers et en flancs, se trouva si dangereusement engagée, que Custine fut obligé de faire tirer le canon sur la mêlée. L'artillerie à cheval se trouvant très-près des escadrons impériaux, y porta un tel désordre, qu'ils fuirent en déroute, et la nuit seule empêcha la poursuite. Cette action, qui dura à peine une heure, assura la tranquillité de la retraite de l'armée sur Frankendal, où l'on fut obligé de brûler et de détruire les immenses magasins qui s'y trouvaient formés.

Tous les effets de campement et la grosse artillerie étaient restés à Mayence. L'armée bivouaqua à Newstadt, arriva le lendemain sous les murs de Landau, et trois jours après derrière la rivière de Lauter, occupant les lignes de Weissembourg, et abandonnant celles de la Queich. Cette prompte retraite fut ensuite reprochée à Custine: il avait abandonné ainsi précipitamment la ligne de défense de la Selz, celle du Speierbach; on commença à le soupçonner dans l'armée. Un de ses aides-de-camp, républicain zélé, arrivant de Paris à Weissembourg, osa lui demander des explications et en vint aux reproches. L'impétueux général lui répondit par des injures; l'officier alors saisit un pistolet, le pose avec violence sur la table, en disant: « Général, celui-ci est pour vous ou pour moi, » et, le portant à sa bouche, il tomba sur le coup.

L'armée resta dans cette position défensive derrière les lignes de la Lauter; sa droite, aux ordres du général Férières, devait surveiller les passages du Rhin, et s'étendait depuis Lauterbourg, le long des lignes, jusqu'au moulin de Bœvald; la gauche, aux ordres du général Falk, s'appuyait aux montagnes et gardait les débouchés; le centre, occupé par Houchard, était campé en arrière de Weissembourg. L'armée de la Moselle fut mise aux ordres de Custine; il ordonna au général d'Abboville de la réunir dans le pays de Deux-Ponts et de porter une forte avant-garde à Hombourg, pour menacer la droite de l'armée ennemie, si elle tentait de pénétrer.

Dans l'Ouest, l'Angleterre et des Français, les uns soudoyés par elle, les autres poussés par le fanatisme, un plus petit nombre exilés par des passions généreuses, créaient un foyer de séditions dont rien ne devait pouvoir modérer l'activité jusqu'à ce qu'il eût dévoré sa proie.

Le pays qui prit part à cette grande lutte est un carré de 40 lieues, borné, au midi, par la Sèvre-Nantaise ; à l'est, par la route de Saumur à Niort ; au nord, par la Loire ; à l'ouest, par les côtes de l'Océan, voie facile et assurée par laquelle l'Angleterre devait jeter aux insurgés des armes et des munitions. Il faut avoir parcouru cette contrée pour bien comprendre les difficultés qu'éprouvèrent les soldats de la République, et à quel point le terrain était favorable à la résistance des royalistes. Le fréquent exercice de la chasse y rend les hommes adroits et courageux. Une partie du pays est boisée, inaccessible, pleine de sentiers bas, raboteux et encaissés entre des haies profondes dont on coupe le branchage en les laissant vieillir ; l'autre forme une plaine droite, couverte de broussailles, marécageuse, remplie de petits canaux et de fondrières. Les herbages y viennent d'une hauteur démesurée ; cette plaine, pestilentielle dans l'été, est un véritable désert. Nulle habitation, nulle route dans un espace de plusieurs lieues ; aussi c'était là que les débris des colonnes vendéennes venaient se reformer hors de la portée des soldats républicains qui, ne connaissant pas les sentiers, entraient jusqu'à la ceinture dans un terrain bourbeux et détrempé. Tout ce pays, connu sous le nom du Bocage et du Marais, n'était traversé que par deux chaussées étroites et difficiles ; la première, qui conduisait de Nantes aux Sables ; la seconde, de Nantes à Niort. Quand on marche vers l'Est, l'aspect du pays, toujours garni de ses hauts buissons, s'éclaircit pourtant un peu. Là, à chaque pas, on rencontrait des vergers, un hameau, une métairie avec des enclos, un château, si l'on peut donner ce nom à une maison souvent de fort peu d'apparence et d'une médiocre étendue. Les vallons, qui amènent des petits ruisseaux à la Loire, à la Sèvre-Nantaise, à la Laye et au Thouc, étaient remplis de ces petites gentilhommières dont les maîtres exerçaient une grande influence ; depuis longtemps ils tramaient un soulèvement contre le nouveau gouvernement.

La noblesse bretonne, turbulente et rebelle en 1788, était devenue, en 1789, la fougueuse ennemie de l'esprit démocratique ; aussi prit-elle, de bonne heure, le parti de l'émigration. Mais comme une partie de ces nobles et des prêtres avaient choisi pour retraite les îles de Jersey et de Guernesey, ils pouvaient faire encore des apparitions autour de leurs antiques manoirs et chez les gentilshommes leurs amis. Ils apportaient, ou supposaient quelquefois les instructions des princes français. Les paysans bretons, malgré leur rudesse, les recevaient avec respect, les cachaient avec fidélité. Ce peuple ne ressemblait en rien, par ses usages, par son inexpérience et par ses principes, aux peuples des autres parties de la France. Ces hommes simples et remplis du plus ferme attachement pour leur culte, pour leurs vieilles coutumes, pour leur vieux langage, ne répondaient plus aux promesses de la Révolution que par un murmure sourd, prolongé ; indice encore peu remarqué d'une haine tenace, furieuse, homicide.

Dès la fin de 1790, des symptômes d'insurrection s'étaient manifestés dans la Vendée, le Poitou, l'Anjou, le Maine et une partie de la Bretagne. Les habitants de ces provinces s'étaient surtout indignés de l'obligation de prêter serment à la Constitution, imposée aux ecclésiastiques, et une fois même ils avaient pris les armes pour protéger l'évêque de Vannes qui refusait de prêter ce serment. Jusqu'au 10 août 1792, on était parvenu à contenir le volcan, à en empêcher l'explosion; mais on ne l'avait pas éteint; et lorsque la nouvelle des événements du 10 arriva dans ces contrées; lorsqu'on y apprit l'arrestation du roi, son emprisonnement au Temple, l'exil des prêtres non assermentés, l'indignation fut à son comble et l'insurrection devint inévitable.

Le 22 août, 8,000 paysans des environs de Châtillon-sur-Sèvre sortent de leurs villages, armés de fusils, de faux, de fourches, de bâtons, et se rassemblent aux cris de *Vive le roi! Mort aux révolutionnaires!* Ils songent d'abord à se donner un chef, et s'étant rendus au château d'un gentilhomme de la contrée, nommé Gabriel Baudry d'Asson, ils l'invitent à se mettre à leur tête pour aller prendre Châtillon. En pareil cas, une invitation était un ordre impératif; Baudry d'Asson obéit, et la colonne insurgée se met en marche en chantant des cantiques. Arrivés aux abords de Châtillon, cette colonne se déroule et cerne la ville de toutes parts. Les patriotes songent un instant à se défendre; mais leur nombre est si restreint qu'ils renoncent presque aussitôt à engager la lutte. C'est sans rencontrer de résistance que les insurgés s'emparent de la ville; cette soumission de la malheureuse cité ne peut la sauver. Les pieux conquérants, qui tout à l'heure invoquaient dans leurs chants la Vierge et les saints, se livrent avec fureur au pillage, à la dévastation. Ils brûlent les registres et les papiers publics; puis ils s'endorment en méditant de nouveaux exploits.

C'en était fait, l'incendie était allumé, et de ses flammes sinistres il allait éclairer cette longue série de massacres, d'assassinats, de noyades, de fusillades, de mitraillades, tous ces actes de hideux fanatisme, de furieuse démence qui devaient, pendant tant d'années, ensanglanter ces belles provinces et n'y laisser que des ruines, comme si Dieu les eût livrées à la colère de l'ange exterminateur.

Cependant vingt et une villes ou bourgades disséminées dans le pays, ayant pris parti pour les assemblées, rendirent impossible, pendant quelque temps, un mouvement général dont il avait déjà été question en 1791, à l'occasion du système d'imprudentes persécutions adopté contre les prêtres; mais lorsqu'on apprit la mort de Louis XVI, et qu'on voulut y faire exécuter le décret de la Convention pour le recrutement des 300,000 hommes, l'insurrection éclata. Elle commença à Saint-Florent, bourg situé sur la rive gauche de la Loire, presque à la hauteur d'Ancenis. Les jeunes gens se révoltèrent contre les administrateurs du district, s'emparèrent d'une pièce de canon que l'on avait braquée contre eux, et mirent en fuite tous ceux qui voulaient les contraindre d'obéir. Cathelineau, simple voiturier, sous les habits grossiers duquel étaient cachées l'âme et l'ambition d'un héros, se mit aussitôt à la tête des insurgés, rassembla autour de lui environ 200 hommes, et attaqua un poste retranché, appelé de *Jallais*, défendu par une pièce de six. Les soldats, au nombre de 80, qui défendaient ce poste, ne s'attendant pas à être attaqués, lâchèrent sur les assaillants leur coup de canon, mais le boulet n'atteignit personne : alors Cathelineau et ses camarades se précipitèrent sur les républicains, non pas au pas de charge, mais au pas de course, enlevèrent le poste, firent les chefs prisonniers, et dispersèrent les soldats qui abandonnèrent leur canon, leurs bagages, leurs munitions et leurs armes. Après cet avantage, Cathelineau, dont la troupe se grossissait tous les jours, courut à Chemillé où 200 hommes bien armés firent sur lui un feu soutenu : il s'élança avec sa troupe sur l'ennemi, l'attaqua corps à corps, le culbuta, lui enleva trois couleuvrines, la plus grande partie de ses fusils, et une quantité assez considérable de munitions. Le bruit de ces premiers mouvements insurrectionnels se répandit bientôt dans tout le pays, et la révolte se propagea partout avec une rapidité incroyable. 1,500 insurgés se précipitent dans Machecoul et parcourent les rues en criant : *Vive le roi !* Une centaine de gardes nationaux, soutenus par la gendarmerie, marchent à leur rencontre; mais ils sont bientôt cernés et mis en fuite, à l'exception de cinq hommes qui sont massacrés avec le commissaire du département. Les insurgés ne faisaient pas de quartier aux républicains, les femmes criaient : *Tue ! tue !* les vieillards assommaient, et les enfants chantaient victoire. Un paysan, dit un historien de la Vendée, courait les rues avec un cor de chasse; il sonnait la vue quand il apercevait un républicain : c'était le signal d'assommer, puis il revenait sur la place sonner l'allali ; les enfants le suivaient en criant : *Vive le roi ! victoire !* Un comité royal, présidé par Souchu, commandait ces massacres. S'il échappait quelques républicains, ce n'était qu'à force d'argent. La veille de l'exécution des patriotes, on forma deux listes, l'une sur laquelle étaient inscrits les noms des victimes; l'autre, du nombre égal des prisonniers qui devaient assister à l'exécution et périr le lendemain. La Terreur n'a rien de plus horrible à se reprocher. Le curé constitutionnel de Machecoul fut tué lentement par des femmes qui l'achevèrent après d'infâmes mutilations. On fusilla aussi le juge de paix Pagnoc; Pinet et son fils, qui refusaient de crier vive le roi, moururent en criant : *Vive la République !*

Les insurgés, au nombre de 6 à 7,000 hommes, dont 7 à 800 au plus avaient des fusils, se portèrent sur Pornic, s'en emparèrent à quatre heures du soir, et en furent chassés deux heures après. S'il y eût eu parmi eux de l'ordre, de la discipline, ils auraient été invincibles; mais, loin de là, ils marchaient à la débandade, attaquaient sans ensemble, et s'enivraient de liqueurs fortes chaque fois qu'ils en trouvaient l'occasion ; les républicains les surprenaient souvent dans cet état, et en avaient bon marché.

Un de leurs chefs, nommé de Saint-André, poursuivi par trois gendarmes, en tue deux à coups de pistolet, et passe son épée à travers du corps du troisième. Ce trait de bravoure lui valut la confiance des Vendéens, mais il ne la conserva pas longtemps ; car, ayant aperçu un détachement de républicains qui se dirigeait vers une troupe de Vendéens que l'ivresse mettait hors d'état de se défendre, il leur donna l'éveil en criant : *Sauve qui peut !* Il fut dénoncé, et, en arrivant à Machecoul, il eût été fusillé s'il n'eût pas pris la fuite. On lui donna pour successeur, dans le commandement, Charette-de-la-Contrie, lieutenant de vaisseau, qui alors était à Fondeloze près de la Garnache. Celui-ci, jaloux de justifier la confiance des Vendéens, qui l'avaient nommé par acclamation, s'occupa sans délai à les organiser et à former sa cavalerie, qui ne fut d'abord que de 100 chevaux. Il s'adjoignit dans le commandement les trois frères Laroberie, Duchaffault jeune; le chevalier de la Roche-l'Epinay, et d'Argens, fils d'un chirurgien.

Pour s'attacher plus fortement ses compagnons d'armes par la religion du serment, et donner plus de solennité à son entreprise, Charette se rendit, le 14 mars, dans l'église de Machecoul, et là, en présence des insurgés, il jura de périr les armes à la main, plutôt que d'abandonner son parti. Puis, regardant la troupe d'un air fier, il dit aux Vendéens : « Promettez-vous, comme moi, d'être fidèles à la cause du trône et de l'autel ? — Oui ! oui ! » s'écrièrent-ils tous d'une voix unanime.

Charette, profitant de ces dispositions, marcha aussitôt contre Pornic, prit cette place et la livra au pillage. Il y trouva cinq pièces de canon, les fit sur-le-champ conduire à Machecoul, qu'il fortifia le mieux possible, pour s'en faire comme une citadelle où il pût se retirer au besoin.

Souchu, qui présidait le comité royal à Machecoul, se signalait par des massacres, et faisait de cette malheureuse ville un théâtre d'horreur. Les chefs vendéens, persuadés que ces mesures odieuses ne pouvaient qu'aliéner les esprits, et les détacher de leur parti, mirent fin à ces cruelles exécutions ; et Charette, à son arrivée, fit mettre en liberté toutes les femmes des républicains.

Cependant le général Canclaux, auquel le comité de salut public venait de confier le commandement de l'armée des côtes, instruit de l'insurrection des pays situés sur la rive gauche de la Loire, dirigea par Nantes le général Beysser avec des troupes au secours des républicains. Beysser se rend à Nantes, réunit à ses forces un corps de 1,200 Nantais dont il forme sa colonne de droite, et pénètre dans le pays de Retz. A son arrivée, le tocsin sonne de toutes parts, et la colonne des républicains est arrêtée pendant deux heures, à Saint-Père, par un simple paysan. Si Charette se fût alors présenté, il aurait pu retarder la marche des républicains et défendre le pays de

Retz ; mais il ne voulut pas quitter son quartier-général de Machecoul.

Le général Beysser, dont le plan était de nettoyer la rive gauche de la Loire, voulut d'abord se rendre maître des côtes, et en éloigner les Vendéens, qui cherchaient à s'en rapprocher ; en conséquence, il se concerta avec le capitaine d'une frégate stationnée dans les environs de Noirmoutiers, et eut bientôt dégagé les côtes.

Dans les guerres de parti, il n'est malheureusement que trop ordinaire que les chefs usent de représailles les uns contre les autres. C'est ce que fit le général Beysser. Si Souchu, qui présidait le comité royal de Machecoul, eut l'odieuse initiative des cruautés, Beysser eut celle de l'incendie et du pillage. Son armée s'avançait dans le pays de Retz, la torche à la main ; une partie du port Saint-Père fut incendiée, Bourgneuf, Pornic, Noirmoutiers tombèrent au pouvoir des républicains ; le maire de Barbâtre fut fusillé. Après ces expéditions, Beysser marcha sur Machecoul ; Charette ne fut pas plutôt instruit de son approche, qu'il abandonna la ville et son artillerie, pour se retirer à Legé. Les Vendéens regardèrent cette retraite comme une fuite, et perdirent la confiance qu'ils avaient en cet officier ; il fut même sur le point d'être massacré par des paysans que la marquise de Goulène avait soulevés contre lui. Il échappa à ce danger ; mais il ne put éviter une humiliation que lui préparait Royrand. Ce chef des Vendéens, jaloux sans doute du mérite de Charette, lui reprocha hautement sa lâcheté, et le menaça d'une destitution militaire. Cette disgrâce, loin de le décourager, développa son caractère. Dès ce moment sa fortune changea, et il se montra digne de la célébrité qu'il acquit dans la suite.

Il n'y avait pas longtemps que les massacres avaient cessé ; Machecoul fumait encore du sang des républicains, lorsque Beysser y entra. Le barbare Souchu, craignant la mort qu'il avait mille fois méritée, abandonna lâchement son parti, et, prenant une large cocarde tricolore, alla implorer la clémence du vainqueur ; Beysser allait lui accorder sa grâce, lorsque les femmes de Machecoul révélèrent les horreurs dont il s'était rendu coupable, et crièrent vengeance ! Aussitôt un sapeur républicain se saisit de ce scélérat, et lui abattit la tête.

Encouragé par le succès, Cathelineau se préparait à de nouvelles expéditions, lorsqu'il fut joint par Stofflet, qui, lui aussi, commandait un corps d'insurgés. Cet homme, qui a montré tant d'intrépidité, avait servi seize ans et était entré en qualité de garde-chasse au château du marquis de Maulevrier, alors émigré. Dès le 11 mars, Stofflet, entraîné par son dévouement au comte d'Elbée, principal instigateur des troubles du Bas-Poitou, avait réuni à Maulevrier une cinquantaine d'ouvriers forgerons. Ce noyau, incessamment grossi, permit à Cathelineau d'aller attaquer la ville de Chollet.

Les approches ayant été faiblement défendues par une garnison peu nombreuse, les insurgés saccagèrent la ville, qui renfermait de grandes richesses. Le marquis de Beauveau, procureur syndic du district, périt dans la mêlée.

La Vendée entière se leva après la prise de Chollet, et cette guerre prit alors un grand caractère. Le comte d'Elbée, voyant que le parti dont il était le moteur avait pris de la consistance et pouvait lui faire espérer des succès et de la renommée, sortit de la retraite où il s'était caché, et ne craignit plus de se montrer; il en fut de même de Bonchamps, qui, comme d'Elbée, était noble et ancien militaire.

Mais déjà les chefs ne manquaient plus aux insurgés vendéens, et, dès le 24 mars, deux d'entre eux, Joly et la Sécherie, à la tête d'une colonne qu'ils avaient formée et de plusieurs pièces de canon, se présentaient devant la ville des Sables-d'Olonne et la sommaient de se rendre. Bien qu'il n'eût sous ses ordres qu'une faible garnison, le général Foucault, qui commandait dans cette ville, était résolu à la défendre vigoureusement. Il fait aussitôt une sortie, tombe comme la foudre sur les royalistes et les met en fuite.

Mais Joly ne se décourage pas; il laisse la Sécherie dans les environs de la place, afin qu'il puisse rallier les fuyards, et il court chercher du renfort. Le 27, il reparaît à la tête d'une seconde colonne. La ville est de nouveau sommée, au nom de Louis XVII, d'ouvrir ses portes. Foucault répond par une nouvelle sortie; mais, cette fois, il se trouve en présence de forces supérieures, et il est contraint de rentrer dans la place. De nouveaux combattants arrivent aux Vendéens; la ville est serrée de près, et déjà les boulets rouges ont incendié plusieurs de ses maisons, lorsque, heureusement, un détachement envoyé de la Rochelle à la garnison parvient à pénétrer dans la place. Foucault, qui dispose dès lors de 1,500 hommes, fait une troisième sortie, fond avec impétuosité sur les Vendéens, leur tue 300 hommes, les met dans une déroute complète, et s'empare de tous leurs bagages.

Cependant Bonchamps, qui, ainsi que nous l'avons dit, commençait à se montrer et s'était joint à d'Elbée, était promptement parvenu à organiser une division. A la tête de leurs forces, ces deux chefs attaquèrent d'abord les républicains à Chemillé; mais leur début ne fut pas heureux: à la suite d'un engagement dans lequel ils perdirent beaucoup de monde, ils battirent en retraite et allèrent prendre position à Beaupréau.

Malgré les fréquents échecs qu'elle éprouvait, l'insurrection faisait d'effrayants progrès; il était temps d'opposer à ce torrent une digue capable de lui résister.

Le commandement des forces républicaines destinées à combattre dans la Vendée fut donné au général Berruyer le 29 mars 1793. Les premières troupes venues de Paris étaient composées des vainqueurs de la Bastille et de la trente-cinquième division de la gendarmerie à pied. Ces citoyens montrèrent beaucoup de bravoure dans cette guerre, mais en même temps un penchant invincible pour le pillage. Une multitude de volontaires s'était jointe à eux. Tout ce mélange d'individus était sans expérience de la guerre, sans discipline ou sans subordination, et quelquefois sans courage. Après des peines infinies, Berruyer parvint à organiser son armée et à lui donner une certaine consistance. Alors il s'occupa d'un plan d'attaque.

Ancenis, Varades et Ingrande furent occupés par 2,400 hommes, dirigés par Gauvilliers, commandant de la garde nationale d'Angers. Le principal but des républicains était d'empêcher les royalistes de passer la Loire pour se réunir aux Bretons. Une division fut envoyée aux Herbiers sous les ordres de Quetineau; on envoya aussi Ligonier à Vihier, Boulard aux Sables, et à Challans, Esprit Baudri. Une garnison, quoique faible, réunie à la garde nationale de Nantes, parut suffisante pour conserver cette ville.

Le quartier-général de Berruyer fut porté à Saint-Lambert avec 4,000 hommes. On pouvait évaluer à 20,000 les forces actives de la République ainsi disséminées. Le général républicain fit ses dispositions pour attaquer les Vendéens au même instant sur tous les points à la fois.

Cependant, quatre divisions vendéennes, quoique vigoureusement poursuivies, firent leur jonction à Beaupréau. Les royalistes avaient intérêt à éviter une rencontre avec les républicains : ils manquaient de poudre; ils n'avaient que des levées incomplètes, et ils tenaient très-resserrés, sur un terrain de deux lieues carrées au plus, 30,000 insurgés non encore organisés. Berruyer ne sut pas profiter de ses premiers avantages. L'intention du comte d'Elbée était de le laisser arriver à Beaupréau; mais Bonchamp conseilla une trouée sur Tiffauges afin d'aguerrir les insurgés.

Elle fut exécutée le 23 avril. L'armée catholique et royale se dirigea vers cette ville, et les républicains s'empressèrent d'occuper Beaupréau, que les royalistes venaient d'évacuer. La division de Ligonier formait l'aile gauche des républicains. D'Elbée se porta en force, trois jours après, sur cette division et la repoussa jusqu'à Vihiers. On vit Cathelineau fondre sur les bataillons de la République avec une rapidité extraordinaire. Ces volontaires, cernés de toutes parts, attaqués en tous sens et sur tous les points, furent obligés de céder en abandonnant dans leur fuite leurs munitions et leur artillerie, qui tombèrent au pouvoir des vainqueurs. Le château de Boisgrouleau servit de retraite et d'asile à 167 grenadiers de Saumur et de Montreuil, et l'armée entière de d'Elbée employa deux jours et deux nuits pour les réduire; ils ne mirent bas les armes qu'après avoir épuisé leur dernière cartouche. L'aile droite des républicains ne fut pas plus heureuse. D'Elbée leur avait laissé gagner du pays; leurs détachements occupaient déjà Chemillé, Saint-Florent et Montrevault. Bonchamp et d'Elbée rassemblèrent toutes leurs divisions, se réunirent et formèrent leur ligne de bataille à Gauvilliers. Le combat s'engagea, et les royalistes furent d'abord repoussés; mais il fut impossible aux républicains de résister aux enthousiastes, aux fanatiques de toutes les espèces, auxquels les prêtres avaient persuadé qu'ils ressusciteraient trois jours après leur mort. Cette opinion était si profondément imprimée dans l'esprit de tous les Vendéens, qu'ils se jetaient en désespérés sur les canons et sur les baïonnettes. L'infanterie abandonna lâchement les braves canonniers d'Eure-et-Loir, qui se firent hacher sur leurs pièces. Tous les postes de la rive gauche de la Loire furent évacués par les débris de ce corps; ils abandonnèrent aux vainqueurs six pièces de canon et plusieurs caissons. La petite armée de Berruyer fut retirée du pont de Cé pour couvrir Angers.

Après cette victoire, les Vendéens se crurent invincibles; les républicains, au contraire, furent tellement consternés de leur défaite, qu'ils n'osèrent se remontrer de trois mois dans les pays insurgés, qui jouirent d'une liberté entière. Les meneurs de la Vendée ne manquèrent pas de faire remarquer le doigt de Dieu, qui, dans cette journée, avait accordé une si grande victoire à ses élus. Leurs paroles ne firent qu'ajouter à l'ardeur de ces hommes dévoués à la cause de la religion et du roi, et pour laquelle ils avaient obtenu un succès si complet.

Ce fut alors qu'apparut sur le théâtre de la guerre civile un homme qui, dans ce grand drame, devait jouer un des rôles les plus importants. Henri de Larochejacquelein, fils d'un ancien colonel, après avoir servi dans la garde constitutionnelle de Louis XVI, s'était, à la suite de la journée du 10 août, retiré dans ses terres, près de Châtillon. D'abord, ainsi que d'Elbée et Bonchamp, il n'avait pas pris une part active à l'insurrection; mais les premiers succès des Vendéens échauffèrent son courage; il arma 10,000 hommes de faux, de fourches, de fléaux, et distribua 200 fusils aux meilleurs tireurs. Placé au centre de cette division nouvelle, qui vient de reconnaître son autorité, il s'écrie : « Mes amis, si je recule, tuez-moi; si j'avance, suivez-moi; si je meurs, vengez-moi ! » Il se met ensuite en marche et se dirige sur les Aubiers, occupés par le général républicain Quetineau. A la nouvelle du danger qui le menace, Quetineau perd la tête et donne des ordres contradictoires; enfin il se décide à aller prendre position sur une hauteur voisine; mais ce mouvement est exécuté avec tant de désordre, qu'il ressemble à une fuite. « Ils fuient, s'écrie aussitôt le jeune chef; ne les laissons pas échapper! » A ces mots, tous ces rudes paysans s'élancent sur les républicains avec une impétuosité irrésistible, tuent tous ceux qu'ils peuvent atteindre et s'emparent de deux canons et de deux barils de poudre; conquête précieuse qui faisait de ce succès une importante victoire, car l'artillerie et la poudre étaient surtout ce qui manquait aux insurgés.

Quetineau, après sa défaite, s'empressa de se réfugier à Thouars, tandis que Larochejacquelein opérait sa jonction avec Bonchamp. Ceux-ci résolurent de poursuivre les républicains, et, après avoir suivi de près Quetineau, ils arrivèrent, le 5 mai, devant la place qu'il occupait.

Thouars présentait d'assez grands moyens de défense : un château fort, une bonne muraille et un pont défendu par une nombreuse artillerie. Le général y avait réuni 6 à 7,000 hommes. L'attaque du pont fut terrible. Après des prodiges de bravoure, les Vendéens l'emportèrent et se préparèrent à escalader les murailles. Larochejacquelein, monté sur les épaules d'un soldat, gagna le haut du mur, dans un endroit où il était dégradé. Bonchamp, d'Elbée, Lescure partageaient sur d'autres points les mêmes périls et les mêmes travaux. On fit brèche ; les soldats vendéens pénétrèrent dans la ville et y firent 5,000 prisonniers. Quetineau, dont le trouble était au comble, ne sut donner aucun ordre pour la retraite de ses troupes. Les Marseillais, confus de la conduite du général républicain, n'en voulurent pas partager la honte ; ils se précipitèrent, la baïonnette en avant, dans les rangs des royalistes, qui ne durent qu'à l'avantage du nombre une victoire incomplète. Toutefois, dans la joie de leur succès, ils traitèrent les habitants de la ville avec modération. Mais cet échec n'en fut pas moins très-funeste pour la République.

Par le vide que cette défaite laissait sur leur ligne, par l'interruption de communications avec Niort, les républicains ne pouvaient plus empêcher les royalistes de parcourir librement les districts de Loudun et de Chinon.

Quetineau avait été laissé libre, sur sa parole, par les Vendéens ; il en profita pour tenter de se justifier en présence de son général en chef. Sa conduite fut examinée avec un soin scrupuleux ; mais ses moyens de défense ne parurent pas suffisants ; et, il fut condamné à mort et fusillé pour crime de trahison.

Après le prise de Thouars, Bonchamp, Larochejacquelein, d'Elbée et plusieurs autres chefs s'étant réunis, résolurent d'attaquer Fontenay, dont la conquête devait leur coûter cher. Les républicains, au nombre de 10,000, y avaient rassemblé une artillerie nombreuse. Beaucoup de paysans, après tant de fatigues et de succès, avaient regagné leurs foyers, non par refroidissement de zèle, mais par la nécessité de cultiver leurs champs ; il n'en restait plus que 7,000 sous les armes. D'Elbée, Lescure, Larochejacquelein, Marigny, Donnissant, concoururent à cette attaque, qui ne réussit que sur un seul point. Les Vendéens pénétrèrent dans un faubourg de la ville ; mais, tandis qu'ils se croyaient victorieux, le reste de leur armée éprouvait une déroute complète. L'attaque avait été mal concertée. D'Elbée fut blessé à la cuisse. Un des chefs, de la Marsonnière, fut enveloppé et pris avec 200 hommes. L'armée vendéenne perdit presque toute son artillerie.

C'était le premier revers sérieux qu'éprouvait l'armée de la Vendée, si l'on en excepte l'attaque malheureuse faite deux mois auparavant sur la ville des Sables. Comme ils attribuaient cette défaite à leurs péchés, on chanta la messe dans tous les villages, et l'on ne cessa de prier dans le camp. Les paysans brûlaient surtout du désir de reprendre une pièce d'artillerie qu'ils appelaient *Marie-Jeanne*, et qu'ils aimaient avec une sorte de superstition. Au bout de huit jours, tout fut prêt pour une nouvelle attaque de Fontenay. De Bonchamp et son beau-frère de Scépeaux, amenaient le secours de leur puissante division. Le cri de guerre fut, cette fois : *Reprenons Marie-Jeanne!* Le combat se livra sous les murs de la ville et ne fut pas longtemps indécis. De Lescure se jette le premier dans les rues de Fontenay; Bonchamp et Larochejacquelein l'y suivent et font mettre bas les armes aux républicains. La gloire de reprendre Marie-Jeanne fut réservée à un insurgé nommé Forêt, l'un des premiers auteurs du mouvement; il tua de sa main deux gendarmes qui la gardaient. L'allégresse fut au comble. On n'avait point encore remporté de victoire si importante. On délivrait un grand nombre de prisonniers; on s'emparait de 40 pièces de canon, de plusieurs milliers de fusils, de munitions, de magasins considérables, de deux caisses d'assignats, et l'on faisait 3,000 prisonniers.

Après cette affaire, l'armée républicaine se trouva entièrement désorganisée; on peut juger du désordre qui régnait dans ses débris par le rapport que Biron, nommé général en chef de cette armée, adressa à la Convention :

« En arrivant à Niort, j'y ai trouvé une confusion inimaginable, un ramas d'hommes qu'il est impossible d'appeler une armée. Ce chaos ne peut se débrouiller que par une activité sans relâche et une patience sans bornes. Personne ne connaît ce qu'il y avait avant l'incompréhensible déroute de Fontenay, ni ce que l'on y a perdu.

« La cause des revers de l'armée vient de la négligence et de l'abandon de toute organisation, de tous principes militaires. L'armée des côtes n'existait que sur le papier. L'officier qui était là y a rassemblé le plus d'hommes qu'il a pu; il est devenu général. Ne pouvant tout faire seul, il a été obligé de se choisir quelques adjoints, quelques coopérateurs. Si alors on eût organisé dans toutes ses parties ce corps, quelque peu considérable qu'il pût être, si on eût assuré tous les services, il eût été possible, en étendant tout avec méthode, d'imprimer à toutes les branches de l'administration un mouvement uniforme, seul moyen d'établir et de maintenir l'ordre : on a fait le contraire. Chaque expédition des rebelles a fait éclore une petite armée de patriotes avec un général de quelques centaines d'hommes. L'espoir d'acquérir une gloire sans partage, la crainte de cesser de commander, celle de rentrer sous les ordres d'un chef, le plaisir de dire : *Mon armée*, ont pour ainsi dire coupé toute espèce de communication entre ces diverses et nombreuses petites armées, qui semblaient appartenir à différentes puissances. Malheureusement, si, dans leurs opérations, déterminées par des intérêts personnels, leurs succès partiels sont restés inutiles à la chose publique, leurs revers n'en ont pas moins entraîné de grandes déroutes et ont rendu redoutable un parti de rebelles, qui eût pu être abattu en un instant par une seule manœuvre bien dirigée.

« D'après ce que j'apprends des insurgés, de leurs moyens, de leur manière de faire la guerre, ils ne doivent absolument leur force et leur existence qu'à l'épouvantable confusion qui n'a cessé d'accompagner les mesures incohérentes et insuffisantes que l'on a toujours prises partiellement contre eux; il faut même qu'ils ne soient pas aussi dangereux qu'on le dit, puisqu'ils n'ont pas su profiter d'aussi grands avantages. Pour mieux vous peindre l'état de l'armée, je vous dirai qu'il n'existe à Niort aucun service monté, point d'équipages, point de vivres, point d'hôpital ambulant; en un mot, aucun moyen de faire deux marches sans la certitude de manquer de tout. »

Tout cela était parfaitement vrai, et la situation était d'autant plus effrayante, que l'armée vendéenne n'était qu'à deux lieues de Niort, et que la prise de cette ville pouvait étendre l'insurrection dans l'intérieur de la France. Heureusement une diversion, qu'opéra en ce moment le général républicain Ligonier, rappela les chefs vendéens au secours de leur pays dévasté. Ils licencièrent leur armée, comme ils faisaient toujours en pareil cas, mais en indiquant à leurs soldats Châtillon comme point de réunion générale.

L'histoire militaire n'offre aucun exemple de cette manière de marcher et de combattre; mais les chefs vendéens connaissaient l'esprit et les mœurs des hommes qu'ils commandaient; ils comptaient sur leur obéissance aveugle, et la preuve qu'ils étaient dans le vrai, c'est qu'à quelques jours de là, ils sortaient de Châtillon à la tête de 50,000 hommes et marchaient sur Saumur.

Le général Ligonier, qui commandait les troupes de la République, les avait postées sur les hauteurs de Concourson, en avant de Saumur. Cette position était avantageuse; mais la faiblesse des républicains la rendit inutile. Les avant-postes, et ensuite toute l'armée, excepté quelques bataillons, se retirèrent sans combattre et dans le plus grand désordre; ce ne fut que sur les hauteurs de Bournan, à une demi-lieue de Saumur, que le général parvint à les rallier. Les Vendéens n'avaient cessé de les poursuivre; mais les voyant postés avantageusement, et se trouvant eux-mêmes exposés au feu de leurs batteries, ils jugèrent prudent de se retirer. Beauvolier, qui commanda cette marche rétrograde, en justifia la nécessité auprès des autres chefs, en leur démontrant la possibilité d'attaquer Saumur de front sans courir d'aussi grands dangers, et la facilité de s'en rendre maître en filant sur Varin et sous les hauteurs du château pour attaquer cette place sur la droite. L'armée fut donc dirigée par Montreuil.

Les républicains étaient au bivouac dans les redoutes de Bournan, sans canon et dans une désorganisation complète. Il fallait reformer l'armée et remonter l'artillerie. Les commissaires de la Convention commencèrent par remplacer, par le général Menou, Ligonier, auquel ils attribuaient la déroute de l'armée.

On tira un renfort de troupes de Thouars, où commandait le général Salomon, dont la position était devenue mauvaise par la déroute de Ligonier. Les chefs des royalistes, qui avaient déjà pris position à Montreuil, informés de ce mouvement, divisèrent leurs forces. Lescure, Larochejaequelein et Stofflet, à la tête de la majeure partie, se dirigèrent le long du Thoué et prirent position à Saint-Just; le reste garda Montreuil pour arrêter les traîneurs et couper la colonne qui venait de Thouars.

Cette colonne parut en effet au coucher du soleil. Aussitôt les différents corps aux ordres de Beauvolier, Desessart, Villeneuve et Cathelineau, préparés à la bien recevoir, disposèrent leur artillerie. De faux rapports avaient mal dirigé la marche de Salomon : se trouvant cerné par les royalistes, il ne voit plus de ressource que dans la résistance la plus opiniâtre; et, ne prenant conseil que de son intrépidité, il se bat en désespéré dans l'obscurité et fait des ennemis un carnage affreux; mais, forcé de céder enfin à des forces infiniment supérieures, il s'éloigne de Saumur et se replie sur Thouars et de là sur Niort, après avoir perdu la moitié de ses troupes, son artillerie et ses bagages. La retraite de Salomon jeta le découragement dans l'armée républicaine de Saumur.

Quoique cette place, ouverte de tous côtés, ne fût défendue que par une redoute et un retranchement à l'entrée du faubourg, et que le château ne fût pas en état de soutenir la moindre attaque, les républicains, au nombre d'environ 10,000 hommes, avaient pris position hors de la ville, enveloppant la partie qui se trouve sur la gauche du fleuve, la droite appuyée sur Saint-Florent, la gauche sur les hauteurs en avant du château et le centre en avant de Bournan qu'il défendait. Ces différents corps furent augmentés des divisions Costard et Santerre, qui arrivèrent un peu avant l'attaque.

On s'observait de part et d'autre, lorsque le 9 juin, vers deux heures après midi, les royalistes, masqués par des corps d'observation qu'ils avaient laissés au centre et à la droite des républicains, attaquèrent leur position de gauche en avant du château. Garantis des batteries et du château par un mur et une colline, ils prirent à revers tous les avant-postes ennemis qui se trouvaient sur la route de Doué. Cette attaque ne se fit pas sans résistance de la part des républicains; il s'engagea même un feu très-vif des deux côtés, et la première ligne des Vendéens se vit rompue par quelques bataillons qui lui tuèrent plus de 300 hommes.

Lescure, de son côté, avait fait avancer la seconde ligne et attaqué les républicains qui, ne se voyant pas soutenus par la cavalerie, furent obligés de plier. Les royalistes, aux prises avec les cuirassiers de la République, furent trois fois repoussés et trois fois revinrent à la charge jusqu'à ce que ceux-ci, ayant été pris en flanc par un corps de cavalerie vendéenne commandé par Damogné, fussent forcés à la retraite.

Cependant l'infanterie de la République, en se défendant longtemps avec opiniâtreté, rendait la victoire incertaine, mais ayant été tournée par les tirailleurs vendéens, quelques lâches se mirent à crier : *A la trahison! sauve qui peut! nous sommes coupés!* L'épouvante s'empara des nouvelles levées qui se sauvèrent à la débandade sans qu'il fût possible de les ramener au combat. Cette déroute laissa les royalistes maîtres des retranchements et de l'artillerie. Quelques soldats du régiment ci-devant Picardie, ne voulant accepter aucun quartier, battirent en retraite en se défendant, et se jetèrent dans la Loire plutôt que de se rendre. Les généraux Menou et Berruyer furent blessés et perdirent leurs chevaux en cherchant à arrêter la déroute. Bourbotte, commissaire de la Convention, ayant eu son cheval tué sous lui, allait tomber au pouvoir des royalistes, lorsque Marceau, alors simple officier dans la légion germanique, lui céda le sien au risque d'être pris lui-même par l'ennemi.

Les retranchements et la position de gauche des républicains tombaient au pouvoir de l'ennemi, sans que le centre et la droite prissent la moindre part à l'action. Les soldats, immobiles, restaient simples spectateurs du combat; le général Coustard, qui commandait le centre, ordonna de secourir la gauche, mais il ne fut point obéi. Les troupes qu'il commandait allaient enfin se décider, lorsqu'une batterie ennemie leur ferma le passage. A l'instant il ordonna à la cavalerie de l'enlever. « Où nous envoyez-vous? lui dit le commandant. — A la mort, répondit Coustard, le salut de la patrie l'exige. » A ces mots, le brave Weissen fond à la tête de sa cavalerie et emporte la batterie ; mais, n'ayant point été soutenus par l'infanterie, ces intrépides cavaliers furent presque tous victimes de leur dévouement. Weissen revint tout couvert de blessures ; il en fut moins affligé que du chagrin de voir les ennemis victorieux ; en effet, malgré l'enlèvement des batteries ennemies, le centre et la droite des républicains n'en furent pas moins forcés, et toute l'armée essuya la déroute la plus complète.

La cavalerie poursuivit les fuyards au galop, les coupa et les força à mettre bas les armes. Quelques détachements disputaient encore aux royalistes l'entrée de Saumur et se battaient sous les murs de la ville, lorsque Larochejaquelein, emporté par son courage, pénétra jusque sur la grande place, suivi d'un seul officier; son exemple entraîna bientôt toute l'armée, qui entra triomphante dans Saumur. Les vaincus se replièrent sur Baugé, la Flèche et le Mans où ils répandirent l'alarme et la consternation.

Les républicains, qui formaient le centre en avant de Bournan, furent cernés dans leur camp et obligés de capituler ; ils étaient au nombre d'environ 2,000.

Le combat de Saumur fut des plus sanglants ; les soldats se battirent de part et d'autre avec un égal acharnement. Les chefs des Vendéens firent des prodiges de valeur, et presque tous payèrent la victoire de leur sang. Lescure fut blessé en ramenant ses soldats à la charge, Domagné perdit la vie en repoussant les cuirassiers républicains, et le commandant Chaillou de la Guérinière fut grièvement blessé. Mais si la conquête de Saumur coûta cher aux Vendéens, elle fut pour eux de la plus grande importance ; elle leur procura d'immenses magasins, des munitions considérables et une artillerie nombreuse.

Le château de Saumur résistait encore ; il était défendu par un petit nombre de républicains qui s'y étaient réfugiés et paraissaient bien décidés à s'ensevelir sous ses ruines plutôt que de se rendre. Le chevalier de Beauvolier y fut envoyé comme parlementaire ; il était suivi d'une multitude de femmes qui suppliaient les assiégés de mettre bas les armes. En ce moment, des coups de fusil, tirés accidentellement de part et d'autre, faillirent interrompre la négociation ; mais, après l'arrivée d'un parlementaire, envoyé par Joly, commandant du château, il fut convenu que les officiers seraient renvoyés sur parole et que la garnison resterait prisonnière.

Enhardis par ce succès, maîtres du cours de la Loire, certains de n'être pas arrêtés par des obstacles sérieux, les Vendéens résolurent d'aller assiéger Nantes. Quelques-uns des chefs auraient voulu marcher sur Paris pour anéantir la Convention, mais ce projet ne fut pas généralement adopté, surtout par les paysans qui craignaient de s'éloigner de leur pays. Ils élurent d'abord un généralissime ; d'Elbée, par rivalité contre Bonchamp, fit nommer Cathelineau. Le nouveau chef, à la tête de 50,000 hommes, partit de Saumur après y avoir laissé garnison. Dans sa marche, il répandit, au nom de Louis XVII, un grand nombre de proclamations pleines des apparences de la franchise et de la modération. En suivant la rive droite de la Loire, il entra à Angers et se trouva en vue de Nantes le 28 juin. Ses troupes, quoique réduites par le départ de beaucoup de paysans qui retournaient dans leurs foyers, s'élevaient encore à 30,000 hommes.

Placée sur une colline presque continue de l'est à l'ouest, la ville de Nantes, dont la population s'élève à 75,000 âmes, est arrosée au midi par la Loire, dans laquelle l'Erdre se perd après avoir baigné la ville au nord. Entourée autrefois de fortes murailles flanquées de dix-huit tours, mais alors ouverte de toutes parts, elle ne présentait aux Vendéens qu'une faible contrevallation de près de deux lieues d'étendue, et n'avait pour toutes fortifications que quelques bouts de fossés, quelques parapets construits à la hâte et une faible artillerie que des positions peu avantageuses rendaient presque inutile.

D'Elbée envoya au maire deux prisonniers nantais en parlementaires, avec une sommation des chefs de l'armée royale portant que le drapeau blanc serait arboré, la garnison désarmée par capitulation ; que les caisses publiques, les approvisionnements et les munitions seraient livrés sans délai ; en outre, que les députés en mission à Nantes se livreraient comme otages. A ces conditions, les chefs vendéens s'engageaient à préserver la ville de toute invasion et la mettaient sous la protection de l'armée royale ; en cas de refus, ils menaçaient de la livrer à une exécution militaire et de passer la garnison au fil de l'épée. Le maire, homme de caractère et de tête, convoqua au même instant les corps administratifs, les chefs militaires et les commissaires-représentants, Merlin de Douai et Gillet. Après la lecture de la sommation, il fut décidé d'une voix unanime qu'on se défendrait. « Voici ma réponse, dit le maire Baco aux parlementaires : *Nous périrons tous ou nous triompherons.* » On ne laissa rien transpirer de la sommation pour ne pas causer d'effroi aux habitants et encourager les partisans des Vendéens. Les commissaires déclarent la ville en état de siége et mettent le gouvernement entre les mains du général Beysser, sous la direction de Canclaux, général en chef. Beysser adresse aux Nantais une proclamation énergique, et leur annonce que dès ce moment la police militaire gouvernerait seule la cité ; il met ensuite tous les citoyens en réquisition permanente, leur rappelle, pour exciter leur courage, ce qu'ils ont déjà fait pour renverser le trône et fonder la République ; il réveille leur sollicitude pour la conservation de leurs propriétés et leur énergie pour la défense de leurs foyers et de leurs familles. Cette proclamation rallia tous les partis, qui firent le serment de s'ensevelir sous les ruines de la cité plutôt que de la livrer aux insurgés.

Cathelineau et d'Elbée, à la tête de 12,000 hommes, partis d'Ancenis, devaient attaquer du côté du nord; Bonchamp s'avançait par la route de Paris, suivi de 4,000 Vendéens, pour attaquer à l'est entre la Loire et l'Erdre. La basse Vendée se présentait avec des forces plus considérables du côté du midi, mais la Loire leur opposait une forte barrière. Lyrot de la Patouillère occupa la Croix-Moriceaux avec 10,000 hommes et 12 pièces de canon ; Charette, ayant réuni toutes les divisions du bas Poitou, campa dans les landes de Ragon et aux Cléons pour se porter sur le pont Rousseau. L'armée royale marchait sans ordre, quoique les paysans fussent divisés par paroisses ; cependant, on y distinguait quelques corps formés en bataillons, notamment ceux des transfuges de la légion germanique, imprudemment licenciée après l'échec de Saumur, et les compagnies bretonnes organisées par Bonchamp. Toute l'armée était suivie par une infinité de prêtres dépouillés de leurs costumes, mais que l'on reconnaissait aisément aux marques de déférence et de respect qui leur étaient prodiguées. Les Nantais, que l'imminence du danger ne pouvait abattre, n'avaient cependant dans leurs murs que peu de troupes aguerries et quelques bataillons de gardes nationales ; au dehors, un camp assez faible dans la position de Saint-Georges, sur la route de Paris. Le chemin de Vannes était couvert par le 109e régiment qui avait été considérablement affaibli aux Antilles, et le brave bataillon des Côtes-du-Nord gardait la partie du pont Rousseau qui est au-delà de la Sèvre. Le général Canclaux fit doubler tous les postes et fermer toutes les issues par des barrières armées de canons; on dressa des batteries à l'ouest, et des bateaux armés furent placés en station au milieu de la Loire. Près du château, à l'est, une batterie protégea le cours du fleuve et la partie occidentale de la prairie des Mauves.

Le 27 juin, d'Elbée commence les hostilités, en cherchant à enlever le bourg de Nort. Là un bataillon de la Loire-Inférieure, sous les ordres du commandant Meurice, se fait massacrer plutôt que de céder : 17 de ces hommes héroïques parviennent seuls à rentrer dans la place, en emportant le drapeau du bataillon. Tous les avant-postes se trouvant compromis par la prise de Nort, Canclaux ordonna à ses troupes de se replier sur l'enceinte; mais cette glorieuse résistance avait permis aux républicains de faire entrer dans la ville un convoi de poudres et de cartouches venant de Rennes. Malgré cet heureux événement, sans lequel la défense fût devenue impossible, les commissaires de la Convention et Bonvourt, commandant de l'artillerie, pensaient qu'il était impossible de résister dans une ville ouverte et investie de tous côtés, et qu'il fallait l'évacuer; mais le sage Canclaux, l'intrépide Beysser, les autorités civiles et les députations de la garde nationale, animés du même courage, s'opposèrent à cette résolution pusillanime. Il fut donc décidé qu'on tiendrait ferme, et chacun courut à son poste en attendant le jour. Le plus profond silence régnait dans ce court intervalle qui sépare la nuit du jour. La fatigue dont on était accablé avait fait une nécessité de prendre quelques instants de repos : la garde seule veillait. Tout à coup l'artillerie de Charette fait entendre le bruit redoublé du canon ; la générale appelle les Nantais au combat, et bientôt tout le monde est sous les armes, prêt à recevoir l'ennemi, qui s'avance. Les divisions du bas Poitou se déploient au-delà de la Loire, sur tous les points accessibles de la rive gauche, pour les attaquer à la fois; mais l'artillerie de Charette, quoique bien servie, ne cause qu'un très-léger dommage : celle des Nantais, ménageant son feu et bien dirigée, abat trois fois le drapeau blanc qui flottait sur le bord de la Sèvre. Charette n'avait porté les premiers coups sur ce point que pour opérer une diversion; l'attaque principale, dirigée par Cathelineau et d'Elbée, commença sur les routes de Rennes et de Vannes.

Au premier coup de canon tiré de ce côté, chacun prend les armes et se hâte d'accourir sur la place, déjà couverte de nombreux bataillons. Les détonations de l'artillerie précipitent la marche de 12,000 défenseurs, dont la garde nationale compose la moitié. Parmi ces guerriers qui ont juré de défendre leur patrie, on distingue la légion nantaise, exposée au premier feu à la porte de Rennes. A quatre heures du matin, le bataillon des vétérans se trouvait déjà sur pied. *Citoyens vétérans,* leur dit le commandant, *ce jour va couvrir les Nantais d'une gloire impérissable ou d'une honte éternelle. Jurons tous de ne point parler de capitulation, et de mourir plutôt que de nous rendre aux rebelles.* Tous s'écrient : *Je le jure ! Vive la République !*

Déjà l'avant-garde de Cathelineau, traînant trois pièces de canon et deux pierriers, avait sommé le faubourg du Marchix, tandis que d'Elbée, renforcé par 500 Bretons, se jetait sur les chemins de Rennes et de Vannes. Trop peu nombreux pour arrêter tant d'ennemis, le 109e régiment se hâte de rentrer derrière les barrières; alors d'Elbée, n'ayant plus d'obstacles devant lui, s'avance à demi-portée du canon. Ses phalanges nombreuses présentent un front menaçant; des files prolongées s'emparent de la grande route et des hauteurs qui l'avoisinent. Cathelineau place sur sa gauche un corps considérable, et couvre la route de Vannes et les chemins adjacents de forts détachements. Les tirailleurs s'engagent en grand nombre dans des routes couvertes, à la faveur des blés et des haies, ils se glissent dans les jardins et les vergers qui entourent la ville, et s'emparent des maisons, dont la situation avantageuse leur offre la facilité d'atteindre les républicains. A huit heures, l'artillerie de d'Elbée tire à demi-portée de la hauteur de Barbin, dont la batterie riposte vivement. Le bataillon nantais de Saint-Nicolas s'y maintient avec une intrépidité admirable. Le feu vif et continuel des royalistes, dirigé contre un canon placé près de la porte de Rennes, démonte cette batterie, et tous les républicains qui la servaient y trouvent la mort. C'était un spectacle horrible à voir : la terre était couverte de leurs membres déchirés. Ces braves sont à l'instant remplacés. L'avant-garde de Bonchamp, à peine arrivée par la porte de Paris, fit un feu terrible sur les avant-postes du faubourg Saint-Clément. Fleuriot de la Fleuriaye aîné, qui la commandait, donnait à ses soldats l'exemple de l'ardeur et du courage. Dans ce même instant Lyrot dirigeait une vigoureuse attaque contre le poste de Saint-Jacques; mais l'adjudant-général Boisguillon contint quelque temps ces nombreux assaillants. Sur ce point, la seule garde nationale nantaise fut opposée aux forces réunies de Charette et de Lyrot-la-Patouillère. Dans leur élan, les soldats de ce dernier passèrent la Loire sur des bateaux, du côté de Richebourg, couvrirent les prés des Mauves, et ripostèrent avec avantage au feu que les républicains dirigeaient sur eux.

Nantes, attaqué ainsi sur sept points principaux par le feu continuel du canon et de la mousqueterie, était défendu par les citoyens et les troupes de la garnison avec un courage égal à celui des royalistes, qui redoublaient d'efforts pour s'en rendre maîtres; l'ordre et la discipline y régnaient de tous côtés. Le général Canclaux, après s'être présenté à toutes les attaques, vint occuper le poste le plus dangereux, qui se trouvait à la porte de Rennes. Beysser, se portant successivement sur tous les points, animait les soldats par ses discours et par son exemple. Bel homme de guerre, montant un cheval superbe, que couvrait une peau de tigre, on l'aurait pris plutôt pour un dictateur que pour un général subalterne; l'éclat qui brillait en lui contrastait singulièrement avec la modestie et la simplicité du général en chef.

A dix heures, l'attaque fut des plus vives aux portes de Paris, de Vannes et de Rennes. Fleuriot se met à la tête des compagnies bretonnes de Bonchamp et les conduit au pas de charge. Un coup de feu l'atteint, il tombe au milieu de ses soldats. Le chevalier de Mesnard est frappé à ses côtés, et meurt sous les yeux de Bonchamp.

Cependant Cathelineau, d'Elbée et Talmont se distinguaient de leur côté par des prodiges de valeur; ils parcourent les rangs et parviennent à ramener leurs troupes au combat. A l'aspect des Nantais, les royalistes, excités par leurs chefs, resserrent leurs rangs et redoublent leur feu, qui porte la mort dans les bataillons républicains. Ceux-ci dirigent plus habilement l'effet de leur artillerie; ils ne portent que des coups réglés et sûrs qui brisent les caissons des Vendéens, et renversent leurs meilleurs pointeurs. Les royalistes reculent; mais presque aussitôt, par un suprême effort, ils reviennent en avant; le combat se ranime, et la mort éclaircit les rangs. Les combattants sont enveloppés dans un nuage de poussière et de fumée, la terre est jonchée de cadavres et couverte de leur sang. Les coups redoublés d'une formidable artillerie, les cris de fureur, les plaintes des blessés et des mourants se confondent; les hôpitaux se remplissent, et le tumulte le plus affreux remplit la ville.

Cependant, malgré les pertes des deux partis, le combat se continue, et la victoire reste indécise. Talmont, qui se trouve toujours au premier rang, y reçoit une blessure dangereuse; l'ardent Cathelineau, que le feu le plus meurtrier et l'aspect des plus grands dangers ne peuvent arrêter, tente un dernier effort: il veut enlever la batterie de la porte de Vannes et pénétrer de ce côté; il donne le signal de la charge et s'élance à cheval à la tête des siens; les plus braves pénètrent jusqu'à la place de Viarmes, et y périssent presque tous sous les coups des républicains. Cathelineau avance toujours, mais une balle le frappe mortellement; il tombe entre les siens, qui l'emportent derrière les rangs; le découragement s'empare des soldats; ils perdent l'espoir de vaincre. En vain d'Elbée cherche à les rallier et à ranimer leur courage; vains efforts ! il n'est plus en son pouvoir de les ramener au combat. Forcé d'abandonner l'attaque et d'ordonner la retraite, d'Elbée laisse sur le chemin de Rennes une pièce de canon et un caisson brisé. On ne se met point à sa poursuite. De son côté, Bonchamp fait les mêmes dispositions et continue son feu par intervalles pour couvrir sa marche; Charette ne ralentit point le sien, et si sa division n'a pas produit l'effet qu'il s'en était promis, elle sert du moins à favoriser la retraite de l'armée d'Anjou. Le feu durait encore à la chute du jour ; la nuit seule força les combattants au repos.

Le lendemain, Charette voulut recommencer le combat, mais ses troupes étaient découragées; les républicains, au contraire, étaient pleins d'ardeur. Voyant le but manqué, les chefs vendéens donnèrent le signal définitif de la retraite et s'éloignèrent, emportant avec eux leur général plébéien, qui succomba douze jours après, laissant la réputation d'un homme loyal, doué d'une éloquence naturelle et d'un vrai talent pour la guerre. La perte fut égale de part et d'autre. Les défenseurs de Nantes, parmi lesquels on doit citer avec honneur deux bataillons de Seine-et-Oise, accourus volontairement au secours des assiégés, perdirent 2,000 hommes. Baco, aussi brave dans le conseil qu'intrépide à la tête des gardes nationaux engagés dans l'action, reçut un coup de feu ; mais il eut la gloire d'être un de ceux qui avaient le plus contribué au salut de la place. La victoire des Nantais fut un des événements les plus importants de l'époque, à cause des conséquences terribles qu'aurait pu avoir le triomphe des royalistes.

CHAPITRE IV.

Suite des opérations sur la frontière du Nord. — Combats d'avant-postes. — Mort de Dampierre. — Évacuation du camp de Famars. — Custine passe au commandement de l'armée du Nord. — Opérations sur le Rhin et dans les Vosges. — Occupation d'Arlon. — Perte de Condé, de Mayence, de Valenciennes. — Évacuation du camp de César. — Blocus de Landau. — Perte des lignes de Wissembourg. — Fin des opérations dans les Vosges. — Déblocus de Landau. — Quartiers d'hiver.

Après le départ de Dumouriez, Dampierre avait pris le commandement de ses troupes. Tandis qu'une armée combinée, de Prussiens et d'Autrichiens, menaçait d'une invasion les départements du Rhin, faiblement défendus par l'armée de Custine, retirée derrière les positions défensives qu'offraient encore les lignes fortifiées et les obstacles naturels, une autre armée, composée d'Autrichiens, de Prussiens, de Hollandais et d'Anglais, assiégeait les frontières du Nord, qui n'avaient pour défense que des places fortes, la plupart mal pourvues, et une armée presque désorganisée par les revers, et plus encore par les vices d'administration militaire, et par le défaut d'ordre et de discipline. La vue de l'ennemi la contenait seule; divisée de partis et d'opinions, cette armée en paix se fût dissoute.

Dampierre la plaça d'abord au camp de Famars, puis sous le canon de Bouchain, ayant devant elle la Scelle et l'Escaut, et une retraite assurée au camp de César, ancien *Castrum* des légions romaines dont la position et les antiques remparts, encore debout, font un poste fortifié par l'art et par la nature. L'armée, commandée par Dampierre, ne consistait alors qu'en 22,000 hommes effectifs.

Le 1er avril, les armées combinées de Prusse et d'Autriche occupaient une ligne de positions en avant de Mons et de Tournay, depuis Maubeuge jusqu'à Menin. Elles entrèrent sur le territoire de la République le 6 du même mois, menaçant à la fois Lille, Valenciennes et Maubeuge. Cette armée, aux ordres du prince de Saxe-Cobourg, était d'environ 60,000 hommes, y compris les corps commandés par le général Clairfait et le prince de Hohenlohe. Condé fut investi, et l'invasion s'exécuta sur tout le front de cette ligne.

Les républicains, revenus du premier étonnement qu'avait causé la défection du général et du désordre qui en fut la suite, reprirent bientôt une contenance qui annonça la résolution de défendre ces postes. Plusieurs combats furent livrés avec des succès balancés : à Fresne, à Curgi, à Vicogne et dans la forêt de Normale ; malgré plusieurs désavantages dans ces combats de détail, Dampierre marcha en avant, puis rentra au camp de Famars, le 15 avril, pour se rapprocher de Valenciennes menacé ; et peu de jours après, les Français reprirent un moment l'offensive, et s'emparèrent des postes importants d'Orchies et Lanoy.

En même temps se formait une autre armée d'invasion vers les villes maritimes. Les Anglais avaient débarqué environ 10,000 hommes qui, réunis à Ostende aux troupes hollandaises commandées par le colonel Mylius, étaient destinés à agir sur l'extrême frontière du Nord, vers Dunkerque. On opposait à ce corps d'armée un rassemblement qui se formait au camp sous Cassel.

Le sort de Condé, investi et assiégé, était devenu le point central des opérations. Tant que les ennemis n'étaient pas maîtres d'une place forte, la frontière n'était pas entamée, et les deux armées étaient encore chacune sur leur territoire, ayant l'Escaut entre elles. Dampierre avait reçu des renforts. Quelque ordre était rétabli dans son camp, et sa résistance étonnait l'ennemi qui ne s'y était pas attendu. Dans un conseil de guerre tenu à Valenciennes, une attaque générale, pour dégager Condé, fut résolue et fixée au 1er mai. Une colonne à la droite fut dirigée par le chemin de Valenciennes à Mons ; celle de gauche sur Saint-Amand. D'abord les postes avancés de l'ennemi furent repliés, et son centre repoussé une lieue en arrière vers Saint-Sauve et Vicogne ; mais son aile droite, aux ordres de Clairfait, prit la gauche des Français en flanc et à revers. Le succès ne fut pas plus heureux à la droite. La première ligne de l'armée impériale se forma à Honaing, et les troupes républicaines, après une journée sanglante, furent forcées à la retraite, poursuivies jusqu'à leur camp de Famars, laissant 2,000 morts et beaucoup d'artillerie.

Outre les causes militaires et les chances de la guerre, l'entreprise du 1er mai avait manqué par des ordres mal entendus et mal suivis, par un défaut d'accord entre les chefs, comme il arriva souvent, et par des retards dans l'exécution. Le plan de Dampierre, en engageant le combat sur tout le front des deux lignes, avait été d'obtenir un succès sur un point, et d'y porter toutes ses forces. L'armée française ayant ses places fortes derrière elle, sa retraite était proche et assurée ; un échec, au contraire, pouvait obliger l'ennemi à rétrograder au loin, n'ayant aucune position fortifiée en arrière de soi.

L'armée n'était pas découragée, malgré cette suite de revers qui s'étaient succédé sans interruption depuis deux mois.

Les généraux néanmoins sentaient de quel danger étaient pour eux ces revers : les comptes à rendre à la Convention étaient plus inquiétants que le canon de l'ennemi ; un second effort fut résolu et combiné pour dégager Condé. L'investissement de cette place avait obligé l'aile droite des Autrichiens de passer l'Escaut, et d'en occuper dans cette partie la rive gauche. On y dirigea la principale attaque qui venait d'échouer sur la rive opposée.

La ligne des ennemis s'étendait de leur gauche à leur droite, depuis Maubeuge jusqu'à Saint-Amand, sur un espace de plus de dix lieues. Le général Latour commandait près de Maubeuge; un corps était aux ordres du prince de Reuss, près Bavai; la réserve aux ordres du général Clairfait, sur la rive gauche de l'Escaut près de Vicogne; un corps de Prussiens à Saint-Amand; et Cobourg avait son quartier-général à Quiévrain.

L'attaque fut encore engagée sur tout le front de la ligne. L'armée voulait sa revanche. Dampierre hésita plusieurs jours, donna et retira trois fois l'ordre d'attaque; le quatrième ordre la fixa au 8 mai.

Dès la veille, on attaqua les avant-postes de l'ennemi à Quiévrain. L'infanterie légère, sortie du camp de Famars et de Valenciennes, gagna d'abord du terrain, mais fut ensuite forcée de se retirer.

Le jour fixé, l'attaque commença à la droite en avant de Maubeuge. Les troupes retournèrent cinq fois à la charge; et, après une perte d'environ 300 hommes, furent forcées à la retraite jusque sous le canon de Maubeuge.

A Bavai, l'engagement n'eut lieu qu'entre les troupes légères.

Dampierre conduisit l'attaque contre la réserve des ennemis postée à Vicogne. Cette attaque se prolongea jusqu'au soir. Les ennemis étaient retranchés dans les bois. Ce corps, commandé par Clairfait, était composé d'Impériaux et de Prussiens. Dampierre, conduisant les colonnes pour forcer les abatis, renouvela plusieurs fois les attaques; il fut blessé mortellement à la dernière. Le général Islers ordonna la retraite. Trois bataillons de volontaires étaient engagés dans le village de Raisme. En traversant une plaine découverte sous le feu, ils se débandèrent. Le général Islers leur cria : *A vos rangs !* La ligne fut reformée à l'instant, et la retraite continuée au pas de marche. Ces détails, transmis par les chefs contemporains, peignent l'esprit des troupes; il ne leur manquait alors que l'instruction et l'ordre : le courage y suppléait dans les succès, mais rien n'y pouvait suppléer dans les revers.

L'attaque sur Saint-Amand par les troupes sorties du camp de Lille et de Douai, conduite par le général Lamarlière, s'était effectuée en même temps. Ce poste était occupé par le corps d'armée prussienne. Le résultat fut le même. L'attaque fut faite et soutenue avec une égale opiniâtreté. Quatre fois les Français chargèrent sous le feu des batteries, et furent enfin obligés de céder. Ces deux attaques coûtèrent aux ennemis, de leur aveu, plus de 1,000 hommes, et la perte des assaillants dut être beaucoup plus considérable.

Un détachement de la garnison du Quesnoy avait attaqué les avant-postes du quartier-général de Cobourg à Quiévrain. Cette sortie n'avait pour objet que de contenir l'ennemi.

Ces actions ne furent point des batailles. Selon le système adopté, on avait voulu les réduire à des affaires de postes. Sur une ligne d'opération de plus de sept lieues de développement, cinq attaques avaient été dirigées, et plusieurs causes purent en empêcher le succès. D'abord la grande supériorité numérique de l'ennemi : les Impériaux, les Prussiens, les Anglais que venait d'amener le duc d'Yorck, et les troupes hollandaises, formaient une armée de plus de 80,000 hommes, et la République en avait à peine la moitié pour défendre ses frontières.

Ce concert d'attaques simultanées et partielles supposait un concours de circonstances et un accord entre les chefs, que l'on ne pouvait espérer que d'un commandement absolu et consenti par l'opinion ; l'état des choses n'était pas tel : la confiance du soldat avait souvent été altérée par des exemples récents de mésintelligence et de défection ; l'esprit national la guidait seul, mais n'agissait qu'un jour d'affaire.

La nature même du pays était favorable à l'ennemi : à Vicogne et à Saint-Amand, où se firent les principales attaques, toutes les positions étaient défendues ; son front était couvert par des bois retranchés avec des abatis et des redoutes ; ses flancs étaient assurés par le cours de l'Escaut et de la Scarpe ; descendant parallèlement, ces deux rivières ne laissent entre elles qu'un intervalle de deux lieues que les troupes pouvaient tenir en arrière ; Condé, investi et assiégé, ne pouvait leur donner de l'inquiétude. L'armée française attaqua une armée supérieure et postée dans une position avantageuse.

Dampierre arrivait au commandement, jeune encore, et n'ayant pu y être préparé par l'expérience ou par l'étude qui y supplée ; une conduite d'opinion constante et suivie, une volonté active, une brillante valeur, un grand désir de gloire l'avaient porté à la tête de l'armée. Il y périt dans cette journée, combattant aux premiers rangs ; il mourut près du champ de bataille, après avoir subi l'amputation de la cuisse, justement regretté, et laissant la réputation d'un militaire généreux, que la mort enlevait à des destinées que l'avenir et la fortune pouvaient rendre brillantes. Son corps fut placé au Panthéon, et son nom parmi celui des généraux français dont le sang a cimenté le rétablissement des libertés publiques.

Le commandement fut déféré provisoirement, par les commissaires représentants, au général Lamarche. Après tant d'efforts réitérés et sans succès, les généraux se bornèrent à tâcher de maintenir leur ligne de défense, pour mettre Valenciennes à couvert d'un siège, et se tenir en mesure de secourir Condé.

Mais, peu de jours après, les Français furent attaqués dans leur camp. Les premiers délais des ennemis avaient eu pour cause l'espoir de vaincre dans Paris par les émeutes qui y étaient disposées et prévues. Les derniers succès des alliés leur firent penser qu'une armée deux fois vaincue tiendrait peu dans ses positions, et qu'un succès complet la forcerait à des mouvements rétrogrades vers la capitale. Une attaque générale fut résolue, la réussite livrait Condé, et laissait Valenciennes investi, livré à ses seules défenses.

Le 25 mai, tous les postes français durent être attaqués à la fois sur tout le front qu'ils occupaient depuis Orchies, Saint-Amand et Vicogne, jusqu'au Quesnoy et Maubeuge. Les deux extrémités de ce champ de bataille, sur un prolongement de plus de dix lieues, durent être seulement occupées par de fausses attaques. Quatre colonnes, commandées par les généraux Cobourg, Yorck, Latour et Clairfait, agirent en même temps; les deux dernières étaient dirigées au centre sur le camp de Famars, où devaient se faire les plus grands efforts, qu'il s'agissait d'emporter, et dont la prise commandait la retraite des deux ailes de l'armée française.

Le camp de Famars, situé entre Valenciennes et Maubeuge, a son flanc droit couvert par l'Escaut, la gauche s'appuie à la rivière de Rouelle, son front était couvert de redoutes, et en avant, sur les hauteurs d'Anzin, à la gauche de Valenciennes, on avait formé un camp avancé.

L'attaque commença avec le jour, ne finit qu'à la nuit; la résistance fut opiniâtre sur tous les points; mais la supériorité du nombre l'emporta. Vers le milieu de la journée, l'aile droite se trouva tournée par la colonne aux ordres du duc d'Yorck, et les redoutes en-deçà de la Rouelle emportées par le général Ferrari. Il fallut alors évacuer le camp de Famars. On jeta un renfort de 10,000 hommes dans Valenciennes, et l'armée se retira sous le canon de Bouchain. Le camp d'Anzin tenait encore et ne fut attaqué que le lendemain. Le combat y fut encore opiniâtre. Clairfait, dès la veille, avait tourné ce poste avec un corps d'Autrichiens et d'Anglais. L'attaque se fit par le bois de Raimes, et fut très-meurtrière de part et d'autre. Les succès de la veille avaient déjà décidé celui de cette journée; le camp d'Anzin fut perdu, et en même temps l'abbaye d'Hasnon, où les Français s'étaient retirés la veille, fut forcée par un corps de troupes prussiennes; alors Valenciennes se trouva investi, et, dès le même jour, les ennemis, maîtres des hauteurs d'Anzin, jetèrent des obus dans la citadelle.

Tant de revers furent un moment balancés par un succès que le général Lamarlière obtint du côté de Lille. Les troupes hollandaises, aux ordres du jeune prince d'Orange, s'étaient portées en avant de Menin, pour couvrir la droite des opérations combinées. Il fut attaqué aux villages de Turcoing et de Ronch, et obligé de se retirer après une perte considérable. On fit 300 prisonniers, et un drapeau, enlevé par un grenadier nommé Gros-Lambert, fut porté par lui à la Convention. Ce trophée, montré au peuple, aida à empêcher la publicité des détails alarmants que l'on avait reçus des armées.

Après la mort de Dampierre, le général Lamarche, comme nous l'avons dit, avait été nommé provisoirement général en chef par les représentants commissaires; mais ils pressaient en même temps une nomination définitive. Custine fut nommé au commandement de l'armée de la Moselle, puis à celui de l'armée du Nord.

Avant de quitter l'armée du Rhin, Custine avait voulu signaler son départ par une action générale. Le 17 mai, depuis Montmédy jusqu'à la rive gauche du Rhin, l'attaque dut s'engager sur tous les points. L'armée de la Moselle, formant un corps de 14,000 hommes, sous le commandement des généraux Pulli et Houchard, campée près de Hombach, dut contenir la droite des Prussiens, et l'empêcher de se porter au secours du centre, où Custine avait fait des dispositions pour enlever un corps de sept à huit mille Autrichiens à Rheinzabern. Le général Ferrières, sortant de Lauterbourg, devait attaquer de front le poste de Rheinzabern, tandis que Custine, au premier bruit de cette attaque, devait déployer huit à dix mille hommes qu'il avait tirés des positions du centre, et prendre l'ennemi à revers. Rarement ces grandes combinaisons de mouvement réussissent lorsqu'elles ne sont pas indépendantes l'une de l'autre dans leur exécution; les troupes aux ordres de Ferrières, retardées par des contre-temps et par des ordres mal compris, ne donnèrent point; le corps de Custine, se trouvant alors toutes les forces de l'ennemi en tête, fut forcé à faire sa retraite. Dans le désordre, l'infanterie fit feu sur la cavalerie qui défilait devant son front; on cria dans la ligne le mot trop connu, *sauve qui peut*, et l'armée se crut trahie. Custine donna la tête de la colonne au bataillon des gardes nationales d'Indre-et-Loire, qui reprit et tint le village de Herxenheim, et assura la retraite de l'armée; elle reprit ses positions à Weissembourg et Lauterbourg. On y perdit environ quatre cents hommes, et ce fut après cette expédition que, le 23 mai, l'armée passa sous le commandement de Beauharnais. Cette armée resta en observation dans ses positions jusque vers le milieu de la campagne, où l'on essaya quelques mouvements pour secourir Mayence, qui était toujours assiégé et pressé par une armée de 60,000 hommes. On tenta, dans cette vue, une diversion du côté de Luxembourg. Le 7 juin, l'armée de la Moselle fut réunie aux ordres du général Lâge. L'objet était de s'emparer d'Arlon, de menacer Luxembourg, et d'obliger ainsi l'ennemi à partager ses forces, soit en tirant des troupes du siége de Mayence, ou de l'armée qui agissait sur la frontière du Nord. L'avant-garde française, conduite par le général Tolosan, replia d'abord les premiers postes ennemis; mais l'infanterie légère s'étant avancée au-delà d'un ruisseau qui la séparait de la ligne ennemie, resta exposée à la cavalerie impériale. Une charge hardie, que Tolosan exécuta à la tête des troupes légères à cheval, dégagea cette partie de l'avant-garde, qui se retira sur le corps de bataille.

Le temps pluvieux et la fatigue des troupes décidèrent le général Lâge à rester pendant deux jours sur les hauteurs d'Udange, où un corps de 2,000 hommes, venu de Sedan et de Montmédy, le joignit, conduit par le général Beauregard.

L'attaque d'Arlon se fit le lendemain 9 juin. L'ennemi occupait une position avantageuse sur les hauteurs en avant, ayant sa gauche à la chaussée de Luxembourg, et son front séparé de l'armée française par le ruisseau de Buvange, qu'elle était obligée de passer pour aller à lui; sa force était de sept à huit mille hommes, avec une nombreuse artillerie; cette position reconnue, le général Lâge forma deux colonnes de son infanterie; celle de gauche commandée par Desperières; celle de droite, par Châteauthieri. Celle-ci dut tourner la gauche de l'ennemi et menacer sa retraite sur Luxembourg; mais, s'étant aperçu de ce mouvement, il y porta des forces, et la colonne française ayant d'ardeur dépassé la ligne, eut à souffrir de l'artillerie ennemie, jusqu'à ce que l'autre colonne se portât à son appui avec toute la cavalerie, que commandait Tolosan. Cependant Beauregard s'était emparé d'Arlon, et, ayant pris poste en avant des hauteurs qui le couvraient, il obligea l'aile droite des Autrichiens à se replier sur leur centre; les carabiniers chargèrent un bataillon carré de 15,000 hommes et perdirent beaucoup par son feu; l'artillerie volante le rompit; alors l'ennemi se décida à la retraite, qui se fit, à travers les bois et en désordre, sur Luxembourg, laissant trois canons et leurs équipages. L'action coûta environ 500 hommes; mais ce succès, n'étant pas soutenu, n'opéra point la diversion que l'on s'était promise; Luxembourg restait pourvu, et l'armée de la Moselle n'était pas de force à en entreprendre le siége. Les événements décisifs se passaient toujours aux frontières du Nord.

Custine, en arrivant, trouva son armée retirée sous Bouchain. Condé était assiégé et pressé sans espoir de secours; Valenciennes, investi, était abandonné à ses moyens de défense; de Dunkerque à Givet, toute la ligne des frontières était menacée.

Le mois de juillet devait être particulièrement funeste aux armes de la République : dans le court espace de quinze jours, trois places fortes des plus importantes tombèrent au pouvoir de l'ennemi. Condé fut la première qui succomba. La garnison de cette ville, forte de 4,000 hommes, sous le commandement du général Chancel, était digne en tout de son brave commandant; pendant trois mois, elle fit des sorties continuelles, en même temps que, ainsi que nous l'avons vu, le général Dampierre faisait tous ses efforts pour secourir cette place et la délivrer. Malheureusement ces tentatives furent sans succès, et, dans les premiers jours de juillet, les habitants et la garnison se trouvèrent réduits à la condition la plus déplorable. Depuis six semaines, chaque soldat n'avait plus pour ration journalière que deux onces de pain, deux onces de viande de cheval, une once de riz et un tiers d'once de suif. Cependant, ils continuaient à se battre avec courage. Le 6 juillet, Chancel assemble le conseil de défense, et, malgré cette position désespérée, on décide que la défense sera continuée. Enfin, le 12 du même mois, les vivres manquant complétement, la place capitula, et la garnison, après être sortie avec tous les honneurs de la guerre, demeura prisonnière.

Dix jours plus tard, Mayence avait le même sort. Cette ville, située sur le Rhin, n'avait aucune défense du côté de l'Allemagne. Les Français fortifièrent les habitations de Cassel sur la rive droite, et en firent une tête de pont, retranché par des ouvrages qui rendirent ce poste susceptible de défense, et assurèrent la possession de la place. Ils fortifièrent aussi le village de Cost-Heim, situé à l'embouchure du Mein. Ce poste fut plusieurs fois pris et repris pendant le siége.

Sur la rive gauche du Rhin, Mayence est couvert d'une enceinte de 14 bastions, avec une citadelle vis-à-vis l'embouchure du Mein ; en avant l'art des Cohorn et des Vauban y a élevé beaucoup de défenses extérieures qui éloignent les attaques du corps de la place ; les Français en avaient encore ajouté. Vingt-deux mille hommes de garnison et des munitions en abondance promettaient une défense prolongée. Deux représentants commissaires de la Convention, Merlin et Rewbell, y rentrèrent avec le corps de 8,000 hommes que Custine avait appelé à lui et qui ne put le joindre. Le général Doyré y commandait les troupes, et Aubert-Dubayet dirigeait les défenses. Après les défaites de Dumouriez et la retraite de Custine, l'occupation de Mayence n'était plus qu'une diversion utile qui retenait une partie des troupes alliées éloignée de la frontière envahie. Si le sort des armes redevenait favorable à la République, Mayence, occupée par ses troupes, lui assurait une porte dans la Germanie. L'importance que les alliés attachaient à la prise de cette place tenait aussi à des considérations politiques. La Prusse, détrompée et voyant ses intérêts inutilement compromis pour elle dans cette guerre, avait marqué la reprise de Mayence comme le but et le terme de ses travaux ; et, après avoir rendu à l'Empire les clefs de ce passage, la Prusse devait se détacher de la coalition et traiter avec la République.

Après la bataille de Nerwinde et la retraite décidée des armées françaises vers Landau, l'investissement de Mayence fut formé par le général prussien Kalckreut ; le siége ne commença que deux mois après par l'armée combinée, que Frédéric II, roi de Prusse, commandait en personne. Déjà les corps de troupes qui formaient l'investissement sur la rive droite du Rhin s'étaient rendus maîtres du cours du fleuve par la prise des îles qu'il forme au confluent du Mein, et par celle du village de Veissenau, situé vis-à-vis son embouchure.

Le 15 mai, la ligne de circonvallation s'étendait sur les deux rives à la gauche, depuis le village de Budenheim sur le Rhin, jusqu'au village de

Laubenheim au-dessus de Mayence, couvrant toutes les hauteurs qui dominent la place et couverte par des retranchements ou des redoutes. A la rive droite, devant Cassel, les hauteurs, depuis Hocheim jusqu'à Mosbach, étaient occupées par des troupes et défendues par des retranchements.

Tout ce siége fut une défensive active ; tout concourait à en prolonger la durée ; il régna une parfaite intelligence entre les généraux et les représentants. Merlin y donna toujours l'exemple du courage militaire, et on le vit souvent à la tête des troupes dans les sorties. On avait formé des corps composés d'hommes, non pas d'élite, mais qui s'étaient présentés volontairement. Ces troupes, sous le nom de Compagnie de siége, rendirent de grands services et prirent toujours la tête des attaques. Le général Meunier s'était chargé de la défense de Cassel. Dans une sortie de nuit de ce côté, il surprit les Hessois et les Autrichiens ; les soldats furent tués dans leurs tentes, et sans l'erreur de deux corps français qui firent longtemps feu l'un sur l'autre dans les ténèbres, cette attaque eût pu avoir des conséquences sur l'événement du siége.

Le lendemain, un officier français, envoyé par les Prussiens, apporta une lettre de Custine et demanda en même temps une entrevue pour le général Kalckreut, avec les représentants commissaires ; l'entretien fut secret et les attaques continuèrent. Deux jours après, on demanda une autre entrevue à Rewbell, qui fut refusée. Ces conférences inquiétaient la garnison, quoique toutes les lettres eussent été lues en plein conseil. Cette garnison était dans les meilleures dispositions, et lorsque affaiblie de près d'un tiers deux mois après, elle apprit sa capitulation, il fallut déployer l'autorité pour l'y résoudre.

Les îles du Mein furent longtemps le terrain disputé ; leur position prenait à revers toutes les défenses de la ville et le cours du fleuve, ce qui mettait à découvert le pont de communication avec Cassel et les moulins qui seuls alimentaient les habitants et la garnison.

Dans les attaques réitérées qui en laissaient maîtres l'un ou l'autre parti, on vit des soldats, formés sous le nom de bateliers-matelots, aller à la nage couper le câble d'un bâtiment armé, monter à l'abordage et le ramener avec 200 prisonniers qui le montaient. L'ennemi avait aussi construit, pour détruire le pont, deux machines infernales ; l'une sauta sans effet, l'autre fut arrêtée par des soldats qui eurent l'intrépidité d'y monter et de l'éteindre.

Le village de Costheim, trop près des ouvrages de Cassel pour être abandonné par les deux partis, fut le théâtre sanglant de plusieurs combats, dont l'issue en laissa les assiégés maîtres jusque vers la fin du siége. Les îles du Rhin furent aussi longtemps disputées ; celle de Peters-Au, au-dessous de Mayence, coûta 1,100 hommes aux ennemis dans une sortie de la garnison de Cassel.

Les assiégés restèrent longtemps maîtres des dehors et des environs de la place. Du côté même de l'attaque, les villages de Salsbach et de Brexenheim furent longtemps occupés par les Français, et, sur le terrain qui les séparait, il se donnait des combats journaliers. Dans une de ces rencontres, le chef d'une troupe de cavalerie défia l'officier de cavalerie prussienne à un combat singulier. — Et si je venais à vous comme ami, lui dit le Prussien. — Je vous recevrais comme tel. Ils se tendirent la main et firent avertir, l'un Merlin et l'autre le général Kalckreut, peu éloignés de ces avant-postes; là un déjeûner fut proposé et accepté pour le lendemain, et il fut convenu que le représentant Rewbell et le prince Ferdinand de Brunswick s'y trouveraient; les deux troupes restèrent éloignées, les chefs s'approchèrent, et au milieu de la franchise d'un repas militaire où Brunswick déploya avec les Français toute l'aisance de son caractère et de ses manières, il se retrouva souvent en conférence intime avec les deux représentants. Ce fut pendant ce siége que le premier cartel, pour l'échange des prisonniers, porta en titre : *Le roi de Prusse à la République française*. C'était la reconnaître le premier. Les procédés et les égards réciproques se maintinrent entre les deux armées jusqu'à l'époque où Frédéric-Guillaume, attaqué personnellement et surpris dans son quartier général, se livra à un ressentiment qui fit cesser les ménagements politiques.

Dans la nuit du 30 mai, la garnison fit une sortie générale; 6,000 hommes pénétrèrent jusqu'au village de Marienborn où était le quartier du roi. Les compagnies de siége, soutenues des anciens bataillons de Saintonge et de Beauvoisis, emportèrent de vive force les redoutes qui couvraient la ligne de circonvallation, et entrèrent si rapidement dans le village que les généraux et le roi lui-même, surpris, n'eurent le temps ni de s'armer ni de rallier les troupes; les chevaux des gardes furent tués à coups de fusil dans les maisons, et la retraite des assiégés se fit avec perte, mais sans être coupée. Dès le lendemain, le feu des batteries fut redoublé et pendant plusieurs jours incendia la ville; plus d'un tiers des maisons fut écrasé par les bombes ou consumé par le feu; les magasins furent détruits, et ce fut ce même jour que le général Meunier fut blessé mortellement, attaquant la grande île du Mein que les soldats avaient appelée *la Carmagnole* et dont les batteries ennemies faisaient le feu le plus destructif sur la place. Meunier mourut peu de jours après, et, par un sentiment honorable à sa mémoire, les assiégeants firent une trève de quelques heures pendant qu'on lui rendait les honneurs funèbres, se portèrent en armes sur leurs lignes et répondirent par une salve générale à celles dont les Français honoraient la tombe de leur guerrier. Elle fut placée, d'après son vœu, à la pointe du bastion de Cassel qu'il avait défendu.

La tranchée ne fut ouverte que deux mois après l'investissement, et après trois nuits de combats qui en empêchèrent les travaux. Le front d'attaque embrassa tout le côté de la place où est située la citadelle, depuis le Rhin jusqu'aux ouvrages avancés du Fort-Philippe.

Les deux armées s'opposèrent longtemps toutes les ressources de la science militaire. Les travaux de l'assiégeant furent tenus éloignés des ouvrages de défense; souvent l'assiégé devint assaillant, et, dans les derniers jours du siége, l'ennemi n'avait pu encore se rendre maître que d'un ouvrage avancé, duquel il fut délogé plusieurs fois; jamais ses batteries ne purent s'établir plus près que cent toises de l'enceinte extérieure des fortifications.

Cependant la disette se faisait déjà sentir dans la ville; on avait mangé les chevaux, qui furent longtemps la seule viande distribuée aux troupes. Le général Doyré, cédant aux instances des habitants, permit à plusieurs de sortir de leur ville, mais il les prévint en même temps qu'ils ne seraient vraisemblablement pas reçus par les assiégeants. Pressés par la crainte et par le besoin, deux mille de ces infortunés, vieillards, femmes, enfants, malades, sortirent des portes et se présentèrent au camp; là, repoussés par une dure politique, et refusés, au retour vers la place, par l'impérieuse nécessité, cette multitude fut obligée de passer la nuit dans l'espace qui séparait les combattants, et exposée au feu des deux armées. Plusieurs furent tués, et, le matin, les soldats français rapportèrent dans les pans de leurs habits des enfants blessés ou abandonnés; enfin Doyré, vaincu par ce spectacle, leur fit rouvrir ses portes.

La capitulation fut presque imprévue, et les événements extérieurs la commandèrent. Condé était pris, Valenciennes pressé et abandonné à ses seules forces. On ne pouvait espérer de secourir Mayence; il était plus utile de sauver sa brave garnison que de prolonger une honorable défense, et la guerre de la Vendée exigeait des renforts que l'on ne pouvait prendre ailleurs.

Le soldat, qui ne pouvait connaître ces raisons politiques, supporta assez impatiemment l'annonce de la capitulation; elle comprit tous les honneurs de la guerre, sous la seule condition de ne point servir d'un an contre les puissances alliées. Le 22 juillet, après trois mois de siége, les Prussiens et les troupes de l'Empire prirent possession de la place, et pendant que, suivant les usages de la guerre, les différents corps défilaient devant le vainqueur, le roi de Prusse appelait nominativement les chefs et les principaux officiers et leur donnait, avec une noble courtoisie, les éloges dus à leurs actions, en leur rappelant les jours et les circonstances où ils s'étaient distingués.

La garnison, en rentrant en France, y trouva de nouveaux ennemis; la malveillance ou un faux patriotisme avaient devancé son retour; accoutumées à voir les revers imputés à crime, les villes n'osaient recevoir les défenseurs de Mayence dans leurs murs : les soldats bivouaquaient au dehors. A Sarre-Louis, on fit arrêter Doyré et son état-major ; déjà les soldats délibéraient d'attaquer la ville pour délivrer leurs chefs, lorsqu'un décret qui déclarait que la garnison de Mayence avait bien mérité de la patrie arriva et fut confirmé à Metz, d'où cette armée fut envoyée dans la Vendée, ainsi qu'on l'a vu au chapitre précédent.

A Valenciennes, l'ennemi semblait moins vouloir réduire la ville que la détruire. La garnison était d'environ 9,000 hommes ; le 24 mai, la place seule fut investie et en même temps les faubourgs attaqués ; celui appelé faubourg de Marli fut incendié et pris dès le jour suivant. L'attaque se fit plus brusquement qu'à Mayence. Le 14 juin, les travaux de siége s'ouvrirent près de la place. Le duc d'Yorck la fit sommer, et sur le refus prévu, le bombardement, c'est-à-dire l'incendie, commença d'abord sur le front de la place vers Tournay, ensuite sur le front opposé vers le sud-ouest ; alors l'embrasement fut général. Ce ne fut plus aux murailles et aux fortifications que l'ennemi fit la guerre ; il parut vouloir ensevelir les habitants sous les ruines de leurs demeures. Outre les batteries de siége, 80 bouches à feu, établies sur la chaussée de Mons et sur les hauteurs de Rolleux, vomirent la mort et l'extermination sur cette malheureuse ville.

Cette politique, à la fois barbare et absurde, eût l'effet qu'elle devait produire, la haine contre un ennemi qui venait, non conquérir et soumettre, mais détruire et dévaster ; qui, prétendant s'ingérer et intervenir dans les discussions intérieures d'une nation, y appelait la lumière avec des torches et la conciliation avec le glaive. L'indignation rendit l'opiniâtreté plus tenace encore que le courage, et quand le sort des armes lui livra la ville, il conquit des murailles, et tous les cœurs lui furent aliénés. L'exemple de Valenciennes sauva Lille et peut-être la France. Pendant l'incendie, l'arsenal prit feu et sauta. On soupçonna une trahison, et le sous-directeur Monestier se tua. Le but de cette explosion était de faire révolter les habitants. On y réussit d'abord ; les deux commissaires représentants, Brien et Cochon, ramenèrent l'ordre, et, pendant tout le temps du siége, donnèrent, ainsi que ceux de Mayence, l'exemple de la bravoure et du dévouement.

Cependant, le 21 juillet, les travaux des assiégeants étaient parvenus à l'enceinte de la place ; une brèche était pratiquée au bastion dit des Huguenots ; une première attaque au chemin couvert fut repoussée.

Le 26, l'assaut fut renouvelé ; 10,000 hommes, à l'autre attaque, s'emparèrent de l'ouvrage avancé, que trois mines firent sauter. Le feu des remparts les en chassa, et l'ouvrage fut repris ; mais une de ces terreurs paniques, dont l'histoire offre tant d'exemples, s'empara du soldat ; la voix des chefs ne put plus se faire entendre, tous rentrèrent pêle-mêle dans la ville, et rien ne put les faire retourner au poste repris et abandonné par les deux partis. En même temps, une seconde sommation du duc d'Yorck fut proclamée, avec une lettre écrite de lui, à la municipalité et au général.

Ces lettres furent soustraites avant d'être remises à leur destination, imprimées et distribuées aux troupes et aux habitants. Dès ce moment, le désordre fut irréparable; les habitants rassemblés, soutenus des soldats, forcèrent le conseil de guerre d'entrer en capitulation.

Le général Ferrand, vieillard septuagénaire, mais plein de vigueur, envoya alors au quartier-général du duc d'Yorck des officiers chargés de débattre les conditions de la reddition de la place.

« Messieurs, leur dit l'Anglais, il est bien tard. »

En effet, il y avait trois mois que l'armée ennemie se trouvait devant cette ville devenue un monceau de ruines. Pendant un bombardement de quarante-trois jours, sans interruption, les assiégeants avaient lancé 200,000 boulets, 30,000 obus et 40,000 bombes sur Valenciennes. Les brèches étaient si larges que la cavalerie pouvait, en passant sur d'immenses décombres, faire son entrée dans la place. La garnison avait perdu 6,500 hommes, mais elle en avait tué à l'ennemi trois fois autant. Elle eut la consolation de rentrer en France, à la simple condition de ne pas servir contre l'armée des alliés pendant un an, et elle sortit de la ville le 28 juillet avec les honneurs de la guerre.

L'armée des alliés se trouva alors renforcée des trois armées qui avaient fait ces siéges; mais ces armées étaient très-affaiblies par leurs succès. La prise de ces trois places leur avait coûté plus de 40,000 hommes; cependant leur supériorité était encore très-grande malgré les renforts que Custine avait reçus.

Ces revers avaient cependant eu pour compensation quelques légers succès. Ainsi, le 31 mai, deux colonnes françaises, l'une, de 2,500 hommes, partie de Cassel, sous les ordres du général Stettenhoffen; l'autre, d'environ quinze cents hommes, tirés du camp de Guiveldt, marchèrent sur Furnes, occupé par une garnison allemande de 1,200 hommes d'infanterie et d'un escadron de grosse cavalerie.

De forts retranchements, un terrain coupé, où de nombreux tirailleurs étaient embusqués, rendaient les abords de cette ville très-difficiles. Rien n'arrête les Français; surmontant tous les obstacles, ils forcent à la retraite les tirailleurs ennemis; aussitôt le canon tonne sur la place, où, après deux heures de combat, les Français entrent victorieux, tandis que l'ennemi fuit en désordre par le point opposé.

Quelques jours après, dans la nuit du 7 au 8 juillet, les Autrichiens, au nombre de 2,000, conduits par un Français déserteur, tentent de s'emparer du poste d'Ost-Capelle, village fortifié situé près de Lille, et qui était occupé par le cinquième bataillon de Saône-et-Loire, sous le commandement du capitaine Habert. L'ennemi marche en silence, puis, au *qui vive!* des sentinelles, il répond par des coups de fusil et se précipite dans le village, renversant d'abord tout ce qui s'oppose à son passage; mais, dès les pre-

miers cris des sentinelles, Habert avait rassemblé une partie de ses soldats :
« Amis, » s'écrie-t-il, « morts ou vivants, il faut que nous restions ici. En
« avant ! » La fusillade s'engage ; mais les Français impatients renoncent
bientôt à charger leurs armes. C'est à la baïonnette qu'ils s'élancent sur les
Autrichiens. On se bat corps à corps ; Habert, le sabre à la main, est au
plus fort de la mêlée ; trois des ennemis qui l'entourent tombent sous ses
coups ; mais d'autres les remplacent : le brave capitaine, enveloppé de
toutes parts, se défend comme un lion. Accablé par le nombre, il refuse de
se rendre, et il va succomber, lorsque le reste du bataillon, qu'il n'avait pu
réunir tout entier, arrive et le dégage. Les Autrichiens, chargés avec fureur, ne tardent pas à plier, et, après deux heures de combat, ils prennent
la fuite, laissant plusieurs centaines de morts et de blessés sur le champ
de bataille.

A quelques jours de là, les Autrichiens tentèrent de prendre leur revanche : profitant d'un brouillard épais, ils s'avancent de nouveau vers
Ost-Capelle. L'obscurité ne permettant pas aux sentinelles de voir autour
d'elles, un caporal nommé Morel, offre de sortir du village et d'en visiter
les environs. Il part, mais à peine a-t-il fait quelques pas, qu'il est environné de toutes parts ; les Autrichiens se jettent sur lui, cherchent à
l'entraîner et le menacent de le tuer s'il donne l'éveil. Nouveau d'Assas,
Morel n'écoute que son courage, et tout en se défendant, il s'écrie : « Capi-
« taine, à moi ! c'est l'ennemi. » Il tombe aussitôt, percé de dix coups de
baïonnette ; au même instant, les Français paraissent, et comme la première fois, l'ennemi est mis en fuite. Morel vivait encore, et il put jouir
des résultats de son noble dévouement ; mais malheureusement plusieurs
de ses blessures étaient mortelles, et il expira deux jours après.

Après la prise de Valenciennes, les forces alliées, qui avaient été réunies
pour ce siége, résolurent de tenter un coup de main sur les camps de
César et de Paillancourt, et sur Cambrai. L'armée française, qui occupait
ces divers points, n'avait à opposer aux alliés que 28 bataillons et 2,000
hommes de cavalerie, ce qui rendait la défense impossible, les alliés ayant
une nombreuse cavalerie, à l'aide de laquelle ils pouvaient facilement
tourner et envelopper les deux camps.

Custine était destitué, arrêté, et il devait bientôt payer de sa tête les
revers qu'il n'avait pu empêcher. Le général Kilmaine avait pris provisoirement le commandement de l'armée, en attendant l'arrivée du général
Houchard, nommé en remplacement de Custine, et qui devait avoir le
même sort que ce dernier.

Le duc d'Yorck tourna Cambrai pour prendre le camp de César à revers,
pendant que Cobourg remontait les deux rives de l'Escaut pour attaquer
de front et par la droite. Cette manœuvre était bien conçue, mais elle
s'exécuta mal : on laissa à Kilmaine le temps de se reconnaître. Aux pre-

miers coups de feu, il évacua ses positions, afin de mettre entre ses adversaires et lui, d'abord la Sensée, puis la Scarpe, et il plaça son camp à Goverelle, entre Arras et Douai.

C'est ainsi que commença la retraite des Français : l'infanterie marchait en tête, l'artillerie et les équipages suivaient, ils étaient flanqués d'un régiment de chasseurs; le général Kilmaine fermait la marche de l'armée avec l'arrière-garde, qui se composait de l'artillerie légère et de 2,000 hommes de cavalerie. Déjà le corps d'armée avait fait un demi-myriamètre, quand l'arrière-garde commença et exécuta son mouvement rétrograde, malgré un ennemi quatre fois plus nombreux qui la harcelait de tous les côtés; mais l'armée française fit toujours si bonne contenance, qu'on ne put réussir à l'entamer.

A peine avait-on passé le village de Marquion, qu'on fut averti que la cavalerie autrichienne venait d'envelopper deux bataillons restés sur les derrières. Au lieu de prendre la route du bac d'Aubancheuil, ces deux bataillons avaient suivi celle de Marquion, où les Impériaux leur faisaient mettre bas les armes si le général Kilmaine ne fût venu les retirer des mains des escadrons autrichiens.

Le général français range aussitôt en bataille une partie de sa cavalerie avec l'artillerie légère, et charge l'ennemi avec cette impétuosité si familière aux armes françaises. La cavalerie ennemie est bientôt renversée, et les bataillons français immédiatement délivrés. Il resta dans ce choc, sur le champ de bataille, 100 hommes blessés ou tués.

L'infanterie, le parc d'artillerie et les bagages, durant cette affaire, s'avançaient péniblement vers Arras. Cette retraite s'effectuait dans le plus grand ordre, l'armée conservant toujours l'attitude la plus ferme, et prête à faire face au premier agresseur. Les Français avaient lieu de se croire à l'abri de toute insulte, lorsque des voix font entendre avec l'accent de la frayeur le terrible *sauve qui peut!* Des bataillons d'avant-garde, à ces cris, furent frappés d'épouvante. Le désordre s'y mit, et les soldats dispersés s'enfuirent débandés jusqu'à Arras, sans avoir vu aucun objet extraordinaire.

Tandis qu'une terreur panique avait emporté quelques soldats, le reste de l'armée montrait dans sa marche ce calme et ce courage qui la faisait respecter de l'ennemi. Elle arriva en bon ordre dans les champs de Douai et de Biache, ou de Montauban, en avant d'Arras; mais c'est dans les camps d'Arleux qu'elle se réunit. Cette position était la dernière à prendre en avant d'Arras; au-delà il n'existait plus aucune place à défendre jusqu'à Paris.

La place de Cambrai restait à découvert par la retraite de Kilmaine. Dès le même jour, le général autrichien Boré l'investit; il envoya au général de Claye la sommation suivante : « Vous avez été témoin de ce que l'armée combinée vient d'entreprendre, et vous voyez sa position actuelle ; Bouchain est investi, nous sommes maîtres de tous vos camps et de tous les postes occupés par vos troupes ; une colonne nombreuse est derrière nous. Je viens vous offrir la capitulation la plus honorable ; c'est à vous, Monsieur, à calculer si vous voulez exposer certainement à toutes les horreurs d'un siége et à une destruction inévitable, dont la ville de Valencienne vous offre un triste exemple, la ville où vous commandez, ou bien si vous voulez accéder à une proposition qui ne se renouvellera plus, et qui sauverait l'existence et les propriétés d'un si grand nombre de personnes. »

A cette sommation, le général de Claye répondit : « J'ai reçu, général, votre sommation de ce jour, et je n'ai qu'une réponse à vous faire : je ne sais pas me rendre, mais je sais me battre. » Le général de Claye, manquant de vivres, et voulant donner à sa réponse un plus grand poids, fit dès le jour même une sortie dans laquelle il prouva à l'ennemi qu'en effet il savait se battre ; sa garnison remporta quelques avantages.

Le général autrichien fit commencer les travaux du siége dès le lendemain ; mais les Impériaux ne parurent pas y mettre beaucoup d'ardeur, car il suffit de quelques coups de canon pour les éloigner et faire lever ce simulacre de siége.

L'armée du Rhin était toujours en pleine activité ; après la prise de Mayence, Beauharnais, qui avait remplacé Custine, fut rappelé, et les coalisés se disposèrent à bloquer Landau. Cette opération présentait de sérieuses difficultés : la place est située au pied du versant oriental des Vosges, sur la Queich, torrent qui s'en échappe ; elle est ainsi protégée par ce grand fleuve et par les aspérités de cette chaîne de montagnes ; ce n'est pas tout : la Sarre en côtoie le revers occidental. Or, l'armée du Rhin bordant la Queich, et l'armée de la Moselle, la Sarre, il suffisait d'un corps posté sur la crête des Vosges à Hornbach et Pirmasens pour lier toutes les forces républicaines et faciliter les manœuvres qu'elles exécuteraient sur les deux versants des Vosges. Pour atteindre Landau, il fallait donc se ranger en potence, contenir l'armée de la Moselle, et faire reculer celle du Rhin. Mais, après la Queich, on trouve la Lauter, puis la Moder, puis la Zorn, toutes lignes parallèles fortifiées par l'art et la nature.

Les coalisés disposèrent ainsi leurs forces : l'armée de Brunswick s'établit sur le versant occidental ; le prince de Hohenlohe prit position au sommet de la chaîne ; Wurmser se déploya dans la plaine, entre les montagnes et le Rhin.

Leurs premières manœuvres eurent pour effet de replier sur Hornbach le corps des Vosges, et de les mettre en possession de Pirmasens. Dès lors l'armée du Rhin, débordée sur la rive gauche de la Queich, se renferma dans les lignes de Weissembourg. Mais, au moyen des camps de Boudenthal et de Nothweïler, elle dominait l'espace entre la Lauter et la Queich, et elle s'opposait à un investissement complet de Landau.

Le premier soin de Wurmser fut de s'emparer de cette clef du système défensif, et, cette fois, la trahison le seconda. Quatre mille Autrichiens, engagés dans les défilés des Vosges, se présentèrent devant le camp français. D'Arlande, qui commandait le camp de Nothweïler, passa dans leurs rangs, et, leur indiquant les points vulnérables des positions qu'il avait juré de défendre, il y entra à leur tête. Les généraux républicains indignés accoururent pour reprendre leurs retranchements, mais ils furent repoussés.

A deux jours de là, les deux armées françaises concertèrent une attaque simultanée contre Pirmasens et Boudenthal. La gauche de l'armée du Rhin, soutenue par une démonstration de toute la ligne, rentra dans le camp de Nothweïler; mais l'armée de la Moselle échoua devant les escarpements de Pirmasens. Ecrasée d'abord par une artillerie formidable, elle revint obstinément à la charge, et ne quitta le champ de bataille qu'après avoir perdu près de 4,000 hommes.

Après leur victoire, les généraux bloquèrent complétement Landau, sans pouvoir l'assiéger. Leurs forces réunies suffisaient à peine à se contenir dans leurs positions qui communiquaient par Lembach, Bitch et Hornbach. Après de longues hésitations et d'inutiles tentatives de diversion au midi de l'Alsace, ils se décidèrent à attaquer les lignes de Weissembourg. Ces lignes étaient défendues par 45,000 hommes, soutenues par 25,000 autres campés sur la Sarre. Par malheur, toutes ces forces venaient d'être mises sous le commandement du général Carles, officier sans instruction et sans énergie, et dont le nom ne fit qu'apparaître pour être signalé par une défaite.

Brunswick commença par mettre en mouvement sa droite vers Hombourg et Deux-Ponts. Lorsqu'il eut attiré l'attention de l'armée de la Moselle, il déboucha de Pirmasens avec 10,000 hommes, poussant sur Bitch le corps des Vosges; puis, s'élançant dans l'intervalle qu'il venait d'ouvrir, il descendit les monts entre Bitch et Lembach, et se jeta en arrière de la gauche des lignes.

De son côté, le prince Waldeck, exécutant ponctuellement les ordres qui lui avaient été donnés, passa le Rhin à Blietersdorff, dans la nuit du 12 au 13 octobre. Il marche aussitôt sur Selz : les postes avancés sont surpris et massacrés, et la ville est enlevée presque sans coup férir. Instruit de ce succès, Wurmser attaque sur-le-champ le centre des lignes françaises sur trois points. Conduite par le général Jellachich, la première colonne marche sur Lauterbourg; la seconde, sous les ordres du général Hotze, se dirige sur le moulin de Bienwald, que défendent de forts retranchements et plusieurs batteries; enfin la troisième, composée en partie de corps d'émigrés français sous les ordres du prince de Condé, et commandée par le général Kospoth, marcha à l'attaque des redoutes élevées entre Steinfeldt et Hastelhoff.

Cependant le prince de Waldeck, après s'être emparé de Selz, n'entendant pas le canon dont le vent poussait le bruit dans une direction opposée, s'imagina que l'opération était manquée, et, vers le soir, il repassa le Rhin. Jellachich agit à peu près de la même manière : arrivé au-delà de Lauterbourg, il fit mettre pied à terre à sa cavalerie, imprudence qui faillit lui être funeste; car, attaquée à l'improviste par la garnison de Lauterbourg, qui battait en retraite, elle eût été anéantie sans l'arrivée providentielle d'un régiment de hussards hessois.

Plus heureux dans leurs autres attaques, les Autrichiens, au centre, s'étaient emparés de Bienwald ; sur la gauche, la colonne du général Kospoth avait commencé par la destruction d'un abatis qui flanquait la grande redoute de Steinfeld. Cet abatis fut héroïquement défendu par le chef de bataillon Gramond, et le régiment chargé de le détruire eut plus d'hommes tués que le brave bataillon attaqué ne comptait de soldats. Mais Gramond n'étant pas soutenu, finit par succomber, et la perte de son poste entraîna celle de la redoute.

Le général Meynier, commandant de l'avant-garde, avait été blessé dès le commencement de l'action ; ses troupes avaient pris l'épouvante, et le général Combe n'avait réussi qu'avec peine à les rallier. Ce fut seulement alors que le général *Carles* ou *Carlen*, se présenta sur le champ de bataille ; mais, au lieu de prendre des mesures pour essayer de réparer le désastre autant que possible, il perdit la tête, et ne sut qu'ordonner la retraite en arrière de la Lauter : les lignes de Weissembourg étaient définitivement perdues.

La retraite, toutefois, se fit en assez bon ordre. Carles tenta de s'arrêter sur le Geïsberg; mais il ne put s'y maintenir, et l'armée républicaine fut obligée de se replier jusque sur les hauteurs de Saverne et de Strasbourg, où elle se reforma, tandis que les Prussiens tentaient vainement de s'emparer de Bitch, pour ouvrir leurs quartiers d'hiver.

Bien que la prise des lignes de Wissembourg ait coûté aux coalisés plus de 4,000 hommes, alors que les Français n'en avaient perdu que 2,000 au plus, en défendant ces importantes positions, cet événement n'en était pas moins malheureux pour la République. Aussi le comité de salut public s'empressa-t-il d'envoyer à l'armée qui venait de subir cet échec deux représentants, Saint-Just et Lebas, chargés de rétablir l'ordre, et de choisir des généraux capables de ramener la victoire sous nos drapeaux. Le choix des représentants tomba sur deux hommes que leurs hauts faits devaient bientôt rendre illustres : ils confièrent à Hoche le commandement de l'armée de la Moselle, et donnèrent à Pichegru celui de l'armée du Rhin.

Ces nouveaux généraux apportèrent à leur armée des instructions précises, et telles que le comité de salut public les donnait. Le succès et la victoire étaient le premier devoir imposé ; les revers étaient des délits qui emportaient condamnation ; vaincre ou mourir était à la fois l'instruction et l'alternative que le gouvernement laissait à ses généraux favorisés ; le succès même ne justifiait pas toujours les autres.

Pichegru avait trouvé l'armée du Rhin retirée et désorganisée ; il y rétablit d'abord la discipline militaire qu'il regarda toujours comme le moyen le plus sûr des succès.

Cependant le général Wurmser ayant résolu d'hiverner en Alsace, occupait Haguenau avec le centre de son armée ; la gauche était appuyée au Rhin, la droite aux montagnes, et à l'armée prussienne qui occupait le revers des Vosges. Le front de l'armée impériale était couvert par des redoutes élevées à des distances peut-être trop éloignées l'une de l'autre. En arrière de cette position était encore celle de Weissembourg ; on avait fortifié le château de Geïsberg qui couvre cette place.

Les premiers mouvements pour l'attaque des lignes se firent à l'armée de la Moselle ; le but était de la réunir à celle du Rhin. Pour couvrir ce projet, la division du général Hatri manœuvra vers Pirmasens et Bliescastel, comme voulant secourir Landau, en passant par le revers des Vosges.

Pichegru fit en même temps quelques tentatives sur la droite de l'ennemi, qu'occupait en avant le corps des Français commandés par le prince de Condé. La fin de la première campagne avait assez prouvé quelles étaient les intentions des Allemands envers les Français réfugiés. Ce corps avait hiverné dans la forêt Noire ; et licencié, il n'avait été conservé dans l'armée de Wurmser que sur la demande de ce vieux général, qui se souvenait d'avoir fait ses premières armes sous les drapeaux français. Rarement la jalousie ou la politique étrangère avait permis que ce corps de Condé fût employé activement ; il occupait alors, en avant de la droite, le village de Berchem. Pichegru voulant tâter la ligne ennemie fit attaquer ce point, mais obliquement, et refusant le reste de sa ligne. Une première tentative n'eut point de succès, et fut renouvelée le lendemain 2 décembre. L'attaque se fit en troupes éparses ou *tirailleurs*, manœuvre que Pichegru employa depuis avec succès. Au signal, ils se réunirent en colonne, et forcèrent le village de Berchem.

Condé était en arrière à la tête de son infanterie, que l'on nommait les bataillons *nobles* ; il rentra dans le village, et le reprit l'épée à la main. Pendant cette attaque, sa cavalerie ayant dépassé le village sur la droite, rencontra les escadrons républicains. Le choc fut prompt, et l'avantage resta à la cavalerie de Condé. Le duc de Bourbon fut blessé dans cette action ; tous ses aides-de-camp furent tués ou blessés ; sept canons restèrent en son pouvoir, et la défense du poste de Berchem coûta plus de 1,000 soldats *nobles* et 300 cavaliers. Peu de jours ensuite, les républicains firent une troisième attaque sur le poste commandé par le général autrichien Klenau, auquel s'appuyait celui du village de Berchem. Malgré les renforts qui furent envoyés de ce poste, et malgré la diversion que la cavalerie de Condé fit en menaçant la gauche des attaquants, toute cette première ligne fut pliée, et se retira derrière les redoutes d'Haguenau. Le corps de Condé fit sa retraite en bon ordre. Ces actions d'avant-postes laissaient l'ennemi maître des grandes positions de la Lauter.

Les divisions de l'armée de la Moselle, qui tenaient la gauche de la ligne, attaquèrent et emportèrent, le 21 décembre, les postes que l'ennemi avait fortifiés à Frechviller et à Wendt; se voyant forcé dans toutes les redoutes qui couvraient son aile droite, il se détermina à la retirer derrière les lignes de la Lauter, maintenant cependant les redoutes en avant d'Haguenau. Le poste de Gundeshossen fut évacué dans la nuit. La division Hatry y entra et se réunit, le lendemain, à la division du général Ferino sur les hauteurs de Steinfels, à une lieue seulement de Haguenau; alors le centre et la droite de l'armée du Rhin marchèrent en avant, suivant la route du Rhin pour se rapprocher de Lauterbourg et se porter ainsi à hauteur de l'armée de la Moselle, qui tenait la gauche de la ligne.

Quatre représentants commissaires étaient à l'armée, Lebas, Saint-Just, Lacoste et Chaudot. Ces deux derniers déférèrent le commandement général à Hoche, et mirent à ses ordres Pichegru, qui donna un bel exemple en demandant d'abord son éloignement, et, sur le refus des commissaires, en restant aux ordres de son collègue. La renommée, plus juste, ajouta cette gloire à celle du succès qu'elle lui conserva.

La nouvelle de la reprise de Toulon parvint alors à l'armée, et l'émulation doubla les courages et les forces.

Les Impériaux conservaient toujours les positions en avant de Weissembourg. Les Prussiens gardaient sur leur droite les gorges de Dahn, et avaient élevé des batteries en avant du village de Bobenthal, à l'entrée des défilés. La position de l'ennemi était encore formidable; le Fort-Louis était en son pouvoir; l'armée qui bloquait Landau assurait ses positions en arrière, et tout le pays qui s'était déclaré se trouvait rattaché à sa fortune par la crainte d'un revers.

Le 25 décembre au matin, l'attaque commença à la gauche, et l'action devint générale sur tout le front des deux armées. Au centre, en avant d'Haguenau, le château de Geïsberg était le point le plus avancé de l'ennemi, et, par sa situation, ce point était décisif. Le premier bataillon de réquisition de la ville de Chaumont, qui arrivait à l'instant, gravit la montagne sous le feu de 3 bataillons autrichiens. Le 1er bataillon du 33e de ligne le joignit; forcés par la fatigue de faire halte à mi-côte, ils y furent chargés par les dragons de Toscane, les repoussèrent, achevèrent de gravir la montagne, et emportèrent le château à la baïonnette.

Un décret récompensa cette action d'éclat et exempta ce bataillon de toute incorporation dans d'autres corps.

Hoche ordonna alors au général Donadieu, qui commandait la cavalerie, d'attaquer la cavalerie ennemie; soit circonspection, soit incertitude du moment, cet ordre ne fut point exécuté, et cette désobéissance d'un homme connu par des actes de courage fut punie de mort.

Cependant, la ligne ennemie effectuait sa retraite sur Weissembourg. Le duc de Brunswick, qui s'était porté au point d'attaque, se mit inutilement à la tête de quatre bataillons autrichiens et remarcha en avant; ce mouvement ne fut point soutenu du reste de la ligne. Les deux généraux en chef, Brunswick et Wurmser, eurent alors une explication vive sur le terrain même de l'action, et cette preuve publique de mésintelligence hâta peut-être les revers. L'armée impériale se forma encore en bataille sur les hauteurs de Weissembourg, où Brunswick voulait se maintenir; mais, au premier coup de canon, la retraite se fit à travers les lignes de la Lauter, auxquelles on avait d'avance pratiqué des ouvertures. Cette armée prit poste le lendemain à Guermesheim; il fut jugé impossible de s'y soutenir, et l'armée entière passa le Rhin à Philisbourg.

La marche en avant de l'armée républicaine fut aussi rapide que ses succès avaient été décisifs. Landau fut débloqué.

Nous ferons ici un pas en arrière afin de raconter la belle défense de cette ville, qui était bloquée en partie depuis les premiers jours d'avril. Vers le milieu de ce mois, le général allemand Wurmser demanda une entrevue au général Gilot, commandant de la place; ce dernier l'accorda et fixa le lieu du rendez-vous.

« Les Prussiens, sous les ordres du prince de Hohenlohe, dit le général Wurmser, peuvent se joindre à mon corps d'armée et à chaque instant entreprendre le siège de Landau, dont ils ne se trouvent éloignés que d'une lieue et demie; mais je voudrais sauver cette ville de sa ruine. Je rappelle donc au général français ce qu'il doit à son nouveau roi Louis XVII; je lui promets ma recommandation auprès de l'empereur s'il veut être traitable, et j'ajoute que la force pourra le contraindre d'accorder ce qu'on n'obtiendrait pas par la persuasion. »

Le général Gilot répondit qu'étant responsable de la défense de la place à la nation, qui la lui avait confiée, il ne la rendrait qu'avec la vie. Les deux généraux se séparèrent alors, et un officier s'écria en se retirant : *Notre général ne sera pas un Dumouriez.*

Rentré dans Landau, Gilot renouvelle, avec sa garnison, le serment de s'ensevelir sous ses ruines plutôt que de se rendre. Ce fut aussi la réponse qu'il fit à une seconde sommation, au commencement de mai. Le courage des troupes ne fit que s'accroître dès ce moment. Un bataillon de volontaires avait demandé à se retirer; le commandant les menace de publier cette lâcheté dans toute l'armée ; ils reconnaissent leur faute, et, enflammés d'un nouveau zèle, ils jurent de la réparer à la première occasion. Le 17 mai, ces mêmes volontaires et le reste de la garnison continrent les Prussiens sur Guermersheim, tandis que Custine enlevait un corps de 7 à 8,000 hommes retranchés près de Rixheim.

Le 12 août, le général Beauharnais attaqua l'ennemi à la pointe du jour ; une partie de la garnison favorisa ses mouvements et facilita l'entrée d'un petit convoi que ce général voulait faire parvenir à Landau. Le général Gilot fut alors appelé à l'armée du Rhin, mais il se trouva dignement remplacé par le général Laubadère.

Une forte sortie, faite avec succès par ce dernier, n'empêcha pas les Prussiens de commencer le bombardement de la ville. L'arsenal fut incendié le 29 octobre ; le magasin à poudre de la porte de France sauta, et avec lui une partie de la courtine et des maisons environnant l'hôtel-de-ville. Malgré ce désastre, le général Laubadère, loin de songer à se rendre, renvoya au général Knobelsdorff la sommation qui lui avait été faite.

Le 1er novembre, les Prussiens se virent forcés de cesser leur feu pour marcher sur Anweiller, et maintenir leurs communications entre l'Alsace et l'ancienne Lorraine allemande ; mais ils le reprirent bientôt : 25,000 bombes furent jetées sur cette malheureuse ville. Un citoyen travaillait à éteindre l'incendie de l'arsenal ; on lui annonce qu'une bombe a mis le feu à sa maison : *Ma maison*, répondit-il, *n'est qu'une propriété particulière; je me dois tout entier à la patrie ; je ne quitterai pas mon poste*, et il continue à combattre l'incendie.

Tout était possible avec de tels hommes, aucune espèce de privation ne les effrayait. Quand Landau fut débloqué par le général Hoche, on y vivait depuis trois semaines de cheval, de chat et d'herbages : le pain de munition coûtait 14 fr. la livre. Le jour de leur délivrance, on témoignait à quelques officiers l'admiration qu'inspirait leur belle conduite : *Eh ! qu'y a-t-il d'étonnant à faire son devoir ?* répondirent-ils.

Enfin, dans la nuit du 25 au 26 décembre, Hoche dirige 35,000 hommes dans la plaine en avant des lignes, trois autres divisions de l'armée de la Moselle sur Kayserslautern, Kousel, et dans les gorges de Ham et d'Anweiller, et deux de celles du Rhin sur Lauterbourg : ces mouvements sont ponctuellement exécutés. Les Autrichiens, surpris au moment où ils s'imaginaient surprendre, voyant leurs ennemis s'avancer en bon ordre, sont forcés de reculer en manœuvrant, et enfin repoussés jusqu'au camp de Guttemberg. Arrivés à cette hauteur, ils y portent sept batteries ; faute énorme, car se trouvant, par cette opération, resserrés dans un espace étroit, au centre d'un demi-cercle, dont le général Hoche ne manqua pas de faire prendre la forme à son armée, le feu convergent de l'artillerie et de la mousqueterie devait faire un carnage affreux sur leur masse. Parvenus au bas de Berg-Guit, les Français avaient à franchir une enceinte de ravins, de haies et de fossés sous le feu le plus vif : *La charge!* s'écrient-ils. Aussitôt ils s'élancent, effraient les Autrichiens, fatigués d'éprouver leur bravoure, et qui, n'osant plus les attendre, se replient encore, mais totalement en désordre, et laissant canons et équipages au pouvoir des vainqueurs. Ceux-ci s'emparèrent le lendemain de Lauterbourg, où ils trouvèrent 13 canons et des magasins immenses de munitions et de fourrages.

Dès lors il ne se passa plus que quelques escarmouches. Landau fut enfin délivré, et les Français se portèrent en avant de Worms. Ainsi, malgré les bruits qui coururent alors, et qui ne furent dictés que par une vaine jalousie, toute la gloire que méritait la conduite de ces grands faits d'armes appartient au génie et aux rares talents d'un général qui, à la fleur de l'âge, avait su s'élever des derniers rangs aux premiers grades militaires. Mille traits de valeur et de courage brillèrent dans ces divers combats. On voulut distribuer du pain aux soldats qui s'avançaient vers Landau : *Nous n'en voulons*, s'écrièrent-ils, *qu'au moment où nous y serons arrivés*. Ils y entrèrent au milieu de l'ordre le plus parfait, et y furent accueillis comme des libérateurs.

Ces heureux événements répandirent un enthousiasme général en France, et donnèrent lieu à des fêtes qui furent de véritables triomphes pour la République, rapportant toute sa gloire à des armées plus héroïques et aussi vertueuses que les armées de Rome, de Sparte et d'Athènes, au temps des prodiges de leur courage. Malheur aux hommes indifférents que de pareils spectacles n'ont pas émus jusqu'au fond du cœur; mais les indifférents ne se trouvèrent pas plus en France à cette heure qu'il n'en est aujourd'hui à l'aspect des hauts faits de nos soldats engagés dans la guerre d'Orient. Alors comme de notre temps, tout le monde était dans l'admiration. Jamais les plus beaux triomphes de Napoléon n'ont touché plus vivement la nation que les premières victoires de ses enfants se dévouant pour le salut de la patrie.

CHAPITRE V.

Suite des opérations sur la frontière d'Italie.—Combats dans le comté de Nice. — Attaque de Cagliari. — Fédéralisme. — Troubles du Midi. — Siège et capitulation de Lyon. — Mort d'Agricole Viala. — Répression de l'insurrection marseillaise. — Siége et reprise de Toulon. — Armée d'Italie. — Combats du Petit-Saint-Bernard et d'Utelle. — Insurrection de la Corse. — Siége et prise de Calvi par les Anglais. — Dispositions hostiles des États de l'Italie.

Nous avons laissé le général Anselme, après la conquête de Nice (septembre 1792), à la poursuite des Piémontais, qui se retranchèrent enfin à Saorgio, village à quelques lieues de Monaco. Là, ils résistèrent aux attaques d'Anselme, qui, craignant de compromettre ses premiers succès pour la conquête d'une position sans importance, donna ordre au général Brune d'occuper Sospello avec 2,000 hommes. Brune y fit son entrée le 3 novembre, et résolut d'y prendre ses quartiers d'hiver; mais Anselme ne laissant pas refroidir l'ardeur de ses troupes conçut le projet de s'emparer d'Oneille, petite ville sur les bords de la Méditerranée, à treize lieues de Nice. Jugeant, toutefois, que, par sa situation à la hauteur de Saorgio, elle n'était facilement attaquable que par mer, il fit embarquer ses troupes sur les vaisseaux de l'amiral Truguet, appelé de Toulon à cet effet. Le 23 novembre, l'escadre se présenta devant la ville.

L'amiral Truguet envoya, de concert avec le maréchal de camp Marchant de la Houlière, un canot parlementaire monté par Duchayla, capitaine de pavillon, qui fut chargé d'une proclamation adressée aux habitants. Ils étaient invités à se réunir aux Français, afin d'éviter les horreurs d'un bombardement. Le capitaine, se voyant accueilli avec des démonstrations amicales, se hâte d'approcher; mais à peine a-t-il touché le rivage, qu'une décharge de coups de fusil, à bout portant, tue 3 officiers, 4 matelots, et blesse 6 autres personnes, au nombre desquelles se trouve le capitaine Duchayla. Les hommes, que le feu a épargnés, se hâtent de fuir, et, malgré les pierres et les balles qui les poursuivent, ils parviennent à regagner l'escadre. Truguet, indigné, s'empressa de punir cette violation inouïe du droit des gens. La ville fut d'abord canonnée pendant un jour entier. Le lendemain, les troupes, composées de 1,000 hommes de débarquement et 100 matelots armés de haches, furent distribuées sur les chaloupes avec quelques pièces de campagne. Après une décharge générale, les Français, trouvant la ville abandonnée, vengèrent, par l'incendie, le pillage et la destruction, la perfidie des habitants. Cependant on se convainquit, dès le même jour, de l'impossibilité de se maintenir dans ce poste, même avec des forces considérables, et le général de la Houlière ordonna le rembarquement des troupes. Ce fut là leur dernier exploit dans la campagne de 1792.

Dès le commencement de 1793, Anselme, dénoncé à la Convention comme auteur de nombreuses exactions commises dans le comté de Nice, avait été rappelé. — L'armée du Midi fut séparée en deux armées distinctes, celle des Alpes et celle d'Italie; la première, toujours sous les ordres du général Montesquiou; la seconde, récemment confiée au général Biron, qui avait remplacé Anselme.

Biron, qui avait sous ses ordres les généraux Brunet et Dagobert, ne laissa pas longtemps son armée dans les quartiers d'hiver où il l'avait trouvée : il s'empara de Lancosta, où il apprit que les Piémontais, ayant reçu de nombreux renforts, se disposaient à l'attaquer lui-même; il marche aussitôt pour les prévenir. Le 14 février, les généraux Brunet et Dagobert trouvent à Sospello l'ennemi nombreux et bien retranché. Malgré la faiblesse numérique de leurs troupes, les généraux français n'hésitent pas à commencer l'attaque. Les Piémontais, cette fois, font bonne contenance et se défendent courageusement; mais, chargés à la baïonnette, cette arme si terrible aux mains des Français, ils finissent par plier; bientôt notre artillerie, qui les écrase, change leur retraite en déroute, et ils laissent, outre de nombreux morts et blessés, 300 prisonniers entre nos mains.

L'année commençait donc bien de ce côté; mais ce succès devait promptement être suivi d'une catastrophe. Tandis que Biron continuait à marcher en avant, l'amiral Truguet recevait du Conseil exécutif l'ordre de s'emparer de Cagliari, capitale de la Sardaigne, contre laquelle déjà nous avions essuyé un échec quelques mois auparavant. On ne lui donna que 4,000 hommes pour exécuter cette entreprise.

Le 23, vingt-deux vaisseaux de guerre, frégates ou galiotes à bombes, parurent devant Cagliari, qui eut à choisir entre se rendre ou être foudroyé. L'amiral Truguet envoya un parlementaire qui, n'ayant pas obéi à l'ordre de s'éloigner, fut tué, ainsi que 14 hommes de la chaloupe qui s'était approchée. En conséquence, les Français se mirent, dès le 27, à bombarder la ville, qui riposta vivement; un vaisseau français prit feu, un autre se jeta sur la côte, plusieurs furent endommagés, tandis que Cagliari avait peu à souffrir des assaillants. Une descente fut tentée ; elle échoua par l'insubordination des troupes, composées pour la plupart de jeunes levées. Truguet revint à Toulon chercher d'autres vaisseaux et une nouvelle armée, et reparut le 3 février devant Cagliari, avec 7,000 hommes de renfort. Quatre mille Français descendirent, le 14 à midi, sur la plage Saint-André, à quatre lieues de Quarto. Une partie de ce corps s'occupa à élever des retranchements sur le lieu même du débarquement, tandis que l'autre marcha vers le fort Saint-Élie, dans le dessein de prendre la ville à revers. Cette dernière colonne fut attaquée à la chute du jour par de nombreux détachements sardes, et ne parvint à rentrer dans les retranchements qu'après une perte considérable. Pour comble de malheur, la flotte française fut assaillie trois jours après par une tempête affreuse : un vaisseau de 80 canons coula bas sous voile ; deux frégates, craignant le même sort, abattirent leurs mâts ; plusieurs bâtiments de transport, ayant échoué sur la côte, tombèrent dans les mains des Sardes. Les Français résolurent alors d'abandonner cette entreprise malheureuse. L'amiral Truguet ramena à Toulon la flotte réduite et découragée.

Tout le reste de la première période de 1793 n'offre, sur tous les points, qu'un enchaînement de revers à peine interrompu par quelques faveurs que la constance et le courage arrachent à la fortune. Le peuple français semblait être alors sous l'influence de cette fatalité que les anciens ont peinte comme une divinité aveugle qui ne pardonne jamais aux victimes désignées par ses décrets.

La France, républicaine comme la Convention, était divisée comme elle. Les municipalités étaient *montagnardes*, et les sections *girondines;* mais la minorité municipale, audacieuse et passionnée, soumettait la majorité sectionnaire, timide et froide.

L'attentat du 31 mai 1793 (1) amena une collision entre les deux opinions, et décida l'insurrection de plusieurs provinces contre le parti triomphant, parce qu'il put y avoir doute alors sur la question de savoir dans quelle fraction de la Convention résidait l'autorité légale. Soixante et quelques départements de l'ouest et du midi se déclarèrent pour la minorité vaincue. Ils recevaient leur impulsion des députés girondins, qui avaient pu et voulu fuir, et qui, pour ameuter plus efficacement contre leurs vainqueurs, usaient d'exagération, et ajoutaient encore à l'effrayante vérité, déjà si capable d'émouvoir.

L'insurrection, quoique formidable, était cependant plus dangereuse encore en apparence qu'en réalité. Il y avait, entre les villes et les provinces révoltées, diversité d'opinions, de sentiments et de vues ; elles ne s'entendirent pas pour établir un centre d'action et de direction, une autorité suprême et centrale. En Normandie et en Bretagne, l'insurrection, sans aucune pensée, aucune volonté contre-révolutionnaire, fut nécessairement embarrassée dans ses mouvements, indécise dans ses moyens, incertaine dans son but. Manquant de passion et d'entraînement, elle agit avec langueur et modération, et ne put se soutenir.

Dans la plupart des villes du Midi, que stimulaient les agents de l'émigration, la rébellion avait bientôt pris un autre caractère. Elle était devenue contre-révolutionnaire, royaliste, et, par cela même, vive et dégagée dans sa marche, parce qu'elle avait un but précis, vers lequel la dirigeaient

---

(1) La chute des Girondins.

les meneurs qui s'étaient emparés d'elle. Dans le Midi, où des têtes plus ardentes et des convictions plus fortes avaient entraîné plus loin dans la révolte, la résistance fut plus vive et plus longue, quoique également impuissante, dès que, par suite de l'abandon des populations rurales, elle se trouva réduite à elle-même.

Marseille donna la première le signal de révolte ouverte contre la nouvelle Constitution créée par la Convention. Arles, Lambesc, Tarascon mêlèrent leurs cris à ses cris de vengeance; Lyon et Toulon y répondent. Une armée se forme et prend la route de la capitale, mais il manquait un chef habile à toutes ces masses inexpérimentées. Kellermann, qui avait remplacé Montesquiou dans l'armée des Alpes, reçut l'ordre, du comité de salut public, d'interrompre ses attaques contre les Piémontais et d'éteindre, à sa naissance, ce vaste foyer d'insurrection. Il se contenta d'y envoyer 2,000 hommes aux ordres du général Carteaux qui s'occupa d'abord d'empêcher la jonction entre les Provençaux et les Lyonnais.

Lyon, que son industrie rendait aristocrate, et dont la population vivait doucement dans des habitudes d'ordre et de régularité, parce qu'elle était laborieuse, avait accueilli la Révolution avec faveur, mais sans enthousiasme, et s'était préservée des agitations et des divisions révolutionnaires. Dans ces dispositions modérées, ce fut avec terreur et colère qu'elle vit un club de Jacobins s'organiser dans ses murs, et tous les emplois municipaux passer aux mains des républicains purs. Cependant, pacifique et prudente, elle souffrit longtemps les violences et les exactions qu'ordonnaient les conventionnels en mission, et surtout le chef du parti exalté, Chalier, qui s'était attribué le surnom de *Marat du Midi*. Mais lorsque la nouvelle se répandit que ceux des principaux habitants, retenus dans les prisons, allaient être jugés révolutionnairement, les sections s'insurgèrent et livrèrent combat aux Jacobins, qui furent vaincus. Quelques jours après cet événement, l'attentat contre les Girondins (31 mai 1793) et le soulèvement de l'Ouest et du Midi, encouragèrent les Lyonnais dans leur résistance.

Toulon avait ouvert son port aux Anglais; Lyon attendait sa délivrance des armées piémontaises, qui bordaient la frontière; elle comptait aussi sur une diversion du côté de la Suisse, et on lui avait promis la coopération des départements insurgés; aucune de ces espérances, qu'avaient suscitées les agents royalistes pour stimuler les Lyonnais, ne fut réalisée. Les Piémontais, pendant la durée du siége, prirent quelques positions offensives, mais Kellermann, quoique avec des forces bien inférieures, les contint sur tous les points. La Suisse observa exactement sa neutralité; l'armée autrichienne n'osa tenter aucun mouvement; tous les départements insurgés se soumirent ou furent soumis, et la Vendée, battue, ne put rien, de sorte que Lyon resta seule avec son courage et son désespoir. Toulon, investie comme elle, ne lui fut d'aucun secours.

Le 8 août, Dubois-Crancé, député en mission à l'armée des Alpes, et chargé par la Convention de réduire la ville rebelle, vint camper avec 5,000 hommes au confluent de la Saône et du Rhône pour garder le cours des fleuves et pour couper toute communication avec les frontières.

Lyon est situé au confluent de la Saône et du Rhône ; les moyens matériels de défense que pouvaient fournir l'assiette et les fortifications de la ville n'étaient guère moins équivoques que la disposition politique d'un grand nombre d'habitants.

Son assiette d'abord n'était pas favorable à la défense, parce que Lyon se compose de trois parties diversement situées. La première est à l'ouest, sur le plateau et le penchant d'une montagne, dont la base, au nord et à l'est, contournée par la rivière de Saône, est en quart de cercle ; la seconde, occupant le nord de la ville, est sur la pente d'une autre montagne, qui, séparée de la précédente par la Saône, règne jusque vers la rive droite du Rhône. Enfin, la troisième partie de Lyon est dans une basse plaine oblongue, entre le Rhône et la Saône, depuis la seconde montagne jusqu'au territoire de Perrache, qui, situé au sud de la ville, en pourrait devenir la prolongation, puisqu'il va, une demi-lieue plus bas, se terminer en péninsule, au confluent des deux fleuves.

Quant aux fortifications, elles consistaient seulement, pour la partie qui est sur la montagne de l'ouest, en de hautes et vieilles murailles à créneaux et tourelles (1) ; ces murailles descendaient au nord par le château de Pierre-Scise, jusqu'à la porte de Vaise, au bord de la Saône, et à l'est, jusqu'à la même rivière, près la porte de Saint-Georges. Sur la montagne, au nord, la ville était gardée par une ligne de fortifications assez régulières, quoique peu modernes, et consistant en bastions, courtines, tenailles, contre-gardes et fossés, depuis la porte de Serin, vers la rive gauche de la Saône, jusqu'à la porte Saint-Clair, sur la rive droite du Rhône (2). La face très-prolongée, que la ville présentait à l'est, du côté de la frontière la plus voisine, celle de la Savoie, n'était en garde que contre le Rhône, sur lequel elle régnait avec luxe par un beau quai en ligne droite, depuis la porte de Saint-Clair jusqu'à la barrière qui, au sud, séparait la ville du territoire Perrache, lequel fournit à ce quai une sorte de prolongation d'une demi-lieue, par une levée qui ne se termine qu'au confluent. La clôture qui sépare ce territoire de la ville ne consistait qu'en une garre bourbeuse, avec les deux canaux également bourbeux qui devaient l'abreuver des eaux du Rhône et de la Saône.

(1) Bâties par Charles V en 1364, après la prise du roi Jean.

(2) Ces fortifications avaient été construites à la hâte par les Lyonnais, en 1636, quand les troupes impériales d'Allemagne, conduites par le feld-maréchal Gallas, voulaient s'emparer de la Bourgogne ; mais la sécurité dans la laquelle on était resté depuis avait fait négliger l'entretien de ces fortifications comme des précédentes, que leur plus grande vétusté et leur forme semblaient rendre à peu près inutiles.

Les différentes parties de cette ville, ainsi partagée, communiquent ensemble par des ponts. Il y en avait cinq sur la Saône, sans compter celui de la Mulatière, près du confluent ; et, de ces ponts, un seul était en pierre.

Lyon, que les différentes clôtures dont nous venons de parler séparaient de ses faubourgs, en avait quatre fort étendus et très-peuplés : celui de la Croix-Rousse, sur la montagne nord ; celui de Vaise, sur la rive droite de la Saône, au-delà du rocher de Pierre-Scise ; celui de Saint-Just ou Saint-Irénée, sur la montagne ouest ; et au-delà du Rhône, en face de l'extrémité sud du quai de la rive droite, le faubourg de la Guillotière, qui communiquait avec cette partie de la ville par un très-ancien pont en pierre d'une prodigieuse longueur ; au tiers, du côté de la ville, s'elevait une tour armée d'un pont-levis en regard du faubourg.

Six-cents toises au-dessus, le Rhône est encore traversé par un pont très-élégant en bois, mais pavé et mastiqué, appelé Pont-Morand, qui faisait communiquer la cité avec de très-belles maisons nouvellement construites au-delà, dans la plaine des Brotteaux, dont on peut regarder comme un développement celle qui s'étend en arrière de la rive gauche du Rhône, et vient se faire couper au sud par le faubourg de la Guillotière.

Dans une assiette aussi peu favorable à la défense, Lyon, d'un circuit d'environ six mille toises, en ayant plus de mille de largeur à travers la rivière et la montagne, sur deux mille à peu près de longueur, ne trouvait pas même de sécurité pour les parties entourées d'anciennes fortifications ; mais l'intelligence et l'activité des citoyens tâchaient de suppléer à ce que l'art et la nature n'avaient pas fait pour la crise où ils se trouvaient. Ils élevaient en grande hâte des redoutes ingénieusement combinées dans la plaine des Brotteaux, à l'issue du Pont-Morand, à la porte de Saint-Clair, sur le plateau de Saint-Irénée, autrement dit Saint-Just, derrière les murs, à l'endroit appelé Loyasse, et sur le plateau de la Croix-Rousse, où déjà il y en avait une à la maison dite de Neyrac, une autre à la maison appelée le Rousselet, une dans les Charmilles, deux dans le cimetière de Cuires, enfin une autre à la maison Loïs.

Aucune de ces redoutes ne pouvait être tournée. Les Lyonnais, en outre, transformaient en retranchements les clos des jardins par des meurtrières pratiquées dans les murailles ; ils remettaient dans toute sa force le pont-levis du pont de la Guillotière, qu'ils devaient bientôt hérisser de chevaux de frise, et ils plaçaient sur le quai du Rhône plusieurs batteries, que, dans la suite, ils multiplièrent pour lutter contre celles que l'armée républicaine dressait dans la plaine des Brotteaux et dans leur camp de la Guillotière. Mais les Lyonnais n'avaient à leur disposition, en artillerie, que des pièces de quatre, de huit et de douze.

Tels étaient, à défaut de moyens naturels de défense, les préparatifs de résistance et les travaux qu'avait dirigés, avec une habileté et une activité remarquable, l'émigré de Précy, commandant en chef. Dubois-Crancé ne pouvant parvenir à les emporter, dut se contenter d'ouvrir un feu terrible et de faire pleuvoir, pendant deux mois, la mitraille et les bombes sur la malheureuse ville. A moitié ensevelis sous les ruines de leurs monuments et de leurs maisons, les Lyonnais résistèrent avec une constance héroïque. Mais, peu à peu, Dubois-Crancé ayant reçu des renforts de réquisitionnaires et de troupes régulières qui portèrent son armée à 50,000 hommes, resserra le blocus, s'étendit sur les deux rives, renferma les Lyonnais dans leurs lignes et les livra à la famine. Plus puissante que les bombes et les boulets, la faim réduisit les assiégés à la dernière extrémité et les fit enfin songer à se rendre. Mais les chefs, sachant qu'il n'y aurait point de pardon pour eux ni pour ceux de leurs citoyens qui s'étaient le plus compromis, résolurent de s'ouvrir une route jusqu'à la frontière, et pendant que l'armée républicaine faisait son entrée dans Lyon, rendu à discrétion, Précy sortit de la ville, malgré les assiégeants, à la tête de 2,500 hommes, emmenant avec eux leurs femmes, leurs enfants et ce qu'ils avaient pu sauver de plus précieux, et se dirigeant à marches forcées vers la Suisse. Ils placèrent le tout au milieu de leurs bataillons. Une décharge d'artillerie frappa le milieu de cette colonne au moment de sa sortie de la ville; un obus mit le feu à un caisson, dont l'explosion porta la mort parmi les femmes et les enfants; beaucoup reçurent des blessures mortelles et restèrent sur la place.

Cette petite armée n'en continua pas moins sa marche; mais, malheureusement pour elle, les députés ne la perdirent pas de vue. Des commissaires sont expédiés dans les campagnes environnantes pour y faire sonner le tocsin. — Les paysans s'arment de toutes parts, harcèlent les fugitifs, leur coupent le passage, les exterminent successivement sans distinction d'âge ni de sexe. A peine 80 d'entre eux échappèrent aux massacres. De ce nombre était Précy, qui parvint à se cacher et passa ensuite à l'étranger.

Ainsi finit le siége de Lyon, sans que cette ville ait été vraiment prise, sans que ses défenseurs aient été vraiment forcés de mettre bas les armes : circonstance peut-être unique, qui n'admet ni vainqueurs, ni vaincus, et qui conserve une espèce de gloire aux Lyonnais, lors même qu'ils abandonnèrent la ville aux soldats de la Convention. — On sait quel fut le sort de cette malheureuse cité après sa défaite. Cependant, et malgré les odieux et infâmes abus de la victoire, cet événement fut heureux. A proximité des frontières, la position de Lyon au centre des provinces royalistes, son importance militaire, en faisaient le plus dangereux foyer d'insurrection, et il n'y a aucune exagération à dire que si Lyon ne tombait pas, la Révolution et la France périssaient.

Au commencement du mois d'août de cette même année, les cités d'Aix, de Lambesc, d'Arles, de Tarascon et de Marseille, avaient répondu à l'appel des Lyonnais, en essayant de leur faire parvenir des secours en hommes et en munitions, et pour cet effet elles avaient bientôt mis une petite armée en campagne. Lorsque ces confédérés se présentèrent pour traverser la Durance, les patriotes d'Avignon et d'autres lieux circonvoisins arrivèrent à l'autre bord du fleuve pour leur en disputer le passage.

Le grand objet de ces derniers, dans cet instant, devait être de couper le câble qui servait au trajet du bac placé en cet endroit. Les confédérés, pour les tenir éloignés du rivage, dirigèrent sur eux tout le feu de leur mousqueterie ; c'est alors que l'on vit, parmi les Avignonnais, un enfant de treize ans donner l'exemple à tous les autres. Il se nommait *Viala*, et était d'Avignon.

Voyant tous les gens de son parti hésiter, il arrache à un sapeur sa hache, et se précipite vers la Durance. Arrivé sur le rivage, il s'arme de son fusil et en fait feu. Tous les Avignonnais, animés par son courage, viennent alors se ranger près de lui. Tandis qu'une vive fusillade s'engage à la suite de ce mouvement entre eux et les confédérés, Viala reprend sa hache et fait tous ses efforts pour couper le câble du bac. Atteint d'une balle qui lui perce la poitrine, il tombe en s'écriant héroïquement : *Ils ne m'ont pas manqué ! mais je suis content, je meurs pour la liberté !*

Ce trait, digne des plus belles pages des fastes militaires, valut à son jeune et intrépide auteur l'honneur d'avoir le Panthéon pour sépulture, honneur que l'on n'accordait alors qu'à ceux qui s'étaient éminemment distingués par leurs vertus civiques.

Malgré le noble dévouement de Viala, les confédérés passèrent la Durance ; mais ils ne tardèrent pas à rencontrer le général Carteau, que Kellermann avait envoyé contre eux à la tête d'une division de son armée. Ce général, après les avoir battus le 15 juillet à Orange, le 9 août auprès de la petite ville de Cadenet, et le 23 du même mois dans une position retranchée en avant de Marseille, où il leur prit 17 pièces de canon, les resserra dans la ville même où ils ne purent tenir que deux jours, le parti qui leur était contraire s'étant prononcé énergiquement à l'approche des troupes républicaines.

Montbrison se signala par son zèle pour la ville assiégée. A la première nouvelle de la marche des troupes républicaines, on courut aux armes, on forma des bataillons à la tête desquels vinrent se placer des hommes distingués par leur rang, leur fortune ou leur nom, et cette petite armée, grossie à chaque instant par la réunion de paysans des communes environnantes, prit le chemin de Lyon : elle fut arrêtée en route.

Toulon, jusqu'alors si républicaine, s'était laissée aller comme les Lyonnais aux mouvements contre-révolutionnaires. En exagérant la terreur qu'inspirait la domination conventionnelle, les traîtres étaient parvenus à égarer la population. Peu à peu les mesures prirent un caractère de réaction et de royalisme plus marqué ; enfin, le 29 août, le port fut livré aux Anglais. L'amiral Hood, qui commandait l'escadre britannique, avait envoyé d'abord un bâtiment parlementaire avec une proclamation par laquelle il offrait aux habitants de Toulon secours et protection. Ce message était adressé aux sections de la cité ; car les formes républicaines avaient été maintenues. Les sections délibérèrent et acceptèrent ; alors une seconde proclamation notifia les conditions auxquelles l'amiral anglais consentait à recevoir et à garantir la ville et le port de Toulon : Louis XVII devait être reconnu roi, la flotte française, forte de 18 vaisseaux, désarmée dans le port, et les batteries de la rade retirées à terre ; l'amiral s'engageait à prendre possession de la ville et du port au nom du roi de France, et pour être rendus à la paix. L'escadre française, commandée par Julien, que les marins avaient mis à leur tête, voulut s'opposer à l'entrée de la flotte anglaise, mais les batteries de terre ayant menacé de tirer sur l'escadre, plusieurs capitaines abandonnèrent Julien, qui se retira avec les équipages de 7 vaisseaux ; le reste tomba au pouvoir des Anglais ; ils débarquèrent le même jour, et la garde des postes de terre et de mer leur fut remise ; tout se passa sans opposition et même sans désordre.

L'escadre des espagnols, commandée par Langara, se réunit aux forces et se mit même aux ordres de l'amiral anglais. Un corps de leur armée, dans le Roussillon, fut amené immédiatement par 4 vaisseaux espagnols, et les troupes, réunies au nombre d'environ 8,000 hommes, s'emparèrent de tous les forts environnants.

L'armée qui venait de faire le siége de Lyon fut aussitôt destinée à se joindre à celle qui agissait déjà sur Toulon. La garnison de Valenciennes qui, en faisait partie et qui ne devait pas servir d'un an contre les alliés, opposa d'abord quelques scrupules qui furent bientôt levés. On tira de l'armée d'Italie 12 bataillons, et bientôt 40,000 hommes furent réunis. Ni le courage, ni le zèle ne manquaient à cette armée ; mais il ne s'y trouvait que peu de chefs expérimentés, lorsque vers la fin de septembre arriva de Paris un officier chargé par le Comité de salut public du commandement de l'artillerie de siége. Cet officier, dont le nom devait devenir immortel, c'était Bonaparte.

Voulant exécuter le plan d'attaque qui lui avait été envoyé de Paris, le général en chef divisa son armée en deux corps, et la disposa pour deux attaques. Son dessein était de resserrer les Anglais dans la place et d'établir des batteries qui, dominant la rade, forceraient leur flotte à l'abandonner ; il voulait aussi se rendre maître de tous les dehors de la campagne ; en conséquence il embrassa avec la portion de l'armée qu'il se réserva, tout le front des défenses extérieures qui se trouvent au couchant, depuis le fort Malbousquet jusqu'au promontoire qui ferme l'extrémité de la Petite-Rade. L'autre corps, aux ordres du général Lapoype, se répandit à l'est, depuis la montagne de Pharon jusqu'au cap Bréno et au fort Lamalgue, qui défend l'entrée de la Grande-Rade.

De leur côté, les Anglais et les Espagnols avaient employé pour la défense de Toulon tout ce que l'art peut suggérer. Ils avaient couvert les forts des canons des vaisseaux désarmés. Partout où cela pouvait paraître nécessaire, des fortifications nouvelles s'étaient élevées sous leurs mains; des murailles et des palissades à plusieurs rangs rendaient encore plus difficile l'attaque du fort Malbousquet, point important pour les deux partis, en ce qu'il dominait d'un côté la mer et de l'autre le camp des républicains.

Dugommier, commandant du siége, pour paralyser ce système de défense, commença par s'emparer des hauteurs opposées au fort Malbousquet et y établit une redoute qui dominait ce fort.

Il enleva ensuite le fort des Pomètes, qui commande toutes les hauteurs du côté nord, et établit un camp sur la montagne des Arènes. La ville par ce moyen se trouvait sans eau; le pont de la petite rivière de l'As était fermé, et le fort Malbousquet pouvait être foudroyé par une batterie supérieure. A la division de gauche, les Français établirent des retranchements et des batteries à la Valette et au-delà, en s'avançant vers la côte méridionale de la Grande-Rade et des forts de Lamalgue et de Sainte-Marguerite.

Toutes ces dispositions étaient prises de part et d'autre, lorsque les assiégés, au nombre de 6,000 hommes, divisés en deux colonnes, firent une sortie le 30 novembre, et se portèrent sur les hauteurs des Arènes et sur les batteries qui menaçaient le fort Malbousquet. Ils eurent d'abord quelques avantages; mais le général Dugommier accourut en personne, rallia les troupes, se mit à leur tête, tira des renforts de tous les postes, reforma les bataillons dispersés et les ramena au combat, en les exhortant à se montrer dignes de leur renommée.

Animés par l'exemple de leur général, les soldats français fondirent sur l'ennemi déjà maître des postes et des batteries qui défendaient les gorges d'Olioulles, et sur le point de s'emparer du parc d'artillerie, reprirent les batteries et les postes des Arènes, forcèrent les troupes étrangères qui les occupaient à se retirer, et les poursuivirent de si près, que les bataillons les plus avancés faillirent entrer avec eux dans le fort de Malbousquet.

Dans cette affaire le général anglais qui commandait à Toulon fut fait prisonnier, et Dugommier reçut une blessure au genou.

Avant de rien entreprendre de décisif pour une attaque générale, les généraux français tinrent un conseil de guerre. Dugommier se chargea d'attaquer à la droite la redoute défendue par les Anglais : cette redoute était placée en avant de la petite ville de Seigne, sur une hauteur escarpée et tellement fortifiée, qu'on l'avait surnommée le Petit-Gibraltar. Depuis le bas jusqu'en haut, ils avaient construit plusieurs rangs de palissades, avaient creusé des fossés, entassé les uns sur les autres des troncs d'arbres épineux, et fermé toutes les issues par de nombreuses batteries.

La redoute de Malbousquet devait être attaquée par le général Mouret, et les forts situés sur les hauteurs qui dominent la rivière de l'As par le général Garnier.

Le général Lapoype fut chargé de forcer le mont Pharon, et le général Laharpe les batteries qui commandaient l'entrée de la rade. Le chef du génie Marescot devait se porter partout où les besoins l'exigeraient.

Ce fut le 14 décembre 1793, vers deux heures après minuit, que l'on dirigea l'attaque générale sur trois colonnes. L'obscurité était si profonde, un orage affreux augmentait tellement l'épaisseur des ténèbres, que les colonnes se trompèrent de chemin; après s'être plusieurs fois rencontrées, elles n'arrivèrent au pied des redoutes qu'avec des peines et des fatigues inexprimables.

Si quelque chose avait pu étonner des soldats français, les obstacles qu'ils rencontrèrent alors auraient dû leur paraître insurmontables. Des batteries placées au-dessus d'un mur de huit pieds de hauteur portaient au loin la mort, tandis que des canons de tous calibres, disposés au bas des embrasures, foudroyaient les premiers rangs des assaillants.

Les Anglais, renfermés dans leurs remparts, faisaient pleuvoir sur nos soldats, à mesure qu'ils approchaient, une grêle de grenades. Les Français n'ayant point d'échelles pour arriver à leurs ennemis, il fallait qu'ils montassent les uns sur les autres; poussés à force de bras, ils arrivaient ainsi jusqu'au haut des créneaux, en se glissant par les embrasures des canons; mais bientôt accablés par le nombre dans l'intérieur des retranchements, ils étaient égorgés ou précipités du haut en bas. Trois fois les républicains pénétrèrent de cette façon dans la redoute, et trois fois ils en furent chassés.

Accablés de fatigue, abîmés par la pluie tombant par torrents, ils allaient probablement perdre le fruit de tant de valeur et de dévouement, lorsque des troupes fraîches accoururent à leur secours, et les nouveaux venus, guidés par ceux qui combattaient depuis longtemps, recommencèrent l'action.

Tous ensemble se précipitent sur les Anglais, en taillent en pièces une grande partie, tournent contre les autres leurs propres canons, et les forcent à fuir en se jetant avec précipitation dans des embarcations.

Les deux forts Saint-Antoine et Malbousquet tombaient en même temps au pouvoir des généraux Mouret et Garnier; Bonaparte était entré le premier dans le fort Malbousquet, en même temps que le général Lapoype s'emparait du fort Pharon. L'ennemi avait également été forcé d'abandonner précipitamment les forts d'Artigues et de Sainte-Catherine.

Le trouble et la confusion commencèrent alors à se répandre dans Toulon, où une partie des fuyards s'était réfugiée pendant que l'autre se sauvait sur les vaisseaux. Effrayés de la prise des forts extérieurs, les Anglais et les Espagnols se hâtèrent de quitter la rade pour mettre leurs vaisseaux à l'abri de nos boulets. Alors le désespoir s'empare des malheureux habitants qui remplissent l'air de leurs gémissements. Plus de 20,000 personnes, hommes, femmes, enfants, vieillards, portant ce qu'ils ont de plus précieux, se répandent sur les quais, tendent les mains vers l'escadre, et implorent un asile contre la vengeance des républicains. Un grand nombre se précipitent dans les embarcations restées près du rivage, mais les unes, trop chargées coulent à fond, tandis que les autres sont brisées par les boulets que les batteries françaises font pleuvoir sur elles.

Témoin de la fuite des ennemis, le camp des républicains retentit de chants d'allégresse et de victoire; mais ces chants cessent bientôt en présence de l'affreux incendie qui s'élève du milieu de la ville, comme du foyer d'un volcan : les Anglais, avant de se retirer, avaient mis le feu au magasin de la mâture et à vingt bâtiments de guerre qui étaient dans le port.

Cependant à l'incendie ne cesse de se joindre une grêle de bombes et de boulets lancés par les assiégeants; bientôt Toulon est presque entièrement réduit en cendres. L'armée demandait l'assaut à grands cris. Dugommier s'avance alors avec une colonne; on lui ouvre une porte. Aussitôt les soldats républicains se précipitent dans la ville, fondent sur l'arrière-garde ennemie, en massacrent une partie, et forcent l'autre à se jeter à la mer.

Ce fut le 21 décembre 1793 que l'armée républicaine prit possession de Toulon. La victoire était due à l'habileté de Dugommier, et principalement au génie de Bonaparte. Dans le conseil de guerre qui avait précédé l'attaque générale, les différents chefs de l'armée, du génie et de l'artillerie avaient été appelés à faire connaître leurs idées; ce fut alors que se fit remarquer un chef de bataillon, âgé de vingt-trois ans, qui étonna tout le monde par l'audacieuse sagesse de ses conceptions et par le calme avec lequel il les fit prévaloir, après une longue opposition. Bonaparte, car c'était lui, assignait à l'artillerie des positions si rapprochées de la place, qu'elles paraissaient à quelques-uns trop dangereuses et trop meurtrières pour les artilleurs. « Rassurez-vous, répondit-il ; ce sont nos canonniers qui épouvanteront l'ennemi; ne craignez rien pour eux. » Bonaparte était déjà dans le secret de la victoire.

Dans l'exécution du plan de Bonaparte, adopté par Dugommier et les représentants, nos soldats déployèrent cette intrépidité qui les caractérise quand ils sont conduits par des chefs dignes de leur confiance. Tous les forts furent successivement emportés de vive force, avec une audace que Napoléon admirait encore, même après tous les prodiges qu'il avait vus dans ses quatorze années de victoires remportées sur tant de champs de bataille.

La France conserva une partie des chantiers du port de Toulon; elle dut ce bonheur à l'intrépidité des forçats qui, après avoir brisé leurs chaînes, s'empressèrent d'éteindre les mèches enflammées que les Anglais avaient déposées dans tous les édifices publics destinés à contenir des matériaux propres à la marine.

Dugommier, plein d'humanité, comme tous les cœurs nobles et courageux, fut profondément affligé, lorsqu'il apprit que les proconsuls envoyés par la Convention avaient résolu l'extermination en masse de tous les malheureux Toulonnais qui avaient survécu à la prise de leur ville. Il tenta de leur faire révoquer cet épouvantable arrêt :

« Représentants, leur dit-il, sans doute il y eut dans cette ville des traîtres qui l'ont livrée aux Anglais; mais les plus grands coupables ont fui. S'il est des hommes criminels qui aient osé attendre la vengeance nationale, le temps vous les fera connaître ; lui seul peut éclairer votre justice et calmer les haines qu'enfantent les guerres civiles. Si vous punissez aujourd'hui, toutes les passions choisiront leurs victimes. Voyez cette ville déserte et désolée; qui allez-vous immoler? Des vieillards, des femmes et des enfants, qui ne portèrent jamais les armes contre nous. »

Mais ces sages remontrances furent vaines, et les proconsuls impitoyables couvrirent d'un voile funèbre une des plus belles victoires des guerres de la Révolution.

Pendant le cours des événements que nous venons de rapporter, la guerre civile avait aussi éclaté presque aux portes de Paris; un grand nombre d'entre les députés frappés par le décret du 2 juin, et qui ne voulurent pas courir les risques d'un jugement du tribunal révolutionnaire, allèrent dans l'Ouest organiser une résistance armée aux lois tyranniques de la Convention ; là commandait Félix Wimpfen, le même qui s'était distingué par la défense de Thionville, mais qui, bientôt atteint par ce système d'accusation qui poursuivait tous les généraux, et surtout ceux dont les succès étaient un grief au-dehors et un objet d'envie au-dedans, avait préféré un poste moins en évidence, dans les départements de l'ancienne Normandie, avec la quatorzième division de l'armée.

A l'arrivée des députés fugitifs, toutes les autorités du Calvados se prononcèrent d'abord en leur faveur. Quatre représentants commissaires de la Convention étaient dans ce département ; deux furent arrêtés, Romme et Prieur; les deux autres se retirèrent dans le département de la Manche.

Le projet et l'espoir des députés réfugiés était de faire soulever les départements voisins, de réunir une forte armée, de marcher sur Paris, et de délivrer la Convention du joug de l'anarchie. Là, comme ailleurs, les habitants étaient divisés en partis ; le peuple, c'est-à-dire la classe travaillante et la moins éclairée, était, comme à Paris, démocrate, mais menée par l'influence des clubs jacobins, que l'on nommait là *carabots;* ceux-ci ne virent dans les conventionnels fugitifs que les ennemis vaincus par la Montagne; les modérés n'y virent que des juges de Louis XVI, et ce souvenir était encore plus influent dans les départements qu'à Paris même ; les dépositaires de l'autorité publique ne se hâtaient pas de se prononcer dans une lutte dont l'issue était douteuse, et la puissance de la Convention leur imposait. Enfin lorsqu'on voulut faire un essai des forces disponibles, Wimpfen, à qui l'état des choses était connu, indiqua une revue de la garde nationale ; 8 bataillons prirent les armes ; toute l'éloquence de Pétion et de Buzot ne parvinrent qu'à enrôler 17 hommes pour marcher sur Paris ; toutes les autres villes du département et des départements voisins s'y refusèrent nettement. Vire seul envoya une vingtaine de soldats.

Alors on résolut de recourir à la Bretagne, d'où l'on fit venir cinq à six cents hommes, et l'on en forma l'armée qui, sous les ordres de Puisaye, fut envoyée à Évreux. Pétion, accoutumé à dominer dans Paris, ne pouvait supporter ces lenteurs et cette résistance. Si l'on ne connaissait jusqu'à quel point l'infortune, les rigueurs et surtout l'esprit de parti peuvent exaspérer un caractère enhardi par les révolutions et aigri par la disgrâce, on ne pourrait croire que Pétion, de concert avec Buzot, conçut le dessein de mettre le feu à la ville de Caen, pour en accuser les montagnards de la Convention et décider ainsi les habitants à marcher sur Paris. L'agent qu'ils employèrent pour acheter les matières combustibles en avertit secrètement le général, qui lui enjoignit de continuer ses préparatifs jusqu'au moment destiné à l'exécution ; alors il fait venir les auteurs du projet, paraît effrayé d'un rapport qu'il vient de recevoir, leur annonce que rien ne peut les sauver de la fureur du peuple, si ce bruit, sans doute absurde, vient à se répandre ; les coupables recommandent le secret, accusant leurs ennemis de Paris de cette calomnie, et le projet avorta. Les autres réfugiés étaient au nombre de 27. Les mêmes événements qui seuls les avaient réunis n'avaient pas fondu les nuances de leurs opinions, et le défaut d'accord fut une des causes qui firent échouer leur plan.

L'influence étrangère s'en mêla aussi. Le cabinet de Londres, qui, depuis longtemps, entretenait des intelligences en Normandie, essaya de s'approprier le mouvement qui s'y préparait, et dont l'appareil promettait une diversion aussi puissante que celle de la Vendée ; la réunion de trente membres de la Convention, arbitrairement chassés par elle, semblait devoir former un centre autour duquel pouvaient se rallier tout ce qui, tenant aux idées libérales, était cependant indigné de la tyrannie anarchique ; mais cette influence étrangère, qui ne pouvait pas être exempte du soupçon fondé de royalisme, fut précisément ce qui rompit toutes les mesures.

Dès qu'elle se fit sentir, elle mit en garde contre elle les opinions populaires ; on craignit d'entrer dans une route dont on ne voyait pas distinctement le terme. Les administrations voisines se tinrent en réserve, et chacun attendit un événement qui pût lui servir à l'éclairer et à le décider, et cet événement fut digne des moyens employés de part et d'autre pour l'amener.

Le Calvados resté seul n'avait pu former et organiser une force armée, moyen sans lequel rien ne se fait en révolution ; inutilement on avait fait des proclamations, établi *une assemblée centrale de résistance à l'oppression.* Puisaye s'était porté à Evreux avec une troupe de 8 à 900 hommes. On espérait la recruter en chemin de tous ceux que le mécontentement ou la prévoyance de l'avenir enrôlerait sous les drapeaux d'une liberté autre que la licence de l'anarchie ; mais, soit incertitude, soit crainte de la Convention, personne ne s'y joignit ; on attendait que les autorités civiles auxquelles on était accoutumé d'obéir, se prononçassent ; mais aucune ne l'ayant voulu ou osé, les gardes nationales restèrent immobiles.

Cependant à Paris les nouveaux dominateurs de la Convention, alarmés d'une réunion qui pouvait leur susciter une nouvelle guerre civile, ou au moins partager l'opinion par laquelle ils régnaient, employèrent d'abord les armes révolutionnaires, et la tribune retentit des décrets fulminés contre la nouvelle Vendée, c'est ainsi que l'on qualifiait le Calvados. Tous les députés fugitifs et le général Wimpfen furent mis hors la loi, et cette espèce d'excommunication civile n'était pas une arme sans effet : la tête des proscrits appartenait au premier que l'espoir d'une somme considérable pouvait tenter.

En même temps les conventionnels levèrent une armée pour marcher au-devant des nouveaux rebelles. On était instruit à Paris de leur faiblesse ; la tranquille neutralité des corps administratifs avait déjà rassuré ; on fit partir environ 1,200 hommes levés à la hâte dans Paris ; on y joignit 300 gendarmes réunis des lieux voisins de la capitale. Cette armée se mit en marche, et s'arrêta à Pacy, distant seulement d'Evreux de trois lieues. Aussitôt l'armée du Calvados sortit et se mit en bataille ; mais les deux armées arrivées en présence firent volte-face à la fois, et se retirèrent chacune dans leur camp ; cependant l'armée de Paris s'étant aperçue la première que le champ de bataille était vacant revint, et put ainsi s'attribuer la victoire.

Cette issue, presque risible, contribua beaucoup à tempérer la vengeance ; on craignit d'aigrir les esprits par une rigueur qui eût contrasté avec l'événement. Wimpfen, à la nouvelle de cette défaite, s'avança jusqu'à Lisieux où s'étaient sauvés les débris des révoltés ; mais rien ne put les rallier ; une arme plus forte que les canons de Pacy y combattait pour les conventionnels : Danton y avait envoyé des émissaires munis de décrets et d'assignats ; en même temps, la nouvelle Constitution décrétée fut envoyée et acceptée par tous les départements. Cette circonstance servit de motif aux autorités civiles du Calvados pour se réunir à la volonté reconnue pour générale ; et un acte de rétractation, dressé dans une assemblée tenue à Caen, le 25 juillet, termina cette guerre ridicule.

Pendant que Kellermann poursuivait le siége de Lyon, le roi de Sardaigne, voyant les alliés maîtres de Toulon, devint plus menaçant et tenta de faire pénétrer ses armes dans le département du Mont-Blanc. Au bruit de cette invasion, Kellermann quitte aussitôt le siége, se rend à Chambéry, et de là dans la Maurienne. Il ranime le courage des soldats, leur fait jurer de se défendre jusqu'à la dernière extrémité, indique cependant au besoin les points de retraite, et revient au bout de trois jours devant Lyon. Les ordres qu'il avait donnés à l'armée des Alpes furent parfaitement exécutés ; et lorsqu'elle se replia devant près de 25,000 ennemis qui l'attaquèrent le 12 août, elle se défendit pendant dix-huit jours, marcha et manœuvra dans le plus grand ordre, ne perdit que vingt lieues de terrain, et conserva tous ses magasins. Cependant Kellermann fut obligé de revenir se mettre à la tête de l'armée des Alpes, afin d'arrêter les progrès des Austro-Sardes, qui, après avoir entouré de retranchements la position du Petit-Saint-Bernard, se montraient résolus à tenter encore le sort des combats.

Le héros de Valmy attaqua l'ennemi sans attendre un renfort qui arrivait à marche forcée pour le soutenir. Cependant, au milieu de l'action, lorsque la victoire flottait indécise entre les deux armées, l'apparition des soldats des Alpes décida du gain de la journée. Kellermann écrivit aux législateurs : « Le Mont-Blanc a été envahi par des forces supérieures ; le Mont-Blanc est évacué aujourd'hui. La frontière, de Nice à Genève, est libre. La retraite des Piémontais de la Tarentaise nécessitera celle de la Maurienne. L'expulsion des Sardes du Mont-Blanc leur a coûté 2,000 hommes et une immense quantité d'argent. »

Cette affaire eut lieu le 4 octobre. Le 8, l'ennemi fut chassé de la Maurienne, comme l'avait prévu Kellermann, et forcé de se replier dans les défilés du Mont-Cenis. La réussite de cette expédition assura les succès de la République contre les soulèvements des provinces du Midi.

Le 18 du même mois, les Piémontais, renforcés de nouveau par des régiments de Croates et d'Autrichiens, aux ordres du général Dewins, après avoir traversé la vallée de la Blure, s'étaient emparés du poste de Gilette, important par sa position, qui leur permettait de jeter un pont sur le Var, de faire une invasion sur le territoire de la République, et de couper ses communications avec les troupes françaises occupant le comté de Nice. Dugommier, successeur de Brunet à l'armée d'Italie, et qui avait son quartier-général à Utelle, gros bourg situé à cinq lieues de Nice, sur les bords de la Vésubia, apprend ces nouvelles, et aussitôt il envoie un officier de confiance à la tête d'un bataillon, avec ordre de marcher sur Gilette. Celui-ci surprend l'ennemi dans un village où il était en train de piller, et l'épouvante par son arrivée imprévue. Dugommier, pendant la nuit, était parti d'Utelle avec 300 hommes d'élite pour chasser 4,000 Autrichiens du poste qu'ils occupaient. Quelques détachements, semés sur son passage, se réunirent à lui. Après une marche de sept lieues, il commandait à un millier de combattants; le jour venait de naître, et il était en face de l'ennemi. Sans s'inquiéter du nombre, il l'attaque avec fureur, le culbute, le terrasse, s'empare de Gilette, des tentes, des magasins, de l'artillerie, du génie de Dewins, assure le pays contre une nouvelle surprise, compte 800 Austro-Sardes morts dans leurs retranchements, et se hâte de repartir pour Utelle, emmenant avec lui 700 prisonniers.

Cette action glorieuse garantit le pays d'une invasion et rétablit la sûreté des troupes dans le comté de Nice. Mais le poste important d'Utelle, dégarni de troupes qui avaient été employées à l'expédition contre Gilette, se trouvant dans un danger imminent, Dugommier se hâta d'y revenir avec son détachement, et eut à se féliciter de sa prévoyance à cet égard; car, dans la nuit même de son retour à Utelle (22 octobre 1793), ce poste fut attaqué par le gros de l'armée austro-sarde. Un brouillard des plus épais, qui rendait la nuit encore plus sombre, favorisant la marche des Austro-Sardes, ils arrivent sans être aperçus jusqu'aux avant-postes français qu'ils trouvent endormis et fatigués d'une marche longue et pénible. Ces avant-postes sont égorgés avant d'avoir pu se mettre en défense. Cependant la grand'garde française, avertie par le bruit, eut le temps de signaler l'attaque de l'ennemi par une décharge de coups de fusil et de se retirer sur Utelle. Le seul poste de la Madone, placé sur un pic très-élevé, n'avait point été surpris et tenait encore: la conservation de ce poste était très-importante. Déjà l'ennemi se disposait à fondre sur les Français, lorsque le jour paraîtrait; mais Dugommier avait, de son côté, pris toutes ses mesures, et attendait paisiblement le moment de l'attaque. Pour arriver jusqu'à lui, les Austro-Sardes devaient traverser un défilé couvert de rochers; et c'était là que Dugommier avait préparé ses moyens de succès. Six cents Français, embusqués par ses ordres, devaient attendre l'ennemi, et ne l'attaquer que lorsqu'il serait engagé dans le défilé. D'un autre côté, 200 hommes avaient été envoyés au poste de la Madone: tous ont reçu la défense de brûler une seule amorce et c'est à la baïonnette qu'il leur est enjoint de repousser les assaillants.

Enfin le jour paraît, et les Austro-Sardes, comptant sur une victoire certaine, s'enfoncent dans le défilé. Aussitôt les ordres de Dugommier sont ponctuellement exécutés; l'ennemi, surpris et attaqué de toutes parts, est repoussé avec perte, et 5,000 Piémontais battent en retraite, dans le plus grand désordre, devant un nombre bien inférieur de Français.

Du côté de Nice, un général, qui devait un jour sauver la France à Zurich et vaincre sur presque tous les champs de bataille de l'Europe, débutait par une de ces actions extraordinaires qui, depuis, devinrent en quelque sorte familières à la première armée d'Italie, commandée par Bonaparte. Masséna, envoyé pour chasser les Austro-Sardes de Castel-Genève, se met en marche le 14 novembre à la pointe du jour, tourne, avec des difficultés insurmontables pour d'autres que pour des Français, la position de l'ennemi, le surprend et le met en fuite. Masséna continue sa marche, arrive, après avoir surmonté de nouveaux obstacles, jusqu'au pied des hauteurs de Gineste, y trouve les Autrichiens retranchés et décidés à une vigoureuse défense, les taille en pièces et les poursuit jusque dans le lieu de leur nouvelle retraite. La montagne du Bree est une des plus difficiles des Alpes-Maritimes : on ne peut y arriver que par un sentier de chèvres, bordé de rocs et de précipices. Masséna entreprend d'y faire placer une pièce de quatre, qui fut portée à bras l'espace de deux milles. Après six heures d'une marche pénible, le canon est mis en batterie. Les Piémontais, frappés de la hardiesse de nos soldats, épouvantés par le bruit et les effets de cette artillerie dont la détonation est grossie et mille fois répétée par les échos des montagnes, se sentent vaincus d'avance. Masséna gravit au pas de charge le plateau du Bree, en chasse les ennemis, les poursuit de rochers en rochers, et s'empare de leurs trois camps; l'artillerie, les bagages, les munitions tombent en notre pouvoir, et la nouvelle frontière de France est assurée.

Ainsi préludait, par d'étonnants exploits à des exploits plus grands, cette première armée d'Italie appelée à l'honneur de donner un jour la paix à l'Europe.

Pendant le cours de 1793, des changements politiques et d'autres événements importants étaient survenus dans les Etats de la Péninsule. Dès la fin du mois d'avril, la Corse avait cessé d'appartenir à la France. Promenant le vieux drapeau de Cyrnus au milieu des montagnes et des rochers, Paoli, dont le nom seul était une puissance, avait soulevé contre leur nouvelle métropole ces peuplades ardentes, ces paysans guerriers, ces farouches chasseurs d'hommes qui habitent les hauteurs de l'île. En vain, dans plusieurs combats décisifs, le général Lacombe-Saint-Michel, à la tête des troupes et des partisans de la France, triompha des soldats de Paoli; ces intrépides montagnards, par ruse, par adresse, par force, attaquant, surprenant leurs vainqueurs dans des embuscades inévitables, du haut des rocs qu'eux seuls pouvaient gravir, les détruisaient en détail. Les Français montraient avec orgueil quelques champs de victoire ; mais, debout sur la cime du mont Calvi, dominant les défilés, les ravins, les bruyères, Paoli, de la pointe de son poignard, pouvait indiquer mille endroits différents teints du sang d'un ennemi.

Si l'indépendance de la Corse semblait indestructible au milieu de ses rochers, le parti français n'était pas moins solidement établi dans les plaines et dans les villes semées le long du rivage. Déjà même Lacombe forçait à la soumission des forteresses occupées par les insurgés, lorsque l'Angleterre, qui venait de se déclarer ouvertement contre la France, envoya au secours de Paoli une forte escadre qui parut tout à coup devant l'île.

Les Anglais, appelés par Paoli, voulurent commander dans l'île, et leur domination fit à la France beaucoup d'amis. Un grand nombre de Corses quittèrent la cause de Paoli et se joignirent aux républicains. La ville de Calvi tint pendant deux mois contre toutes les forces réunies des Anglais. Les habitants devinrent soldats, les femmes mêmes ne craignirent pas de servir l'artillerie, et se portèrent partout où leurs faibles secours pouvaient être de quelque utilité. Pendant les premiers quinze jours, Calvi reçut plus de 3,000 bombes; les toits de tous les édifices s'écroulèrent, et les remparts furent en plusieurs endroits ouverts, mais aussitôt réparés. La famine se fit bientôt sentir. La dyssenterie attaqua la garnison, réduite à 250 hommes, et nourrie avec des aliments immondes. Il fallut capituler. Le 1er août, les Anglais entrèrent dans Calvi, et la garnison française s'embarqua pour Toulon, accompagnée d'un grand nombre d'habitants.

Dès lors finit l'existence politique de Paoli, que le nouveau maître dédaigna ou n'osa pas employer. En 1796, il alla en Angleterre faire entendre des plaintes, auxquelles on n'accorda que peu d'attention, et il mourut octogénaire dans un village près de Londres.

Pendant le cours des hostilités, qui présentèrent de nombreux dangers à toutes les familles connues par leur attachement à la France, Bonaparte, inquiet pour la sienne, avait obtenu un congé et s'était rendu à Ajaccio, où il commanda un des bataillons de gardes nationales qui venaient d'être organisés. Il rompit sans hésiter avec le chef qui avait été son ami, mais qui, alors, se soumettait aux ennemis de la France, et vint en proscrit demander, avec toute sa famille, un asile à Marseille.

La présence des Anglais dans la Méditerranée n'influait pas seulement sur les destinées de la Corse; elle avait triomphé des irrésolutions et fait tomber le masque des ennemis de la République. Se sentant appuyé par eux, le roi de Naples s'était enfin engagé à fournir des soldats et des vaisseaux à la coalition. A son exemple, le grand-maître de Malte avait rompu toute relation avec la France. Epouvanté de l'énergie des révolutionnaires, le Souverain Pontife appelait sur eux les vengeances du ciel et bénissait les armes des confédérés. Gênes, Venise et la Toscane persistaient seules dans leur neutralité. Le grand-duc cependant, sans prendre parti dans la ligue générale, s'était enfin déterminé, pour lui complaire, à renvoyer de ses Etats le ministre de la République et à rappeler près de lui l'ambassadeur qu'il avait à Paris.

CHAPITRE VI.

Opérations aux Pyrénées. — Reprise de l'offensive sur la frontière du Nord. — Suite de la guerre de la Vendée.

Les mauvaises dispositions de l'Espagne étaient manifestes; elle se préparait dans l'ombre à nous attaquer. La gloire, comme l'intérêt de la France, ordonnait de prévenir une dangereuse et perfide agression. Un ennemi de plus pour la République, disait Barrère au nom du comité de défense générale, n'est qu'un triomphe de plus pour la liberté. Tout le monde avait cette conviction, et la déclaration de guerre fut décrétée à l'unanimité, au milieu des applaudissements de l'Assemblée et du peuple.

Nous n'avons plus désormais un seul allié; la mer nous est fermée, la terre nous est hostile, nous allons avoir l'Europe entière à combattre; mais de la grandeur même du péril sortira notre salut.

Les hommes de la Montagne, ces hommes à idées gigantesques, tandis que les modérés peureux et tremblants crieront merci, lanceront nos armées sur les champs de bataille et les familiariseront avec la victoire. Ils auront des ennemis au-dedans, des ennemis au-dehors et même au-dessus d'eux; le ciel semblera leur être hostile, car bien des fois les éléments contrarieront leur courage. Les ennemis du dedans, trop nombreux pour être domptés, ils les anéantiront, ils les traiteront comme des ennemis étrangers. Ceux du dehors, au contraire, ils les combattront par des décrets, ils les traiteront, pour ainsi dire, comme des ennemis civils; il-décréteront qu'ils seront mis en fuite, vaincus, et ils seront vaincus et mis en fuite. On avait regardé comme le sublime de la force et du courage de commander à un soldat de combattre, de mourir; eux, par un décret, ils commanderont à leurs soldats de combattre et de vaincre, et leurs soldats combattront et triompheront. Ils enverront même un commissaire de la République sur le champ de bataille, pour s'assurer que leur décret est bien exécuté. Le ciel lui-même se laissera vaincre, il s'apaisera et se fera calme en voyant tant d'héroïsme.

Le gouvernement français avait ordonné qu'une armée de 100,000 hommes serait dirigée sur les Pyrénées. Malheureusement, de ces 100,000 hommes, les deux tiers manquèrent, et le général Servan, choisi pour les commander, ne disposait pas de plus de 33,000 combattants, dont 8,000 formaient l'armée des Pyrénées occidentales ; les 25,000 autres composaient l'armée des Pyrénées orientales.

Les Espagnols, deux fois aussi nombreux que les Français, avaient, en outre, une cavalerie bien supérieure à celle de ces derniers et une nombreuse et formidable artillerie.

Telle était la situation, lorsque, le 31 mars 1794, Servan reçut l'ordre de commencer les hostilités, alors que les Espagnols occupaient déjà, avec 30,000 hommes, les passages vis-à-vis de Bayonne et de Perpignan, et qu'une autre armée de même force menaçait d'une invasion.

Servan, néanmoins, n'hésita pas à prendre l'offensive. Par son ordre, le général Sabaguet, à la tête d'une colonne, dont l'adjudant-général Fontenille conduisait l'avant-garde, fit une première invasion dans la vallée d'Arran et ramena 80 prisonniers. Ce léger avantage ne fut pas soutenu. Une entreprise des républicains sur Saint-Laurent de Lacerda se termina par une retraite : cinq compagnies françaises avaient attaqué six bataillons espagnols ; ceux-ci s'emparèrent du poste important d'Astei ; ils attaquèrent la ville de Ceret ; là, les bataillons nationaux qui n'avaient pas, comme ceux du Nord, eu les occasions de s'aguerrir, se mirent en déroute, et la retraite fut couverte par un bataillon du régiment de Champagne, commandé par Sauret, bientôt élevé au grade de général. Les troupes, en retraite et en désordre, se réfugièrent à Perpignan, qui fut aussitôt mis en état de siége par les commissaires-représentants.

A la droite, en avant de Bayonne, l'armée avait été divisée en plusieurs postes trop éloignés pour se soutenir. La nécessité de calmer les craintes des habitants du pays avait obligé de garder tous les passages ; cette dispersion devait amener des revers. Le camp établi au fort d'Andaye fut attaqué des hauteurs dominantes occupées par les Espagnols ; une vive canonnade suffit pour faire abandonner le camp. Les Espagnols passèrent la rivière de la Bidassoa le 23 avril et menacèrent le fort. Un chef de bataillon, nommé Willot, rallia quelques troupes, et les Espagnols furent repoussés ; mais le lendemain il fallut retirer la position plus en arrière. Presque tous les généraux avaient été blessés. Le général en chef Duverger fut destitué et traduit à Paris devant le tribunal révolutionnaire.

A la gauche du camp d'Andaye était le camp de Sarre, gardant le passage de la gorge de la Vera. Ce camp fut attaqué peu de jours après. Le général espagnol dom Ventura Caro voulait tâter tous les postes français pour juger quelles troupes il avait à combattre. Le camp de Sarre fut abandonné et se replia en désordre jusque sur la ville d'Ustariz. Ce fut à cette retraite que se signala le brave Latour-d'Auvergne, qui depuis, refusant tout commandement, reçut de Bonaparte le grade unique de premier grenadier de l'armée. L'alarme se mit à Bayonne où rien n'était en état de défense ; mais les Espagnols, après avoir brûlé le camp de Sarre, ne poussèrent pas plus loin leurs avantages ; et le général Servan, jugeant qu'avant de mener ses troupes à l'ennemi, il fallait les former par l'instruction et par la discipline, établit l'armée dans un camp en avant de Bayonne, pour couvrir cette place.

Ainsi, dès le début de la campagne, les deux armées des Pyrénées se trouvaient retirées sous le canon de leurs places fortes, Bayonne et Perpignan. Servan fut ensuite rappelé, et l'armée des Pyrénées orientales fut commandée par le général Deflers. Cette armée, outre les garnisons, ne consistait alors qu'en 10,000 hommes disponibles, dont 1,500 de troupes de ligne. Deflers avait cependant marché en avant jusqu'au Mas-d'Eu, poste situé entre Perpignan et Bellegarde, lorsque 15,000 Espagnols, sur huit colonnes, attaquèrent et tournèrent l'armée française le 19 mai. Malgré un premier avantage, le poste fut perdu ; la déroute reporta les troupes d'abord jusqu'au camp, ensuite jusque sous les murs de Perpignan. La gendarmerie à cheval refusa de charger et entraîna tout, entraînée qu'elle était elle-même par les cris accoutumés de trahison et de sauve qui peut. Un moine espagnol, nouveau Sinon, s'était introduit dans l'armée française, et avait réussi à gagner la confiance des commissaires représentants. Ses avis étaient crus et suivis ; il servait comme chef de bataillon, et peu s'en fallut qu'il ne parvînt au commandement de l'armée ; il disparut, quelque temps après, dans une action, et l'on ne sut plus ce qu'il était devenu.

Après la retraite du Mas-d'Eu, l'armée espagnole entreprit le siège de Bellegarde ; cette forteresse est le premier poste avancé sur la frontière de France, et devait l'ouvrir à l'ennemi ; il s'empara d'abord du village d'Argelès, situé sur le bord de la mer, et assurant la communication de Perpignan, qui se trouva ainsi coupée ; la garnison, de 500 volontaires, se retira sur Collioure.

Pendant le siége de Bellegarde, qui se prolongea, les opérations se continuaient à la gauche de l'autre armée : un camp était établi à Saint-Jean-Pied-de-Port, avec des postes en avant qui gardaient les défilés. Ces postes, trop dispersés au pied des montagnes, dont l'ennemi occupait les positions dominantes, reçurent plusieurs échecs, aux Aldudes, à Saint-Michel, à Château-Pignon, seul chemin praticable pour l'artillerie. Le général espagnol Cardo résolut de s'en emparer.

Le 6 juin, les républicains furent deux fois forcés dans leurs positions ; le château d'Andaye fut pris, et la retraite en désordre se fit jusqu'à Saint-Jean-Pied-de-Port, où les troupes s'entassèrent, et où l'effroi les retint jusqu'à l'arrivée du général Dubouquet. Le général La Genetière fut pris, et ce fut là que le brave Desolimes, qui, à la tête des compagnies volontaires basques, avait entrepris une invasion dans la vallée de Bastan, revenant en hâte, au premier avis du désastre, tomba mort au pied d'un arbre, épuisé de fatigue.

Les Espagnols, encore une fois, ne profitèrent pas de leurs avantages, et le général Dubouquet eut le temps de reformer ses troupes. La honte, le regret des dévastations dont ils étaient témoins, les ramenèrent bientôt au combat, et à l'offensive qui ramena la victoire. A la droite de cette armée, le général Servan entreprit d'effacer ces désastres. Après la prise du château d'Andaye, les Espagnols étaient restés maîtres du cours de la Bidassoa, par une chaîne de postes, séparés ainsi de leur armée : on entreprit d'enlever tous ces postes ; on y réussit ; et ce succès rendit la confiance aux Français, aussi facilement que les revers précédents la leur avaient fait perdre. Ce fut alors que Servan, à qui on reprochait de manquer d'énergie, fut destitué et conduit à Paris. Les généraux Delbecq et Labourdonnaye le remplacèrent.

Plusieurs affaires de détail occupèrent les deux armées. Dans une de ces actions, on vit Latour-d'Auvergne, la hache à la main, à la tête de ses grenadiers, s'efforçant de briser les portes d'une église où les ennemis s'étaient retranchés. Dans une autre rencontre où 4,000 hommes et 400 chevaux, sortis du camp d'Irun, s'avancèrent sur les postes français, le général espagnol Caro n'échappa qu'avec peine.

A cette époque, l'armée française s'étendait depuis la vallée d'Arran jusqu'à Andaye, forte d'environ 30,000 hommes.

De bons officiers se formaient en silence dans cette guerre continuelle de postes, par les exemples des Moncey, Latour-d'Auvergne, Willot, etc. ; le commissaire ordonnateur Dubreton avait ramené l'ordre dans les administrations.

Les représentants du peuple établissaient leur puissance dans la partie militaire, Ferraud, à Saint-Jean-Pied-de-Port ; Garrau, à Saint-Jean-de-Luz. L'humeur active et belliqueuse de ces deux représentants mit bientôt en mouvement toute l'armée. A la gauche, tout se borna à des affaires de postes, où les Français eurent l'avantage. Du côté de Saint-Jean-de-Luz, les opérations furent plus importantes. Le général Deprez-Crassier avait remplacé les généraux Labourdonnaye et Delbecq, morts. On concerta une entreprise pour s'emparer de tous les postes espagnols établis sur le bord opposé de la Bidassoa. Le signal d'attaque fut donné hors de temps ; l'entreprise échoua ; ce contre-temps, qualifié de trahison, servit de motif à l'arrestation de Deprez-Crassier, de Willot et de plusieurs officiers. Le système de dénonciations et de terreur avait pénétré dans ces armées lointaines.

Vers la fin de cette campagne, de nouveaux représentants vinrent s'emparer de presque toute l'autorité dans l'armée, et parvinrent, en faisant usage, il est vrai, des moyens terribles consacrés par le tribunal révolutionnaire, à ramener dans les rangs républicains la supériorité du nombre et les avantages de l'offensive.

Les nouveaux commissaires représentants changèrent le système de guerre ; ils s'étaient aperçus que cette guerre de détail ne décidait rien, et se faisait aux dépens de la France, puisqu'elle se faisait sur son territoire. Ils firent prendre, presque sur le bord de la Bidassoa, une position élevée, appelée autrefois l'*Hermitage-Sainte-Anne*, et qu'on appela le camp *des Sans-Culottes*. Sa gauche est défendue par un ravin profond, et sa droite, qui s'étend jusqu'à la mer, fut confiée à Latour-d'Auvergne. On retrancha ce poste. A défaut de tentes, on construisit des huttes de bois ; on en fit un *castrum* tel que ceux où hivernaient les légions romaines. La douceur du climat permit des expéditions de détails qui aguerrirent le soldat, et on le prépara ainsi au nouveau système de guerre qui devait avoir lieu la campagne suivante.

A l'armée des Pyrénées orientales, le siége de Bellegarde s'était continué. Cette forteresse, située à l'entrée du col de Pertuis, entre Ceret et Jonquères, est un pentagone irrégulier bien construit, avec un fort avancé ; elle domine toute la plaine, et est dominée par les montagnes adjacentes ; mais ces montagnes étant inaccessibles servent à sa sûreté. L'armée française, retirée sous Perpignan, ne pouvait porter aucun secours ; et, le 16 juin, dans une sortie heureuse de la garnison de Bellegarde, où une partie des batteries espagnoles furent encloués, la garnison de Collioure ne put pas même se réunir à ce succès, toute communication se trouvant interceptée.

Le 25 juin, tous les feux de la place furent éteints ; et, sur la sommation du général espagnol don Ricardos, le conseil de guerre s'assembla ; le dénûment de tout, le soldat étant réduit à trois onces de pain, décida la capitulation, que cependant 7 officiers refusèrent de signer. Ce siége avait duré quarante jours ; la garnison reçut un traitement honorable pour l'ennemi vainqueur.

Pendant le siége, le général français Dagobert était venu prendre le commandement de cette armée ; il commença un nouveau plan de défense ; mais il ne put empêcher que les Espagnols ne s'emparassent, le 3 juin, du fort de Bains, où il ne restait plus que quinze onces de pain par tête, et dont la garnison fut prisonnière ; le fort de la Garde eut le même sort, le 5 juin.

Alors l'ennemi s'avança sur Collioure ; ce fut là, à Puigariol, qu'un capitaine républicain, nommé Serres, défendit, le 13 juillet, avec 120 hommes seulement, un poste avancé qu'il avait demandé d'occuper, contre 2,000 Espagnols, et leur fit perdre 600 hommes. Cette action conserva Collioure, comme peu de jours ensuite Perpignan fut sauvé par l'affaire qui eut lieu sous les murs de cette place.

Le général Dagobert avait réuni son armée au camp du Maz-de-Roz, que l'on appela le camp de l'Union. L'armée française, non compris les corps détachés et les garnisons, était là de 12,000 hommes. Le 1er août, l'armée espagnole, forte de 36,000 hommes, fut repoussée. Les troupes montrèrent un grand courage, les revers passés leur avaient fait sentir le besoin de la discipline et de la subordination. Les généraux français cités dans cette action, qui rétablit l'honneur des armes républicaines dans cette partie de la guerre générale, sont Dagobert, Barbantanes et Giacomi.

Ce fut alors que la nouvelle Constitution apportée aux troupes fut acceptée, et cet acte solennel rompit des mesures et des intelligences pratiquées avec les Bordelais opposants, qui avaient projeté de se réunir à cette armée pour défendre le territoire, mais en même temps pour la réunir à eux.

Le général Deflers, accusé par les corps administratifs, venait d'être destitué par le Comité de salut public, et remplacé par Barbantanes. L'ennemi s'empara de Villefranche qui fut livrée. La garnison l'abandonna sans résistance.

La supériorité des Espagnols assurait partout leur succès ; et les destitutions continuelles des généraux ne permettaient pas d'opposer à cette supériorité de nombre un système suivi de résistance et de défensive ; un conseil assemblé résolut de maintenir le camp de l'Union. La force de l'armée était au total de 29,000 hommes, dont 12,000 occupaient ce camp ; le reste dispersé dans les garnisons d'Olette et à Perpignan, à Collioure, à Salus, donnait un prodigieux avantage à l'ennemi, qui pouvait choisir son attaque et y réunir des forces. Vu la position respective des armées, la résistance soutenue des Français devait étonner plus que les avantages de l'ennemi ; il attaqua sans succès le camp situé à Corneilla et le poste de Mousset. Une entreprise des républicains sur Elve et sur Milhas fut également sans résultat.

Le général Dagobert commandait en chef une division à la droite de l'armée, qui seule agissait, tandis que la gauche couvrait Perpignan ; il attaqua l'armée espagnole au Mont-Louis, devenu Mont-Libre. Cette bataille manœuvrière et disputée fut décidée par un mouvement du général Dagobert ; vers la fin de l'action indécise, il se mit à la tête de la ligne d'infanterie ; elle parcourut au pas de charge, sans tirer, un espace de quatre cents toises qui la séparait de l'ennemi ; il n'attendit pas, et ne put soutenir cette attaque ; sa retraite fut une déroute jusqu'à Puicerda, qui fut pris deux jours après, 24 août. Cette journée fut glorieuse à l'armée républicaine, elle se trouva enfin sur le territoire ennemi ; mais ces succès brillants étaient toujours rendus infructueux par des revers sur d'autres points. Les Espagnols restèrent vainqueurs à une autre attaque du camp de Corneilla, puis aux moulins d'Ortez, où la déroute des Français fut complète ; et le 27 août, le camp d'Olette fut repris sur les Espagnols commandés par leur général en chef Ricardos.

A la gauche, près de Perpignan, ils résolurent et tentèrent un effort qui pouvait décider la campagne à leur avantage. A mille toises des glacis de la place, on avait établi un poste fortifié au village de Vernet. Ce poste, occupé par 300 hommes commandés par le chef de brigade Soulheime, fut attaqué par 12,000 Espagnols, et se maintint jusqu'à la moitié du jour; obligé de se replier sur la place, les Espagnols s'en approchèrent, et y envoyèrent quelques boulets. L'alarme pouvait y devenir dangereuse. Le général d'Aoust, qui commandait dans Perpignan, réunit la garnison, et appela à lui des postes voisins un renfort qui porta ses forces à 7,000 hommes; il fit sentir au conseil et aux habitants le danger de laisser les Espagnols maîtres d'un poste aussi voisin de la ville, et qui, par les secours dont ils pouvaient se fortifier, leur en assurerait bientôt la possession. D'Aoust n'hésita pas à attaquer à l'instant les Espagnols, qui, malgré la supériorité du nombre, furent forcés à la retraite. Le représentant commissaire Fabre fut toujours, pendant cette action, à la tête des troupes. Le même jour, d'Aoust attaqua de nouveau le poste de Peyreistortez, dont les Espagnols s'étaient aussi emparés, et dont ils furent chassés. Cette action releva les courages; et peu de jours après, Villefranche se rendit sur la sommation hardie d'un officier français, qui feignit que l'armée, commandée par Dagobert, s'avançait pour attaquer la ville.

Plusieurs combats furent encore livrés à Nils, à Panteilla, à Truillas, où l'avantage ne resta pas aux républicains; mais les Espagnols ne purent cependant pas se maintenir dans ces postes : ils se retirèrent aussi de celui d'Angelez, et se réunirent au camp de Boulon.

Cependant la cour de Madrid, alarmée des progrès que faisait Dagobert dans les deux Cerdagnes et dans la Catalogne, fit revenir 8,000 hommes de son armée des Pyrénées occidentales, diversion qui affaiblit cette partie, et y donna du relâche aux troupes républicaines; mais les échecs et les revers se succédèrent plus rapidement dans l'armée des Pyrénées orientales.

Tureau fut nommé général en chef. Le total de son armée, à cette époque, se trouva être de 40,000 hommes. Les représentants commissaires voulurent alors tenter une expédition sur Roses. On n'avait rien à opposer à la flotte espagnole qui croisait dans ces parages. Le pays était entièrement contre les troupes républicaines. Cette expédition échoua.

On commençait à s'apercevoir dans les armées que la trop grande influence des commissaires représentants de la Convention pouvait devenir nuisible; leur prépondérance fatiguait et rebutait les généraux; une rude expérience leur avait appris qu'ils ne pouvaient pas impunément lutter d'autorité contre cette autorité civile, dont les commandements étaient des lois dans les camps comme à la tribune. Les généraux alors laissaient agir, s'étudiaient seulement à mettre leur responsabilité à couvert, ou se retiraient dans les places derrière l'armée. Une cour se formait autour des commissaires tout puissants, et cette cour avait aussi ses flatteurs, et souvent des hommes malintentionnés y donnaient de faux avis et des conseils perfides.

Bientôt à Turcau succéda le général Doppet. Après l'expédition de Roses manquée, l'armée, pour se rapprocher des frontières, marcha sur Ceret, et s'établit ensuite au camp de Villelongue. Le 5 décembre, l'armée espagnole, renforcée encore de 6,000 Portugais, attaqua ce camp, le força, et les républicains y furent totalement défaits. Les Espagnols s'emparèrent ensuite du col de Bagnol, qui leur donnait l'entrée sur le territoire français.

La fin de cette campagne, qui fut à peine interrompue, ne fut plus qu'une suite de revers; toutes les places maritimes, Collioure, Port-Vendres, Saint-Elme, se rendirent; et la retraite de l'armée sur Perpignan fut une déroute où le représentant commissaire Fabre chercha une mort glorieuse dans les rangs ennemis.

La fortune commençait à revenir à nos drapeaux aux frontières du Nord. Ainsi que nous l'avons dit, Houchard avait été nommé général en chef de l'armée du Nord. Cette armée était campée entre Cassel et Steenvorde. Dans cette position, elle communiquait avec Arras et avec Douai; Cambrai était investi. Déjà, on proposait de faire refluer les habitants, corps et biens, vers l'intérieur, et les armées ne pouvaient tenir la campagne qu'en rompant sans cesse la mesure aux mouvements progressifs de l'ennemi. Ce dernier était maître de Cateau-Cambresis; ses partis avaient pénétré jusqu'à Péronne et Bapeaume, et il avait même pris, le 11 août, un camp entre Péronne et Saint-Quentin, à la suite d'un combat dans la forêt de Mormal; à tous ces avantages menaçants, on ne pouvait opposer que des dispositions défensives : on distribua les troupes de manière à pouvoir promptement renforcer les garnisons des places qui seraient menacées; la plupart n'étaient pas dans un état rassurant; incertain du plan de l'ennemi, parce que lui-même n'avait pas un plan déterminé, et les moyens disponibles de défense étant bornés, on n'avait pu les appliquer d'avance à tel ou tel point; on les tenait en réserve pour les porter au besoin au point le plus menacé; il ne restait plus à disputer que le passage de la Somme, barrière faible et bien connue comme insuffisante. La France dut son salut à ses places fortes, que l'ennemi n'osa pas laisser derrière lui.

A la droite de sa ligne, vers les places maritimes, il avait toujours été contenu. Les progrès de son centre et de l'autre aile lui donnèrent les moyens de se mettre à leur hauteur et de se porter en avant. Le duc d'Yorck commandait cette armée qui, après le siége de Valenciennes, fut renforcée des Hessois et d'une partie des grenadiers hongrois, la meilleure infanterie de l'armée impériale.

Depuis longtemps la diversion méditée vers les places maritimes de la Flandre autrichienne était préparée en secret. Le camp sous Cassel avait été augmenté de tous les renforts que l'on avait pu y réunir; la nouvelle position de l'armée derrière la Scarpe permit d'en tirer des troupes du centre et de les employer à la gauche qui, seule, selon le plan combiné, devait agir.

Les coalisés, entreprenant le siége de Dunkerque, attaquèrent donc le point où l'attaque était préparée contre eux et où la défense était le mieux disposée.

Les approches de Dunkerque étaient moins difficiles à faire et à garder que les positions environnantes n'étaient difficiles à conserver par l'armée assiégeante. La bataille des Dunes, gagnée au siècle précédent par Turenne sur Condé, éloigna sans doute les généraux alliés du plan qui fut suivi alors.

A l'est de Dunkerque, sur le rivage de la mer, est un grand espace appelé l'Estrang, couvert par les dunes de sable, dont les élévations sont favorables aux approches de l'assiégeant. Cet espace se prolonge du côté de Furnes, et l'armée assiégeante, qui occupe cette position, a son flanc droit couvert par la mer, et sa gauche par des marais appelés la grande Moer, dont les passages sont connus et faciles à garder.

Les instructions données par la Convention à Houchard étaient précises : il devait débloquer Dunkerque, que cela fût possible ou non ; en cas d'insuccès, il n'y avait d'autre alternative pour le général que de se faire tuer sur le champ de bataille ou d'aller à Paris livrer sa tête au bourreau. Tel avait été le sort de la plupart de ceux dont la fortune avait trahi le courage. Houchard ne s'en effraya pas, et, le 5 septembre, il se mit en marche à la tête de son armée, composée de 40,000 hommes.

Le duc d'Yorck en avait autant sous ses ordres, tandis qu'un corps de 20,000 hommes, commandé par le général Freytag, couvrait les opérations du siége et était campé à Hondtschoote, occupant les hauteurs de Bombecke. L'armée ennemie tenait une ligne très-étendue depuis Menin jusqu'à Dunkerque, et cette position empêchait les Français de livrer une bataille rangée. Ce n'était donc que par suite de mouvements et de combats qu'ils pouvaient remporter la victoire. Ces combats commencèrent le 6 septembre et finirent le 8. Dans ce dernier jour, après quatre heures d'une action sanglante, les ennemis se retirèrent, ayant perdu en tout 4,000 hommes tués ou blessés : la perte des Français fut à peu près égale. Le duc d'Yorck, qui, depuis que les Français occupaient Hondtschoote était tourné par la gauche et craignait d'être enveloppé, se décida à lever le siége ; le 9, au matin, il évacua toutes ses lignes devant Dunkerque et se retira précipitamment vers Furnes.

Si le général Houchard ne mit pas à profiter de ses succès toute l'ardeur qu'on pouvait attendre d'un homme comprenant la grandeur de sa mission, il ne laissa pas néanmoins de poursuivre l'ennemi : il s'empara successivement de Furnes, de Menin, puis de Vervik, où le représentant Chales fut blessé ; mais ces légers avantages ne se soutinrent pas : le 15 septembre, les forces autrichiennes et hollandaises réunies repoussèrent les troupes républicaines; Menin fut abandonné; Houchard retira son armée au camp de Graverelle, et l'armée aux ordres de Cobourg marcha sur Courtrai, tandis que Beaulieu s'avançait jusqu'à Cisoing, où, le 29 septembre, l'armée impériale passa la Sambre, et vint investir Maubeuge et le camp retranché qui couvrait cette place. Dès lors, Houchard fut perdu : on le rappela; il fut arrêté et mis en jugement. Ne pouvant lui reprocher ce qu'il avait fait, on l'attaqua sur ce qu'il aurait pu faire. L'armée anglaise avait été vaincue et chassée; on prétendit qu'elle eût dû être défaite et détruite. On inculpa sa conduite à l'armée de la Moselle. On prétendit qu'il eût pu secourir Mayence. Si les fautes des généraux étaient des motifs suffisants pour qu'ils fussent traduits devant un conseil de guerre, les plus illustres capitaines s'y trouveraient soumis par leur propre aveu; car eux seuls ont été assez grands pour convenir de leurs erreurs. Houchard, soldat de fortune, élevé dans les camps, et n'ayant aucune idée de cette politique de partis, qui compte encore moins que les dispositions militaires avec la vie des hommes; Houchard ne ressentit qu'une indignation amère et profonde contre l'injustice de ses juges, et ce sentiment nuisit même à sa défense, si toutefois il était alors des moyens capables de défendre avec succès un accusé dont la perte était résolue. L'infortuné général fut condamné à la peine de mort et exécuté.

Jourdan succéda à Houchard, et reçut aussitôt l'ordre de débloquer Maubeuge, place dans laquelle étaient enfermées deux divisions de l'armée des Ardennes, et que Cobourg entourait d'un cordon de redoutes.

Ces divisions, formant environ 22,000 hommes, enfermées dans une petite place, sans communication avec l'extérieur, devaient épuiser promptement leurs approvisionnements, et l'ennemi espérait d'autant mieux les réduire par la famine, que, maître de Valenciennes, du Quesnoy et de la forêt de Mormal, il n'avait rien à craindre sur la rive gauche de la Sambre; sur la rive droite, des retranchements, défendus par 30,000 hommes, coupaient les routes d'Avesnes, de Philippeville et de Landrecies, tandis que 25 à 30,000 hommes resserraient la place. Telle était la confiance que ces positions inspiraient à Cobourg, qu'il disait en riant : « Si les Français parviennent à me chasser d'ici, je me fais républicain. » Nos soldats, de leur côté, avaient juré qu'ils seraient bientôt en mesure de lui faire sommation d'avoir à tenir sa promesse.

La garnison de Maubeuge cependant ne paraissait pas disposée à se rendre sans combattre : chaque jour, par de nouvelles sorties, elle venait inquiéter l'ennemi, détruire ses travaux et le forcer à se tenir continuellement sous les armes. Malheureusement cette garnison était trop nombreuse en raison de l'importance de la place qu'elle occupait et de la petite quantité de provisions qui s'y trouvaient : les vivres ne tardèrent pas à manquer; à la famine se joignirent les maladies qu'elle fait naître, et la mortalité déjà effrayante augmentait chaque jour, lorsque, le 15 septembre, Jourdan déboucha d'Avesnes à la tête de 40,000 hommes ; le même jour il attaqua et repoussa l'avant-garde ennemie. Cobourg s'émut peu de ce début, et il se prépara à soutenir la bataille de ses positions retranchées qu'il persistait à croire inexpugnables. Sa droite s'étendait depuis Dourlers jusqu'à la Sambre ; sa gauche observait la route de Philippeville et son centre occupait le plateau de Watignies.

A la voix de leur général, les troupes républicaines, à peine déployées, s'élancent pleines d'ardeur sur les collines boisées couvertes d'abatis, de redoutes, et défendues par une artillerie formidable ; rien ne peut arrêter l'élan des deux ailes de cette intrépide armée ; quelques instants leur suffirent pour enlever à la baïonnette les redoutes de la Sambre et celles qui défendaient les abords du plateau de Watignies, tandis que le centre, resté à la jonction des routes d'Arches et de Solre-le-Château, par la volonté du général, se dédommageait de son immobilité en faisant pleuvoir une grêle de boulets sur l'aile droite de l'armée ennemie.

Jourdan ne voulait lancer son centre en avant que lorsque ces deux ailes auraient accompli la manœuvre qu'il leur avait prescrite ; mais le représentant Carnot qui l'accompagnait lui ayant fait observer que cette manœuvre pouvait durer jusqu'au soir, et que l'ardeur des soldats du centre pourrait se refroidir, il se décida à l'attaque. Conduits par leur général que Carnot voulut accompagner, 13,000 hommes s'avancèrent alors résolument sous la mitraille et franchirent rapidement la distance qui les séparait des Impériaux. Déjà ils abordaient les redoutes qui couvraient Dourlers ; en ce moment, un renfort considérable envoyé par Cobourg, effrayé de l'impétuosité de l'attaque, vint prendre en flanc les assaillants. Écrasés par un feu terrible, ces derniers s'arrêtent, puis, à la voix du général, ils reprennent leur marche ; mais un nouveau renfort de l'ennemi, qui se joignit au premier, les mit dans l'impossibilité d'avancer. La retraite fut ordonnée, et l'armée rentra dans ses positions après avoir perdu 1,500 hommes. Les pertes de l'ennemi n'étaient pas moindres, et cette journée eût été sans autre résultat, si Jourdan n'en eût profité pour changer ses dispositions. Il comprit que Cobourg n'avait pu envoyer de si puissants renforts sur Dourlers qu'en dégarnissant le plateau de Watignies où était son centre, et il résolut de l'attaquer sur ce point.

Le lendemain 16, au point du jour, Jourdan ayant réuni 24,000 hommes, marchait sur Watignies en silence, tandis que par son ordre une vive canonnade était, sur sa gauche, dirigée contre Dourlers. Cobourg donna complétement dans ce piége, que favorisait un épais brouillard ; il crut que les Français tentaient un nouvel effort sur sa droite, et s'empressa de faire couvrir ce point ; mais quelques instants après, il apprit que Jourdan, à la tête d'une formidable colonne, était près d'atteindre Watignies. Il s'empresse alors de diriger de ce côté les réserves qui lui restent ; le combat s'engage avec furie : deux fois les Français sont repoussés, mais ils reviennent à la charge, pénètrent dans le village et renversent à la baïonnette tout ce qui tente de leur résister. L'ennemi pliait de toutes parts ; la bataille semblait gagnée, lorsque la division des Ardennes se trouva tout à coup séparée de celle qui devait la rallier, par un corps d'Impériaux qui était parvenu à se glisser entre elles, au risque de se trouver écrasé entre deux feux. La division des Ardennes croyant avoir affaire à toute l'armée ennemie, ne tarde pas à plier ; elle est battue, dispersée, et déjà le désordre se mettait dans l'autre, lorsque Jourdan accourut et parvint à rétablir le combat. Furieux de ce qui venait d'arriver, les soldats républicains reprennent promptement l'offensive et se battent comme des lions ; trois fois le village de Watignies est pris et repris, mais enfin l'ennemi plie de toutes parts, et, abandonnant le champ de bataille, il se retire et profite de la nuit pour repasser la Sambre. Maubeuge était débloqué, et Cobourg battait en retraite après avoir perdu 6,000 hommes ; les pertes des Français s'élevèrent à 3,000, tués ou blessés.

Cette victoire plaça Jourdan au premier rang des illustrations militaires. Elle n'eut pas, néanmoins, tous les résultats qu'on en pouvait attendre. Jourdan se borna à ravitailler les places de la Sambre, après quoi il fit rentrer son armée dans le camp de Graverelle, ce qui permit à Cobourg de lancer des partis jusque sous les murs de Guise et de Cambrai. Bientôt la rigueur de la saison obligea de suspendre les opérations qui ne devaient être reprises qu'au printemps suivant.

A partir du 29 juin, la Vendée offre le champ de bataille le plus épouvantable et le plus prodigieux que puisse mentionner l'histoire. Pas un jour ne se passe sans combat, sans carnage, sans incendies, sans faits sublimes. Les insurgés, après leur échec devant la ville de Nantes, avaient repassé la Loire ; et, comme le géant de la fable, ils étaient devenus plus forts en touchant la terre natale ; toutefois, Bonchamp et d'Elbée crurent devoir licencier leurs soldats ; Lescure se retira dans son château de Clisson.

Pendant la trêve nécessaire que ces chefs accordaient à leurs soldats, 14,000 hommes des bataillons de Paris arrivèrent à Saumur, sous Labarolière et Santerre, et entrèrent dans cette ville, qu'ils trouvèrent évacuée. Westermann amena dans Partenay la légion germanique, qui était formée de 3,000 volontaires ou déserteurs étrangers. Enfin, 17,000 hommes de gardes nationales du midi se réunirent à Niort, et Biron, général en chef, se rendit à Angers pour se concerter avec les généraux de division de la Loire et recommencer à attaquer l'insurrection. Westermann, chef de l'avant-garde républicaine, déploya dans cette campagne des talents militaires et une activité brillante. De Saint-Maixent où il était, il conçut le projet de traverser le pays ennemi, et d'aller surprendre dans Châtillon, place d'armes des Vendéens, un corps de 10,000 hommes qu'y commandait Lescure, malade et blessé. Lescure fut surpris, et ne dut son salut qu'aux ténèbres qui favorisèrent sa fuite. Châtillon fut emporté; mais, dès le lendemain, le canon annonça à Westermann l'arrivée de Larochejacquelein, à la tête d'une autre armée. Le combat s'engage, les Vendéens se précipitent avec fureur sur leurs ennemis. Westermann est entraîné dans la déroute; plus d'un tiers de ses troupes restent sur le champ de bataille, et Châtillon est repris. Cette entreprise hasardeuse, et même téméraire, coûta aux républicains toute leur artillerie et plus de 3,000 prisonniers. Westermann fut forcé de chercher son salut dans la fuite.

Le récit historique peut à peine suivre le cours rapide des événements; forcé d'en déléguer les détails aux mémoires locaux et à l'histoire militaire et spéciale de cette guerre, il ne peut que faire connaître les événements dont les résultats furent importants, et le personnel de ceux qui les dirigèrent.

Tandis que les choses qui viennent d'être rapportées se passaient dans la haute Vendée, Charette, avec une autre armée, avait soutenu la guerre dans les cantons les plus reculés dans l'intérieur des terres, dans la basse Vendée, vers les pays maritimes, contre les généraux républicains Beysser et Sandoz, et avait eu quelquefois l'avantage. Il voulut s'emparer de la ville des Sables-d'Olonne, et fut obligé d'en lever le siège. Il résolut alors d'aller livrer bataille à l'armée campée près de la ville de Luçon. Larochejacquelein lui amena un renfort de 12,000 hommes; mais une terreur panique se mit dans cette troupe pendant l'action.

Afin de réparer cet échec, les chefs vendéens s'étaient réunis sur les bords de la Sèvre, pour tenir conseil et convenir de leurs opérations. Pendant leur absence, l'armée de Larochejacquelein fut attaquée. Dans l'étonnement général, un Allemand, nommé Kesler, prit le commandement de cette troupe d'élite, que les généraux avaient formée de Suisses, d'Allemands et de Vendéens choisis, au nombre de 1,200 hommes, et ramena les royalistes déjà repoussés. Les républicains, entièrement défaits, perdirent 10 canons, tous leurs équipages, et laissèrent quelque temps les Vendéens maîtres de leur pays. Cette bataille, une des plus décisives de la campagne, se donna près de Vihiers; mais, peu de jours après, le 15 août, ayant voulu encore tenter le sort des armes, près de Luçon, les Vendéens furent deux fois repoussés. Charette poursuivi échappa aux vainqueurs; et neuf jours après, 3 septembre, on le vit à Chantaunay, réuni à Larochejacquelein et à d'Elbée, combattre et vaincre l'armée républicaine, étonnée de voir ses rangs rompus par ces mêmes hommes qui trois fois venaient de fuir devant elle.

Cependant les commissaires représentants, cherchant dans une mesure extraordinaire un remède à tant de maux, avaient ordonné ce qu'on appelait une levée en masse. Soixante mille hommes, depuis l'âge de dix-huit ans jusqu'à soixante, furent rassemblés à Thouars. Lescure, avec 2,000 hommes, entreprit d'attaquer et de disperser cette multitude, et il y réussit. Les garnisons de Mayence et de Valenciennes venaient d'arriver (1). On en forma deux armées avec ce qu'il y avait déjà de troupes réglées, et le système de guerre changea. Ce fut alors qu'un émissaire anglais se présenta au conseil militaire de Châtillon et vint offrir des secours. Plusieurs voix s'élevèrent pour les refuser, et l'émissaire n'obtint même pas de réponse définitive.

L'amour de la patrie n'était point encore éteint dans les cœurs, et cette ancienne haine nationale ôta peut-être aux Vendéens les moyens qui auraient reculé leur chute. Kléber arriva, à la tête de l'armée de Mayence, croyant achever la victoire que les républicains venaient de remporter sur Charette. Toutes les forces combinées de l'armée vendéenne marchèrent à la rencontre de ce nouvel ennemi. Du premier choc, les Vendéens sont mis en déroute; une partie prit ouvertement la fuite. C'en était fait de la Vendée, si les chefs n'eussent mis pied à terre, et combattant à la tête de leur infanterie, ne l'eussent ramenée. Les Mayençais, entourés et étonnés d'une résistance nouvelle, furent obligés de commencer une retraite que l'art et la discipline rendaient seuls possible. Pendant six lieues, harcelés et poursuivis, ils laissèrent les vainqueurs étonnés de tant d'opiniâtreté. Cette bataille se donna près de Torfou, et fut célèbre dans les guerres de la Vendée.

Une nouvelle invasion dans la basse Vendée y rappela Charette, et les autres chefs l'y suivirent. Une bataille, près de Montaigu, fut encore une victoire pour les Vendéens.

A Saint-Fulgent, un combat de nuit mit les Vendéens en possession de toute l'artillerie de l'armée républicaine.

Cependant, une armée nombreuse s'était formée sous l'inspection des commissaires représentants, et sous les ordres de trois généraux républicains, Chalbos, Chabot et Westermann. Résolus de porter un coup décisif, ils marchent droit sur Châtillon. Le succès y fut longtemps douteux; d'abord le corps d'élite des royalistes le décida en leur faveur; mais Westermann rétablit le combat et le laissa indécis à l'entrée de la nuit. Les Vendéens, restés maîtres de Châtillon et rassurés, s'abandonnèrent alors à un repos et à des excès qui leur devinrent funestes.

Westermann revient avec 1,500 hommes, égorge un avant-poste, et rentre dans Châtillon; tout y est mis à feu et à sang. Les chefs vendéens ont à peine le temps de se sauver à Mortagne. Mais, incertains de leur position, dès le lendemain les républicains se décident à évacuer Châtillon,

(1) Voir au chapitre suivant les événements des armées du Nord et de l'Est.

qui resta un monceau de cendres, de ruines et de cadavres. La destruction fut telle, que les chefs vendéens, rentrant dans Châtillon, désespérant d'éteindre l'incendie et repoussés par l'horreur des spectacles qu'ils avaient sous les yeux, l'abandonnèrent, et cette ville resta inhabitée. Un trait conservé à l'histoire par un témoin peindra l'horreur de cette guerre. Les chiens des alentours et ceux de la ville, n'ayant plus de maîtres, s'en emparèrent ; ils y vécurent de la chair des cadavres entassés ; devenus féroces par cette nourriture inaccoutumée, lorsque longtemps après on voulut y rentrer, ils se jetèrent sur les premiers qui se présentèrent pour les dévorer, et, pour leur ravir leur horrible conquête, il fallut faire marcher un bataillon armé pour combattre ces nouveaux ennemis.

Les Vendéens, abandonnant Châtillon, ou plutôt les ruines de cette ville, se retirèrent à Chollet; de son côté, Westermann retourna à Bressuire pour s'y réorganiser.

Un mouvement que fit Léchelle, le 15 octobre, pendant l'obscurité de la nuit, qui n'avait pas mis fin au combat, tourna l'aile vendéenne que commandait Lescure blessé à mort. Ses troupes fuient, et les républicains entrent dans Mortagne. Le lendemain Chollet fut emporté (16 octobre), et, tandis que la rage y exerçait des horreurs qui surpassèrent toutes celles dont la Vendée était le théâtre, l'armée vendéenne reparut, et le combat recommença. D'abord son aile droite enfonça les rangs républicains ; mais, à la gauche, les bataillons de Mayence, soutenus par la cavalerie, enfoncent, par trois charges consécutives, tout ce qui est devant eux. En vain les chefs veulent rallier les fuyards et faire avancer leur cavalerie, elle s'était retirée à Beaupréau ; alors, à la tête d'un escadron, ils cherchent la mort, et plusieurs la trouvent : Bonchamp et d'Elbée tombent. Larochejacquelein, resté seul, retire son aile droite à Beaupréau, et bientôt se dispose à passer la Loire, et donne le rendez-vous général à Saint-Florent. Là étaient renfermés tous les prisonniers faits sur les républicains, et déjà les Vendéens, avant d'abandonner leur pays, avaient prononcé leur arrêt de mort. Lescure, blessé et mourant, se fit porter au conseil de guerre. Armé de cette éloquence que donne l'humanité, compagne du véritable héroïsme, son ascendant l'emporta ; l'affreux droit de représailles consentit à lâcher sa proie, et plusieurs milliers de Français sauvés honorèrent la tombe d'un jeune guerrier qui survécut peu à cette vraie gloire. Les derniers bateaux, chargés des vieillards, des femmes, des enfants qui suivaient l'armée fugitive, passaient encore la Loire quand l'avant-garde républicaine parut à Saint-Florent.

L'armée des Vendéens ressemblait alors à une nation émigrante, forcée par la dure nécessité à chercher et à conquérir une terre nouvelle ; elle était surchargée de vieillards, d'enfants, de femmes, fuyant leur pays incendié ; le désespoir avait armé les femmes mêmes. On vit à la tête des troupes une Larochefoucault et une sœur de Lescure ; celle-ci fut tuée en ralliant les soldats et les ramenant au combat.

La nouvelle situation des royalistes paraissait désespérée, et cette troupe, poursuivie par une troupe victorieuse, semblait une proie facile à saisir.

Les Vendéens entraient, en quelque sorte, dans un pays étranger; ils n'avaient ni vivres, ni munitions ; le courage leur donna tout, et leurs nouveaux combats devaient étonner l'Europe.

La colonne vendéenne, dit un témoin oculaire fait prisonnier par les insurgés, était composée de 30,000 fantassins, 200 cavaliers, et environ 15,000 personnes inutiles, dont deux ou trois mille à cheval. L'artillerie se composait d'une pièce de douze, trois ou quatre pièces de huit, trente à quarante pièces de quatre, trente caissons et deux forges. Les blessés étaient conduits dans vingt charrettes. Deux cents voitures transportaient des particuliers et leurs effets ; aucune ne paraissait employée à porter des choses utiles à l'armée, telles que médicaments, vivres, etc.

Larochejacquelein avait été proclamé généralissime après le passage de la Loire ; Stofflet était regardé comme major général ; une douzaine d'autres individus figuraient comme chefs, mais sans autorité réelle.

On ne connaissait que deux divisions, encore n'étaient-elles qu'idéales, les chefs ayant vainement tenté de les séparer. Ainsi, point de brigades, de bataillons ou de compagnies. Ce défaut d'organisation obligeait l'armée à marcher en masse ; ainsi point de reconnaissance, point de détachements, et de là la difficulté de la faire vivre et de l'approvisionner ; de là encombrement dans les logements, d'où résultèrent des maladies contagieuses, aggravées par la saison. En un mot, cette armée était comme un sanglier qui, avant de périr, devait froisser les chasseurs assez maladroits pour se trouver sur son passage.

Cependant, les républicains, maîtres de Chollet, songent tout d'abord à couvrir la Loire. Le général Haxo resta en observation à Saint-Florent avec les Mayençais. Le reste de l'armée, divisé en deux colonnes, se rendit à marches forcées, la première, commandée par Kléber, à Nantes ; la seconde, sous les ordres de Beaupuy, à Angers. Quelques bataillons furent laissés dans la Vendée pour la contenir par la terreur.

On ne connaissait pas positivement les opérations des Vendéens. Deux ou trois mille d'entre eux, arrivés les premiers, se présentèrent, le 18 octobre, à Varades, et chassèrent jusqu'aux portes d'Angers le peu de troupes de l'adjudant-général Tabary, qui voulait défendre le poste d'Ingrande, près de Varades, où il perdit 2 canons. Le général Aulanier n'eut pas plus de succès dans une sortie qu'il dirigea sur les Ponts-de-Cé.

Les éclaireurs vendéens, postés au bourg de Saint-Georges, entre Ingrande et Angers, se tinrent sur le qui-vive pendant la nuit du 19 au 20, de peur d'une surprise, et se replièrent ensuite sur Condé. L'adjudant-général Tabary et le commissaire du département, Jacques Duverger, commirent alors la faute de les suivre et de s'engager à trois lieues de l'armée sans pouvoir être protégés, de sorte qu'arrivés à Ingrande, ils se trouvèrent tout à coup poursuivis par les royalistes, qui avaient filé dans les vignes, le long de la route. Tabary tourne bride alors et s'éloigne à fond de train ; Duverger essaie de l'imiter, mais il est atteint d'une balle ; sa selle tourne, il tombe, et les Vendéens l'achèvent à coups de sabre. Les hussards républicains et les gendarmes, qui formaient l'escorte de l'adjudant-général et du commissaire, suivant l'exemple de leurs chefs, firent leur retraite au galop sur Chantoie. Un seul des gendarmes, nommé Marchand, ne prit point la fuite ; il défendit le commissaire Duverger avec un courage surhumain, et se fit tuer à ses côtés.

Cependant Larochejacquelein s'avançait sur Château-Gontier, où il entra le 21, après un combat de quelques heures. Le 22, à dix heures du soir, il fait battre la générale et donne ordre de se porter sur Laval, où il était pressé d'arriver, et où se trouvait le prince de Talmont, qui était seigneur de cette ville et la regardait comme le foyer d'une seconde Vendée.

A l'approche des royalistes, le tocsin sonne dans la ville ; on s'empresse de rassembler les gardes nationaux, au nombre d'environ 6,000, et toutes les dispositions sont prises pour opposer aux Vendéens une vigoureuse résistance. Par malheur, les gardes nationaux étaient peu aguerris ; la plupart n'avaient jamais été au feu et savaient à peine charger leurs armes. Cependant ils firent d'abord assez bonne contenance et prirent les positions qui leur étaient désignées sans trop de confusion ; mais dès que le canon des royalistes commença à tonner, que les colonnes de ces derniers se déployèrent comme un long réseau de fer qui menaçait de les envelopper, les plus timides lâchèrent pied, et les vides qu'ils laissèrent dans les rangs y causèrent une sorte de fluctuation voisine du désordre. Les royalistes, s'apercevant de cette hésitation, se hâtèrent d'en profiter : tous se précipitent en même temps sur le centre des patriotes qui est enfoncé en un instant. Cependant, deux administrateurs du département de la Mayenne, qui marchaient à la tête des républicains, s'efforcent de rallier les fuyards, et déjà ils étaient parvenus à rétablir le combat, lorsque l'adjudant-général républicain Letourneur, se trouvant serré de près par un groupe de Vendéens, est tout à coup saisi de vertige ou de terreur ; il tourne bride, lance son cheval au travers de ses soldats, en renverse quelques-uns et jette partout le désordre et la confusion ; les rangs se rompent, un grand nombre de soldats jettent leurs armes pour fuir plus rapidement. Une charge de la cavalerie vendéenne achève la déroute, et bientôt les vainqueurs entrent dans la ville, où ils massacrent sans pitié tous les habitants qui leur sont désignés comme professant les opinions républicaines.

Malgré la promptitude de leurs succès, les royalistes avaient cependant

PRISE DE CHATEAU-GONTIER PAR LES VENDÉENS.

fait des pertes assez importantes : le chevalier de la Guérimère, un de leurs meilleurs officiers, avait été tué, et Larochejacquelein lui-même ne dut la vie qu'à la force physique dont il était doué : blessé au bras droit, il est surpris seul dans un chemin creux par un républicain qui s'élance sur lui le sabre à la main. Le général évite le coup en se jetant de côté, puis, de la main gauche, il saisit son adversaire à la gorge et le contient jusqu'à l'arrivée de quelques officiers vendéens. Ces derniers voulaient tuer le républicain, Larochejaquelein ne le permit pas, il rendit même la liberté à ce prisonnier, afin qu'il pût aller dire aux officiers patriotes que le généralissime vendéen, blessé, seul et sans armes, l'avait fait prisonnier et lui avait rendu la liberté.

Dès ce moment, l'armée républicaine, décrivant un long cercle, tourna en quelque sorte autour de l'armée royale sans oser en approcher, le général Aulanier, qui manquait de vivres, se sentant trop faible pour soutenir une attaque sérieuse. Dans ce mouvement, les têtes des colonnes républicaines arrivèrent, le 24, près de Château-Gontier. A leur approche, les royalistes tinrent conseil pour décider s'ils iraient à leur rencontre ou s'ils poursuivraient leur route vers la Bretagne : la majorité émit l'avis de marcher à l'ennemi.

Cependant, Westermann, avec l'avant-garde des républicains, s'avançait déjà sur Laval ; croyant que les royalistes avaient évacué cette ville, il avait négligé de se joindre au général Aulanier qu'il aurait pu rencontrer sûrement entre Segré et Condé. Il marcha donc pendant une partie de la nuit ; mais, arrivé dans la lande de la Croix-de-Bataille, à trois quarts de lieue de la ville, il fut attaqué à l'improviste par les Vendéens, postés en embuscade en cet endroit. Une vive fusillade s'engagea aussitôt. Le combat dura deux heures avec des chances diverses ; mais, enfin, les républicains affaiblis, se voyant sur le point d'être tournés par Stofflet, firent leur retraite en bon ordre et allèrent établir leur bivouac à une lieue de là. Cet engagement, très-meurtrier, devait être bientôt suivi d'une bataille.

L'arrivée du général en chef Léchelle, avec 25,000 hommes, ayant eu lieu le lendemain, sembla devoir changer la face des choses. Ce général résolut de marcher directement sur Laval, tandis que la colonne du général Aulanier attaquerait cette ville par Cossé, et que celle du général Chambertin manœuvrerait de manière à couper la retraite aux Vendéens.

Ces deux attaques furent sans succès : le général Chambertin manqua de précision ; Aulanier fut prévenu trop tard. Avant d'arriver à Laval, on avait à franchir un point dominé par deux hauteurs au-delà d'Artromen. Westermann et Danican s'y portèrent avec 300 hommes ; mais Léchelle, qui avait établi ses forces deux lieues en arrière, leur fit abandonner cette position. Dès ce moment, Westermann regarda la perte de la bataille comme certaine.

Averti par ses espions que les républicains se disposaient à une affaire générale, Larochejacquelein se hâta de rassembler ses troupes ; il parcourut les rangs, faisant porter près de lui Lescure, blessé, dont la présence ne pouvait manquer d'enflammer le courage des Vendéens.

« Il faut, s'écriait Larochejacquelein en parcourant les rangs, il faut effacer aujourd'hui la honte des combats précédents. Il ne s'agit pas seulement de vous défendre, de sauver la vie de vos femmes et de vos enfants ; votre cause est celle de tous les royalistes de la France ; c'est celle de Dieu, c'est celle de la foi de nos pères. Marchons à la victoire ! Les Bretons nous tendent les bras ; ils nous aideront à reconquérir nos foyers, mais il faut d'abord vaincre : une défaite serait irréparable. »

A ces paroles, les soldats répondent en demandant à grands cris la bataille, et l'action s'engagea presque aussitôt. D'abord les royalistes s'emparent des hauteurs que Westermann avait quittées à regret, y placent du canon et font pleuvoir la mitraille sur la division des Mayençais formant l'avant-garde des républicains.

L'intention du général Léchelle, dont l'armée resserrée en une seule colonne ne pouvait se déployer sur le terrain où elle se trouvait, était d'attaquer le premier, afin de se déployer ensuite sur le terrain qu'il aurait conquis. Prévenu par l'ennemi, il voulut alors diviser sa colonne afin de lui faire prendre une autre position ; mais, gêné par le défaut d'espace, ses mouvements furent mal et trop lentement exécutés ; ils n'étaient pas achevés que déjà son avant-garde pliait de toutes parts. Bientôt elle se replia en désordre sur le corps de bataille qu'elle entraîna malgré les efforts de Léchelle, qui, à plusieurs reprises, ramena ses meilleures troupes et rétablit le combat sur quelques points.

On se battait depuis cinq heures, et, malgré les désavantages qu'ils avaient eus dès le commencement, les républicains se soutenaient, lorsque, vers la fin du jour, Stofflet, à la tête de quelques centaines de tirailleurs d'élite, passant derrière les colonnes des patriotes, les attaquèrent en flanc, ne faisant feu qu'à quarante pas, et se jetant ensuite la baïonnette en avant dans les rangs éclaircis par leurs balles. Ce mouvement est décisif : en un instant la mêlée devient terrible ; on se bat corps à corps, et les combattants pêle-mêle se munissent aux mêmes caissons. Le feu cesse entièrement ; mais la terrible baïonnette continue son œuvre de destruction. Le champ de bataille est jonché de morts ; des régiments entiers, entourés par les Vendéens, ne pouvant ni se battre, tant ils sont pressés, ni se rallier, ni opérer leur retraite, sont contraints de mettre bas les armes. Cela ne peut les sauver : Schetou, chef vendéen, les fait tous réunir dans un vallon, où, par son ordre, ils sont fusillés en masse.

Les fuyards se jettent sur Château-Gontier, espérant y trouver un asile ; mais ils sont poursuivis par les vainqueurs qui les atteignent aux abords de la ville. Le général républicain Beaupuy, qui était entré dans la place avec l'espoir d'y réunir les débris de l'armée, parvient à ramener quelques compagnies jusqu'aux portes de Château-Gontier, afin de défendre ce seul refuge des vaincus. Longtemps il se maintient dans cette position; atteint d'un coup de feu dans la poitrine, il tombe en s'écriant : *Je n'ai pu vaincre pour la République; je meurs pour elle.* Eloigné du champ de bataille, il envoie sa chemise toute sanglante à ses grenadiers; ces braves soldats redoublent d'efforts pour venger leur général; tout est inutile; forcés de céder au nombre, ils se retirent mutilés et laissent ce dernier poste à l'ennemi qui s'empare aussitôt de Château-Gontier où règne la consternation et où les vainqueurs répandent la terreur et la mort.

La perte des républicains fut immense en hommes, bagages et artillerie. Le général Léchelle ne put survivre à cet immense désastre : en butte aux insultes de ses propres soldats, aux menaces des commissaires de la Convention, il mourut peu de temps après, à Nantes, de honte et de douleur.

Ce revers répandit l'alarme jusqu'à Paris. Barrère ne chercha point à atténuer, aux yeux de la Convention, les terribles résultats de la déroute de Laval; mais il blâma énergiquement la faible résistance des villes dont les Vendéens s'étaient rendus maîtres : il fit décréter que les cités qui, désormais, protégeraient les insurgés, ou ne se défendraient pas contre eux jusqu'à la dernière extrémité, seraient rasées, et que les biens des habitants seraient confisqués. On ne se borna point à ces seules mesures pour arrêter les progrès des royalistes, et dans la conviction où l'on était que c'était une issue et non un établissement qu'ils voulaient en Bretagne, le général Sépher fut chargé de leur couper le chemin de la mer par le Calvados et la Manche, et le général Rossignol vers le département d'Ille-et-Vilaine.

Après l'affaire de Laval, les chefs de l'armée royaliste tinrent conseil; les uns voulaient retourner dans la Vendée; des avis plus audacieux proposèrent de marcher sur Paris. L'armée était alors de 40,000 hommes, trois fois victorieux depuis peu de jours.

D'autres causes influaient alors sur les événements et sur les déterminations; le cabinet britannique ne perdait pas de vue la guerre civile de France. Tant que les succès furent balancés, il offrit des secours; mais dès que l'armée vendéenne approcha des rivages de la mer, les communications furent plus intimes. On prépara un grand armement dans les ports de l'Angleterre; on forma en corps les Français émigrés; on annonça des efforts et des secours dont la mesure et l'objet furent connus quelque temps après à Quiberon. C'est à ces considérations qu'il faut attribuer sans doute la faute que firent les Vendéens, en se déterminant à une entreprise sur Granville et sur Saint-Malo. Les Vendéens n'avaient point de flottes, et leurs conquêtes, s'ils eussent réussi, ne pouvaient être gardées que par les escadres anglaises.

On se décida d'après l'espoir que donnèrent les apparences d'une communication facile avec une grande puissance maritime.

Granville et Saint-Malo, placés au fond du golfe que ferment les îles de Jersey et Guernesey, communiquent par elles avec les côtes méridionales de la Grande-Bretagne, et tous les ports qui y sont situés. Granville, d'un plus facile accès, dut être attaqué d'abord, et le succès de cette entreprise devait décider de celle de Saint-Malo.

A peine cette détermination des Vendéens est-elle connue à Granville, que les plus énergiques dispositions sont faites pour les repousser. Aux 4,000 hommes qui formaient la garnison de cette ville, vinrent se joindre en toute hâte quelques corps isolés par suite des derniers revers, et une foule de volontaires de vingt-cinq à trente ans réunis dans les villages voisins. Tous les habitants prirent les armes, et quinze pièces de canon de gros calibre furent mises en position sur les remparts. Le 14 novembre, à huit heures du soir, Larochejacquelein et les autres généraux royalistes arrivent devant la ville, qui est sommée de se rendre à discrétion, et menacée, en cas de résistance, d'une destruction complète et de toutes les calamités résultant d'une prise d'assaut. Pour toute réponse, les habitants courent aux remparts, d'où bientôt leurs canons tonnent contre les assiégeants.

Les Vendéens ripostent énergiquement. Leur cavalerie se porte sur les hauteurs du faubourg Saint-Nicolas, tandis que l'infanterie s'empare d'une des rues de ce faubourg d'où elle fait pleuvoir une grêle de balles sur les canonniers à découvert sur les remparts. Après quelques instants de combat, le faubourg tout entier est emporté par les royalistes; leur artillerie parvient à faire brèche; on court à l'assaut. Le feu des assiégés redouble; mais rien n'arrête les assaillants. Déjà un des chefs de ces derniers, nommé Forestier, a pris pied sur les remparts, suivi de quelques-uns de ses soldats, quand l'un d'eux, que l'imminence du danger terrifie, pousse le cri si connu de : *Sauve qui peut !* Forestier se tourne vers lui, et d'un coup de pistolet lui fait sauter la cervelle; mais au même instant il est lui-même renversé dans le fossé où il reste évanoui. Ce double événement ébranle la confiance des Vendéens; ils reculent devant les assiégés qui redoublent d'efforts. Le feu augmente; un officier municipal qui encourageait les défenseurs de la ville, tombe mort sur les remparts; on jure de le venger, et les assiégés continuent à se battre avec le courage du désespoir : femmes, enfants, vieillards prennent part au combat, soit en transportant des munitions, des armes, soit en relevant et secourant les blessés.

Repoussés des remparts, les royalistes se réfugient dans les maisons des faubourgs dont ils sont maîtres; ils sont suivis de près par l'adjudant-général républicain Vachot, qui, à la tête d'un petit nombre de soldats, parvient à mettre le feu aux bâtiments sur plusieurs points. En un instant les Vendéens sont enveloppés de flammes ; l'incendie menace même de gagner la ville, que les habitants ne parviennent à préserver qu'à force de dévouement.

Les Vendéens paraissant découragés, Larochejacquelein s'efforce par tous les moyens de les ranimer en leur montrant la ville comme une proie qui ne peut leur échapper ; il est secondé par l'évêque d'Agra, qui, revêtu de ses habits pontificaux et tenant un crucifix d'une main et une épée de l'autre, parcourt les rangs et promet au nom de Dieu la victoire aux défenseurs du trône et de l'autel. Ce moyen produit l'effet ordinaire ; les têtes se montent, on court de nouveau à l'assaut.

Cette fois l'attaque a lieu sur un autre point : les assiégeants se portent vers la grève, gravissent le roc et dirigent un feu meurtrier contre les défenseurs des remparts, qui, de leur côté, ripostent par des volées de mitraille qui font de grands ravages dans les rangs vendéens. La plupart des canons des assiégeants sont démontés et réduits au silence ; un grand nombre d'officiers royalistes sont tués ou blessés ; les soldats se découragent de nouveau, pour la seconde fois l'attaque est abandonnée, et l'armée royale s'éloigne affaiblie de 1,500 hommes.

Alors les cris : *à la trahison!* se font entendre ; les soldats jettent leurs armes et méconnaissent l'autorité de leurs chefs. Larochejacquelein lui-même essaie vainement d'apaiser l'esprit de révolte ; on refuse de l'écouter. Stofflet est plus heureux : il dit qu'en effet des traîtres se sont glissés dans les rangs de l'armée, et qu'ils ont pris la fuite après la défaite. Il offre de courir lui-même sur leurs traces et de les arrêter ; on l'écoute, on le suit vers le rivage de la mer où l'on trouve le prince de Talmont prêt à s'embarquer. On le saisit, on le désarme ; on menace de le fusiller, mais il parvient à se justifier en prouvant qu'il ne se disposait à se rendre en Angleterre que pour presser l'envoi des secours promis depuis si longtemps par cette puissance à l'armée royale. La révolte s'apaise, et les Vendéens se remettent en marche en se dirigeant vers la Loire.

Plusieurs causes avaient concouru aux premiers succès des Vendéens. D'abord la composition des armées de la République levées à la hâte dans Paris, ou formées de réquisitions prises sur place, dans le pays même qui était le théâtre de la guerre, et par conséquent composées d'hommes souvent d'opinions opposées à celle du parti qui les forçait de combattre ; le choix des généraux que la méfiance dictait plus que toute autre considération : *On ne peut douter*, écrivaient, après la déroute de Vihiers, les représentants commissaires Bourbotte et Thureau, *on ne peut douter qu'il n'existe dans notre armée une foule de contre-révolutionnaires qui, en pillant les maisons des meilleurs citoyens, et en violant leurs femmes et leurs filles, cherchent à faire tourner contre nous les armes des habitants du pays ; ces scélérats sont parvenus à faire fuir les troupes chaque fois que les brigands s'approchent.*

Cette confiance mutuelle et à l'épreuve, qui fait qu'au moment du combat les hommes comptent l'un sur l'autre, et s'assurent ainsi dans le poste qu'ils occupent, faisait la force des soldats vendéens, et manquait totalement aux armées républicaines composées de corps inconnus l'un à l'autre, et que l'opinion et l'esprit de parti ne ralliait pas.

Au moment où le siége de Granville fut inconsidérément résolu par les chefs de la Vendée, un autre plan plus hardi avait été proposé, c'était de marcher par les départements du Nord sur l'armée de Jourdan, et la mettre ainsi entre deux feux. Ce parti, qui eût coupé l'armée du Nord de la capitale, fut heureusement rejeté. La réussite eût ouvert les barrières de la France à l'étranger.

Tandis que les Vendéens opéraient, le 16 décembre, leur retraite sur Avranches, l'armée républicaine se réorganisait. Le général Léchelle avait quitté le commandement; Beaupuy et Chalbot étaient hors de combat. La réorganisation donna pour résultat : un corps léger que commandaient Westermann et Marigny ; une avant-garde confiée à Marceau et deux divisions sous Muller et Kléber, le tout formant 16,000 hommes qui opèrent bientôt leur jonction avec l'armée de Rennes, dont Rossignol était le général en chef. Ce dernier n'avait avec lui que quatre ou cinq mille hommes ; le général Tribout, qui était sous ses ordres, en avait à peu près autant qu'il avait amenés de Brest à Dinan.

Rossignol, informé du retour des Vendéens à Avranches, se dirigea aussitôt vers cette ville ; mais lorsqu'il y arriva, les royalistes en étaient partis abandonnant leurs malades et leurs blessés, qui furent impitoyablement massacrés, et se dirigeant sur Pontorson. Ce bourg est couvert par un marais qui n'offre d'autre passage qu'une chaussée étroite qu'il est impossible de tourner, et que quelques soldats eussent suffi pour défendre contre des forces considérables ; mais, au lieu de garder ce défilé, le général Tribout avait adossé ses troupes au marais, de manière à s'en faire un obstacle au lieu d'un rempart. Attaqué dans cette position, il s'y défendit néanmoins pendant plusieurs heures ; mais, vers neuf heures du soir, les républicains, chargés à la baïonnette pour la quatrième fois, commencèrent à plier, et bientôt ils se retirèrent en désordre, abandonnant canons, bagages et drapeaux. Le lendemain, après avoir passé la nuit à Pontorson, les Vendéens passèrent le Couesnon et marchèrent sur Dol, où ils arrivèrent le 20 novembre.

Instruit de cette marche des royalistes, Westermann les suivit de près, et le 21 il remportait un assez grand avantage sur eux. Marceau reçut alors l'ordre de rejoindre Westermann pour achever la défaite des Vendéens ; mais ce dernier, impatient de poursuivre ses avantages, attaqua avant l'arrivée de Marceau : les royalistes, qu'il avait d'abord surpris endormis, ayant eu le temps de se réunir, repoussèrent vigoureusement cette seconde attaque et forcèrent Westermann à se retirer en désordre. Déjà les républicains opéraient leur retraite sur Pontorson, lorsque Marceau parut, et, après deux heures de combat, parvint à rejeter les Vendéens dans Dol. Peu d'instants après, arriva une autre division républicaine sous les ordres de Muller.

Déjà refoulés dans la ville, les Vendéens semblaient devoir y être écrasés; cette fois encore leur enthousiasme, leur fanatisme si l'on veut, les sauva. Voici comment madame de Larochejacquelein raconte ce terrible épisode :

« C'était un affreux spectacle que cette déroute : les blessés qui ne pouvaient se traîner se couchaient sur le chemin, on les foulait aux pieds; les femmes poussaient des cris, les enfants pleuraient, les officiers frappaient les fuyards.

« M. Marigny, avec sa taille d'Hercule, était là, le sabre à la main comme un furieux. M. d'Autichamp et la plupart des chefs couraient après les fugitifs pour les rallier. On représentait aux soldats qu'ils étaient sans asile; que Dinan était une place forte, qu'ils allaient être acculés à la mer et massacrés par les bleus; on leur disait que c'était abandonner une victoire déjà remportée; on leur assurait que leur général se défendait encore sans avoir reculé. Enfin ayant, à force de prières, obtenu un moment d'écouter le bruit du canon, ils s'assurèrent par eux-mêmes qu'il ne s'était pas rapproché. « Abandonnerez-vous votre brave général? » leur dit-on. — « Non, s'écrièrent mille voix : Vivent le roi et M. de Larochejacquelein! » Et l'espérance rentra dans les cœurs. Sur toute la route, dans la ville, derrière les combattants, on leur répétait les mêmes discours.

« Les femmes ne montraient pas moins d'ardeur à rappeler les soldats à leur devoir; elles arrêtaient les fuyards, les battaient, s'opposaient à leur passage. Enfin, la femme de chambre de madame de La Chevalerie, fille forte et courageuse, réunit quelques femmes moins irrésolues que les hommes, se mit à leur tête, prit un fusil et lança son cheval au galop en criant : *En avant! au feu les Poitevines!*

« L'exemple des femmes et les exhortations des chefs n'auraient peut-être eu aucun résultat si les paroles d'un prêtre vénéré des paysans n'étaient venues à leur aide. Dans un moment où l'on faisait silence pour écouter le canon, le curé de Sainte-Marie-de-Ré monta sur un tertre et se mit à prêcher les Vendéens. Il était hors de lui, priait et jurait, parlait à la fois en prêtre et en militaire : « Soldats! criait-il, aurez-vous l'infamie de livrer vos femmes et vos enfants au couteau des bleus?... Le seul moyen de les sauver est de retourner au combat. Venez, enfants, je marcherai à votre tête, le crucifix à la main. Que ceux qui veulent me suivre se mettent à genoux, je leur donnerai l'absolution : s'ils meurent, ils iront en paradis;

mais ceux qui trahissent Dieu et qui abandonnent leurs familles, les bleus les égorgeront, et les lâches iront en enfer. »

« Cette allocution, que l'enthousiasme du prêtre rendait plus pénétrante, produisit son effet : plus de 2,000 hommes qui l'entouraient se jetèrent à genoux ; il leur donna l'absolution à haute voix, et ils partirent en criant : *Vive le roi ! nous allons en paradis !* Le curé était à leur tête et continuait à les exciter.

« Nous demeurâmes en tout pendant plus de six heures dans les prairies qui bordent la route en attendant notre sort. De temps en temps on venait nous apprendre que nos gens conservaient toujours l'avantage. Cependant nous n'osions pas rentrer dans la ville. Enfin, on sut que la victoire était complète, et que les républicains s'étaient retirés. Nous revînmes à Dol. Les soldats, les officiers, les prêtres, tout le monde se félicitait et s'embrassait ; on remerciait les femmes de la part qu'elles avaient eue à ce succès. Je vis revenir le curé de Sainte-Marie ; toujours le crucifix à la main, en tête de la troupe, il chantait le *Vexilla regis*, et tout le monde se mettait à genoux sur son passage. »

Cependant Westermann s'était rabattu sur la colonne d'Antrain, que Stofflet contenait avec résolution. Attaquée à revers, cette colonne se debande ; Kléber et Marceau s'épuisent en vains efforts pour la raffermir ; l'ennemi pénètre avec elle dans Antrain, qu'elle évacue, et l'armée républicaine se retire à Rennes.

Afin de profiter de cette victoire, les royalistes songèrent à se porter rapidement sur la Loire ; mais Nantes et les ponts de Cé et de Saumur étaient gardés, et tous les bateaux qui auraient pu faciliter le passage du fleuve avaient disparu. Il fallut donc changer de plan ; l'armée royale marcha alors sur Angers, et arriva devant cette place le 3 décembre. Les Vendéens s'emparèrent d'abord d'un faubourg, et de ce point commencèrent une fusillade meurtrière contre les assiégés, à demi découverts sur leurs remparts.

Le feu cessa vers le soir ; mais le lendemain, au point du jour, l'artillerie commença à tonner de part et d'autre. Bientôt une partie des vieux murs de la ville s'écroulent et rendent praticable une brèche de vingt toises. Larochejacquelin fait aussitôt un appel aux plus intrépides de ses soldats pour tenter l'assaut ; mais aucun ne répond. Alors le général arrache un fusil des mains d'un de ses hommes, et seul il se précipite vers la brèche. Tant d'intrépidité électrise enfin les assiégeants ; tous s'élancent sur les pas de leur général ; la cavalerie elle-même met pied à terre pour prendre part à l'assaut.

De son côté, le brave général républicain Beaupuy s'était fait porter, presque mourant, sur les remparts pour encourager les défenseurs de la ville, au milieu desquels les femmes et les enfants rivalisaient d'audace. L'assaut est repoussé ; Larochejacquelein se dispose à en livrer un second ;

mais en ce moment il apprend qu'un corps de troupes fraîches vient de renforcer les défenseurs de la place. Cette nouvelle, qui se propage dans les rangs des royalistes, y jette le découragement : le désordre se met partout ; en vain les chefs font des prodiges de valeur, force leur est de lever le siége et d'abandonner à l'ennemi une partie de leur artillerie.

Le corps républicain, dont l'arrivée avait tant affrayé les Vendéens, était celui du général Marigny. Voyant les assiégeants battre en retraite, ce général se mit à leur poursuite et fut emporté par un boulet au moment où, à la tête de 50 hommes seulement, il chargeait une colonne de l'armée royale.

Forcé de repasser le Loir, Larochejacquelein se dirigea sur la Flèche ; mais il n'y entra pas sans combattre. La garnison du Mans, forte de 900 hommes, s'y était portée ; elle avait coupé les ponts, et elle lui en disputa le passage avec de l'artillerie. Pendant qu'il s'efforçait de les rétablir, Westermann lançait son avant-garde sur ses derrières. Il fallait donc repousser la colonne du Mans et se mettre en sûreté au-delà du Loir. Larochejacquelein y réussit enfin ; puis il acheva de détruire les ponts et arriva sous les murs du Mans, tandis que les républicains, qui lui avaient disputé le terrain, se repliaient sur Alençon. Il fallut de nouveau combattre pour entrer dans le Mans ; la lutte dura trois heures, après lesquelles l'armée royale, épuisée de fatigue, demeura maîtresse de la place dans laquelle elle entra le 10 décembre ; mais à peine avait-elle pris quelques heures de repos, que le bruit du canon des républicains se fit entendre de nouveau. Quelques centaines de royalistes, de ceux qui avaient le mieux résisté aux horreurs de la faim, à une fatigue excessive et aux atteintes d'une maladie contagieuse qui décimait impitoyablement cette malheureuse armée, furent désignés pour résister à cette première attaque, et ils parvinrent à la repousser. Toutefois, les Vendéens ne pouvaient se faire illusion ; il était évident qu'ils devaient, sous peine d'être complétement anéantis, continuer leur retraite en toute hâte.

« Tout le monde était accablé de fatigue, dit madame de Larochejacquelein. Les blessés et les malades, dont le nombre allait toujours croissant, demandaient avec instance qu'un séjour plus long fût accordé dans une grande ville où l'on ne manquait ni de vivres, ni de ressources. D'ailleurs, on voulait essayer de remettre un peu d'ordre dans l'armée, de concerter quelque dessein, de remonter un peu les courages. Généraux, officiers et soldats, tout le monde était abattu. On voyait clairement qu'un jour ou l'autre nous allions être exterminés, et que les efforts qu'on pouvait faire étaient les convulsions de l'agonie. Chacun voyait souffrir autour de soi : le spectacle des femmes, des enfants, des blessés, amollissait les âmes les plus fortes au moment où il aurait fallu avoir une constance miraculeuse. Le malheur avait aigri tous les esprits ; la haine, la jalousie, les reproches, les calomnies même avaient divisé tous les chefs ; l'échec d'Angers, la perte de l'espérance qu'on avait conçue de rentrer dans la Vendée avaient porté le dernier coup à l'opinion de l'armée. Tout le monde désirait la mort ; mais, comme on la voyait certaine, on aimait mieux l'attendre avec résignation que de combattre pour la retarder : le sort le plus affreux, d'ailleurs, était d'être blessé. Tout présageait que c'était fini de nous. »

Telle était la déplorable position des Vendéens, lorsque, le 12 décembre, ils furent attaqués par les forces réunies des généraux Marceau, Westermann, Muller et Tilly.

Larochejacquelein, informé que les républicains s'avançaient en même temps par les routes de Tours et d'Angers, fait battre la générale, et, malgré le delabrement des bandes qu'il commande, il marche droit à l'ennemi et repousse d'abord les divisions de Westermann et de Muller ; mais il ne peut résister à une seconde attaque, et bientôt les Vendéens rentrent en désordre dans la ville. Larochejacquelein ne désespère pourtant pas encore de la victoire ; à mesure que ses hommes arrivent dans les retranchements du Mans, il les place par échelons en avant du Pont-Lieu, et prépare ainsi une défense formidable.

Cependant Westermann, furieux de l'échec qu'il avait essuyé, s'avançait de nouveau, pour attaquer sans attendre les ordres du général en chef, lorsque Marceau lui remit un billet du conventionnel Bourbotte, dont les pouvoirs étaient illimités, qui enjoignait au fougueux général, sous peine de la vie, de ne point engager d'action sans ordre précis. Le jour commençait à baisser ; Marceau, alors, donne l'ordre à Westermann de prendre position pour commencer l'attaque le lendemain : « La meilleur position, répond Westermann, est dans la ville même ; profitons de la fortune. — Tu joues gros jeu, brave homme, réplique Marceau en lui serrant la main. N'importe, marche, et je te soutiens. »

Il était quatre heures et demie, le soleil n'éclairait plus l'horizon ; Westermann, à la tête des grenadiers d'Armagnac, s'avance silencieusement. Le capitaine Roland, monté le premier sur le pont, écarte les chevaux de frise, et, malgré les représentations de son frère, commandant du même régiment, il se précipite en s'écriant : *Nous tenons l'ennemi ; c'est ici qu'il faut le vaincre et l'anéantir ou mourir glorieusement.* Le régiment est entraîné ; on bat la charge ; le pont et les retranchements sont forcés en un instant, et les royalistes sont mis en fuite.

Bien résolu à se défendre jusqu'à la dernière extrémité, Larochejacquelein semble se multiplier ; il fait établir des batteries sur toutes les avenues de la grande place du Mans, et il établit dans les maisons de nombreux tirailleurs qui ouvrent aussitôt sur les assaillants un feu tellement meurtrier, que l'impétueux Westermann est contraint de s'arrêter ; mais Marceau lui envoie du canon, et il marche de nouveau en avant et parvient à garnir de troupes toutes les rues adjacentes de la grande place, qui était devenue le dernier retranchement des Vendéens. Le combat recommence avec fureur : Herbault est blessé à mort, Larochejacquelein a deux chevaux tués sous lui. Bientôt les rues sont jonchées de cadavres, et les cris affreux des blessés et des mourants jettent partout l'épouvante et la consternation. L'encombrement des voitures augmente encore le tumulte ; les hommes, pêle-mêle avec les chevaux, s'écrasent et se tuent ; tous les efforts de Larochejacquelein et des autres chefs sont inutiles. Voyant la bataille perdue, ils rassemblent quelques cavaliers et gagnent la route de Laval, la seule qui ne fût pas occupée par les républicains. Là, le général s'efforce d'arrêter et de rassembler les fuyards, afin de rendre la retraite moins désastreuse. En ce moment, le bruit de l'artillerie semble augmenter ; Larochejacquelein, pensant qu'une partie de son armée soutient encore le combat, rentre au galop dans la ville ; mais il est de nouveau entraîné par les fuyards, qui crient que tout est perdu et que les républicains sont maîtres de la place. Il n'en était rien pourtant ; les artilleurs royalistes avaient conservé toutes leurs pièces, et ils juraient de se faire tuer jusqu'au dernier plutôt que de les abandonner.

Il était deux heures et demie du matin, et l'on se battait depuis cinq heures du soir ; la fatigue força les combattants au repos, et le feu cessa de part et d'autre. Westermann toutefois, bien que blessé et ayant eu deux chevaux tués sous lui, ne quitta point le poste périlleux de l'avant-garde, et, au point du jour, il recommença l'attaque avec tant d'impétuosité, que rien ne put lui résister. Tout ce qui échappa au fer et au feu des vainqueurs se retira sur la route de Laval.

La ville du Mans offrit alors le plus horrible spectacle : ses rues étaient encombrées de morts, de mourants, de monceaux d'armes, de voitures brisées, de chevaux mutilés, de canons, de caissons, et, au travers de ces débris, des femmes de tout âge, arrachées à leurs demeures, étaient traînées sur la place publique pour y être massacrées. La pitié ne trouve plus de place dans les cœurs : on ne respire que le sang ; les maisons dévastées ne contenaient plus que des blessés et des cadavres.

Tandis que Marceau, pour mettre un terme à la fureur de ses soldats, fait battre la générale, Westermann, à la tête des grenadiers d'avant-garde, poursuit les vaincus. La déroute ne s'arrêta qu'à la Chartreuse-du-Parc, et, pendant l'espace de quatorze lieues, il n'y eut pas une toise de terrain qui ne fût inondée de sang.

Larochacquelein arriva dans la soirée du 13 à Laval, où tous ceux de ses partisans qui avaient échappé à la mort vinrent le rejoindre. Ce fut alors que les chefs vendéens purent juger de la faiblesse de leurs ressources. La défaite du Mans venait de leur enlever leurs plus braves soldats, leur artillerie, leurs munitions. Tous pensèrent qu'il fallait se rapprocher de la Loire et en tenter le passage à quelque prix que ce fût. De Laval, ces tristes débris de l'armée royale marchèrent sur Craon et de là se dirigèrent sur Ancenis, où ils arrivèrent le 15 décembre.

A la vue de la Loire, à l'aspect des rives vendéennes, l'espoir des royalistes se ranima. Ils se divisèrent en deux corps, dont l'un garda les hauteurs, tandis que l'autre se dispersa dans la ville et ses environs pour y chercher des tonneaux, des planches, des cordes et tous les matériaux propres à construire des radeaux. Malgré la fatigue qui les accablait, ces malheureux travaillaient avec ardeur à la construction de ces instruments de délivrance, et déjà ils en avaient une quantité presque suffisante pour passer le fleuve, lorsque Westermann, que rien n'avait pu arrêter, arriva par la route d'Angers.

A la nouvelle de ce danger, le tocsin sonne; tout le monde prend les armes, et l'on court à la rencontre des républicains afin de les attaquer avant qu'ils eussent pu prendre position. Le désespoir anime le courage des Vendéens; ils fondent sur l'avant-garde républicaine, qui, forcée de céder au nombre, est repoussée. Westermann se retire à Saint-Marc. Le travail des radeaux, n'ayant pas été interrompu pendant le combat, touchait à sa fin; mais les premiers essais qu'on en fit n'ayant pas été heureux, les soldats se découragèrent de nouveau, et personne n'osa confier sa vie à ces frêles machines. Afin de donner quelque confiance aux plus timides, Larochejacquelein s'élança sur un de ces radeaux; il fut suivi de Stofflet, et, après avoir courageusement lutté contre le courant, tous deux atteignirent sans accident la rive opposée. Quelques centaines de soldats suivent alors cet exemple; la plupart arrivent sans accident sur l'autre bord du fleuve, mais quelques-uns, moins habiles, sont entraînés et périssent. L'armée entière allait néanmoins tenter le passage, quand Westermann, qui voyait sa proie près de lui échapper, simula une attaque du côté de Nantes. La ruse lui réussit: les Vendéens, se croyant pris entre deux feux, abandonnent leurs radeaux et s'enfuient en désordre du côté de Niort, sans plan arrêté, et se dirigeant par instinct vers les lieux où ils pensaient trouver le moins d'ennemis. En l'absence du généralissime, Talmont et quelques autres chefs, étaient parvenus à rassembler 7,000 hommes, seuls débris de cette armée si redoutable deux mois auparavant.

Attaqués à Niort vingt-quatre heures après leur arrivée, les fugitifs, malgré le dénûment dans lequel ils se trouvaient, firent un nouvel effort, repoussèrent les républicains, et, continuant leur désastreuse retraite, ils arrivèrent à Blain le 18 décembre, conduits par Fleuriot, qui fut alors élu généralissime; mais, toujours poursuivis, ils évacuèrent cette place le 21 et se dirigèrent sur Savenay. Madame Larochejacquelein a tracé en ces termes le tableau qu'offrait alors cette malheureuse armée.

« Rien ne saurait exprimer notre désespoir et notre abattement: la faim, la fatigue, le chagrin nous avaient tous défigurés. Pour se garantir du froid ou pour remplacer les vêtements qu'on avait usés, chacun était couvert de haillons. En se regardant les uns les autres, on avait peine à se reconnaître sous toutes ces apparences de la plus profonde misère.

« J'étais vêtue en paysanne ; j'avais sur la tête un capuchon de laine violet ; j'étais enveloppée d'une vieille couverture de laine et d'un grand morceau de drap bleu rattaché à mon cou par des ficelles ; je portais trois paires de bas en laine jaune et des pantoufles vertes retenues à mes pieds par de petites cordes ; j'étais sans gants. Mon cheval avait une selle à la hussarde avec une schabrack en peau de mouton. M. Roger-Moulinier avait un turban et un dolman qu'il avait pris au théâtre de la Flèche ; le chevalier de Beauvoilier s'était enveloppé d'une robe de procureur et avait un chapeau de femme par-dessus un bonnet de laine ; madame d'Armaillé et ses enfants s'étaient couverts d'une tenture de damas jaune. Quelques jours auparavant, M. de Verteuil avait été tué au combat, ayant deux cotillons, l'un attaché au cou et l'autre à la ceinture ; il se battait en cet équipage. »

Exténuée de fatigue et de besoin, l'avant-garde royaliste arriva à Savenay, le 22 décembre à quatre heures du soir. Lyrot, qui la commandait, s'empressa de poser des vedettes et de se retrancher ; il fut bientôt rejoint par le corps de bataille ; mais presque au même instant apparurent les premières colonnes républicaines. Lyrot sort alors de Savenay avec ce qu'il avait de troupes, se retranche dans un bois et commence à disputer vigoureusement le terrain à Westermann et à Kléber. Déjà un bataillon commençait à plier, lorsque Marceau fit suspendre l'attaque. Le feu cesse des deux côtés ; la nuit s'écoule pendant laquelle une pluie gaciale ne cesse de tomber, sans que les deux partis cessent de se tenir l'arme au pied. Au point du jour, la générale bat, et l'avant-garde aux ordres de Kléber et de Westermann recommence l'attaque. Les Vendéens tiennent ferme ; mais pendant qu'ils repoussent à la baïonnette la division Tilly, Westermann et Kléber filent par les hauteurs derrière Savenay et enveloppent les royalistes. Fleuriot, Bernard de Marigny, Donnissant, Beauvollier le jeune et Desessarts, se voyant tournés, se jettent dans les bois, tandis que Lyrot cherche à regagner Savenay ; mais en entrant dans cette place, il se trouve en face de la division Tilly qui aussitôt le charge à la baïonnette et fait de ses soldats un épouvantable carnage. Lyrot se défend en désespéré ; mais, accablé par le nombre, il tombe couvert de blessures. Les républicains traversent alors Savenay au pas de charge. Une partie des Vendéens qui fuyaient se noya dans les marais de Montoire ; d'autres furent pris dans la forêt de Graves, où ils s'étaient réfugiés, et impitoyablement massacrés. Il n'y en eut qu'un très-petit nombre qui parvint à gagner la Loire, à franchir cette périlleuse barrière et à porter dans leur pays natal la nouvelle de la destruction complète de ces terribles phalanges qui avaient mis la République à deux doigts de sa perte.

L'armée vendéenne d'outre-Loire était anéantie ; ceux de ses soldats qui avaient échappé aux républicains victorieux étaient complétement découragés et rentraient dans leurs foyers ; mais il n'en était pas de même de l'armée de la Basse-Vendée, commandée par Charette, et qui n'avait pas cessé de tenir la campagne. Battu à Machecoul par les généraux Haxo et Dutruy, le 2 décembre 1793, le général vendéen essaya de se jeter dans l'île de Noirmoutiers. La marée montante l'ayant empêché d'y pénétrer, et les républicains qui le poursuivaient étant près de l'atteindre, il se dirigea rapidement vers l'île de Bouin, située à sa droite, et attaqua résolument les républicains qui l'occupaient. La résistance de ces derniers fut courte ; maître de l'île, Charette fit occuper par des forces suffisantes les ponts du petit bras de mer qui la sépare du continent, et, se croyant en sûreté, il s'efforça de rétablir l'ordre dans ses bandes.

Mais le général Haxo n'avait pas perdu la trace des Vendéens ; il arriva bientôt devant Bouin, cerna cette île et se disposa à s'en emparer. L'armée républicaine était divisée en trois colonnes qui devaient commencer l'attaque en même temps sur trois points différents. Charette, prévoyant ces dispositions, avait également formé de ses troupes trois divisions qui devaient défendre chacune un des points menacés. L'affaire s'engagea dans cet ordre ; mais bientôt, malgré les positions avantageuses qu'ils avaient prises, les royalistes, cernés par les colonnes républicaines qui s'étaient étendues autour d'eux comme un vaste réseau, n'eurent plus d'autre ressource que celle de s'ouvrir un passage à la baïonnette pour évacuer l'île. Charette n'hésite pas : il fait cesser le feu, rassemble ses plus intrépides soldats, et, se mettant à leur tête, il va se précipiter sur l'armée ennemie. En ce moment un paysan pénètre à travers les rangs, arrive jusqu'au général et offre de le faire sortir de l'île par une issue peu connue, et que les républicains ont négligé d'occuper. Ce pouvait être une trahison ; mais l'heure était venue de tout risquer. Charette accepte, sort de l'île et se dirige sur Châteauneuf et Tourvois, où il arrive après avoir écrasé les partis républicains qui avaient tenté de lui couper la retraite.

Cette affaire avait néanmoins beaucoup affaibli l'armée royaliste : Charette avait perdu ses chevaux et ses bagages, restés au pouvoir des républicains ainsi que six pièces de canon ; il avait eu 300 hommes tués, et il traînait à sa suite un grand nombre de blessés.

Ainsi périt toute l'armée d'outre-Loire ; son désastre, si funeste à la cause royale, inspira la plus profonde pitié pour les victimes qui ne voyaient pas l'abîme où ils s'étaient laissé entraîner.

Telle était la situation des armées belligérantes, lorsque Turreau fut nommé (21 décembre) général en chef des armées de la République dans les départements insurgés. Cet homme violent rejeta les plans des généraux qui l'avaient précédé, et bientôt il alluma, dans les départements de l'Ouest, un incendie effroyable, par l'organisation de douze colonnes, auxquelles il donna le nom d'*incendiaires*, et qui eurent pour mission de parcourir la Vendée dans tous les sens. « On emploiera, disait-il dans l'ordre du jour qu'il adressa à ces colonnes, tous les moyens pour découvrir les rebelles; tous seront passés au fil de la baïonnette ; les villages, métairies, bois, landes, genêts, et généralement tout ce qui peut être brûlé, seront livrés aux flammes. » Au bout de dix jours, ces mesures implacables avaient ranimé sur tous les points la guerre près de s'éteindre. Turreau alors résolut de s'emparer de Noirmoutiers, et il marcha sur ce point, suivi des généraux Tilly et Marceau, qui commandaient un corps de 5,000 hommes.

Peut-être la guerre de la Vendée se serait-elle éteinte, si les terribles exécutions militaires des colonnes justement nommées infernales n'en eussent agité les cendres, et si les exécutions juridiques, plus déplorables encore, que commanda Carrier, n'eussent ranimé le désespoir abattu.

CHAPITRE VII.

Opérations en Vendée. — Opérations sur la frontière du Nord et dans les Vosges. — Opérations sur les Alpes cottiennes et maritimes. — Guerre d'Espagne. — Invasion de la Hollande. — Armée de Sambre-et-Meuse. — Conquête de la Hollande.

On a vu le prodige de nos victoires succédant tout à coup à nos désastres ; la France en présenta bientôt un autre plus étonnant encore. Une famine cruelle, quoique factice, le discrédit causé par la ruine du papier-monnaie, l'armée en dissolution, l'administration détruite par l'anarchie, le gouvernement en butte aux factions et la nation consternée : voilà l'état de la France en 1793.

Jamais année n'eut un aspect plus sinistre. Menacée sur tous les points, attaquée par l'Europe entière, la République semblait devoir succomber.

A quelle cause faut-il donc attribuer ses triomphes inouïs ? A la grandeur du péril qui enflamma la nation, au génie de la liberté qui enfanta des héros, et surtout à l'union intime des soldats avec le peuple.

Pour résister au développement de ses ennemis, la Convention, sans hésiter un instant, décrète la réquisition des jeunes gens depuis dix-huit ans jusqu'à vingt-cinq. La loi n'exempta personne ; dès lors tout le monde courut au-devant de son exécution. Ce n'était plus le brillant enthousiasme de 1792, c'était une détermination forte, inspirée à des citoyens par une loi qui leur rappelait un devoir sacré. Jamais Sparte et Rome ne virent une telle obéissance.

Quatorze armées, composées d'un million d'hommes, se forment de tous côtés ; leurs armes, leur habillement, leur équipement, leurs moyens de subsistance, le matériel immense d'une guerre dans laquelle il fallait faire tête à l'ennemi sur la vaste étendue de nos côtes et de nos frontières, furent créés par une sorte d'enchantement. Le génie des sciences et des arts, appelé au secours de la patrie, enfanta des prodiges ; mais ces prodiges ne pouvaient paraître qu'au milieu d'une civilisation très-avancée et chez un peuple que rien n'étonne, dans les objets qu'il a pu regarder quelque temps et mesurer à son échelle. Deux ressources fécondes alors et taries aujourd'hui, la vente des biens nationaux et l'émission presque illimitée des assignats, secondèrent puissamment le dévouement des citoyens et l'énergie de cette Assemblée terrible qui sauva la France, vainquit la coalition, et ne quitta les rênes du pouvoir qu'après avoir reçu dans son sein les ambassadeurs d'Espagne et de Prusse, premier hommage rendu à l'indépendance des nations et aux miracles de la valeur française.

Pendant l'année 1794, la victoire sembla s'enrôler elle-même sous nos étendards et marcher avec nos bataillons. Pichegru, vainqueur à Courtray et à Hooglède ; Jourdan à Fleurus, s'emparent des Pays-Bas, rejettent les Autrichiens au-delà du Rhin, entrent en Hollande, soulèvent en leur faveur tous les Bataves au cri de liberté. Le Quesnoy, Valenciennes, Condé sont repris. En Espagne, Fontarabie, Saint-Sébastien, Tolosa tombent au pouvoir des Français, et le brave Dugommier meurt au sein d'un triomphe. On compte peu de jours dans cette campagne mémorable qui ne fussent marqués du sceau de la victoire.

Rien ne devait manquer au succès des armes républicaines pendant cette glorieuse période ; les fureurs de la guerre civile touchaient à leur terme, et les dernières lueurs de ce terrible incendie allaient bientôt s'éteindre.

Turreau, comme on l'a vu plus haut, se disposait à attaquer l'île de Noirmoutiers. Instruit de ce projet, Charette, afin d'opérer une diversion favorable à d'Elbée qui commandait dans l'île, se disposa à attaquer Machecoul, et il parut le 1er janvier 1794 devant cette ville, à la tête de 8,000 hommes partagés en deux colonnes. L'avant-garde de la première colonne ayant tourné le château, arriva sur le pont, où la sentinelle fut égorgée avant d'avoir pu reconnaître l'ennemi. Laroberie et de Couetus, qui commandaient la seconde, se jetèrent, à une demi-lieue de Machecoul, sur la route de Nantes, afin de couper la retraite aux fuyards, ce qui n'empêcha pas, toutefois, la plus grande partie de la garnison de se frayer un passage au travers des royalistes, et de gagner Bourgneuf, dont le commandant se replia sur Pornic.

Furieux de cet échec, Turreau ordonna au général Carpentier de reprendre Machecoul sur-le-champ. Carpentier arriva devant la ville le 2 janvier, conduisant deux brigades. La première devait attaquer de front l'ennemi, tandis que la seconde, soutenue par le feu d'un canon et d'un obusier, filerait sur la gauche pour pénétrer dans la place. Charette, bien que surpris au moment où il attendait tranquillement un renfort que devait lui amener La Cathelinière, fit à la hâte ses dispositions de défense ; mais, après quelques instants de combat, se voyant près d'être tourné, il ordonna la retraite.

Epuisés de fatigue par les marches forcées qu'ils avaient faites, les républicains, une fois maîtres de la ville, ne songèrent plus qu'à prendre du repos. Charette l'avait prévu ; aussi s'était-il empressé de réunir des bandes à Saint-Philibert, d'où, sans perdre un instant, il se porta de nouveau sur Machecoul. Bien que ce chef royaliste n'eût guère en ce moment que huit à neuf cents hommes sous ses ordres, il attaqua résolument les républicains surpris à leur tour, et leur enleva d'abord plusieurs postes ; mais Carpentier parvient promptement à rétablir l'ordre ; pendant qu'une de ses brigades soutient le choc, l'autre sort de la ville sur un point opposé et tombe sur les derrières de l'armée vendéenne qu'elle écrase, disperse et met dans la déroute la plus complète. Charette lui-même ne dut son salut qu'à une fuite précipitée.

Tandis que cela se passait, le général Haxo se disposait à attaquer l'île de Noirmoutiers, occupée par 1,800 Vendéens sous les ordres de Pinaud, et dans laquelle s'était réfugié d'Elbée, après la bataille de Chollet, où il avait reçu quatorze blessures. Vingt pièces de canon, de nombreux magasins, des munitions en abondance semblaient devoir rendre difficile la prise de cette île qui ne communique au continent que par une langue de terre ou banc d'une lieue de long, appelé le Goa, lequel, à chaque marée, se couvre de plusieurs brasses d'eau.

Dans la nuit du 4 au 5 janvier, le général Haxo se mit en mouvement avec un peu plus de trois mille hommes, qui furent embarqués en partie sur des frégates et corvettes ; quelques bombardes suivaient, chargées d'une nombreuse et formidable artillerie. Cette escadrille s'approcha de Noirmoutiers et ouvrit contre cette île un feu terrible, tandis que Haxo, à la tête du reste de ses troupes, attendait impatiemment que la marée basse lui permît de passer le Goa. Les batteries de l'île ripostent avec vigueur, et la frégate *la Nymphe* s'étant trop approchée d'une de ces batteries, est criblée de boulets, désemparée, et forcée d'échouer devant l'île. Les Vendéens poussent alors des cris de joie ; mais au même instant une nuée de chaloupes abordent sur trois points différents. L'adjudant-général Jordy, impatient d'en venir aux mains, se jette dans l'eau ; il est suivi d'un certain nombre de ses soldats, et bientôt il va toucher la terre, lorsqu'un coup de feu le renverse ; il se relève, commence l'attaque par la pointe de la Fosse, et enlève une batterie, pendant que le débarquement s'opère sur les autres points.

Le général Haxo étant enfin parvenu à passer le Goa, malgré la vive fusillade que les royalistes dirigent de ce côté, les troupes républicaines se trouvèrent réunies. C'était un premier et important succès ; mais il restait à s'emparer de la ville, défendue par l'élite des Vendéens, et là était la plus grande difficulté, le terrain, coupé par des marais et de larges fossés, ne permettant pas aux assaillants de se déployer. Malgré ces obstacles et le peu de profondeur des colonnes d'attaque qu'il fallait multiplier, les républicains enlèvent à la baïonnette toutes les batteries de la côte, chargent avec fureur les royalistes qui leur disputent le terrain et les poussent vers la ville où ils entrent en désordre. Turreau fait alors sommer le commandant de cette place de se rendre, menaçant, en cas de résistance, de tout passer au fil de l'épée, habitants et garnison, et de raser la ville. Pinaud, effrayé, se rend à discrétion, et les républicains prennent aussitôt possession de la place. Alors

Turreau fait fouiller dans tous les sens l'île que l'escadre tient étroitement bloquée. Rien n'échappa aux vainqueurs : chefs, prêtres, émigrés, femmes, enfants, tout fut pris, amené au quartier-général. Les chefs étaient au nombre de vingt-deux, y compris d'Elbée, qu'on fut obligé d'emporter dans un fauteuil que ses blessures l'empêchaient de quitter. Le même jour, il fut fusillé dans cette position, ainsi que sa femme et quatre autres chefs.

Après la prise de Noirmoutiers, il ne restait plus qu'à faire marcher contre Charette des forces suffisantes, et la tranquillité eût pu être rétablie dans ces malheureuses contrées ravagées par tant de fléaux. Les habitants de la haute et de la basse Vendée soupiraient tous après la paix. Larochejacquelein et Stofflet étaient parvenus, il est vrai, à réunir de nouveau quelques bandes; mais la plupart des hommes qui les composaient n'avaient cédé qu'à la force ou aux menaces; s'ils eussent pu compter sur l'humanité des républicains, rien ne les aurait retenus. C'était l'opinion de Kléber ; il en fit part à Turreau ; mais ce dernier répondit que ce n'était pas là son plan. En effet, le plan de cet homme était, comme nous l'avons dit, de tout détruire au moyen de colonnes mobiles impitoyables nommées à juste titre *colonnes infernales*.

Quarante ou cinquante pionniers devaient précéder chacun de ces corps pour abattre les bois et propager l'incendie, excepté dans treize villes ou bourgs réservés pour servir de cantonnement aux troupes. Turreau appelait cela une promenade militaire, et il avait promis que l'extermination des rebelles et la destruction de la province seraient terminées le 4 février.

Le massacre fut épouvantable ; une ceinture de fer et de feu suivait la marche des républicains; villes, bourgs, chaumières, tout était détruit. Les femmes, les enfants, les vieillards étaient impitoyablement égorgés, même dans les communes opposées à l'insurrection et dont les habitants sans défiance venaient au-devant des assassins, leur offrant des vivres et l'hospitalité.

Ces atrocités ne tardèrent pas à amener le résultat qu'on en devait attendre : les paysans désespérés s'enfuirent par milliers dans les bois impénétrables du Bocage ; de nouvelles bandes surgirent de toutes parts, et la guerre, loin de s'éteindre, se ralluma avec plus de fureur. Larochejacquelein, qui n'avait eu pendant quelque temps autour de lui qu'un petit nombre d'hommes à peine suffisant pour la garde de sa personne, se trouva bientôt encore une fois à la tête de 2,000 hommes, tandis que Gagué et Sapinaud, autres chefs royalistes, qui avaient rassemblé de nombreux détachements, se réunissaient à Charette, dont les forces s'étaient aussi augmentées.

Les royalistes, dans leur nouvelle ardeur, se sentirent bientôt assez forts pour reprendre l'offensive. Le 15 janvier, Charette marcha sur Chancé et battit, près du village des Essarts, deux colonnes républicaines commandées l'une par le général Lachenaie et l'autre par le général Grignon. Continuant sa marche, le chef vendéen enleva, près de Légé, un poste de 800 républicains qui furent presque tous massacrés en représailles des atrocités commises par les colonnes infernales. Turreau commença à s'effrayer de son œuvre, et, voyant que le nombre des insurgés allait grossissant, il s'empressa de se retirer à Nantes.

Le 20 janvier, Larochejacquelein, à la tête de 1,200 hommes, s'était emparé de Chemillé ; trois fois, à la suite de ce premier succès, il s'était trouvé près de Gesté, en présence de la colonne républicaine commandée par le général Cordelier, et trois fois il l'avait forcée à la retraite. Il entra alors dans la forêt de Vezins, d'où il fit des sorties fréquentes et presque toujours heureuses. Le 4 mars, il venait d'obtenir un succès important à Trémentine, et il s'abandonnait avec ardeur à la poursuite des fuyards, lorsqu'il fut tué par un grenadier républicain qui, adossé à un buisson, se défendait courageusement. Larochejacquelein, malgré ses officiers, s'était élancé, en téméraire, pour engager ce brave à se rendre ; le grenadier tenait alors en joue un cavalier qui le serrait de près ; mais ayant entendu nommer le généralissime, il tourna son arme vers ce dernier et l'étendit par terre d'un coup tiré à bout portant. Il tomba lui-même, presque aussitôt, haché de coups de sabre. Les Vendéens enterrèrent leur général et le grenadier dans la même fosse.

Informé de la mort de Larochejacquelein, Stofflet accourut, se fit remettre le cheval de bataille du généralissime, et s'empara du commandement en chef sans que personne osât le lui disputer, se bornant à dire à ceux des officiers qui paraissaient surpris de cette manière d'agir : « Ce n'était pas le Pérou que votre Larochejacquelein. »

Se trouvant dès lors à la tête de 4,000 hommes par la réunion de ses soldats à ceux de Larochejacquelein, Stofflet sentit la nécessité de mériter, par quelque action d'éclat, le commandement dont il s'était emparé, et il marcha sur Chollet, où le général républicain Moulins se trouvait avec 5,000 hommes et 5 pièces de canon. Le 10 mars, les avant-postes de Moulins sont surpris par les Vendéens, qui se précipitent aussitôt sur les retranchements, dans lesquels ils pénètrent de toutes parts. Moulins fait des efforts inouïs pour rallier ses soldats qui fuient dans toutes les directions, et ne parvient à en réunir que la moitié avec laquelle il essaie de rétablir le combat ; mais rien ne semble devoir arrêter les Vendéens. Moulins voit le général de brigade Caffin tomber mort à ses côtés ; presque au même moment, atteint lui-même de deux coups de feu, il est obligé de fuir, poursuivi par les tirailleurs de Stofflet qui sont déjà maîtres de la plus grande partie de la ville. Lancé à fond de train, son cheval va heurter un fourgon chargé de blessés dans une rue de la ville et s'abat. Moulins, affaibli par la perte de son sang et se voyant près de tomber au pouvoir des royalistes, se fait sauter la cervelle d'un coup de pistolet.

Stofflet entre triomphant dans la ville de Chollet, dont les rues avaient été déjà si souvent ensanglantées ; sa victoire était complète et semblait ne pouvoir lui être disputée. Cependant le général Cordelier, qui se trouvait alors à Genesté, ayant eu connaissance de la marche des Vendéens, accourait en toute hâte au secours de Moulins. A mesure qu'il approche de Chollet, il rencontre des fuyards républicains qu'il rallie et dont il renforce sa colonne. Bientôt ces fuyards deviennent si nombreux, qu'il est obligé de se faire jour au milieu d'eux par la force, afin de continuer sa marche. Enfin il atteint les Vendéens lancés à la poursuite des vaincus, les attaque avec vigueur et les refoule sur la ville, où il entre en même temps qu'eux. Ainsi attaqué à l'improviste, Stofflet tente vainement de résister ; ses troupes à leur tour plient et se débandent ; il est forcé d'évacuer la ville et ne parvient qu'avec la plus grande peine à gagner les hauteurs de Nouaillé et à rétablir un peu d'ordre dans ses bandes.

Tandis que cela se passait, Charette mettait tout en œuvre pour grossir ses troupes, évitant tout engagement jusqu'à ce qu'il se crût assez fort pour frapper un grand coup. Le 18 mars, il avait pris position à Venansault, lorsqu'il apprit que le général Haxo s'avançait contre lui à la tête de sa colonne. Se trouvant alors supérieur en forces, Charette résolut cette fois d'accepter le combat. « Amis, s'écrie-t-il en parcourant le front de bandière de sa division, l'ennemi vient à nous parce qu'il nous croit faibles et désorganisés ; montrons-lui que rien n'est impossible aux braves qui combattent pour Dieu et le roi ! » A peine a-t-il pris ses dispositions, que les républicains commencent à paraître. Charette lance aussitôt sa cavalerie contre leur avant-garde, qui est dispersée en un instant. Haxo s'avançait avec son corps de bataille ; à cette vue, la cavalerie vendéenne lancée à la poursuite des fuyards, s'arrête, se reforme et se précipite comme la foudre sur l'infanterie républicaine, qui n'a pas encore eu le temps de se mettre en bataille, et au milieu de laquelle elle jette le plus grand désordre. Haxo au désespoir fait des efforts surhumains pour reformer ses rangs rompus ; il semble se multiplier, et, suivi d'un petit nombre de braves, il parvient à contenir les masses vendéennes ; il allait peut-être parvenir à rétablir le combat lorsqu'une balle lui brisa la cuisse. Il tombe, se traîne à quelques pas, s'adosse à un arbre, et d'un coup de sabre il tue le premier Vendéen qui ose l'approcher ; plusieurs autres sont blessés, et c'est par de nouveaux coups qu'il répond aux sommations de se rendre. On l'entoure alors, les fusils vendéens s'abaissent, et l'intrépide général expire frappé de trois balles à la poitrine. La défaite de la colonne républicaine fut complète.

A la suite de cette affaire, Charette s'étant réconcilié avec Stofflet par l'entremise d'un prêtre nommé Bernier, qui jouissait d'une très-grande influence sur les insurgés, ces deux chefs réunirent leurs forces pour attaquer les républicains à Challans, tandis qu'un autre chef, Bernard de Marigny, s'emparait de Mortagne, et en chassait le général républicain Normand.

Le 30 avril, l'avant-garde vendéenne, commandée par Guérin, se présente devant Challans, où commandait le général républicain Dutruy. Attaqués avec impétuosité, les avant-postes de ce dernier sont culbutés. En même temps Stofflet s'avance par la gauche, tandis que Charette va occuper la route de Machecoul. Dutruy, s'apercevant bientôt qu'il n'a affaire qu'à l'avant-garde des assaillants, s'empresse de faire sortir sa cavalerie qui en un instant a rompu les rangs de Guérin. Celui-ci cherche en vain à retenir ses soldats ; ils continuent à fuir, se jettent sur la colonne de Charette, y portent le désordre et l'entraînent dans leur mouvement rétrograde. Privé de cet appui, Stofflet ne pouvait sans imprudence continuer son mouvement en avant; il ordonna donc la retraite, et s'éloigna, non sans éprouver des pertes assez sensibles en bagages et chariots de vivres qu'il fut forcé d'abandonner, ce qui causa dans son armée une grande pénurie.

Mais tel était l'effet produit par l'atroce système de Turreau que les pertes des royalistes se réparaient comme par enchantement. Sur tous les points l'exaspération redoublait; c'était avec le courage du désespoir que les Vendéens se levaient pour défendre leur vie. On comprit enfin que l'incendie et les massacres étaient de mauvais moyens de pacification; Turreau fut rappelé et remplacé par Vimeux, le 13 mai.

Le nouveau général en chef fit tout d'abord entendre des paroles de paix ; il laissa tranquillement les paysans cultiver leurs terres, rentrer leurs récoltes ; il s'abstint de faire rechercher ceux qui, après avoir pris part à l'insurrection, revenaient dans leurs foyers, et les bandes des chefs vendéens commencèrent à s'affaiblir. Le changement qui s'opérait dans l'esprit des populations ne tarda pas à jeter de la froideur entre les chefs des insurgés. Charette et Stofflet voyant chaque jour diminuer le nombre de leurs soldats, s'avisèrent de trouver mauvais que leur collègue, Bernard de Marigny, eût la prétention de commander en chef dans la Vendée centrale ; ils l'accusèrent de trahison, le firent arrêter par surprise, et le traduisirent devant une sorte de tribunal créé par eux. Charette fut chargé de remplir dans cette circonstance le rôle d'accusateur : il présenta les griefs, et Stofflet qui présidait ce prétendu tribunal, prononça la sentence de mort : Marigny fut fusillé. Un autre chef nommé Joly eut le même sort. Puis Charette et Stofflet se livrèrent à de nouveaux débats, qui n'annonçaient que trop la ruine prochaine et inévitable de la cause royaliste.

Il y eut pourtant encore plusieurs engagements entre les insurgés et les républicains, entre autres la prise du camp de Roulière, que Charette enleva, le 5 septembre, et le camp de Frétigné emporté également par lui le 14 du même mois, et qui fut suivi du massacre des blessés et des prisonniers.

Mais déjà les événements du 9 thermidor avaient changé l'esprit et le système du gouvernement. Les cultivateurs rentrèrent de nouveau dans leurs foyers, et les chefs de l'insurrection ne tardèrent pas à montrer des dispositions pacifiques. Charette lui-même publia dans ce sens une proclamation remarquable. « Citoyens, disait-il dans cette pièce qui mérite d'être conservée, « nous devons tous être convaincus, par deux années d'une guerre désas-« treuse, du funeste effet des scissions entre les villes et les campagnes ; « nos ennemis communs nous en ont fait faire la triste expérience. Nous « sentons tous qu'il faut à ces contrées paix, justice, tolérance et liberté. « Travaillons de concert à rétablir entre nous des communications avan-« tageuses, et ne nous arrêtons pas à discuter les opinions sur lesquelles les « hommes les plus éclairés et les plus sages ne sont pas d'accord. Que notre « réconciliation soit sincère.

« Les Français ont trop de raisons de s'estimer les uns les autres pour « tourner contre eux-mêmes des armes qui ne doivent être dirigées que « contre leurs ennemis. La gloire des armes est une propriété nationale « qu'ils doivent partager en commun. Soyons réunis de cœur et d'affection, « et secondons les efforts généreux de la Convention nationale, pour assurer « la prospérité publique sur des bases immuables, et réparer les maux d'une « trop longue tyrannie.

« Les scélérats seuls ont intérêt à prolonger le désordre et l'anarchie ; les « bons citoyens, au contraire, s'estiment, et ils s'entendent pour opérer le « bonheur de la patrie. La malveillance et l'intrigue emploient toutes sortes « de manœuvres pour traverser les négociations de la paix entre nous. Je « vous en préviens : tenons-nous mutuellement en garde contre des efforts « perfides. »

L'autre armée vendéenne, que l'on nommait l'armée des pays-bas ou du centre, fit aussi en même temps une proclamation dans le même esprit.

A la lecture de ces écrits, la Convention tout entière se leva au milieu des applaudissements. Elle vit combien, sous le régime de la terreur, on l'avait indignement trompée sur les sentiments et les vues des Vendéens, et comprit que c'étaient les cruels décrets qu'on lui avait fait rendre qui avaient réduit ces hommes au désespoir. La paix fut résolue et signée peu de temps après à la Jaunaie, le 17 février 1795. Les Vendéens y déposèrent leurs drapeaux, sur lesquels fut écrite cette inscription : *Conquis par la justice et l'humanité.*

Stofflet fut aussi présent à la conférence ; mais, après avoir entendu les propositions, il remonta brusquement à cheval, et partit sans autres explications. Il réunit à lui tout ce qu'il y avait de déserteurs, de non propriétaires, d'hommes vivant de la guerre, et n'ayant rien à espérer de la paix. Quelque temps encore il se soutint avec des bandes qui portaient toujours le drapeau royaliste. Pour en finir plus vite avec la révolte, les républicains gagnèrent à prix d'or les principaux insurgés du pays.

La pacification de la Jaunaie combla de joie tous les habitants des malheureuses provinces de l'Ouest, dévastées depuis si longtemps par le fer et le feu. La ville de Nantes refusait de croire à une si bonne nouvelle; ce n'est que lorsqu'on vit Charette, à cheval, entouré des généraux républicains, des représentants du peuple et des *bleus*, qu'on osa espérer en des jours plus prospères. Les habitants saluèrent, sur son passage, le chef vendéen en criant : vive la République! vive Charette! Charette, saluant de la main la population de la commerçante cité, parut sincère dans son retour; et, comme il avait su gagner la confiance des représentants, on poussa l'imprudence jusqu'à lui donner le commandement supérieur des gardes territoriales chargées de faire la police du pays, où sa présence pouvait exercer la haute et salutaire influence qu'il conservait, en dépit des plaintes de Stofflet, qui avait déclaré son ancien collègue traître à la cause du roi.

Avant de raconter la violation de la capitulation de la Jaunaie et le drame de Quiberon, qui l'a suivi, reprenons le récit des nouveaux progrès de nos armées.

Au commencement de 1794, l'armée du Nord (150,000 hommes) s'étendait de la mer à la Sambre. Cobourg, à la tête d'une force à peu près semblable, lui faisait face. L'armée des Ardennes, commandée par Charbonnier; celle de la Moselle, par Moreau, et celle du Rhin, par Michaud, étaient opposées à Beaulieu, Blanckenstein, Mœllendorf et le prince de Saxe-Teschen, dont les armées se liaient depuis Namur jusqu'au Rhin. Aux Alpes et en Italie, Alexandre Dumas, Dumerbion et Napoléon tenaient tête aux Austro-Sardes, et les Pyrénées étaient défendues par Dugommier et Maller. Sans compter les garnisons et les dépôts, la République avait sur pied 460,000 combattants effectifs, et les coalisés 450,000.

Près de 100,000 ennemis, sous le commandement de Clairfait, Cobourg, le prince d'Orange, le duc d'York, animés par la présence de François, empereur d'Autriche, étaient rangés autour de Landrecies.

Le premier plan de campagne arrêté par les comités, et remis au général en chef, fut de s'opposer à l'invasion du territoire français, qui s'était effectuée et maintenue depuis la fin de la dernière campagne. Les villes de la Somme, Péronne, Saint-Quentin, étaient menacées; Landrecies investi, et l'on avait *masqué cette trouée* par des corps de troupes disposés depuis Guise jusqu'à Arras. On méditait depuis longtemps une diversion par une invasion dans la Flandre maritime. Le plan de l'ennemi était semblable au nôtre; mais les alliés avaient toutes les circonstances défavorables. Ainsi, en franchissant nos frontières, ils pénétraient dans un pays armé contre eux par la puissance de l'opinion, et ils venaient se heurter contre toute la profondeur d'un territoire couvert d'une immense population, laissant derrière eux des armées, des places fortes dont ils n'étaient pas les maîtres; ils ne pouvaient marcher qu'environnés d'ennemis. Les Français, au contraire, pénétrant dans la Flandre maritime, marchaient dans un pays ouvert, dont toutes les places démantelées par l'empereur Joseph II n'avaient été qu'imparfaitement réparées depuis le commencement de la guerre actuelle. L'armée française pouvait s'avancer, ayant sa gauche appuyée à la mer, et sa droite à l'Escaut; elle trouvait partout les sympathies des populations comprimées par la force, mais prêtes à la seconder; et elle pouvait arriver à Gand, au centre des États autrichiens sans autres obstacles que des armées ayant à couvrir un pays ouvert et sans positions fortes. Les Français, une fois maîtres de Gand, toutes les places et toutes les positions de l'ennemi se trouvaient tournées, prises à revers, et tombaient sans résistance.

Mais le voisinage des armées autrichiennes inquiétait Paris, et le Comité de salut public, obligé aussi de sacrifier à l'opinion, voulut que l'on s'efforçât de faire reculer cette tête de colonne qui s'était avancée dans le territoire français.

Depuis les affaires de Hondtschoote et de Maubeuge, les troupes républicaines avaient presque toujours été battues; elles étaient dispersées, comme nous l'avons dit, en petits camps et en cantonnements, depuis Givet et depuis la Meuse jusqu'à la mer. Pichegru commença à les réunir en plus grands corps autour de Cambrai et de Guise. De part et d'autre on croyait la campagne décisive. Ce fut alors que le Comité de salut public ordonna une attaque pour délivrer Landrecies.

Le général Chapuis avait été chargé de rassembler les troupes du camp de César et des postes voisins. Cette armée, d'environ 30,000 hommes, fut formée sur trois colonnes qui se portèrent sur l'armée du duc d'York, déployée sur les hauteurs en avant de Cateau-Cambresis, entre les villages de Bettencourt et de Ligni. Deux des colonnes françaises attaquèrent, le 30 avril, avec vigueur une redoute défendue par les Anglais; mais la résistance se prolongeant, ces colonnes furent tournées à leur gauche, et se trouvèrent pressées par un corps de cavalerie formidable. Elles prirent néanmoins successivement trois positions en arrière, et, soutenues à la troisième attaque par le corps des carabiniers, elles firent un effort suprême pour rétablir le combat; tout fut inutile : il fallut se résigner à la retraite, qui se fit sur Cambrai, en même temps que Landrecies succombait et ouvrait ses portes à l'ennemi.

Cette ville, longtemps menacée par des forces considérables depuis trois mois, avait été complétement investie le 17 avril. La veille de ce jour une partie des habitants des campagnes voisines s'étaient résolument jetés dans cette place pour concourir à sa défense avec la garnison, forte de plus de 4,000 hommes. Le 25, cette garnison, dans une sortie vigoureuse, avait battu l'ennemi et lui avait enlevé plusieurs postes. Dès le lendemain 26, 100 bouches à feu tonnaient contre ses murs, et une grêle de bombes allumaient de terribles incendies sur divers points. Le 27, le magasin à poudre sauta; l'explosion fut si terrible, que la ville entière se trouva pendant un instant entièrement couverte de débris enflammés, et que le bastion dit *du Moulin* fut complétement détruit. Cent canonniers bourgeois de la ville, qui gardaient et défendaient ce bastion, furent ensevelis sous ses ruines sans qu'un seul échappât à la mort.

Cependant, les assiégés continuaient à se défendre avec courage : les femmes, mêlées aux combattants, relevaient et emportaient les blessés, sans que le spectacle de celles qui succombaient, atteintes par les projectiles ennemis, pût refroidir le zèle et le dévouement des autres.

Tant que la garnison avait pu espérer d'être secourue, elle avait énergiquement refusé toute capitulation; mais dès que le bruit du canon des colonnes de secours eut cessé, sans qu'on les vît paraître et qu'on ne pût plus douter qu'elles avaient été battues, le découragement se manifesta, la place capitula le 30 avril, et la brave garnison fut faite prisonnière.

Les ordres absolus du Comité de salut public avaient seuls décidé Pichegru à ces entreprises sur le centre des ennemis, où leur force était réunie; devenu plus maître de ses mouvements, il commença la grande diversion qu'il méditait depuis longtemps; il appela à lui 20,000 hommes de cette armée qui venait d'être battue, laissant gardées les places de Cambrai, Saint-Quentin et Guise. En même temps, il rapprocha l'armée des Ardennes et la fit joindre par toutes les troupes placées sur la Sambre. Cette armée, commandée par le général Charbonnier, devait agir sur la gauche des alliés, et la contenir pendant les premiers mouvements qui allaient s'opposer à leur droite. Il s'établit là une lutte d'opiniâtreté dont l'avantage fut d'attirer l'attention des généraux alliés : en moins de vingt jours l'armée française passa quatre fois la Sambre pour assiéger Charleroi, et autant de fois fut obligée de la repasser et de reprendre ses positions en arrière. Ces combats, qui furent des batailles, finirent encore par la levée du siége de Charleroi.

Pendant cette fausse attaque, l'invasion s'était opérée dans la Flandre; 30,000 hommes, rassemblés sous Lille, aux ordres du général Souham, et 20,000 hommes commandés par Moreau, se portèrent, par un mouvement secret et hardi, sur Courtray et s'en emparèrent. En même temps, Menin fut investi. Ce plan d'invasion avait été dévoilé aux coalisés par les papiers trouvés sur le général Chapuis, fait prisonnier à Landrecies; et Clairfait, qui commandait l'armée autrichienne vers Tournay, avait reçu un renfort de 10,000 hommes; il essaya inutilement de reprendre Courtray, et y fut battu près de Macrou. Menin fut pris; mais la garnison, composée en partie de Français émigrés, se fit jour l'épée à la main. Ypres tenait encore.

Pichegru ne voulait rien entreprendre sur Tournay, dans un pays de plaine, où la nombreuse et manœuvrière cavalerie de l'ennemi lui assurait trop d'avantage; d'ailleurs, c'eût été attaquer l'ennemi à son centre, lui faciliter les moyens d'y réunir ses forces et de se porter secrètement, en deux marches, sur la Sambre ou sur l'Escaut. Clairfait occupait une position entre la Lis et la mer, couvrant de là Gand et l'intérieur de la Flandre ; mais, séparé de lui par trois jours de marche, on ne pouvait espérer de l'atteindre avant qu'il eût le temps de se retirer et de se réunir à la grande armée. Dans cette position, Pichegru essaya le siége d'Ypres, qui devait rappeler Clairfait pour secourir cette place. Ypres fut investi, et Clairfait ne quitta pas ses positions à Thielt ; alors on fit le siége d'Ypres dans les formes, et l'armée d'observation fut placée à Passchendaele. Clairfait s'avança aussitôt jusqu'à Rousselaër et à Hooglède. Pichegru, instruit qu'il y attendait des renforts, se décida à aller l'y attaquer. Un mouvement combiné sur plusieurs colonnes manqua, l'action ne fut pas décisive ; cependant l'armée resta sur le champ de bataille, et Clairfait fut obligé de reprendre ses positions de Thielt.

Le siége d'Ypres par les Français fut alors poussé avec vigueur. Le 11 juin, le général Moreau fit sommer la place de se rendre ; le général Salis, qui y commandait, ayant répondu qu'il se défendrait jusqu'à la dernière extrémité, un feu terrible fut ouvert contre la place, en même temps que les travaux d'attaque étaient énergiquement poussés. Un incendie des plus violents éclata dans la ville pendant la nuit du 11 au 12, sans que la défense fût interrompue ; de part et d'autre la résolution semblait égale. Le 13, l'armée d'observation fut attaquée par le général Clairfait, qui, ayant reçu d'assez nombreux renforts, se croyait sûr de chasser les Français de leurs positions. Le choc fut d'abord si furieux, que la droite des Français se trouva culbutée en un instant. Le centre, commandé par le général Macdonald, fut attaqué avec la même fureur, sur le plateau d'Hooglède ; mais il maintint héroïquement ses positions, et l'ennemi ne pouvant l'entamer, se vit obligé de reculer. Ce mouvement rétrograde permit au général Winter de rallier l'aile droite et d'y rétablir l'ordre, en même temps que les généraux Salm, Daendels et Jardon accouraient sur ce point avec leurs brigades. La droite des Français reprit alors la position qu'elle avait perdue. La charge bat sur toute la ligne de l'armée française, qui prend résolument l'offensive, et Clairfait est repoussé sur Thielt, d'où il était parti, laissant sur le champ de bataille un grand nombre de morts et de blessés.

Cette action rapide fut néanmoins décisive. L'armée d'observation, désormais inattaquable dans ses positions, permit de pousser le siége d'Ypres avec un redoublement d'activité. Rien n'arrêtait les assiégeants, dont le courage et le dévouement suppléaient à tout ce qu'on ne pouvait se procurer. Le 16 juin, la construction d'une des plus importantes batteries de brèche venait d'être terminée ; mais il s'agissait de l'armer, et les chevaux manquaient pour traîner les énormes pièces qui devaient être placées sur ce point. Le 4ᵉ bataillon du Nord se présente alors et offre de transporter ces pièces. Il fallait parcourir un espace de plus de cent cinquante toises, lentement et sous le feu de la place, dont la violence augmentait à chaque instant. Rien n'intimide ces braves soldats; c'est en chantant qu'il s'attèlent aux canons et les traînent jusqu'à la batterie.

Le lendemain, 17, le feu des Français, bien dirigé, parvient à faire taire celui de la place. La moitié de la ville était en ruines, ses batteries anéanties, ses défenseurs réduits de moitié. Le général Salis, reconnaissant l'impossibilité de tenir plus longtemps, envoya alors un parlementaire à Pichegru pour demander à capituler. La discussion des articles de la capitulation fut longue, très-animée, et plusieurs fois sur le point d'être violemment rompue; mais il fallait, en définitive, se soumettre à la loi du vainqueur, et, le 18, les Français entrèrent dans Ypres, dont la garnison, forte de 6,000 hommes, fut faite prisonnière. La ville avait été abondamment pourvue de toutes choses avant le siége; on y trouva d'immenses magasins de vivres, des munitions de guerre de toute espèce et plus de 100 bouches à feu intactes, qui furent employées par Pichegru à mettre la ville en état de défense.

La prise d'Ypres laissant Pichegru maître de ses mouvements, il reprit l'exécution de son premier plan d'invasion, en suivant le cours de la Lis et de l'Escaut. Une petite rivière, la Mandelle, qui se jette dans la Lis au-dessous de Deynse, offre quelques points de défense par son lit perpendiculaire à celui de la Lis. La première marche y porta l'armée française, et de fortes reconnaissances suffirent pour éloigner Clairfait, qui s'était dirigé sur Vakam à la première nouvelle de la marche de Pichegru sur la Mandelle. Clairfait n'était plus en force; toute l'attention des alliés s'était portée sur la Sambre, où ils obtenaient quelques succès, et où ils venaient de faire lever le siége de Charleroi.

L'armée de la Moselle, commandée par Jourdan, après quelques combats plus ou moins heureux dans le pays de Luxembourg, à Mentzig, à Arlon, s'était emparée de Dinant; elle vint alors se joindre à l'armée des Ardennes, de la Sambre, porta désormais le nom glorieux de Sambre-et-Meuse, et resta sous le commandement de Jourdan, mais aux ordres de Pichegru. Ce fut alors que le siége de Charleroi fut repris sérieusement, et que cette diversion contribua puissamment aux succès de l'entreprise de l'aile gauche de l'armée du Nord.

Après la retraite de Clairfait, on poussa des postes jusqu'aux portes de Gand, et il eût même été facile de s'en emparer; mais, outre que cette ville immense eût exigé une forte garnison, sans assurer davantage la campagne, dont les Français étaient maîtres, Pichegru avait un autre plan, celui de séparer l'armée de Clairfait de la grande armée des alliés, avant de pénétrer dans le pays, et de la détruire en détail, ce qui lui assurait la supériorité de ses forces.

Le siége de Charleroi continuait; la conduite en avait été confiée au général Hatry, et le général du génie Marescot en dirigeait les travaux, que le conventionnel Saint-Just pressait avec toute l'ardeur de son caractère. Dès les premiers moments il voulut absolument que l'on tentât une escalade, bien que l'état de la place et la force de la garnison, qui ne se montait pas à moins de 8,000 hommes, rendissent presque impossible cette entreprise, qui n'eut pas lieu, grâce à la fermeté du général Jourdan.

Foudroyé par le feu des batteries françaises, le commandant de Charleroi répondit à la sommation de se rendre, qui lui fut faite le 24 juin, par la demande d'un délai de trois heures pour tenir un conseil de guerre. On lui accorda un quart d'heure, après lequel le feu recommença avec une nouvelle vigueur. Cette rapidité, cette énergie étaient d'autant plus nécessaires, qu'une armée considérable, sous les ordres du prince de Cobourg, s'avançait à marches forcées pour secourir et délivrer cette place.

Le 25, vers dix heures du matin, le commandant de Charleroi tenta de nouveau de négocier ; il envoya, par un officier supérieur, un projet de capitulation. Saint-Just, à qui il est présenté, le repousse en disant : « Je suis parti en hâte ; j'ai oublié ma plume et n'ai pris que mon épée. »

Effrayé des suites que pouvait avoir une plus longue résistance, et n'osant courir les risques d'un assaut qu'il ne se sentait pas en état de soutenir, le commandant obéit enfin à la sommation qui lui avait été faite et se rendit à discrétion. La garnison sortit de la place avec les honneurs de la guerre et déposa ses armes et ses drapeaux sur les glacis ; les officiers conservèrent leur épée et leurs équipages. Charleroi n'était plus qu'un monceau de ruines.

Le jour même de la reddition de cette place, Jourdan écrivait à la Convention :

« Citoyens représentants, la place de Charleroi s'est rendue ce soir à discrétion ; voilà la seule capitulation que nous ayons voulu adopter. Je ne puis dans ce moment vous donner de plus amples détails ; je sais seulement que la garnison est de 8,000 hommes et qu'il y a 50 pièces de canon. Cette reddition est d'autant plus venue à propos, que je pense que demain nous serons attaqués. L'ennemi s'est réuni en très-grandes forces dans les environs de Nivelle ; il a tiré ses troupes du Cateau et des environs de Cambrai, où, d'après les rapports, il ne reste plus personne. Dans tous les cas, l'affaire sera des plus vives, parce que nous sommes disposés à nous battre en républicains. Je désire être assez heureux pour vous apprendre la nouvelle d'une victoire qui peut être assez décisive pour la conquête des Pays-Bas, en même temps que je vous apprends la prise d'une place. Demain au soir je vous donnerai de mes nouvelles. »

En effet, le canon entendu quelques moments avant la reddition de Charleroi était celui du prince de Cobourg, préludant par de légères escarmouches à la sérieuse affaire qu'il méditait.

Après la reddition de Charleroi, l'armée française avait pris une position demi-circulaire en avant de la place, les deux ailes appuyées à la Sambre, le centre avancé au-delà du bourg de Gosselies et s'étendant vers la gauche par Courcelles, Trazeignies et le long de la petite rivière du Piéton, jusqu'à Fontaine-Lévesque et Marchienne-au-Pont, et vers la droite par Heppeignies, Fleurus et Lambusart. Tout cet espace est coupé de bois et de ravins, et plusieurs postes, compris dans cette enceinte, étaient encore des points de défense.

L'armée des alliés occupait à leur gauche les hauteurs en avant de Fleurus; leur centre s'étendait le long de la chaussée des Romains, et leur droite descendait du village d'Herlaymont, sur les hauteurs qui dominent le cours du Piéton, jusque sur Fontaine-Lévesque. Un corps parti de Namur devait attaquer les postes français sur l'autre rive de la Sambre.

Les dispositions d'attaque du prince de Cobourg, qui commandait l'armée des alliés, la partagèrent en cinq colonnes qui durent agir en même temps sur tout le front de l'armée française.

La première colonne, celle de droite, conduite par le prince d'Orange, fut composée de 24 bataillons et 32 escadrons de troupes impériales et hollandaises. Cette colonne dut attaquer la gauche des Français aux villages de Courcelles et de Forchies, et pénétrer jusqu'au bord de la Sambre pour couper sa retraite sur Charleroi.

La seconde colonne, de 14 bataillons et 16 escadrons, dut attaquer au village de Frasnes. Cette colonne devait ensuite se tenir en mesure et régler ses mouvements sur la troisième colonne, aux ordres du général Kaunitz, forte de 8 bataillons et 18 escadrons, et attendre, pour agir, que la quatrième colonne, de 7 bataillons et 16 escadrons, conduite par l'archiduc Charles, eût commencé l'attaque de Fleurus. Elle devait alors se porter en avant et soutenir les attaques à sa droite et à sa gauche, en se mettant en communication avec les deux autres colonnes.

Le général Baulieu, avec 11 bataillons et 20 escadrons, formait la cinquième colonne, et avait ordre d'agir sur l'extrémité droite des Français postés au village de Lambusard.

Telles étaient les positions et les forces respectives des deux armées, lorsque l'on commença à combattre, le 26 juin, au point du jour.

A l'extrême gauche des Francais, le prince d'Orange se rendit d'abord maître du calvaire d'Anderleus, de Fontaine-Lévesque et s'ouvrit un passage jusqu'au château de Werp, sur leur flanc. Il arriva alors sur la brigade du général Laurier, à qui le général Montaigu venait précisément d'envoyer un renfort. Toutes les manœuvres du prince échouèrent contre ce corps de troupes qui l'écrasa sous un feu terrible. Après avoir fait, dans tous les sens, vingt tentatives inutiles, il se retira vers trois heures après midi sur le calvaire d'Anderleus et ensuite sur celui de Forchies.

Le gros de la gauche, commandé par le général Montaigu, avait eu moins de bonheur. Vivement attaquées, ses troupes s'étaient trouvées, dès les premiers moments, repoussées en arrière de leur position. Quoique ayant ensuite repris un peu d'avantage, elles n'avaient pu se maintenir même assez longtemps pour donner le loisir à un renfort d'infanterie et d'artillerie que leur envoyait à son tour le général Kléber, d'arriver jusqu'à elles ; ce renfort, lorsqu'il se présenta, les trouva déjà en pleine retraite sur Marchienne-au-Pont et Charleroi.

Après s'être emparé du bois de Moucaux, les coalisés se mirent à canonner Marchienne-au-Pont.

Ce fut le général Kléber qui empêcha la défaite totale de cette partie de l'armée, et lui sauva tout au moins la nécessité de repasser entièrement la Sambre.

Vers deux heures après midi, il porta sa division sur les hauteurs du Piéton, d'où il foudroya les troupes ennemies qui, comme nous venons de le dire, canonnaient elles-mêmes Marchienne-au-Pont. Il dirigea en même temps le chef de brigade Bernadotte, avec quelques bataillons, sur le village de Baymont.

Cette double diversion réussit parfaitement. Kléber, remarquant que le feu de son artillerie, supérieure à celle des ennemis, mettait de l'irrésolution dans leurs mouvements, se mit à attaquer leur gauche, et la fit tourner par la brigade du général Duhesme, tandis que Bernadotte poussait leur droite et pénétrait dans le bois de Moucaux.

La division ennemie, engagée fort loin du centre de l'armée à laquelle elle appartenait, privée de l'appui du prince d'Orange, et courant conséquemment le risque d'être enveloppée par toutes les forces de Kléber, se mit alors en retraite. Elle était, à quatre heures du soir, sur les hauteurs de Forchies ; de là, elle gagna le camp de Haine-Saint-Paul et de la chapelle Herlaymont.

Passons maintenant au centre de l'armée française, composée des divisions Morlot, Championnet et Lefebvre. Le second corps du prince de Cobourg, commandé par le général Quasdanowich, après avoir manœuvré sur la route de Bruxelles et s'être rendu maître de Frasne, s'était porté sur la division française aux ordres du général Morlot.

Secondé par la lenteur de quelques troupes qui devaient le prendre en flanc et n'arrivèrent point à temps sur leur ligne de bataille, le général Quasdanowick se fut bientôt emparé de la cense de Brunchaud et de Meltet. Il s'établit ensuite sur les hauteurs de ce village, d'où il canonna le front de la division française placée en avant de Grosselies. Il ne tarda point à faire attaquer en forme cette division pour la débusquer de sa position ; mais la résistance qu'il éprouva le fit revenir à sa canonnade, qu'il continua, non sans une vive riposte, jusqu'au moment où, à la fin de la bataille, il reçut l'ordre du prince de Cobourg de se retirer sur Trois-Bras et du côté de Frasnes.

Ayant fait plier les gardes avancées du général Championnet, le comte de Kaunitz se porta rapidement sur le gros de la division française retranchée entre Saint-Fiacre, Hépignies et Wagnies.

Mais pendant que le général Championnet contenait le général autrichien en front par une vive canonnade, il le faisait tourner par 8 escadrons qui le contraignirent à battre en retraite à une certaine distance, d'où il établit sur la division Championnet un feu d'artillerie comme celui qu'exécutait au même moment le général Quasdanowick contre le général Morlot.

Il vint cependant un instant où le prince de Kaunitz, réuni à l'archiduc Charles, se rendit maître d'Hépignies.

Ce mouvement exécuté, le général Lefebvre ne tarda point à être attaqué en tête et sur son flanc gauche; il le fut même encore dans l'après midi, sur son flanc droit, par une masse d'infanterie qui avait pénétré jusqu'à la cense de Champenaire; mais il résista victorieusement à tous ces efforts, et, sans perdre de terrain, tint tête à ses adversaires jusqu'au moment où ils reçurent l'ordre de se retirer, les uns pour regagner Nivelle, les autres pour marcher contre la division Championnet, qui, sur la fin de la journée, prit l'offensive et rentra dans Hépignies.

Il y eut alors un moment de ralentissement dans le combat. Jourdan en profita pour donner l'ordre au général Hatry de se joindre au général Lefebvre, et de soutenir l'un et l'autre la division Marceau, qui résistait à des forces bien supérieures avec cette valeur héroïque que lui inspirait son brave général.

Déjà cette division se retirait derrière les retranchements qui se trouvaient à sa portée; elle s'y tint quelque temps; se voyant sur le point d'être tournée par une colonne ennemie, son courage commençait à l'abandonner, lorsque de jeunes soldats achevèrent de jeter l'alarme dans ce corps d'armée, en faisant entendre le terrible cri de *sauve qui peut!*

Marceau se jette au milieu d'eux et les ranime par ses discours et son exemple; le feu d'une de nos batteries leur offre sa protection contre la colonne ennemie qui s'avance contre eux au grand trot. Ils se rallient et se précipitant la baïonnette basse au-devant de cette cavalerie autrichienne, elle est forcée de s'arrêter devant ces braves, qui semblaient vouloir payer du sacrifice de leur vie l'hésitation qu'ils venaient de manifester un instant avant.

Dans ce moment même, Lefebvre et Hatry venaient d'opérer leur mouvement sur Lambusart, en venant au secours de Marceau; arrêtés par la colonne de cavalerie autrichienne que Marceau avait en quelque sorte tenue en respect, ils forment leurs grenadiers en potence, et la batterie de douze, établie si à propos sur la hauteur, maltraite si fort les Autrichiens par les nuées de mitraille qu'elle fait pleuvoir sur eux, qu'ils se retirent en toute hâte, en laissant sur la place un nombre considérable de blessés et de morts.

Cependant Cobourg voulut tenter un effort qui devait décider du sort de la bataille. Après avoir rallié les troupes qui avaient été repoussées à Lambusart, et fait sa jonction avec l'archiduc et le comte de Kaunitz, ces trois colonnes autrichiennes s'avancèrent sur deux lignes dans la plaine qui se déploie entre Hépignies et Wagnies, masquant derrière les premiers rangs de leurs soldats toute leur artillerie.

Jourdan, prévoyant ce mouvement et les résultats qu'il devait avoir, donne ordre aux siens de ne faire feu que lorsque l'ennemi sera arrivé à demi-portée de canon.

L'effet produit par cet ordre fut terrible : il mit la confusion dans tous les rangs des trois colonnes ennemies. Elles revinrent cependant deux fois à la charge, mais toujours inutilement. La dernière attaque fut la plus meurtrière pour les deux partis. Irrités par les obstacles et devenus plus furieux par la résistance que les Français leur opposaient, les Autrichiens bravaient les dangers avec une impassibilité que ne surpassait en rien la valeur française.

Dans ces attaques consécutives et meurtrières, l'artillerie tirait de part et d'autre avec tant de vivacité, qu'il était impossible de distinguer les coups. Des obus enflammèrent des blés et les baraques du camp; il semblait qu'on combattait dans une plaine de feu. Au milieu de cet incendie général, un obus éclate au milieu d'un parc de caissons ; plusieurs sautent avec un fracas épouvantable. Quelques bataillons, enveloppés d'un nuage de flamme et de fumée, épouvantés par ce spectacle terrible, demandent l'ordre de la retraite. *Non!* dit Jourdan, qui dans ce moment combattait à leur tête, *point de retraite aujourd'hui!*

Ces mots retentirent dans tous les cœurs et exaltèrent tous les courages. Electrisés par l'héroïque ardeur de leur général, les Français se précipitent une dernière fois sur les Autrichiens et les mettent en désordre. Dans tous les rangs on entend le soldat s'écrier : *Point de retraite aujourd'hui!*

Ces cris furent ceux de la victoire. Dès ce moment, les Autrichiens se mirent en pleine retraite. Il était six heures du soir; l'armée ennemie se retira sur Nivelles, d'où elle porta un de ses corps d'armée à Rœulx; le second à Mont-Saint-Jean, et le troisième à Braine-le-Lend, situé à l'entrée de la forêt de Soignies.

Ce fut le comte de Kaunitz, à la tête de son infanterie, et le prince de Lambesc, émigré français, à la tête des carabiniers, qui couvrirent la retraite de l'armée ennemie. Les Autrichiens perdirent, à cette bataille, 10,000 hommes, parmi lesquels il n'y eut qu'un petit nombre de prisonniers. Peu de pièces de canon leur furent enlevées; mais presque tous leurs drapeaux nous restèrent. Notre perte ne dépassa pas 6,000 hommes tués ou blessés, et nous ne laissâmes pas de prisonniers.

Le général Jourdan employa, dans cette importante affaire, un ballon retenu par des cordes, pour observer les mouvements de l'ennemi pendant l'action; l'aéronaute qu'il avait placé en sentinelle dans la nacelle, lui faisait connaître à mesure les points sur lesquels l'ennemi faiblissait, et les endroits où la situation des Français demandait que l'on portât des secours.

La vue de cette machine jeta l'épouvante parmi les soldats autrichiens, quand ils virent à quoi elle servait; on les entendit, usant d'un sobriquet qu'ils donnaient aux soldats français, s'écrier plusieurs fois avec terreur : *Carmalogues en bas! carmalogues en haut! carmalogues partout! nous sommes perdus!*

L'armée française bivouaqua sur le champ de bataille dont elle était restée maîtresse. Deux jours après, Jourdan marcha de nouveau à l'ennemi, qu'il atteignit et battit au Mont-Palisel. Cette position couvrait Mons; sa prise décida du sort de cette place; elle se rendit le même jour 11 juillet. Tous les postes occupés sur la même ligne par l'ennemi se trouvèrent alors dépassés, et tombèrent d'eux-mêmes: Saint-Amand, Marchiennes, Dinan, furent évacués, et les alliés forcés de réunir leurs troupes pour couvrir Bruxelles, menacé à la fois par deux armées républicaines, abandonnèrent nécessairement à leurs propres forces les places importantes qu'ils avaient conquises sur la frontière : Valenciennes, Condé, le Quesnoy et Landrecies.

Les premiers mouvements de Pichegru forcèrent bientôt l'évacuation de Tournay; et il ne resta plus dès lors aux alliés une seule position sur toute la ligne qu'ils occupaient en force peu de jours auparavant.

Soumis aux ordres du Comité de salut public, Pichegru laissa encore une partie de son armée pour achever le siége des places maritimes. Le général Moreau fut chargé de ces opérations. Nieuport capitula. Il mit ensuite le siége devant le fort l'Ecluse, qui ferme une des embouchures de l'Escaut, et tient la clef des inondations. Pour en achever l'investissement, il fallait s'emparer de l'île de Catzan, au-delà du bras de mer où le fort l'Ecluse est situé. On ne pouvait y parvenir que par une digue que les eaux et une forte batterie défendaient, ou par l'ancien détroit de Colysch. On avait peu de bateaux; les troupes passèrent à la nage, et mirent en fuite celles qui défendaient le rivage opposé. On prit l'île de Catzan, 90 pièces de canon, beaucoup de munitions et 200 prisonniers.

Pendant ces opérations, l'armée du Nord s'était mise en mesure de rendre décisifs les avantages que l'armée de Sambre-et-Meuse venaient de remporter.

Pichegru partit de Bruges, et marcha vers Gand.

Clairfait, trop inférieur en forces, avait successivement replié ses positions de Thielt à Deynse, et tâché de couvrir le pays entre la Lis et l'Escaut; mais le système de tactique moderne, cet art militaire des armées germaniques, qui consistait surtout dans le choix des positions, dans l'ensemble des mouvements rapprochés et soutenus l'un par l'autre, se trouvait complétement déjoué. Ce système qui avait résisté aux promptes manœuvres des armées du grand Frédéric, ne trouvait plus son application contre les mouvements rapides et combinés de deux armées qui occupaient en même temps tous les postes sur un front de quarante lieues de développement; qui marchaient de front et ensemble, ne tenant que les positions militaires, et se rendant ainsi maîtres des intervalles sans les occuper; mais qui, pénétrant toujours par le point où l'ennemi se trouvait faible, dépassait ses positions partout où il était nécessaire de le déposter; cette tactique, mise en œuvre par le génie des chefs et par la valeur des soldats, assurait les succès.

Après la retraite de Fleurus et l'évacuation de Tournay et de Namur, l'armée des alliés n'ayant plus d'appui à ses ailes, se trouva forcée de prendre des positions rétrogrades qu'elle ne pouvait soutenir, parce que ces positions se trouvaient toujours dépassées et tournées au loin par les marches des corps détachés de l'une ou de l'autre aile des armées républicaines. En quittant la position de Nivelles, Cobourg en prit une à l'entrée de la forêt de Soignies qui couvre Bruxelles, et offre des moyens de défenses locales.

L'avant-garde de Jourdan y eut un engagement long et meurtrier, dont le résultat fut la retraite de l'ennemi sur Bruxelles, qu'il évacua le même jour, et dont Pichegru fit prendre possession par son avant-garde.

Les mouvements des deux ailes de son armée se concentraient en se rapprochant. Ce fut un corps de l'armée de Sambre-et-Meuse qui envoya une garnison à Bruxelles. L'aile gauche des Autrichiens, commandée par Beaulieu, s'était retirée en même temps entre Tirlemont et Judoigne; le reste de l'armée de Cobourg, avec les troupes anglaises, prit position derrière le canal entre Malines et Louvain.

L'armée de Pichegru, partie de Gand, campa à Alost, puis à Assche, et prit position derrière le canal de Vilvorde.

Les communications se trouvèrent ainsi ouvertes et établies entre les deux ailes de cette armée qui, partant un mois avant des deux points extrêmes de sa position, Dunkerque et Philippeville, venait se réunir par une suite de combats et de marches, tels que l'histoire militaire de l'Europe n'en offrait pas un autre exemple.

Le 15 juillet, les deux armées étaient en présence, et séparées seulement par le canal de Malines. Pichegru avait passé le canal de Vilvorde, et pris position en avant de cette ville. Malines était occupé par les troupes anglaises et hollandaises; elles bordaient le canal jusqu'à Louvain. Cette position était la dernière qui défendait Anvers et le reste des Pays-Bas. Pichegru attaqua ce poste, qui fit une longue et opiniâtre résistance. Un grand nombre de soldats français, impatients de joindre l'ennemi se jetèrent dans le canal et le passèrent à la nage près de Malines; ils s'emparèrent du bord opposé, et cette action audacieuse donna le moyen de jeter plusieurs ponts. L'armée passa alors, et s'empara de Malines.

Tandis que cela se passait, Kléber se portait sur Louvain, en même temps que les généraux Lefèvre, Dubois, Championnet et Morlot faisaient un mouvement sur la Dyle, vers Jodoigne. La montagne de Fer, en avant de Louvain, était occupée par les Autrichiens, qui semblaient disposés à défendre vigoureusement cette position. Kléber n'en mit que plus d'ardeur à les attaquer, et, le 15 juillet, à huit heures du matin, les Français abordèrent l'ennemi avec tant d'impétuosité, qu'en un instant la position fut emportée. Aussitôt après Louvain fut attaqué; on en brisa les portes à coups de hache, et nos soldats se précipitèrent dans les rues de la ville où le combat s'engagea avec fureur. Retranchés dans les maisons, les Autrichiens faisaient sur les assaillants un feu des plus meurtriers; mais rien ne put arrêter nos soldats : ils pénétraient dans les maisons et s'y battaient corps à corps; le sang coulait dans les ruisseaux; le pavé était jonché de cadavres. Enfin, après s'être longtemps défendus, les Autrichiens évacuèrent la ville, où ils furent obligés de laisser la garnison de Landrecies qu'ils avaient faite prisonnière et emmenée dans la place qu'on leur enlevait.

Le lendemain, 16 juillet, Jourdan, à la tête de l'aile droite de son armée, se présentait devant Namur. La garnison de cette ville était nombreuse; une artillerie formidable garnissait ses remparts; mais la rapidité de la marche des Français, l'audace qu'ils avaient montrée dans les derniers engagements, avaient jeté le découragement dans les armées alliées, et il suffit de quelques coups de canon pour que Jourdan pût entrer victorieux dans cette place, qui avait, autrefois, arrêté si longtemps les armées de Louis XIV.

Poursuivant ses succès, Jourdan entrait dans Liège le 27, tandis que Kléber s'emparait de Maestricht. Cobourg repassa les ponts de cette dernière ville dix-sept mois après les avoir franchis victorieux et marchant à la conquête de la France. Il rangea son armée, forte encore de soixante à quatre-vingt mille hommes, sur la Meuse, de Ruremonde à Liége, et sur l'Ourlhe et l'Ayvaille, de Liége à Durbuy et Sprimont, après quoi il remit le commandement à Clairfait.

Jourdan, avant de pousser plus avant, voulut assurer ses derrières; il suspendit ses opérations pendant que les places fortes du Nord et de la Flandre maritime étaient assiégées.

On avait laissé le général Charbonnier devant Valenciennes, Condé, le Quesnoy et Landrecies. Le Comité de salut public, voulant profiter de la victoire de Fleurus, avait ordonné l'attaque immédiate de ces places. La

Convention fit plus : sur le rapport de Carnot, elle rendit un décret portant que ces places seraient sommées de se rendre à discrétion, et que, en cas de refus dans le délai de vingt-quatre heures, les garnisons ennemies qui les occupaient seraient passées au fil de l'épée.

Les Français assiégeaient Landrecies depuis dix jours, lorsque, le 13 juillet, Schérer vint remplacer sous cette place le général Ferrand, malade, à la suite des fatigues qu'il avait éprouvées. Les batteries de siège ayant été terminées dans la nuit du 15 au 16, un feu terrible fut aussitôt ouvert contre la ville. Quelques heures après, Schérer envoie sommer le commandant de la place de se rendre à discrétion, et lui donne en même temps connaissance du décret de la Convention, lui déclarant qu'en cas de plus longue résistance ce décret serait mis à exécution dans toute sa rigueur. Le commandant intimidé n'ose assumer la responsabilité d'une si épouvantable catastrophe, et Landrecies rentre au pouvoir des Français.

Après ce succès, Schérer marcha sur le Quesnoy. La prise de cette ville lui fut moins facile que celle de Landrecies. Au décret de la Convention qui lui fut envoyé avec sommation de se soumettre, le commandant répondit : « Une nation n'a pas le droit de décréter le déshonneur d'une autre. Quels que soient les succès des armées françaises, mon intention est de défendre mon poste de manière à mériter l'estime de celui qui me l'a confié, et même celle de la nation française. »

Le siége suivit son cours. Dans la nuit du 7 au 8 août, un incendie considérable, allumé par les bombes françaises, menaça la ville d'une complète destruction. Le commandant néanmoins continua à se défendre héroïquement, et pendant trois jours encore la garnison fit des prodiges de valeur. Enfin, touché du désespoir des habitants dont la plupart des maisons n'offraient plus qu'un monceau de ruines, le commandant autrichien envoya deux parlementaires à Schérer, le 11 août. Mais le général ne pouvait rien décider sans l'assentiment du commissaire de la Convention qui était près de lui, et ce dernier renvoya les parlementaires sans vouloir ouvrir le message dont ils étaient porteurs.

Dès ce moment, le feu des assiégeants redoubla de violence. Le 12, deux officiers supérieurs autrichiens arrivèrent de nouveau au quartier-général des Français. « Le brave commandant de la place, disent-ils, consent à se rendre à discrétion, mais à condition que le décret de la Convention sera regardé comme non avenu. » Ils ajoutèrent qu'étant eux-mêmes les principaux auteurs de la résistance, ils étaient prêts à faire le sacrifice de leur vie pour assurer le salut de la garnison.

Schérer était doué de trop nobles sentiments pour n'être pas ému par un si beau dévouement ; il expédia aussitôt un courrier pour Paris, porteur d'un message dans lequel il représentait au Comité du salut public l'impossibilité d'exécuter le décret dans toute sa rigueur. En attendant la réponse à ce message, le siége continua; mais Schérer fit modérer le feu de ses batteries, malgré le commissaire conventionnel qui insistait pour que l'attaque redoublât de vigueur.

Le 15 août, Schérer reçut la réponse du Comité; elle portait que la garnison du Quesnoy n'ayant pas eu connaissance du décret, elle n'en devait pas subir la rigueur; mais elle ordonnait en même temps à Schérer de faire arrêter le commandant de la place et les officiers supérieurs coupables d'avoir laissé cette garnison dans l'erreur à ce sujet, et de les envoyer à Paris.

La place se rendit, et le vainqueur, à son grand regret, envoya sous escorte à Paris les braves officiers dont il admirait le courage. Heureusement, depuis la chute de Robespierre, la Convention tenait un peu plus compte de la vie des hommes, et les prisonniers en furent quittes pour la perte momentanée de leur liberté.

Maître du Quesnoy, Schérer se porta sur Valenciennes occupée par les Autrichiens, qui en avaient réparé les fortifications, et dont la garnison s'élevait à 5,000 hommes. Cette fois le commissaire conventionnel, qui accompagnait le général, sentit la nécessité de s'humaniser, en présence des obstacles qu'il fallait vaincre pour se rendre maître de cette place, et avant de faire signifier à la garnison le terrible décret de la Convention, il écrivit lui-même à cette dernière pour tâcher d'obtenir qu'on se bornât à bloquer la ville jusqu'à ce que la famine forçât la garnison à se rendre.

« Supposez avec moi, disait-il, que la garnison de Valenciennes s'obstine dans la résolution de braver la mort, ce siége alors deviendrait terrible, nous y perdrions beaucoup de monde, notre artillerie s'y abîmerait, et nous serions obligés d'y consommer des munitions immenses. Dans ce cas, ne serait-il pas plus avantageux pour la République de tenir cette forteresse étroitement bloquée, en se fortifiant vigoureusement autour d'elle? Cette mesure rendrait disponible notre armée, qui se porterait, suivant vos ordres, sur les points que vous indiqueriez. »

La Convention demeura inflexible; elle répondit par l'ordre formel de sommer la place, de signifier le décret à la garnison et de pousser les travaux du siége avec la plus grande activité. Schérer alors, qui avait conservé près de lui, comme prisonnier, un des officiers supérieurs de la garnison du Quesnoy, eut l'heureuse idée d'envoyer au commandant de Valenciennes cet officier accompagné du général Barbou, avec mission de faire connaître au conseil de défense de la ville le décret de la Convention, et les terribles conséquences qui résulteraient d'une défense que l'impossibilité de tout secours rendait inutile.

Intimidé par les menaces du décret, le commandant offrit de rendre la place à condition que la garnison en sortirait avec les honneurs de la guerre, et qu'elle demeurerait libre sur la simple promesse de ne pas servir contre la France pendant un an. Schérer n'osant prendre sur lui d'accéder à cette proposition, envoya de nouveau un courrier à Paris, ce qui n'empêcha pas que les travaux du siége fussent poussés avec la plus grande activité par le général Marescot, qui en était chargé. En même temps, on enlevait aux Autrichiens, après un combat sanglant, le village d'Anzin et tous les ouvrages avancés qu'ils occupaient de ce côté. On se battit encore avec fureur pendant quelques jours, mais enfin, le 27 août, arriva la réponse de la Convention, qui, cette fois, était empreinte de la plus grande modération; elle portait que la place de Valenciennes serait remise aux troupes de la République française; que la garnison serait prisonnière, que les honneurs de la guerre lui seraient accordés; qu'elle serait sur-le-champ conduite sur les terres occupées par les coalisés, et qu'elle ne pourrait servir contre la France que lorsqu'elle aurait été échangée. Ces conditions furent acceptées, et le 28 août l'armée de Schérer entra dans Valenciennes où l'on trouva 226 canons, des munitions et des vivres en abondance.

Pour achever de chasser l'ennemi de nos frontières du Nord, il ne restait plus qu'à reprendre Condé; Schérer fit sommer le commandant de cette place, le 29, et lui envoya le texte du décret de la Convention, auquel, disait-il, les commandants de Landrecies, du Quesnoy et de Valenciennes s'étaient soumis. Il n'en fallut pas davantage pour amener la reddition de la place.

« Ainsi se sont évanouis comme un songe, écrivait Marescot à la Convention après ces événements, les spéculations ambitieuses que les puissances coalisées avaient faites contre la France. Sous le prétexte de secourir la famille des Bourbons, elles en voulurent dévorer l'héritage. Si l'Empereur n'eût pas armé et combattu pour ses propres intérêts, eût-il dépensé, aux quatre places que nous venons de lui reprendre, des sommes qui se sont élevées à plusieurs millions pour mettre dans l'état le plus florissant leurs fortifications et leurs bâtiments militaires; dépenses qui ont été jusqu'à raser des montagnes qui commandaient leurs remparts?

« Si l'Empereur eût eu l'intention de remettre ces places, n'y eût-il pas établi pour commandants des seigneurs français émigrés? Enfin, eût-il fait graver avec tant de soin ses armes sur toutes les portes? Il est aisé de conclure de tout ceci que les puissances coalisées n'ont pour but, dans la guerre cruelle qu'elles nous font, que de démembrer la France et de se la partager entre elles; mais la constance, le courage, les moyens supérieurs des Français triompheront de tous les obstacles. La première nation du monde ne souffrira point que son territoire soit envahi ou démembré, et, au milieu des orages de la guerre la plus terrible et d'une révolution sans exemple, elle saura maintenir avec calme et liberté le genre de gouvernement qu'elle croira le plus propre à assurer sa gloire et sa prospérité! »

Les armées du Rhin et de la Moselle qui, en 1793, avaient soutenu le choc principal de l'invasion, ne furent appelées, en 1794, qu'à une partie secondaire de la lutte qui se poursuivait à la gloire de la France. Toujours opposées à des forces supérieures, elles restèrent jusqu'au mois de juin sur la simple défensive en face des coalisés qui se bornaient eux-mêmes à se maintenir dans leurs positions avec une réserve prudente. Le 5 juillet, le général Michaud, ayant reçu un renfort de 10,000 hommes, aborda enfin l'ennemi à Fraischbach, à Spire, à Haimbach, et l'en chassa par des prodiges de valeur.

Nos légions victorieuses marchèrent ensuite sur Tripstad, le plateau de Platzberg, occupé par les Prussiens : cette montagne élevée semblait inexpugnable par les retranchements et les batteries dont elle était couverte : l'ennemi ne faisait même aucune disposition pour la défense, et le feu ne commença que lorsque les Français avaient déjà gravi la moitié du mont. Il était trop tard pour repousser les soldats français ; quand ils ne sont pas arrêtés au moment du départ, ils arrivent toujours à leur but. Le plateau fut emporté à Tripstadt : cinq fois l'infanterie républicaine avait été repoussée par une mitraille meurtrière ; mais la division Taponier s'étant emparée d'une redoute sur le flanc gauche de la montagne, les batteries qu'on y établit forcèrent les Prussiens de lâcher pied.

Presque au même moment, les bataillons français entraient dans les autres redoutes au pas de charge, et massacraient les canonniers sur leurs pièces.

A la suite de ces différents combats et d'une affaire à Neustadt, l'armée de la Moselle, toujours commandée par Moreau, recommença les hostilités le 7 août contre les postes de Contz et de Pellingen, qui furent dispersées. Trèves fut sur-le-champ occupé.

Les Français se retranchèrent alors sur les hauteurs de Kayserlautern pour se mettre en mesure contre des forces supérieures ; mais le brave Desaix, qui occupait cette position, n'avait point une artillerie assez imposante, et, malgré des efforts inouïs, il dut l'abandonner. Les généraux Blücher et Karaczay, qui étaient à la tête des corps placés sur ce point, furent bientôt attaqués par les républicains ; ils surprirent les avant-postes autrichiens, et les soldats qu'ils renfermaient furent égorgés. Les alliés, effrayés, se jetèrent dans Kayserlautern ; mais les vainqueurs les en chassèrent, et reprirent les positions qu'ils avaient perdues quelques jours auparavant.

Le 8 octobre, le général Desaix attaqua les alliés sur Franckenthal, qui tomba en son pouvoir, ainsi que Alzay et Oppenheim.

Les jours suivants, Mélas et Narendorf passèrent le Rhin pour prendre position à Andernach ; Mayence se fortifiait, et l'artillerie de Francfort entrait dans la place.

Les armées du Rhin et de la Moselle, réunies entre Bâle et Coblentz, pouvaient dès lors combiner plus aisément leurs mouvements.

Le fort de Rheinfels, défendu par la nature, fortifié par l'art et des batteries nombreuses élevées sur la rive droite du Rhin, fut assiégé et se rendit, quoiqu'il eût pu longtemps résister. — L'officier hessois chargé de la défense fut traduit devant un conseil de guerre pour avoir livré ce poste. Les jours suivants, les Français entrèrent successivement dans Monbach, Weisseneau, et s'avancèrent sur Mayence. L'ennemi fit alors un effort suprême pour arrêter cette marche victorieuse ; mais la redoute de Merlin, qu'il paraissait vouloir conserver à tout prix, fut emportée à la baïonnette.

Ce fut après cette victoire que les armées du Rhin et de la Moselle prirent leurs quartiers d'hiver.

Nos forces au pied des Alpes et dans le comté de Nice s'étaient augmentées de tous les détachements qu'on en avait tirés précédemment pour les siéges de Lyon et de Toulon, et qui étaient devenus disponibles depuis la réduction de ces deux places.

Arrêtée, dans ses diverses tentatives en Savoie et dans le comté de Nice, par Kellermann et Dugommier, l'armée austro-sarde, au commencement de la campagne de 1794, avait repris ses anciennes positions, et depuis les hauteurs du Petit-Saint-Bernard jusqu'au fleuve du Tanaro, ses soldats, échelonnés sur les Alpes, protégeaient les plaines du Piémont. A Turin, tout s'agitait pour augmenter encore les cadres de cette armée et la mettre en état de repousser les Français au-delà du Var.

La prise d'Oneille était depuis longtemps le but vers lequel se dirigeait l'attention de nos généraux. De son port partaient tous les bâtiments corsaires qui interceptaient la communication entre Gènes et Nice, et mettaient obstacle aux approvisionnements de la Provence : c'était la seule place qui permît à la cour de Turin de correspondre encore avec la Sardaigne et les Anglais. L'amiral Truguet l'avait attaquée avec succès par mer en 1792 ; mais depuis la déclaration de guerre de l'Espagne et l'état de faiblesse où languissait notre marine, presque anéantie dans la Méditerranée par la trahison de Toulon, les flottes de la coalition dominaient seules dans ces parages. L'expédition contre Oneille ne pouvait donc s'entreprendre que par terre, et il était impossible d'y parvenir sans entrer sur le territoire de la République génoise, jusqu'alors restée neutre entre les parties belligérantes.

Ce jeune commandant d'artillerie qui s'était distingué devant Toulon, Bonaparte, était, depuis le mois de mars, sous les ordres de Dumerbion avec le titre de général d'artillerie. Après avoir examiné attentivement les positions qu'occupait l'armée, s'être convaincu de l'impossibilité d'attaquer de vive force les Piémontais dans les camps inexpugnables des Fourches et de Raus, fortifiés encore par eux, et où le général Brunet avait inutilement sacrifié précédemment l'élite de son armée, il conçut le projet de contraindre l'ennemi à les abandonner de lui-même. Il s'agissait de le tourner sur sa gauche, et de se rendre maître de la chaîne supérieure des Alpes en s'emparant du Col de Tende. Renvoyé à un conseil où siégeaient Robespierre jeune et Ricord, représentants du peuple, les généraux Dumerbion, Masséna et Rusca, son plan fut adopté.

La même difficulté d'exécution subsistait toujours par rapport à Gênes ; on fit demander le droit de passage au doge, qui refusa. Ne pouvant l'obtenir, on s'en passa. On se rappela que, six mois auparavant, 2,000 Piémontais, partis d'Oneille pour se rendre à Toulon, avaient traversé en armes les possessions de cette République ; on se rappela encore que, le 15 octobre 1793, la frégate française *la Modeste* était amarrée dans le port de Gênes, sous la protection génoise, lorsque des vaisseaux, sortis des ports de la Grande-Bretagne et placés auprès d'elle, lui intimèrent l'ordre d'arborer le pavillon blanc. Sur le refus du capitaine, les Anglais attaquèrent la frégate, massacrèrent une partie de l'équipage, qui, peu préparé à une telle violation des lois de la guerre, n'avait point eu le temps de se mettre en défense.

La Convention irritée, étant alors dans une situation qui ne lui permettait pas de rompre ouvertement avec le doge, dévora son injure ; mais c'en était plus qu'il ne fallait pour légitimer à ses yeux le plan proposé et sa mise en œuvre.

Le 6 avril, tandis que le général Dumerbion, pour distraire l'attention de l'ennemi, faisait emporter d'assaut le camp de Fougasse et tous les postes avoisinant Bréglio, une division de 14,000 hommes se dirige sur le château de Vintimille et s'en empare ; Masséna, à la tête d'une brigade, marche aussitôt sur le mont Tanardo ; le général Macquart franchit la Taggia et se porte vers Monte-Grande. Alors Bonaparte, précédé d'une proclamation pacifique, traverse le territoire génois, rencontre les Autrichiens à Sainte-Agathe, les met en fuite, et le lendemain fait son entrée dans Oneille, où il ne trouve personne pour assister à son triomphe ; car, terrifiés au seul nom des Français, et se rappelant sans doute les excès commis précédemment dans leur ville par l'amiral Truguet, les habitants n'avaient livré que leurs murs aux vainqueurs. Ils y furent bientôt rappelés par la conduite modérée que tinrent, dans cette occasion, les soldats républicains.

De son côté, Masséna s'était emparé de Loano. Le général Mercy-Argenteau, avec 2,500 Autrichiens, tenta en vain de l'arrêter sur les bords du Tanaro, à Ponte-di-Nave ; il succomba sous les efforts de la valeur française. Le même jour, 17 avril, Orméa tomba en notre pouvoir. Garessio capitula le lendemain.

Au bruit de ces victoires si rapides, les Austro-Sardes, comme on l'avait prévu, se hâtèrent d'abandonner les revers des Alpes, où ils n'étaient plus en sûreté. Les généraux Macquart et Masséna, poursuivant leurs succès, investirent Saorgio, place importante par sa position sur la route de Nice à

Turin; et, malgré de formidables retranchements, quoique pourvu d'abondantes munitions de guerre et de bouche, Saorgio ouvrit ses portes devant les Français le 29 avril. Le roi de Sardaigne en fit juger et mettre à mort le commandant, dont la molle résistance avait compromis le salut du Piémont.

Trois mille prisonniers, deux places fortes, 60 pièces de canon, de vastes magasins de munitions de toute espèce étaient les trophées de ces brillantes affaires. Bientôt le col de Tendé fut occupé par les soldats de l'armée d'Italie, qui, maîtres de la chaîne supérieure des monts jusqu'à la vallée de Barcelonnette, purent enfin communiquer avec les premiers postes de l'armée des Alpes.

Celle-ci n'était pas restée oisive pendant ce temps. Secondant le mouvement qui avait lieu sur sa droite, le général Alexandre Dumas, investi du commandement depuis le départ de Kellermann, fit attaquer, par le général Bagdelone, le Mont-Valaisan et le Petit-Saint-Bernard, situés entre la vallée d'Aoste et la Savoie. L'Europe fut effrayée de tant d'audace! Au sein de l'hiver le plus rigoureux, dans des régions où il exerce son pouvoir avec le plus de fureur, nos soldats osent tenter d'enlever des positions jusque-là regardées comme imprenables, même quand la saison peut favoriser les assaillants. Armés du sabre et du fusil, ils vont à travers les glaces et les précipices se heurter contre des remparts indestructibles, hérissés d'artillerie et défendus par des ennemis supérieurs en nombre. Le délire semblait avoir enfanté un tel projet; mais l'impossibilité probable de son exécution en assura elle-même la réussite. Le général Bagdelone, à la tête d'une division résolue à trouver la gloire ou la mort au but de sa course, après avoir foulé pendant deux jours entiers des neiges amoncelées où les pas des chasseurs des Alpes n'eussent point même osé s'imprimer, attaque brusquement le Mont-Valaisan, dont la triple redoute protégeait les hauteurs du Saint-Bernard. Les Piémontais surpris, terrifiés par cette invasion à laquelle ils étaient loin de s'attendre, au milieu du désordre, opposèrent en vain à l'impétuosité française le feu terrible de leurs batteries; les retranchements furent emportés, et la fuite seule put protéger les Austro-Sardes contre leurs vainqueurs. Les républicains se servirent alors des canons ennemis pour foudroyer la chapelle de Saint-Bernard, où s'étaient concentrées les forces royales. Celles-ci, écrasées par leur propre artillerie, abandonnèrent à la hâte ce poste désastreux, et, poursuivis avec acharnement par quelques détachements français, qui parvinrent avec elles jusqu'à la base de ces rochers, elles se virent contraintes d'évacuer encore le petit village de la Thuile, où elles s'étaient réfugiées. Toute la vallée d'Aoste en fut remplie de terreur; déjà l'on tremblait pour la capitale de cette province, lorsque le duc de Mont-Ferrat, fils du roi, jeune prince d'une haute espérance, accourut, secondé par des troupes de ligne et les milices nombreuses du pays, et contraignit cette poignée de braves de se mettre à l'abri sous la protection de sa conquête récente.

Mais des obstacles plus grands peut-être restaient encore à surmonter pour assurer aux Français la tranquille possession de la Savoie. A une égale distance de Turin et de Chambéry, s'élève formidable le gigantesque Mont-Cenis, dont le point culminant domine la vallée du Pô. Là, une double barrière de rochers s'étend d'un côté jusqu'à des montagnes escarpées, et de l'autre se lie à un ravin dont la pente rapide, coupée par de nombreux précipices, descend à Lanslebourg, ville frontière de la Savoie, où des troupes françaises étaient rassemblées. Des redoutes, des tranchées, des batteries, garnissaient ces formidables éminences; la garde en était confiée aux soldats les plus habiles et les plus aguerris de l'armée austro-sarde. Déjà, au mois de février, le général Sarret avait entrepris de s'en rendre maître; mais, vaincus par les frimas, lui et ses braves dormaient sous les avalanches.

Aussitôt que le printemps eut facilité la fonte d'une partie des neiges qui obstruaient les sentiers et couvraient les montagnes, le général Alexandre Dumas tenta de nouveau cette opération périlleuse. Pour en protéger l'exécution, une division de 3,000 hommes, partie de Briançon, franchit le pic de la Croix, s'empara des forts de Mirabouc, de Maupertuis, passa le Mont-Genève, descendit dans les vallées de Bardonnèche et de Césane, prit Oulx (1), Fenestrelles, força le col de l'Argentière et le passage des Barricades, qui assura le point de jonction entre l'armée des Alpes et celle d'Italie.

Alors, sans douter de leur triomphe, pleins de confiance dans le génie de la République et dans l'expérience de leurs chefs, les soldats français s'enfoncent audacieusement dans ces étroits défilés où le souvenir du désastre de Sarret ne les fait point trembler. Séparés en trois colonnes, dont Dumas lui-même, Bagdelone, le vainqueur du Saint-Bernard, et le brave capitaine d'Herbin ont pris le commandement, à la chute du jour, au moment où la lune, apparaissant tout à coup sur un pic neigeux, comme un disque d'argent placé sur un obélisque, éclairait les sommités des Alpes et projetait au loin leurs grandes ombres, ils s'élancent avec fureur contre les trois redoutes principales. Les Piémontais résistent avec courage et se montrent dignes de pareils adversaires. Partout, dans les tranchées, dans les batteries, sur les roches déjà teintes de sang, nos soldats frappent ou meurent. Une lutte horrible s'établit dans les bas défilés où règne encore l'obscurité la plus profonde ; ce n'est qu'aux cris de *vive la République !* que les Français peuvent se reconnaître entre eux : ces cris, mêlés aux cris furieux des Piémontais, au fracas épouvantable et continu de l'artillerie ennemie, s'engouffrant dans les gorges caverneuses, répétés par les échos des monta-

---

(1) *Locellum.* César en parle dans ses *Commentaires.*

gnes, semblent avoir étendu le lieu du carnage sur toute la chaîne des Alpes. En vain nos guerriers, foulant aux pieds les corps de leurs compagnons déjà tombés, cherchent à leur donner encore une part dans le triomphe en s'en servant comme d'échelons sanglants pour tenter l'escalade; en vain Dumas, retrouvant au milieu des glaces toute la chaleur de son sang africain (car une mère esclave lui donna le jour), non content de commander en général, exécute lui-même ses propres ordres et se bat en soldat; la pointe de son épée ne peut atteindre que des rocs et s'y brise. Accablé de son impuissance, des pleurs de rage sillonnent sa figure basanée. Tout à coup, du haut de la redoute principale, un cri de victoire s'élève! Bagdelone, à travers les précipices, secondé des plus valeureux d'entre les siens, avait tourné la redoutable position et s'en était emparé en l'attaquant sur les derrières. En vain les Piémontais crurent encore la résistance possible. Indécis de terreur entre un nouveau combat contre de tels ennemis, ou une fuite nocturne au milieu des rocs, des neiges et des sentiers impraticables, l'épouvante paralysait leur courage. Dominés bientôt à leur tour par les Français, forcés dans leurs autres retranchements par d'Herbin et par Dumas, ils effectuèrent enfin leur retraite en désordre, et le drapeau républicain flotta sur les hauteurs des Alpes depuis le Mont-Blanc jusqu'aux sources du Tanaro.

Tout le matériel des troupes royales était tombé au pouvoir des vainqueurs; 800 prisonniers rehaussaient déjà l'éclat de leur triomphe; le nombre sans doute allait s'en accroître de nouveau; car, cernés sur le sommet d'une montagne, quelques guerriers encore armés ne pouvaient racheter leur vie que par une prompte soumission. Ces derniers combattants ennemis étaient des Français transfuges de leur patrie et réfugiés en Savoie à l'époque où Montesquiou s'empara de ce pays. Perdant tout espoir d'échapper aux soldats républicains, ces imprudents émigrés, sachant trop qu'épargnés par ceux-ci, leur vie n'en était pas moins proscrite dans leur pays, résolurent du moins d'être libres dans le choix de leur mort et le genre de leur supplice. Ils atteignirent les cimes les plus escarpées du rocher qu'ils occupaient, mesurèrent la profondeur des précipices ouverts sous leurs pas, brisèrent leurs armes, s'élancèrent, et bientôt un dernier cri de *vive le roi!* se fit entendre jusque dans le fond des abîmes. Surpris de cette clameur étrange pour eux, les vainqueurs allaient y répondre par un cri de *vive la nation!* un sentiment d'humanité et de piété enchaîna leurs voix; une émotion douloureuse resserra leurs cœurs, et par un mouvement unanime, spontané, les baïonnettes et les drapeaux républicains s'abaissèrent silencieusement en signe d'hommage, et saluèrent ceux qui du moins savaient mourir!

La faiblesse numérique de nos soldats les força de ralentir leur offensive. Après un grand nombre de marches, de contre-marches et d'attaques partielles où ils atteignirent presque toujours le but qu'ils s'étaient proposé, une affaire plus décisive eut lieu.

Vers le mois de septembre, une division autrichienne, aux ordres du général Wallis, menaça d'occuper Savone, ville appartenant à la république génoise. Une division anglaise devait, pour le seconder, débarquer à Vado, où, depuis la prise d'Oneille, se réfugiaient tous les corsaires, jaloux d'interrompre les moyens de commerce de Gênes à Marseille. Le but de cette double expédition était d'épouvanter le doge et de le contraindre à se déclarer contre la France.

Victor-Amédée voulait se hâter d'agir; l'Allemagne n'avait encore fourni qu'une faible partie des forces qu'elle s'était engagée à faire passer dans le Piémont par le traité de Valenciennes. Le roi craignait que les Français, en poursuivant leurs avantages, franchissant les Apennins, n'envahissent enfin le Piémont par la route de Dégo et de Cairo. Les Autrichiens, rassemblés dans les environs d'Alexandrie, reçurent l'ordre d'occuper les places de Carcare, Millesimo, Cossaria et Cairo, tandis que les Français semblaient se concentrer vers Loano et Finale.

Dumerbion prévit les conséquences de ces mouvements, et se hâta d'y mettre obstacle en attaquant les Austro-Sardes dans leur camp fortifié de Dégo. Dans la nuit du 20 septembre, il avait réussi dans son entreprise, les avait chassés de leurs positions, et campait lui-même sur les hauteurs de Cairo, dont il venait de s'emparer.

Le lendemain, dès l'aurore, il put apercevoir devant lui l'armée des coalisés, partagée en deux grandes divisions, dont l'une, formant l'avant-garde, garnissait les hauteurs de Colletto et se prolongeait jusqu'aux vallées de Carpezzo. Une nombreuse artillerie couronnait toutes les positions environnées de forts retranchements; le corps d'armée manœuvrait déjà avec ordre et s'étendait majestueusement depuis les hauteurs de Bosco jusqu'à celles de Brovida. Aux extrémités des deux ailes, les monts de Cerretto et de Vallaro, occupés par des bataillons de Croates et de chasseurs, protégeaient les flancs des Austro-Sardes : ils acceptaient la bataille.

En l'absence de Dewins, le général autrichien Wallis avait le commandement. Sous les ordres de Dumerbion, les généraux Masséna et Laharpe dirigeaient les soldats de la République, divisés en trois colonnes. La première, secondée par 500 cavaliers, les seuls que pût compter l'armée française, attaqua l'importante position de Colletto, tandis que les deux autres se portaient vers le mont Vallaro et les sommités qui dominent la route de Cairo. L'artillerie redoutable des Autrichiens paralysa longtemps les efforts des Français, tour à tour assaillants et assaillis. Des cris de victoire retentissaient alternativement dans les deux armées, dignes l'une de l'autre par leur valeureuse ténacité. Enfin, après un jour de combat, après vingt assauts furieux, quoique ébranlés, écrasés par les batteries autrichiennes auxquelles ils ne pouvaient riposter, les Français s'emparèrent des retranchements de Colletto, et dès lors la chance sembla tourner en leur faveur. Cependant les confédérés combattaient encore, et la nuit seule put mettre fin à cette lutte acharnée. Le général Wallis profita de l'obscurité pour se retirer sur Acqui, ville du Piémont, située sur la rive septentrionale de la Bormida.

Privé de sa cavalerie, qui alors cherchait sur les bords du Rhône à se refaire de ses fatigues et de ses privations, le général Dumerbion n'osa brusquer une entrée en Italie qui eût attiré sur sa faible armée toutes les forces autrichiennes et piémontaises. Il laissa l'ennemi s'éloigner, fit lui-même un mouvement rétrograde et se retira du côté de Vado, d'où les Anglais étaient partis et où il se fortifia. De cette position, aidé du général Bonaparte, il fit armer les côtes, élever les redoutes pour protéger les bâtiments républicains, pour interrompre les communications entre les flottes de la Grande-Bretagne et l'armée des confédérés, pour maintenir les relations commerciales de Marseille avec Gènes, et retenir cette dernière dans les liens de sa neutralité. L'affaire de Cairo, importante par ses résultats, termina la campagne de 1794.

Au commencement de cette même année, l'armée espagnole, comme on l'a vu, inondait le Roussillon, occupait Collioure, Bellegarde et toutes les places fortes du pays, et menaçait Perpignan. Dans ces circonstances fâcheuses, le Comité de salut public crut devoir donner le commandement supérieur de l'armée des Pyrénées au général Dugommier, déjà célèbre par ses succès dans les Alpes, et plus encore par la reprise de Toulon. Dugommier prit d'abord le Tech pour limites, et repoussa tous les postes espagnols au-delà de cette rivière. Il avait reçu l'ordre du Comité de salut public de prendre l'offensive et d'attaquer Port-Vendres et Collioure; mais, ayant reconnu que ce plan était vicieux, il résolut de commencer ses attaques par le camp de Boulou. En conséquence, il fit faire, le 30 avril, sur toute la ligne des Espagnols, une attaque générale, dont le résultat fut l'enlèvement de plusieurs redoutes et positions importantes. Le lendemain, 1er mai, il fit marcher ses troupes contre le camp de Boulou, que les ennemis évacuèrent dans le plus grand désordre, après un combat dans lequel les républicains déployèrent une intrépidité et un dévouement dignes des plus grands éloges. Pour mettre à profit la victoire qu'il venait de remporter, Dugommier donna au général Augereau l'ordre de remonter la vallée du Tech et d'aller attaquer les Espagnols sur la Mouga. La prise de Saint-Laurent fut le fruit de cette expédition d'autant plus avantageuse qu'elle procura aux Français beaucoup d'effets d'habillement, et toutes les ressources d'une fonderie qui approvisionna l'armée d'une quantité considérable de projectiles.

Après la prise de Saint-Laurent, Dugommier redoubla ses préparatifs pour le siége de Bellegarde, de Collioure et des autres places françaises occupées par les Espagnols. Les succès obtenus jusqu'alors avaient eu pour résultat de chasser les ennemis d'une partie du Roussillon, et de les forcer de laisser ces mêmes places à découvert. Vers la fin du mois de mai, Dugommier, jugeant que le moment était venu de tenter la reprise de Saint-Elme, Port-Vendres et Collioure, fit attaquer ces trois forteresses, qui tombèrent successivement au pouvoir des républicains. Les travaux que nécessitèrent les siéges de ces diverses places furent très-difficultueux; mais Dugommier, donnant lui-même l'exemple à ses troupes, était parvenu à vaincre tous les obstacles. La reprise de ces forteresses fut terminée le 29 mai, et la reddition des armes fut faite par les Espagnols au village de Banyuls-la-Maizo (1).

Dans une sortie combinée qui avait été faite, le 16 mai, par les garnisons des trois places, Dugommier fut blessé, et il fût même tombé au pouvoir des Espagnols, sans le dévouement des soldats d'un bataillon du 28e régiment de ligne, qui se firent presque tous tuer à ses côtés en le défendant. Aussitôt après la prise de Collioure, Dugommier forma le blocus de Bellegarde, place qui, par sa position, est regardée avec raison comme une des clefs de la France dans cette partie de nos frontières. Il employa, tant à ce blocus qu'au corps d'observation, environ 35,000 hommes. De leur côté, les Espagnols avaient à peu près 60,000 hommes, dont 45,000 campés aux environs de Figuières, et 15,000 près de Puycerda; mais, ayant été battus, le 13 août, à Saint-Laurent-de-la-Mouga, ils avaient été obligés de se retirer avec perte, et de renoncer à secourir Bellegarde. Cette place, ainsi abandonnée à ses propres forces, n'en tint pas moins jusqu'au 18 septembre, jour où elle se rendit. On y trouva 66 bouches à feu et 40 milliers de poudre.

Le général espagnol comte de La-Union, n'ayant pas pu empêcher la reddition de Bellegarde, prit position entre cette ville et Figuières, avec 50,000 hommes. Sa ligne, formée sur un développement de cinq lieues, présentait une suite de fortifications, dans laquelle on comptait, depuis Saint-Laurent-de-la-Mouga jusqu'à la mer, plus de 90 redoutes, la plupart flanquées et

---

(1) Lorsque les Espagnols pénétrèrent sur le territoire français en 1793, les habitants de Banyuls-la-Maizo, livrés à leurs propres forces, se défendirent dans les défilés qui mènent à leur village avec une résolution digne des Spartiates. Sommé de mettre bas les armes et de livrer passage aux troupes espagnoles, le maire de ce village, étant à la tête de ses concitoyens, répondit : « Les Français savent mourir, mais ne rendent point leurs armes. » Le plus grand nombre des habitants succomba sous les efforts des Espagnols, et ce qui resta de ces généreux citoyens se dispersa dans l'intérieur du pays, où ils servirent de guides et d'éclaireurs à l'armée française. Après la prise de Collioure, la Convention nationale décréta, 1° que les citoyens de Banyuls avaient bien mérité de la patrie, ainsi que l'armée des Pyrénées-Orientales; 2° que, sur la place de Banyuls, il serait élevé un obélisque de granit, avec cette inscription : *Ici 7,000 Espagnols déposèrent les armes devant les républicains, et rendirent à la valeur ce qu'ils tenaient de la trahison.* Le souvenir de ce noble dévouement engagea Dugommier à choisir Banyuls-la-Maizo pour le théâtre de la reddition d'armes des Espagnols.

fraisées : le tout était soutenu par un vaste camp retranché établi à Liere. Comptant sur le courage de ses soldats aguerris par des milliers de combats dans les montagnes, et habitués à affronter toutes sortes d'obstacles, Dugommier résolut d'attaquer les Espagnols, et commença ses opérations, à cet effet, dans la nuit du 16 novembre. L'attaque générale des redoutes espagnoles eut lieu, dès le 17, à six heures du matin, et cette journée fut couronnée d'un succès aussi brillant que complet; mais la France le paya cher par la mort du général vainqueur, atteint d'un obus sur la montagne Noire, au centre de son armée. Se sentant mortellement blessé, le brave général dit à deux de ses fils, qui se trouvaient à ses côtés, et aux officiers qui l'entouraient : « Faites en sorte de cacher ma mort à nos soldats, afin qu'ils achèvent de remporter la [victoire, seule consolation de mes derniers moments. » Il expira en prononçant ces mots. Dugommier était l'idole de ses troupes, qui avaient pour lui un dévouement sans bornes. Avare du sang de ses soldats, il s'exposait souvent lui-même avec la plus grande intrépidité. Il visitait fréquemment les camps, et se plaisait à converser familièrement avec les soldats, auxquels il adressait presque toujours des paroles de bonté, d'encouragement ou d'espérance. Lorsque sa mort fut connue, un cri de douleur s'éleva dans l'armée ; et, comme autrefois, après la mort de Turenne, on entendit les soldats se dire : *Nous avons perdu notre père.*

Cependant l'armée du Nord s'était mise en mouvement pour suivre l'armée anglaise et empêcher sa jonction avec les Autrichiens, tandis que l'armée, de Sambre-et-Meuse attaquerait l'aile gauche de ces derniers. Il s'agissait donc de les faire reculer et de les détacher de la Meuse. Le moyen le plus prompt était de les tourner et de menacer leurs communications. Schérer prit 40,000 hommes pour forcer le passage de l'Avithe et de l'Aivaille, culbuta Latour qui défendait les deux rivières, et pénétra jusqu'à la route d'Aix-la-Chapelle ; pendant ce temps de fortes démonstrations à Maestricht et à Liége devait retenir le centre et la droite de l'armée ennemie. Le feu s'ouvrit devant Maestricht, et tandis que Clairfait, resserré dans sa place, portait toute son attention sur la Meuse, Schérer mit ses divisions en mouvement, et Marceau parvint sur le bord opposé de l'Aivaille. Latour plia jusqu'aux collines de Sprimont et la bataille s'engagea partie sur l'une, partie sur l'autre rive de la rivière. Une brigade républicaine donna le signal d'un mouvement général. Tout s'ébranla, on gravit les hauteurs, et Latour battit en retraite.

Au jour, une colonne de 2,000 hommes déboucha de Liége contre Clairfait, pendant que Schérer manœuvrait pour tourner la droite de Latour et le séparer du généralissime. Les Impériaux échappèrent à cette combinaison en se retirant précipitamment à Aix-la-Chapelle, puis sur les rives de la Roër, et là ils attendirent le choc, résolus à défendre encore les approches du Rhin.

Après quelques jours de préparatifs, l'armée française se présenta pour livrer la dernière grande bataille qui dût de longtemps se livrer encore en deçà de ce fleuve.

On avait laissé un faible détachement en observation devant Maestricht, et près de 100,000 hommes s'avançaient contre les Impériaux, réduits à 77,000. Jourdan conduisait le centre, Lefebre l'avant-garde, Kléber la gauche et Schérer la droite. Après la prise des redoutes d'Aldenhoven par le centre, Clairfait, malgré une résistance vive et prolongée, fut obligé de se rejeter dans Juliers, qu'il abandonna le lendemain, affaibli de 4,000 tués ou blessés, et d'un millier de prisonniers. Les républicains perdirent environ 2,000 hommes.

Le lendemain, Juliers fut investi et capitula. Kléber fit une marche en arrière pour assiéger Maestricht, et Jourdan s'élança sur les pas de Clairfait. Les Impériaux, sans essayer de s'arrêter, passèrent le Rhin à Cologne et à Bonn. Leur retraite entraîna Mélas, qui se replia par les routes de Coblentz et d'Andernach, poursuivi par l'armée de la Moselle. Refoulé dans Coblentz il l'évacua après une courte résistance, et les Français entrèrent pleins d'enthousiasme dans l'ancien quartier-général de l'émigration. L'élan était partout donné, et bientôt les trois armées républicaines firent leur jonction sur la rive gauche du Rhin, et se déployèrent de Spire à Dusseldorf, aux acclamations de la France. Maestricht, après une belle résistance, ouvrit ses portes le 4 novembre.

Après cette digression, voyons maintenant ce qui se passait à l'armée du Nord. Le duc d'York, averti de l'approche des Français se replia sur Bois-le-Duc et laissa ainsi la ville de Bréda livrée aux seules forces de sa garnison. Bientôt après, l'armée du Nord prit position sur la Dommel. Elle rencontra, le 14 septembre, l'avant-garde anglaise, forte de 7,000 hommes, près de Boxtel, poste naturellement retranché par la Dommel et par un fossé profond. Tous les ponts avaient été rompus; mais, lorsque l'ennemi vit les Français passer la rivière à la nage, il ne songea pas même à faire résistance et mit bas les armes. Ce nouvel échec obligea le duc d'York à se retirer derrière la Meuse. Pour couvrir ce mouvement, il envoya 9 régiments d'infanterie et une forte colonne de cavalerie, avec ordre de seconder une attaque sur Boxtel : ces corps ennemis furent battus, et les deux combats de Boxtel valurent aux Français 2,000 prisonniers ainsi qu'une grande quantité de chevaux. Le duc d'York, ne pouvant plus tenir sur la rive gauche de la Meuse, passa cette rivière, se contentant de laisser des garnisons dans les places de Berg-op-Zoom, Breda et Bois-le-Duc. La possession de cette dernière place étant nécessaire pour assurer la position de l'armée française, et lui permettre de poursuivre ses succès, le général Pichegru en dirigea lui-même le siége. Bois-le-Duc passait avec raison pour une place des plus difficiles à prendre, en raison de sa situation locale, des forts qui la défendaient et des inondations qui en couvraient les approches. Dès le 23 octobre, la place fut investie, et l'on poussa activement les travaux de la tranchée. On occupa, le 23, le fort d'Orten, abandonné par les assiégés, et on s'empara de vive force, le 28, du fort de Crèvecœur. Cependant de fortes pluies ayant commencé, les inondations augmentèrent et rendirent les travaux des assiégeants d'autant plus difficiles. Les tranchées devinrent impraticables, et, d'un autre côté, l'artillerie de gros calibre, attendue avec impatience, n'arrivait pas. Tant d'obstacles auraient pu arrêter des troupes qui n'auraient pas été constamment animées par l'exemple de leur chef. La persévérance des assiégeants l'emporta à la fin, et le gouverneur de Bois-le-Duc consentit à capituler : la garnison fut faite prisonnière de guerre sur parole, et obtint les honneurs de la guerre. Cette place de Bois-le-Duc, qui avait autrefois résisté pendant un an à tous les efforts de prince d'Orange, ne tint contre le général Pichegru et ses infatigables troupes que pendant trois semaines.

De Bois-le-Duc, Pichegru se porta sur Grave, qu'il fit investir. Le passage de la Meuse fut opéré le 18 octobre, près d'Alpetern, après un combat très-vif, livré par les Français à des ennemis fortement retranchés dans une immense prairie, coupée en tous sens par de larges fossés. L'armée du Nord mit ensuite le siége devant Nimègue et Wenloo. Nimègue ne pouvait être investie que sur la gauche de Wahal; l'armée anglaise, forte d'environ 3,800 hommes, campait de l'autre côté et communiquait avec la place par des ponts. Il fallait tout l'ascendant que la continuité de leurs victoires avait donné aux Français pour entreprendre un siége de cette importance, en présence de forces supérieures. Cependant les progrès rapides des assiégeants leur permirent bientôt d'établir des batteries qui ruinèrent les ponts. Cet événement détermina les Anglais enfermés dans la place à en sortir dès la nuit suivante; ils réparèrent à la hâte un des ponts et s'en servirent pour passer sur la rive droite du Wahal, abandonnant ainsi les Hollandais à la merci des vainqueurs. Les troupes de cette nation, indignement trahies par leurs alliés, se voyant trop peu nombreuses pour pouvoir résister dans une ville dont les ouvrages étaient si étendus, cherchèrent à passer dans le bac du pont; mais les Français, avertis par les habitants de l'évacuation de la place, s'étaient précipités dans ses murs. Nos tirailleurs arrivent au moment où plus de 400 Hollandais, entassés sur cette embarcation, s'efforçaient de quitter la rive ; les Anglais, aux premiers coups de fusil qu'ils entendent, dirigent leurs batteries sur le bac afin de le couler bas. Le général Souham fit taire leurs batteries par le feu bien dirigé des siennes, et parvint, au moyen de plusieurs petites embarcations, à sauver les Hollandais d'une mort certaine.

Après la réduction de Nimègue et la capitulation de Wenloo, l'armée du Nord obtint quelque repos, et Pichegru en profita pour la faire pourvoir de tous les objets d'habillement et d'équipement dont elle avait un besoin urgent. Déjà le général Pichegru avait résolu de mettre son armée en cantonnement, lorsqu'une circonstance particulière lui fit concevoir le dessein d'une entreprise audacieuse. Dans les temps ordinaires, la conquête de la Hollande présente de très-grandes difficultés, en ce qu'on n'y peut faire un pas sans rencontrer un marais, un lac, une rivière, un fleuve ou de larges canaux. Pour s'opposer aux progrès d'un ennemi victorieux, les Hollandais peuvent, en ouvrant les digues de la Nord-Hollande, mettre la West-Frise, la province de Hollande et celle d'Utrecht sous les eaux de la mer, et il leur suffit de faire des coupures aux digues des rivières pour inonder les provinces de l'Est. Quoique ce moyen d'arrêter l'armée du Nord dans le cours de ses conquêtes fût de nature à nuire beaucoup à la Hollande, il était cependant à craindre que le stathouder ne l'employât comme dernière ressource, si l'on attendait le printemps pour marcher contre la Hollande. Dès le mois de décembre 1794, un froid très-rigoureux se fit sentir, et il prit tellement d'intensité, que les fleuves gelèrent, et que la glace devint assez solide sur le Wahal et sur la Meuse pour qu'il fût possible de passer ces deux rivières en plusieurs endroits. Le gouvernement hollandais avait demandé un armistice; mais Pichegru, trouvant l'occasion trop belle pour la laisser échapper, résolut de profiter de la rigueur de la saison pour achever sa conquête. Le 27 décembre, il donna l'ordre à deux brigades de passer la Meuse et de se porter sur l'île de Bommel. Le froid était ce jour-là d'une rigueur excessive (le thermomètre descendit jusqu'à dix-sept degrés au-dessous de glace) : aussi les Hollandais, stupéfaits de l'intrépide audace des Français, n'opposèrent-ils qu'une faible résistance. On fit dans cette expédition environ 1,600 prisonniers, et l'on se saisit d'un grand nombre de bouches à feu et de beaucoup de munitions. Le lendemain, la place de Grave, qui est un chef-d'œuvre de fortifications, capitula, faute de vivres et de munitions. Heusden, sur la rive gauche de la Meuse, se rendit. Quelques jours après, l'armée passa le Wahal au-dessus de Nimègue, malgré la résistance du général anglais Walmoden, qui avait succédé au duc d'York, retourné à Londres, et d'un corps autrichien fort de 25,000 hommes. C'était bien certainement un spectacle unique et merveilleux de voir une armée française manœuvrant sur la glace, avec autant de précision et d'assurance qu'elle l'eût pu faire sur la terre ferme; se battant et bivouaquant dans une étendue de plus de vingt lieues, depuis Arnheim jusqu'à Wilhelmstadt. Cependant, au milieu de ces incroyables succès, tout était perdu si le dégel arrivait; et on eut à cet égard des inquiétudes très-vives dans les journées des 12 et 13 janvier 1795. Heureusement le froid reprit dans la journée du 14, et les troupes purent de nouveau faire leurs mouvements sur la glace. Le prince d'Orange avait établi son quartier-général à Gorcum, ville que la bonté de ses ouvrages et la facilité de se fortifier par les inondations rendent presque imprenable ; mais les circonstances qui favorisaient les Français lui faisant juger qu'il n'était point en sûreté dans cette ville, il prit le parti de l'évacuer et de s'embarquer pour l'Angleterre. Une division française s'empara, le 19 janvier, de Gertruydemberg, dont la garnison fut faite prisonnière sur parole. La province d'Utrecht se soumit tout entière, et les troupes françaises en occupèrent toutes les villes. Ce fut à Utrecht que le général en chef Pichegru reçut les députés de la province de Hollande, qui venaient lui apporter les clefs d'Amsterdam : il se rendit sur-le-champ dans cette belle capitale. Partout les Français n'avaient qu'à se présenter pour voir les portes des villes et des forteresses s'ouvrir devant eux. Dordrecht, Rotterdam, Naërdem, La Haye, Helvoëtsluys se soumirent ; et bientôt les Etats-généraux de Hollande capitulèrent eux-mêmes, et donnèrent ordre à tous les commandants des places fortes de recevoir les troupes françaises, dès qu'ils en seraient requis. Au milieu de tant de victoires, remportées dans un espace de temps aussi court, et par des moyens qui étonnent l'imagination, vient se placer, comme l'action la plus merveilleuse, la prise des vaisseaux hollandais par la cavalerie et l'artillerie légère de l'armée du Nord. La Hollande ne possédant pas de ports où les vaisseaux de guerre pussent entrer armés, on était obligé de les faire stationner à l'entrée du Zuiderzée, dans un détroit qui se trouve entre la pointe septentrionale de la West-Frise et l'île du Texel. Ce fut dans ce détroit que les Français, traversant au galop des plaines de glace, arrivèrent auprès des vaisseaux, les sommèrent de se rendre, et firent, sans combat, toute l'armée navale prisonnière de guerre. Pour que les Français fussent entièrement maîtres des sept Provinces-Unies, il ne restait plus à soumettre que celle des Frise, de Groningue, d'Ower-Issel et de Zéélande : elles capitulèrent successivement, et bientôt toute la Batavie fut subjuguée. Les Anglais furent obligés de se retirer en Westphalie. Il n'y a rien d'égal dans les fastes militaires à la honte de leur retraite et à la pusillanimité de leur défense : à peine leurs soldats apercevaient-ils une patrouille française, qu'ils prenaient la fuite ; et cependant le dégel, la difficulté des chemins, l'avantage des positions, leur donnaient des moyens de supériorité tels qu'ils auraient pu nous détruire. L'armée française reçut, en Hollande, un accueil généreux et hospitalier, dont elle se montra reconnaissante par le désintéressement et l'exacte discipline dont elle donna partout des preuves. Ainsi s'acheva cette campagne glorieuse. La Hollande subjuguée changea la forme de son gouvernement, et la République batave, cédant ses forteresses à la France, devint une alliée longtemps fidèle à la nation qui lui avait rendu la liberté.

CHAPITRE VIII.

Traités de paix avec la Prusse et avec l'Espagne. — Opérations en Italie. — Guerre de Bretagne et de Vendée. — Origine de la chouannerie. — Expédition et combat de Quiberon. — Expédition de l'Ile-Dieu. — Fin de la guerre dans la Vendée. — Exécution de Stofflet et de Charette. — Opérations sur le Rhin. — Insurrection du 13 vendémiaire. — Guerre d'Italie ; bataille de Loano. — Le Directoire remplace la Convention.

Après avoir signé avec la Hollande une paix qui plaçait cette puissance sous notre domination, la République française ne tarda pas à détacher aussi la Prusse de la coalition. Le succès prodigieux de ses armes et l'habileté de ses négociateurs produisirent ces heureux événements. Les sacrifices inutiles que la Prusse avait faits dans le cours de cette guerre, joints à sa jalousie contre l'Autriche et aux avantages qu'elle trouvait dans les propositions de la France, la déterminèrent à conclure la paix avec nous. Ce traité, dans lequel le roi de Prusse reconnaissait implicitement la Convention, fut signé à Bâle le 5 avril 1795. Elle nous abandonna celles de ses possessions sur la rive gauche du Rhin qui étaient tombées en notre pouvoir ; mais elle acquit bientôt après, par les soins de la France, une influence sur les Etats protestants de l'Allemagne, avantage qui la mit en état de balancer celle de l'Autriche à la diète de l'Empire. Ce nouvel ordre de choses nous permettait de tourner toutes nos forces contre l'Autriche, et, suivant toute apparence, cette puissance, humiliée dans son orgueil et abattue par ses défaites, aurait été contrainte à nous demander la paix, si les intrigues secrètes de sa politique n'eussent été plus dangereuses que ses armes. Mais n'anticipons pas sur les événements, et poursuivons le récit des travaux de nos guerriers.

Sur la frontière d'Espagne, les derniers mois de 1794 s'étaient passés sans aucune affaire décisive ; les armées restèrent dans l'inaction ou ne livrèrent que des engagements partiels.

A l'armée des Pyrénées-Orientales, une division commandée par Augereau se tenait sous Figuières ; l'autre, commandée par le général en chef Pérignon, assiégeait la forteresse de Rose. Le général Urrutia, qui avait pris le commandement en chef de l'armée espagnole, s'était replyé sur Gironne et s'occupait avec zèle de réorganiser son armée. Une distance assez considérable séparait les armées belligérantes ; elles n'avaient guère entre elles que des affaires d'avant-postes d'une faible importance. Le général espagnol méditait une entreprise assez hardie : il voulut enlever le parc d'artillerie de la division Augereau placé au Pla-del-Coto, entre Figuières et Bellegarde ; mais la vivacité de nos soldats à courir au secours de leurs camarades victimes d'une surprise, sauva le parc déjà tombé entre les mains de l'ennemi.

Cependant Pérignon, redoublant d'activité, pressait vivement le siége de Rose et s'était déjà emparé du fort de la Trinité, qui défend la place au dehors. Urrutia sentait la nécessité de porter du secours aux assiégés ; craignant d'échouer dans l'attaque des lignes, il tenta d'abord une diversion pour attirer nos troupes ; mais les Français repoussèrent ses attaques sans quitter leurs positions autour de Rose. Pour opérer la diversion projetée, deux corps commandés par le maréchal-de-camp dom Ildefonso Arrias et par le marquis de la Romana, se portèrent, l'un sur les bords de la Fluvia, l'autre sur la gauche des Français, et tâchèrent l'un et l'autre de surprendre nos cantonnements. La Romana seul eut le temps d'exécuter ce mouvement ; il allait enlever à la fois deux cantonnements lorsque l'imprudence d'un caporal espagnol, qui répondit par un coup de fusil au *qui-vive* d'une sentinelle française, tira nos soldats de leur sécurité ; ils accoururent de leurs camps. La Romana ordonne à son avant-garde de se replier ; les Français, encore trop peu nombreux, chargent les Espagnols, mais ils sont reçus vigoureusement par la cavalerie ennemie, et sont obligés, pour en éviter le choc, de se faire un rempart de leurs baïonnettes. Pendant ce temps l'infanterie espagnole s'était reformée ; la cavalerie ouvre alors ses rangs, et, tandis qu'elle se porte rapidement sur les Français, l'infanterie ennemie se jette sur eux avec tant d'impétuosité, qu'ils ne peuvent résister. Des renforts considérables nous arrivent du camp de Figuières. La Romana, averti à temps, fait cesser la poursuite, et se retire en bon ordre sur Bezalu. Les tentatives des Espagnols, pour troubler le siége de Rose, se bornèrent à cette seule expédition. La défense de cette place fut longue et opiniâtre ; investie à la fin de novembre 1794, elle ne tomba au pouvoir des Français que le 3 février 1795.

Rose, place très-forte et défendue par une garnison de 5,000 hommes de troupes d'élite commandée par un chef habile et courageux, Domingo Yzquierdo, avait l'avantage, par sa situation au bord de la mer, de communiquer avec une escadre espagnole de 13 vaisseaux de ligne qui se tenait dans le golfe, et qui lui apportait fréquemment des secours et des rafraîchissements. Pendant le siége, la rigueur de la saison fut extrême ; il fallut plusieurs fois interrompre les travaux de la tranchée ; le froid continuait, et les officiers du génie avouèrent leur impuissance de poursuivre les travaux commencés, si les retranchements n'étaient emportés. « Qu'on se « prépare donc, dit le général Pérignon ; demain, je serai à la tête des gre- « nadiers. » C'était le 31 janvier. Le lendemain, ce général sortit de la tranchée sur les cinq heures du matin avec ses grenadiers. A huit heures, tous les retranchements étaient enlevés, malgré la plus vive résistance et le feu le plus meurtrier. C'est encore au milieu des neiges et de l'âpreté de l'air des hautes montagnes que les Français traînèrent à bras l'artillerie d'une batterie sur le Puig-Bon; c'est de cette hauteur qu'ils foudroyèrent et réduisirent le fort de la Trinité, surnommé Bouton-de-Rose, avant de prendre la ville (1).

Le dénûment de l'armée des Pyrénées-Occidentales à la fin de la campagne de 1794, joint aux fatigues qu'elle avait éprouvées, ne tardèrent pas à y causer une maladie épidémique des plus meurtrières : on estime que l'armée française et le pays qu'elle occupait aux environs de Toloza, perdirent plus de 30,000 hommes par ce fléau. On pouvait craindre que les Espagnols ne profitassent de la situation déplorable de cette armée pour former quelque entreprise contre elle; il n'en fut rien : on regarda la rigueur extraordinaire de l'hiver comme la cause principale de cette singulière inaction. Le retour du printemps n'amena d'abord entre les deux armées que des affaires peu importantes, dont les résultats ne furent pas favorables aux Français.

Après la prise de Rose, le général Pérignon, ayant réuni toutes ses forces, voulut essayer une invasion dans la Catalogne, que couvrait le général Urrutia, cantonné sur la rive gauche de la Fluvia; mais l'avantage des positions, les renforts considérables que ce général avait reçus, l'appui de toutes les milices du pays, lui avaient acquis une supériorité dont les Français ne pouvaient que difficilement triompher. Deux attaques tentées en mars par le général Pérignon, l'une dans les Hautes-Pyrénées, l'autre sur les bords de la Fluvia, n'eurent aucun succès. Nos armes furent plus heureuses dans les combats de la fin d'avril : le 27 de ce mois, nous devions faire une attaque sur toute la ligne espagnole; mais, par un hasard singulier, nous avions été prévenus par l'ennemi. Le général Urrutia, dans le dessein de reprendre le poste de Bacara, qui venait de lui être enlevé, avait ordonné à une division de 4,000 hommes de troupes d'élite, qui passa la Fluvia sur deux points, de se réunir pour l'attaquer. Cette division était parvenue à effectuer le passage sur la droite de Bacara, quand elle se trouva tout à coup en présence de l'armée française, qui faisait un

(1) Pendant ce mémorable siége, où le soldat français manquait presque de tout, le général Pérignon donna l'exemple des privations, et montra surtout un calme, un sang-froid et une fermeté d'âme bien propres à rassurer les plus craintifs. Un jour il était assis sur une pierre et commandait des manœuvres, lorsqu'une bombe vint tomber assez près de lui pour que la mèche enflammée pût brûler le pan de son habit. La crainte de le voir écrasé par les éclats de la bombe, fait que de tous côtés on lui crie de s'éloigner; mais Pérignon, qui avait besoin de donner à ses troupes un exemple de courage et d'audace, afin de les rendre plus propres à l'assaut qu'il méditait, dédaigna de faire attention au péril dont il était menacé, et continua de commander les manœuvres, sans vouloir se déranger : la bombe éclata, et il fut assez heureux pour n'être couvert que de terre.

mouvement de ce côté. Effrayés du danger qu'ils couraient, les Espagnols voulurent se retirer précipitamment; notre avant-garde les atteignit, et presque tous périrent ou furent faits prisonniers. Cependant le général français crut devoir renoncer pour le moment à ses projets.

Malgré ses glorieux travaux, Pérignon fut enlevé à la brave armée qu'il avait conduite avec tant d'habileté. Envoyé comme négociateur à la cour d'Espagne dans les premiers jours de mai, il céda le commandement au général Schérer. Urrutia crut ce changement favorable à sa cause, et résolut d'en profiter. Après avoir fait reconnaître avec soin la position des Français, il fit attaquer toute leur ligne sur la Fluvia; la gauche, d'abord enfoncée par la vigueur de l'attaque, se reforma, repoussa les Espagnols et leur détruisit beaucoup de monde. Les autres attaques furent également repoussées avec un courage qui imposa à l'ennemi.

Le 10 mai, Schérer, à son tour, mit en mouvement son armée pour attaquer les positions des ennemis. Les succès furent souvent partagés sur les divers points d'attaque; mais, malgré l'intrépidité de nos soldats, elles ne réussirent point en définitive. Un second mouvement général de l'armée n'eut pas de meilleurs résultats, grâce aux vicieuses dispositions du commandant en chef. Pérignon avait emporté notre fortune avec lui. Ce mouvement fut suivi d'une assez longue interruption des hostilités entre les Espagnols et les Français. Le mois de juin s'écoula presque tout entier sans aucun engagement sérieux; le 13 juillet, une dernière affaire, glorieuse pour les deux partis et pour leurs généraux, et dont tout l'avantage resta aux Français, vint mettre un terme aux hostilités; la longue inaction qui succéda à cette affaire parut à tous un commencement de la paix qui allait bientôt se conclure. Dans le même temps, l'armée des Pyrénées-Occidentales cherchait à réparer ses échecs du commencement de la campagne : de belles combinaisons, des mouvements exécutés avec une rare précision, des exploits pleins d'audace, de brillants succès signalèrent nos armes à Elosna, entre Irursun et Aizcorbe; la conquête des positions les plus formidables de l'armée commandée par le général Crespo, cette armée poursuivie sans aucun relâche par nos troupes, l'occupation du col d'Ollaregny, le combat et la prise de Vittoria, de Bilbao, où nous trouvâmes des magasins immenses, la soumission des provinces de Biscaye et d'Aleva, Pampelune menacée d'un siége, donnèrent aux opérations de l'armée des Pyrénées-Occidentales un éclat que n'avaient point eu les derniers travaux si habilement dirigés par Dugommier et Pérignon (1). Sans égaler ces deux capitaines, le général Moncey obtint beaucoup de gloire et mérita bien de la patrie. Il se vit arrêté tout à coup dans le cours de ses triomphes par la

---

(1) Combat dans la Biscaye, prise de Vittoria et de Bilbao en juillet 1795 : Moncey, général en chef; Morand, Merle, Digonnet, Dessein, Harispe, Monroux, généraux et officiers sous ses ordres.

paix conclue à Bâle le 22 juillet ; il en reçut la nouvelle le 5 août, à quatre heures du soir. Par cette heureuse issue d'une guerre opiniâtre et glorieuse, la France eut désormais deux belles et intrépides armées de plus à opposer à celles de ses autres ennemis qui, n'étant point encore las de voir couler le sang humain, nourrissaient, après tant de défaites, le projet insensé de dicter des lois à un grand peuple enflammé par l'amour de la liberté.

Au commencement de 1795, le gouvernement, afin de donner plus d'ensemble aux opérations des armées des Alpes et d'Italie, avait placé ces deux armées sous la direction supérieure d'un seul chef. Kellermann, après avoir été accusé, jugé et acquitté, reçut ce commandement.

Arrivé à Nice, Kellermann trouva le service et les administrations dans un état complet de désorganisation. La campagne venait de s'ouvrir et les chevaux manquaient aux charrois, les approvisionnements de guerre et de bouche aux soldats. Il se hâta d'ordonner les dispositions les plus exécutables dans la position où l'on se trouvait, et, tandis que le représentant du peuple, Bisfroy, se rendait à Gênes pour y contracter, au nom du gouvernement français, des emprunts devenus indispensables, il alla rejoindre les premiers postes de l'armée, où il arriva le 19 juin 1795.

L'armée d'Italie appuyait sa droite, commandée par Masséna, au poste de Vado sur le rivage de la mer ; conservant la crête des sommités, la ligne passait à Corbua, à Melogno, qui fut le point longtemps disputé ; à Bardinetto, à Ormeo, jusqu'au col de Terme : le centre, commandé par le général Maquart, occupait le Mont-Bertrand, les cols de Tanarello et de Foyé, jusqu'à Sabioné ; la gauche couvrait les cols de Rauss, de Fenestre aux sources de la Vesubia, et s'appuyait, par les postes d'Isola et Santo-Stéphano, à la droite de l'armée des Alpes. Cette armée, commandée par le général Moulin, tenait les passages du Mont-Genèvre, du Mont-Cenis et du Mont-Saint-Bertrand, depuis le lac Leman jusqu'au camp de Tournoux. L'armée austro-sarde se déployait depuis Cairo, Céva et Coni à sa gauche, par les vallées de Stura, de Sarre et d'Aoste, jusqu'à Saint-Dalmas : les ducs d'Aoste et de Montferrat en commandaient la droite ; les généraux Devins et Colli commandaient les troupes autrichiennes.

L'armée des Alpes était resserrée dans ses positions par un poste retranché que les Sardes occupaient sur le col Demont qui ouvre la vallée d'Aoste, d'où une marche porte au centre de cette vallée, et prend des revers sur les retranchements qui couvrent Turin. Une attaque bien concentrée rendit les Français maîtres de ce poste, et leur facilita la défensive en obligeant les Piémontais à y maintenir des forces très-supérieures pendant toute la campagne.

Le plan offensif des Impériaux était de couper la ligne de défense des Français, en séparant leur aile droite d'avec le centre de leurs positions. Le général Devins avait disposé plusieurs attaques sur toute la ligne ; mais la véritable était dirigée sur les hauteurs de San-Giacomo et sur le poste de Melogno, ce qui le portait au centre des positions françaises, et l'y établissait dans une position difficile à lui enlever. Pendant ce temps, le général Colli devait attaquer la droite des Français à Vado : en s'emparant de ce poste, il atteignait le double objet de leur couper la communication avec Gèens, et de rallier à ses opérations la flotte anglaise, forte de 34 vaisseaux de ligne, dont la supériorité avait forcé l'escadre de la Méditerranée à rentrer dans la rade de Toulon.

Les Autrichiens portèrent de grandes forces à leur gauche sur le poste de Vado, où commandait le général Laharpe, Suisse, et servant avec distinction dans les armées de la République française. Averti que les Impériaux se dirigeaient sur Savone, quoique la neutralité de Gènes dût mettre cette place à l'abri de toute entreprise, il y envoya 500 hommes; le commandant génois leur refusa l'entrée; ils furent repoussés jusque sur les glacis : mais les Autrichiens étant venus les y attaquer, il fit tirer sur eux, et ensuite, par un accord, les Français purent se retirer librement à leur camp sous la sauvegarde d'une escorte génoise. On se plaît à voir au moins un moment le droit des gens respecté.

Toute la droite des Français était couverte par des retranchements élevés aux postes de San-Giacomo, Bardinetto et Vado. Ce dernier fut attaqué ; Devins y dirigea deux fortes colonnes sur le front, tandis qu'une troisième essaya de tourner le long du rivage de la mer les batteries qui y étaient établies. Le combat dura sept heures, malgré la grande infériorité des Français, et les Impériaux furent repoussés au-delà du pont de Vado, dont ils s'étaient d'abord emparés. Le lendemain, les mêmes tentatives eurent le même résultat; le général Laharpe conserva toutes les positions de l'aile droite ; mais les attaques dirigées sur les hauteurs de San-Giacomo forcèrent les Français à prendre des positions en arrière à la Roche-Blanche et à Corbua. En même temps, le point décisif de Melogno fut aussi emporté par le général autrichien d'Argenteau. Deux fois Masséna, à la tête de troupes d'élite, tenta de le reprendre : les Autrichiens, repoussés de tous les points qui soutenaient Melogno et San-Giacomo, se maintinrent dans ces deux postes. Deux jours après, ils essayèrent encore inutilement de forcer le poste de Vado.

Cependant la position des Français était devenue hasardée et difficile à maintenir avec des troupes inférieures en nombre, et après des échecs partiels, et des efforts couronnés de peu de succès : Kellermann jugea qu'il était temps de resserrer sa ligne de défense : il fit évacuer Vado, et replia sa droite sur Final. La retraite se fit en bon ordre et sans être inquiétée. Le général Garnier, profitant du mouvement de troupes que l'ennemi avait fait pour donner une grande supériorité à sa gauche, avait attaqué et emporté le poste de Saint-Bernoulli : ce succès avait obligé les Impériaux à reporter des forces à leur droite pour couvrir les vallées de Sture. Le lendemain le général Dallemagne eut encore un avantage en avant du camp établi à Sabione, que l'ennemi tentait de surprendre : on vit là 200 hommes conduits par l'adjudant Gardanne, attaquer et mettre en déroute un corps de 1,200 Piémontais. Mais tous ces succès partiels ne pouvaient compenser ni l'infériorité du nombre, ni l'avantage des positions dont la ligne de l'armée austro-sarde venait de s'emparer.

Le poste de Melogno était celui qui, par sa position avancée dans le centre de la ligne française, gênait le plus. Avant de se décider aux mouvements rétrogrades que rendait inévitables l'occupation de ce poste par l'ennemi, Kellermann résolut de tenter encore une fois de le reprendre. Masséna fut chargé de cette entreprise : trois colonnes devaient tourner le poste par ses flancs pendant l'attaque de front formée par celle du centre ; mais un brouillard épais fit égarer les colonnes ; toutefois elles se réunirent : l'attaque se fit en masse, et la retraite sans désordre.

Une autre tentative des Autrichiens, faite en même temps et le même jour sur Bardinetto, fut repoussée ; mais ils restèrent maîtres des postes d'où ils étaient partis, et le général en chef se décida dès lors à concentrer ses forces. Malgré ces succès, la ligne de l'armée française se trouvait toujours pliée, et près d'être coupée à son centre. Kellermann avait reconnu en arrière une position plus forte en appuyant la droite à Borghetto et à Cériali, et la gauche aux défilés du Mont-Saint-Bernard.

Les deux armées autrichienne et sarde avaient avancé leur position dans tout le pays en avant de Loano, et le plan des deux généraux Devins et Colli était de reconquérir le comté de Nice, et de pousser leurs avantages dans le territoire de la République, à l'aide de la flotte anglaise qui déjà coupait toute communication entre Gênes et la France. Le but de Kellermann ne pouvait être, avec le peu de troupes qu'il avait, que de maintenir un système de défensive active, qui, retardant les progrès de l'ennemi, donnât le temps d'arriver aux nombreux renforts que Schérer lui amenait des Pyrénées après la paix d'Espagne. Les armées d'Italie n'étaient ni battues ni découragées ; toutes les positions avaient été défendues avec opiniâtreté contre des forces très-supérieures ; les mouvements rétrogrades ne s'étaient même exécutés le plus souvent qu'après avoir repoussé les attaques : mais tout prescrivait au général républicain d'éviter la chance d'une action générale et décisive, qui, au lieu de retraites combinées et en ordre, eût pu amener une déroute précipitée, et le réduire à livrer sans combat tous les postes susceptibles d'être défendus. Kellermann jugea que, dans cette critique conjoncture, il ne pouvait conserver la droite de l'armée à Albinga et à Borghetto qu'autant qu'il aurait une position reconnue et plus assurée en arrière.

Cet art des reconnaissances dans les pays de montagnes, où tout est poste mais où les passages propres aux ouvertures des marches sont commandés par la nature des lieux ; cet art, partie intégrante de l'art de la guerre, avait été réduit en système et en principes par l'ingénieur Bourcet, et perfectionné encore par Berthier, alors chef de l'état-major dans cette armée d'Italie. Ce fut lui que le général chargea de cette opération pénible et difficile, avec Andréossi, alors commandant de l'artillerie. Cette ligne rétrograde reconnue et tracée, assurant la retraite en cas de revers, permit de maintenir en avant les positions qui continrent l'ennemi, arrêtèrent ses succès, et donnèrent aux renforts attendus le temps d'arriver pour reprendre l'offensive. Pendant deux mois, les opérations de cette campagne ne furent que des surprises ou des attaques de postes avec des succès variés ; mais le but fut atteint en couvrant le comté de Nice et la Savoie, en conservant ainsi les pays conquis, et des passages pour reprendre bientôt après l'offensive. Cette tactique de marches, de positions, de reconnaissances, où la tête agit plus que le bras, où la pensée dirige et décide, où le succès n'est pas marqué par des journées d'éclat que la renommée publie ; cette tactique préservatrice, plus savante, moins célébrée, réclame de l'historien la portion de gloire que le vulgaire prodigue souvent à l'audace, et refuse à l'habileté.

Quelques faits de détail occupèrent encore cet intervalle : la flotte anglaise essaya un débarquement sur la côte de Gênes, à Alasio. Le représentant commissaire Chappe rassembla les cantonnements épars, contint les chaloupes, et donna le temps à Masséna d'arriver avec 2 bataillons, qui les forcèrent de reprendre le large. A la gauche, les Piémontais firent une tentative sur les passages du Mont-Genèvres : 4,000 hommes, formés en quatre colonnes, commencèrent une attaque bien conçue, mais mal exécutée, et que 800 républicains firent échouer. Dans ces combats de détail, les hommes se formaient aux commandements partiels, et des actions distinguaient ceux que leurs talents ou leur valeur destinaient à conduire leurs compagnons d'armes. L'histoire des temps anciens n'a pas omis ces traits de courage personnels, indépendants des combinaisons du génie, et quelquefois des hasards de la fortune. Un sous-officier nommé Janeira délivra seul vingt-trois volontaires que trente Piémontais conduisaient prisonniers. S'étant embusqué sur leur passage, il crie dès qu'il les voit : *A moi, chasseurs, délivrons nos camarades !* Les Piémontais s'étonnent, et les prisonniers les désarment. Un vétéran nommé Balason, ayant près de cinquante ans de service, avait été élevé au commandement d'un bataillon : avec 10 hommes, il arrêta, au passage d'un défilé étroit, une colonne ennemie de 600 hommes, et réussit à la contenir jusqu'à ce qu'un renfort suffisant vînt la contraindre à rétrograder. Ces armées préludaient ainsi aux prodiges qu'elles devaient bientôt opérer en Italie.

Il s'était établi dans les défilés des Alpes, dans les gorges et dans les cavernes un grand nombre de pillards et d'assassins, que l'on désignait improprement sous le nom de *Barbets*, puisqu'ils n'avaient aucun rapport avec les Vaudois et les Barbets, peuples des Alpes, sous la domination de la cour de Turin et armés par ses ordres. Ceux-ci n'étaient que des hordes de bandits indisciplinés. Véritables cosaques de l'Italie, les Barbets rendaient d'imminents services au parti qu'ils secondaient, en interceptant l'arrivée des convois, des courriers, en nécessitant sans cesse contre eux l'emploi de forces répressives; mais à la honte du gouvernement qui tolérait de pareils auxiliaires, il n'y a sorte de crimes et d'assassinats dont ils ne se rendissent chaque jour coupables.

Aussitôt que les neiges faisaient disparaître les sentiers, que la nuit obscurcissait les plaines, guettant leur proie du haut de leurs retraites mystérieuses semées le long des ravins, ou suspendues aux cimes les plus escarpées des rochers, ces vautours des Alpes se montraient tout à coup aux sentinelles avancées, aux soldats écartés ou perdus dans la campagne, et soudain quelques gémissements sourds, des coups d'armes à feu, rares et n'éclatant que par intervalle, annonçaient à nos guerriers que parmi leurs compagnons il en était qui mouraient sans combats et sans gloire. Parfois aussi, dépouillé de ses armes et de ses vêtements, un soldat se présentait devant le camp; il avait été surpris, écrasé par le nombre : la clémence de ses vainqueurs avait été jusqu'à lui faire grâce de la vie, mais sa main droite avait été tranchée par le fer, et il n'avait plus que des vœux à former pour le salut de la patrie.

Vers le centre, où commandait le général Serrurier, une attaque de nuit avait rendu les Piémontais maîtres de quelques postes. Le général rassemble sur-le-champ les cantonnements épars : au jour, les volontaires demandent à marcher à l'ennemi, qu'on voyait maître des hauteurs; la baïonnette décide bientôt la victoire, et 600 Piémontais restent prisonniers. Le même jour, l'ennemi fut repoussé au col de Fénestre et à Saint-Bernoulli. Peu après ces événements, Schérer vint prendre le commandement de l'armée d'Italie, amenant avec lui une partie de celle qu'il avait commandée en Espagne, et Kellermann passa au commandement de l'armée des Alpes.

Malheureusement, alors que l'ennemi était ainsi repoussé loin de nos frontières, la guerre civile se ranimait à l'intérieur. Le libérateur de l'Alsace, Hoche, sorti des prisons de la Conciergerie (1), avait employé les premiers

---

(1) A peine appelé (1794) au commandement en chef de l'armée de la Moselle, Hoche, ainsi que nous l'avons dit, forçait les Prussiens par la savante combinaison de ses manœuvres avec celles de Pichegru, de débloquer Landau et d'évacuer l'Alsace. Trop plein de talent pour n'en avoir pas la conscience, il n'hésita pas, dans ses rapports au Comité de salut public, à s'attribuer la gloire de cette belle opération et à rendre minime la part de Pichegru, en dépit du hautain Saint-Just. Le représentant aimait à faire tomber les

ORIGINE DE LA CHOUANNERIE. 215

moments de sa liberté à proposer au Comité de salut public un plan sagement conçu pour le rétablissement de la tranquillité dans les départements de l'ouest. Ce plan demandait de la prudence et de la fermeté dans l'exécution ; on ne sut que montrer de la faiblesse et descendre à des concessions plus misérables les unes que les autres ; de leur côté, Charette, Stofflet, derniers chefs de l'armée royale, et le trop fameux curé de Saint-Laud, Bernier, qui était l'âme du parti, n'apportèrent dans les conférences que de la ruse et de la mauvaise foi ; des traités signés sous de pareils auspices ne pouvaient durer longtemps ; il paraît même constant que les Vendéens ne les regardèrent que comme des trèves dont leur situation presque désespérée leur imposait la nécessité. Le premier Comité de salut public et la Convention, qui avaient vaincu tous les rois de l'Europe, n'eussent jamais consenti aux lâchetés par lesquelles on sembla demander grâce aux vaincus ; ils n'eussent jamais commis le genre de fautes qui relevèrent un parti presque détruit ; un peu de constance eût achevé sa ruine : les commissaires conventionnels lui donnèrent le temps de réparer ses forces et de rallier ses débris. Hoche, véritablement animé par des sentiments d'humanité, mais ferme, habile et mettant sa gloire à pacifier des contrées si longtemps désolées, aurait extirpé jusqu'au germe de la guerre civile. Au reste, peut-être l'aurait-on contrarié dans l'exécution de ses desseins. La Convention n'était plus que l'ombre d'elle-même ; cette assemblée semblait avoir déposé, avec sa férocité, ce courage indomptable, cette conviction profonde de sa force qui la rendaient supérieure à tous les dangers. La réputation de ses armes dictait la paix aux rois et faisait encore trembler le continent ; mais elle déviait de ses principes et poussait la patience jusqu'à entendre chaque jour sa propre condamnation dans la bouche de quelques énergumènes tourmentés par la terreur de leurs actions précédentes ou entraînés par le délire de la vengeance.

Ainsi tandis que le feu de la guerre civile, assoupi seulement, couvait sous la cendre dans la Vendée, les royalistes du dehors, enhardis par la protection que le gouvernement accordait à leurs amis du dedans, comptant des appuis jusque dans l'armée républicaine à laquelle on enlevait chaque jour ses glorieux et fidèles généraux, conçurent la plus grande espérance du rétablissement de la monarchie, et réunirent tous leurs efforts pour parvenir à ce but de tant de travaux inutiles jusqu'au grand événement qui semblait avoir tout changé en France, les hommes et les choses. Voici comment ils furent poussés à la téméraire entreprise dont nous rendrons bientôt compte.

Un rassemblement, formé dans l'origine par quatre contrebandiers, appelés les frères Cottereau, avait pris naissance en 1793 près de Laval et

têtes qui ne se courbaient pas devant lui. Hoche, enlevé à son armée sous divers prétextes, fut arrêté et envoyé à la Conciergerie en attendant l'échafaud. Mais le 9 thermidor vint le tirer de la prison qu'il avait convertie en cabinet d'étude.

de la Gravelle ; ce rassemblement, qui portait dans le pays le nom de Chouan, parce que ses membres, pour se reconnaître la nuit en cas de surprise, imitaient le cri lugubre du chat-huant, s'augmenta d'une foule de mécontents réunis dans la Normandie, le Maine et la Bretagne, et prit une certaine consistance ; mais, dispersé avec les troupes de Larochejacquelein dans les journées du Mans et de Savenay, il avait repris ses anciennes habitudes et ne faisait à la République qu'une guerre de brigands. Un chef manquait ; le comte de Puisaye se présenta, fut accepté, ne fit rien de mémorable comme soldat, éprouva des revers qui ne l'abattirent point, et donna, comme chef d'entreprise, des preuves de talents en organisant l'insurrection générale de la Bretagne. Contrarié dans ses mesures par un émissaire des princes, Puisaye se décida à passer en Angleterre pour achever de convaincre le gouvernement anglais de la nécessité de presser ses préparatifs contre nous. En partant, il crut devoir confier la direction des affaires à Cormatin, espèce d'aventurier, sans vigueur et sans autorité, qui laissa dégénérer la guerre régulière, que méditait Puisaye, en un brigandage aussi honteux qu'effréné. Les excès d'un parti devenu odieux aux siens mêmes secondèrent le succès des mesures sages du général Hoche destiné à agir contre les chouans, et amenèrent les conférences de la Mabillais. Malheureusement, ce général, dont l'intrigant Cormatin redoutait la franchise et la perspicacité, fut exclu de ces conférences, et la paix, conclue et signée sans sa participation, ne fut encore qu'un leurre et une perfidie. Puisaye continuait d'agiter par ses émissaires le Poitou, la Bretagne, l'Anjou et le Maine. Louis de Frotté, envoyé de Londres, travaillait à insurger la Normandie ; Cormatin embauchait avec audace jusque sous la tente de Hoche ; celui-ci dissimulait en attendant les ordres du gouvernement. Muni de l'autorisation nécessaire, il tombe comme la foudre sur le parti qui croyait l'avoir trompé ; Cormatin, Solihac, Jarry et plusieurs autres sont arrêtés au moment où ils se rendaient à la tête d'un rassemblement de chouans au bourg de Cisay, pour s'emparer par surprise d'un parc d'artillerie. La guerre recommence aussitôt dans la Vendée et dans la Bretagne entre les deux partis ; mais les rebelles furent défaits, et, suspendant tout à coup leur attaque, ils résolurent de différer jusqu'à l'arrivée des secours que Puisaye annonçait avec bonheur à ses amis.

En effet, cet homme était parvenu à captiver la confiance des principaux ministres de l'Angleterre, qui lui accordèrent quelques vieux régiments d'émigrés et neuf autres de nouvelle organisation, parmi lesquels se distinguait un régiment de canonniers composés de déserteurs toulonnais. Puisaye, outre ces moyens militaires, demanda de l'argent, mais il n'obtint réellement que la permission de fabriquer des faux assignats. On vit alors l'immense armement préparé dans les ports de l'Angleterre contre la République faire voile pour la France ; 15,000 soldats de terre, des munitions immenses, des armes pour 80,000, des habits pour 60,000, des canons et autres pièces d'artillerie de tout calibre, des provisions de bouche en abondance, deux millions en or et plusieurs milliards de faux assignats fabriqués à Londres, chargeaient plus de 100 bâtiments de transport escortés par des bâtiments de guerre et protégés par une escadre anglaise de 15 vaisseaux de ligne. Une flotte française était aussi en mer ; un engagement sérieux eut lieu entre elles ; après des succès partagés, l'avantage resta aux Anglais, et l'expédition débarqua sur la presqu'île de Quiberon.

Le 27 juin, à la pointe du jour, le corps du comte d'Hervilly, que l'Angleterre avait donné comme surveillant à Puisaye, aborde et fait sa jonction avec les chouans de ces contrées, qui s'étaient avancés pour le recevoir. Ces derniers se précipitent en foule sur les caisses d'armes et d'habits. Dès ce moment la désunion éclate entre d'Hervilly et Puisaye. L'un et l'autre ont des plans entièrement opposés : l'un et l'autre prétendent au commandement suprême. Plusieurs jours se passent en démêlés et en fausses mesures.

Néanmoins, l'armée royaliste obtint d'abord quelques succès : ne trouvant devant elle que peu de troupes républicaines, elle s'avança dans l'intérieur, s'empara de toute la presqu'île, et compta bientôt 30,000 hommes dans ses rangs. Hoche, plein de calme et d'énergie, écrit au Comité de salut public pour le rassurer : il rassemble quelques troupes, quitte Rennes et marche aux émigrés. Ceux-ci, pressés vivement, sont repoussés dans la presqu'île ; Hoche les y tient bloqués et fait construire un camp retranché sur la falaise qui conduit à Quiberon.

Manquant de vivres et impatient de faire cesser les murmures qui l'accusaient d'impéritie, d'Hervilly résolut de tenter une attaque générale sur le camp des républicains. On lui représenta en vain qu'il était sage d'attendre le débarquement du corps de Sombreuil : il persiste dans son dessein, et, le 16 juillet, au milieu de la nuit, il porte toutes ses troupes vers les républicains qu'il croyait surprendre. Hoche s'attendait à cette attaque : il trompe les émigrés par une retraite feinte, et, tout à coup, démasque une batterie qui foudroie les assaillants. Blessé mortellement d'un biscaïen, le comte d'Hervilly est emporté par les siens, qui commencent à se troubler et à fuir. Les républicains sortent de leurs retranchements en poussant des cris de victoire. Les deux partis allaient entrer pêle-mêle dans le fort Penthièvre si les troupes fraîches du comte de Vauban et les feux croisés de l'escadre anglaise n'eussent arrêté la course triomphante des républicains.

Hoche ne songea plus qu'aux moyens de pénétrer dans la presqu'île. Pour y réussir, il fallait être maître du fort Penthièvre : la trahison lui en ouvrit l'accès. Dans la nuit du 20 au 21 juillet, 300 grenadiers, conduits par l'adjudant-général Ménage et protégés par un ciel sombre, filent le long de la côte, ayant de l'eau jusqu'à la ceinture ; arrivés au pied du fort, dont ils gravissent les remparts à travers les rochers et sous le feu des chaloupes anglaises, ils y voient flotter le drapeau tricolore. Au premier cri d'alarme, les émigrés étaient accourus à leur poste ; mais assaillis à l'extérieur par les troupes républicaines, à l'intérieur par les conjurés, ils renoncent à une défense inutile ou périssent les armes à la main.

Sans s'arrêter à la prise du fort, Hoche rallie une partie de ses colonnes, et s'avance dans la presqu'île, avant que l'armée d'expédition ait eu le temps de se rembarquer. Puisaye, Vauban et tous les chefs se retirent vers l'intérieur, où restaient encore le régiment d'Hervilly, les débris des régiments de Dudresenay, de Royal-Marine, de Loyal-Émigrant, et la légion de Sombreuil, débarquée depuis deux jours et forte de 1,100 hommes. En prenant une bonne position, il était possible de résister encore et de donner le temps à l'escadre de recueillir les émigrés. Mais le désordre était dans tous les esprits : les chouans se précipitaient dans la mer avec leurs familles pour gagner quelques bateaux de pêcheurs ; les troupes, éparpillées, couraient çà et là, sans savoir où se rallier. D'Hervilly était mourant ; Sombreuil ne connaissait pas le terrain ; Puisaye, qui aurait dû quitter la plage le dernier, alla lui-même hâter l'approche de l'escadre.

« Quel spectacle présentait en cet instant cette côte malheureuse ! La mer agitée permettait à peine aux embarcations d'approcher du rivage : une multitude de chouans, de soldats fugitifs entraient dans l'eau jusqu'à la hauteur de la tête, pour joindre les embarcations, et se noyaient pour y arriver plus tôt ; un millier de malheureux émigrés, placés entre la mer et les baïonnettes des républicains, étaient réduits à se jeter ou dans l'une ou sur les autres, et souffraient autant du feu de l'escadre anglaise que les républicains eux-mêmes. Quelques embarcations étaient arrivées, mais sur un autre point ; de ce côté il n'y avait qu'une goëlette, qui faisait un feu épouvantable, et qui avait suspendu un instant la marche des républicains. Quelques grenadiers crièrent, dit-on, aux émigrés : *Rendez-vous, on ne vous fera rien !* Ce mot courut de rang en rang. Sombreuil voulut s'avancer pour parlementer avec le général Humbert, mais le feu l'en empêchait. Aussitôt un émigré se jeta à la nage pour aller faire cesser le feu. Hoche ne pouvait souffrir une capitulation ; il connaissait trop bien les lois contre les émigrés pour oser s'engager, et il était incapable de promettre ce qu'il ne pouvait pas tenir. Quelques-uns de ses soldats purent crier, *rendez-vous !* mais il n'offrit rien, ne promit rien. Il s'avança, et les émigrés n'ayant plus d'autre ressource que de se rendre ou de se faire tuer, eurent l'espoir qu'on les traiterait peut-être comme les Vendéens : ils mirent bas les armes. Aucune capitulation, même verbale, n'eut lieu (1). »

Hoche écrivit à la Convention pour l'intéresser au sort des 1,000 royalistes pris à Quiberon : elle fut inexorable. Une commission réunie à Vannes

---

(1) THIERS, *Histoire de la Révolution française.*

reçut l'ordre de distinguer les prisonniers enrôlés malgré eux des émigrés. Les soldats, chargés de fusiller ces derniers, en laissèrent échapper beaucoup : M. de Sombreuil fut au nombre des victimes. Au moment de mourir, il refusa un bandeau qu'on lui offrit, en disant : « J'aime à voir mon ennemi en face, et comme il était couché en joue : Visez plus à droite, s'écria-t-il, ou vous me manqueriez. »

L'expédition de Quiberon trompa également les espérances des émigrés, des insurgés royalistes et des Anglais. Elle souleva dans ce temps un cri général d'indignation contre l'Angleterre. Cependant on ne peut dissimuler qu'elle trouva, même dans le parlement anglais, des contradicteurs énergiques. Pitt, forcé de se justifier sur l'expédition de Quiberon, ayant dit à la Chambre des communes : *Du moins le sang anglais n'y a pas coulé.* — *Non*, s'écria Shéridan, *le sang anglais n'y a pas coulé, mais l'honneur anglais y a coulé par tous ses pores ! ! !.....*

Néanmoins la présence des flottes anglaises soutenait le courage des Vendéens et des chouans; mais le gouvernement prit les meilleures mesures pour les réprimer. On nomma Hoche au commandement général des troupes de l'Ouest; on y envoya 20,000 hommes, tirés des Pyrénées-Orientales, et plus de 100,000 hommes se déployèrent en un vaste cordon, de Granville à la Rochelle.

Partout où les Anglais essayèrent de débarquer, ils furent prévenus par l'activité du général français. Enfin ils préparèrent une grande expédition royaliste, commandée par le comte d'Artois (1), qu'ils déposèrent à l'Ile-Dieu; mais, au lieu de se jeter sur-le-champ en Vendée, le prince hésita; six semaines s'écoulèrent, et, la mer devenant mauvaise, la flotte s'éloigna et le reconduisit à Londres.

Trompé dans son espoir, Charette livra plusieurs combats pour pouvoir passer sur les derrières de Hoche, et se jeter dans le pays qu'occupait Stofflet, son rival plutôt que son collègue; mais il ne put y réussir, fut ramené dans les marais par les colonnes républicaines, et resserré tous les

---

(1) Ce fut surtout à l'appel du comte d'Artois, alors en Angleterre, que la Vendée reprit une seconde fois les armes. Tout dépendait de sa présence au milieu de l'insurrection. Le prince resta plusieurs semaines à l'Ile-Dieu, en vue de la côte ; mais, sourd aux supplications des insurgés qui l'attendaient sur le rivage, il refusa opiniâtrement de débarquer. Vainement le commandant de la frégate anglaise *le Jason*, qui l'avait conduit, eut-il lui-même recours aux prières et aux menaces pour décider *Monsieur* à cet acte de facile courage : *Monsieur* ne voulut rien entendre ; il fallut le ramener à Portsmouth. Ce fut à la suite de ce départ que Charette écrivit la lettre suivante à Louis XVIII : « Sire, la « lâcheté de votre frère a tout perdu. Il ne pouvait paraître sur cette côte que pour tout « perdre ou tout sauver. Son retour en Angleterre a décidé de notre sort. Aujourd'hui il « ne nous reste plus qu'à périr inutilement pour le service de Votre Majesté.

« CHARETTE. »

Histoire des deux Restaurations, tome 1er.

jours davantage. Comme les paysans se levaient subitement en masse, qu'ils attaquaient les troupes, et que le lendemain on ne trouvait plus que des cultivateurs, Hoche jugea qu'il fallait user de rigueur et de ménagement, de force et d'adresse, et dès lors il forma un nouveau plan de pacification qu'il exécuta sur-le-champ. Il captiva la confiance du clergé en lui donnant des preuves de dévouement, et fit ensuite parcourir le pays par des colonnes mobiles, chargées seulement de s'emparer des grains et des bestiaux des habitants. Ces colonnes, auxquelles il défendit expressément de commettre aucun désordre ni aucun pillage, proclamaient dans les villages : « La République vous enlève vos grains et vos bœufs; rendez vos armes et vous aurez vos bœufs. » Cette mesure produisit plus d'effet que les représailles cruelles qui avaient été exercées jusque-là, et qui n'avaient servi qu'à exaspérer les habitants. Les armes furent remises dans plusieurs contrées, et aussitôt Hoche fit rendre les grains et les bestiaux pris aux communes désarmées.

Pendant que Charette était réduit à courir les bois, Stofflet, enfermé dans l'Anjou par une ligne qu'avait formée le général Hoche, avait été obligé de rester dans l'inaction, et recevait dans son quartier-général du Lavouër tous les officiers qui abandonnaient Charette. Hoche dirigea des troupes sur plusieurs points contre le rassemblement du Lavouër, qu'il resserra fortement par des camps retranchés. Stofflet, assailli de tous côtés, ne put tenir nulle part, et bientôt il fut livré aux républicains par quelques habitants de Saugrenières. Stofflet, fils d'un meunier de l'Anjou, et simple garde-chasse de M. de Maulévrier, n'était pas un chef ordinaire; il était doué d'une âme forte et quelquefois élevée, de talents militaires et d'un esprit d'ordre qui l'éloignait de l'indiscipline et du pillage. Il avait été un des premiers moteurs de la guerre de l'Ouest, et était devenu, par son courage et son dévouement, major-général, et ensuite commandant en chef de l'armée royale de la Vendée, après la mort de M. Larochejacquelein. Il s'était trouvé, en moins de deux ans, à plus de cent cinquante affaires. Il fut conduit à Angers, traduit devant une commission militaire qui le condamna à mort, et le fit fusiller le 7 mars 1796. Il mourut courageusement, et ses dernières paroles furent : *Vive le roi!*

La perte de Charette avait été retardée par les poursuites dirigées contre Stofflet; mais, après la prise de ce chef de l'Anjou, Hoche ne lui donna plus de relâche, et lança contre lui plusieurs colonnes, tant d'infanterie que de cavalerie. Poursuivi et cerné de toutes parts, Charette soutint quelques combats contre les colonnes; mais, abandonné de la plupart des siens, qui le soupçonnaient d'avoir fait assassiner le curé de la Rabotelière, qui n'avait pu obtenir l'autorisation de le laisser passer à l'étranger, blessé et exténué de fatigue, il fut fait prisonnier le 3 germinal, au combat de la Chabotière, par les troupes sous les ordres du général Travot. Il ne voulut rendre son épée qu'à ce commandant, qui le traita avec tous les égards dus au malheur et à un si grand courage. Il fut conduit au quartier-général républicain, où le chef d'état-major Hédouville lui témoigna toutes sortes d'égards. Charette ne fit paraître aucune affliction du sort qui l'attendait. Traduit d'abord à Angers, il fut ensuite transporté à Nantes pour y être jugé. Il montra la plus grande indifférence lorsqu'il entendit prononcer sa condamnation à mort; seulement il s'écria : « Voilà donc où ces misérables Anglais m'ont conduit! » En présence du supplice il conserva toute son assurance et tout son courage. Il était tout mutilé des derniers combats. Un mouchoir, dont il avait enveloppé sa tête, cachait des coups de sabre très-récents. Il avait perdu trois doigts le jour où il fut pris, et portait le bras en écharpe, qu'il détacha pour commander le feu, et reçut le coup mortel en poussant le cri de : *Vive le roi !* La mort de ce chef célèbre décida la fin de la guerre civile dans les départements de l'ouest. Après avoir achevé le désarmement du pays et pris de sages mesures pour réprimer le brigandage, Hoche quitta la Vendée avec le gros de ses troupes et se porta en Bretagne pour pacifier aussi cette contrée. Il forma un vaste cordon de la Loire à Granville, et bientôt les chouans ne purent plus tenir contre ces dispositions. Les plus obstinés des chefs s'embarquèrent pour l'Angleterre, et la Bretagne fut entièrement soumise et désarmée. Les mouvements locaux, en petit nombre, qui agitèrent encore ces contrées, ne peuvent plus être rattachés à l'histoire de nos armées. Jusqu'en 1815, et quelles qu'aient été les velléités d'insurrection, tous les soulèvements ne furent, en réalité, que des affaires du ressort de la gendarmerie.

Dès la fin de 1794, le gouvernement français, qui n'avait pas abandonné le projet d'achever la conquête des pays en-deçà du Rhin par la réduction de Luxembourg et de Mayence, ordonna au général Moreaux, commandant l'armée de la Moselle, de bloquer Luxembourg, et au général Michaud de faire cantonner les troupes de l'armée du Rhin sur la rive gauche autour de Mayence. Ces deux places étaient les seules que l'ennemi possédait encore de ce côté du fleuve, et c'est à leur conquête que se bornèrent les efforts du gouvernement, qui aurait dû peut-être, avec les forces imposantes dont il disposait, porter la guerre au cœur de l'Allemagne.

Le blocus de la forteresse de Luxembourg avait commencé à la fin de 1794, vers la fin de janvier; dès que l'investissement fut complet, le général Moreaux envoya offrir une capitulation honorable au général Bender, gouverneur de la place, en lui faisant observer que la position des armées le privait de tout espoir de secours. Ce général répondit par un refus positif, mais dans les termes de la plus haute estime pour celui qui la lui avait envoyée. On ne saurait dire ce que l'armée eut à supporter de privations, de souffrances et de misère pendant le blocus. Oubliés par une administration sans force et sans vigilance, nos soldats manquaient de souliers, de pain ; cependant, malgré quelques désordres inévitables dans une pareille détresse, les opérations continuèrent. Avril allait finir, l'armée assiégeante ayant réuni tous ses renforts, le général Hatry reçut l'ordre d'en prendre le commandement, et fit toutes ses dispositions. Les Autrichiens, enhardis par des apparences trompeuses, tentèrent plusieurs sorties, mais toujours sans succès. Le général français, informé de la situation de la place, renouvela au gouverneur la sommation de se rendre ; cette sommation ayant été inutile comme la première, on s'occupa de l'établissement des batteries. Le général Bender essaya de les détruire avant qu'elles fussent achevées. Il fit à cet effet une sortie générale dans la nuit du 15 au 16 mai, mais il fut repoussé. Depuis ce temps, ses efforts se réduisirent à faire un feu continuel sur tous les ouvrages des assiégeants ; mais, au bout de peu de temps, les batteries françaises furent en état de riposter avec avantage, et le premier essai de leur feu causa un dommage considérable dans la place. Les habitants effrayés, craignant pour leurs propriétés et pour eux-mêmes, se rassemblèrent et supplièrent le général de leur épargner les horreurs d'un bombardement, en consentant à une capitulation. Le 1er juin, il envoya au général Hatry un parlementaire chargé des propositions d'accommodement. On remarqua dans le temps qu'à pareil jour, en 1684, cette place de Luxembourg, assiégée par le maréchal de Créqui, avait aussi demandé à capituler. Le général Hatry envoya aussitôt donner avis de cette proposition au général Jourdan et au représentant Talot, en les invitant à venir régler les articles de la capitulation ; ils se rendirent au camp, et ces articles furent arrêtés entre le général Hatry et le feld-maréchal Bender. La garnison reçut les honneurs de la guerre ; elle se retira au-delà du Rhin, sous l'engagement de ne pas servir contre nous ou nos alliés avant d'avoir été échangée. Cette garnison, forte encore de 12,396 hommes, mit bas les armes devant 11,000 Français environ, dont la plupart étaient des soldats de nouvelles recrues exténués de fatigue et de faim et presque nus. La plus grande partie de la dernière colonne autrichienne, composée en grande partie de Belges-Wallons, refusa de suivre les Autrichiens, et demanda de servir parmi nous ; on en forma deux régiments. Il serait trop long d'énumérer l'immense quantité de canons, d'armes, de munitions, d'approvisionnements que la place contenait.

Les Impériaux, divisés en deux corps commandés par Wurmser et Clairfait, s'étendaient de la Suisse au Necker, et de ce fleuve à la rivière de Rhur, en face des armées françaises, qui se composaient : 1° de celle du Rhin-et-Moselle sous Pichegru, se déployant en Alsace, dans le Palatinat et autour de Mayence ; 2° de l'armée de Sambre-et-Meuse, sous Jourdan ; 3° l'armée du Nord, commandée par Moreaux, occupait la Hollande et surveillait les dispositions de la Prusse.

Le général Michaud avait commencé le siége de Mayence sur la rive gauche du Rhin ; ayant demandé et obtenu sa retraite, Kléber vint le remplacer, et fut renforcé par Jourdan, à la tête de l'armée qui avait conquis Luxembourg. L'aile gauche de l'armée, forte de 20,000 hommes, s'étendit le long du Rhin depuis Bonn jusqu'à Andernach : l'aile droite, forte de 15,000, depuis Coblentz jusqu'à Bingen, et le corps de bataille, qui était formé de 28,000 hommes environ, se déploya depuis Andernach jusqu'à Coblentz. L'armée de Pichegru donnait alors la main à celle de Jourdan, et les Français avaient sur le même point une masse de 17,200 hommes, réunion imposante qui pouvait donner lieu à des opérations décisives.

L'armée autrichienne avait alors son centre à Mayence, son aile droite vers Duisbourg, et son aile gauche étendue jusqu'à Kehl.

On avait élevé une double ligne de circonvallation qui formait autour de cette ville une enceinte double depuis la droite, au village de Laubenheim, sur le bord du Rhin, au-dessus de la place, jusqu'à Montbach au-dessous ; cette ligne s'étendait en arc dont le fleuve formait la corde, et embrassait plusieurs villages, Hexel, Marienborm, Druis, Friedenheim, Gonzenheim. Une partie de la garnison campait sur les glacis : de là les armées se disputaient les postes intermédiaires ; c'étaient deux camps retranchés qui s'assiégeaient réciproquement. Les troupes qui défendaient la place étaient rafraîchies et renouvelées à volonté par la rive droite du Rhin, et les combats qui se livraient dans l'intervalle des deux camps étaient souvent des batailles rangées. Dans la nuit du 30 avril, les Français avaient projeté une attaque contre une redoute fortifiée en avant de Montbach, et qui gênait les ouvrages avancés de ce poste. En même temps, les assiégés avaient médité une sortie nombreuse pour s'emparer de la hauteur de Hardenberg, située entre la gauche des lignes françaises et la droite des fortifications de Mayence. Les deux armées se trouvèrent en présence à la pointe du jour. Un coup de canon parti de la ligne française servit de signal aux troupes légères des Autrichiens, à celles surtout connues sous la dénomination de *manteaux rouges*, corps irrégulier que fournissent à l'Autriche ses provinces de la Dalmatie et de la Servie, peuplées des descendants des anciens Daces. Toute cette troupe se porta avec fureur sur les retranchements de Montbach, et s'empara d'abord des redoutes avancées et de deux pièces de canon. Les républicains se rallièrent, reçurent des renforts, délogèrent l'ennemi, et les deux pièces furent reprises avant même d'avoir pu être enclouées. La mêlée fut sanglante : on se battit corps à corps, et le feu seul des remparts arrêta la poursuite. Le combat se prolongea par un feu de mousqueterie jusqu'au milieu du jour ; mais l'ennemi resta maître de la position avantageuse de Hardenberg, qui dominait tous les ouvrages des assiégeants à leur gauche. Ceux-ci formèrent une attaque combinée de plusieurs colonnes ; mais aux approches, lorsque le pas de charge commençait à donner l'impulsion, une salve à mitraille de l'artillerie ennemie renversa presque tous les officiers commandants. La tête des colonnes s'arrêta et hésita sous ce feu meurtrier. En même temps, les troupes à cheval autrichiennes de Waldeck et de Wurmser chargèrent cette infanterie déjà ébranlée, la rompirent et restèrent en possession du poste important qu'elles défendaient. On remarqua qu'un adjudant-général qui conduisait une partie de cette attaque, passa du côté de l'ennemi. Pichegru arriva le même jour devant Mayence, et fit de nouvelles dispositions, appela de nouveaux renforts. Mayence était devenue la clef du territoire des deux nations en guerre. Les Français hésitaient à passer le Rhin pour pénétrer en Germanie, en laissant cette place derrière eux ; au premier revers, comme il arriva à la fin de cette campagne, elle livrait aux ennemis le passage sur le territoire républicain. Pendant cette dernière attaque, ils avaient tenté un passage au-dessous de Mayence, à Bingen ; mais cette entreprise avait échoué par la vigilance des chefs et la résolution des troupes.

Le passage du Rhin était devenu l'objet des manœuvres des deux armées. Depuis Bâle jusqu'à Dusseldorf, 200,000 hommes sur chaque rive passèrent trois mois à s'observer, et à déployer de part et d'autre tout ce que l'art de la guerre a de stratagèmes et de ressources. Pichegru commandait en personne l'armée du Haut-Rhin, depuis Huningue jusqu'à Manheim, et dirigeait les mouvements combinés avec l'armée de Sambre-et-Meuse et celle du Nord que commandait en chef Jourdan, conjointement avec les généraux Kléber, Lefebvre et Championet. Le vieux général Wurmser commandait sur le haut Rhin, et Clairfait, ayant son centre à Mayence, occupait par de grands corps tous les postes en descendant le fleuve jusqu'à Dusseldorf, et en le remontant jusqu'à Manheim. Les Etats prussiens en Westphalie formaient un cordon de neutralité que leur armée gardait, et qui couvrait la droite des armées de l'empire. Plusieurs princes, entre autres l'électeur palatin, traitaient déjà leur paix particulière avec le Comité de salut public ; on négociait avec activité au milieu des préparatifs. La diète de Ratisbonne avait accepté la médiation du roi de Prusse, et demandait le *statu quo*, c'est-à-dire, dans la langue diplomatique, que toutes choses fussent remises au même état qu'avant la guerre : mais les armées françaises n'étaient arrêtées que par le Rhin ; et le cours de ce fleuve, que la géographie semble avoir tracé à la politique comme la limite naturelle des Gaules et de la Germanie, était la ligne de démarcation que venaient de poser les victoires. Le roi de Prusse, comme médiateur, avait déclaré à la diète que le gouvernement républicain ne pouvait admettre d'autre base au traité, et le Comité de salut public résolut de porter ce traité à signer sur la rive opposée. Partout les préparatifs appelaient également l'attention de l'ennemi ; et l'attaque qui devait devenir la véritable, serait celle que les premiers succès auraient désignée. Les représentants commissaires Gilet et Joubert tinrent à Cologne un conseil de guerre, où se trouvèrent Jourdan et les autres généraux. On publia que le passage était différé. En même temps, on fit à la hâte des dispositions deux lieues au-dessous de Coblentz, entre Neuwied et un village appelé Weissen-Thurn (la Tour blanche), où se trouvait une île spacieuse qui jusqu'alors n'avait été occupée par aucun des deux partis. Dans la nuit, un corps de 1,200 grenadiers, aux ordres du général Jacopin, passa sur des nacelles et s'empara de cette île. Le bruit du travail pour y élever des retranchements avertit l'ennemi sur la rive opposée, et aussitôt un feu d'artillerie et de mousqueterie fut dirigé sur les travailleurs; les batteries des républicains y répondirent, il s'établit un combat opiniâtre pendant le reste de la nuit : mais, au jour, les Français restèrent en possession de l'île. En même temps, deux ponts de bateaux préparés sur la Moselle descendirent cette rivière et entrèrent dans le Rhin, voguant sous le feu de la forteresse d'Ehrenbreitstein et de toutes les batteries dont les Autrichiens avaient hérissé la montagne. Le clair de lune leur découvrait la marche des bateaux, qui continuèrent leur navigation, malgré une grêle d'obus et de boulets, et, sans y répondre, arrivèrent à l'île dont les troupes françaises venaient de s'emparer. Cette action hardie étonna l'ennemi, surtout lorsqu'il apprit qu'elle s'était exécutée sans perte d'un seul homme.

L'aile gauche de l'armée du Rhin agissait en même temps entre Dusseldorf et Duisbourg. La ligne de neutralité, gardée par l'armée de Prusse, embrassait le petit territoire du pays de Berg appartenant à l'électeur palatin. Soit que ce pays, enclavé dans les Etats prussiens, eût été considéré comme neutre, soit que, forcée d'étendre ses positions, l'armée autrichienne n'eût pu les garder toutes, ce territoire se trouva sans défense ; le général Lefebvre, ayant rassemblé une centaine de nacelles, fit d'abord passer 100 grenadiers sur la rive droite du Rhin, et les suivit en personne. L'officier prussien qui commandait sur la ligne de démarcation, ayant fait quelques remontrances sur la violation du territoire, le général français lui répondit : « Je suis soldat, je dois exécuter les ordres de mon chef; Kléber commande ici. » Vers les trois heures du matin, 10,000 hommes d'infanterie avec 3 pièces d'artillerie à cheval avaient déjà débarqué. Kléber arriva, et l'officier prussien renouvela ses protestations : il lui fut répondu que le général Jourdan et les représentants du peuple avaient donné l'ordre de passer le Rhin à Eichelcamp, parce que ce territoire ne jouissait pas du droit de neutralité comme les Etats prussiens; que les Français ne mettraient pas le pied sur le territoire de ceux-ci, ni à l'occasion du présent passage, ni dans aucune autre circonstance. L'officier prussien fit retirer ses troupes. Cependant Lefebvre, au premier signal, fit commencer le feu des batteries françaises sur la rive gauche, porta dans un bois la première troupe débarquée avec lui, et seul, avec un adjudant et un guide, alla reconnaître la position du poste autrichien le plus proche, à

Hækum, derrière la petite ville d'Auger. Cette première attaque fut repoussée. Cependant 25,000 hommes avaient déjà passé le Rhin; les colonnes furent dirigées pour tourner le village de Hækum : il y eut un combat opiniâtre près d'une maison dite Hakerhuisen, où les Autrichiens se maintinrent longtemps ; mais, obligés de céder au nombre et à la valeur, ils firent leur retraite sur Ratingen, laissant 15 pièces de canon et peu de prisonniers, parce que la cavalerie française n'avait pu encore passer le fleuve. Les troupes palatines se retirèrent.

En même temps que Lefebvre passait le Rhin à Eichelcamp, le général Grenier formait une autre attaque, et le passait vis-à-vis la petite ville d'Urdingen, au-dessous de Dusseldorf, entre les deux rivières d'Auger et de Thur. L'attaque de droite, commandée par le général Championet, ouvrit le passage à Ham, au-dessus de Dusseldorf. Cette attaque avait pour but de couper la retraite à l'ennemi, ou de le forcer à la faire par les montagnes ; mais ce mouvement était hasardé, tant qu'on n'était pas maître de Dusseldorf. Cette aile droite se trouvait séparée de l'armée, et si l'ennemi se réunissait en force, elle risquait d'être culbutée dans le Rhin. Dusseldorf était canonné et bombardé de la rive gauche : une prompte capitulation ou une attaque de vive force pouvait seule en rendre maître. Un officier général, Legrand, se porta avec un bataillon de grenadiers sur les glacis de la place, et somma le commandant des troupes palatines, qui seules y tenaient garnison. Elles obtinrent telle capitulation qu'elles voulurent, et purent se retirer dans leur pays. L'électeur palatin négociait toujours sa paix particulière avec la République. Toute l'armée aux ordres de Jourdan eut passé le Rhin en trois jours, et les Autrichiens effectuaient leur retraite, Clairfait ne s'arrêtant qu'aux grandes positions susceptibles de défense. Cette action de guerre rappela le passage du Rhin à Tolhuis, tant célébré sous le règne de Louis XIV, et qui fut exécuté avec la même valeur : mais le dernier avait été le résultat de combinaisons plus compliquées et plus savantes. Le lieu du passage fut indiqué par l'ordre de Pichegru, d'après un ordre que lui transmit le conseil secret du Comité de salut public. Carnot y présidait toujours aux grandes déterminations relatives à la conduite de la guerre. De là cet accord entre les chefs qui assura les succès, et ces dispositions combinées des différents corps dispersés sur un développement de plus de cent lieues, mais ressortissant tous à une même direction centrale qui coordonnait tous leurs mouvements.

Les généraux autrichiens avaient annoncé qu'ils prendraient des positions de retraite derrière la rivière de Sieg; mais les mouvements de l'aile droite de Sambre-et-Meuse les obligèrent à abandonner cette ligne. Championet passa le Rhin à Neuwied, et d'abord la forteresse d'Ehrenbreitstein fut cernée. Les troupes autrichiennes l'avaient abandonnée; mais la garnison, composée de troupes de l'empire, en prolongea la défense. La reddition de Manheim ouvrit le passage aux Français, et les généraux autrichiens furent obligés de se retirer derrière la Lahn, où l'armée aux ordres de Clairfait se réunit au corps commandé par le prince de Wurtemberg ; mais, par le passage du Rhin que Pichegru venait d'effectuer à Manheim, l'armée autrichienne se trouvait entre deux feux, et sa nouvelle position n'était plus tenable. Le général Lefebvre, remontant la rive droite du Rhin depuis Dusseldorf jusqu'à Coblentz, avait repoussé de poste en poste, et par des actions journalières, tous les corps ennemis qui gardaient les passages ; Ney, alors adjudant général, fit charger et repousser deux escadrons du corps d'émigrés français de Rohan, qui gênaient la marche de Lefebvre, pour passer la Sieg et prendre une position en avant de cette rivière. Lui-même eut en personne une action vive avec l'ennemi, qui ne cédait le terrain que pied à pied : sa cavalerie tourna une redoute près du village d'Anelshorn, sabra tout ce qu'elle trouva sur son chemin, se mêla à l'infanterie, et entra dans la redoute. Il y eut aussi une affaire d'avant-garde avec l'arrière-garde ennemie à Aukirken.

Jourdan fit alors les dispositions générales pour attaquer l'ennemi dans les postes qu'il avait pris derrière la Lahn, et où il commençait à se retrancher. Cinq colonnes se dirigèrent sur Wetzlar, Weilbourg, Limbourg, Dietz et Nassau. Jourdan, par sa lettre au Comité de salut public, en annonçant sa marche offensive sur la Lahn, fixait au troisième jour complémentaire l'époque de son arrivée au but. Cette assurance en donnait aux troupes, et les circonstances causèrent d'abord peu de changement. Cependant Wurmser accourait du haut Rhin, à marches forcées, pour opérer sa jonction et secourir Clairfait. La rivière du Necker séparait seule cette armée de la gauche de l'armée de Pichegru, qui avait passé le Rhin à Manheim. Une première attaque que ce corps forma contre les Autrichiens, près de Heidelberg, fut repoussée ; un général français fut fait prisonnier, et la perte fut assez considérable. L'attaque s'était faite avec un corps de 10,000 hommes ; l'infanterie autrichienne, maintenant ses positions, donna le temps à la cavalerie de tourner l'aile droite des Français, et cette aile fut poussée jusque sous le canon de Manheim. Cet échec devint le signal d'un changement de fortune rapide, et dont l'histoire fournit peu d'exemples.

Tout avait cédé au premier choc des armées républicaines ; Jourdan avait poussé l'ennemi devant lui, de poste en poste, depuis Dusseldorf jusqu'à Manheim, se fiant pour l'appui de sa gauche sur la ligne de neutralité protégée par les troupes prussiennes ; mais l'exemple récent du passage du Rhin, exécuté à Eichelcamp, servit de motif à la cour de Vienne pour donner à ses généraux l'ordre d'agir sans avoir égard à la neutralité convenue. Alors la position transversale de l'armée de Sambre-et-Meuse devenait hasardée ; son aile gauche était en l'air au milieu d'un pays ennemi. Clairfait, méditant sur cet état de choses, libre de ses mouvements par les nouveaux ordres de sa cour, renforcé par 15,000 grenadiers hongrois, déroba la marche de plusieurs corps séparés qu'il réunit à son aile droite, et, forçant la ligne de neutralité, dont il fit retirer les postes prussiens, il conçut et exécuta, avec précision et rapidité, le projet de tourner la gauche de l'armée républicaine, et de la contraindre, par sa position seule, à se replier à la hâte pour lui présenter un front qui ne pouvait guère se former que sur le Rhin; toutes les rivières qui y tombent n'étaient plus des obstacles, se trouvant passées vers leur source et hors de la portée des défenses. Les mesures furent prises si juste, qu'il ne fallut même point d'action décisive. Sans avoir perdu de bataille, Jourdan se vit forcé à rétrograder de toutes ses positions, dans lesquelles il se trouvait pris en flanc et à revers, sans avoir le temps de former une ligne qui pût faire tête à l'ennemi, et donner au reste de l'armée celui d'exécuter un changement de position sur son centre pour présenter un front à l'attaque imprévue. Clairfait exécuta son mouvement si près de l'armée française, qu'elle n'en fut avertie que par sa présence.

La gauche des Impériaux était vers Manheim, leur droite s'étendait dans le comté d'Erlach; ce fut de ce point que Clairfait partit pour passer le Mein à Aschaffenbourg, et la gauche de Jourdan se trouva déjà dépassée. Cette armée, dont la marche avait été une invasion rapide, s'était livrée au désordre, suite de l'indiscipline inévitable dans les grands succès, mais dont les inconvénients sont incalculables dans les revers. Le soldat, riche de butin, ne songe qu'à le mettre en sûreté. La retraite des Français se fit avec une précipitation funeste. La perte en hommes fut peu considérable, mais la déroute fut complète; les bandes arrivaient pêle-mêle et sans chefs jusque sur la rive droite du Rhin par quarante et cinquante hommes de différents corps. On forma un camp sous Neuwied pour les recueillir. Les généraux maintinrent quelques têtes de colonnes qui couvrirent la retraite de ces bandes éparses et en désordre.

Cependant Clairfait poursuivait sans relâche ses avantages. Les résultats seuls de ces grands mouvements militaires appartiennent à l'histoire. Leurs détails, pour être connus, se reportent aux itinéraires officiels et publics; ces monuments contemporains, ne contenant que des faits journaliers, deviennent irrécusables, parce qu'ils n'ont pas été contredits dans le temps. Après avoir rassemblé tous les détachements du Necker, l'armée autrichienne passa le Mein et arriva, le 11 octobre, à Bergen, poussant devant elle jusqu'au-delà de la Nida les postes avancés des Français, qui campaient sur les hauteurs de Hoëchst à Kœnigstein. L'avant-garde des Impériaux bordait la rive gauche de cette rivière, et menaçait par ses démonstrations l'aile gauche de l'armée française; mais le mauvais état des chemins ayant retardé l'arrivée de leur artillerie, ils furent contraints de différer leur attaque, qu'ils avaient fixée au 14. Le 12, Jourdan fit attaquer le poste de la Nida à plusieurs reprises ; mais, toujours repoussé, il se retira dans la nuit vers les montagnes de Kœnigstein. L'avant-garde autrichienne le suivit sur les points de Hombourg et de Wisbaden. La garnison de Mayence fit alors une sortie jusque sur cette dernière ville, et ce mouvement hâta la retraite des Français, qui durent craindre que leur droite ne fût séparée des passages du Rhin. L'avant-garde autrichienne, commandée par le général Haddik, était déjà sur les bords de la Lahn à Weilmunster, et la passa le lendemain à Weilbourg. Le poste d'Esch, entre Francfort et Coblentz, occupé en forces par les Français, leur fut enlevé après une défense opiniâtre. Le centre de l'armée se trouva ainsi découvert : Jourdan défendit encore la ligne de Stafel à Ysembourg, et s'y maintint contre les efforts du général Haddik ; mais tous les autres points étant abandonnés, il fut obligé de se retirer jusque sur les postes qui formaient encore le blocus de la forteresse d'Ehrenbreitstein. A mesure que l'avant-garde des Autrichiens dépassait l'aile gauche de l'armée française, celle-ci était forcée d'obéir à ces mouvements et de replier toute sa ligne.

Les Autrichiens étant entrés dans Nassau et Limbourg, leurs corps avancés vinrent jusqu'à Ehrenbreitstein : leur centre passa la Lahn et se porta à l'appui du général Haddik ; alors le blocus de cette forteresse fut levé, et l'armée française commença à passer le Rhin sur différents points, entre Coblentz et Dusseldorf, pour se porter sur Bonn et Cologne. Haddik, à la tête de l'avant-garde, continuait avec rapidité ses marches et ses attaques ; à la droite il poussa les Français jusque derrière la Sieg et jusqu'aux portes de Dusseldorf, que l'on mit en état de défense, et que l'on avait résolu de conserver. Toute cette retraite de l'armée française s'était faite par un grand mouvement de conversion en arrière, la droite toujours à Manheim et servant de pivot. Pichegru tenait encore cette place avec l'armée du Rhin-et-Moselle, et quoique les ouvrages commencés sur la rive droite du Rhin, devant Mayence, eussent été abandonnés, les Français restaient avec confiance dans leur double ligne de circonvallation sur la rive gauche, où ils s'étaient établis et mis à couvert par des travaux construits pendant plus d'un an. Il paraît qu'un excès de sécurité leur fit envisager avec trop d'indifférence la retraite précipitée de l'armée de Sambre-et-Meuse. Cette retraite semblait n'abandonner qu'un pays ouvert, et, en se reportant dans ses premières positions, devoir demeurer sur le Rhin maîtresse des passages ; mais Clairfait, qui, dans toute cette expédition, déploya un talent supérieur, se préparait à compléter ses avantages : tout à coup il abandonne la poursuite de l'aile gauche des Français, laisse un corps peu nombreux devant Dusseldorf, se porte à marches forcées sur Mayence, y entre le soir à la tête du corps d'élite, et fait sortir au point du jour son armée sur plusieurs colonnes pour attaquer les lignes de circonvallation sur tous les points. Ces lignes, dont l'ennemi admira les travaux, étaient d'un développement immense et exigeaient une armée pour les garder. Les événements et les entreprises dont les rives du Rhin étaient devenues le théâtre, avaient obligé d'en retirer une partie des troupes employées au siége, et le secret de la marche de l'armée impériale fut si bien gardé, que les Français n'en furent instruits qu'en voyant cette armée se déployer entre la ville et leurs retranchements. Les premiers postes furent tellement surpris qu'à peine les soldats purent y prendre les armes. Le corps de réserve des Autrichiens passa le Rhin sur deux fortes colonnes, l'une, au-dessous de Mayence, pour tourner les batteries du poste de circonvallation à Monbach, l'autre, au-dessus de Mayence, vers la chaussée de Manheim, pour en couper la retraite. L'armée sortit de la place sur trois colonnes, dont l'une se dirigea sur la droite des retranchements français, vers le village de Hechtsheim, l'autre vers le centre des lignes, et la troisième fut droit à Monbach. Ces mouvements furent si rapides, que la première ligne ne put être défendue. Il y eut un combat opiniâtre à la seconde, jusqu'à ce que les Français, apercevant la colonne autrichienne qui avait passé le Rhin au-dessous de Mayence, et qui s'avançait pour les tourner, se retirèrent vers la redoute la plus proche de leur droite, mais elle était déjà forcée. Alors la confusion se mit parmi les troupes républicaines ; elles se jetèrent en désordre dans les bois de Monbach, où elles firent encore une assez longue résistance. Cependant la colonne de gauche avait attaqué la droite des lignes à Ensheim ; la défense y fut d'abord opiniâtre et le combat sanglant ; mais, comme à Monbach, la colonne qui avait passé le Rhin au-dessus de Mayence, arrivant pour tourner les redoutes, et une flotte de sept chaloupes, conduite par le major anglais William, ayant remonté le Rhin et débarqué un corps de 1,000 hommes à dos des Français, ces mouvements décidèrent la retraite : alors 14 escadrons de cavalerie chargèrent cette infanterie dans la plaine, et il y eut là un grand carnage. Vers le centre, à Gozenheim, la résistance se soutint encore avec la fureur du désespoir ; mais les deux ailes étant forcées dans toutes leurs défenses, la déroute devint générale. L'action fut terminée à midi.

L'attaque avait été combinée le même jour sur tous les points de la ligne de Coblentz à Manheim : Clairfait et Wurmser s'étaient concertés, et ils se servirent de ce système de grande tactique dont les généraux républicains leur avaient donné l'exemple dans les précédentes campagnes. Le même jour, une île du Rhin que les Français avaient fortifiée, située à une lieue au-dessous de Coblentz, fut attaquée et prise par les troupes électorales de Trèves et par un corps d'Autrichiens ; et ce même jour encore, Wurmser essaya de forcer Pichegru à évacuer Manheim. Le succès fut moins complet ; mais bientôt l'ensemble des opérations nécessita cette retraite. Déjà Wurmser s'était avancé sur les deux rives du Necker jusque près de Manheim : une grande redoute que les Français avaient élevée sur la rive droite, et qui couvrait le pont du Necker, fut attaquée et enlevée ; les Impériaux pénétrèrent jusqu'à ce pont. Là, arrêtés par le feu de la place, ils se retirèrent ; mais ils restèrent maîtres des hauteurs et des retranchements. Manheim alors se trouva cerné de près sur la rive droite, et menacé d'un bombardement. On voulait faire expier à cette ville la facile déférence de son souverain, qui, pour sauver son pays des malheurs de la guerre, avait traité avec la République. Aussitôt que Pichegru connut les événements qui s'étaient passés devant Mayence, et qu'il eut appris que les lignes y étaient forcées, il sortit de Manheim avec toute sa cavalerie, et prit position sur la rive gauche, sa droite appuyée à la grande redoute du Rhin, sa gauche s'étendant vers Frankenthal : une garnison de 10,000 hommes resta dans la ville. Clairfait avait passé le Rhin, et était campé à peu de distance dans les montagnes de Hundsrük; et Jourdan, avec les généraux Marceau, Kléber, Championet et Lefebvre, ayant repassé le Rhin avec leurs divisions, couvraient Trèves, et contenaient les armées autrichiennes qui s'étaient répandues dans le pays après la levée du siége de Mayence. Ces quatre armées, celles de Wurmser, de Clairfait, de Jourdan et de Pichegru, se trouvaient croisées et en présence dans une étendue de dix lieues. Une affaire générale et décisive devenait inévitable. Dans les chances de la guerre, la résolution et le découragement sont toujours en proportion avec les avantages et les revers. Les troupes germaniques, enorgueillies par leurs succès, se flattaient du louable espoir d'être les libérateurs de l'Empire. Clairfait connut alors toute sa supériorité; son plan, qu'il exécuta, était de repousser les Français sur leur ancien territoire. La première armée à attaquer était celle de Pichegru : sa retraite forçait la reddition de Manheim et l'évacuation de tous les autres postes occupés sur les passages du Rhin. Pichegru essaya d'opérer sa jonction avec l'armée de Jourdan, et s'avança sur la petite rivière de Primm; mais Clairfait s'étant fait joindre par une partie de l'armée de Wurmser, l'y attaqua : tous les villages occupés et défendus sur le bord de la rivière furent emportés. L'aile gauche fut alors forcée de se retirer, et Pichegru prit position derrière l'Elsbach, entre Neustadt et Türkheim, laissant Manheim abandonné à ses propres forces. Cependant tous les généraux républicains essayaient une forte diversion en avant de Dusseldorf, dont ils étaient restés maîtres. Le général Hatri, avec un corps d'armée de 20,000 hommes, avait marché en avant jusque sur la Sieg; on fit revenir des renforts de l'armée du Nord qui était restée en Hollande. Cette diversion produisit d'abord divers avantages; mais les échecs successifs que reçurent les armées du Rhin déterminèrent tous les mouvements des autres armées; et à l'occupation près de Dusseldorf, cette campagne devait finir dans les mêmes positions respectives où elle avait commencé.

Cependant la division de l'armée de Sambre-et-Meuse, commandée par Marceau, obtint encore des avantages qui retardèrent les progrès de l'ennemi, et le continrent dans les positions qu'il occupait dans le pays de Trèves, sur le Hundsrük et à Creutzenach. La cavalerie impériale, battue et repoussée par la cavalerie républicaine, fut forcée de se replier sur Mayence. Cette partie de l'armée de Sambre-et-Meuse, qui se trouvait sur la rive gauche du Rhin, continua ensuite ses mouvements. Bernadotte et Championet ramenèrent leurs divisions sur la Nahe jusqu'à Bengen, où Jourdan réunissait un corps de 70,000 hommes. Les armées de Wurmser et de Clairfait se trouvaient ainsi entre deux armées françaises sur la rive gauche du Rhin; mais tous les postes qui gardaient les passages étant au pouvoir des Impériaux, les deux armées françaises ne purent opérer leur jonction, ni concerter entre elles une communication active. Les mouvements combinés des deux armées de Clairfait et de Wurmser forcèrent Pichegru à prendre des positions rétrogrades vers l'Alsace, d'abord derrière les lignes de la Queich, puis vers Landau. Tous ces événements militaires firent cesser les négociations : on espéra encore de réduire la République à recevoir les conditions de paix qu'elle avait prétendu dicter.

Pendant que l'armée continuait à soutenir notre gloire militaire au prix de son sang, les royalistes, à l'intérieur, préparaient la ruine du gouvernement conventionnel. Après une lutte révolutionnaire, le parti qui l'emporte s'avoue difficilement jusqu'où il ira, et il est rare qu'il ne dépasse pas, dans l'entraînement du succès, le but qu'il voulait atteindre, et qu'il ne tire de sa victoire des conséquences forcées. Ainsi, à la suite de la journée du 9 thermidor (1), qui n'avait été méditée et entreprise que contre les chefs terroristes et leurs adhérents les plus proches, les patriotes non terroristes furent compris et frappés parmi les vaincus. La réaction prit bientôt une nuance royaliste décidée; une nouvelle terreur fut organisée et érigée en système contre, non seulement les Jacobins, mais aussi les suspects de jacobinisme, et d'affreuses violences ensanglantèrent de nouveau la France. La Convention, dont les commissaires mettaient eux-mê-

(1) On sait que c'est la journée du 9 thermidor qui marqua la fin du régime terrible désigné sous le nom du régime de la Terreur. On a dit que, sans un mouvement terrible de compression à l'intérieur, le gouvernement, inquiété par les partis, entravé par les résistances, serait devenu trop faible contre la coalition étrangère et la guerre civile, et aurait, en succombant, entraîné la ruine de la réforme politique. Plusieurs, jugeant d'après l'événement, ont ajouté que le Comité de salut public, tout affreux qu'il ait pu être, avait sauvé le pays, et qu'un système qui atteint son but ne peut être accusé d'imprudence et d'inefficacité. Néanmoins, en acceptant les mesures capitales du Comité de salut public, personne n'a pu vouloir sanctionner d'une approbation qui serait un scandale, les horreurs de détail, les forfaits inutiles, les vengeances particulières, multipliées, multiformes, dont le régime de la Terreur a été rempli ; tout ce qu'on peut dire pour expliquer ces énormités, c'est qu'elles étaient peut-être la sanglante et malheureuse condition du système lui-même, et qu'il faut les comparer aux sombres et funestes épisodes d'un combat de nuit.   LÉON THIESSÉ.

mes les armes à la main aux royalistes du Midi contre le parti des Jacobins qu'elle avait excité avec tant de violence en d'autres temps, ne pouvait qu'épargner les amis de ses nouveaux alliés ; elle pardonna à ceux-ci jusqu'à l'intention hautement manifestée de la détruire et de la noyer dans son propre sang.

Dans cette réaction contre le régime révolutionnaire, les agents royalistes, avec l'optimisme aveugle des partis vaincus, voyaient un retour vers les affections et les opinions monarchiques. Les ambitieux, les avides de place et de pouvoir appuyaient ces manœuvres des royalistes, dont ils étaient alliés, mais non pas complices, et la population parisienne, sans volonté certaine, sans but déterminé, sans intérêt précis, cédant à des impressions vagues et confuses, à des impulsions étrangères, se fit mitrailler au profit des intrigants et des ambitieux qui l'exploitaient, lorsque la Convention, qui s'était laissé entraîner trop loin dans cette direction, s'arrêtant enfin, se retourna contre l'opinion publique, qui tendait à la dépasser.

Tous les mécontents anti-conventionnels attendaient impatiemment que la clôture de la Convention leur fît place libre, et que la convocation des colléges électoraux commençât pour eux une ère d'avenir et d'espérance. La Convention n'ignorait pas ces dispositions publiques, et, sans bruit ni démonstrations, elle agit en conséquence, et prit des précautions pour que la révolution ne pérît pas. Profitant des fautes de la Constituante, et pensant avec raison qu'elle seule, qui avait fait la révolution, pourrait et voudrait la défendre et la maintenir, elle promulgua la Constitution de l'an 3, qui composait le pouvoir législatif de deux conseils, celui des *Cinq-Cents* et celui des *Anciens*, et confiait le pouvoir exécutif à cinq directeurs. L'assemblée rendit en même temps deux décrets par lesquels elle décida qu'un tiers de ses membres serait réélu.

La Constitution de l'an 3 et le décret relatif à la réélection des deux tiers furent adoptés par les assemblées primaires des provinces. Paris adopta la Constitution et rejeta le décret. Il n'en était pas moins exécutoire, puisque la majorité des Français l'avait voté ; la force seule pouvait donc en empêcher l'exécution : les intrigants royalistes et les ambitieux firent un appel à la force. La Convention savait qu'un mouvement insurrectionnel se préparait contre elle ; elle n'en redoutait pas les conséquences, forte de l'assentiment de la France et du dévouement de l'armée, qu'elle avait gagnée en soumettant la Constitution à l'approbation des troupes. Elle n'avait besoin que de se mettre en état de résister à un coup de main. Et lorsqu'elle vit que le moment d'agir était arrivé, elle se déclara en permanence, fit approcher 5,000 hommes, campés depuis quelque temps dans la plaine des Sablons ; rendit les armes aux patriotes, vaincus en prairial (1) ; en enrégi-

(1) Le 4 prairial 1795, à la suite d'une insurrection populaire contre la Convention, le parti démocratique fut défait et sa classe inférieure entièrement exclue du gouvernement,

menta 1,800 sous le nom de *Bataillon des Patriotes de 89*, promulgua un décret qui dissolvait l'assemblée électorale, et concentra, pour faciliter et accélérer l'exécution, tous les pouvoirs entre les mains de cinq membres.

La journée du 12 vendémiaire (4 octobre) fut employée par les sections à discourir, à s'échauffer et à rassembler les gardes nationaux. Dans la soirée, la Convention, espérant prévenir l'effusion du sang en prenant brusquement l'offensive, envoya le général Menou pour désarmer la section Lepelletier. Au lieu d'agir, Menou parlementa, et ce premier succès remplit les sectionnaires d'audace. Menou fut destitué, et le commandement remis à Barras, qui, doutant peut-être de lui-même, s'adjoignit le jeune Bonaparte, dont il avait été à même d'apprécier l'intelligence et l'énergie. Bonaparte résolut de recevoir le combat, et commença des préparatifs de défense avec sa brûlante activité. Il présenta des gueules de canon à toutes les rues et à tous les ponts, qui débouchaient sur le bâtiment des Tuileries, depuis la place de Louis XV jusqu'au Pont-Neuf, et distribua savamment 8,000 hommes de toutes armes qu'il avait sous ses ordres, sur les points les plus importants : puis il attendit, après avoir fait donner des fusils et des cartouches aux membres de la Convention, qui formèrent la réserve.

Le 13 vendémiaire au matin, 40,000 gardes nationaux des sections étaient sous les armes. Deux généraux, Danican et Duhoux, et un ex-garde-du-corps, Lafond, se mirent à leur tête. Ils n'avaient pas d'artillerie; mais si, barricadant les rues, ils se fussent retranchés dans les maisons qui font face aux Tuileries, ils auraient tué, les uns après les autres, tous les conventionnels, ou les auraient pris par famine : heureusement pour la France et pour la Révolution, l'événement fut tout autre.

Après avoir employé la journée en pourparlers inutiles, les sectionnaires s'avancèrent, à quatre heures et demie, par les quais et la rue Saint-Honoré, en colonnes serrées et profondes. Le canon y fit de larges trouées; les colonnes rompues se reformèrent et revinrent à l'attaque; rompues une seconde fois sous la mitraille, ils se dispersèrent et ne reparurent plus. A six heures la bataille était gagnée par la Convention; 1,200 morts jonchaient les marches de Saint-Roch, la rue Saint-Honoré et les quais. Quelques coups de canon à poudre renvoyèrent définitivement chez eux les sectionnaires, qui erraient encore en armes.

La journée du 13 vendémiaire fut sans lendemain, parce que les vaincus n'avaient d'appui nulle part. Les gardes nationaux, qui s'étaient battus sur la foi et pour le compte d'autrui, n'avaient aucune intention dange-

de l'Etat ; les comités révolutionnaires qui formaient ses assemblées, furent détruits ; les canonniers, qui étaient sa troupe, furent désarmés ; la Constitution de 93, qui était son Code, fut abolie, et le règne de la multitude finit là.

(MIGNET, *Révolution française.*)

reuse, et la leçon reçue leur devait profiter ; les royalistes étaient réduits à l'impuissance absolue de nuire ; l'armée, la France entière étaient dévouées à la Révolution. Mais cette insurrection eut du moins pour résultat de mettre un terme au règne d'une assemblée qui ne pouvait plus régir la France.

Quant à nos armées, sans s'occuper des intrigues de l'intérieur, elles se battaient avec un dévouement digne d'une autre récompense; on eût dit que l'ancien génie de la République vivait encore au milieu de nos soldats, leur communiquait une impulsion qu'ils ne recevaient plus d'un gouvernement faible, divisé, infidèle à ses propres intérêts, et aussi incapable désormais de conduire les affaires de la guerre que celles de l'intérieur.

L'avénement du Directoire, auquel la Convention venait de déléguer le pouvoir, fut marqué par les revers des armées du Nord : celle du Rhin était retirée en avant de Landau ; celle de la Moselle, après l'avantage que Jourdan avait remporté à Creutznach, s'était établie sur la Nahe, et semblait menacer encore les rives du Rhin ; un nouvel échec obligea le général Marceau de se retirer derrière la Moselle.

Mais l'armée d'Italie reprit l'offensive aussitôt que les bataillons de l'armée des Pyrénées furent arrivés dans les Alpes, et les directeurs nouvellement installés purent bientôt entendre les salves d'artillerie que célébrèrent sa victoire de Loano. Ce premier triomphe de l'armée d'Italie balança pour le moment auprès des puissances européennes l'influence des succès de Clairfait aux environs de Mayence.

Kellerman avait soutenu sa ligne de défense, la droite à la mer vers Borghetto, la gauche à Orméa, le centre s'étendant devant les postes de Banco et Bardinetto. Tant que l'armée put conserver ses communications par mer avec Gènes et en tirer ses subsistances, sa position fut soutenable ; mais lorsque l'escadre anglaise eut établi des croisières sur cette côte, les convois furent interceptés et la position de l'armée devint inquiétante. Dans cet état de choses, le Directoire envoya à Schérer l'ordre d'attaquer et de battre l'ennemi.

L'armée austro-sarde, forte d'environ 40,000 hommes, tenait une ligne de positions fortifiées et liées les unes aux autres par des retranchements ; sa gauche, appuyée à la mer à Loano, occupait avec de l'artillerie Final et Brescia ; son centre occupait des positions fortement munies à Roccabardène, à Mélogno, à Settepani. Ces positions étaient liées à la droite que fermaient les troupes piémontaises, par les places de Céva, Mondovi et Coni. Toutes ces communications étaient libres et faciles : les Austro-Sardes avaient de plus en arrière des positions assurées et très-fortes. La saison avancée et la situation de l'armée française lui faisaient une nécessité, ou d'en venir à une action pour assurer ses quartiers d'hiver dans la ligne qu'elle occupait, ou de rétrograder pour les prendre dans le comté de Nice et sur les frontières.

Masséna, qui commandait la droite et une partie des divisions du centre, et qui, dans cette campagne, avait pris une grande connaissance du pays, fut chargé par le général en chef de rédiger le plan d'attaque. Selon les premières dispositions, la droite des Austro-Sardes, composée en grande partie des troupes piémontaises, devait être tournée, et, à l'aide des renforts que l'aile gauche et le centre de l'armée française avaient reçus, on pouvait entreprendre de prolonger successivement à revers la ligne ennemie, de sa droite à sa gauche, en la plaçant entre deux feux ; on comptait pour l'exécution sur l'ardeur et l'impétuosité des troupes ; mais des contrariétés de climat et de saison, des brouillards, des neiges abondantes qui tombèrent pendant plusieurs jours, retardèrent et empêchèrent de suivre ce premier plan. Masséna alors proposa d'exécuter sur le centre de l'ennemi le mouvement que l'on avait dû diriger sur son aile droite, de s'emparer de vive force des positions qui le couvraient à Banco, à Roccabardène, à Bardinetto, de dépasser ces positions et d'en prendre en arrière de sa ligne. Masséna, en proposant ce projet hardi, demanda et obtint d'en diriger l'exécution. En conséquence, les troupes qui avaient été portées à Orméa pour renforcer la gauche, redescendirent vers le centre ; et pour donner le change à l'ennemi et aux habitants, en motivant cette marche, on fit préparer des logements dans les villages, et répandre le bruit que l'armée, à cause de la rigueur de la saison, allait prendre ses quartiers d'hiver. On manquait de vêtements et de subsistances ; l'habitude et le courage y suppléèrent.

Schérer, général en chef, prit le commandement de la droite, Masséna celui du centre, le général Serrurier celui de la gauche, qui n'était destinée qu'à contenir l'ennemi dans cette partie, et à l'empêcher d'en tirer des renforts pour les porter aux points attaqués ; la droite devait, au contraire, agir avec vigueur au commencement de l'action pour faire croire à l'ennemi que cette attaque était la véritable.

Dès la veille, pendant la nuit, Masséna détacha un corps d'infanterie légère, commandé par un chef de brigade nommé Gaspart, qui s'était déjà distingué dans plusieurs actions. L'attaque générale commença avec le jour ; Masséna harangua ses troupes ; les colonnes s'ébranlèrent, conduites par les généraux Laharpe, Chartel, Cervoni, Saint-Hilaire, Joubert, Mercier, Chabran, Bisanet. Le général autrichien d'Argenteau commandait la ligne ennemie qui tenait le centre des positions. Les postes de Bardinetto et Mélogno furent d'abord opiniâtrément disputés : Masséna disposa cette première attaque à la tête de sa réserve, et d'Argenteau prit une première position rétrograde sur la rive droite de la Bormida. Selon le plan arrêté, ce premier succès exigeait de nouveaux efforts pour repousser le centre de l'armée ennemie et pouvoir ainsi prendre des revers sur ses deux ailes. Masséna fit attaquer et emporter le poste de San-Pedro del Monte qui dominait toute la droite des alliés et celui de la redoute de Castelarc. Ce dernier poste étant forcé, décida la seconde retraite du centre des Autrichiens : leur aile se trouva ainsi entièrement à découvert. Masséna était alors en avant, vis-à-vis des retranchements de Saint-Pantaléon, qui couvraient toute la portion de l'armée ennemie postée à Loano. Le général autrichien de Wallis commandait cette aile gauche en l'absence du général en chef Devins.

Schérer, ayant sous ses ordres les généraux Augereau, Victor, Busnel, avait attaqué en même temps les postes en avant de Loano. Les chaloupes canonnières, armées de pièces de gros calibre et rasant la côte, battaient toutes les positions de l'extrémité de l'aile gauche ennemie. Cependant elle soutint ces attaques réitérées sur le point de Loano, pendant le commencement du combat ; mais lorsque les colonnes françaises, qui avaient longé le centre, parurent sur la droite de l'ennemi et menacèrent de lui couper la communication avec l'armée piémontaise, Loano fut évacué et Wallis prit une position en arrière vers Ponte di Neva et Altare.

Les corps que Masséna avait amenés du centre avaient rapproché l'aile droite que Schérer commandait, et menaçaient de se rendre maîtres des hauteurs de l'Apennin, et de se placer entre les Etats du roi de Sardaigne et l'armée de ses alliés : celle-ci fut forcée de continuer sa retraite sur Aqui et Dégo, et de là encore vers Alexandrie, occupant la vallée de Bormida, où elle prit des cantonnements d'hiver.

A l'aile gauche de l'armée française, où commandait Serrurier et où l'attaque ne devait être que simulée, l'objet fut rempli, c'est-à-dire que l'on contint les forces de l'ennemi dans cette partie, et qu'on l'empêcha de se porter à l'appui de son centre et de sa droite. Les généraux Miolis et Pigeon commandaient les colonnes ; les redoutes de Saint-Bernard reçurent et soutinrent trois attaques : un moment on s'empara du poste de Dondela ; l'ennemi le reprit, mais sa retraite fut forcée par les événements des journées suivantes. La perte des deux armées fut considérable, parce que la défense et l'attaque furent également opiniâtres. Le succès fut dû à la supériorité des manœuvres, et cette bataille fut une grande leçon de cette tactique nouvelle qui décidait tout par les grands mouvements.

Les résultats de cette victoire furent décisifs : outre l'occupation de Savonne, le rétablissement des communications avec Gènes et la prise de beaucoup de munitions, de bagages et d'artillerie, elle ouvrit l'entrée du Piémont, et prépara les grands et brillants succès qui, sous le premier commandement en chef de Bonaparte, dès l'ouverture de la campagne, à Montenotte, à Millésimo, à Lodi, décidèrent du sort de l'Italie. Le gouvernement aussi gagna beaucoup en considération par la victoire de Loano : ses relations extérieures s'étendirent et se consolidèrent ; bientôt l'Europe et les rois s'accoutumèrent à traiter avec un pouvoir organisé et reconnu sans opposition au-dedans.

CHAPITRE IX.

Gouvernement directorial. — Armée d'Italie. — Plan de campagne. — Arrivée de Bonaparte à l'armée. — Etat des forces opposées. — Ouverture des hostilités. — Combats de Voltri et de Montelegino. — Bataille de Montenotte. — Combat de Cossario. — Bataille de Millesimo. — Combat de Dego. — Bataille de Mondovi — Paix avec la Sardaigne. — Passage du Pô. — Combat de Fombio. — Bataille de Lodi. — Entrée à Milan. — Insurrection réprimée. — Combat de Borghetto. — Investissement de Mantoue. — Armée de Sambre-et-Meuse. — Passage du Rhin. — Combat d'Altenkirchen, de Siebourg. — Retraite de Jourdan. — Armée de Rhin-et-Moselle. — Passage du Rhin e^t prise de Kehl. — Combat de Renchen. — Marche parallèle de Jourdan. — Combat de Rastadt. — Mouvements de Moreau, de l'archiduc. — Invasion de la Bavière. — Mouvement de l'armée de Sambre-et-Meuse. — Retraite de Moreau. — Bataille de Riberack. —Occupation du Val-d'Enfer.—L'armée française repasse le Rhin. — Armistice proposé et refusé. — Perte de Kehl et de la tête du pont de Huningue (1797).

La Convention venait de léguer le pouvoir au Directoire. Ce gouvernement tout nouveau allait être mis en jeu au moment où la guerre devait elle-même prendre des formes toutes nouvelles.

A peine installés, les directeurs purent entendre les salves d'artillerie qui célébraient la victoire de Loano. Ce premier triomphe de l'armée d'Italie balançait pour le moment, auprès des puissances européennes, l'influence des succès de Clairfait aux environs de Mayence. Ces succès étaient le résultat d'un plan vicieux, et particulièrement de la trahison de Pichegru. Ce général, trop occupé des intérêts de la royauté pour songer à ceux de la patrie, restait dans l'inaction. Les choses étaient arrivées au point que le prince de Condé devait tenter l'invasion combinée ; mais il hésita et ne jugea pas prudent de passer le Rhin, parce que Pichegru ne voulut pas commencer par faire arborer le drapeau blanc à son armée.

Le Directoire conçut des soupçons sur la conduite de Pichegru, et, quoiqu'il ne fût pas assuré de sa trahison, il le suspecta assez pour lui enlever le commandement de l'armée du Rhin, qu'il donna au général Moreau.

A ces événements, qui contribuaient à augmenter les difficultés du gouvernement, se joignaient la désorganisation et l'indiscipline des armées, laissées dans le dénûment le plus complet par la mauvaise administration ; mais bientôt des règlements sages et efficaces pourvurent à tous les besoins. Un nouveau plan de campagne fut préparé par Carnot, comme on le disait alors, chargé d'organiser la victoire. Ce plan, adopté par le Directoire, était vaste et liait les opérations des trois grandes armées. Celle de Sambre-et-Meuse, commandée par Jourdan, devait tenir sa gauche appuyée au Rhin : cette aile servait de pivot à tous les systèmes; sa droite devait s'avancer dans l'Allemagne, se tenant toujours en mesure et à la hauteur de la gauche de l'armée du Rhin, aux ordres de Moreau, dont le centre et la droite devaient s'avancer en Souabe, et par le lac de Constance, jusqu'aux montagnes du Tyrol, selon les succès présumés de l'armée d'Italie.

La coalition formidable qui menaçait la France était composée de l'Angleterre, de l'Autriche, du Piémont, du royaume de Naples, de la Bavière et de tous les petits États de l'Allemagne et de l'Italie. Mais la France ne faisait réellement la guerre qu'à l'Autriche, et c'était en Italie qu'il fallait la chercher.

Un jeune homme à peine connu de l'armée, de la France et de l'Europe, apparaît tout à coup sur la scène; il vient marquer son rang entre les plus grands capitaines, et préluder à la domination de l'Europe, qu'il doit soumettre par ses armes et régir par ses lois : ce jeune homme est Napoléon Bonaparte.

Les plans divers qu'il avait adressés au Comité de salut public en 1794 et 1795 avaient fixé sur lui l'attention de Carnot, qui, en sa qualité de directeur des affaires militaires, le fit nommer général en chef de l'armée d'Italie.

La neutralité de la Suisse assurait les flancs opposés des deux armées d'Italie et du Rhin jusqu'aux vallées qui couvrent un chemin de l'Allemagne en Italie, et où leur communication devait s'établir. Si le plan adopté eût été suivi, nos trois armées, dans leurs mouvements coordonnés avec un système général, se fussent trouvées toucher aux portes de Vienne par la droite de l'armée d'Italie, et conserver leur communication avec la France par leurs subdivisions disposées en échelons jusqu'au Rhin. Ce plan était si bien conçu, qu'ayant manqué dans une de ses parties, le génie de Bonaparte put y suppléer et en compléter l'exécution.

Il appartient à l'histoire complète et militaire des campagnes d'entrer dans tous les détails de positions, de marches, d'actions partielles et de localités qu'exige un récit qui doit être en même temps une école de tactique. Nous nous bornerons ici à ne donner que les grands résultats, leurs causes et leurs moyens.

Lorsque le général Bonaparte prit le commandement de l'armée d'Italie, qui semblait oubliée dans ce pays, elle était dans un dénûment absolu. L'infanterie, composée d'environ 28,000 hommes (1), n'avait ni solde, ni habits, ni souliers; la cavalerie ne comptait que 3,000 chevaux dans l'état le plus déplorable. Les arsenaux de Nice et d'Antibes étaient assez bien pourvus

(1) Ce ne fut qu'après sa jonction avec les troupes revenues d'Espagne qu'elle s'éleva à environ 40,000.

d'artillerie ; mais on manquait de moyens de transport, et l'on ne put atteler que douze pièces de campagne. Les subsistances étaient mal assurées, et, depuis longtemps, les soldats ne recevaient plus ni viande, ni eau-de-vie ; enfin la pénurie du trésor et la rareté du numéraire étaient telles, que le Directoire n'avait pu réunir que 2,000 louis pour cette campagne. La position empirait tous les jours : il fallait avancer ou reculer. La victoire seule pouvait, en lui ouvrant les portes de l'Italie, offrir à l'armée toutes les ressources dont elle avait besoin.

Mais l'Italie était défendue par les Alpes, par des places fortes et par des armées trois fois plus fortes que celles de la République. Les Autrichiens, sous les ordres de Beaulieu, comptaient plus de 60,000 combattants, et les Piémontais, commandés par le général autrichien Colli, présentaient plus de 30,000 hommes de ligne. Les places étaient gardées, et ces armées pouvaient encore se renforcer des troupes du pape, de Naples, de Parme et de Modène. L'abondance régnait dans les camps ennemis.

En présence de toutes ces difficultés, le général français aperçut, avec le coup d'œil du génie, quelles étaient ses ressources. Il avait sous ses ordres des généraux, tels que Masséna, Augereau, Laharpe, Serrurier, Joubert. Le moral de son armée était excellent. Il sentit qu'il fallait suppléer au nombre par la rapidité des marches, à l'artillerie et à la cavalerie par la nature des positions ; surprendre et séparer les deux armées par des manœuvres inattendues, et étourdir les généraux autrichiens par des succès éclatants.

L'armée française gardait la défensive sur les rochers arides de la rivière de Gênes, depuis Nice jusqu'aux environs de Finale ; le quartier-général était à Nice. Bonaparte y arriva le 27 mars 1796, et passa aussitôt en revue ses troupes. L'état de misère extrême dans lequel il les voit, loin de l'effrayer, s'offre à son esprit comme un moyen de triomphe, et voici le premier discours qu'il leur adresse :

« Soldats, vous êtes nus, mal nourris; le gouvernement vous doit beau« coup, il ne peut rien vous donner. Votre patience, le courage que vous « montriez au milieu de ces rochers, sont admirables, mais ils ne vous pro« curent aucune gloire ; aucun éclat ne rejaillit sur vous. Je veux vous con« duire dans les plus fertiles plaines du monde. De riches provinces, de « grandes villes seront en votre pouvoir ; vous y trouverez honneur, gloire et « richesse. Soldats d'Italie, manqueriez-vous de courage et de constance ? »

Ces mots furent prononcés avec tant d'assurance et de feu, que déjà les plus vieux capitaines ne doutaient plus des promesses d'un général de vingt-six ans. Et cependant Laharpe, Augereau, Cervoni, et surtout Masséna, auraient pu entendre avec un amer dépit une proclamation dans laquelle on semblait oublier leur victoire de Loano. Leur silence, leur soumission, et la docilité qu'ils montrèrent toujours, annonçaient que Bonaparte les avait conquis dès la première vue.

OUVERTURE DES HOSTILITÉS EN ITALIE.   241

L'action suivit de près les paroles. Au sortir de la revue, l'armée s'ébranle et court se ranger sur son extrême droite.

Après la bataille de Loano, les coalisés, chassés de la crête et du versant maritime, s'étaient répandus sur le revers septentrional, en couvrant à la fois les avenues du Piémont et de la Lombardie. C'est là que Napoléon courait les atteindre, non plus en se répandant par détachements le long de la chaîne, mais en se jetant tout entier entre Colli et Beaulieu par une seule ouverture, par celle que forme l'affaissement des monts vers les sources de la Bormida.

La ville de Savone est un point de départ commun pour les capitales du Piémont et de la Lombardie. Les Impériaux, couvrant Milan, étaient cantonnés de Gênes à Alexandrie, leur droite appuyée à Dego, sur la petite Bormida, et les Piémontais, couvrant Turin, campés à Serac, occupaient par leur gauche Millesimo sur la grande Bormida, se liant avec Beaulieu par la brigade Provesa postée sur les hauteurs de Cassaria.

Il fallait donc, pour opérer la séparation entre les deux armées alliées et menacer à la fois les deux capitales, se réunir à Savone, pénétrer à Carcara, jonction des deux chemins de Dego et de Millesimo, et déblayer le terrain accidenté qui se trouve entre les deux Bormida.

Tel était le plan de Bonaparte ; mais, en se concentrant, il voulut empêcher l'ennemi de faire ce qu'il faisait lui-même. Dans ce but, Serrurier, au lieu de suivre le mouvement indiqué au reste de l'armée, arrive et se déploie à Garrezio, comme s'il eût cherché à forcer la route de Turin, et retient Colli dans son camp de Ceva ; puis, tandis que Masséna et Augereau font halte autour de Savone, Laharpe pousse sa brigade de droite jusqu'à Voltri et somme les Génois de livrer le passage de la Rochetta et le fort de Gari qui en ferme l'entrée.

Le tacticien Beaulieu, que Bonaparte a déjà trompé sur ses desseins, marche vers Gênes dont les dispositions lui paraissaient chancelantes et qui pourrait ouvrir un passage aux Français. Il porte son quartier général à Novi et partage son armée en trois corps, afin de couper l'armée française et de lui fermer la route de la Corniche. Mais ses forces, ainsi divisées, s'étendent sur un trop vaste terrain ; il n'a plus qu'une communication difficile avec Colli, qui commande les Piémontais, et dont il est séparé par la masse des Apennins. Les deux généraux autrichiens n'étant plus à portée de s'envoyer des renforts, livraient ainsi la colonne du centre, forte seulement de 18,000 hommes, aux coups de l'armée française entière.

La bataille s'engagea, le 10 avril, par l'attaque de la position de Voltri, que gardait le général Cervoni. Assailli par 10,000 Autrichiens, canonné par la croisière anglaise, hors d'état de résister longtemps aux ennemis nombreux qui l'investissaient, Cervoni se replia, à l'entrée de la nuit, par une marche forcée et secrète, sur la Madone de Savone, où se trouvait le général Laharpe avec le centre de l'armée. L'occupation de Voltri donnait à Beaulieu l'avantage de rétablir sa communication avec la mer, et de couper celle des Français avec Gênes ; mais ce succès, prévu par Bonaparte, n'eut pas les résultats que l'ennemi espérait. Dès le lendemain matin, après avoir assuré, par un corps qui couvrait Dego, sa communication avec les troupes qui combattaient à Voltri, le général d'Argenteau, avec 15,000 hommes, se dirigea, à travers Montenotte-Supérieure, sur la Madone de Savone pour écraser Laharpe, et emporta d'abord toutes les positions d'avant-garde, jusqu'à une dernière redoute que défendait le général Rampon avec 1,500 grenadiers, et dont la prise eût mis à découvert l'aile droite des Français. Rampon se croit responsable du destin de l'armée ; il communique son intrépide résolution à ses 1,500 soldats. Les Autrichiens tentent vainement, pendant quelques heures, d'aborder cette terrible redoute d'où jaillissent à la fois les feux croisés de l'artillerie et de la mousqueterie. Des rangs entiers succombent avant d'avoir pu pénétrer dans le cercle de feu qui défend les approches de Montelegrone. D'Argenteau vient lui-même ranimer leur ardeur, les conjure de couronner par ce nouvel exploit une journée aussi glorieuse pour eux, et, pour relever leur audace, il présente à leur valeur l'appât des récompenses. Ils s'avancent enfin en masse, et, le front baissé, n'osant affronter du regard cette hauteur fatale d'où va pleuvoir sur eux une grêle de balles et de boulets.

Mais le feu des Français a semblé décroître. Parvenus jusqu'au pied des retranchements, les Autrichiens n'ont encore éprouvé qu'une faible résistance.

Il n'est que trop vrai, l'importante position va tomber en leur pouvoir si quelque secours inespéré ne vient compenser, pour les républicains, le manque absolu des munitions de guerre. Déjà le désespoir semble s'emparer de ces braves soldats, réduits à la cruelle nécessité de rendre leurs armes, lorsque, tout à coup, s'élançant au milieu d'eux, l'intrépide Rampon prononce à haute voix, d'un air inspiré, le serment de mourir à son poste plutôt que de se rendre. Il n'a pas achevé, que, le bras tendu vers lui, les défenseurs de la redoute ont répété le même serment avec des cris d'enthousiasme.

Quelque temps indécis, les Impériaux appréhendent un piége et croient à chaque instant voir une mine souterraine éclater sous leurs pas. Bientôt rassurés, ils s'élancent, mais les rangs serrés de nos soldats leur opposent une masse impénétrable. Sans cesse repoussés et culbutés, les Autrichiens, dans trois attaques successives, voient se briser leurs efforts et leur espérance contre ce rempart mobile hérissé de baïonnettes. La nuit les trouve encore au pied des postes inexpugnables qu'ils espèrent emporter le lendemain.

Cependant la droite de Laharpe, qui, en avant de Voltri, avait soutenu l'effort de Beaulieu et qui s'était replié le 11, arriva pendant la nuit et se rangea à droite et à gauche de la redoute si vaillamment conservée par Rampon.

Les mouvements qui suivirent avaient ces dispositions pour but, de faire attaquer de front d'Argenteau, pour le tenir en échec, et de le déborder par la droite, afin d'accabler le centre avant qu'il pût être secouru par Beaulieu.

Au jour, Beaulieu ne trouva plus personne à Voltri, et d'Argenteau fit, au milieu d'un brouillard épais, les apprêts d'une nouvelle attaque ; mais il ne tarda pas à reconnaître qu'il était lui-même entouré et réduit à la défensive.

Tandis qu'il avait défendu le revers de l'Apennin, tandis que Laharpe se concentrait à Montelegino, Augereau et Masséna, cheminant en sens invers, gravissaient les cols qui débouchent de Savone et se transportaient au sommet de la chaîne, le premier pour occuper Carcara et contenir au besoin Provera, le second pour envelopper Montenotte.

Laharpe, ayant à son avant-garde les généreux défenseurs de la redoute de Montelegino, venait d'attaquer le général d'Argenteau.

Après les premiers coups de feu, les Impériaux se hâtèrent d'évacuer le col où ils allaient être renfermés, et de gagner les hauteurs dans le dessein de s'y affermir et d'y recevoir le choc ; mais il n'était déjà plus temps. Laharpe, Rampon les poursuivirent et les abordèrent de front à Montenotte, dans le même temps que Masséna déborbait leurs flancs et leurs derrières.

Secondé par le général Racavena, d'Argenteau fit en vain les plus grands efforts pour rallier les fuyards ; l'un et l'autre furent blessés, et cet événement acheva la déroute.

La position de l'armée française était devenue beaucoup plus favorable, mais elle aurait perdu le fruit de ces avantages, si Beaulieu avait conservé la ressource de se lier par sa droite à la gauche des Piémontais. Il fallait donc battre et expulser ceux-ci de leurs positions, en même temps que l'on tiendrait les Autrichiens en échec, et ce double but fut obtenu.

Bonaparte, placé sur une colline, à droite de Carcara, surveillait tous les mouvements. C'était sa première bataille, mais les mesures étaient si bien prises qu'il n'eut que les émotions de la victoire ; Montenotte fut enlevé en un instant, et l'ennemi, partout assailli, lâcha pied dans le plus grand désordre. Ce n'est qu'un coup d'essai ; mais cette victoire a déjà coûté 4,000 hommes aux ennemis. Elle gêne tous leurs mouvements. Désormais ils ne pourront plus agir de concert. Beaulieu a l'humiliation d'avoir été dupe d'une fausse menace.

Bonaparte veut que chaque jour soit marqué par un combat et par une victoire. Des passages qui semblaient ne pouvoir être tentés que par le désespoir d'une armée vivement poursuivie, sont franchis par l'armée victorieuse qui traîne avec elle son artillerie. Dès le 13, Bonaparte attaque les gorges de Millésimo, et coupe de l'armée ennemie le général autrichien Provera.

A la tête d'un corps franc d'élite autrichien et de 1,500 Piémontais, ce vieux et vaillant général, dont le marquis de Caretto seconde avec éclat la bravoure et le dévouement, tente tous les moyens d'échapper à Augereau qui le poursuit. Il s'approche de la Bormida ; mais cette rivière, grossie par les orages, était devenue un torrent impétueux. Tout à coup Provera croit voir son salut au sommet d'une montagne où se trouve l'antique château de Cosseria. Il réussit à le gravir avec sa faible troupe. Dignes émules de leurs vainqueurs, ses généreux soldats veulent imiter l'héroïsme des défenseurs de la redoute de Montenotte.

Les Français ne pouvaient se résoudre à différer l'attaque, quoique le jour fût sur son déclin. Le général Joubert, que nous voyons s'annoncer, et que trop tôt nous verrons mourir par l'excès du courage, escalade, avec sept grenadiers, ces ruines qui sont devenues une forteresse. Resté seul de ses compagnons et blessé à la tête, il descend sans précipitation. Une nouvelle colonne, commandée par le général Ramel, monte, les armes bas et dans un morne silence. Ce général est tué aux pieds des retranchements ennemis. Sa troupe se disperse.

Malgré ces deux revers et la nuit qui s'approche, l'adjudant-général Quentin tente un troisième effort; atteint d'une balle, il expire, et ses soldats redescendent prépipitamment.

Provera, qu'une telle résistance a couvert de gloire, croit pouvoir respirer à la faveur des ténèbres. Mais ses munitions étaient épuisées; il manquait de vivres. La fatigue et l'ardeur d'un combat opiniâtre irritaient la faim et la soif. Pendant la nuit, Provera fit demander à Augereau la quantité d'eau nécessaire seulement aux blessés, et fut refusé.

Bonaparte ne cessait de veiller à empêcher d'un côté les efforts de Beaulieu et de ses Autrichiens, et de l'autre ceux de Colli et de ses Piémontais pour dégager Provera. Ces deux généraux sont repoussés. Provera, qui du haut de son roc a vu flotter non loin de lui des bannières autrichiennes et piémontaises, se désole de leur timidité, est témoin de leur fuite, et enfin lui-même, accablé de souffrance et couvert de blessures, il est forcé de se rendre avec ce qui lui reste de soldats.

Ainsi ce malheureux rival du colonel Rampon est privé par la fortune de sa récompense. Mais l'histoire ne doit point la lui ravir : trois assauts repoussés presque sans artillerie l'égalaient à ses vainqueurs.

Le combat de Dego avait commencé le même jour, 13 avril, et dura encore les deux jours suivants. Dego fut trois fois emporté et repris. Dans la nuit du 14 au 15 avril, des bataillons français, épuisés par leurs efforts, se gardaient assez négligemment dans ce poste. Un des généraux autrichiens, Wukassowich, s'est aperçu d'un manque de vigilance chez les Français. Il rassemble un corps de grenadiers, marche à leur tête aux faibles lueurs du crépuscule, surprend Dégo, et disperse les vainqueurs de la veille. Masséna s'indigne d'avoir perdu ce prix de sa valeur. Il a bientôt rengagé le combat. Napoléon le suit de près. Il faut des efforts extraordinaires pour ranimer des troupes qui s'étonnent du courage opiniâtre de leurs ennemis. Deux généraux qui venaient d'arriver des Pyrénées, Causse et Bonnel, se dévouent les premiers et sont tués. L'adjudant-général Lanusse, que nous aurons souvent à nommer dans les campagnes d'Italie et d'Égypte, met son chapeau au bout de son épée et s'élance. Un chef de bataillon, Lannes, celui qui sera bientôt le Roland du nouveau Charlemagne, fait connaître sa prodigieuse bravoure. Dego est enfin repris.

Beaulieu se retire en laissant la moitié de sa petite armée prisonnière, et toujours combattant avec le reste. Il fallut dès lors qu'il abjurât toute témérité devant le général français. Sa retraite vers l'armée piémontaise était coupée. Il fuit précipitamment par les routes d'Acqui et de Gravi pour aller se couvrir des remparts de Tortone. Heureux s'il y reçoit quelques renforts des armées du pape et du roi de Naples !

Trompé dans ses calculs, repoussé dans ses plus valeureux efforts, ce général accuse la fortune, qui, à la guerre, se plaît à humilier les cheveux blancs. Il se plaint du cabinet de Vienne, des Piémontais, et surtout il fulmine contre un de ses lieutenants que le ministère lui a imposé, contre un général courtisan, d'Argenteau, à qui l'armée autrichienne imputait déjà les malheurs de la journée de Loano, et qui avec un corps de 15,000 hommes, à la bataille de Montenotte, n'a point su réduire Rampon, à celle de Millésimo, n'a pu ni seconder le vaillant Wukassowich ni dégager l'illustre Provera. Beaulieu le fait arrêter et conduire à Vienne. Dans sa détresse, il médite les stratagèmes d'un partisan ; Bonaparte médite ceux d'un général.

Nous allons copier les expressions du héros de ces brillantes journées :

« Ce fut un spectacle sublime que l'arrivée de l'armée sur les hauteurs de Montezemolo : de là elle découvrit les immenses et fertiles plaines du Piémont, le Pô, le Tanaro; une foule d'autres rivières serpentaient au loin ; cette ceinture blanche de neige et de glace, d'une prodigieuse élévation, cernait à l'horizon ce riche bassin de la terre promise. Ces gigantesques barrières, qui paraissaient les limites d'un autre monde, que la nature s'était plu à rendre si formidables, auxquelles l'art n'avait rien épargné, venaient de tomber comme par enchantement. Annibal a forcé les Alpes, dit Napoléon en fixant ses regards sur ces montagnes; nous, nous les avons tournées ! »

Les Piémontais vont supporter tout le poids de l'armée victorieuse. Le 22 avril, ils sont atteints à Mondovi. C'est encore Colli qui les commande. Il a perdu le cinquième de son armée et une partie considérable de son artillerie, et ne voit plus d'Autrichiens pour l'appuyer sur ses flancs. Il se retranche sur les bords du Tanaro pour protéger la forteresse de Ceva. Déjà Bonaparte a conçu la manœuvre qui lui vaudra de si prodigieux succès dans une autre partie de sa carrière, et qui, pour son désastre, sera enfin employée contre lui : c'est de se placer avec audace entre l'armée ennemie et la capitale qu'elle défend. Mais Colli jugea cette manœuvre, porta plus loin sa position et sut se défendre pendant un jour contre les divisions Serrurier et Augereau. Appuyé encore une fois sur le Tanaro, au confluent de cette rivière avec celle de Cursaglia, il en avait garni les bords de batteries; ses lignes s'étendaient jusqu'à la ville de Mondovi. Bonaparte fit vivement attaquer par le général Serrurier la principale redoute qui couvrait cette place. Cet effort heureux décida de la bataille, qui n'avait été qu'un moment compromise par la mort du général Stengel, né Alsacien et l'un des plus habiles lieutenants de Bonaparte.

Masséna avait passé le Tanaro sur un pont jeté à la hâte, et déjà il venait prendre les Autrichiens à revers. La vélocité de ce général était un sujet continuel d'étonnement et de terreur pour tous les ennemis. Les Piémontais surtout frémissaient de le rencontrer ; ils le regardaient comme un rebelle. Masséna était né dans le comté de Nice, sous la domination du roi de Sardaigne; mais, dès sa première jeunesse, il avait été attaché au service de France. La révolution l'avait trouvé sergent dans le régiment *royal-italien.*

Bonaparte entre à Mondovi ; le roi de Sardaigne tremble dans sa capitale ; on dirait que Bonaparte a pénétré dans l'intérieur de cette cour, et qu'il a tout lu dans le cœur d'un monarque effrayé. Au génie de la guerre, le jeune général républicain joignait déjà la connaissance des hommes et des affaires; il négocia en vainqueur habile, qui commande les résultats de ses avantages, et en politique adroit qui fait la part aux prétentions de l'orgueil personnel, et ménage les formes qui consolent l'amour-propre. A cette époque commence cette longue série d'imprudences et d'erreurs qui gagna successivement toutes les cours de l'Europe, où les chances de l'hérédité avaient amené à la fois des maîtres et des ministres qui ne surent rallier ni leurs forces, ni leurs intérêts.

L'armée piémontaise, vaincue trois fois, n'était ni défaite, ni découragée; l'armée autrichienne, à Acqui, couverte par un fleuve, attendait de nombreux renforts de la Lombardie, du Tyrol et de l'Autriche; toutes les puissances de l'Italie étaient encore à ses ordres; un mouvement de deux marches par sa droite pouvait rétablir les communications entre les armées alliées; Turin, ville fortifiée, pouvait recevoir comme garnison toute son armée des Alpes; un siége nécessairement long lui assurait son plus puissant allié, le temps; mais les successeurs d'Amédée étaient bien dégénérés depuis un demi-siècle. Le besoin du repos qui les dominait, l'habitude des jouissances auxquelles ils ne voulaient point renoncer leur firent acheter la paix à tout prix.

Bonaparte, qui renferme en son cœur un espoir que des conférences secrètes lui présentent déjà comme certain, adresse à ses soldats la proclamation suivante :

« Soldats, vous avez remporté en quinze jours six victoires, pris 21 drapeaux, 55 pièces de canon, plusieurs places fortes, et conquis la plus riche partie du Piémont ; vous avez fait 15,000 prisonniers, tué ou blessé plus de 10,000 hommes. Vous vous étiez jusqu'ici battus pour des rochers stériles, illustrés par votre courage, mais inutiles à la patrie. Vous égalez aujourd'hui, par vos services, l'armée de Hollande et du Rhin. Dénués de tout, vous avez suppléé à tout. Vous avez gagné des batailles sans canons, passé des rivières sans ponts, fait des marches forcées sans souliers, bivouaqué sans eau-de-vie, et souvent sans pain. Les phalanges républicaines, les soldats de la liberté étaient seuls capables de souffrir ce que vous avez souffert. Grâces vous en soient rendues, soldats ! la patrie reconnaissante vous devra sa prospérité ; et si, vainqueurs de Toulon, vous présageâtes l'immortelle campagne de 1793, vos victoires actuelles en présagent une plus belle encore. Les deux armées qui naguère vous attaquaient avec audace fuient épouvantées devant vous. Les hommes pervers qui riaient de votre misère et se réjouissaient, dans leurs pensées, des triomphes de vos ennemis sont confondus et tremblants. Mais, soldats, vous n'avez rien fait, puisqu'il vous reste à faire. Ni Turin ni Milan ne sont à vous ; les cendres des vainqueurs de Tarquin sont encore foulées par les assassins de Basseville ! On dit qu'il en est parmi vous dont le courage mollit, qui préféreraient retourner sur les sommets de l'Apennin et des Alpes. Non, je ne puis le croire, les vainqueurs de Montenotte, de Millésimo, de Dego, de Mondovi, brûlent de porter au loin la gloire du peuple français !... »

Cependant des conférences se sont tenues dans la maison de Salmatoris, maître d'hôtel du roi, et depuis attaché comme chambellan à Bonaparte empereur. Victor-Amédée a donné plein pouvoir au comte de La Tour et au colonel La Coste, ses envoyés. Bonaparte veut dicter un armistice tel qu'il tienne lieu de paix, afin qu'on voie mieux en lui tous les pouvoirs réunis. Ses manières sont affables, ses conditions sont dures, absolues. Il semble épargner un trône qu'il fait écrouler par sa base. Enfin, on règle les conditions suivantes :

« Que le roi quitterait la coalition et enverrait un plénipotentiaire à Paris, pour y traiter de la paix définitive ; que, jusque-là, il y aurait armistice ; que Céva, Coni, Tortone, ou, à son défaut, Alexandrie, seraient remis sur-le-champ à l'armée française, avec toute l'artillerie et les magasins ; que l'armée continuerait d'occuper tout le terrain qui se trouvait en ce moment en sa possession ; que les routes militaires, dans toutes les directions, permettraient sa libre communication avec la France, et de la France avec l'armée ; que Valence serait immédiatement évacuée par les Napolitains et remise au général français, jusqu'à ce qu'il eût passé le Pô ; enfin, que les milices du pays seraient licenciées, et que les troupes régulières seraient disséminées dans les garnisons, pour ne donner aucun ombrage à l'armée française. »

Le Directoire, confondu de la faiblesse du monarque et de la noble assurance du général, n'eut plus qu'à convertir en traité un armistice au-delà duquel on ne pouvait plus rien exiger.

Tout respirait la joie et l'abondance dans une armée que l'ennui de sa misère avait conduite à la victoire. Identifiée avec son général, elle respirait aussi l'oubli des fatigues et l'ivresse des victoires nouvelles. Quarante ou cinquante mille hommes laissés dans les dépôts, depuis Nice jusqu'à Grenoble, hâtaient leur marche pour prendre part à ces jours de fêtes, de combats et de gloire, et ne voulaient plus être équipés que par les mains du vainqueur.

Beaulieu ne songeait plus qu'à couvrir les Etats de son souverain; le grand fleuve de l'Italie, le Pô, offrait encore une ligne de défense, et tout fut disposé pour en disputer le passage. Par l'armistice, l'armée française avait été mise en possession d'une place située sur le Pô, avec une citadelle qui domine le fleuve. Il était donc vraisemblable que Valence serait choisi par un général méthodique pour s'assurer d'un pont protégé par une forteresse, les mouvements des différents corps les en rapprochaient. Des déserteurs vrais ou simulés portaient à l'ennemi les détails de tous les préparatifs qu'une feinte précipitation se hâtait d'y rassembler ; l'armée républicaine n'était pas dans le secret de son chef, et se disposait à braver les batteries qu'elle voyait s'élever sur l'autre rive, et à franchir les obstacles que l'art avait multipliés à Pavie et sur les bords du Tesin. Mais, dit le rapport militaire du général, les Français républicains furent plus avisés que ne l'avait été François Ier.

Vingt milles au-dessous des préparatifs déployés à Valence, le génie du chef avait marqué le point du fleuve où le passage qu'il méditait devait s'effectuer, et ce choix imprévu avait le double avantage de rendre inutiles tous les préparatifs de l'ennemi, et de détacher de la ligue une puissance dont le pays devait donner des ressources à l'armée. Trois mille grenadiers et 1,500 chevaux marchaient en secret et rapidement à Plaisance. Le général en chef les conduit, et avec lui des officiers de choix dont les noms suivront souvent le sien dans ses récits militaires : Andréossi, Lannes, Berthier, Laharpe, Dallemagne. Dans la nuit 100 cavaliers ont rassemblé des bateaux, formant un convoi de l'ennemi ; d'abord Andréossi, avec 10 hussards, les avait abordés et ramenés ; à l'arrivée de Bonaparte, vers le milieu du jour, on s'y précipite, les barques sont entraînées par le courant au milieu du fleuve, un pont volant oublié par l'ennemi traverse seul et touche le bord opposé, un faible corps de cavalerie disputa un moment le passage, et ne le disputa qu'un moment; Lannes toucha le premier au rivage, et les autres divisions de l'armée, disposées en échelons, hâtant leur marche vers le point désigné, ont passé le fleuve dans la journée et dans la nuit suivante.

Le passage s'est effectué le 7 mai; le 8, la division du général Laharpe eut le bonheur de rencontrer une forte division autrichienne auprès du village de Fombio, dont elle avait crénelé les maisons. Malgré ses préparatifs de défense, elle fut culbutée presque aussitôt qu'attaquée, et perdit un tiers de ses forces. Le général Laharpe, qui venait d'obtenir ce succès, secondé par la bravoure des généraux Lanusse, Dallemagne et Lannes, était rentré victorieux dans son camp, lorsqu'il en est tiré par une subite alarme que vient lui donner un corps autrichien vraisemblablement égaré. Laharpe sort avec quelques officiers pour vérifier d'où provient ce bruit. Ce corps s'éloigne à la faveur des ténèbres. Laharpe veut rentrer dans son camp, mais la vigilance y est excessive d'après une première alerte donnée; les soldats accueillent leur général et ses compagnons par un feu de file très-vif; Laharpe tombe mort; les soldats reconnaissent leur méprise, s'accusent entre eux, et se livrent au plus violent désespoir. On crut d'abord que sa mort était l'effet de quelque ressentiment; mais les soldats repoussèrent cette calomnie par une douleur que les braves ne savent pas feindre. *La République*, dit le rapport du général en chef, *perd un homme qui lui était très-attaché, l'armée un de ses meilleurs généraux, et tous les soldats un camarade aussi intrépide que sévère pour la discipline.* Berthier accourut, prit le commandement, repoussa l'ennemi et s'empara de Casal; le quartier-général s'y établit le même jour. Le lendemain, l'avant-garde attaqua Lodi; Beaulieu fit évacuer la ville, et ne prolongea la défense que le temps nécessaire pour repasser l'Adda, prendre une position derrière cette rivière et en défendre le pont, seul passage de l'armée française pour aller à lui; un gué praticable pour la cavalerie se trouva si difficile, qu'elle ne put prendre part au commencement de l'action. Ce pont de Lodi a cent toises de long, et 30 pièces de gros calibre en défendaient les approches; un combat d'artillerie s'engagea d'un bord à l'autre et se prolongea pendant que les divisions de l'armée arrivaient successivement et étaient formées en colonne serrée derrière la ville. Le passage du Pô avait été surpris : celui de l'Adda ne pouvait être emporté que par l'intrépidité des soldats; deux bataillons d'infanterie légère tenaient la tête de cette colonne serrée en masse; les feux de mousqueterie et d'artillerie se croisaient sur le débouché qui conduisait au pont. Lorsque la tête de la colonne y arriva, il y eut un moment d'hésitation; les généraux s'élancèrent à la tête des troupes; Berthier, Masséna, Cervoni, Dallemagne, Lannes, Dupat les enlevèrent au pas de charge, rien n'arrêta plus leur effort. Une fois qu'ils furent maîtres du pont, la ligne ennemie fut enfoncée par l'impulsion de cette masse formidable ; sa marche audacieuse frappa de terreur : en se répandant de tous côtés sur les flancs de cette ligne rompue, elle fit tout plier : l'artillerie fut enlevée, la défaite fut bientôt une déroute.

Après un choc si foudroyant, Beaulieu parvint cependant à rallier le reste de son armée. Mais, par sa retraite, il livrait la forteresse de Pizzighitone à sa faible garnison qui se hâta de capituler ; il abandonnait Crémone, Milan, Pavie, Come et Cassano.

Voici l'ordre du jour que Bonaparte fit publier dans son armée :

« Soldats, vous vous êtes précipités comme un torrent du haut de l'Apennin. Vous avez culbuté, dispersé tout ce qui s'opposait à votre marche. Le Piémont, délivré de la tyrannie autrichienne, s'est livré à ses sentiments naturels de paix et d'amitié pour la France. Milan est à vous, et le pavillon républicain flotte dans toute la Lombardie. Les ducs de Parme et de Modène ne doivent leur existence politique qu'à votre générosité. L'armée qui vous menaçait avec orgueil ne trouve plus de barrière qui la rassure contre votre courage : le Pô, le Tesin, l'Adda n'ont pu vous arrêter un seul jour ; ces boulevarts vantés de l'Italie ont été insuffisants ; vous les avez franchis aussi rapidement que l'Apennin. Tant de succès ont porté la joie dans le sein de la patrie ; vos représentants ont ordonné une fête dédiée à vos victoires, célébrée dans toutes les communes de la République. Là, vos mères, vos épouses, vos sœurs, vos amantes se réjouissent de vos succès et se vantent avec orgueil de vous appartenir. Oui, soldats, vous avez beaucoup fait..... mais ne vous reste-t-il donc plus rien à faire ?... Dira-t-on de nous que nous avons su vaincre, mais que nous n'avons pas su profiter de la victoire ? La postérité nous reprochera-t-elle d'avoir trouvé Capoue dans la Lombardie ? Mais je vous vois déjà courir aux armes ; un lâche repos vous fatigue ; les journées perdues pour la gloire le sont pour votre bonheur. Eh bien ! partons, nous avons encore des marches forcées à faire, des ennemis à soumettre, des lauriers à cueillir, des injures à venger. Que ceux qui ont aiguisé les poignards de la guerre civile en France, qui ont lâchement assassiné nos ministres, incendié nos vaisseaux à Toulon, tremblent. L'heure de la vengeance a sonné. Mais que les peuples soient sans inquiétude ; nous sommes amis de tous les peuples, et plus particulièrement des descendants des Brutus, des Scipion et des grands hommes que nous avons pris pour modèles. Rétablir le Capitole, y placer avec honneur les statues des héros qui le rendirent célèbre, réveiller le peuple romain engourdi par plusieurs siècles d'esclavage, tel sera le fruit de vos victoires ; elles feront époque dans la postérité : vous aurez la gloire immortelle de changer la face de la plus belle partie de l'Europe. Le peuple français, libre, respecté du monde entier, donnera à l'Europe une paix glorieuse, qui l'indemnisera des sacrifices de toute espèce qu'elle a faits depuis six ans. Vous rentrerez alors dans vos foyers, et vos concitoyens diront en vous montrant : *Il était de l'armée d'Italie!* »

Milan, abandonné par l'archiduc et enflammé par l'amour de la liberté, par les nobles espérances que Bonaparte avait données, attendait en lui le libérateur de l'Italie. Son entrée dans cette capitale de la Lombardie fut une fête nationale ; en se voyant accueilli par l'enthousiasme de tout le peuple de Milan, paré des couleurs nationales, Bonaparte aurait pu se croire dans l'une des plus belles villes de France, accourue tout entière pour le voir, l'admirer et l'applaudir. Les vainqueurs de Lodi partagèrent les honneurs de leur général, et trouvèrent comme lui des amis dans les Italiens. Le même jour où Bonaparte entrait avec eux dans Milan, comme César ou Pompée avec leurs soldats dans Rome délivrée de ses ennemis, le Directoire signait le traité de paix avec le roi de Sardaigne, et consacrait une fête solennelle aux victoires des armées de la République. Bonaparte ne s'endormit pas dans la prospérité. Le lendemain même de son triomphe, il s'occupait de pousser le siége de la citadelle, imposait une contribution à la ville, donnait des ordres pour la recherche des objets d'art dignes du musée de Paris, s'occupait d'organiser la Lombardie, faisait poursuivre l'armée autrichienne, traitait avec le duc de Modène, et méditait de nouvelles conquêtes. Beaulieu, retiré sous les murs de Mantoue, venait de recevoir des renforts, en attendait d'autres, et pouvait reprendre l'offensive.

Bonaparte voulut prévenir son adversaire. Il avait quitté Milan au milieu des acclamations générales ; trois heures après, le tocsin sonnait dans toute la Lombardie. Le peuple milanais, électrisé par la liberté promise et par l'exemple des conquérants, avait pu adopter les formes républicaines, mais le sacerdoce regrettait sa prééminence, et la noblesse ses distinctions. Tous les agents du gouvernement aboli voyaient les efforts de l'insurrection et de la résistance, comme un acte de fidélité à leurs anciens maîtres. La garnison française avait été désarmée et prisonnière à Pavie. Le général revint en hâte de Lodi d'où il disposait les mouvements pour le siége de Mantoue. Il lui suffit de rentrer dans Milan, avec l'archevêque, pour apaiser et disperser les rassemblements tumultueux. A Pavie, les portes furent fermées ; il fallut les forcer avec la hache et le canon ; il fallut combattre dans les rues, forcer l'entrée des maisons, enfin sévir par des rigueurs sanglantes, que l'état de guerre ne rend que trop inévitables et que le salut des siens peut commander impérieusement. La municipalité de Pavie fut fusillée ; 200 otages furent envoyés en France ; au village de Binasco, des paysans attroupés étaient en armes, on les attaqua, le village fut brûlé.

Le calme rétabli, le général retourna à son armée ; son quartier-général était à Brescia, et de là il dirigeait les mouvements pour le passage du Mincio et l'investissement de Mantoue : une tentative sur l'Adige n'avait pas eu de succès ; le général hongrois Mélas avait opposé la ruse à l'impétuosité française ; des batteries, cachées et démasquées à propos, avaient détruit le pont, après qu'une partie de l'armée française l'avait passé, et tout ce qui se trouva au-delà eut beaucoup à souffrir. Des dispositions mieux combinées réparèrent cet échec, en portant le plan d'attaque au-dessous du confluent. Beaulieu avait établi tous ses postes sur la rive du Mincio, entre le lac de Garde et Mantoue. Le général français lui donna à craindre d'être tourné par la partie supérieure du lac ; et tandis que, par des postes prolongés sur la rive droite, il obligeait l'ennemi à s'étendre sur la rive opposée, pour s'assurer de sa retraite dans le Tyrol, les grandes divisions de l'armée républicaine, secrètement portées et distribuées en arrière des vrais points d'attaque, pouvaient s'y réunir par des marches combinées, et porter l'effort sur les points que l'ennemi avait été forcé d'affaiblir. C'est à cette tactique de la pensée que furent presque toujours dus les avantages des armées que commandait Bonaparte ; chaque partie de l'exécution était confiée à des lieutenants habiles, à des chefs expérimentés, à des subalternes instruits et dévoués, à des soldats aguerris et animés par un zèle patriotique, et doués la plupart d'une intelligence supérieure. Tout concourait aux succès, et cela seul les explique ; on était toujours et partout victorieux, parce que tous les moyens de vaincre étaient là, et étaient mis en œuvre par un talent qui connaissait leur force et les siennes.

Le point de passage du Mincio était marqué à Borghetto ; trois divisions, commandées par Masséna, Augereau et Serrurier, partirent la nuit de leurs différentes stations, et, par des marches combinées, trouvèrent d'abord l'avant-garde ennemie : en se repliant, elle rompit une arche du pont. Tandis que l'on travaillait à la réparer, sous le feu des batteries opposées, 50 grenadiers impatients entrent dans le fleuve, tenant leurs armes élevées. « Gardanne, dit le récit du chef, grenadier pour la taille et pour le courage, est à leur tête ; l'ennemi crut voir la terrible colonne de Lodi. » Les premières troupes lâchèrent pied, le pont fut rétabli ; la cavalerie ayant des pelotons d'infanterie sur ses flancs, chargea et repoussa l'ennemi jusqu'au-delà du village où Beaulieu avait son quartier-général. Pendant qu'un combat d'artillerie s'y prolongeait à dessein, la division Augereau, par un long détour, cherchait à tourner l'aile droite des Impériaux, et à leur couper la retraite sur le Tyrol. Beaulieu, averti à temps, put l'effectuer.

Dès le lendemain, l'armée se porta sur l'Adige, mais l'ennemi l'avait déjà passé et replié presque tous ses ponts avec Butchein. « Voilà donc, dit le même récit, les Autrichiens entièrement expulsés de l'Italie, nos avant-postes sont sur les montagnes de l'Allemagne. » Il se plaît, dans ce rapport, à peindre l'état de son armée : « Ils jouent et rient avec la mort, ils sont aujourd'hui parfaitement accoutumés avec la cavalerie, dont ils se moquent ; rien n'égale leur intrépidité, si ce n'est la gaîté avec laquelle ils font les marches les plus forcées. Ils chantent tour à tour la patrie et l'amour ; vous croiriez qu'arrivés à leurs bivouacs ils doivent au moins dormir, point du tout, chacun fait son conte ou son plan d'opération pour le lendemain, et souvent on en rencontre qui voient très-juste. » C'était aussi avec ce style cavalier, cette liberté d'esprit, que Bonaparte rendait ses comptes à l'autorité suprême du Directoire, et cette supériorité dans les rapports civils était déjà un présage assez sûr de l'avenir.

Immédiatement après le passage du Mincio, Vérone fut occupé par la division Masséna. Peu de jours avant, le frère de Louis XVI, qu'on désignait en Europe sous le titre de prétendant, était sorti de cette ville de refuge. Le sénat vénitien lui fit dire avec assez peu d'égards de quitter le territoire de la république, et le prince répondit avec dignité qu'on eût à lui apporter le *livre d'or*, pour y rayer le nom de sa famille, et à lui remettre l'épée que son aïeul, Henri IV, avait donnée au sénat. A cette seconde proposition, le sénat répondit avec une dureté ironique, en réclamant 12 millions, prêtés sans doute sur ce gage.

La retraite de Beaulieu, dans le Tyrol, laissait Mantoue à découvert et abandonné à ses seules forces. Cette place, que la maison d'Autriche a toujours regardée comme la clef de ses possessions en Italie, est forte par la nature et par l'art, située au milieu d'un lac, ou plutôt d'un marais, que forme le Mincio ; à l'est deux longues chaussées sont les seules approches ; l'une est couverte par la citadelle, l'autre par un fort ; au couchant une grande presqu'île, formée par un bras du Mincio ; au sud et au nord, des défenses dont les murs sont baignés par les eaux du lac.

La division Augereau, tournant par la partie supérieure du lac, alla investir la place du côté de l'ouest, tandis que Dallemagne formait l'investissement du bord opposé ; déjà les grenadiers s'avançaient en tirailleurs sur la chaussée, répétant *Lodi*, *Lodi*, et prétendaient emporter la place de vive force. La prudence du chef les fit rappeler ; on manquait d'artillerie de siége ; elle n'avait pu suivre la rapidité des marches, il fallut y suppléer par celle qu'on avait prise sur l'ennemi. Mais le plan du général n'était pas d'établir d'abord un siége en forme et des attaques régulières ; Mantoue devait tomber si l'armée autrichienne était forcée d'abandonner le Tyrol, où elle prenait des positions formidables, et où elle attendait les nombreux renforts que l'on préparait à Vienne. Tous les moyens y étaient stimulés contre l'énergie républicaine. Les habitants de Vienne formèrent des corps militaires ; les princesses leur brodèrent des drapeaux, les dames de la cour donnèrent des cocardes et des écharpes ; on ressuscita le mot PATRIE, auquel ont toujours recours dans les orages ceux qui le craignent, et qui le font oublier pendant le calme. Les Hongrois signalèrent leur antique attachement pour leur maître ; on avait créé une armée nouvelle, jointe aux 25,000 hommes tirés des armées du Rhin ; les forces de la maison d'Autriche reparurent formidables.

Beaulieu, général habile et malheureux, céda le commandement au général Wurmser ; l'expérience d'un vieux guerrier parut seule pouvoir être opposée à la fortune et au génie d'un jeune conquérant. Wurmser, né Français, avait fait ses premières armes dans l'armée du maréchal de Broglie, pendant la guerre de Sept ans ; il avait commandé avec éclat des corps d'avant-garde. A la fin de cette guerre, il entra au service de la maison d'Autriche, et se distingua dans les guerres de Joseph contre les Turcs ; il avait vieilli dans les honneurs militaires, et avait alors près de quatre-vingts ans. Il déploya dans cette campagne les talents d'un chef expérimenté et l'activité d'un jeune général. L'ascendant d'un talent supérieur et d'une fortune fidèle l'emporta.

Aussitôt que le blocus fut établi, le général français rassembla les divisions de son armée, et les dirigea sur les montagnes du Tyrol. Une proclamation habile annonça aux habitants que c'était la paix de l'Europe que l'armée républicaine apportait dans leur pays. « Je vais passer sur votre territoire, braves Tyroliens, pour obliger la cour de Vienne à une paix nécessaire à l'Europe... L'armée française respecte et aime tous les peuples, plus particulièrement les habitants simples et vertueux des montagnes. Votre religion et vos usages seront partout respectés... Vous nous recevrez avec hospitalité, et nous vous traiterons avec fraternité et amitié. Mais s'il en était qui connussent assez peu leurs véritables intérêts pour prendre les armes, et nous traiter en ennemis, nous serons terribles comme le feu du ciel... Sous peu, la cour de Vienne, obligée à la paix, rendra aux peuples ses priviléges, et à l'Europe la tranquillité. » L'ambition de Bonaparte était et devait être d'obtenir le titre glorieux de pacificateur, qui seul le distinguait parmi les généraux victorieux qui l'avaient précédé. La gloire militaire de la France était au faîte, lui-même l'avait encore élevée ; toute l'Europe était fatiguée, et le guerrier auquel elle devrait la paix devait s'acquérir un titre à la grandeur et à sa reconnaissance. La pensée du conquérant s'était élevée à cette hauteur où se trouvaient aussi les grands intérêts de sa destinée ; ce fut à cette époque et pendant le premier siége de Mantoue qu'il fit ou ordonna sur Livourne, à Modène, et dans l'Etat de l'Église, ces expéditions promptes qui déterminèrent les armistices, puis les traités de paix avec ces puissances. Le but était moins de s'étendre par des conquêtes, que de s'assurer des peuples qu'il devait laisser derrière lui pendant les marches qu'il méditait déjà sur les Etats héréditaires de l'Autriche. Soumettre ces pays à des subsides et à des garanties atteignait plus sûrement ce but que l'occupation à main armée d'un pays qu'il eût fallu garder avec une partie des forces destinées à des opérations plus décisives. Cette politique militaire décida le vainqueur à s'abstenir aussi de Rome ; Mantoue n'était pas pris, de nombreux renforts grossissaient chaque jour l'armée autrichienne dans le Tyrol, et l'armée française, resserrée dans la presqu'île de l'Italie, pouvait au retour se trouver obligée de se déployer devant un ennemi maître des débouchés et des plaines ; d'ailleurs, ces ménagements inattendus pour le souverain pontife ralliaient les opinions religieuses dans un pays où elles avaient encore un grand pouvoir, et présageaient peut-être des circonstances où ces ménagements, ces égards pouvaient être des dettes à acquitter. Le pape donna 20 millions, deux provinces et reçut des commissaires chargés de lever un tribut sur les antiques chefs-d'œuvre des arts dans leur antique capitale.

Nous allons maintenant détourner nos regards de l'armée d'Italie, pour suivre d'autres événements militaires sur le Rhin et sur le Danube, événements dont l'influence devait se faire sentir sur les opérations de Bonaparte.

Le directeur Carnot avait répété en 1796 un plan de campagne qui avait eu d'étonnants résultats en 1794 et 1795. Des armées qui agissaient à de longues distances l'une de l'autre, après avoir tout chassé devant elles, devaient tendre, sur le territoire occupé par l'ennemi, à un centre commun. Ce plan de campagne suppose de fortes masses, et des généraux animés d'un rare esprit de concorde. Trois armées, dont l'une débouchait des frontières de la Hollande, dont l'autre avait à passer le Rhin à Strasbourg, pour s'enfoncer ensuite dans la forêt Noire et passer le Danube, dont la troisième avait à franchir les Alpes, le Pô, les Apennins et les Alpes tyroliennes, devaient se réunir à quelque distance de Vienne, pour ne former plus qu'une armée et marcher ensemble sur cette capitale. Ce n'étaient plus ces masses effrayantes qu'avaient fait mouvoir à la fois la terreur dans toute sa violence et le patriotisme dans toute sa furie ; mais c'étaient les armées qui avaient vaincu à Veissembourg, à Fleurus, à Tournay, et conquis la Hollande dans une campagne d'hiver. Si leur nombre était diminué de moitié, ce désavantage était bien compensé par une discipline qui s'était fortifiée, enfin par une confiance et par une vélocité que leur imprimait la victoire.

A coup sûr, on n'avait pas supposé d'abord que c'était l'armée d'Italie qui dût s'approcher le plus près de Vienne. Il semblait que c'était assez pour elle d'occuper une partie des forces de l'Autriche, et de faire une diversion favorable à la marche plus décisive de l'armée de Sambre-et-Meuse et de celle du Rhin. La première était commandée par le général Jourdan, qui ne comptait encore qu'un seul revers après quatre victoires éclatantes ; ses points de départ étaient Dusseldorf et Cologne. La conquête de la Belgique et de la Hollande le tranquillisait sur ses derrières. La paix conclue avec la Prusse, et dans laquelle étaient entrés la plupart des Etats protestants, le garantissait de tout danger sur son flanc gauche. L'effectif de son armée était, suivant plusieurs relations, de près de 80,000 hommes, nombre égal à celui de l'armée autrichienne qui lui était opposée. Si les Français étaient inférieurs en cavalerie, ce désavantage était diminué par l'extrême réserve avec laquelle les Autrichiens employaient alors une arme si puissante.

Parmi les lieutenants de Jourdan, on distinguait Kléber et Marceau, qui, volant d'un champ de bataille à un autre, s'étaient également rendus funestes aux héros vendéens et au prince de Cobourg ; et l'habile Bernadotte, réservé par un singulier jeu de la fortune aux honneurs du diadème.

Moreau venait de succéder à Pichegru dans le commandement de l'armée du Rhin. Il la trouvait plus irritée qu'abattue des revers qu'elle avait subis à la fin de la campagne dernière. Sans avoir été destiné par son éducation, ni même par les études de sa jeunesse, à l'art militaire, il en avait rapidement approfondi la théorie ; dès qu'il vit un champ de bataille, il fut un général consommé. Malgré la valeur la plus brillante, il n'annonçait rien d'impétueux dans le caractère. La reconnaissance et l'amitié l'unissaient à Pichegru. Son armée était à peu près égale à celle de Jourdan.

Les généraux destinés à commander les ailes de l'armée du Rhin, étaient Desaix, que les soldats honoraient pour ses talents, sa bravoure, et chérissaient pour sa droiture et l'aménité de son caractère, et Saint-Cyr, tacticien exact et capable d'inspirations subites. Soit dans l'armée de Moreau, soit dans celle de Jourdan, on comptait encore plusieurs autres généraux dont la gloire naissante devait s'élever par des degrés rapides à un éclat historique, tels que Ney, Soult, Oudinot, Lecourbe et Richepanse.

L'Autriche, après de longs revers, semblait n'avoir rien perdu de ses forces. L'or de l'Angleterre, fourni à la cour de Vienne en subside, sous la forme d'un prêt, faisait lever des soldats dans des provinces depuis longtemps soumises à la conscription militaire.

Les généraux autrichiens, comme nous l'avons vu, n'avaient point encore saisi le véritable caractère d'une guerre de cette nature. Trop fiers des vieilles méthodes qu'ils avaient lentement apprises, ils s'obstinaient à ne point prendre de leçons de leurs jeunes vainqueurs. Ils savaient maintenir leur armée après des défaites ; mais ils profitaient faiblement de leurs rares victoires. Le prince de Saxe-Cobourg, dans lequel la République française avait craint un Annibal, désolé d'avoir perdu dans un seul choc le prix de plusieurs victoires, quatre puissantes forteresses et tous les Pays-Bas, avait quitté le commandement, heureux de soustraire à de nouvelles épreuves une gloire dont il sentait le déclin. Clairfait, qu'on avait longtemps jugé digne du commandement en chef, ne le garda qu'un moment. Il fut rappelé après une victoire remportée sur le général Jourdan. L'armée autrichienne vit avec enthousiasme un prince du sang impérial prendre sa place. C'était l'archiduc Charles, frère de l'empereur, prince dans la fleur de l'âge, et qui, malgré une santé faible, montrait de la vigueur dans ses pensées et une brillante audace dans l'exécution. C'était lui qui allait soutenir le choc de l'armée de Jourdan. Le vieux et intrépide Wurmser devait d'abord être opposé à Moreau ; mais la campagne, comme je l'ai dit, ne commença que tard, et, dès le mois d'avril, Bonaparte, par la foudroyante rapidité de ses victoires et par ses habiles armistices, avait déconcerté tous les plans de la cour de Vienne. Il n'y avait plus que Mantoue qui pût répondre de la sûreté de cette capitale, et il eût fallu créer subitement une armée pour venir au secours de Mantoue abandonnée par les faibles débris de celle de Beaulieu. La nécessité fit loi. Il fallut compromettre la défense de l'Allemagne pour secourir l'Italie. Wurmser reçut l'ordre de se porter à marches forcées vers le Tyrol, pour délivrer Mantoue, et l'archiduc Charles prit le commandement de deux armées, dont il pouvait à son gré augmenter ou diminuer les forces, suivant que l'indiquerait le péril de l'une ou de l'autre.

L'inaction de l'armée de Sambre-et-Meuse, que commandait Jourdan, et de celle de Rhin-et-Moselle, sous les ordres de Moreau, devenue l'objet des plus vives réclamations de la part de Bonaparte, allait bientôt faire place à une vigoureuse activité. Vers la fin de mai 1796, Jourdan reçut l'ordre de mettre son armée en mouvement et de la conduire sur la rive droite du Rhin. Jourdan chargea Kléber de diriger les troupes destinées à agir sur cette rive, et ce dernier alla camper, le 31 mai, entre Pfotz et le château de Bensberg. Le lendemain, il s'avança sur la Sieg, défendue par la droite de l'armée de l'archiduc, aux ordres du duc de Wurtemberg. Ce dernier était à Altenkirchen. A la nouvelle de l'attaque des Français, il accourt avec 14 escadrons et 6 bataillons pour renforcer le général Kienmayer; mais ce général était déjà culbuté. Le général Lefebvre, qui avait passé l'Agger, avait mis en fuite ces quelques troupes d'avant-garde, et s'était rendu maître du pont de Siegberg, défendu par la droite de l'armée de l'archiduc.

Ces brillants débuts enlevèrent 3,000 hommes à l'ennemi, nous rendirent maîtres de ses riches magasins et atteignirent le but du mouvement concerté entre les deux généraux français. En effet, dès que le prince Charles fut informé de l'issue du combat d'Altenkirchen, il envoya 11 bataillons et 22 escadrons à Hambourg, attira à lui une division de l'armée du Haut-Rhin, fit couvrir Mayence, se dirigea, avec le reste de son armée, sur la Lahn, et passa le Rhin le 10 juin. Jourdan, apprenant cette nouvelle, marcha en toute hâte, par Neuwied, au secours de Kléber. Dès le 6, la division Grénier avait franchi ce fleuve et investi le fort d'Ehrenbreistein. Le 12, Jourdan était arrivé sur la Lahn; il aurait pu profiter de cette circonstance pour attaquer l'ennemi avant l'arrivée de toutes les troupes amenées par le prince Charles; malheureusement il n'en fit rien, et cette faute lui coûta cher. Vainement nos soldats se montrèrent dignes de leur réputation, vainement ils remportèrent des avantages signalés contre des troupes supérieures en nombre; il fallut céder à l'ascendant de la fortune, qui avait changé de parti; il fallut opérer une retraite à travers mille périls. Dans cette partie des opérations de la campagne, Lefebvre fit des prodiges de valeur à Werdoff, sur la route de Wetzlar; Bernadotte, Championnet, Grenier, accrurent leur réputation, tandis que Bastoul, Leval, Collaud, Richepanse et l'intrépide adjudant-général Ney soutenaient dignement les incroyables efforts de Kléber, tantôt vaincu, tantôt vainqueur, dans une lutte dont la glorieuse issue assura le salut du corps d'armée confié à cet habile général.

Malgré son mouvement rétrograde, l'armée de Sambre-et-Meuse avait atteint le but que s'étaient proposé le Directoire et les deux généraux en chef, celui de contraindre les principales forces de l'archiduc à quitter la rive gauche du Rhin, et de faciliter les opérations de l'armée de Moreau. Cette armée commença ses mouvements, le 14 juin, par des attaques vigoureuses et couronnées de succès contre les positions formidables que deux divisions de Wurmser occupaient en-deçà du fleuve. Après ces deux opérations, destinées à masquer le passage du Rhin, que méditait l'armée française, le 20 juin, quatre jours avant celui fixé pour cette grande opération, le général Moreau, dans le double dessein de tenir les ennemis occupés sur le point de Manheim, et de leur faire croire que l'armée entière était encore devant eux, ordonna une forte reconnaissance contre le camp retranché de la tête du pont, et employa à cette fausse attaque un nombre considérable de troupes qu'il fit soutenir par un feu d'artillerie formidable.

Toute cette force se déploya dans la plaine de Mutterstadt; le feu de l'artillerie légère dissipa la cavalerie ennemie, et l'infanterie attaqua et emporta le village de Rheigenheim. D'autres ouvrages furent emportés presque aussitôt et détruits à l'instant. Le même jour, à minuit, on avait fait partir pour les environs de Strasbourg les troupes destinées aux premiers embarquements, et, pour continuer de donner le change à l'ennemi, on publia que ces forces se rendraient en Italie. Les troupes employées à la reconnaissance du camp retranché de Manheim se mirent en marche aussitôt après l'action pour suivre de près celles qui étaient parties la nuit précédente.

Le 23, après midi, les portes de Strasbourg furent tout à coup fermées, et l'on s'occupa en toute diligence des derniers préparatifs de l'entreprise. On commença par expédier les embarcations destinées aux fausses attaques, dont trois réussirent. A l'entrée de la nuit, les troupes destinées au passage se trouvèrent rassemblées au nombre de 22,000 hommes. Le général Desaix fut nommé par Moreau commandant en chef de l'expédition.

A dix heures du soir, les embarcations préparées pour les quatre divisions qui devaient former le premier débarquement pour l'attaque de Kehl, étaient arrivées hors de la ville, par le canal de navigation, à l'écluse du Péage. Là, on embarqua 4 pièces de quatre démontées; on les conduisit ensuite dans le bras mobile, jusqu'au point désigné pour l'embarquement des troupes, qui étaient en bataille au lieu marqué. A une heure et demie après minuit, les bateaux légers étant complétement chargés, Desaix donna le signal du départ. Ces embarcations traversèrent le Rhin pendant que l'on continuait de charger les gros bateaux qui devaient les suivre, et abordèrent sur la rive droite aux points qui leur étaient assignés. Les Français débarquèrent sans tirer un coup de fusil, et enlevèrent à la baïonnette tous les postes ennemis. D'autres divisions arrivaient successivement, et déjà le nombre d'hommes jetés sur la rive droite était de mille cinq cents environ. Ils avaient à emporter deux redoutes et à résister aux troupes que l'ennemi détacherait sans doute du camp de Wilstadt pour essayer de les culbuter. En attendant l'établissement du pont volant que l'on préparait, Desaix ordonna à chaque bateau qui arrivait d'aller chercher de nouvelles troupes, ordre judicieux qui assura le salut des Français. L'ennemi, fort en cavalerie, se porta sur eux avec impétuosité ; mais l'infanterie, déjà formée sous la protection des pièces de quatre, soutint vaillamment le choc. Le pont volant fut prêt à six heures, et rendit de grands services. Moreau avait en outre à ses ordres un équipage de pont, composé de 60 bateaux d'artillerie; mais il avait sagement résolu de n'en faire commencer la construction qu'au moment où les troupes déjà débarquées seraient maîtresses de Kehl. D'après ce plan, il fallait donc que l'infanterie, presque seule, dépourvue d'artillerie et de cavalerie, emportât à la baïonnette les redoutes du fort, la ville et le village de Kehl, et qu'elle soutînt les efforts de la réserve des Autrichiens campés à Wilstadt. Jaloux de répondre à la confiance du général en chef, les soldats, sous la conduite de Desaix, enlevèrent avec une rare intrépidité nos deux redoutes du cimetière et des trous-de-loup et chassèrent les Autrichiens du fort et du village de Kehl. A dix heures du matin, maîtres de toutes les positions, ils poursuivaient les Autrichiens sur la route d'Offenbourg.

Le 25, le pont de bateaux était terminé, et l'armée entière passa le Rhin.

En apprenant la nouvelle du passage du Rhin par Moreau, le général Latour, trompé sur ce mouvement qu'il regardait comme une manœuvre ayant pour but de lui faire abandonner sa forte position de Manheim, n'envoya d'abord contre nous qu'un corps de son armée et laissa en outre ses troupes disséminées le long du fleuve.

Le 28 juin, Moreau fit avancer ses troupes pour attaquer de front le général Starray.

L'ennemi occupait la belle position en avant du village de Renchen et de la rivière de ce nom, fameuse par le passage du maréchal de Turenne. L'ennemi, à l'abri d'un bois qu'il avait derrière lui, manœuvrait avec rapidité, pour tâcher de déborder nos flancs ; mais la réserve, toujours dirigée à propos, rendait ces tentatives inutiles et le repoussait avec perte. Les cuirassiers essayèrent enfin de déborder notre droite et chargèrent avec vigueur. Mais deux bataillons, soutenus de l'artillerie légère, les culbutèrent, et quoique entourés, manœuvrèrent avec sang-froid, pour diriger leurs feux sur tous les points où ils étaient menacés. L'ennemi laissa le champ de bataille couvert d'hommes et de chevaux.

L'ennemi essaya la même manœuvre sur l'aile gauche, au moment où l'infanterie se portait en avant et était prête à pénétrer dans le bois. Mais ce mouvement prévu fut arrêté ; le général Sainte-Suzanne, à la tête de sa cavalerie, le chargea en front et en flanc. Cette attaque rapide et inopinée décida l'action, tout plia en désordre, et dans un instant on fut maître de la rivière et du village de Renchen.

Cette action ouvrait à l'armée républicaine l'entrée des montagnes Noires, par la vallée de Renchen. Mais les troupes wurtembergeoises, commandées par leur prince, occupaient des postes retranchés, sur les hauteurs à Oppeneau et au Kniebis. Il fallut d'abord disperser les paysans armés qui défendaient les passages. Les chemins ne permettaient pas le transport de l'artillerie ; trois bataillons et quelque cavalerie bravèrent tous ces obstacles, et les redoutes, emportées d'assaut, ouvrirent les passages à l'armée. Peu de jours après, l'avant-garde de l'armée de Jourdan, commandée par Lefebvre et Kléber, gagna une bataille à Neukirchen, après laquelle cette armée passa la Lahn à Marbourg, renforcée par les troupes bataves et une partie de l'armée du Nord. Cette marche rapide est peinte dans ce récit de Jourdan :

« Le 12 messidor (30 juin), le général Kléber a passé la Sieg ; le 13, il vint à Uchazath, et s'en rendit maître sans opposition ; le 14, le général Jourdan força le passage du Rhin à Neuwied, et le 15, il effectua sa jonction avec le général Kléber ; le 16, le général Lefebvre attaqua l'aile droite de l'ennemi, la culbuta et fit 600 prisonniers ; les 17, 18, 19, l'armée s'est avancée, en se portant sur la Lahn ; le 20, l'ennemi s'est retiré ; le 21, l'armée a passé la Lahn ; le 22, elle a continué sa marche, Kléber rencontra l'ennemi à Friedberg et le battit ; le 23, l'armée se reposa ; le 24, elle passa la Vida, et se porta en partie sur Francfort, et partie sur le Mein ; le 25, Francfort fut sommé, et sur le refus de la garnison autrichienne, bombardé ; le 26, elle capitula, et le 28 (18 juillet), les Français y sont entrés. » Kléber écrivait à son ami Grouchi : *Nous comptons, mon cher général, nos marches par nos combats, et nos combats par nos victoires.*

Elles marchaient de front avec celles de Moreau. Ce général sentant qu'il était nécessaire de ne point ralentir ses opérations, afin de ne pas donner à l'ennemi le temps de réparer ses pertes, détacha, le 3 juillet, le général de brigade Laroche avec la 21e demi-brigade d'infanterie légère, et une partie du 2e régiment de chasseurs à cheval, pour se rendre maître de toute la vallée de la Renchen. Laroche, en arrivant sur ce point, en chassa d'abord une nuée de tirailleurs ennemis. Il parvint ainsi au pied de la montagne du Kniebis, une des plus hautes des montagnes Noires, qu'il trouva occupée par les troupes du prince de Wurtemberg. Des réduits casematés avaient été élevés par l'ennemi sur les points les plus élevés qu'il semblait impossible d'attaquer avec succès sans artillerie ; le général Laroche n'avait pas un canon : cela ne l'arrêta point. Il aborda l'ennemi un peu avant la fin du jour, gravit la montagne sous un feu terrible et parvint au sommet vers le milieu de la nuit. Les réduits sont aussitôt attaqués à la baïonnette ; en vain les Wurtembergeois font pleuvoir sur les assaillants une grêle de grenades ; rien ne peut arrêter l'élan des Français : la redoute est emportée d'assaut, et 400 prisonniers, dont 10 officiers, 2 pièces de canon et 2 drapeaux, tombent entre les mains des vainqueurs. Le lendemain, au point du jour, Laroche marche sur Freudenstadt et s'en rend maître après un combat acharné dans lequel il est blessé.

Le même jour, 4 juillet, la première division de l'aile gauche attaquait les Autrichiens à Sentzheim et les forçait à battre en retraite sur Oos, où, se croyant en force, ils s'arrêtèrent et commencèrent à faire une vive résistance ; mais le village d'Oos, attaqué de front par Desaix, tandis que le général Sainte-Susanne le tournait par la gauche, ne put résister à cette double attaque ; les Français y pénétrèrent promptement et y firent une centaine de prisonniers.

En même temps, la seconde division de l'aile gauche, sous les ordres du général Delmas, avait chassé l'ennemi de toutes les positions qu'il occupait entre le Rhin et la rivière d'Olbach, et s'était établi à l'entrée du bois de Rastadt. Elle avait alors en face le général autrichien Latour, qui se trouvait à la tête de 50 escadrons et 16 bataillons, et avait pris position en avant de la Murg, où il devait être rejoint par le général Riesah, qui lui amenait 8 bataillons et un autre corps de secours que lui envoyait l'archiduc.

Moreau jugeant que sa gauche n'était pas suffisante, la fit appuyer par son centre. La bataille était dès lors inévitable.

Une attaque de front eût probablement amené un prompt résultat ; mais elle eût aussi été plus sanglante, et Moreau sentait la nécessité de ménager le sang de ses soldats. Par son ordre, le général Taponier, avec la 4e division, attaqua successivement le poste de Gersbach et la vallée de Burg. Taponier se mit en mouvement à cinq heures du matin, et, malgré la résistance désespérée de l'ennemi, il était, deux heures après, maître du poste de la vallée, et il avait fait 100 prisonniers. En même temps, Decaen s'emparait de Kuppenheim, pendant que le général Lecourbe balayait la rive gauche de la rivière de Murg. Les grenadiers autrichiens et hongrois, qui défendaient ces divers postes, avaient été partout culbutés ; on leur avait fait 300 prisonniers.

Il était quatre heures après midi, lorsque la brigade de Sainte-Susanne déboucha du bois de Soudweier. Battue de front et en flanc, elle ne se forma qu'avec peine ; écrasée par l'artillerie ennemie, elle avait déjà fait des pertes sensibles, lorsque parut enfin la brigade Delmas qui avait été retardée dans sa marche. Le combat se rétablit aussitôt; le bois de Rastadt fut emporté, en même temps que la brigade Jobat s'emparait du village de Nier-Raeh.

L'ennemi se mit alors en retraite, qui se fit d'abord en bon ordre, sous la protection d'une artillerie et d'une cavalerie nombreuses; mais atteint dans les rues de Rastadt par le 2e régiment de chasseurs qui s'était mis à sa poursuite, le désordre éclata dans ses rangs, et ce ne fut qu'à la faveur de la nuit, et en évacuant en toute hâte Rastadt, qu'il échappa à une déroute complète.

Après cette victoire, Moreau put rapprocher sa gauche de l'aile droite de Sambre-et-Meuse. Celle-ci, par l'occupation de Francfort, obligeait l'armée impériale à repasser le Mein. Jourdan fit alors avancer le centre de cette armée, et cerna la forteresse de Kœingstein, tandis que sa droite se portait sur Mayence. Tous ces mouvements, combinés avec ceux de Moreau, tendaient à éloigner toujours l'ennemi de la rive du Rhin, pour isoler les deux places importantes de Mayence et de Manheim. L'archiduc Charles, dressé sur ses deux flancs, prit alors le seul parti qui pouvait protéger le système défensif qu'il avait adopté. Il concentra ses forces entre le Mein et le Neker; mais déjà les avant-postes français n'étant plus qu'à huit lieues de Stuttgard, le prince de Wurtemberg qui, à la tête de ses troupes, voyait ses Etats près d'être envahis totalement, s'occupa de sa paix particulière, et envoya des plénipotentiaires à Bâle. Son exemple fut bientôt après imité par plusieurs princes de l'empire.

A la suite d'une conférence qui fut tenue à Pyrmont, où se rendit le roi de Prusse, les intérêts du Corps germanique, fondés sur l'impérieuse nécessité des circonstances, décidèrent d'abord les souverains, membres de cette ligue, à retirer du théâtre de la guerre leurs troupes, autres que celles de leur contingent; et bientôt, par des paix partielles, chacun stipulant pour ses intérêts particuliers, la maison d'Autriche se trouva abandonnée à ses seules forces. Cependant, les mouvements progressifs des deux armées préparaient leur jonction, et l'armée autrichienne, quoique forte encore de 60,000 hommes, n'était plus en état de s'étendre pour conserver des pays alliés qui se séparaient d'elle.

Dans cet état de choses, l'empereur donna ordre à son frère de se borner à défendre la Bavière et les pays héréditaires, et de concentrer ses forces, en se repliant sur la ligne de défense, qu'offrait encore le Danube.

Déjà des émeutes avaient signalé l'esprit révolutionnaire jusque dans Vienne; le peuple, assemblé tumultuairement devant l'hôtel du ministre Thugut, avait crié la paix, et la force armée avait été nécessaire pour dissiper ces attroupements.

L'Autriche alors demanda un armistice. Moreau le refusa; toutes les divisions de son armée étaient en ligne et s'avançaient en mesure. A la droite, le général Ferino longeait les revers des montagnes de la Forêt-Noire, et, devançant la marche de l'armée, se rapprochait du lac de Constance, menaçait la forteresse de Bregentz et les gorges que le cours de l'Inn forme dans le Tyrol, et par où l'on voulait établir la communication avec l'armée d'Italie.

Dans la marche de ces deux grandes armées du Rhin et de la Meuse, sur un front de plus de soixante lieues, l'envahissement successif du territoire n'était pas l'effet de batailles rangées, suivies d'une retraite de l'ennemi évacuant une grande étendue de pays, et laissant ainsi un grand intervalle d'espace entre l'armée victorieuse et l'armée défaite, et un long intervalle de temps entre une bataille perdue et une nouvelle action générale. Ici les combats étaient partiels et journaliers; les affaires de postes décidaient tout. Les positions les plus formidables de l'ennemi se trouvaient dépassées, tournées, et bientôt abandonnées par suite des avantages remportés sur lui, à vingt lieues du point qu'il occupait. Sa ligne de défense, percée sur un point, subordonnait tous ses mouvements à ceux d'une offensive savante et combinée. Les divisions, commandées par des chefs habiles, étaient répandues sur ce vaste théâtre de la guerre, et toutes se soutenaient en agissant isolément. Un échec était aisément réparé, parce que les flancs d'une division en retraite étaient couverts par les divisions les plus voisines, et le système rétrograde de l'ennemi ne lui aurait pas permis de se porter en avant pour pénétrer dans un intervalle momentanément ouvert. Tant que cet accord de toutes les parties fut maintenu, les succès furent rapides et suivis.

Après la bataille de Rastadt, l'archiduc, effrayé des succès de Moreau, ne laissa, devant l'armée de Jourdan, qu'un corps de 30,000 hommes aux ordres du général Wartensleben. Il ramena le reste, et prit une position connue par sa force en avant du village d'Essingen; sa droite vers le Rhin, sa gauche appuyée aux montagnes. Moreau, obligé, par des embarras de subsistances et de transports, de retarder l'attaque, rappela à lui les divisions du centre. Le général Saint-Cyr, qui les commandait, agit sur le flanc gauche de l'ennemi et le tourna par les hauteurs où il s'appuyait. Desaix attaqua au centre; la gauche resta resserrée en arrière du village d'Essingen. L'action se décida à la gauche de l'ennemi, où il avait placé l'élite de son infanterie, et tous les renforts qu'il avait fait venir du Bas-Rhin. Une artillerie nombreuse, les bataillons de Croates, de grenadiers et d'infanterie légère, et 4 escadrons avaient ordre d'y tenir jusqu'à la dernière extrémité. Les Français furent repoussés quatre fois. La cinquième charge, renforcée d'une partie de la réserve, faite en colonne, autant que le terrain pouvait le permettre, réussit complétement; les positions furent emportées et l'ennemi forcé à la retraite.

Après cette bataille perdue, l'archiduc se replia sur le Necker, qu'il fut bientôt obligé de mettre devant lui, tandis que Jourdan, profitant de l'affaiblissement de l'armée autrichienne, qui lui était opposée, la rejeta derrière le Mein, qu'il passa. Tout le corps, commandé par Wartensleben, abandonna la défense de la rive gauche de ce fleuve, et, sans prendre de position, se dirigea sur le Necker, puis sur le Danube, pour se réunir à l'armée du prince Charles.

Déjà Moreau, réglant ses marches sur ses avantages, était entré à Ulm. Une division de son armée, conduite par le général Laborde, ayant passé le Rhin à Tuningen, avait forcé tous les postes ennemis, dans le Brisgaw, jusqu'aux villes frontières, et appuyait ainsi les attaques de Seria, sur les passages de l'Allemagne à l'Italie, par les gorges du Tyrol. Moreau, après avoir rejeté l'ennemi au-delà du Necker, fidèle au plan général de cette campagne, porta en avant la droite de son armée, pour prévenir l'ennemi sur le Danube ou pour y hâter la retraite, ce qui arriva ; mais il refusa sa gauche et la tint en arrière, en avant de Stuttgard, vers Pforzheim ; pendant ce temps, Jourdan, ne trouvant plus d'ennemis devant lui, à cause de la prompte retraite du général autrichien Wartensleben, poussa vivement ses avantages sur le Haut-Mein, et dans cette marche rapide, son aile droite, qui devait se tenir à la hauteur de la gauche de l'armée de Rhin-et-Moselle, la dépassa de beaucoup et se trouva ainsi ayant son flanc droit à découvert.

Soit que cette prompte retraite des Autrichiens fût la suite d'un plan combiné du prince Charles, soit que, profitant de cette marche précipitée de Jourdan, qui rompait la ligne des deux armées, il conçut son projet d'après l'événement ; c'est de là qu'il faut dater les revers qui changèrent si subitement le théâtre de la guerre, et le reportèrent en peu de jours du Danube sur le Rhin.

Après plusieurs combats de détails, l'armée de Moreau s'était avancée par Nœrdlingen, près de Donauwert, à la suite d'un combat où le prince Charles l'avait attaquée sur tout son front, et avait d'abord fait reculer son quartier général quatre lieues en arrière, à Kœnigscron. Le prince s'était porté ensuite sur les derrières de l'armée, et la division Saint-Cyr, prise à revers et tournée sur son flanc, ne s'était soutenue qu'avec peine. Desaix avait rétabli le combat, et l'armée reprenant ses positions, l'ennemi s'était décidé à repasser le Danube.

L'armée de Jourdan, pénétrant en même temps dans la Franconie, s'était avancée jusqu'à Bamberg ; cette armée était alors sous le commandement de Kléber, Jourdan ayant été obligé de le lui remettre momentanément, par suite d'une chute dans une reconnaissance où il avait failli être pris.

La jonction de ces deux armées, qui devait assurer leurs succès, était encore rendue difficile par un intervalle de vingt lieues de pays ennemi, alors que la division de droite de l'armée du Rhin s'emparait de Constance et de

Bregentz, où Ferino luttait contre les corps autrichiens qui défendaient les passages du Tyrol. Kléber, après un combat de cavalerie avantageux, poussa l'armée ennemie jusqu'à Nuremberg, où Jourdan reprit le commandement. La résidence de la cour de Bavière, Munich, étant déjà menacée, l'électeur se décida à se retirer en Saxe. Donauwert fut occupé par Desaix ; mais cependant les troupes bavaroises restèrent armées pour le service intérieur de leur pays : Moreau était entré le 22 août à Augsbourg. L'ennemi, retiré derrière le Lech, avait été obligé d'abandonner cette position, après le passage de cette rivière à gué sous le feu de ses batteries, et après une action sanglante à Friedberg, où il perdit 1,500 prisonniers.

Les avant-postes français étaient à deux lieues d'Ingolstadt ; ceux de Jourdan n'étaient qu'à trois lieues de Ratisbonne : les divisions de droite de l'armée du Rhin s'avançaient vers le Tyrol par les vallées que forment le cours de l'Inn et les sources du Lech ; déjà l'archiduchesse, qui résidait à Inspruck, s'en était retirée. La jonction avec l'armée d'Italie devait s'effectuer et prendre à revers l'armée de Wurmser. L'armée d'Italie avait son avant-garde à Trente, après avoir repris toutes ses positions de siège autour de Mantoue : Wurmser, pressé sur ses deux flancs, était forcé de se borner à défendre le Tyrol, par une guerre de position, dans un pays de montagnes, où le génie et l'activité des généraux français le prévenait ou le tournait sans relâche. L'empire, divisé par les événements de la guerre et par des traités partiels, se consolait de ses revers par l'espoir d'une paix prochaine. Une seule journée, à la droite de l'armée de Jourdan, changea la face des affaires et les résultats de cette campagne.

Depuis longtemps le prince Charles méditait ce mouvement, calculé d'après la position des différents corps de l'armée française ; il avait reçu des renforts, entre autres 14,000 grenadiers hongrois. L'armée de Jourdan, marchant sur Ratisbonne, avait sa droite avancée jusqu'à Neumarck, et en avant de ce poste, Bernadotte (1) était au village de Teining, ayant, opposé à lui, le corps de Wartensleben en retraite, pour se mettre derrière le Lech. Un ordre subit du prince Charles enjoignit de marcher sur Teining et d'attaquer de front, sans égard aux forces qu'on pourrait y trouver. En même temps, le prince, à la tête de 15,000 Hongrois, repasse le Danube et attaque Bernadotte sur son flanc droit. Malgré la supériorité du nombre, Bernadotte tint toute la journée ; mais les secours que lui envoyait Jourdan, ayant été arrêtés par les troupes du corps de Wartensleben, qui déjà avaient dépassé le flanc gauche de Bernadotte, celui-ci fut forcé à la retraite.

Elle se fit d'abord sans grand désordre sur Nuremberg, mais l'archiduc, profitant de l'intervalle découvert que laissait cette retraite, se jeta sur les derrières du centre et de l'aile gauche de Jourdan. Menacé d'être enveloppé

---

(1) Ce n'était plus Kléber qui commandait l'avant-garde. Ce général, d'un caractère fougueux, avait manqué à la subordination envers son chef, et venait d'être rappelé.

et coupé de ses communications, Jourdan se hâta de se replier d'abord sur Amberg, où il fut bientôt attaqué de front par Wartensleben, et en flanc par le prince Charles. Suivi sans relâche dans sa retraite (1), il la dirigea sur la position de Pfortzheim, comptant y réunir l'armée. Moreau, au premier rapport de cette retraite, s'était hâté de marcher en avant, de passer le Lech, et d'attaquer le corps d'armée du général Latour; ce fut alors qu'il le battit complétement à Friedberg.

Si la retraite de Jourdan n'eût été qu'une position rétrograde, après une bataille perdue, l'affaire de Friedberg devait le dégager, en forçant l'archiduc d'accourir sur Moreau, pour arrêter sa marche sur la rive droite du Danube; mais, après cette victoire, l'armée de Moreau se trouvait entièrement isolée par l'éloignement de l'armée de Sambre-et-Meuse. Il paraît cependant qu'il eut un instant l'intention de poursuivre sa marche, et, appuyant les premiers succès de sa division de droite vers Bregentz, d'entreprendre sa jonction avec l'armée d'Italie, par les gorges du Tyrol, prenant ainsi à dos l'armée de Wurmser. Mais les difficultés que présentait l'exécution de ce plan lui parurent insurmontables; il ne crut pas devoir risquer de s'avancer par la Bavière sur l'Autriche, en laissant ses communications hasardées. Déjà Jourdan s'était retiré jusqu'à Wurtzbourg, où le prince Charles l'avait suivi, attaqué et défait dans une seconde action plus décisive encore que la première. Les troupes n'étaient pas découragées, tous les combats journaliers pendant cette longue retraite furent soutenus par la valeur des soldats et par la présence d'esprit des généraux; mais l'indiscipline avait causé des désordres et des vexations, dont les habitants du pays se vengeaient. Tout ce qui s'écartait de l'armée était massacré par les paysans; ils se formèrent en corps armés et organisés, au nombre de sept à huit mille, et surprirent de nuit, près de Neustadt, le quartier du général Ernouf. Ce général fut obligé de se sauver à Francfort, il fallut rassembler des forces pour disperser ces attroupements.

Selon le système de guerre adopté alors, on avait laissé en arrière les places fortes, bloquées ou assiégées, Manheim, Mayence, les forteresses de Kœnigstein et d'Ehrenbreitstein. Ces places avaient de fortes garnisons, dont les sorties inquiétaient les derrières de l'armée en retraite. Enfin cette armée, après de nombreux combats, des fatigues inouïes, arriva sur la rive droite du Rhin, conduite par Beurnonville, qui avait remplacé Jourdan.

Cependant, après les journées de Wurtzbourg, le prince Charles, assuré de la retraite de cette armée, en avait abandonné la poursuite à ses lieutenants, et renvoyé sur le Danube une partie des renforts victorieux qui l'a-

---

(1) Dans ce mouvement rétrograde, Marceau fut tué le 18 septembre, au combat d'Arten. Cette perte causa un véritable deuil parmi les soldats, qui chérissaient en lui toutes les vertus militaires. Un monument lui fut érigé sur le champ de bataille, et les Autrichiens le respectèrent.

vaient suivi, tandis qu'avec les garnisons réunies il gagnait les débouchés des vallées qui devaient servir de passage à l'armée de Rhin-et-Moselle, pour effectuer sa retraite. La position de l'armée de Moreau devint alarmante ; à peine osait-on espérer en revoir les débris sur les rives du Rhin.

Après la victoire de Friedberg, Moreau resta plusieurs jours dans l'inaction : il attendait l'issue des événements de l'armée de Sambre-et-Meuse. Dès que la retraite de cette armée fut sans espoir de retour, il se décida à ramener la sienne sur le Rhin ; mais, pour en imposer à l'ennemi et lui donner le change, il fit d'abord porter toute son aile gauche en avant par une marche vers la Franconie ; il s'assura en même temps un passage sur le Rhin, et fit occuper le fort de Kehl ; mais, ainsi que nous l'avons dit, les armées, en se portant en avant, avaient laissé derrière elles les places fortifiées ; les garnisons de Manheim, d'Ehrenbreitstein, de Philisbourg, assurées de la retraite de Jourdan, attaquaient les communications et les convois ; elles se réunirent et se portèrent sur Kehl, dont elles réussirent à s'emparer ; mais les soldats s'étant livrés au pillage et ayant négligé de rompre le pont qui communique de ce fort à Strasbourg, la garnison de cette ville, vaillamment secondée par la garde nationale, attaqua le fort et en chassa l'ennemi. Cette action, qui fut très-brillante, était aussi d'une grande importance pour l'armée de Rhin-et-Moselle, qui n'avait que cette porte pour rentrer en France. Elle fut conduite par les généraux Schaal, Sicsé et Schaumbourg.

Moreau continuait à préparer sa retraite par des mouvements qui, donnant le change aux ennemis, lui facilitaient les moyens de mettre entre eux et lui assez d'intervalle pour que les corps d'arrière-garde ne fussent pas forcés à des mouvements précipités, et que le corps d'armée restât maître de les régler. A cet effet, toute l'aile gauche aux ordres de Desaix repassa le Danube à Ingolstadt, et se porta vers Nuremberg pour inquiéter les derrières de l'armée du prince Charles et le forcer de lâcher prise, et de revenir au secours de ses communications ; ce mouvement avait aussi pour objet d'obliger le général Latour à détacher une partie de ses forces sur la rive gauche du Danube et laisser ainsi la rive droite plus libre. En même temps les corps avancés de l'aile droite firent un mouvement prompt en avant, feignant de dépasser et de tourner l'aile gauche de l'ennemi ; Latour alors, suivant le système défensif adopté par l'archiduc, céda le terrain, et mit ainsi plusieurs marches d'intervalle entre son armée et celle de l'ennemi ; Moreau profita de cet avantage prévu et commença alors cette retraite, qui prouva que les soldats français pouvaient vaincre dans la mauvaise fortune et savaient en supporter les revers.

L'armée de Rhin-et-Moselle étendait alors son front sur une ligne de près de soixante lieues de développement ; la droite, en avant de Bregentz, sur le lac de Constance ; la gauche, au pont d'Ingolstadt, sur le Danube. Passant par les positions de Kempten, Munich, Mœrsbourg, les divisions de cette armée occupaient ces postes, et chacune d'elles devenait nécessairement une armée ayant son organisation et ses moyens indépendants ; les commandants de ces corps étaient les généraux divisionnaires dont les mouvements devaient s'accorder entre eux et ressortir des ordres du général en chef ; il tenait le centre de l'ordre de bataille ; près de lui Saint-Cyr, à son aile gauche Desaix, à la réserve Bourcier, à sa droite Abbatucci, Paillard, Careau. L'armée autrichienne était derrière l'Iser ; le général Latour, qui la commandait, appuyait sa droite au Danube, au centre le corps de Condé, et à la gauche, vers les débouchés du Tyrol aux sources de l'Iser, les généraux Frœlich, Wolf, Saint-Julien.

L'armée française, de sa position jusqu'au Rhin, avait à traverser un espace de près de cent lieues, coupé par le cours de plusieurs rivières, descendant des monts qui séparent l'Allemagne de l'Italie ; toutes ces rivières, dans leur cours à peu près parallèle, vont se rendre au Danube, et, par leur direction, elles devenaient favorables ou dangereuses aux mouvements rétrogrades d'une armée, selon qu'elle restait maîtresse de leurs passages après les avoir traversés. Il ne parvenait à l'armée du Rhin aucune nouvelle de France ni des autres armées que par les papiers publics de l'Allemagne.

Dès que la retraite fut décidée, le général rappela à lui le corps de Desaix ; ce corps repassa le Danube et rejoignit l'armée, qui fit alors plusieurs marches par son flanc droit pour s'étendre, gagner du terrain, se rapprocher des divisions de droite qui se trouvaient hasardées et tromper de plus en plus l'ennemi sur ses véritables desseins.

Le premier mouvement de retraite fut pour repasser le Lech ; ce passage s'effectua le troisième jour complémentaire de l'an 4 ; les avant-gardes restèrent de l'autre côté de la rivière, et cette contenance assurée se continua dans toute la suite de la retraite ; le lendemain on repassa ainsi la Schmuter et la Zizam ; le 5 la Mindel ; le jour suivant la Guntz, conservant ainsi une attitude offensive par les corps avancés, et l'armée couverte par des rivières dont elle tenait les passages.

Dès que la retraite de l'armée française eut commencé, Latour se mit à sa poursuite et détacha, sur la rive gauche du Danube, le général Nauembourg pour se saisir du pont d'Ulm ; Moreau y avait, de la rive droite, détaché le général Montrichard qui, malgré plusieurs marches forcées, ne devança que d'une heure l'ennemi. Les jours suivants l'armée se porta, en quatre marches, au-delà de la rivière d'Iller jusqu'au lac de Federsée, derrière la Riess ; Desaix avait marché par la rive gauche du Danube, et évacué Ulm, où l'ennemi entra en même temps que son arrière-garde en sortait ; il repassa le fleuve, sa division s'y appuya, formant l'aile gauche de l'armée, le centre derrière le lac, la droite à la petite ville de Ravensburg. Bien que

BATAILLE DE RIBERACH.

l'armée eût resserré ses positions, son front s'étendait encore sur un développement d'environ douze lieues, quand elle fut attaquée sur toute sa ligne. L'ennemi fut repoussé partout ce jour-là ; mais la position de Moreau n'en restait pas moins embarrassante : il avait en tête l'armée de Latour, forte d'environ 35,000 hommes ; sur son flanc droit, les corps réunis de Condé, de Frœlich, comptant 12,000 hommes ; le corps de Nauendorf, de même force que le précédent, longeait son flanc gauche sur l'autre rive du Danube ; derrière lui 10,000 hommes s'étaient saisis des débouchés de la Forêt-Noire, et l'archiduc, ramenant ses troupes victorieuses, était déjà au-delà du Mein, hâtant ses marches pour s'emparer des ponts de Kehl et d'Huningue. Dans cette position critique, le général ne vit de salut que dans la victoire, et tout fut disposé pour attaquer l'armée ennemie à Biberach. Cette résolution hardie, que commandait la nécessité, était en outre justifiée par la constance et l'inébranlable fermeté des troupes. Férino, à la droite, laissa une partie de sa division pour contenir les corps ennemis qui menaçaient son flanc et marcher sur eux en se rapprochant du centre, pousser tout ce qui se trouverait devant lui et tâcher de séparer cette aile de son corps d'armée. Saint-Cyr, au centre, attaqua de front celui de l'ennemi, tandis que Desaix, se tenant appuyé au Danube, devait le tourner et gagner avant lui les hauteurs de Biberach, qui étaient le point décisif. L'accord des chefs et la valeur des troupes facilitèrent l'exécution de ce plan, et tout réussit ; la victoire fut complète : 4,000 prisonniers, 60 officiers, 18 pièces de canon et 2 drapeaux en furent le gage et le prix.

L'armée de Latour, rejetée au-delà de l'Iller, assura du moins quelques jours de marche tranquille ; mais l'armée était encore engagée à plus de quarante lieues du Rhin ; les gorges des montagnes de la Forêt-Noire étaient occupées par le corps de Nauendorf, qui s'était joint au corps de 10,000 hommes qui déjà les occupaient, et l'archiduc ayant atteint des vallées qui débouchent de ces montagnes sur le Rhin, par les rivières de Renchen et de Kintzig, ces passages se trouvaient fermés. En même temps, le corps de Nauendorf était sur le flanc gauche de l'armée, et bientôt Latour ayant remarché en avant, s'approchait du front ; l'aile droite avait un appui au lac de Constance et aux territoires neutres de la Suisse. Ce fut là, près des villes que l'on nomme forestières, à cause de leur situation dans la Forêt-Noire, où le cours resserré du Rhin s'ouvre un passage jusqu'à Bâle, que Moreau fit passer le grand convoi des munitions et des bagages.

Les Suisses n'opposèrent aucune raison d'État, et ne virent point de violation de territoire dans le passage d'une troupe qui n'était pas armée ; ils accueillirent les troupes avec la plus généreuse hospitalité ; eux-mêmes ôtèrent les poteaux qui désignaient les limites, et conservant en même temps la dignité nationale, ils voulurent que les armes fussent déposées à l'entrée et rendues à la sortie de leur territoire ; les canons furent mis en dépôt dans l'arsenal de Schaffouse, et, aux plaintes du ministre autrichien, il fut répondu que si l'armée du général Latour prétextait de ce consentement libre pour entrer à main armée sur le territoire helvétique, « elle pouvait compter sur une réception proportionnée à l'offense. »

Une demi-brigade suffit pour ouvrir le chemin par les villes forestières, où elle rencontra peu d'obstacle; en même temps, le général, qui méditait sa retraite par le passage le plus difficile de la Forêt-Noire, mais le moins prévu et le moins gardé, fit passer le Danube à une partie de son armée pour éloigner l'ennemi de son flanc. Ce corps, aux ordres du général Desaix, eut des avantages, éloigna l'ennemi des postes qu'il occupait, fit quelques prisonniers, et prit deux canons près de Bahlingen et à Villingen. Ainsi chaque marche rétrograde était marquée par un mouvement offensif. Cette partie de l'armée, continuant son habile manœuvre, repassa le Danube à sa source et se rejoignit au corps de l'armée du Rhin, vers Neustadt, à l'entrée du défilé des montagnes de la Forêt-Noire.

Une des ouvertures que le cours des eaux a formées dans ces montagnes a pris son nom de Val-d'Enfer de l'aspect imposant qu'elle présente (1). Pendant l'espace de deux lieues, cette vallée étroite semble plutôt une anfractuosité de roches à pic, jadis contiguës et maintenant séparées par un intervalle de quelques toises; c'est cette route que le général avait résolu de suivre. Ses deux ailes réunies marquèrent le défilé; il se réserva le centre pour forcer le passage du Val-d'Enfer; le général Gérard, avec des troupes choisies, gravissant les deux flancs de cette crevasse, attaqua le 20 et emporta les postes ennemis. Le lendemain, le centre de l'armée franchit le Val-d'Enfer; le reste des troupes défila dans cette vallée pendant les deux jours suivants, et l'armée entière se trouva réunie, à la vue du Rhin, après une retraite de vingt-sept jours, ramenant avec elle 2,000 prisonniers, 20 canons et 2 drapeaux pris à l'ennemi, et laissant dans l'histoire militaire des nations un fait de guerre comparable à tout ce que leurs annales nous ont transmis de plus mémorable par la constance des soldats et la sage et savante conduite des chefs.

Tous les obstacles n'étaient pas franchis. L'armée réunie était de beaucoup nférieure à celle du prince Charles; il fallait ou tenir la rive droite du Rhin devant des forces doubles, ou tenter avec danger de le repasser en leur présence.

(1) Cet affreux défilé, long d'un myriamètre, reçoit à peine, pendant le jour, quelques rayons de lumière; au fond de cette crevasse roulent les eaux d'un torrent; un chemin étroit, glissant et fangeux se trouve sur ses bords. Cet endroit est tellement horrible, qu'on l'a nommé le Val-d'Enfer. Le maréchal de Villars répondit à l'électeur de Bavière, qui l'invitait à franchir ce passage : « Cette vallée de Neudstadt, que vous me proposez, c'est ce chemin que l'on appelle le Val-d'Enfer. Eh bien! que votre altesse me pardonne l'expression, je ne suis pas diable pour y passer. »

Le premier plan du général en chef avait été de se maintenir sur la rive droite du Rhin par une défensive active, et il avait pour exemple et pour modèle la dernière campagne de Turenne, sur le même terrain, lorsque, par un système de positions transversales, il défendit le passage du fleuve en le tenant derrière lui. L'armée républicaine, à la fin de sa retraite, manquait de tout, de chaussures et des vêtements les plus indispensables; on ne reconnaissait les uniformes qu'aux lambeaux de couleur bleue que recouvraient des portions de manteaux de toutes couleurs, des couvertures, des sarraux, dépouilles de l'ennemi, et même des vêtements de prêtres. L'entrée de cette armée dans Fribourg aurait offert un spectacle risible s'il n'eût été respectable et imposant par les souvenirs qu'il rappelait. Le courage suppléait à tout : elle marcha d'abord vers Kehl. Le prince Charles espérait encore effacer l'éclat de cette brillante retraite; il fit attaquer la ligne que l'armée française occupait à Emmendingen sur l'Elz ; les avant-gardes seules cédèrent leur position au-delà de la rivière. Le poste avancé à Kendrigen repoussa toutes les attaques, et ne céda à la dernière que lorsque l'archiduc se mit lui-même à la tête de ses bataillons de grenadiers. Le corps de bataille conserva toutes les siennes; mais la droite se trouvant dominée par les hauteurs, l'armée prit position à deux lieues en arrière de l'Elz; l'archiduc l'attaqua le lendemain sans pouvoir lui faire perdre du terrain. Moreau se décida alors à repasser le Rhin à Huningue ; mais auparavant il tenta une diversion hardie.

Quoique numériquement plus faible que l'ennemi, il détacha toute son aile gauche aux ordres de Desaix ; elle repassa le Rhin à Brisach, se porta rapidement à Strasbourg et à Kehl, et, de là, menaça les derrières de l'armée autrichienne; le reste de l'armée prit sa dernière position, la gauche appuyée au Rhin, en avant d'Huningue, la droite vers les montagnes. Grâce à cette habile manœuvre, l'armée, quoique affaiblie par ses pertes et par le départ des corps que conduisait Desaix, put soutenir encore une attaque, qui se prolongea jusqu'à la nuit, contre toutes les forces autrichiennes réunies. L'aile droite, où l'ennemi fit les plus grands efforts, se maintint dans tous ses postes par des prodiges de valeur et de fermeté. Enfin, le lendemain, toute cette armée repassa lentement le Rhin à la vue d'un ennemi deux fois plus nombreux, mais qu'arrêtèrent sa contenance et peut-être aussi l'admiration et le respect ; l'arrière-garde ne fut pas même entamée.

Quelque grande que fût l'habileté dont Moreau fit preuve dans cette retraite, les succès soutenus du prince Charles en Allemagne n'en avaient pas moins contraint les armées de Sambre-et-Meuse et de Rhin-et-Moselle à repasser sur la rive gauche du Rhin, et fait perdre tout le fruit des victoires qu'elles avaient remportées au commencement de la même campagne. Par la retraite de la dernière de ces armées, il ne nous restait plus sur la droite du Rhin que le fort de Kehl et la tête du pont d'Huningue ; l'armée de

Sambre-et-Meuse n'occupait plus, sur la même rive, qu'un camp retranché devant Dusseldorf et la tête du pont de Neuwied. Le général autrichien Worneck, que contrariait l'importance de cette dernière position entre les mains des Français, tenta de l'enlever, du 20 au 21 octobre, avant que les travaux qu'ils y avaient entrepris fussent terminés; mais il échoua dans cette tentative. Beurnonville, qui commandait en chef l'armée de Sambre-et-Meuse, réussit peu après à chasser les Autrichiens de leur position sur la Nahe, et à les obliger de se replier sous Mayence.

Au surplus, on a reproché avec fondement à ce général, qui avait 70,000 hommes sous ses ordres, de n'avoir fait aucune diversion importante pour seconder les efforts de Moreau, soit en effectuant le passage du Rhin à Dusseldorf ou à Neuwied, soit en réunissant un corps de son armée à celle de Moreau.

Moreau, après sa retraite sur Huningue, avait laissé l'aile droite de l'armée et le général Férino près d'Huningue, pour défendre la tête du pont de cette ville; lui-même se dirigea avec le centre et la réserve vers Strasbourg pour soutenir son aile gauche chargée de la défense de Kehl; l'archiduc cernait cette place avec des forces imposantes. L'état avancé de la saison qui se faisait déjà sentir avec quelque rigueur, le besoin de repos qu'avaient les armées belligérantes, portèrent le général Moreau à penser qu'un armistice pourrait être accueilli de l'archiduc Charles. Il lui en fit la proposition, à la condition du *statu quo*. Le cabinet autrichien, auquel le prince soumit la proposition, ne l'accepta pas, et ordonna au contraire au prince de presser le siège de Kehl, et de s'emparer de ce fort à tout prix. Eclairé par ce refus et par ces ordres sur les intentions de l'Autriche, le Directoire sentit enfin qu'une partie des troupes nombreuses restées dans l'inaction sur la gauche du Rhin pouvait être employée plus utilement; et pendant que l'Autriche s'épuisait en efforts devant Kehl, il fit passer, en Italie, plusieurs corps tirés des deux armées de Sambre-et-Meuse et de Rhin-et-Moselle; ces renforts contribuèrent puissamment aux succès décisifs qui amenèrent le traité de Campo-Formio.

Les Autrichiens commencèrent leurs premiers travaux de siége le 10 novembre 1796, et ouvrirent la tranchée dans la nuit du 21 au 22. L'issue de ce siége était marquée d'avance par la supériorité bien reconnue de l'attaque sur la défense, lorsque rien ne s'oppose au développement de tous les moyens. Les Français durent succomber; la place en effet capitula le 9 janvier 1797, ou plutôt l'évacuation du territoire fut arrêtée ce jour-là, car dans l'état de destruction où étaient tous les ouvrages du fort, il pouvait être considéré comme rasé. Moreau avait obtenu vingt-quatre heures pour retirer de la place tout ce qu'il lui conviendrait d'emporter. Il profita si bien de ce court espace de temps, qu'il enleva tout le matériel de l'armée, et même jusqu'aux palissades du fort. Les officiers et les soldats mirent une telle activité à ce travail, que l'ennemi reconnut bientôt que les sacrifices immenses qu'il avait faits pour réduire une place si vaillamment disputée ne lui avaient acquis en réalité que des ruines et des décombres.

Aussitôt après l'évacuation du fort de Kehl par nos troupes, les Autrichiens dirigèrent leur grosse artillerie sur la tête du pont d'Huningue. Les travaux de ce pont n'avaient pu encore être terminés, lorsqu'un corps d'armée, sous le commandement du prince de Furstemberg, était venu occuper la position d'Altingen, qui se trouve en face. Il fallut encore deux mois pour nous enlever cette position, dans laquelle le général Abbatucci trouva une mort glorieuse (1). La défense et la capitulation des Français ne furent pas moins honorables qu'à Kehl, et terminèrent, d'une manière digne des exploits qui avaient illustré nos armes, une campagne dont les commencements avaient donné de si brillantes espérances.

Les brillantes journées de Montenotte, de Millesimo, de Mondovi et de Lodi, ces quatre victoires aussi rapides que brillantes, vont disparaitre devant des batailles plus importantes, devant des victoires plus gigantesques, des traits de bravoure plus prodigieux et des coups de génie plus admirables. Le siége de Mantoue va nous occuper longtemps. Mais cette ville-ci devait décider à la fois du sort de l'Italie et de celui de l'Autriche.

Un violent orage menaçait l'armée française. Wurmser, sur le bruit du danger de Mantoue, s'avançait par les gorges du Tyrol avec 30,000 hommes.

Bonaparte a dit, dans ses mémoires, qu'il avait en vain sollicité des renforts de l'intérieur, et qu'à peine lui arriva-t-il cinq à six mille hommes, au plus fort de la crise où il était engagé. Ce fut donc avec 40,000 hommes qu'il eut à en combattre 80,000 ; car il porte à ce nombre l'armée autrichienne. Le premier choc de Wurmser parut annoncer que l'Italie allait encore une fois changer de maître, mais cette crise fit d'autant plus ressortir le génie, le talent et le caractère de Bonaparte.

Le plan du général autrichien était, en descendant les gorges du Tyrol par la tête du lac de Garde, de s'y partager, en suivant les deux rives. Le blocus de Mantoue se trouvait ainsi attaqué par ses deux flancs, et l'aile de son armée, tenant les hauteurs et les sources des rivières, pouvait reporter la guerre dans le Milanais. A la rive gauche du lac, entre ses eaux et celles de l'Adige, les postes importants de la Corona furent enlevés; Vérone fut alors nécessairement évacuée, tous ses postes se trouvèrent repliés sur l'ar-

---

(1) Abbatucci n'avait que vingt-six ans. Pour honorer la mort de ce jeune héros, le général Moreau, lors de son retour en Allemagne après la conclusion de la paix de 1801, lui fit ériger un monument dans l'île du Rhin, à la tête du pont de Huningue, au lieu même où ce brave guerrier reçut le coup mortel. Les événements de 1815 entraînèrent la destruction de ce monument, ainsi que celle des fortifications de Huningue. En 1820 une souscription a été ouverte pour le rétablir, et les princes, les ministres, les généraux, ainsi qu'un grand nombre de citoyens, se sont empressés d'y souscrire.

mée. Quasnadowich mit en déroute la division Sores à Salo. Mais ce fut là que le général Guyeux renouvela le prodige d'intrépidité qui avait illustré Rampon. Coupé de la division fugitive avec 1,500 hommes, et cerné de toutes parts, il se retrancha dans un vieux château, disent les uns, ou, selon d'autres, dans une simple habitation, et sans munitions de guerre ni de bouche, il s'y défendit pendant deux jours entiers. Le vieux Wurmser se montra presque un général français par l'impétuosité avec laquelle il profita de ses premiers avantages.

L'armée autrichienne occupa Brescia, puis s'empara de Peschiera, de Lonado, de Castiglione, et Wursmser s'apprêta à entrer en vainqueur à Mantoue. Dans cette position critique, une grande pensée sauva l'armée, et la conduite des généraux, la valeur constante des troupes, ramena la victoire. Bonaparte avait pénétré le plan de Wurmser ; il voyait que le général autrichien étendait ses troupes dans tous les sens pour le cerner, et que le lac de Garda séparait dans toute sa largeur Quasdanowich, qui occupait les postes de Salo, Castiglione et Lonato, de Wurmser qui marchait sur Mantoue. Bonaparte a résolu d'agir avec tout l'ensemble de ses forces contre l'une des divisions ennemies, et de l'accabler avant qu'elle ait pu être secourue par l'autre. Pour entretenir Wurmser dans une confiance qui lui sera funeste, il agit comme s'il se reconnaissait vaincu, ne songe point à défendre le Mincio, et donne l'ordre au général Serrurier de lever le siége de Mantoue avec tous les signes apparents de la précipitation, de la terreur et de l'épouvante. En conséquence, ce général brûle ses affûts de siége, jette la poudre à l'eau, enterre les projectiles, encloue ses pièces et lève le siége dans la nuit du 31 juillet au 1er août.

Wurmser s'étonne et se réjouit d'une victoire encore plus complète et plus prompte qu'il n'avait espéré. Il entre dans Mantoue, s'occupe à profiter des restes de l'artillerie dispersés par les Français, et envoie à la cour de Vienne un récit triomphant qui, daté de Mantoue, semble dire : L'Italie est sauvée.

Mais, pendant ce temps, Bonaparte, Masséna et Augereau, qui ce jour-là semblent avoir redoublé d'impétuosité et de valeur, attaquent avec furie les deux généraux Quasnadowich et Liptay, qu'ils ont surpris dans toute la sécurité de la victoire. L'intrépide Guyeux est dégagé par Masséna, et sort d'une maison dont son intrépidité a fait une forteresse. Le général Pigeon est un moment fait prisonnier avec sa troupe, mais Bonaparte le délivre.

Ces combats ont duré deux jours, et les généraux autrichiens, si vivement pressés, n'ont encore reçu aucun secours de Wurmser. Enfin, ce général est informé de leur danger : il marche lui-même à leur secours. Le 3 août, la bataille s'engage plus terrible à Castiglione et à Lonato. Bonaparte vole perpétuellement de l'un à l'autre de ces champs de bataille. Ici il fortifie Augereau, et là, Masséna. Castiglione est emporté. Les corps autrichiens ne savent plus quelle direction suivre. Ils se voient coupés, traversés, foudroyés dans tous les sens par une armée que tout à l'heure ils s'étaient attendus à voir fuir en désordre sur la route de Milan.

Un extrême danger que Bonaparte courut après cette double victoire lui fournit l'occasion de donner un insigne témoignage de la puissance de son caractère. Tandis que ses généraux ramassaient de toutes parts des prisonniers, il revenait de Castiglione reconquis sur Lonato, théâtre d'une autre action très-vive. Il y avait quelques heures qu'ils s'en étaient emparés. Mais, emportés par la victoire, ils n'y avaient laissé que 1,200 hommes. Tandis que Bonaparte y donnait ses ordres, on lui annonce un parlementaire, qui vient le sommer de se rendre, et on l'informe en même temps que l'avant-garde d'une colonne ennemie s'approche de la ville, et que la route de Brescia à Ponte-Marco est déjà interceptée. Napoléon n'ayant avec lui, à Lonato, que 1,000 à 1,200 hommes, sa situation était éminemment critique ; mais bientôt, revenu du premier moment de surprise, et éclairé par un trait de lumière, il conçoit qu'il ne peut être attaqué à Lonato que par les débris d'une division ennemie, qui, battue la veille, avait été poussée sur Dezenzano et sur le lac de Garda, et essayait de rejoindre le général Quasdanowich. S'adressant au parlementaire, il lui demande, avec un mélange de colère et de dignité, comment il osait venir ainsi sommer un général vainqueur. « Allez, ajouta-t-il, allez dire au général qui vous a envoyé, que s'il a prétendu faire une insulte à l'armée française, je suis ici pour la venger ; qu'il est lui-même mon prisonnier ; que si dans huit minutes il n'a pas mis bas les armes, et si une seule amorce est brûlée, je le fais fusiller, lui et ses gens. »

Puis, faisant ôter le bandeau qui couvrait les yeux du parlementaire, il ajouta : « Vous voyez le général Bonaparte au milieu de son état-major et de l'armée républicaine. Rapportez à votre général qu'il lui est loisible de faire une bonne capture. » L'officier étant reparti, Bonaparte fit aussitôt avancer les grenadiers qui gardaient le quartier-général et quelques pièces d'artillerie. Le chef de la colonne ennemie, fort surpris d'apprendre que Bonaparte et son état-major se trouvaient à Lonato, demanda à son tour à capituler. « Non, dit Bonaparte avec fierté, je ne puis capituler avec des hommes qui sont mes prisonniers. »

L'Autrichien insistait ; mais lorsqu'il vit Napoléon faire une démonstration d'attaque, il se rendit avec 3 bataillons, forts d'environ 3,000 hommes, 20 hulans, 3 drapeaux et 4 pièces de canon. Ce trait d'audace, qui dévoile bien le caractère de Bonaparte, fut bientôt connu de toute l'armée, et servit à accroître l'enthousiasme et la confiance du soldat pour un homme qui venait d'échapper, par la force de son génie, à un danger imminent.

Le 18, à la pointe du jour, les deux armées étaient en présence : il y eut d'abord hésitation de part et d'autre ; Wurmser couvrait Mantoue et voulait être attaqué ; le général français attendait la division Serrurier qui, venant de l'aile gauche de l'ennemi, devait se trouver postée sur son flanc au premier mouvement qu'il ferait pour se porter en avant. Afin de provoquer ce mouvement, le général en chef fit rétrograder toute sa ligne, et réussit en partie. Wurmser craignant pour sa droite, l'étendit, voulant fermer les passages sur Mantoue, en avant de son aile gauche; pour la soutenir, il avait construit dans la plaine une forte redoute : vingt pièces d'artillerie à cheval y furent dirigées, et cette canonnade donnait le temps d'arriver à la colonne que Serrurier amenait. Dès qu'elle fut aperçue commençant l'attaque de l'aile gauche, le centre se porta en avant au pas de charge; le feu d'artillerie avait suffi pour faire abandonner la redoute ; toute la ligne ennemie se mit en retraite, et la fit sur le Mincio; sa droite à Peschiera, sa gauche à Mantoue. Le lendemain, Masséna attaqua et força le camp retranché sous Peschiera : le 20, la division Augereau passa le Mincio à Peschiera, Serrurier se porta sur Vérone, où était encore l'arrière-garde ennemie. Le provéditeur du sénat vénitien refusant d'en ouvrir les portes, le canon les ouvrit, et de ce même jour, toutes les divisions françaises eurent repris leurs anciennes positions autour de Mantoue. L'histoire n'offre pas d'exemple de pareils résultats : ce ne sont plus des armées battues et en retraite cédant le champ de bataille et quelques contrées. Le vainqueur avait le droit de dire : « L'armée autrichienne qui, depuis six semaines, menaçait l'Italie, a disparu comme un songe, et l'Italie qu'elle menaçait est aujourd'hui tranquille. » Pendant cette grande lutte, les peuples, à Milan, à Bologne, à Ferrare, furent spectateurs assez immobiles, et attendirent le sort que leur réservait la fortune. À Rome, quelques agitateurs y insultèrent des Français. Le pape, malgré l'armistice et malgré les représentations du ministre d'Espagne, se hâta trop de renvoyer à Ferrare un vice-légat, obligé d'en ressortir peu de jours après.

Rentrée dans ses anciennes positions autour de Mantoue, l'armée n'avait plus retrouvé les moyens qu'elle y avait laissés pour en faire le siège. Tous les travaux étaient détruits, 150 bouches à feu avaient été traînées dans la place; le général résolut de n'y laisser qu'un blocus et de marcher sur l'ennemi en retraite dans le Tyrol.

Ces prodigieux succès firent taire l'envie, qui, dès les premiers revers, semblait se réveiller d'un repos pénible. Le conquérant avait eu besoin d'être défendu à la cour directoriale, et les directeurs avaient cru nécessaire de lui adresser une lettre de satisfaction qui pût en imposer à ses ennemis, et maintenir l'opinion publique en faveur d'un général dont les victoires consolidaient leur autorité. Cette autorité naissante était déjà attaquée ; les mécontents qu'irritait la nomination aux places éminentes ou lucratives; les chefs connus, ou les moteurs secrets des deux partis d'opposition, royalistes ou anarchistes; les oisifs qui, plus en France qu'ailleurs, se font frondeurs pour chercher quelque importance à leur nullité, et le sont toujours du gouvernement quel qu'il soit; tous ces divers partis qui, sans suivre la même route, tendaient au même but, se réunissaient pour détruire ce qui était, sauf à se séparer, pour se combattre, lorsqu'il s'agirait de remplacer ce qu'on aurait détruit.

Ces tracasseries intérieures, qui n'auraient pas existé sous un gouvernement bien établi, ne laissaient pas de contrarier et d'aigrir un gouvernement encore nouveau, qui n'avait pas la force d'Hercule, et dont les serpents entouraient le berceau. Par une allusion piquante, le général en chef de l'armée d'Italie recommandait au Directoire, entre plusieurs objets d'histoire naturelle qu'il lui envoyait : « une collection complète de serpents, qui, disait-il, m'ont paru bien mériter de faire le voyage de Paris. »

Le reste du mois d'août se passa sans de grands événements. Wurmser avait trouvé un excellent point d'appui dans le Tyrol, province très-affectionnée à l'Autriche, qui lui faisait depuis plusieurs siècles sentir très-légèrement sa domination. Ce pays escarpé, et formé par la nature comme une immense forteresse, nourrit une population que l'exercice continuel de la chasse dispose à l'esprit belliqueux. Wurmser y trouva des ressources pour recruter son armée affaiblie.

On ne connaissait alors que les succès des deux armées de Sambre-et-Meuse et du Rhin. Bonaparte les secondait, en se portant sur le Tyrol. Maître du Tyrol, il eût pu appuyer le général Moreau dans sa marche sur Vienne. Mais c'était entrer dans un rôle secondaire qui ne convenait plus à sa gloire. D'ailleurs, en suivant cette marche, il découvrait Mantoue et compromettait toute l'Italie.

Wurmser n'hésita point, en voyant les mouvements d'armes des Français sur le Tyrol, à penser que les armées de Moreau et de Bonaparte allaient enfin combiner leurs efforts. Il résolut de faire abandonner cette pensée à Bonaparte, en faisant de nouvelles démonstrations pour la délivrance de l'Italie, et se porta sur Bassano. Bonaparte conçoit tout de suite l'espoir de lui couper la retraite sur le Tyrol italien, et de le tenir enfermé entre la Brenta et l'Adige. Il se porte sur Rovérédo. Le pont de la Sarca, défendu par le prince de Reuss, se présentait sous un aspect terrible. On venait de côtoyer des rocs à pic et des précipices, et l'œil ne planait au loin que sur des abîmes nouveaux. Mais cette guerre de montagnes plaisait à des soldats agiles et intelligents. Elle était surtout dans le génie de Masséna. Le général Saint-Hilaire enleva au pas de charge le pont de la Sarca; Masséna dirige l'attaque de Rovérédo. L'action est disputée. Bonaparte saisit le moment où les Autrichiens paraissent fatigués de leurs efforts, pour ordonner une charge de cavalerie. Le général Dubois qui la commande tombe bientôt blessé mortellement. Mais les Français ne se ralentissent pas dans leurs efforts. Ils entrent dans Rovérédo pêle-mêle avec les Autrichiens, font un grand nombre de prisonniers, et s'emparent d'un parc d'artillerie et d'un équipage de pont.

Bientôt ils sont maîtres de Trente. Wurmser a perdu les remparts naturels qui protégeaient ses attaques et pouvaient le rendre encore formidable dans une retraite. Tentera-t-il de nouveau de s'ouvrir ce chemin? ou s'assurera-t-il d'une retraite dans le Tyrol allemand? Il lui déplaît de prendre l'attitude d'un vaincu et d'accroître l'audace du vainqueur. C'est dans Mantoue que Vienne croit voir son salut. La gloire de Wurmser est de l'avoir délivrée une première fois; mais que sa gloire serait plus certaine, s'il parvenait encore à tenir la campagne sous les murs mêmes de cette place! Il reste à Bassano dont il s'est emparé, et dirige son avant-garde sur le chemin de Mantoue.

Mais Bonaparte accourt; il emporte une tête de pont qui couvre la nouvelle position du général autrichien. Masséna et Augereau ont tout enfoncé.

L'attaque de Bassano fut si prompte, que les divisions Masséna et Augereau y entrèrent en même temps; à peine les grenadiers autrichiens purent-ils en défendre le pont, assez pour donner au général, à son état-major, à la caisse militaire le temps de s'échapper; le pont, malgré la nombreuse artillerie qui le défendait, fut enlevé au pas de charge. Wurmser, poursuivi de près par un escadron des guides, ne fut manqué que de peu d'instants; il gagnait l'Adige pour rallier les débris de son armée au corps qu'il avait détaché à Vérone; ces 15,000 hommes étaient le reste de cette armée dont le début brillant avait promis l'affranchissement à l'Italie conquise : tout était pris, dispersé ou n'existait plus.

Un espace de quelques lieues, resserré entre deux rivières, était maintenant le théâtre d'une lutte qui devait décider du sort de l'Italie; là, un vieux guerrier opposait toute l'activité du jeune âge à la prudente habileté d'un jeune général. La victoire était décidée; il s'agissait de terminer la guerre. Si Wurmser était prisonnier, si ce qui lui restait de troupes était forcé de poser les armes, Mantoue, sans espoir de secours, était obligé de capituler, et l'Autriche, sans point d'appui en Italie, ne pouvait plus songer à y envoyer une nouvelle armée. Toutes les mesures furent prises, tous les événements prévus, tous les passages gardés ou fermés. Tandis que l'armée victorieuse serre de près l'ennemi, précipite sa retraite et le pousse sur Mantoue, des corps détachés, d'avance joints à ceux qui investissent cette ville, en défendent les approches, en ferment l'entrée. Des deux côtés, tout ce que la science, l'audace et la ruse ont de ressource est employé. Si l'histoire l'osait, elle admettrait une fois ces comparaisons, ces images dont s'embellit la poésie, lorsqu'elle peint les efforts d'un lion magnanime que d'infatigables chasseurs ont cerné dans une enceinte et dont il tente toutes les issues; partout repoussé, il essaie partout ses armes, l'agilité et la force;

entouré d'ennemis, il ne se défend pas, il attaque, succombe ou s'ouvre un passage.

Pendant quatre jours de marches forcées et de combats que dura cette lutte de la vigilance et du désespoir, les troupes furent toujours en mouvement, et le génie militaire des chefs n'eut pas un moment de repos. Les divisions de l'armée française, par leurs dispositions, tenaient tous les passages de l'Adige et de la Brenta, à Vicence, à Vérone, à Montebello, à Padoue. Wurmser prit alors le seul parti qui lui restait, celui de passer l'Adige, et, ralliant tout ce qu'il put réunir, il se porta sur Porto-Legnago ; ce poste était gardé, il l'attaqua et s'en empara ; aussitôt la division Augereau eut ordre de l'y cerner, tandis que Masséna se porta sur le chemin de Mantoue pour lui barrer le passage. Pressé entre deux corps, chacun supérieur au sien, le général ennemi devait poser les armes. Les guides qui conduisaient l'avant-garde de Masséna s'égarèrent ; elle fut rencontrée par l'armée ennemie, qui la repoussa, força le passage, et continua sa route sur Mantoue ; Masséna se mit à sa suite, espérant encore la rejoindre au passage des deux petites rivières qu'elle avait à traverser. Trouvant ces postes occupés, Wurmser s'était porté sur un autre passage, le seul qu'on eût laissé, soit oubli, soit, comme le dit le récit du général en chef, *parce qu'il faut faire un pont d'or à l'ennemi qui fuit quand on ne peut lui opposer une barrière d'acier*. Ce pont, sur la Molinella, était faiblement gardé par le général Charton ; il fut tué au commencement de l'attaque, et sa troupe se replia. Wurmser entra dans Mantoue avec à peu près 10,000 hommes, moitié de cavalerie, débris de cette armée menaçante qu'il avait conduite avec tant de courage et d'habileté, mais qui cédait à l'ascendant d'une fortune et d'un génie supérieurs.

Les colonnes républicaines se réunirent alors autour de Mantoue, et pressèrent le siége d'une forteresse que défendait une armée. Mantoue, par sa position, est une place forte située au milieu d'un camp retranché qui présente une vaste enceinte ; l'art et la nature l'ont fortifiée. Le Mincio s'épanche en lac, baigne et entoure ses murailles ; sur sa rive gauche, à l'est, une citadelle et le fort Saint-Georges couvrent et défendent les deux chaussées qui traversent le lac et conduisent à la ville ; au couchant, un bras du Mincio forme, par un long circuit, l'île de Cérèse, d'environ trois milles de circonférence, dont les abords sont défendus par des retranchements jadis élevés par le prince Eugène ; mais, par leur position sur la rive droite et par leur éloignement du corps de la place, ils servent plutôt de moyen d'attaque à l'assiégeant que de défense à l'assiégé.

Wurmser, se dévouant à la tête d'une garnison trop nombreuse, prit un système de défensive active qui convenait à sa position. Par des sorties fortes et fréquentes, il tint libre, autour de lui, une étendue de terrain qui put lui faciliter les moyens de se procurer des subsistances, et les environs de la place devinrent un champ de bataille ensanglanté par des combats journaliers. Wurmser, réduit à soutenir un siége, ne pouvait pas se borner ou plutôt se condamner à ne défendre que ses murailles ; dès le lendemain de son entrée à Mantoue, il en fit sortir la garnison, et se forma en ligne au-delà du Mincio, la gauche appuyée à la citadelle, la droite au fort de Saint-Georges, et son centre couvert par le château fortifié de la Favorite. Le même jour il y fut attaqué. La division d'Augereau (alors malade) commandée par le général Bon, enleva le poste de Saint-Georges ; les généraux Victor, Pigeon, Kilmaine attaquèrent le centre et tournèrent la gauche de l'ennemi. Les cuirassiers de l'empereur, chargeant deux brigades d'infanterie, furent repoussés avec une grande perte. On prit ce jour-là environ 2,000 hommes, 20 pièces de canon et beaucoup d'équipages d'artillerie ; plusieurs généraux furent blessés dans cette journée : Victor, Mayer, Bertin, Saint-Hilaire, Murat et beaucoup de chefs supérieurs. La colonne de gauche, où était le général Masséna lui-même, attaqua l'ennemi avec une telle impétuosité qu'elle le culbuta de poste en poste, enleva le village de Saint-Georges, prit la tête du pont, et coupa alors la retraite à tout ce qui ne s'était pas sauvé par le pont. Après ce combat, la garnison fut resserrée de ce côté dans la place et dans la citadelle ; du côté opposé, on laissa l'espace libre dans l'île que forme le détour d'un bras du Mincio. Il parut plus avantageux de faciliter les sorties et les excursions que la disette des subsistances rendaient nécessaires à l'ennemi ; les combats de détail qui en résultaient l'affaiblissaient plus que n'eussent fait des attaques de retranchement dans un terrain marécageux qui rendait les approches difficiles.

Il résultait de ces quatorze journées de combats continuels, depuis le retour de Trente, que l'armée républicaine avait fait environ 17,000 prisonniers, mis hors de combat deux ou trois mille hommes, pris une artillerie immense, 22 drapeaux, qui furent le trophée envoyé à Paris et reçu solennellement par le Directoire dans la cour de son palais, au milieu des acclamations d'une foule immense.

Le 21 août, Napoléon quitta son camp devant Mantoue, remit au général Kilmaine le commandement supérieur des deux divisions destinées à continuer le blocus général de cette place, et se rendit à Milan, où l'appelaient de nouveaux soins à donner à l'affermissement de ses conquêtes en Italie. Déjà l'esprit d'insurrection s'était allumé chez les Lombards, qui voulaient secouer le joug de la maison d'Autriche. Bonaparte, dont les projets se trouvaient en harmonie avec les instructions du Directoire exécutif de la République française, s'appliqua à fomenter cette insurrection, qui bientôt s'étendit sur les deux rives du Pô. Il voulait pour lui seul la gloire d'opérer la grande révolution qui devait donner l'indépendance à l'Italie ; mais il fallait ménager le Directoire français, dont les commissaires lui faisaient éprouver des contrariétés sans cesse renaissantes, et, en même temps, ne pas heurter les préjugés nationaux, dans un pays où le clergé et la noblesse exerçaient une grande influence : cette tâche difficile, Napoléon sut la remplir avec toute l'habileté d'un homme d'Etat consommé.

La ville de Reggio, dans le duché de Modène, avait arboré le drapeau tricolore dès le 26 août. Bientôt cet exemple fut suivi dans les légations de Ferrare et de Bologne, que le pape avait cédées à la France, par l'armistice du 26 juin précédent; et la république cispadane fut fondée. A l'imitation de leurs voisins, les Lombards adoptèrent aussi le gouvernement républicain sous le nom de république transpadane.

Tout en donnant ses soins à la création de ces deux républiques, Bonaparte n'avait point oublié qu'une des dépendances de la République française, que la Corse, sa patrie, était encore au pouvoir des Anglais, qui l'avaient envahie en 1794. Un grand nombre de Corses, mécontents du joug oppresseur des Anglais, et qui s'étaient réfugiés sur le continent, vinrent s'établir à Livourne, aussitôt que les Français eurent pris possession de ce port. Napoléon, attentif à tout ce qui se passait, prit, auprès de ces réfugiés, des renseignements sur la situation des choses en Corse, et se mit en mesure de profiter des intelligences qu'ils s'étaient ménagées dans ce pays. Il fit secrètement des préparatifs dans le port de Livourne; et, lorsqu'il sut que les Anglais avaient dégarni la Corse pour occuper Porto-Ferrajo, dans l'île d'Elbe, il confia au général Gentilli, son compatriote, la conduite d'une expédition, qui aborda en Corse le 19 octobre, et se rendit, en quelques jours, maîtresse de cette île, que les Anglais évacuèrent précipitamment.

Pendant que le blocus de Mantoue se continuait, des maladies épidémiques faisaient de grands ravages dans l'armée française, et moissonnaient beaucoup de braves que le hasard des batailles avait épargnés. D'un autre côté, l'Autriche rassemblait une troisième armée, plus forte que les précédentes, et chargeait le général Alvinzi de la conduire en Italie. Cet état de choses eût pu décourager un autre général que Bonaparte ; mais ce chef, déjà célèbre, allait encore prouver à l'Europe que la fortune, malgré l'inconstance dont on l'accuse, se range ordinairement du côté des combinaisons habiles et des grandes résolutions.

Les armées françaises, commandées par Jourdan et Moreau, venaient d'être obligées de se retirer de l'Allemagne, lorsque le général Alvinzi partit du Tyrol, à la tête de 45,000 hommes, et se dirigea contre le vainqueur de Beaulieu et de Wurmser. A cette époque, l'armée d'Italie, affaiblie par de nombreuses pertes, ne comptait pas au-delà de trente-six à trente-huit mille hommes. Réduit à des forces bien inférieures à celles de ses adversaires, Bonaparte n'en parut point étonné; il chercha des ressources dans son génie, et en trouva. La protection qu'il avait accordée à l'établissement des républiques cispadane et transpadane le persuada qu'avec l'aide des peuples d'Italie, dont il s'était concilié l'attachement, il ne lui serait pas impossible de conserver ses conquêtes; et son cœur, avide de renommée, s'ouvrit même à l'espoir de nouveaux triomphes.

Toutes les forces autrichiennes, sous le commandement d'Alvinzi et de Wurmser, pouvaient être évaluées à 60,000 hommes. Bonaparte résolut d'abord d'attendre tranquillement le premier de ces généraux, et de continuer à resserrer le second dans Mantoue.

Alvinzi commença ses opérations par le passage du Tagliamento, le 29 août, et les continua par celui de la Piave, les 1er et 2 novembre. Ses lieutenants, Davidowich, Quasdanowich et Provera, marchèrent sur divers points, et obtinrent quelques succès sur les divisions françaises. Alvinzi, commettant la même faute que Beaulieu et Wurmser, avait isolé ses colonnes les unes des autres, et celle de Davidowich se trouva bientôt éloignée des débouchés de la Brenta.

Bonaparte connaissant néanmoins tout le danger de la position dans laquelle les opérations de l'ennemi venaient de le placer, jugea qu'il fallait empêcher la réunion de Davidowich avec Alvinzi, ou se résoudre à perdre l'Italie. Il savait d'ailleurs qu'une retraite n'était pas moins dangereuse qu'une défaite, surtout avec des soldats français, que les mesures timides découragent, peut-être, autant que les revers. Ces considérations pressantes le déterminèrent à concentrer une partie de son armée sur un point où il pût être à même de secourir le général Vaubois, sur l'Adige, et le général Kilmaine, devant Mantoue. Il fit donc rétrograder les divisions Augereau et Masséna sur Vérone, où elles arrivèrent dans la journée du 7 novembre, et le 11, il marcha à la rencontre d'Alvinzi, qui s'avançait sur Villa-Nova. Le 12, il fit attaqer le général ennemi, à Caldiero : les résultats de cette journée furent désavantageux pour les divisions Augereau et Masséna, que Bonaparte fit replier le soir même sous les murs de Vérone.

Dès lors, la position de l'armée française devint inquiétante. La division Vaubois pouvait être forcée dans les positions de la Corona et de Rivoli; et, dans ce cas, il ne serait plus resté à Bonaparte aucun espoir de rétablir les affaires. Alvinzi employa les journées des 13 et 14 à délibérer sur la suite de ses opérations, et se décida enfin à faire marcher 12 bataillons pour attaquer Vérone, pendant que 12 autres bataillons iraient tenter le passage de l'Adige à Zévio. Bonaparte ne fut pas plutôt instruit des combinaisons de son adversaire, qu'il se mit en mesure de les déjouer. Après avoir donné au général Vaubois l'ordre de tenir jusqu'à la dernière extrémité dans sa position de la Corona, il détacha du blocus de Mantoue 3,000 hommes, auxquels il confia la défense de Vérone; fit passer l'Adige aux divisions Augereau et Masséna, dans la nuit du 13 au 14, et marcha avec elles sur Ronco. Son intention était de tomber sur les derrières d'Alvinzi; de lui enlever ses parcs, ses magasins, et de lui ôter toute communication avec ses lieutenants.

Arrivé à Ronco, il fit jeter un pont sur l'Adige, que l'armée franchit aussitôt. Masséna, prenant à gauche, gagna Porcil, où il s'établit sans obstacle. De là il apercevait Vérone et pouvait surveiller les mouvements du feld-maréchal. Augereau s'engagea sur la digue d'Arcole dans le dessein d'occuper le village et de pousser jusqu'à Villanova. Mais au tiers de la route, à l'endroit où elle forme un coude, à partir duquel elle longe la rive droite de l'Alpon, son avant-garde fut accueillie par une vive fusillade qui l'arrêta tout court. Le général, surpris, s'avança au pas de charge à la tête de 2 bataillons de grenadiers, et, malgré le feu qu'essuyait le flanc droit, il parvint, en bon ordre, au pont d'Arcole ; c'est un petit pont de bois sans parapet, long d'environ 30 pieds, jusque-là bien ignoré, et dont le nom est désormais impérissable.

Le pont d'Arcole, qu'il fallait traverser, était défendu par une artillerie nombreuse et par des maisons crénelées. Alvinzi, alors réuni à Davidowich, avait là environ 40,000 hommes. La colonne d'attaque frappée en tête, battue en flanc, hésita à la première charge, dès ce moment toutes les attaques réitérées furent indécises.

Cependant Alvinzy était singulièrement ému de ce combat sur ces derrières. Il avait laissé sur l'Alpon un régiment de Croates pour observer la garnison de Legnano. Heureuse précaution dont on était loin de prévoir la conséquence! C'étaient ces mêmes Croates qui venaient de contenir vaillamment Augereau ; mais le feld-maréchal avait peine à s'expliquer comment ils avaient pu être attaqués. Ses reconnaissances l'informèrent bientôt que Porcil était occupé par une division entière, et Arcole sérieusement menacé. Dès lors il se hâta de repasser le pont de Villanova, pendant que les divisions Mitrowski, à droite, Provera, à gauche, pour couvrir son mouvement, se portaient contre les deux colonnes françaises. A la vue des masses qui débouchent sur eux, Masséna et Augereau restèrent immobiles, les laissèrent défiler en entier sur les digues, après quoi ils les chargèrent avec fureur et les culbutèrent avec une énorme perte en tués et en prisonniers. Augereau espéra profiter de l'élan pour enlever Arcole, mais c'est en vain qu'il saisit un drapeau et le plante au milieu du pont, il fut repoussé de nouveau, et Bonaparte survint. Impatient de tomber sur le flanc des Impériaux en retraite, il se jette au fort de la fusillade, prend un autre drapeau : *Eh quoi!* dit-il aux soldats, *n'êtes-vous donc plus les guerriers de Lodi! Qu'est devenue cette intrépidité dont vous avez donné tant de preuves?* Et ce peu de mots ayant paru relever leur courage, il donne le signal d'une nouvelle tentative, marchant à la tête des troupes, un drapeau à la main. Chacun se précipite sur ses pas. Le général Lannes, déjà blessé de deux coups de feu à une attaque précédente, reparaît à ses côtés ; mais une nouvelle blessure le met hors de combat. Le feu de l'ennemi est terrible : il emporte des files entières ; l'adjudant-général Belliard et quelques officiers de l'état-major cherchent à faire un rempart de leur corps au général en chef. De simples grenadiers se précipitent aussi au-devant de ses pas pour recevoir la mort à sa place. Muiron, un de ses aides-de-camp, est tué raide à ses côtés. Une blessure grave atteint aussi le général Vignolle à ce poste d'honneur. La constance des soldats français se lasse; ils s'épouvantent du grand nombre de leurs officiers et de leurs camarades qu'ils voient tomber de toutes parts : ils se mêlent, tourbillonnent et reculent. Bonaparte veut en vain les retenir par son exemple et ses discours; entraîné, il est obligé de rétrograder aussi. Arrivé de cette manière au bout du pont, il remonte à cheval pour se faire plus facilement voir et entendre : une décharge à mitraille l'entoure de morts et de blessés; son cheval effrayé se cabre, et se jette avec lui dans les marais. Les Autrichiens qui poursuivent les Français, l'ont bientôt dépassé de plus de cinquante pas. Le danger est pressant; un regard des vainqueurs sur les marais, et l'homme qui est en ce moment l'espoir de la France tombe au pouvoir de l'ennemi. L'adjudant-général Belliard s'en aperçoit, et le sauve par une nouvelle marque de dévouement. Il fait faire volte-face à quelques grenadiers qui, combattant encore, ferment la marche, et les lance sur les Autrichiens, en leur apprenant quel service ils peuvent rendre à l'armée. Ces grenadiers, chargeant avec fureur, forcent leurs adversaires à reculer, et les contiennent assez longtemps pour que le général en chef puisse se dégager, et venir se remettre à la tête des troupes.

Le général Guyeux, détaché, quelques instants auparavant, avec sa brigade, vers Albaredo, pour y passer l'Adige, et tourner Arcole, arrivait alors sur ce village. Il l'eût même bientôt emporté : mais il était trop tard; les troupes par lesquelles on avait fait attaquer le pont s'étaient trop tôt découragées. Les troupes autrichiennes, chassées momentanément d'Arcole par ce général, se replièrent sur San-Bonifacio, où elles se rallièrent à la division du général Mitrowski, qui y tenait poste, renforcée de 14 bataillons et de 16 escadrons, envoyés par Alvinzi. Ce n'étaient pas là les seuls ennemis que ce général comptât opposer à Bonaparte sur le nouveau champ de bataille qu'il s'était choisi. Occupé des préparatifs d'une attaque de Véronet et d'un passage de l'Adige à Zevio, il n'avait pas plutôt appris le mouvement des Français sur ses communications, que, détachant le corps dont nous venons de parler sur San-Bonifacio, et un autre de 6 bataillons sur Porcil, il avait fait exécuter à son armée un changement de front en arrière, afin de la mener tout entière sur ces deux points de l'attaque des Français.

Les 6 bataillons poussés vers Porcil, sous les ordres du général Provera, n'avaient cependant pu le sauver. La division Masséna les rencontra en route, les culbuta, et s'empara ensuite de Porcil, où elle fit un assez grand nombre de prisonniers.

Ainsi, maître de Porcil et d'Arcole à la fin de la journée, Bonaparte battit néanmoins en retraite. La position de l'armée française, réduite à combattre des troupes dont le nombre allait toujours croissant, où elle avait cru faire une surprise, n'était rien moins que bonne. Engagée sur des digues étroites, elle avait l'Adige à dos, et pouvait être pendant la nuit, culbutée dans les marais de l'Alpon. Il la reporta donc sur la rive droite de l'Adige, la formant à droite et à gauche du village de Ronco, dont il fit garder le pont pour conserver le passage de la rivière. Les Autrichiens occupèrent, par des avant-gardes, Arcole et Porcil.

Le lendemain, 16 novembre, à la pointe du jour, comme les troupes françaises repassaient l'Adige pour recommencer l'attaque, elles rencontrèrent les avant-gardes ennemies, déjà sorties de Porcil et d'Arcole pour attaquer aussi : elles se dirigeaient sur Ronco. Alvinzi détachait en même temps une partie de sa cavalerie sur Albaredo, pour que l'entreprise faite si heureusement la veille, par le général Guyeux, ne pût pas se renouveler. Ceux des Autrichiens qui débouchaient de Porcil furent rejetés sur ce village, avec perte de sept à huit cents prisonniers, de 6 pièces de canon et de 3 drapeaux. Les Autrichiens qui marchaient sur la chaussée du centre, ne furent pas moins maltraités par le général Robert : cet officier les culbuta dans les marais. Quant à ceux qu'Augereau rencontra, il les repoussa sur Arcole ; mais le général en chef ayant voulu qu'à la suite de cet avantage, on fît une nouvelle tentative sur le pont, cette tentative fut aussi malheureuse que celle de la veille. Sept généraux ou officiers supérieurs y furent blessés inutilement.

Bonaparte, pour se procurer un passage moins difficile, s'était porté de sa personne vers l'embouchure de l'Alpon, afin d'y faire construire un pont de fascines. La garnison de Legnago avait, en même temps, reçu l'ordre d'inquiéter l'ennemi, et l'adjudant-général Vial devait remonter l'Adige avec une demi-brigade pour chercher un gué qui le mît à même de tourner la gauche des Autrichiens. Vial ne trouva pas de gué. Pour le général en chef, il reconnut que l'Alpon était trop rapide pour supporter un pont de fascines, et il ordonna d'en construire un de chevalets. Cette opération fut pénible et coûta du monde. De nombreux tirailleurs autrichiens faisaient un feu continuel de la rive opposée. Plusieurs officiers de l'état-major général furent tués ou blessés en dirigeant ou accélérant le travail. On compta parmi les premiers le capitaine Elliot, aide-de-camp de Bonaparte. C'était un officier du plus grand mérite.

Alvinzi avait voulu mettre son centre en mouvement, pour le porter en partie sur la rive droite de l'Alpon et sur les digues que longe ce ruisseau ; mais une batterie de 4 pièces d'artillerie, placée par le général en chef lui-même, avait suffi pour contenir les Autrichiens sur ce point, où leur entreprise devenait très-dangereuse.

La nuit arrivait : les troupes des deux partis se replacèrent comme elles l'avaient fait la veille, à la fin de la journée, Bonaparte étant bien résolu à revenir à la charge le lendemain.

On travailla toute la nuit au pont de chevalets sur l'Alpon. Un accident qui arriva à celui de Ronco, le 17 au matin, donna d'abord de grandes inquiétudes. Un des bateaux, dont le pont était formé, s'enfonça dans l'eau, mettant ainsi obstacle au passage des troupes. Les Autrichiens s'ébranlaient alors pour charger la 12e demi-brigade qui était restée de l'autre côté de la rivière, à la tête de la garde du pont. Qu'allait faire cette demi-brigade, à laquelle il était impossible de porter, dans l'instant, aucun secours? L'artillerie française la sauva. Son feu fut si bien dirigé de la rive droite qu'il contint les Autrichiens tout le temps qu'il fallut mettre à réparer le pont. L'armée, une fois passée, repoussa, comme les deux jours précédents, l'ennemi sur Arcole et sur Porcil.

Masséna n'avait marché sur Porcil qu'avec la 18e demi-brigade de ligne. Le reste de la division, placé convenablement, était destiné à soutenir l'effort principal qui allait se faire par la droite à l'embouchure de l'Alpon, du point où il avait été établi un pont de chevalets. La 32e, aux ordres du général Gardanne, fut embusquée dans le bois qui est à droite de la digue; la 18e légère prit poste près du pont de Ronco, en soutien de la 12e de ligne, à qui la garde de ce pont appartenait toujours ; la 75e, au centre, faisait face au pont d'Arcole.

Ces dispositions ne tardèrent pas à être de la plus grande utilité. La 75e demi-brigade, dont nous venons de parler, avait, conduite par le général Robert, poursuivi l'avant-garde autrichienne jusqu'au pont d'Arcole. Elle fut ramenée vivement par des troupes fraîches et nombreuses qui débouchèrent d'Arcole, et vint en désordre chercher un refuge derrière la division Augereau en marche; quelques pelotons de cette division, prenant l'épouvante, se mirent à fuir vers Ronco.

Les Autrichiens, fiers de cet avantage, et voulant le pousser aussi loin qu'il pouvait aller, s'avançaient à grands pas vers l'Adige, lorsque la 18e marcha droit à eux sur la digue, tandis que la 32e, sortie de son embuscade, les prenait en flanc. Le général Masséna, pour seconder ce mouvement, revint en même temps, au pas de charge, de Porcil, et fondit sur la queue de la colonne autrichienne. Ainsi, pris sur trois sens à la fois, les Autrichiens furent renversés en partie dans le marais à gauche. Plus de 3,000 d'entre eux restèrent prisonniers.

C'était Augereau qui avait dû déboucher par le pont de chevalets établi vers l'embouchure de l'Alpon. Peu gêné par le moment de désordre qu'avait mis parmi quelques-uns des siens la retraite de la 75e demi-brigade, il s'était ensuite avancé sur la gauche des Autrichiens. Cette gauche se trouvait couverte par un marais qu'on ne pouvait essayer de tourner sans les plus graves inconvénients. Bonaparte, par une ruse de guerre assez singulière, au lieu d'envoyer sur le flanc de l'ennemi une troupe véritable, qui, dans sa marche, eût été dangereusement serrée entre le marais lui-même et l'Adige, y jeta seulement 25 de ses guides, commandés par le lieutenant Hercule. Cet officier avait ordre, lorsqu'il serait arrivé à la portée des Autrichiens, de fondre sur eux avec impétuosité, en faisant sonner la charge par plusieurs trompettes. Cette ruse eut un plein succès : les Autrichiens, se croyant pris en flanc par une colonne entière de cavalerie, montrèrent de l'hésitation; le général Augereau, qui avait le mot, se précipita aussitôt sur eux. Ils ployèrent et se retiraient cependant sans confusion et sans désordre, quand la garnison de Legnago parut, débouchant sur San-Grégorio. Les Autrichiens accélèrent alors leur retraite, craignant d'être débordés et pris à revers.

A ce moment, Masséna, après avoir reporté une de ses brigades et quelque cavalerie sur Porcil, pour le reprendre et couvrir ainsi les communications des ponts, marchait au centre sur Arcole. Dès que les Autrichiens furent en pleine retraite, il les poursuivit sur San-Bonifacio, et se lia ensuite par sa droite à la division Augereau. L'armée française passa la nuit, la gauche en devant d'Arcole, et la droite à San-Grégorio. Pour Alvinzi, ayant perdu son champ de bataille, il se retira le lendemain sur Montebello, d'où il gagna Vicence. La bataille d'Arcole, reprise à trois fois différentes, dura soixante-douze heures. Les Autrichiens y perdirent 8,000 hommes, tués, blessés ou prisonniers, 18 pièces de canon, 4 drapeaux. La perte des Français, quoique moindre, fut aussi très-grande ; outre les officiers que nous avons déjà nommés dans la dernière journée, les généraux Robert et Gardanne furent blessés, et l'adjudant-général Vaudelin fut tué.

Bonaparte, soupçonnant que le projet d'Alvinzi était de chercher à faire sa jonction avec Davidowich par les gorges de la Brenta, résolut d'en prévenir l'exécution en se portant sur le corps de ce dernier pour l'écraser dans la vallée de l'Adige, comme il avait fait de celui d'Alvinzi dans les champs d'Arcole. Dès le 18, il met ses divisions en marche pour aller joindre le général Vaubois, qui avait été obligé par Davidowich de se retirer derrière le Mincio.

L'exécution de ce plan, parfaitement combiné, devait entraîner la perte de la colonne du lieutenant d'Alvinzi ; mais Davidowich, informé dans la journée du 19 de la défaite des Autrichiens à Arcole, sentit le danger de sa position ; et il était déjà en retraite vers les montagnes du Frioul, lorsque les divisions françaises se présentèrent pour l'attaquer : son arrière-garde fut cependant atteinte sur plusieurs points et perdit quelques centaines d'hommes.

La saison étant avancée, Alvinzi fit prendre des cantonnements à son armée, qui avait un si grand besoin de repos. Wurmser n'avait tenté que le 23 novembre une sortie de la place de Mantoue ; mais alors les troupes que

Bonaparte avait détachées du blocus pour défendre Vérone, étaient revenues prendre leur position devant la première de ces places, et la tentative de Wurmser n'aboutit qu'à un combat dans lequel il perdit 200 hommes faits prisonniers, 1 obusier et 2 canons.

Bonaparte fit aussi prendre des quartiers à ses troupes, et envoya à Paris son aide-de-camp Lemarrois pour présenter au Directoire les quatre drapeaux pris sur les Autrichiens à Arcole.

Les efforts faits par l'Autriche pour délivrer Mantoue avaient été appuyés par des manœuvres secrètes, tendant à entraîner dans de nouvelles hostilités contre les Français les Etats de Naples, de Rome et de Venise. Les deux derniers s'étaient prêtés à ces manœuvres; et Venise surtout, indépendamment de l'ouverture de ses arsenaux et de ses magasins au général autrichien, avait permis l'organisation, sur son territoire, de différentes bandes de partisans qui interceptaient les communications des Français avec l'Adda et l'Adige, et qui massacraient les soldats voyageant isolément dans ces contrées. Le château de Bergame, en assez bon état de défense, était devenu le repaire de ces bandes. Bonaparte chargea le général Baraguay-d'Hilliers de les disperser. Il fallut combattre; mais enfin le château de Bergame fut pris le 27 octobre et reçut une garnison française. Les partisans furent presque tous passés au fil de l'épée, et les bords de l'Adda furent purgés des bandits qui les infestaient.

Bonaparte, ainsi que nous venons de le dire, avait fait prendre ses quartiers d'hiver à ses troupes; mais le repos qu'il leur accordait ne devait pas être long, et de nouvelles victoires devaient signaler les premiers jours de l'année qui allait commencer.

CHAPITRE X.

Suite des opérations de l'armée d'Italie. — Combat sur l'Adige. — Bataille de Rivoli. — Bataille de la Favorite. — Capitulation de Mantoue. — Expédition contre le Pape. — Traité de Tolentino. — Le prince Charles remplace Alvinzi. — Marche de Masséna, de Joubert. — Passage du Tagliamento. — Invasion des provinces impériales. — Préliminaires de paix de Leoben. — Armées du Rhin. — Insurrection à Venise et à Gênes. — Paix de Campo-Formio. — Arrivée de Bonaparte à Paris. — Révolution romaine. — Affaires de la Suisse.

L'armée d'Alvinzi était battue et repoussée au-delà des gorges de la Brenta et dans le Tyrol ; mais cette armée n'était pas détruite : elle se trouvait même avoir repris une partie des positions que l'armée républicaine y avait occupées ; celle-ci tenait la ligne de l'Adige et défendait les approches de Mantoue ; cet état défensif n'était pas le système du chef, et celui de la cour de Vienne était de tenter un dernier effort pour délivrer Mantoue. C'était la quatrième armée qu'elle envoyait en Italie ; on fit partir en poste les renforts, composés des troupes tirées des armées du Rhin, et des bataillons de volontaires de Vienne ; ceux-ci portaient des drapeaux brodés des mains de l'impératrice. Un enthousiasme national avait un moment imité l'exaltation républicaine avec une ardeur inconnue à cette cour, et Alvinzi se vit bientôt à la tête d'une armée de 50,000 hommes.

Dès la fin de décembre, Napoléon avait préparé une démonstration tendant à faire cesser les entreprises et les armements secrets qui avaient lieu dans tous les Etats de l'Eglise ; il se disposait à faire entrer une colonne de 3,000 hommes sur le territoire papal, lorsqu'il apprit, à Bologne, que l'armée autrichienne reprenait l'offensive. Aussitôt il ajourna ses projets sur Rome et retourna à Vérone. Les divisions françaises se trouvaient à peu près dans les mêmes positions qu'après la bataille d'Arcole.

Le plan du général autrichien consistait à porter le gros de ses troupes entre l'Adige et le lac de Garda, afin d'occuper l'armée française vers Rivoli, tandis que le général Provera marcherait avec un corps de 8,000 hommes sur Mantoue, par Legnago. Dans le cas d'un revers, c'était beaucoup exposer ce corps que de le placer ainsi entre une armée victorieuse et le corps chargé du blocus de Mantoue. Le vice de cette conception fut en effet la cause de la perte de Provera.

Le mouvement de l'armée autrichienne commença le 7 janvier : sa gauche se portant vers Mantoue, sa droite sur Vérone, tandis que le centre, commandé par Alvinzi, suivait la vallée de l'Adige pour déboucher sur le plateau de Rivoli. L'attaque commença le 12. Les Autrichiens s'avancèrent sur six colonnes ; après diverses attaques, dans lesquelles l'avantage resta de notre côté, la colonne, aux ordres du prince Lusignan, tourna, vers le soir, la position de Joubert; cette manœuvre détermina ce général à faire sa retraite sur Castel-Novo; elle s'effectua dans le meilleur ordre possible. Bonaparte fut promptement prévenu de ce qui se passait. Le lendemain, Joubert reçut en marche l'ordre de tenir ferme en avant de Rivoli.

Le général en chef ne tarda pas à arriver lui-même sur cette position centrale; il y réunit bientôt ses principales forces, dans le dessein d'écraser d'abord les trois principales divisions d'Alvinzi, avant que les autres eussent achevé leurs mouvements. Cependant Joubert, sur les hauteurs de San-Marco, se voyait accablé par des forces très-supérieures aux siennes; notre ligne était déjà rompue. Bonaparte, sentant la nécessité d'arrêter promptement les progrès de l'ennemi, donne, à la 32e demi-brigade qui avait marché toute la nuit, l'ordre de charger. Masséna, l'enfant gâté de la victoire, s'élance à la tête des braves soldats de ce corps soutenus par les 29e et 35e demi-brigades, enfonce les bataillons autrichiens, les culbute, dégage la 14e en péril et reprend les positions perdues. La colonne du prince Lusignan, qui s'était avancée jusqu'au village d'Affi, fut aussi repoussée, après un combat vers Calcina, par la 18e qui se rabattit sur Rivoli.

Pendant ces événements, la colonne de Quasdanowich, après avoir forcé les retranchements d'Osteria, marchait directement sur le plateau de Rivoli. D'un autre côté, Ocskay, après avoir repoussé le général Vial, prenait le revers du Montemagone, au-delà de San-Marco. Le moment était éminemment critique. Bonaparte ordonna aux généraux Joubert et Leclerc de se porter, l'un avec son infanterie légère, l'autre avec sa cavalerie, au-devant de l'ennemi ; en même temps il envoya la 18e demi-brigade contre Lusignan, et la 75e sur les hauteurs de Fiffaro. Le succès le plus complet répondit à l'habileté de ces dispositions. La colonne de Quasdanowich débouchait à peine du ravin d'Osteria, et la tête seule était parvenue sur le plateau de Rivoli. Joubert attaque les Autrichiens sur le flanc droit, Berthier charge leur front, un autre corps menace leur gauche. Le combat devient sanglant, la déroute se met dans la colonne ; les Français font un carnage épouvantable ; presque toute l'artillerie ennemie tombe en leur pouvoir.

Quasdanowich regagne avec peine les bords de l'Adige, et désormais la victoire nous appartient. Joubert, après la défaite de Quasdanowich, envoya sa cavalerie à la poursuite des fuyards, et se dirigea avec son infanterie légère sur la colonne du général Ocskay, que la nature du terrain obligeait à marcher un peu désunie. La subite apparition de Joubert d'un côté, celle du général Lasalle de l'autre, jeta la terreur parmi ces troupes déjà dispersées. Masséna, placé en arrière de leur flanc droit, s'apercevant de la retraite et du désordre de la colonne autrichienne, descendit des hauteurs de Trombolaro, et acheva la déroute.

Bonaparte, qui veillait à tout, instruit que la colonne du prince Lusignan avait pénétré sur nos derrières, la fit contenir par un petit corps de troupes appuyé d'artillerie; le prince avait marché sans la sienne. Il souffrit beaucoup du feu d'une batterie de pièces de douze, placée sur la hauteur de Campana, et fut obligé de se replier. Sur ces entrefaites, le corps du général Rey déboucha d'Orza, selon l'ordre qu'il en avait reçu, et chargea l'ennemi à revers pendant que les généraux Brune et Monnier attaquaient de front. Une nouvelle déroute déconcerta toutes les mesures des généraux autrichiens. Douze à quinze cents hommes cherchant à se retirer sur Garda, et engagés dans un défilé, mirent bas les armes devant une seule compagnie de 50 hommes, le capitaine René, qui la commandait, ayant eu la présence d'esprit de déclarer qu'il n'était que l'avant-garde d'un corps de troupes qui s'avançait derrière lui.

Quasdanowich n'était pas en état de rien entreprendre contre nous. Bonaparte allait faire attaquer le centre de l'armée autrichienne, abandonnée désormais à ses propres forces, lorsqu'il apprit que la colonne de Provera avait passé l'Adige et se portait sur Mantoue; préparé à cet événement, il chargea le corps de Joubert et sa réserve d'achever la défaite d'Alvinzi, et courut sur Provera avec la division de Masséna. Malgré ses fatigues et ses combats, malgré l'embarras que lui causaient 5,000 prisonniers qu'il fallait emmener avec elle, cette division fit une incroyable diligence. Dans cet intervalle, Joubert, conformément aux ordres du général, dont toutes les dispositions assuraient d'avance la perte de l'ennemi, avait engagé ses troupes avec le corps d'Alvinzi ; celui-ci, battu partout, ne put éviter de prendre sa retraite par des défilés très-resserrés le long de l'Adige. La colonne de Provera, qui se portait sur Mantoue, était arrivée le 14 au soir à Mogara; Augereau se mit à sa poursuite; il n'atteignit que l'arrière-garde, mais il la détruisit presque entièrement. Le gros de la colonne ennemie continua sa marche sur Saint-Georges, devant lequel elle arriva le 15. Provera espérait forcer facilement cette position ; mais Bonaparte avait eu la prudence, à mesure qu'il diminuait le corps chargé du blocus de Mantoue, de faire élever des retranchements, dont la force pût compenser la réduction qu'il apportait dans le nombre des troupes. Saint-Georges était devenu un ouvrage de si bonne défense, que Provera ne jugea pas pouvoir l'enlever d'assaut.

Dans la nuit du 15 au 16, Bonaparte était arrivé avec ses troupes près de Rovebello. On ne saurait trop admirer ici le talent qu'il déployait à envelopper son ennemi de toutes parts. Malgré tant de précautions prises de notre côté, Provera avait trouvé moyen de communiquer avec Wurmser, et de combiner avec ce général une attaque sur la Favorite et sur Mottella. Ils la tentèrent le 16 à cinq heures du matin, et échouèrent complétement. Le vieux maréchal fut d'abord repoussé et obligé de rentrer dans la citadelle. Provera, resté seul, ne put opposer à Bonaparte qu'une résistance de courte durée : sa division, enveloppée et chargée sur tous les points, fut accablée en quelques instants, et lui-même réduit à l'humiliante nécessité de solliciter une capitulation et de déposer les armes, pour la seconde fois, aux pieds du même vainqueur.

Que d'événements dans l'espace de trois jours ! deux batailles gagnées, deux corps d'armée détruits, 20,000 prisonniers, toute l'artillerie des ennemis, tous leurs bagages en notre pouvoir, et l'Autriche hors d'état de tenir la campagne, à moins de créer une nouvelle armée destinée bientôt à être moissonnée comme les autres.

Le titre de duc de Rivoli donné longtemps après à Masséna par Napoléon, sans effacer ce beau nom de Masséna consacré par tant de hauts faits, rappelait au moins que ce général avait été le héros de la bataille.

Après la dispersion du corps de Provera, Bonaparte, tranquillisé par les mesures qu'il avait prises du côté de Mantoue, porta ses principales forces sur Vicence, Padoue et les gorges du Tyrol, pour resserrer les positions des restes de l'armée d'Alvinzi. A la suite de plusieurs combats qui se donnèrent du 24 janvier au 2 février entre les Autrichiens et les Français, et où ceux-ci furent toujours vainqueurs, plusieurs divisions occupèrent Bassano, Roveredo, Trente, le château de la Scala et Trévise. La reddition de la forteresse de Mantoue, ce puissant boulevart des Etats de la maison d'Autriche, vint couronner les triomphes de l'invincible armée d'Italie. La nombreuse garnison, renfermée depuis six mois dans la place, avait perdu tout espoir d'être secourue ; elle éprouvait depuis longtemps les privations les plus cruelles ; la moitié avait été emportée par une fièvre pestilentielle ou en était atteinte, et toutes ces calamités avaient également frappé les habitants. Wurmser, après avoir fait tous ses efforts pour prolonger la résistance, se vit réduit à capituler le 22 février. Les clauses de la capitulation furent des plus honorables pour ce général, dont Bonaparte, ainsi que toute son armée, avait dignement apprécié le courage et la constance. Wurmser eut la liberté de se retirer avec son état-major, une escorte de 200 hommes de cavalerie, 500 personnes à son choix et 6 pièces de canon ; mais la garnison fut faite prisonnière de guerre et envoyée à Trieste pour être échangée. Elle comptait près de 13,000 hommes.

Le général en chef mandait au Directoire : « Je me suis attaché à montrer la générosité française vis-à-vis de Wurmser, général âgé de soixante-dix ans, envers qui la fortune a été cette campagne-ci très-cruelle, mais qui n'a pas cessé de montrer une constance et un courage que l'histoire remarquera. Enveloppé de tous côtés après la bataille de Bassano, perdant d'un seul coup une partie du Tyrol et son armée, il a osé espérer de pouvoir se réfugier dans Mantoue, dont il est éloigné de quatre ou cinq journées ; il passe l'Adige, culbute une de nos avant-gardes à Cerca, traverse la Molinella, et arrive dans Mantoue. Enfermé dans cette ville, il a fait deux ou trois sorties; toutes lui ont été malheureuses, et dans toutes il était à la tête... Le grand nombre d'hommes qui s'attachent toujours à condamner le malheur ne manqueront pas de calomnier Wurmser. » Lui-même alors éprouvait les atteintes de la calomnie; il la dédaignait; mais, aigri par elle, il écrivait aussi au directeur Carnot : « J'ai pitié de tout ce qu'on débite sur mon compte... Je crois que vous me connaissez trop pour croire que je puisse être influencé par qui que ce soit. J'ai toujours eu à me louer des marques d'amitié que vous avez données à moi et aux miens... Quelque chose qu'ils disent, ils ne m'atteignent plus. L'estime d'un petit nombre de personnes comme vous... quelquefois aussi l'opinion de la postérité, et pardessus tout le sentiment de ma conscience, et la prospérité de ma patrie, m'intéressent uniquement... »

Cette généreuse capitulation fut quelque temps après le modèle de celle qu'obtinrent les Français assiégés à Mantoue. Lorsque le sort des armes eut amené le temps des revers en Italie, le souvenir de cette honorable modération en dicta un article. Les officiers républicains ayant demandé à rester comme otages, à condition que leurs soldats seraient renvoyés en France, les Autrichiens, en accordant la demande pour les soldats, honorèrent le dévouement des officiers en refusant de les retenir pour otages.

Les Français entrèrent dans Mantoue le 3 février 1797; ils y trouvèrent l'équipage de siége qu'ils avaient abandonné avant la bataille de Castiglione, et plus de 500 pièces de canon, un équipage de pont et 60 drapeaux ou étendards qu'Augereau, partant pour Paris, fut chargé de présenter au Directoire.

La nouvelle de la prise de cette importante forteresse répandit dans la capitale, et dans toute la France, une joie inexprimable; elle fut publiée avec une solennité remarquable.

« Soldats, disait Napoléon dans la proclamation qu'il adressa à son armée après cette victoire, la prise de Mantoue vient de finir une campagne qui vous a donné des titres éternels à la reconnaissance de la patrie.

« Vous avez remporté la victoire dans quatorze batailles rangées et soixante-dix combats; vous avez fait plus de 100,000 prisonniers, pris à l'ennemi 500 pièces de canon de campagne, 200 de gros calibre et 4 équipages de pont.

« Le pays que vous avez conquis a nourri, entretenu et soldé l'armée pendant toute la campagne, et vous avez envoyé 30 millions au ministère des finances pour le soulagement du trésor public.

« Vous avez enrichi le muséum de Paris de plus de trois cents objets, chefs-d'œuvre de l'ancienne et de la nouvelle Italie, et qu'il a fallu trente siècles pour produire.

« Les républiques lombarde et cisalpine vous doivent leur liberté... Les rois de Sardaigne et de Naples, le pape et le duc de Parme se sont détachés des coalitions de nos ennemis, et ont brigué notre amitié... Vous avez chassé les Anglais de Livourne et de la Corse... Mais vous n'avez pas encore tout achevé... De tant d'ennemis qui se coalisèrent pour étouffer la République à sa naissance, l'empereur reste seul devant vous : se dégradant lui-même du rang d'une grande puissance, ce prince s'est mis à la solde des marchands de Londres. Nous ne trouvons d'espérance pour la paix qu'en allant la chercher dans le cœur de la maison d'Autriche : vous y trouverez les ministres de l'empereur, corrompus par l'or de l'Angleterre ; vous y trouverez un brave peuple qui gémit sous le poids de la guerre ; vous respecterez sa religion et ses mœurs, vous protégerez ses propriétés, et c'est la liberté que vous porterez à la brave nation hongroise, etc. »

Aussitôt après la reddition de Mantoue, Bonaparte revint à son projet d'expédition contre les Etats du pape, et se rendit à Bologne, pour en hâter l'exécution. Il publia dans cette ville un manifeste contre la cour de Rome, et une proclamation adressée tant à l'armée qu'au peuple romain. Il déclara en même temps l'armistice rompu, et donna ordre au ministre Cacault de quitter la cour du souverain pontife.

Le pape, de son côté, réduit à ses propres forces, fit marcher trois ou quatre mille hommes de troupes, qui vinrent prendre position sur la Senio, où elles se retranchèrent. Bientôt après, elles y furent battues, et perdirent 14 pièces de canon, 8 drapeaux, 400 hommes tués et 1,000 prisonniers. Bonaparte fit avancer son armée sur Faenza, qui voulut se défendre, mais que l'on força. En peu de jours, la Romagne, le duché d'Urbin et la Marche d'Ancône tombèrent au pouvoir de l'armée française. On trouva à Ancône, pris le 9 février, une centaine de pièces de canon, un arsenal bien approvisionné, et 4,000 fusils, que l'empereur d'Allemagne venait tout récemment d'envoyer à Sa Sainteté.

Rome cependant était en proie à une terreur qui s'accroissait à mesure de l'approche de l'armée victorieuse. Le pape sentit alors qu'il n'avait d'autre parti à prendre que celui de subir la loi des républicains. Il écrivit à Bonaparte, « qu'il s'en remettait à la générosité française, promettant de souscrire d'avance à toutes conditions justes et raisonnables, et s'obligeant, sous sa foi et parole, de les ratifier et approuver. » Il annonçait en même temps au général français l'envoi de plénipotentiaires, chargés de conclure la paix. Elle fut signée à Tolentino, quartier général de Bonaparte, le 19 février. Par le traité, le saint-père renonça à toute alliance avec les puissances ennemies de la France, et à tous droits et prétentions sur Avignon et le comtat Venaissin. Le souverain pontife céda en même temps à la France les légations de Ferrare et de Bologne, ainsi que la Romagne, et consentit à l'occupation, par les Français, des ville, citadelle et territoire d'Ancône, jusqu'à la paix générale. Il s'obligea en outre à verser dans la caisse de l'armée d'Italie 30 millions, au lieu des 16 qui restaient dus alors sur la contribution stipulée dans l'armistice de Bologne; à désavouer solennellement le meurtre de Basseville, et à payer 300,000 fr., à titre de dédommagement pour ceux qui avaient pu souffrir de cette attentat.

Bonaparte stipula aussi que l'école des arts, instituée à Rome pour les Français, serait rétablie, et dirigée comme avant la guerre, et que le palais où cette école avait été placée serait rendu, sans dégradation, à la République française, dont il était la propriété.

Pendant que Bonaparte imposait au pape les conditions d'un traité avantageux à la République, l'Autriche s'occupait à réunir, dans les montagnes du Tyrol, une nouvelle armée destinée à agir encore contre l'Italie.

Le prince Charles vient prendre le commandement de cette armée, que doit renforcer l'élite des troupes qui ont vaincu avec lui sur les bords du Rhin : Bonaparte se prépare à le prévenir. Notre armée avait enfin reçu 18,000 hommes de renfort, et cet accroissement lui donnait la supériorité du nombre sur l'ennemi, qui attendait encore les troupes du Rhin. Mais cet avantage était balancé par le parti que le prince pouvait tirer de la possession du Tyrol et des dispositions du gouvernement vénitien.

Après tant de combats, le général français recommençait ce que la victoire avait déjà décidé si souvent. Tout semblait réuni contre lui : la réputation de son adversaire, le zèle des troupes qu'il commandait, le prestige d'un nom glorieux, l'esprit des peuples attachés à ce nom de leur souverain, et la position politique des deux armées; l'une laissait derrière elle des pays à peine soumis par une conquête rapide et violente; l'autre était soutenue par les Etats entiers qu'elle couvrait et par la proximité d'un trône qu'il s'agissait de maintenir. On pouvait le croire prêt à être ébranlé par le caractère et l'esprit des armées qui le menaçaient.

Deux corps d'armée agissaient à la fois : l'un dans le Tyrol, commandé par Joubert, avait en tête le général Laudon ; l'autre, conduit par le général en chef, était opposé à l'archiduc, et les rivières de la Piave et du Tagliamento séparaient les deux armées ennemies. Le général autrichien avait pour but de couvrir les provinces de la Carinthie et de Carniole, c'est-à-dire le droit chemin qui conduisait à Vienne.

Depuis la bataille de Rivoli, l'armée d'Italie occupait les bords de la Piave et du Lavisio. L'armée de l'empereur, commandée par le prince Charles, tenait l'autre rive de la Piave, avait son centre appuyé derrière le Cordevolé, et appuyait sa droite à l'Adige.

Le vaste plan du général en chef était, en s'ouvrant par les armes la route de Vienne, de s'assurer des pays qu'il laisserait en arrière, la Carinthie et la Carniole. Par ce moyen, il s'assurait aussi des Etats de Venise, dont les dispositions étaient au moins très-incertaines. Pour réaliser ces hautes conceptions, trois corps d'armée furent mis en mouvement. A la gauche, Masséna marcha droit aux débouchés qui donnent le passage dans l'Allemagne. Le centre, que se réservait le général en chef, devait presser le front de l'armée du prince Charles, dont la droite se trouverait déjà dépassée par les marches promptes de Masséna, tandis que l'aile droite, ou plutôt la troisième armée, qui formait le front de cette ligne d'opération, de plus de quarante lieues de développement, devait se porter jusque sur les bords du golfe Adriatique et à Trieste, seul port appartenant à la maison d'Autriche et seul point de communication qu'elle eût avec les forces navales d'Angleterre. Il fallait être aussi convaincu, que l'était Bonaparte, du talent militaire et du dévouement de ses lieutenants pour entreprendre avec assurance un plan aussi étendu, dont le succès dans l'exécution dépendait du parfait accord de toutes les parties. Le résultat justifia sa confiance; la victoire fut fidèle à sa fortune.

Déjà Masséna avait passé la Piave. Par une manœuvre habile, sa cavalerie se trouva portée en arrière des corps ennemis qui défendaient ce passage, et, dès que l'infanterie l'eût effectué, ces corps furent forcés de se rendre.

Le passage du Tagliamento était la première opération du centre. Ce fleuve descend des hautes montagnes du Frioul, s'étend dans la plaine par un lit large et profond lorsqu'il devient torrent à la fonte des neiges. La marche des trois divisions Guyeux, Bernadotte et Serrurier fut combinée de manière que, partant de trois points différents, elles devaient se trouver à hauteur l'une de l'autre sur la rive du fleuve, près du village de Valvasone. L'ennemi bordait les retranchements de la rive opposée. Les deux divisions des ailes marchent d'abord par leur flanc pour dépasser ceux de l'ennemi. Ces divisions se forment en colonne serrée par bataillon, l'infanterie légère devance en *tirailleurs*, soutenus de grenadiers et flanqués par la cavalerie et par l'artillerie. Dans cet ordre, le fleuve est traversé sous le feu des batteries autrichiennes. Les différents corps, formés en échelons, ayant les escadrons derrière leur intervalle, s'avancent et dépassent les deux flancs de l'ennemi. Il essaie en vain de tourner ces deux ailes isolées de leur centre. Le général en chef les fait soutenir par les escadrons de sa réserve, et l'ennemi rompu hâte sa retraite. Cependant, la division du centre étant arrivée, traverse le fleuve et forme la réserve des deux ailes, qui poursuivent leur avantage. Le même jour, elles prennent des positions en avant du champ de bataille. Cette journée fut une des moins sanglantes. La justesse des marches combinées entre les divisions, la précision des manœuvres et la promptitude des déploiements en imposèrent à l'ennemi. Il éprouva peu de perte, parce qu'il opposa peu de résistance. Les trophées de cette journée furent quatre ou cinq cents prisonniers et 6 canons; mais ces résultats furent décisifs pour le reste de cette campagne. Le prince Charles fut forcé de renoncer au système qui lui avait réussi sur le Rhin, celui d'une retraite méthodique. Tous ses mouvements rétrogrades furent subordonnés à ceux de l'armée française; il se vit forcé d'abandonner le Frioul vénitien pour essayer de couvrir les pays du domaine autrichien et bientôt de les abandonner pour couvrir ses pays héréditaires, dernier intervalle entre sa capitale et l'ennemi. La division Masséna, après avoir passé le Tagliamento huit lieues au-dessus du centre, s'élevait à grandes marches vers les sommités des Alpes Noriques, qui séparent l'Italie de l'Allemagne. Un corps ennemi gardait les gorges que forme le torrent du Pagliador; comme il était retranché fortement dans une vallée étroite, il fallait que l'avant-garde s'ouvrît le passage. L'infanterie légère, escaladant les revers escarpés des deux bords, dépasse les flancs de l'ennemi, tandis que deux escadrons de cavalerie légère, conduits par le général de brigade Ordener, osant suivre le lit du torrent, passent sous les arches du pont, et tournant le retranchement par son flanc gauche, tombent le sabre à la main sur les troupes qui le défendent, les mettent en fuite et font 700 prisonniers. Le centre de l'armée s'était alors avancé au-delà de Palma-Nova et d'Udine, capitale du Frioul vénitien; les divisions de droite, conduites par Bernadotte et Serrurier, s'emparent de Gradisca, qui capitule et livre 3,000 prisonniers.

Le prince Charles ne pouvait plus alors se retirer que sur les revers des Alpes du côté de l'Allemagne, et abandonner tous les pays maritimes. L'armée dépassa Goritz, où la retraite précipitée des Autrichiens laissa 3,000 malades dans les hôpitaux. Une proclamation rassurante et sagement habile, avait devancé l'armée, et une administration locale fut organisée pour la province de Goritz. L'autorité civile y fut confiée à des mains sûres. Un corps détaché de l'armée se porta à Trieste et en prit possession. Le secret et la rapidité de cette exécution furent tels, que la veille de l'arrivée des Français, les troupes de la garnison paradaient pour célébrer la fête du lieu.

Le prince Charles attendait de nombreux renforts de l'Allemagne, et son plan était de ne point engager d'action décisive avant leur arrivée; mais, pressé par la rapidité des mouvements de l'armée républicaine, il était forcé d'y subordonner ses mouvements; et lorsque Trieste et Goritz furent rendus, il ne lui resta d'autre parti que de hâter sa retraite, pour couvrir les passages qui conduisent du Frioul dans l'Autriche. Il dirigea donc sa marche sur Clagenfurt, vers les montagnes de la Carinthie et de la Carniole; il comptait sur les postes qu'il avait établis, pour s'assurer des passages dans la vallée que forme, vers sa source, la rivière du Lizonzo; mais l'un de ces postes venait d'être enlevé par le général Brune, à la tête d'un corps détaché de la division Masséna. L'autre, à Tarvis, fut également occupé par cette division. Ces deux postes étant faiblement gardés, le prince Charles se décida à les reprendre pour s'ouvrir un passage : il enleva aisément les corps avancés; mais, au premier bruit du canon, la générale rassembla les différents corps épars ; et Masséna ayant reconnu la position de l'ennemi, fit ses dispositions pour l'attaquer. L'armée autrichienne était formée sur deux lignes en avant du village de Tarvis, leurs flancs appuyés à des bois bordant le pied de montagnes escarpées. Masséna forma trois colonnes d'infanterie; deux avaient à gravir les montagnes et dépasser les flancs de l'ennemi ; la colonne du centre devait régler ses mouvements sur les succès des deux autres ; dès que ces dernières eurent opéré leur manœuvre, et que l'ennemi commença à montrer du flottement et de l'inquiétude, la colonne du centre chargea vivement, et força la ligne ennemie à se retirer; mais elle le fit avec ordre, et prit une position en arrière, ayant son centre appuyé au village de Tarvis. L'avant-garde de la cavalerie française eut ordre de charger la cavalerie ennemie ; mais celle-ci, supérieure en nombre et par l'avantage du terrain, repoussa cette attaque. Alors Masséna fit avancer l'infanterie du centre, avec ordre de marcher au pas de charge sans tirer ; et cet ordre, exécuté sous le feu de l'infanterie autrichienne, la déconcerta tellement, qu'elle se retira en désordre. Ce mouvement contagieux gagna les deux ailes. Alors la déroute commença ; et la cavalerie de réserve, amenée par Ordener, chargea celle de l'ennemi sur un terrain de neige et de glace, où toutes les chances de désastre et d'accidents sont nécessairement contre le cavalier qui reçoit le choc et qui fuit. Il y eut là un grand carnage, tant de cette cavalerie que de l'infanterie qui fuyait à découvert. Après cet échec, le prince Charles n'eut plus d'autre ressource qu'une retraite précipitée. Une seconde colonne le suivait, pressée par la division du général Guyeux, qui déjà l'avait battue deux fois et l'avait forcée dans le poste de la Chiusé, malgré des retranchements où 500 grenadiers allemands furent pris de vive force. Cette colonne, arrivant le lendemain à Tarvis, se trouva entre les deux armées françaises, et fut obligée de capituler. « Ces combats, porte le récit du chef, se sont donnés au-dessus des nuages, sur une sommité qui domine l'Allemagne et la Dalmatie. »

En même temps que ces succès rapides décidaient le sort des dernières possessions de la maison d'Autriche en Italie, le corps de Joubert, détaché de l'armée pour suivre la colonne autrichienne qui avait pris sa retraite par le Tyrol, s'était avancé dans cette province, et avait battu les corps de Kerpen et Laudon, pris possession de Botzen et de Brixen, et poursuivi l'ennemi fort au-delà dans la direction d'Inspruck. Un nouveau succès remporté sur le corps de Kerpen suivit ces brillants avantages ; mais Joubert, à qui ses instructions prescrivaient de lier ses opérations à celles de Bonaparte et de Moreau, n'ayant de nouvelles ni de l'un ni de l'autre, et sachant que Laudon, réfugié dans la partie occidentale du Tyrol, avait rassemblé les milices du pays et celles du Wintsgaw pour agir conjointement avec ses troupes, ne jugea pas prudent de s'avancer davantage. Cette précaution était fort sage ; en effet, pendant qu'il avait Kerpen en tête, le général Laudon se porta sur les avant-postes français près l'Adige, avec des forces tellement supérieures, qu'ils se virent forcés d'évacuer Botzen, et de se retirer sur Villach, où Joubert opéra sa jonction avec les principales divisions de l'armée d'Italie. Malgré cet avantage isolé, l'armée autrichienne avait perdu en vingt jours près d'un quart de ses forces. Cependant, tout victorieux qu'il était, Bonaparte avait à craindre l'insurrection du Tyrol, dégarni par la réunion de Joubert avec le corps principal, ainsi que les troupes qu'on levait de toutes parts, et les manœuvres du sénat de Venise qui poussait le peuple de vive force à l'insurrection contre nous. Dans cette position, il fallait revenir sur ses pas ou marcher sur la capitale de l'Autriche. Bonaparte préféra ce dernier parti. Il fit donc avancer son armée sur Klagenfurt; après avoir battu et repoussé l'avant-garde des Autrichiens, il entra dans cette ville le 29 mars.

Ce fut de là que Bonaparte, arrivé au terme qu'il s'était proposé au début de cette campagne, écrivit au prince Charles cette lettre vraiment historique, par son motif et par son résultat. Quelque temps auparavant, un courrier décoré, gardant un mystérieux caractère, avait été envoyé par lui à Vienne, où il avait été reçu avec des égards marqués, en même temps qu'il était retenu au plus sévère secret; on sut depuis que c'était un officier de marque chargé, sous ce déguisement, d'une mission de confiance intime, et muni de passeports des deux puissances en guerre. L'instant était venu où ses projets allaient être réalisés; l'Autriche ne voulait rien céder, le Directoire prétendait exiger tout; le général victorieux, se faisant médiateur entre eux, les traduisait au tribunal de l'opinion publique, et stipulait pour chacun les conditions que la raison avait dictées. Telle fut la lettre de Bonaparte au prince Charles :

Au quartier-général de Clagenfurt, le 11 germinal an 5.

« Monsieur le Général en chef,

« Les braves militaires font la guerre, et désirent la paix : celle-ci ne dure-t-elle pas depuis six ans? Avons-nous assez tué de monde et fait assez de maux à la triste humanité? Elle réclame de tous côtés. L'Europe, qui avait pris les armes contre la République française, les a posées. Votre nation reste seule; et cependant le sang va couler plus que jamais. Cette sixième campagne s'annonce par des présages sinistres : quelle qu'en soit l'issue, nous tuerons de part et d'autre quelques milliers d'hommes de plus; et il faudra bien qu'on finisse par s'entendre, puisque tout a un terme, même les passions haineuses.

« Le Directoire exécutif de la République française avait fait connaître à Sa Majesté l'Empereur le désir de mettre fin à la guerre qui désole les deux peuples : l'intervention de la cour de Londres s'y est opposée. N'y a-t-il donc aucun espoir de nous entendre? Et faut-il, pour les intérêts ou les passions d'une nation étrangère aux maux de la guerre, que nous continuions à nous égorger ? Vous, monsieur le général en chef, qui, par votre naissance, approchez si près du trône, et êtes au-dessus de toutes les petites passions qui animent souvent les ministres et les gouvernements, êtes-vous décidé à mériter le titre de bienfaiteur de l'humanité entière, et de vrai sauveur de l'Allemagne ? Ne croyez pas, monsieur le général en chef, que j'entende par-là qu'il ne vous soit pas possible de la sauver par la force des armes ; mais dans la supposition que la chance de la guerre vous devienne favorable, l'Allemagne n'en sera pas moins ravagée. Quant à moi, monsieur le général en chef, si l'ouverture que j'ai l'honneur de vous faire peut sauver la vie à un seul homme, je m'estimerai plus fier de la couronne civique que je me trouverais avoir méritée, que de la triste gloire qui peut revenir des succès militaires. Je vous prie de croire, monsieur le général en chef, aux sentiments d'estime et de considération distinguée avec lesquels je suis, etc... »

La réponse du prince Charles demandait un délai pour qu'il pût recevoir de Vienne les pouvoirs nécessaires à l'ouverture d'une négociation. Une suspension d'armes proposée reçut une réponse négative.

Bonaparte voyant alors qu'il fallait vaincre encore pour conquérir la paix, mit aussitôt son armée en mouvement. Dès le 2 avril, elle se trouvait en position devant l'armée autrichienne, qui occupait les gorges du vallon où passe la route de Klagenfurt à Vienne, entre Friesach et Neumarck, quartier-général du prince. Les Français attaquèrent le même jour les positions de l'ennemi avec la plus grande impétuosité, et les enlevèrent à l'exception de Neumark, où il se maintint le reste de la journée, mais qu'il évacua la nuit suivante, en se retirant sur Hundsmarck. La division Masséna fut seule engagée dans ce combat, qui coûta aux Autrichiens près de 1,200 hommes.

Le 4, cette même division eut avec eux une affaire d'arrière-garde, où ils perdirent encore 500 hommes. Les mouvements rapides des autres divisions françaises ôtèrent au prince Charles tout espoir de secourir ses colonnes avant qu'il se fut réfugié derrière les montagnes qui couvrent Vienne ; il prit donc sa retraite sur cette ville. Les Français occupèrent, sans brûler une amorce, Knittelfeld et Judenbourg, où Bonaparte attendit l'arrivée des divers corps de son armée. Les revers de l'archiduc et l'approche des Français avaient répandu la consternation à Vienne. L'imminence du danger décida l'empereur à envoyer les généraux Bellegarde et Merveld auprès de Bonaparte, pour entamer une négociation. Ils se rendirent le 7 à Judenbourg.

Dans une première conférence, où les bases du traité furent convenues, on établit une suspension d'armes ; mais les positions que la ligne française eut le droit d'occuper, et qui étendaient sa gauche fort au-delà des postes qu'elle tenait jusqu'à la ville de Gratz, et depuis la vallée de la Drave jusqu'à Lintz, rendaient le général français arbitre du traité.

Avant de rapporter la conclusion de ce traité, nous devons faire connaître les opérations des deux armées françaises sur le Rhin, et la part qu'elles prirent par leurs succès à l'accomplissement de la paix.

L'archiduc vainqueur avait assiégé, à la fin de la campagne précédente, le fort de Kehl et la tête de pont de Huningue. Ces places s'étaient rendues après une longue et glorieuse résistance, et l'on se trouva, pour passer le Rhin, dans la même position qu'à la fin de 1795.

Il est assez difficile d'expliquer la longue inaction des deux armées, lorsque l'on sait qu'elles étaient depuis longtemps réorganisées, considérablement renforcées et pourvues de tout ce qui était nécessaire pour entrer de bonne heure en campagne. Enfin l'ordre arriva aux généraux Moreau et Hoche de dénoncer la rupture de l'armistice et de passer le Rhin le même jour à Kehl et à Neuwied, afin de diviser l'attention et les forces de l'ennemi. Toutefois le passage de l'armée de Sambre-et-Meuse précéda celui de l'armée de Moreau. Hoche, qui la commandait, avait employé toute son activité et toute sa vigilance pour la mettre en état d'obtenir des succès : il avait établi un ordre et une discipline qui devaient faire respecter le nom français partout où la victoire le conduirait. « Que la campagne s'ouvre, écrivait-il au Directoire, et rien ne pourra m'empêcher d'aller à Vienne. » L'enthousiasme de ses soldats, l'habileté et la valeur des généraux qui le secondaient, justifiaient cette noble ambition. Hoche avait ses débouchés ouverts par l'occupation de Neuwied et de Dusseldorf, de sorte que le passage du Rhin ne lui présentait pas les mêmes difficultés qu'à l'armée de Rhin-et-Moselle. Du 16 au 18 avril, les divisions de l'armée de Sambre-et-Meuse débouchèrent par le camp de Dusseldorf et de Neuwied. Werneck, dont les forces étaient inférieures à celles des Français, et que de mauvaises dispositions plaçaient déjà dans une situation critique, fit demander une suspension d'armes, motivée sur l'ouverture des négociations ; il eut la maladresse d'y mettre la condition que l'armée française repasserait le Rhin. Hoche pénétra facilement le dessein de l'ennemi ; et, loin d'accepter sa proposition, il lui répondit qu'il ne consentirait à une trêve qu'à la condition que l'armée autrichienne se retirerait derrière le Mein, tandis que l'armée française se porterait sur la Lahn, et que la forteresse d'Ehrenbreitstein serait remise aux Français. Les deux généraux ne s'étant pas accordés sur ce point, ils se préparèrent à combattre. La bataille de Neuwied s'engagea le 18 avril, dès huit heures du matin, et fut gagnée par les Français. Le centre de l'armée autrichienne fit une résistance opiniâtre près d'Hedersdorf, mais les Français tournèrent et enlevèrent cette position ; le général Ney contribua puissamment à ce succès par sa valeur et son habileté. Cette journée coûta aux Autrichiens près de six mille hommes tués, blessés ou faits prisonniers, 7 drapeaux, 27 pièces d'artillerie, et une immense quantité de chariots et bagages. Hoche développa dans cette circonstance de grands talents ; son infatigable activité semblait le porter à la fois sur tous les points pour exalter l'enthousiasme du soldat, et veiller à l'ensemble des mouvements de l'armée. Werneck se retira, avec les débris de son armée, sur Neukirchen. L'armée française prit position, sa droite en avant de Montabaur, sa gauche à Altenkirchen. Dès le 19, Hoche présenta de nouveau le combat aux Autrichiens, qui se retirèrent précipitamment. Leur réserve marchait sur Limbourg, lorsqu'elle apprit que les Français étaient déjà en possession de cette ville. Le 20 avril, le général Lefebvre y passa la Lahn. Il se porta en avant, tandis que Hoche s'avançait sur Neukirchen pour attaquer le général Werneck ; mais celui-ci était déjà en retraite. Le général Ney atteignit l'arrière-garde des ennemis, et la força de se retirer au plus vite sur Wetzlar : battus de nouveau près de Flersbach et mis en désordre, on leur prit 500 hommes, la plus grande partie de leurs chariots et bagages; la nuit seule favorisa leur retraite sur Alarden. Werneck, craignant d'être prévenu par les Français sur le Mein, abandonna les rives de la Lahn, et réunit ses divisions à Muntzenberg. C'était en effet l'intention du général Hoche d'arriver avant lui à Francfort. Le 21, il fit marcher en toute hâte les divisions Lefebvre et Lemoine sur cette ville, tandis que celle de Grenier s'avançait par Wetzlar, et que lui-même, avec l'aile gauche et le gros de la cavalerie, poursuivait l'ennemi sur la Haute-Lahn. Le général Ney venait de disperser une partie de l'arrière-garde du corps d'Elsnitz, de lui prendre 400 hommes et 2 pièces de canon ; un moment après, il s'avança trop dans une charge à la tête d'un escadron, son cheval s'abattit dans un ravin, et il fut fait prisonnier. Hoche, très-sensible à cette perte, redemanda vainement à Werneck de lui renvoyer le général Ney.

Après divers autres combats, dans lesquels les Français demeurèrent vainqueurs, ils arrivèrent sur les rives du Mein, dont tous les ponts avaient été rompus par les Autrichiens; on s'occupait à les réparer. Les chasseurs, après avoir passé la rivière à la nage, et enfoncé plusieurs corps de cavalerie d'élite, entraient déjà pêle-mêle avec eux dans Francfort, lorsque le colonel Milius, qui commandait dans cette ville pour les Autrichiens, vint au-devant du général Lefebvre, prêt à y entrer ; il était accompagné d'un courrier porteur des préliminaires de paix, signés à Leoben.

Lefebvre fit prendre position à ses troupes ; et les généraux Hoche et Werneck, promptement instruits de cet événement, donnèrent mutuellement des ordres pour la cessation de toutes les hostilités ; il fut convenu entre eux que la ligne de démarcation pour les deux armées serait le cours de la Nidda. Hoche, encore affligé des obstacles que la fortune avait opposés à son expédition d'Irlande, plein de l'espoir de soutenir un glorieux parallèle avec Bonaparte, vit sans doute avec regret échapper de ses mains l'occasion d'un succès digne de nos triomphes d'Italie.

L'armée de Rhin-et-Moselle, restée sous les ordres de Moreau, et forte de 60,000 hommes, ne put commencer son mouvement, pour le passage du Rhin à Kehl, que dans la nuit du 19 au 20 avril; le général Starray commandait l'armée autrichienne qui nous était opposée. Ses forces étaient de beaucoup inférieures aux nôtres; mais il pouvait être en peu de temps soutenu par le corps d'armée du général Latour, qui se tenait sur le Haut-Rhin; et les Français, pour reprendre l'offensive, étaient obligés de forcer le passage de ce fleuve. Les dispositions pour ce passage avaient été si bien prises, et les soldats français développèrent tant de courage et de persévérance dans l'exécution, que le succès fut complet. Dès le 20, l'ennemi avait été chassé de Honau et battu à Diersheim, où le combat avait été très-acharné. Cependant Starray employa la nuit du 20 au 21 à rassembler ses troupes, et se porta de nouveau sur Diersheim et Honau. Les Français furent d'abord contraints d'évacuer ce dernier village; mais, secourus par deux demi-brigades, ils le reprirent presque aussitôt. L'attaque sur Diersheim fut beaucoup plus sanglante; les ennemis marchant au pas de charge, et soutenus par un feu terrible, espéraient enlever le village, lorsque le corps de Davoust, attaquant audacieusement à son tour sur un autre point de leur ligne, vint les prendre en flanc; les Autrichiens ayant aussi reçu des secours, il s'engagea un combat acharné qui se changea en une mêlée épouvantable. Une charge de quelques escadrons français, faite avec une grande vigueur, décida la victoire en notre faveur. Les Autrichiens rentrèrent dans leurs positions.

Moreau et Vandamme eurent leurs chevaux tués sous eux dans cette action. Le général en chef autrichien Starray fut blessé, ainsi qu'un autre général. Moreau eût tiré un plus grand parti de cette victoire, s'il eût eu alors le gros de sa cavalerie; mais elle n'arriva que le soir. Le général en chef fit aussitôt ses dispositions pour la poursuite de l'ennemi; notre réserve atteignit son arrière-garde au village de Grieshem. Le régiment d'Alton y fut chargé et enveloppé; son colonel fit mettre bas les armes à sa troupe, et remit son épée et ses drapeaux au colonel Roget, qui commandait la brigade française. La retraite des Autrichiens ne fut plus, de ce moment, qu'une déroute. Offenburg ouvrit ses portes, et Vandamme s'avança jusqu'au-delà de Gengenbach. Le général O'Relly cherchant à rallier les fuyards, fut fait prisonnier. Le général Dufour s'avança sur Kehl; sa cavalerie passa la Kintzig à gué. Le commandant de Kehl, sommé par nous, capitula, et se rendit prisonnier avec sa troupe. L'occupation de ce poste donna au général Moreau toutes les facilités nécessaires pour rétablir le pont de bateaux qui communique de Kehl à Strasbourg; les travaux furent promptement achevés. Les Autrichiens perdirent, dans cette journée, de quatre à cinq mille hommes, tués, blessés ou prisonniers, parmi lesquels beaucoup d'officiers supérieurs. La perte des Français fut de 1,500 hommes morts ou blessés; parmi ces derniers étaient les généraux Desaix, Duhesme et Jordy. L'armée française bivouaqua dans la position où elle se trouvait à la nuit, entre Kehl et Freystadt. Le 22 au matin, elle se mit à la poursuite de l'ennemi, qui fut chassé jusqu'à Liechtenau. Le 23, Moreau se disposait à continuer sa marche ; en même temps Latour s'avançait sur Rastadt avec 18,000 hommes, pour se réunir à Starray et tenter le sort d'une bataille, lorsque Moreau reçut un parlementaire accompagné d'un courrier venant de l'armée d'Italie, qui lui apportait la nouvelle de la signature des préliminaires de paix à Leoben. Les hostilités furent suspendues sur tous les points, et l'armée française garda les positions qu'elle occupait à l'arrivée du courrier, entre Ettenheim et Liechtenau.

Le traité de Leoben était un acte de prudence du général français, et les circonstances le rendaient urgent. Depuis le départ de la division Joubert, Laudon, fortifié de renforts qu'il avait reçus de l'archiduc et de ceux qui étaient partis du Rhin, avait repris l'offensive dans le Tyrol sur les derrières de l'armée française. Aussitôt, la nouvelle de la défaite totale des troupes républicaines se répandit dans les Etats vénitiens, et l'oligarchie de ce pays ne garda plus de mesures.

Tous les agents du gouvernement vénitien reçurent des instructions, et bientôt le tocsin donna le signal d'une insurrection générale. Les Français qui se trouvaient à Vicence et à Padoue n'échappèrent qu'avec beaucoup de peine à un massacre. Ils furent moins heureux à Vérone, où, le lundi de Pâques (17 avril 1797), après vêpres, tous les soldats isolés furent poignardés, les malades et les blessés égorgés dans les hôpitaux.

Ces événements, ainsi que les armements des Vénitiens, ignorés à Vienne et dans l'armée du prince Charles, ne pouvaient influer sur les négociations qui se traitaient. Mais le général français, instruit à temps, sut habilement en hâter la conclusion ; et lorsqu'on disputait encore sur 30 millions qu'il exigeait, il répondit, comme Alexandre, qu'il n'était pas venu pour commercer, mais pour combattre et pacifier, et il signa.

Bonaparte avait écrit, dès le 9 avril, au doge de Venise, pour demander satisfaction des attentats commis sur des Français. La réponse évasive qu'il reçut du sénat décida la destruction de la république vénitienne ; et, aussitôt que la convention de Leoben fut signée, Napoléon dirigea ses colonnes sur les Etats vénitiens, et les fit précéder par un manifeste où il exposait les griefs de la France contre ces Etats. Bientôt elles occupèrent Padoue, Vicence, Bassano, Sacile et Vérone.

Ces mouvements de l'armée d'Italie, dans un moment où la convention faite avec l'Autriche ne laissait au sénat vénitien aucun espoir de secours, inspirèrent les plus vives alarmes aux oligarques. Impuissants pour se défendre, les sénateurs eurent recours aux négociations, et envoyèrent des députés à Bonaparte. Il eut avec eux une conférence dans les lagunes de

Malghera le 3 mai. Une fermentation générale se manifestait alors dans les États de terre ferme appartenant à la république de Venise, et des cris de liberté s'y faisaient entendre; la flotte même avait pris part à l'insurrection et parlait déjà d'arborer le drapeau tricolore. Dans cette extrémité, le grand conseil de la république se démit de ses fonctions le 11 mai, et on déclara le même jour que l'ancienne forme de gouvernement démocratique serait rétablie. Cependant, dès le lendemain, un rassemblement d'Esclavons et de matelots mit au pillage les maisons des trente sénateurs qui composaient le nouveau comité de gouvernement; Venise fut exposée pendant seize heures à toutes les horreurs d'une guerre civile, et ne fut sauvée de la fureur des séditieux que par l'arrivée de 3,000 Français que les habitants appelèrent à leur secours et que Bonaparte y envoya.

Une autre insurrection, préparée de longue main, éclata à Gènes le 21 mai de la même année, et, dès le 22, la souveraineté du peuple y fut proclamée par les révolutionnaires. Le ministre de la République française, Faypoult, avait appuyé ce mouvement d'après les ordres du Directoire. Bonaparte, informé de ce qui s'était passé à Gènes, y envoya un de ses aides-de-camp, avec une lettre pour le doge, dans laquelle il demandait l'élargissement de tous les Français qui avaient été arrêtés le jour de l'insurrection, des dédommagements pour les maisons qui avaient été pillées, le désarmement du peuple et le châtiment de ceux qui avaient excité la multitude contre les Français. Ces demandes ayant été accordées, Bonaparte conclut, le 10 juin, avec les députés de la république de Gènes, une convention pour l'établissement d'un gouvernement provisoire.

L'armistice convenu avant les préliminaires de Leoben avait arrêté les opérations des armées du Rhin. Leurs progrès étaient tels, qu'ils pouvaient déjà entrer dans la balance des considérations déterminantes pour le cabinet de Vienne : quand même il eût connu l'état des affaires d'Italie, les nouveaux succès de Laudon dans le Tyrol, l'insurrection de Vérone, les dispositions hostiles et les armements du sénat de Venise, il résultait de la position de l'armée de Bonaparte dans les postes cédés par l'armistice, que ses opérations ultérieures sur Vienne auraient été indépendantes des revers éprouvés en Italie, et étaient déjà faciles à combiner avec celles des armées du Rhin.

L'armée autrichienne, affaiblie par ses pertes et par les renforts qu'on en avait tirés, aurait fini par être pressée entre les trois armées républicaines, celle d'Italie se trouvant placée entre elle et Vienne. Le vaste plan qui avait réglé les opérations de la campagne précédente se trouvait exécuté : le but qu'on s'était proposé était atteint.

La République enfin était victorieuse, et l'Europe était pacifiée; l'Angleterre même demandait à être admise au congrès général, ou du moins son gouvernement ministériel était obligé de composer avec le parti de l'opposition, et de faire toutes les démarches tendantes à la pacification. Des plénipotentiaires furent nommés; mais le Directoire, soit pour éviter les longueurs d'un congrès, soit pour éluder tout moyen décisif, avait déclaré quil ne voulait faire que des traités partiels avec chaque puissance, et indépendants des volontés collectives des gouvernements coalisés; ainsi il avait déjà traité avec tous les princes du continent, et l'empereur même n'avait réservé, en faveur de l'Angleterre, qu'une simple faculté d'adhérer. Jamais la République n'avait été dans une position si avantageuse et si brillante; elle offrait la paix après des victoires, et tenait dans ses mains l'olive, le laurier et les destinées de l'Europe.

Cependant le traité de paix de Campo-Formio paraissait interminable, bien que les préliminaires en eussent été signés à Leoben depuis cinq mois, et l'espoir eût été anéanti si le Directoire ne se fût vu forcé de revêtir de ses pleins pouvoirs un négociateur placé à la tête d'une armée victorieuse. Il y eut aussi de la part des négociateurs autrichiens des difficultés que Bonaparte ne put surmonter que par l'inflexibilité de son caractère. On sait que ce fut dans ces circonstances que, saisissant un cabaret de porcelaine placé sur un guéridon dans le salon des conférences, il le lança contre le parquet, en adressant aux plénipotentiaires de l'empereur cette apostrophe : *La guerre est déclarée; mais souvenez-vous qu'avant trois mois je briserai votre monarchie comme je brise cette porcelaine.* Les négociateurs autrichiens cédèrent.

La paix définitive entre la France et l'Autriche fut enfin signée le 17 octobre 1797 à Campo-Formio (1). La teneur du premier article de ce traité, qui promettait, selon la formule d'usage, une paix invariable et perpétuelle entre sa majesté l'empereur des Romains, roi de Hongrie et de Bohême, et la République française, était la reconnaissance la plus formelle que celle-ci pût obtenir de son existence politique. Par les autres articles, la maison d'Autriche renonçait à la Belgique et à la Lombardie; elle reconnaissait la République Cisalpine, formée de la réunion de la Cispadane et de la Transpadane (2); elle évacuait Mayence, et l'empereur sanctionnait la prise de possession des provinces rhénanes.

L'Autriche abandonnait encore à la France les îles que possédait la république de Venise dans la mer Adriatique.

En compensation, Bonaparte livrait aux Impériaux Venise même et les Etats vénitiens, à partir de l'Adige; enfin, on stipulait que les différends

---

(1) Campo-Formio, petit village situé entre la résidence des négociateurs allemands à Udine, et celle de Bonaparte à Passeriano.

(2) La République Transpadane avait été créée en 1796 par Bonaparte, après la bataille de Lodi, de la Lombardie autrichienne et de quelques provinces vénitiennes. Elle était séparée par le Pô de la Cispadane, qui comprenait Modène, Reggio, Ferrare, Bologne. Elles se confondirent toutes deux, en 1796, dans la République cisalpine ou milanaise, qui prit, en 1802, le nom de République italienne.

avec l'empire d'Allemagne seraient l'objet d'un congrès qui devait se réunir à Rastadt.

Dans l'intervalle de l'armistice à la conclusion de la paix avec l'Autriche, on vit éclater le célèbre événement du 18 fructidor, révolution du Directoire et des conseils contre une partie de leurs membres, accusés de chercher à rétablir la monarchie au mépris de leur serment. Cet événement porta un coup funeste à la Constitution de l'an 3 ; personne ne s'aperçut que la cause du mal venait de l'absence d'un ressort essentiel dans la machine politique. Pichegru fut manifestement convaincu de trames avec les émigrés, et Moreau vit altérer sa gloire par une dénonciation contre son ancien général, dénonciation tardive, suspecte même aux yeux du gouvernement, dont elle essayait de prévenir les soupçons.

La mort du général Hoche à son quartier-général de Wetzlar suivit de près la journée du 18 fructidor, à laquelle il avait coopéré par l'envoi des troupes entrées dans Paris ; on a soupçonné des causes extraordinaires à la mort de ce général.

Les conseils décrétèrent qu'il lui serait fait une pompe funèbre aux frais de l'Etat : cette cérémonie eut tous les caractères d'une cérémonie antique et d'un triomphe décerné à un héros regretté par la patrie. La fête donnée peu de temps après par le Directoire à Bonaparte, qui se présentait l'olive à la main, n'eut rien d'une solennité nationale, et ne dut pas satisfaire le général qui avait obtenu les applaudissements de toute l'Italie, ivre de joie à l'aspect de son libérateur.

Sans doute le traité de Campo-Formio ajoutait un beau fleuron à la couronne de Bonaparte ; sans doute, négociateur aussi habile qu'il s'était montré grand général, il venait de rendre un service signalé à son pays ; cependant, plaignons-le d'avoir pu se résoudre au parti de placer Venise sous le joug de l'Autriche. Venise renfermait des âmes généreuses et d'excellents citoyens. Le premier jour où le pavillon impérial flottait sur la place Saint-Marc, une femme du sang patricien s'empoisonna de douleur. Le doge mourut de désespoir au moment de prêter serment d'obéissance entre les mains du délégué de l'empereur.

Paris reçut avec une telle joie la nouvelle de la paix, que les membres du gouvernement, quoiqu'ils eussent quelque raison d'être mécontents de ce que leurs ordres avaient été enfreints, par de trop grandes concessions à l'Autriche, n'en acceptèrent pas moins le traité aux applaudissements de la France. En même temps, le Directoire appela Bonaparte au commandement supérieur de l'armée d'Angleterre, et le nomma plénipotentiaire au congrès de Rastadt, où la France devait négocier la paix avec l'empire. Après la signature du traité, Bonaparte était retourné à Milan.

Prêt à quitter l'Italie, il adressa, par une belle et simple proclamation, ses adieux à la République milanaise ou cisalpine qu'il avait fondée, et partit accompagné des regrets de toute l'Italie. Sa marche jusqu'à Rastadt fut une suite de triomphes. Partout des harangues, des couronnes, le bruit du canon et les applaudissements de l'enthousiasme des populations pressées sur son passage. Il ne voulut demeurer à Rastadt que le temps nécessaire à l'échange des ratifications du traité de Campo-Formio et aux arrangements de notre entrée en possession de Mayence. Aussitôt après, il prit la route de Paris, où il arriva incognito le 5 décembre 1797. Peu de mois s'étaient écoulés depuis qu'il avait quitté cette capitale avec un nom inconnu de la gloire; il y rentrait précédé d'une réputation immense et populaire.

Bonaparte quitta Paris en janvier 1798 pour aller visiter les côtes de l'Océan, où se préparait une expédition contre la Grande-Bretagne; mais il est douteux que ce général consommé voulût ainsi attaquer de front une puissance si redoutable.

Le Directoire avait enjoint à tous ses agents dans la péninsule de tenir la conduite la plus réservée, et d'éviter à la France la responsabilité terrible d'une rupture, que les cours d'Italie semblaient audacieusement rechercher; mais l'éloignement de Bonaparte parut à nos ennemis une occasion favorable d'exciter de nouveaux troubles dans le midi de cette contrée, pour nous enlever la prépondérance et la considération que nos victoires nous avaient obtenues. Le Piémont ne dissimulait pas sa haine pour la France. Naples, plus loin de notre bras, et fière d'ailleurs de n'avoir pas été vaincue, commençait à violer ouvertement le traité qu'elle avait conclu avec la République. Des trames s'ourdissaient à Rome contre les Français. Joseph Bonaparte, ambassadeur de la République française, fut averti qu'il devait s'opérer un soulèvement dans la ville : le but était de proclamer une République romaine. Les chefs de l'émeute vinrent le trouver et lui demander l'assentiment et l'assistance de *la grande Nation*; il les éloigna et rejeta leur demande; ils se réduisirent alors à le prier de les approuver après le succès. Le lendemain, l'ambassadeur étant absent de sa demeure, on vint l'avertir qu'elle était entourée d'une foule séditieuse portant et distribuant des cocardes tricolores et criant : *Vive la République romaine!* Joseph Bonaparte la fit d'abord retirer; mais en même temps des troupes du gouvernement arrivèrent, firent feu sur les révoltés qui se réfugièrent dans l'intérieur du palais et l'encombrèrent de blessés et de mourants. Par les anciens traités, le palais de France à Rome a une juridiction particulière, et cette enceinte était violée. L'ambassadeur, avec quelques officiers militaires qui s'étaient réunis à lui, se présenta à cette troupe de ligne, et la somma de se retirer; il se tourna alors vers l'autre troupe insurgée qui s'avançait contre les soldats pour la contenir; en même temps quelques officiers français avec le général Duphot se jetèrent dans les rangs des soldats, pour faire cesser leur feu, et se trouvèrent entraînés par eux jusqu'à la porte de Rome appelée *Septimianina*; l'ambassadeur voulut les y rejoindre, et en arrivant il vit Duphot tomber sous le feu d'un soldat ; un second coup l'étendit mort. L'ambassadeur regagna son palais par les jardins : sa femme et sa belle-sœur, qui devait épouser le lendemain le général Duphot, y étaient au milieu d'une foule dont les intentions étaient inconnues, et où l'on avait remarqué plusieurs hommes connus pour des espions du gouvernement romain, et qui, criant plus haut que les autres : *vive la République! vive la liberté!* animaient les révoltés contre les soldats. L'ambassadeur se retrancha dans une aile du bâtiment, fit armer ses gens et les artistes français qui s'étaient réunis à lui ; cette scène sanglante s'était prolongée depuis cinq heures, et aucun officier public ne s'était présenté au palais de France.

Cet événement déplorable produisit une vive sensation, mais la cour de Rome se borna à garder un dédaigneux silence. L'ambassadeur furieux demanda ses passeports, qui lui furent difficilement accordés ; il partit aussitôt pour la Toscane, où la souplesse italienne descendit bientôt aux plus humbles supplications pour le rappeler et prévenir les effets de la colère du gouvernement français.

Le Directoire, informé de l'odieuse conduite du Saint-Siége, commença par faire arrêter, comme otage, l'ambassadeur du pape à Paris ; puis il prescrivit à Berthier, qui commandait nos troupes en Italie, d'occuper Rome. Le 10 février 1798, Berthier, victorieux sans combat, fit, par la porte du Peuple, son entrée dans la ville éternelle, et fut conduit au Capitole comme les anciens triomphateurs. Le peuple se constitua en République. On vit alors le clergé tout entier remercier Dieu de cet heureux événement, et quelques cardinaux même chanter un *Te Deum*, pour célébrer la révolution qui détrônait le chef de l'Eglise, qui se résigna et obtint la permission de se retirer dans un couvent de Toscane. Le 23 février, Rome tout entière assista à une cérémonie funèbre en l'honneur du général Duphot, et son urne cinéraire fut exposée au Capitole.

De Rome la révolution passa en Suisse.

L'émancipation politique dont la France avait donné l'exemple tendait partout à s'étendre. Jusqu'alors, pourtant, les institutions aristocratiques de la Suisse étaient restées intactes ; mais le sénat de Berne, sous le voile d'une neutralité douteuse, avait constamment favorisé les menées contre-révolutionnaires des réfugiés français. Le Directoire prit texte de ces faits pour exciter les passions populaires dans la plupart des cantons, et favoriser ouvertement les partisans de la liberté.

Les habitants du pays de Vaud, soumis depuis longtemps aux cantons de Fribourg et de Berne, crurent le moment favorable pour secouer cet humiliant asservissement, menaçant, en cas de refus, de recourir à l'autorité du gouvernement français. Ils se fondaient, à ce sujet, sur d'anciens traités qui avaient garanti leur liberté.

Le 28 novembre 1797, le Directoire de France prit un arrêté par lequel il chargeait le ministre de la République près les cantons helvétiques de déclarer aux gouvernements de Berne et de Fribourg qu'ils répondraient personnellement de la sûreté individuelle et des propriétés des habitants du pays de Vaud, qui auraient cru devoir réclamer l'intervention de la France pour l'exécution d'anciens traités.

Cependant les deux sénats, dédaignant cet avertissement, firent des dispositions pour soumettre les Vaudois. Le Directoire, qui avait grand intérêt à s'emparer de la Prusse, foyer d'intrigues et de corruptions, où nos émigrés, le Prétendant et les étrangers en étaient venus à conspirer ouvertement contre nous, fit avancer des troupes. La présence de nos soldats suffit pour opérer l'insurrection soudaine de tout le pays de Vaud, et les troupes des cantons se retirèrent sur la sommation que leur en fit le général Ménard, commandant en chef de l'expédition, lequel toutefois ne dépassa pas les limites du nouveau canton, se bornant à protéger son indépendance.

Cette démonstration suffit pour effrayer les deux sénats récalcitrants : ils s'efforcèrent dès lors de rapprocher les partis; mais les concessions tardives qu'ils firent furent impuissantes à calmer les passions politiques qui fermentaient de toutes parts et divisaient les cantons entre eux, et chaque canton eu deux partis. Le serment de maintenir et de défendre les anciennes constitutions fut prononcé par la diète à Arau ; Bâle seul s'y refusa ; mais dès le lendemain, dans Arau même, le commissaire français Mingaud faisait planter l'arbre de la liberté, et publier que tous ceux qui refuseraient de prendre les armes, d'après les décisions de la diète, seraient, leurs personnes et leurs propriétés, sous la protection de la République française.

Les aristocrates de Berne avaient réuni une armée, convoqué le contingent, et cherchaient à faire descendre des hautes montagnes les paysans ignorants et fanatiques. Les troupes fédérales s'avançaient contre nous ; un parlementaire français les somma de ne pas s'approcher de nos avant-postes ; deux des cavaliers de son escorte furent tués par les soldats ennemis. Cet événement amena la guerre immédiate.

Les baïonnettes françaises trouvaient presque partout les postes importants déjà conquis par les émissaires de leur gouvernement; cependant, les mesures prises par les sénats de Berne et de Zurich, et les concessions faites aux habitants des campagnes, surtout dans les bailliages allemands, les avaient rattachés à la patrie devenue commune. Les paysans des environs de Soleure y vinrent en armes, et forcèrent le magistrat de mettre en sûreté, dans les prisons de la ville, plusieurs personnes qui s'étaient prononcées pour la France ; Mingaud écrivit au magistrat de Soleure : « Songez à vous, Monsieur, je vous déclare, au nom de mon gouvernement, que si vous poussez plus loin votre rage imprudente, votre tête en répondra !... Votre existence est attachée à celle de ces respectables objets de votre haine ; songez bien qu'une goutte de sang patriote, répandu sur votre territoire, serait vengée par des flots de sang oligarchique. »

La marche des armées soutenait ce ton absolu ; et, par un singulier contraste, les généraux s'avançaient lentement et tentaient encore toutes les voies de la conciliation ; mais l'amour antique de la patrie s'était porté jusqu'à l'enthousiasme dans le cœur des Suisses réunis. Berne et Zurich s'étaient décidés à la guerre ; 14 bataillons bernois, renforcés de tous les citoyens qui accouraient pour s'y joindre, étaient campés à Morat, fameux dans les annales helvétiques par la défaite de Charles-le-Téméraire. Dans cet état, le sénat de Berne écrivit au Directoire français :

« Le peuple helvétique, actuellement réuni à son gouvernement, n'a pris les armes que pour sa défense ; nous sommes d'accord, tout ce qui ne sera pas contraire à l'indépendance d'un peuple libre, nous sommes prêts à y satisfaire. » En même temps il publia une proclamation au peuple bernois, finissant par ces mots : « Nous préférons de nous voir écrasés sous les débris de notre patrie, plutôt que de plier un cou libre sous un joug ignominieux. » Le Directoire ne répondit que par un plan de république helvétique, une et indivisible, et en fixant un court délai. Le Sénat envoya alors des députés au général français Brune, et des négociations furent nouées avec lui ; le commissaire français s'en offensa, et les négociations devinrent plus embrouillées et plus difficiles : il semblait que le commissaire civil ne fût qu'un envoyé chargé d'instructions secrètes pour amener les choses au point que la guerre fût inévitable, et cependant, par respect humain, on voulait sauver les apparences et détourner l'odieux d'une agression injuste et impolitique.

Le général suisse d'Erlach avait reçu l'ordre d'attaquer ; toutes ses dispositions étaient faites : le plus redoutable enthousiasme animait les troupes suisses ; le tocsin avait appelé tous les défenseurs ; ils accoururent en foule, armés de tout ce qu'ils avaient pu trouver. Les femmes avaient voulu être admises dans les rangs ; les enfants de douze ans y étaient à côté de leur père. Les jours antiques avaient reparu ; tous se présageaient une victoire dans le lieu même de Frauenbrunn, où ils savaient que leurs ancêtres avaient défait l'armée d'un sire de Couci, au quinzième siècle, lorsqu'un contre-ordre vint rompre toutes les mesures du chef, amollir tous les courages et troubler les esprits. On se crut trahi ; la méfiance de ces soldats citoyens n'était pas contenue par la discipline militaire, et ne pouvait être éclairée : ce fut dans cet état de désordre que, le 15 mars, cette armée préparée à l'attaque se vit attaquée par la valeur éprouvée, conduite et dirigée par une tactique savante.

Le premier choc fut terrible ; les bataillons suisses étaient inébranlables, et les paysans armés se jetaient en foule sur les canons ; déjà l'infanterie française avait cédé du terrain, lorsque la cavalerie se déploya et chargea cette multitude que l'action avait mise en désordre. Les Suisses manquaient de cette arme, et ne purent lui résister; les bandes patriotiques plièrent les premières : les troupes réglées se battirent en retraite de poste en poste, et le général français entré dans Berne, rendant compte de cette journée, finit ainsi son rapport : « Nous nous sommes battus depuis Frauenbrunn jusqu'ici : nous sommes bien fatigués; l'ennemi a perdu beaucoup de monde. »

La lutte se prolongea jusque sous les murs de Berne, qui enfin capitula. Les habitants se hâtèrent de se garantir du zèle furieux des paysans rentrés dans la ville, et qui voulaient s'ensevelir sous ses ruines : les premiers moments furent du désordre et du pillage; enfin, l'arbre de la liberté fut planté en cérémonie sur la place de Berne, et le magistrat helvétien, s'adressant au général français, lui dit pour toute harangue : « Citoyen général, voici maintenant votre arbre de là liberté, je souhaite qu'il porte des fruits salutaires. Amen. »

Les deux colonnes françaises s'étaient réunies à Berne; Soleure et Fribourg s'étaient déjà rendus. Cependant, au premier danger de Berne, toute la Suisse s'était levée en masse, et accourait; les villes même qui avaient accepté la Constitution proposée, ne crurent pas pouvoir se dispenser de se réunir contre l'invasion étrangère. Une diversion opérée par les Cisalpins, dans les bailliages italiens, avait été repoussée en un jour par les petits cantons, et ils accouraient à Berne; en apprenant sa capitulation, l'étonnement, l'indignation et le désespoir s'emparèrent de tous les esprits; on cria à la trahison, on massacra des officiers, et de ce nombre le général d'Erlach, qui s'était retiré sur Zurich, et qui ce même jour avait juré à ses soldats de ne pas leur survivre; il mourut sous les poignards de ses compatriotes égarés.

Zurich capitula aussi, et la Constitution apportée y fut reçue.

On signifia aussi aux petits cantons Zug, Uri, Appenzell, Lucerne, Unterwald, Glaris, Schwitz, qu'ils eussent à reconnaître la république helvétique, une et indivisible; ils répondirent d'abord par un cri unanime, *Aux armes*; et en même temps ils envoyèrent au Directoire l'adresse suivante :

« Où trouverez-vous ailleurs que chez nous un mode de gouvernement qui mette plus exclusivement entre les mains du peuple l'exercice et le droit de la souveraineté? où l'égalité civile et politique soit plus parfaite? où chaque citoyen jouisse d'une plus grande somme de liberté? Nous ne portons d'autres chaînes que les chaînes légères de la religion et de la morale, d'autres joug que celui des lois que nous nous sommes données. Ailleurs peut-être le peuple peut désirer bien des choses à ces différents égards; mais chez nous, descendants de Guillaume Tell, qui avons maintenu, sans la moindre altération, la Constitution qu'il nous a laissée, et pour la conservation de laquelle nous vous parlons avec toute l'énergie que nous inspire le sentiment de plaider la plus juste des causes ; chez nous il n'existe qu'un seul vœu, un vœu unanime, celui de rester soumis au gouvernement que la Providence et le courage de nos aïeux nous ont légué. Et quel gouvernement, citoyens directeurs, pourrait être plus en rapport avec le vôtre?

« Nous, les peuples de ces contrées, dont vous avez si souvent promis de respecter la souveraineté, c'est nous qui sommes les souverains de ces petits cantons ; nous élisons les magistrats et les révoquons à notre bon plaisir : les divisions de nos cantons élisent nos conseils, qui sont nos représentants, les représentants du peuple. »

A cette époque, où l'on affectait encore de traiter de faiblesse toute sensibilité qui n'était pas d'accord avec les calculs de l'intérêt, on rit à la cour directoriale de cette simplicité de bonnes gens qui s'imaginaient que les principes de la morale pouvaient entrer dans les raisons d'Etat. On envoya aux généraux l'ordre de marcher, et l'on exigea même des troupes de Zurich de se réunir à l'armée française pour l'aider à subjuguer leurs concitoyens.

Le double enthousiasme de la patrie et de la religion avait exalté les âmes ; ces cantons démocratiques étaient attachés au culte catholique, et leur croyance était pour eux une partie intégrante de leur liberté. On leur avait peint les républicains français comme destructeurs de toutes les religions. Ils se préparèrent donc à la défense avec un dévouement et une énergie plus prononcés encore qu'elle ne l'avait été dans les cantons puissants et riches ; mais, comme dans ces cantons démocratiques l'invasion préceda les préparatifs, le pacte fédératif se borna à combattre chacun pour et sur ses foyers, et tous capitulèrent isolément ; mais les combats qui forcèrent ces capitulations furent ceux du désespoir et d'affreux carnages ; les prisonniers refusaient tout quartier, d'autres se brûlaient dans les maisons où ils s'étaient longtemps défendus. Les 25,000 hommes que commandait le général français Schauenbourg étant insuffisants, il fallut faire venir des renforts de l'armée du Rhin et de l'Alsace.

Les insurgés (ainsi qu'on les nommait) tentèrent d'abord de reprendre la ville de Zurich, et les habitants armés des cantons de Zug, d'Uri et d'Apenzell s'étaient avancés jusqu'à la petite ville de Raperschwil ; là il y eut un combat opiniâtre de plusieurs heures que la cavalerie seule put décider à l'avantage des Français ; ces pâtres des montagnes, libres, courageux, animés par une énergie devenue féroce, étaient conduits par des chefs militaires instruits au métier de la guerre dans les différentes armées de l'Europe où ils avaient porté les armes. Toutes les ressources du terrain dans un pays âpre et montueux leur étaient connues ; les postes avantageux, occupés avec art, étaient défendus avec rage : pour vaincre il fallait détruire. Au défilé qui couvrait le poste révéré de Notre-Dame-des-Hermites, il fallut tuer jusqu'au dernier de ceux qui le défendaient; l'image miraculeuse fut enlevée et envoyée au Directoire; ce trophée coûta beaucoup de sang, et l'ardeur de s'en emparer n'honora pas plus l'esprit humain que l'opiniâtreté à le défendre.

Après cette conquête, un officier suisse, blessé au combat de la veille, vint proposer l'acceptation de la Constitution, à la condition que les troupes françaises évacueraient le territoire en vingt-quatre heures, et qu'il ne serait levé aucune contribution; ces conditions furent acceptées pour les cantons de Glaris, Schwitz et Zug. Une autre colonne de Suisses confédérés s'était portée sur Lucerne, qui fut contrainte de lui ouvrir ses portes. Telle fut alors la multiplicité des événements, des combats partiels et simultanés sur différents points, que de cette déplorable confusion à peine reste-t-il d'autres souvenirs que ceux qui ont été conservés dans chaque localité, sans liaison avec les événements arrivés dans le pays voisin.

Les dispositions des chefs militaires étaient sans cesse contrariées par l'impatience, par l'impétuosité, souvent par les soupçons; après deux cents ans de paix, ces hommes, libres et souverains dans leur patrie, ne pouvaient se plier à cette discipline qui ne connaît que l'obéissance passive et muette.

Schwitz fut le dernier canton qui capitula, et dans la dernière assemblée, l'avis prêt à prévaloir fut d'ajourner cette délibération après que les deux tiers des combattants ne seraient plus, qu'alors ceux qui resteraient pourraient en délibérer. Aucune voix n'osait s'élever pour contredire cette motion : un ecclésiastique eut seul le courage de ramener l'assemblée à des sentiments plus humains et plus dociles à l'impérieuse nécessité.

La guerre finit ainsi, et la Constitution helvétique fut proclamée.

Les Français s'emparèrent des caisses du gouvernement, comme il arrive toujours dans toute conquête. Cependant l'aristocratie a fait naître de cette circonstance naturelle une foule de calomnies contre le gouvernement français, qui n'aurait fait envahir la Suisse que pour s'emparer d'un trésor de 30 millions, amassé par le sénat de Berne et devenu nécessaire à l'expédition d'Egypte; la vérité est que la caisse de Berne ne renfermait que 8 millions.

Enfin un traité d'alliance offensive et défensive fut stipulé entre les deux républiques; ce traité eut pour bases les anciennes relations politiques et commerciales; mais, de plus, il assura à la France deux routes militaires par l'Helvétie, pour la communication de la France avec les Etats de l'Italie, et l'Helvétie resta sous ce régime jusqu'au temps où son ancien système fédératif agrandi lui fut rendu.

FIN DU PREMIER VOLUME.

TABLE DES MATIÈRES

CONTENUES DANS LE PREMIER VOLUME.

	Pages.
Avant-propos.	1
Notice historique sur les armées françaises, depuis leur origine jusqu'à nos jours.	5

CHAP. 1ᵉʳ. — Situation des puissances de l'Europe au commencement de la guerre. — Première coalition continentale. — Déclaration de guerre de la France. — Enumération des forces de l'Europe. — Premières opérations militaires. — Manifeste du duc de Brunswick. — Entrée des coalisés en France. — Prise de Longwy et de Verdun. — Siége de Thionville. — Défilés de l'Argonne. — Camps de Grand-Pré et de Sainte-Ménehould. — Jonction de Beurnonville, de Kellermann et de Dumouriez. — Bataille de Valmy. — Retraite des coalisés. — Evacuation du territoire français 17

CHAP. 2. — Siége et bombardement de Lille. — Prise de Spire, de Worms et de Mayence. — Occupation de Francfort-sur-le-Mein. — Invasion de la Savoie. — Prise de Chambéry. — Conquête du comté de Nice. — Invasion de la Belgique et bataille de Jemmapes. — Entrée à Mons. — Capitulation de Bruxelles. — Prise de Namur et d'Anvers. — Dispositions de Custine sur le Rhin. — Les Prussiens reprennent Francfort. — Retraite des Français sur Mayence. — Quartiers d'hiver. — Affaire de Hécheim 39

CHAP. 3. — Ouverture de la campagne de 1793. — Situation militaire de la République. — Disposition de l'Europe. — Déclaration de guerre. — Invasion du Brabant hollandais. — Déblocus de Maestricht. — Revers en Belgique. — Bataille de Nerwinde. — Défection de Dumouriez. — Opérations sur le Rhin. — Insurrection de la Vendée. 63

CHAP. 4. — Suite des opérations sur la frontière du Nord. — Combats d'avant-postes. — Mort de Dampierre. — Evacuation du camp de Famars. — Custine passe au commandement de l'armée du Nord. — Opérations sur le Rhin et dans les Vosges. — Occupation d'Arlon. — Perte de Condé, de Mayence, de Valenciennes. — Evacuation du camp de César. — Blocus de Landau. — Perte des lignes de Wissembourg. — Fin des opérations dans les Vosges. — Déblocus de Landau. — Quartiers d'hiver. 94

CHAP. 5. — Suite des opérations sur la frontière d'Italie. — Combats dans le comté de Nice. — Attaque de Cagliari. — Fédéralisme. — Troubles du Midi. — Siége et capitulation de Lyon. — Mort d'Agricole Viala. — Répression de l'insurrection marseillaise. — Siége et reprise de Toulon. — Armée d'Italie. — Combats du Petit-Saint-Bernard et d'Utelle. — Insurrection de la Corse. — Siége et prise de Calvi par les Anglais. — Dispositions hostiles des Etats de l'Italie. 117

TABLE DES MATIÈRES.

CHAP. 6. — Opérations aux Pyrénées. — Reprise de l'offensive sur la frontière du Nord. — Suite de la guerre de la Vendée................ 136

CHAP. 7. — Opérations en Vendée. — Opérations sur la frontière du Nord et dans les Vosges. — Opérations sur les Alpes cottiennes et maritimes. — Guerre d'Espagne. — Invasion de la Hollande. — Armée de Sambre-et-Meuse. — Conquête de la Hollande................. 168

CHAP. 8. — Traité de paix avec la Prusse et avec l'Espagne. — Opérations en Italie. — Guerre de Bretagne et de Vendée. — Origine de la chouannerie. — Expédition et combat de Quiberon. — Expédition de l'Ile-Dieu. — Fin de la guerre dans la Vendée. — Exécution de Stofflet et de Charette. — Opérations sur le Rhin. — Insurrection du 13 vendémiaire. — Guerre d'Italie; bataille de Loano. — Le Directoire remplace la Convention................ 205

CHAP. 9. — Gouvernement directorial. — Armée d'Italie. — Plan de campagne. — Arrivée de Bonaparte à l'armée. — Etat des forces opposées. — Ouverture des hostilités. — Combats de Voltri et de Montelegino. — Bataille de Montenotte. — Combat de Cossario. — Bataille de Millesimo. — Combat de Dego. — Bataille de Mondovi. — Paix avec la Sardaigne. — Passage du Pô. — Combat de Fombio. — Bataille de Lodi. — Entrée à Milan. — Insurrection réprimée. — Combat de Borghetto. — Investissement de Mantoue. — Armée de Sambre-et-Meuse. — Passage du Rhin. — Combat d'Altenkirchen, de Siebourg. — Retraite de Jourdan. — Armée de Rhin-et-Moselle. — Passage du Rhin et prise de Kehl. — Combat de Renchen. — Marche parallèle de Jourdan. — Combat de Rastadt. — Mouvements de Moreau, de l'archiduc. — Invasion de la Bavière. — Mouvement de l'armée de Sambre-et-Meuse. — Retraite de Moreau. — Bataille de Riberack. — Occupation du Val-d'Enfer. — L'armée française repasse le Rhin. — Armistice proposé et refusé. — Perte de Kehl et de la tête du pont de Huningue (1797). — Suite des opérations de l'armée d'Italie.—Batailles de Lonato, de Castiglione, de Roveredo, de Bassano, de Saint-Georges, de Fonteniva, de Caldiero et d'Arcole....... 238

CHAP. 10. — Suite des opérations de l'armée d'Italie. — Combat sur l'Adige. — Bataille de Rivoli. — Bataille de la Favorite. — Capitulation de Mantoue. — Expédition contre le Pape. — Traité de Tolentino. — Le prince Charles remplace Alvinzi. — Marche de Masséna et de Joubert. — Passage du Tagliamento. — Invasion des provinces impériales. — Préliminaires de paix à Leoben. — Insurrection à Venise et à Gênes. — Paix de Campo-Formio. — Arrivée de Bonaparte à Paris. — Révolution romaine. — Affaires de la Suisse............ 289

FIN DE LA TABLE DES MATIÈRES.

Paris. — Imprimerie de Pommeret et Moreau, quai des Grands-Augustins. 17.

AVERTISSEMENT

SUR

LES PIÈCES JUSTIFICATIVES.

Le but de l'histoire est de peindre, et, sans mettre à sa dignité une importance trop scrupuleuse, il est cependant des détails qui interrompraient trop le fil des récits, et qui, souvent, par leur vérité, peignent mieux que les grands traits, toujours un peu vagues : ceux-ci donnent l'attitude et le caractère ostensible des personnages et des événements ; les autres peignent mieux la physionomie et lui donnent plus son expression. Notre style historique est comme notre langue, trop délicat et trop susceptible. Les Latins disaient tout et nommaient tout; ils n'avaient pas, comme nous, deux idiomes, l'un, élevé et théâtral; l'autre, familier et usuel. Nous traitons trop l'histoire comme l'Épopée ; elle marcherait mieux avec le brodequin qu'avec le cothurne dont nous la réhaussons ; peut-être même doit-elle, pour peindre, se servir toujours des couleurs contemporaines : le style de l'histoire du siècle de Louis XIV ne doit pas être le même que celui de l'histoire d'un temps de calme après une succession de révolutions; il faut parler la langue du pays où l'on se trouve, et le langage de chaque siècle est un des traits qui en caractérisent le tableau.

On ne trouvera donc placé ici en pièces justificatives ou en notes historiques que ce qu'on n'a pas osé faire entrer dans le texte de l'histoire, soit par ménagement pour notre extrême délicatesse, soit comme détails trop minutieux, selon nous.

Plusieurs de ces documents sont empruntés à quelques-uns des écrivains qui ont le mieux connu et expliqué les faits de l'époque.

Il arrivera quelquefois que plusieurs pièces seront jointes sous le même chiffre de renvoi, quoique n'appartenant pas précisément au même événement ; alors le rapprochement, l'à-propos, la convenance, sont dans le rapport de circonstances semblables.

Les anecdotes deviennent partie intégrante de l'histoire, quand elles peignent les hommes et le temps. Mais à cet égard nous avons été très-réservé, et nous ne donnons que celles dont l'authenticité est certaine.

PIÈCES JUSTIFICATIVES.

N° 1 (Page 26).

La patrie en danger.

Quand, par l'approche de l'ennemi, notre territoire fut menacé, le président de l'Assemblée nationale mit aux voix et proclama cette déclaration solennelle : « Citoyens, la patrie est en danger ! » ce décret, prononcé au milieu du silence le plus religieux et le plus profond, fut publié dans Paris les 22 et 23 juillet 1792.

Depuis six heures du matin jusqu'à sept heures du soir, le canon d'alarme tira d'heure en heure des salves de trois coups. Deux colonnes, composées de détachements de cavalerie et d'artillerie, accompagnées d'officiers municipaux, précédées par des tambours, des trompettes et par un garde national à cheval portant une bannière tricolore, avec cette inscription : *Citoyens, la patrie est en danger !* partirent de l'hôtel de ville, parcoururent la ville. Le *danger de la patrie* fut proclamé sur toutes les places publiques. Ensuite, les deux bannières destinées à rappeler ce danger aux citoyens furent placées, l'une sur la façade de la maison commune, l'autre au parc d'artillerie du pont Neuf. Elles devaient y rester jusqu'à ce que l'Assemblée nationale eût déclaré que la *patrie n'était plus en danger*. On dressa dans huit endroits différents des amphithéâtres avec des tentes ornées de banderoles tricolores et de couronnes de chêne entrelacées. Devant les notables et trois officiers municipaux, on enregistrait les noms des jeunes gens qui se présentaient pour défendre volontairement la patrie.

Ce qui se faisait à Paris se répétait dans les départements. Les enrôlements durèrent pendant huit jours et fournirent dix mille sept cent quinze jeunes gens exercés et prêts à partir pour aller former le camp de Soissons. Ce fut le noyau primitif de ces bataillons nombreux qui ne devaient pas tarder à montrer à l'ennemi quelle différence existe entre des troupes levées à prix d'argent et des soldats qu'anime l'amour de la patrie et de l'indépendance nationale.

Ces mots, ces seuls mots : *La patrie est en danger*, c'était une commotion électrique qui parcourait en un instant toute la France, et la livrait à une sainte effervescence, au sein de laquelle jaillissaient des éclairs sublimes. Paris, Paris entier, ses sections, ses faubourgs, sa banlieue, les départements, se soulevèrent pour voler à la frontière. Tous voulurent se précipiter au-devant des hordes ennemies.

Massacres de septembre.

Il y avait à l'intérieur un bien grand nombre d'ennemis : c'étaient des conspirateurs contre la liberté, des fauteurs et des complices des trahisons de la cour; c'étaient des agents et des affidés, des espions à la solde de l'étranger.

A la nouvelle de la prise de Longwy, la fermentation fut telle que l'Assemblée décréta la peine de mort contre quiconque, dans une place assiégée, proposerait de se rendre. On décida en outre le désarmement et l'arrestation des suspects. Douze ou quinze mille personnes furent jetées dans les prisons : c'étaient toutes celles qui avaient tenu au régime déchu par leurs emplois ou seulement par leurs opinions, et qui avaient en quelque sorte été prises en une continuité de flagrants délits.

Aller combattre et laisser derrière soi une masse d'individus dont les intentions hostiles n'étaient que trop évidentes, était véritablement inquiétant.

Le comité de *défense générale* établi dans l'Assemblée se réunit le 30 août, et appela dans son sein le conseil exécutif pour délibérer sur les moyens de pourvoir au salut public. Les uns voulaient attendre l'ennemi sous les murs de la capitale, les autres se retirer à Saumur. Danton, lorsque son tour de parler fut venu, prononça un discours qui tendait à démontrer que, quand ce n'était pas trop de tous les citoyens valides pour défendre l'accès du territoire, on ne pouvait dérober à cette première nécessité une garde capable de veiller soit à ce que les prisonniers ne s'évadassent pas, soit à ce qu'ils ne conspirassent pas avec les traîtres qui étaient au dehors; que la prudence prescrivait de prendre à cet égard les mesures les plus efficaces et les plus promptes; que procéder à des jugements réguliers entraînerait des lenteurs, et que toute forme de procès était impossible, toute instruction, même sommaire, impraticable; qu'enfin, pour déconcerter les mesures des royalistes et arrêter l'ennemi, *il fallait faire peur aux royalistes*.

A ces mots, accompagnés d'un geste terrible, l'effroi se peignit sur tous les visages. « Oui, vous dis-je, reprit Danton, *il faut faire peur*..... »

Et comme le comité repoussa cette proposition par son silence, par sa stupeur, Danton se rendit au comité de surveillance de la commune. Là, dans la nuit du 30 au 31 août, fut arrêté le plan d'extermination des malheureux détenus dans les prisons de Paris, et que l'histoire a depuis désigné sous le nom des *massacres de septembre*.

Dans cette grave et douloureuse conjoncture, ce furent les jacobins, en majorité parmi les membres de la commission de Paris, qui appuyèrent l'expédient terrible auquel on ne peut songer sans frémir d'épouvante. En vain alléguaient-ils que la nécessité le justifiait; qu'il est des sacrifices tels que, s'ils ne se consomment, l'humanité murmure; qu'ordonner l'immolation de centaines de conspirateurs sans défense, lors même qu'il n'y aurait dans cette masse qu'un seul innocent, est la marque du courage le plus rare, car il signale à l'exécration de la postérité celui qui a pu l'avoir une seule fois : ce courage, qui n'était qu'ordinaire dans l'antiquité barbare, ce courage qui a fait un renom de férocité aux ordonnateurs du massacre.

des janissaires, en Turquie, et celui des mamelucks, en Égypte, cet affreux courage, noté d'infamie par notre civilisation, fut celui de Danton, Billaud-Varennes, Panis et quelques autres; ils l'eurent, et sauvèrent ainsi la patrie; ils l'eurent, et par les massacres de septembre ils obtinrent un double et bien important résultat. Mais, nous le dirons bien haut : Dieu nous garde de circonstances qui exigeraient impérieusement une telle solution révolutionnaire, et, si elles venaient un jour à se produire, malheur et honte aux hommes qui, poétisant de sang-froid la théorie du carnage, rangeraient de pareilles boucheries parmi les moyens de salut, et obéiraient à des âmes de fer comme Danton !

Création des comités militaires de défense, etc.

La Convention nationale, pour achever de replacer le pays dans une attitude imposante, constitua plusieurs comités militaires de défense, de sûreté générale et de salut public, et décréta, entre autres dispositions, les suivantes :

« Il y aura constamment trois représentants du peuple députés près de chacune des armées de la République; tous les mois l'un des trois sera renouvelé.

« Ils exerceront la surveillance la plus active sur les opinions des agents du conseil exécutif, sur la conduite des généraux, officiers et soldats de l'armée. Ils porteront l'examen le plus sévère sur les opérations de tous les fournisseurs et entrepreneurs des armées de la République, et pour découvrir tout complot contre la sûreté de la nation.

« Les représentants députés près des armées sont investis de pouvoirs illimités pour l'exercice des fonctions qui leur sont déléguées par le présent décret; ils pourront employer tel nombre d'agents qu'ils croiront convenable. Les dépenses extraordinaires qu'ils auront autorisées seront acquittées par le trésor public, sur des états visés par eux. Leurs arrêts seront exécutés provisoirement, à la charge de les adresser, dans les vingt-quatre heures, à la Convention nationale, et, pour ce qui devra être secret, au comité de salut public. »

La levée en masse.

Le 23 août 1793 parut le décret de levée en masse, dont les principaux articles suivent :

« Dès ce moment jusqu'à celui où les ennemis auront été chassés du territoire de la République, tous les Français sont en réquisition pour le service des armées.

« Les jeunes gens iront au combat; les hommes mariés forgeront des armes et transporteront des subsistances; les femmes feront des tentes, des habits, et serviront dans les hôpitaux; les enfants mettront les vieux linges en charpie; les vieillards se feront porter sur les places publiques pour exciter le courage des guerriers, la haine des rois et l'unité de la République.

« Les maisons nationales seront converties en casernes, les places publiques en ateliers d'armes; le sol des caves sera lessivé pour en extraire le salpêtre.

« Les armes de calibre seront exclusivement confiées à ceux qui marcheront à l'ennemi; le service de l'intérieur sera fait avec les fusils de chasse et l'arme blanche.

« Les chevaux de selle seront requis pour compléter les corps de cavalerie; les chevaux de trait, autres que ceux employés à l'agriculture, conduiront l'artillerie et les vivres.

« Nul ne pourra se faire remplacer dans le service pour lequel il sera requis; les fonctionnaires publics resteront à leur poste.

« La levée sera générale. Les citoyens non mariés ou veufs sans enfants, de dix-huit à vingt-cinq ans, marcheront les premiers; ils se rendront sans délai au chef-lieu de leur district, où ils s'exerceront tous les jours au maniement des armes, en attendant l'ordre de départ.

« Le bataillon qui sera organisé dans chaque district sera réuni sous une bannière portant cette inscription : *Le peuple français debout contre les tyrans.*

N° (PAGE 38).

Entretien curieux entre des officiers français et le duc de Brunswick, à la suite de la conférence qui a eu lieu pour l'échange des prisonniers de guerre entre les armées combinées et françaises, au moment de la retraite de l'armée prussienne.

On était convenu que l'échange aurait lieu tant pour les prisonniers du roi de Prusse, que pour ceux de l'armée impériale, commandée par le comte de Clairfayt et le prince de Hohenloe, aux mêmes conditions; mais requis par le duc de Brunswick de comprendre le corps des émigrés dans le contrat d'échange, il lui fut répondu par le commissaire français qu'une nation ne pouvait traiter qu'avec une autre nation, et non avec des rebelles aux lois de leur pays. — Mais que deviendront leurs prisonniers de guerre? — Ils doivent s'attendre sans doute à toute la sévérité des lois, répondit le commissaire français, et peut-être, et selon les circonstances, à l'indulgence et à la générosité d'une nation magnanime, telle que la nation française constituée en république.

Le duc de Brunswick n'insista pas, et les articles furent arrêtés et signés de part et d'autre par les commissaires nommés à cet effet.

Alors a commencé une conversation très-sérieuse sur la situation respective des deux nations et sur la position des deux armées. La voici :

M. Thowenot, commissaire français. Je n'ai point de caractère pour traiter d'objets aussi importants, mais je répondrai aux questions avec la franchise d'un Français libre et qui ne veut pas cesser de l'être.

Le duc de Brunswick. Quel effet a produit sur l'armée le décret de la Convention nationale qui déclare la France une république?

M. Thowenot. L'armée est composée de citoyens soumis aux lois qui leur sont données par le vœu général de la nation fortement exprimé ; et je puis assurer que ce décret a été accueilli par des cris de *Vive la nation!*

Le duc. Mais, monsieur, nos nations ne sont pas faites pour être ennemies ; n'y aurait-il pas quelques moyens de nous accommoder à l'amiable? Nous sommes dans votre pays, il est désolé par les malheurs inévitables de la guerre. Nous savons que nous n'avons pas le droit d'empêcher une nation de se donner des lois, de tracer son régime intérieur ; nous ne le voulons pas : le sort du roi seul nous occupe. Que deviendra-t-il? Qu'on nous donne sur lui des assurances ; qu'on lui assigne une place dans le nouvel ordre de choses, sous une dénomination quelconque, et Sa Majesté le roi de Prusse, dont l'âme bonne et généreuse compatit aux maux de la guerre, rentrera dans ses États et deviendra votre allié.

M. Thowenot. Je n'entrevois, monsieur le duc, qu'un seul moyen possible d'arrangement, c'est celui de traiter directement avec la Convention nationale, ou avec ses délégués.

La Convention nationale est la représention de la nation entière : vous ne pouvez pas révoquer en doute l'existence de cette même nation ; ses armées sont en présence des vôtres : traiter politiquement avec elle ne me paraît pas plus difficile que de faire contre elle des opérations militaires.

Alors est entré le comte de Luchésini, ministre du roi de Prusse, annonçant aussi qu'il était, comme M. Thowenot, sans mission, mais seulement désirant, comme bon citoyen, de voir les deux nations rentrer dans l'état de tranquillité dont elles ont également besoin l'une et l'autre.

Un précis de la conversation lui a été faite sur-le-champ, pour l'amener au point où on en était à son arrivée.

Ce ministre a trouvé excessivement difficile d'ouvrir avec la Convention nationale les préliminaires d'un accommodement, sans la reconnaître. Il a demandé s'il n'y aurait pas moyen de traiter avec l'armée.

M. Thowenot. Chez nous, monsieur, la force armée ne traite pas de la politique : la nation lui a confié sa défense : elle laisse ses chefs maîtres des opérations militaires, sous leur responsabilité ; et les affaires étrangères, partie militaire, ne peuvent être portées qu'à la nation elle-même, qui les traite par ses délégués. Mais, messieurs, permettez-moi un dilemme : ou vous nous battrez, ou nous vous battrons, ou bien encore, nous nous observerons sans pouvoir nous entamer.

Si vous nous battez, il renaîtra de la première défaite autant de soldats que de citoyens français ; et quelque déplorable que puisse être l'état où vous réduirez la nation française, son énergie subsisterait toujours ; elle serait comme un ressort comprimé momentanément par une force étrangère ; votre départ lui rendrait toute son élasticité ; votre voyage aurait été inutile, il ne ferait alors que préparer et justifier ses vengeances.

Si nous vous battons, et nous en avons l'espoir, des hommes libres sont des lions chez eux, vous perdrez avec vos troupes, presque toutes nationales, et votre agriculture et votre population, et vous laisserez votre pays en proie aux mouvements des stipendiés qui le défendent pendant votre absence.

Si nous ne sommes battus ni l'un ni l'autre, vous serez affaiblis par les maladies, par les désertions, par les morts naturelles, par les effets d'une multiplicité de petites affaires. Vos finances seront en désordre, votre voyage infructueux, et il n'en résultera pas moins pour vous des maux incalculables. J'ajouterai encore une réflexion, c'est que vous avez dû vous apercevoir que le civisme augmente n raison de la distance des frontières; qu'à la hauteur où vous êtes, la teinte d'aristocratie est entièrement délayée, et le civisme le plus pur vous prépare autant d'ennemis que d'habitants. Si, par une suite des hasards de la guerre, vous avanciez sur Paris, alors Paris cesserait d'être Paris; et au moment de votre arrivée, Paris serait à 200 lieues de Paris.

Le duc. Mais on dit qu'à mesure que nous approchons, le danger du roi augmente.

M. Thowenot. Je ne puis rien répondre de précis sur cette observation; mais une nation qui a été assez grande et assez généreuse pour pardonner plus d'une fois les trahisons d'un roi qu'elle a voulu combler de biens, qu'elle n'a voulu qu'empêcher de faire le mal, sans doute contre son cœur, mais par l'effet de son excessive bonté, ne se démentira pas; et, en adoptant une forme de gouvernement qui abolit la royauté, elle a sûrement prévu ce que deviendra le monarque dont elle a prononcé la déchéance.

Notre position respective ne ressemble pas mal à deux lignes parallèles qu'une force d'impulsion, de laquelle vous devez vous défier, parce qu'il est évident qu'elle vous a trompés, détermine à se rapprocher pour se couper sous un angle que vous ne pouvez encore connaître; nous voulons que ce soit sous l'angle droit, vous voulez que l'angle soit aigu; laissez-nous faire paisiblement, nous détruirons l'impulsion étrangère, et les lignes se placeront comme nous devons le vouloir.

Ici a fini, à proprement parler, l'intérêt de la conversation.

J'ai rappelé que j'étais sans mission; on m'en a fait également souvenir.

Je m'attends qu'aujourd'hui ou demain, un mémoire auquel on a dû travailler la nuit dernière, sera remis au général Dumouriez pour l'envoyer à Paris.

Tel est le précis de tout ce que la mémoire peut me rappeler de cette intéressante conversation. Je le certifie véritable. A Sainte-Menehould, le 27 septembre 1792, l'an premier de la République.

Le lieutenant-colonel, adjudant-général.

Signé : THOWENOT.

N° (Page 38).

Conférence tenue entre les citoyens Labarolière et Galbaud, maréchaux de camp des armées de la République, d'une part ; le duc de Brunswick, généralissime des armées confédérées prussiennes, autrichiennes et hessoises, le général Kalkreuth et un officier hessois, de l'autre part, le 8 octobre 1792, l'an 1er de la République, tenue en plein champ, entre le camp des alliés et le corps de troupes légères aux ordres du citoyen Labarolière, au-dessous du coteau de Saint-Barthélemy, à une demi-lieue de Verdun.

Le corps de troupes aux ordres du général A. Dillon cernait l'ennemi en deçà de la Meuse, et s'étendait depuis Belleray, en passant par Sivry-la-Perche, jusqu'à Charni. Le général Labarolière, qui occupait les postes à la droite de l'armée de la République, avait poussé ses avant-postes jusqu'à demi-portée de canon d'une redoute que les Prussiens avaient établie au-dessous de Saint-Barthélemy, pour défendre leur gauche à la faveur d'un bois dont il occupait la majeure partie, et d'où il pouvait faire avancer ses tirailleurs à portée du mousquet des vedettes ennemies. Cette heureuse position lui procurait journellement quelques avantages qui néanmoins étaient très-précaires, parce qu'il fallait continuellement passer sous le feu de la batterie de la redoute.

Dans cet état de choses, le général Dillon chargea le maréchal de camp Galbaud de placer deux pièces de 12 pour battre la route. Le succès de cette opération fut complet. L'ennemi, dès les premières décharges, retira son canon, et abandonna la redoute que les Français ne crurent pas devoir prendre, parce qu'ils se seraient trouvés battus d'écharpe par les batteries que les ennemis avaient établies à Saint-Barthélemy. Ce succès encouragea tellement les tirailleurs français, que le général Kalkreuth crut devoir demander une conférence au maréchal de camp Labarolière.

Le maréchal de camp Galbaud, qui s'était porté sur les lieux pour voir l'état des batteries, fut invité par Labarolière à se trouver à la conférence ; ils se rendirent sur le terrain convenu, où ils trouvèrent le général Kalkreuth, ses aides de camp, un officier hessois dont on n'a pu savoir le nom, et plusieurs gens de leur suite. On convint d'abord d'une suspension d'hostilités, pendant la conférence, entre nos tirailleurs et ceux des ennemis. Les uns et les autres se réunirent aussitôt derrière nous sur le bord du bois de Billemont, où ils burent de l'eau-de-vie ensemble.

Le général Kalkreuth, s'adressant à Labarolière. Je crois, monsieur, qu'il ne nous sera pas difficile de tomber d'accord sur l'objet de ma mission. Vous savez que dans toutes les guerres, les vedettes sont convenues de s'épargner réciproquement ; cependant vos tirailleurs inquiètent sans cesse les nôtres. Je vous demande de rétablir à cet égard les anciens usages de la guerre, et de convenir que, de part et d'autre, les vedettes seront respectées.

Labarolière. Je crois, monsieur, que la guerre autorise la conduite que j'ai tenue jusqu'à ce moment, et votre demande prouve seulement la supériorité de nos tirailleurs. Il est cependant une condition en faveur de laquelle j'entrerais dans vos vues, ce serait de me céder la portion de bois occupée par vos troupes ; alors tous mes postes se communiquant avec sûreté, je ne serais plus obligé de fatiguer mes tirailleurs pour m'assurer de ce qui se passe sur mon flanc.

Kalkreuth. Vous conviendrez, monsieur, qu'il m'est impossible de céder sur cet article, parce que la possession entière du bois mettrait vos troupes en état de venir nous inquiéter impunément jusque dans notre camp. Voilà la réponse que je vous ferais, si j'avais les pouvoirs nécessaires pour traiter sur cet objet; mais ma mission ne porte que sur l'objet dont je vous ai parlé, et il m'est impossible de m'en écarter.

Labarolière. Je suis fâché que mon devoir soit un obstacle au désir que j'aurais de vous faire plaisir; mais vous êtes trop bon militaire pour ignorer que les grands succès à la guerre ne sont souvent dus qu'à la continuité de petits avantages. Ceux que remportent journellement nos troupes légères vous prouvent avec quel zèle nos armées combattent pour la cause qu'elles défendent. Il y a longtemps que le roi de Prusse et le duc de Brunswick devraient être persuadés de cette vérité ; ils auraient sans doute agi plus politiquement, s'ils avaient calculé d'avance le sang et l'argent qu'ils allaient répandre inutilement; ils ont, dans leur début sur notre territoire, profité de la trahison d'un pouvoir qui devait nous défendre, mais ils doivent voir aujourd'hui que la nation, mue dans le même sens, sera invincible. Voilà le général Galbaud qui peut confirmer ce que j'avance. C'est lui qui, par la position qu'il a donnée à notre batterie, vous a forcés d'évacuer votre redoute.

Galbaud. Ce qu'a dit Labarolière est de la plus grande vérité. Il y a longtemps que le roi de Prusse aurait dû renoncer à persécuter un peuple qui ne lui a fait aucun mal. Il y a longtemps qu'il aurait dû reconnaître que, par une fausse politique, il allait devenir la victime de l'ambition d'une cour perfide que Frédéric sut toujours apprécier, et qui ne renonça à l'alliance de la France que parce que la cour de Louis XV, encore plus perfide, sacrifia les intérêts du peuple à l'ambition d'un courtisan. Les temps ont bien changé. Les Français, las du joug des tyrans, ont voulu faire eux-mêmes leurs affaires. Il est bien étonnant que le duc de Brunswick ait eu la folle présomption (passez-moi ce terme) de vouloir dicter des lois à un peuple que l'Europe entière ne pourrait soumettre, quand tous les despotes se réuniraient contre lui. Notre force consiste aujourd'hui dans l'opinion, elle est uniforme. Les Français sont tous résolus à s'ensevelir sous les débris fumants et ensanglantés de leur territoire, plutôt que de renoncer à leur souveraineté. Vous en avez eu la preuve par la construction de cette batterie que nos soldats n'ont pas craint d'entreprendre à demi-portée de canon, et par la facilité avec laquelle ils ont démonté vos canons. Je n'ai rien à conseiller à Labarolière ; mais il me semble qu'à sa place je ne consentirais à ce que vous proposez qu'autant que vous céderiez le bois en entier.

Kalkreuth. Je vous ai déjà dit mon opinion au sujet de votre proposition ; mais il se pourrait faire que le duc de Brunswick, qui commande l'armée, vît différemment. Si je ne craignais d'abuser de votre complaisance, je vous prierais d'attendre ici ; je vais l'avertir, et je ne doute pas qu'il ne vienne lui-même s'expliquer avec vous.

Galbaud. Nous nous ferons un plaisir de l'attendre. *Le général Kalkreuth se retire.*

Pendant son absence, le général Galbaud eut une conversation avec l'officier hessois qui, en substance, lui dit que *son maître*, le landgrave de Hesse, serait très-disposé à s'accommoder avec les Français ; qu'il ne prenait *nul intérêt aux émigrés*, et que d'ailleurs il n'était entré que malgré lui dans la coalition des princes : ce qu'il dit d'ailleurs est si insignifiant, et si peu digne d'un être libre, qu'on n'a pas cru devoir retenir cette conversation.

Kalkreuth revint avec le duc de Brunswick et un cortège nombreux.

Le duc de Brunswick. Comment vous appelez-vous ?

Labarolière. Je me nomme Labarolière, et mon collègue se nomme Galbaud.

Brunswick, s'adressant à Galbaud. C'est vous qui avez placé ces canons ? Ils nous ont fait bien du mal, et j'avoue que je ne conçois pas comment il vous est venu dans l'idée de les placer si près de notre redoute.

Galbaud. Ce que vous me dites me prouve la bonté de notre opération. A la vérité, nous étions bien près de vous ; mais nos soldats ne connaissent aucun danger quand ils travaillent pour la patrie.

Brunswick. Le général Kalkreuth m'a parlé de votre proposition relativement aux bois ; convenez qu'elle souffrirait de grandes difficultés, si j'étais moins avare de sang humain ; mais avant de conclure cet arrangement, causons un peu de votre nation. Je l'aime, et je l'ai prouvé plus d'une fois ; je suis fâché que Dumouriez, au sujet de mon dernier manifeste, ait pris la mouche pour quelques paroles insignifiantes qui s'y trouvent. Ces expressions se jettent dans le peuple ; mais des personnes instruites savent les apprécier ; et je suis étonné que Dumouriez y ait donné plus de valeur qu'elles n'en ont.

Galbaud. Permettez-moi de vous demander si le peuple français devenu libre, n'est pas aussi fait que le général Dumouriez pour entendre le langage de la vérité ? Jugez s'il a dû voir avec plaisir des expressions où l'on semblait méconnaître ses droits, et s'il aurait souffert qu'un de ses généraux, oubliant le respect qu'il doit à son souverain, eût écouté celui qui ne reconnaissait pas la souveraineté nationale ? J'avoue qu'à la place du général Dumouriez, j'en aurais fait tout autant que lui.

Brunswick. Je ne dispute nullement à votre nation le droit de régler son gouvernement ; mais a-t-elle choisi la forme qui convient le mieux à son caractère ? Voilà ce dont on doute généralement en Europe ; et certes, quand je suis venu en France, je n'avais d'autre but que de concourir à rétablir l'ordre !

Labarolière. Permettez-moi de vous demander quelle est la puissance qui vous aurait placé intermédiare entre le peuple français et son intérêt ? Je demanderai au duc de Brunswick si c'est l'auteur du manifeste qui parle ; alors je ne puis lui répondre qu'à coups de canon. Si c'est au contraire l'ami de l'humanité qui nous tient ce langage, je lui dirai que la meilleure preuve qu'il puisse nous donner de ses heureuses dispositions à notre égard, est d'évacuer le territoire français, avant que nos armées, qui se grossissent journellement, ne l'y forcent. Nous savons que les Prussiens sont accablés de maladies, qu'ils perdent journellement des hommes et des chevaux. Dans cet état de choses, ils ne peuvent résister longtemps ; ainsi je crois que leur intérêt veut qu'ils épargnent une inutile effusion de sang. Si vous voulez traiter pour la reddition de Verdun, je ne doute pas que la nation n'accorde aux Prussiens toutes les facilités qui peuvent se concilier avec ses intérêts et la vengeance qu'elle doit tirer de la violation de son territoire.

Brunswick. Le Français est une nation bien étonnante; à peine s'est-elle déclarée république, qu'elle prend déjà le langage des républicains. Au reste, je ne puis dans ce moment rien vous dire sur cet objet, ni sur celui qui m'a amené auprès de vous; il faut que je parle au roi. Convenons, pour 24 heures, d'une suspension d'hostilités entre nos vedettes; que tout reste *in statu quo*: demain le le général Kalkreuth viendra vous trouver; il a la confiance du roi; et soit le général Dumouriez, soit celui qu'il commettra à ce sujet, pourra conférer avec le général.

Je suis charmé d'avoir fait votre connaissance. Quant à vous, général Galbaud. j'ai vu avec plaisir un ancien officier d'artillerie. Vous m'avez montré par votre batterie un échantillon des talents de l'ancien corps royal. Continuez l'un et l'autre à bien servir votre patrie, et croyez que, malgré la teneur des manifestes, on ne peut s'empêcher d'estimer ceux qui travaillent avec loyauté à assurer l'indépendance de leur pays.

Kalkreuth. Permettez, messieurs, qu'en vous demandant votre amitié, je vous accompagne quelques pas.

Brunswick se retire; les tirailleurs français quittent les Prussiens en criant: *Vive la nation!* Ce cri étonne Kalkreuth, qui demande s'il y a sûreté pour lui.

Galbaud. La loyauté française vous est un garant certain de votre sûreté.

A quelques pas de là, Kalkreuth retourne à son camp.

Je certifie les détails de la conférence ci-dessus conformes à tout ce qui s'est passé.

Le maréchal de camp. Signé: GALBAUD.

N° (PAGE 38).

Conférence des généraux Dillon et Galbaud avec le général Kalkreuth, tenue à Glorieux, le 11 octobre 1792, l'an 1er de la République.

Le général de Courbières, gouverneur de Verdun pour le roi de Prusse, après avoir reçu la sommation que lui avait faite le général Dillon, pour l'évacuation de la ville par les troupes prussiennes, envoya à son camp de Regret demander une sorte de suspension d'hostilités, seulement entre les tirailleurs, ceux de l'armée française ayant été jusque sous les murs de la place.

Le général Kalkreuth fit demander en même temps une conférence avec le général Dillon. Il fut convenu provisoirement que, pour la facilité de cette conférence, le village de Glorieux serait réputé neutre; qu'en conséquence, une troupe française garderait la tête du village du côté de l'armée française, et qu'une troupe prussienne garderait l'autre extrémité ; que, de part et d'autre, on empêcherait les tirailleurs d'approcher.

Ces préliminaires remplis, le général Dillon et le maréchal de camp Galbaud se rendirent au rendez-vous indiqué, où ils trouvèrent le général Kalkreuth.

Il s'annonça comme n'ayant aucune mission particulière, mais charmé de pouvoir coopérer de tous ses moyens à une réconciliation sincère entre la nation française et le roi de Prusse.

Arthur Dillon. Vous connaissez, général, la teneur de la sommation que j'ai faite, comme un des généraux de la République, au commandant prussien à Verdun : il me faut une réponse prompte. Il est plus que temps que les armées étrangères évacuent notre territoire. Cette condition est un préalable rigoureux à tout accommodement ; elle est le résultat d'une délibération du conseil exécutif de la République, sanctionnée par la Convention nationale.

Kalkreuth. Je n'ai aucune mission particulière ; mais ayant professé de tout temps une haute estime pour la nation française, je me trouverais trop heureux si je pouvais concourir à un accommodement également avantageux pour les deux nations. Je sais que le roi est très-disposé à écouter toute proposition honorable, et qu'il ne tiendra pas à lui qu'on n'y parvienne promptement.

A. Dillon. Vous n'ignorez pas que, de tout temps, la nation française a estimé les Prussiens ; qu'elle a toujours blâmé le monstrueux traité de 1756 ; mais alors les peuples étaient esclaves, et la volonté arbitraire des rois, souvent guidés par l'intérêt particulier de leurs courtisans, réglait la destinée des nations. Vous savez que Frédéric ne pouvait croire à une telle alliance, qu'il fut longtemps à traiter avec l'Angleterre.

Passons l'éponge sur ces trahisons politiques, et puissent les deux nations, connaissant mieux leurs intérêts, se réunir contre leur ennemi commun !

Kalkreuth. Croyez, encore une fois, qu'il ne dépendra pas de moi que cet heureux événement n'arrive promptement. Je n'ai point été consulté sur la guerre présente ; je la trouve aussi impolitique de la part du roi, que celle de 1756 l'était de la part de Louis XV ; mais, dans cette dernière occasion, on a suivi l'impulsion donnée à l'Europe entière, par la crainte de voir se propager des opinions qui ne conviennnent point aux princes.

A. Dillon. La révolution française a été amenée par l'expérience de quatorze siècles ; la nation entière est d'accord, et elle a lieu de s'étonner que des puissances étrangères soient venues s'ingérer dans ses affaires domestiques ; qu'elles aient craint son ambition, surtout d'après la sublime déclaration de ne point commencer de guerre dans la vue de faire des conquêtes.

Convenez, général, qu'une telle déclaration devait procurer à la France autant d'amis qu'il y a de philosophes en Europe.

Kalkreuth. Rien de plus noble sans doute que cette déclaration : mais quelle caution la France donnera-t-elle de sa persévérance dans ce système ?

A. Dillon. Son intérêt et surtout la loyauté et la franchise qui doivent servir de base à tout gouvernement républicain. Que le roi de Prusse réfléchisse sur cette vérité, et il regrettera d'avoir fait couler le sang de ses peuples et dissipé ses trésors, surtout quand il considérera que son véritable intérêt était de s'unir à nous pour humilier l'orgueilleuse maison d'Autriche qui convoite la Silésie, et qui ne voit qu'à regret celle de Brandebourg jouer un des premiers rôles en Europe ; mais quoique, comme vous, je n'aie aucune mission, je vous le répète, il faudra, avant de traiter d'aussi grands intérêts, que les armées prussiennes évacuent le territoire français, et que le roi de Prusse reconnaisse la République et les pouvoirs délégués à la Convention nationale.

Kalkreuth. La sommation que vous avez faite serait susceptible de bien des observations ; vous dictez des lois, et cependant vous n'avez encore gagné aucune bataille. Nos armées combinées sont aussi fortes que les vôtres ; vous aurez Verdun, mais si nous nous obstinons à le garder, vous ne pourrez y entrer qu'après une victoire. J'espère que notre conduite, en vous remettant la place, vous prouvera le désir du roi de s'arranger avec la France.

A. Dillon. Cette première affaire terminée, il en restera une autre non moins importante, c'est la remise de Longwy. Le roi de Prusse peut, par la prompte évacuation de cette place, prouver son désir de s'accommoder avec la République, et je ne vous cache pas qu'on y fera marcher deux cent mille hommes, s'il le faut.

Kalkreuth. La place de Longwy n'est pas occupée par les troupes du roi ; ainsi cette évacuation ne le regarde pas directement. Ce qu'il pourrait promettre, ce serait de ne se mêler en rien de sa défense : je crois même pouvoir vous assurer que ses troupes n'y prendront aucune part.

A. Dillon. Cette assurance ne suffit pas ; il faut que l'influence du roi décide l'évacuation de cette forteresse sans effusion de sang, et qu'il effectue, par ce moyen, sa sortie du territoire de la République.

Kalkreuth. Je n'ai reçu aucun pouvoir pour traiter. Cette conversation n'est que confidentielle ; mais je suis persuadé qu'il ne sera pas difficile de l'amener le premier à déterminer l'évacuation de Longwy aussi facilement que celle de Verdun.

A. Dillon. Le roi de Prusse pourrait en ce moment donner une preuve convaincante de ses dispositions pour la nation française ; ce serait de séparer entièrement ses armées de celles de ses alliés, et de cesser de protéger et de couvrir leur retraite, comme il l'a fait jusqu'à présent.

Kalkreuth. Vous savez que quand des voyageurs se sont promis de faire une route ensemble, l'honneur veut qu'ils l'achèvent conjointement ; mais ce n'est pas une raison pour qu'ils recommencent une nouvelle route. Je pars, rempli d'estime pour la nation française et pour vous. Je rapporterai au roi notre conversation, et je ne doute pas du succès de mes démarches pour en obtenir une heureuse issue.

A. Dillon. Adieu, général ; j'espère que la campagne prochaine ne s'ouvrira pas sans que la France et la Prusse ne soient réunies ; que vous nous aiderez à affranchir les Pays-Bas. Rappelez bien au roi de Prusse qu'il ne saurait avoir une plus belle alliance que celle d'un peuple libre.

Kalkreuth. Reposez-vous sur moi ; croyez que personne n'apprécie mieux les avantages immenses d'une telle alliance ; puissé-je aller moi-même à Paris la négocier ! Sûr de la loyauté française, les affaires ne seront pas longues à terminer.

Nous certifions les détails de la conférence ci-dessus, conformes à tout ce qui s'est passé.

Le lieutenant-général. *Signé*, A. DILLON.
Le maréchal de camp. *Signé*, GALBAUD.

Mémoire signé Kellermann.

Le duc de *Brunswick* m'envoya, le même jour, le général Kalkreuth pour me proposer un rendez-vous, pour le 24, au château de Danbrouge, sur le chemin de Luxembourg, en me prévenant qu'il serait question de propositions de paix.

Les représentants du peuple ayant jugé convenable que je m'y rendisse, j'y fus à midi ; je trouvai rassemblés le duc de Brunswick, le prince de Hohenloë, l'ambassadeur de l'Empereur, le prince de Reuss, et celui du roi de Prusse, le marquis de *Luchésini*.

Après les honnêtetés d'usage, le duc de *Brunswick*, prenant la parole, me dit : *Général, nous vous avons prié de venir à ce rendez-vous pour vous parler de paix.* Je lui répondis que j'écouterais avec plaisir de pareilles propositions pour en rendre compte à la Convention nationale, qu'en conséquence je le priais de s'expliquer ; alors le duc de *Brunswick* me dit que je leur ferais plaisir de leur donner une base. Cela ne sera pas difficile, lui répondis-je : *Reconnaissez la République française le plus authentiquement possible, et ne vous mêlez jamais directement ni indirectement du roi ni des émigrés.* Les autres difficultés pouvaient s'aplanir facilement.

Ils me dirent unanimement qu'ils l'acceptaient bien volontiers. Alors je leur dis de s'expliquer à leur tour pour le reste. Hé bien ! répondit le duc de *Brunswick, nous nous en retournerons chacun chez nous comme des gens de noces.* Je m'adressai sur-le-champ à l'ambassadeur de l'Empereur, et je lui demandai *qui payerait les frais de noces ? Quant à moi,* lui dis-je, *je pense que l'empereur ayant été l'agresseur, les Pays-Bas doivent être donnés à la France en dédommagement.* L'ambassadeur prit mal cette proposition ; cependant le duc de *Brunswick*, prenant la parole, me dit : *Général, rendez compte à la Convention nationale que nous sommes tous très-disposés à la paix ; et, pour le prouver, la Convention nationale peut nommer des plénipotentiaires et désigner pour les conférences le lieu qu'elle jugera à propos, et nous nous y rendrons. En attendant, nous nous tiendrons soit à Luxembourg, soit dans les Pays-Bas, où l'on pourra nous avertir.* Ainsi se termina notre conférence, dont je rendis compte aux représentants, qui dépêchèrent un courrier auquel je remis mes dépêches pour le président de la Convention nationale et pour le conseil exécutif, par lesquelles je rendais compte des propositions de paix qui m'avaient été faites dans la conférence du 24 octobre. J'ignore les suites qu'on y a données ; mais ce qu'il y a de certain, c'est que, l'année suivante, ayant été appelé à Paris dans le mois de mai, j'en parlai au comité de salut public, qui ignorait entièrement ces propositions. Je lui présentai mes registres, d'après lesquels il se convainquit du compte que j'en avais rendu dans le temps ; ce qui fit présumer que l'intrigue avait écarté cette importante négociation.

Corneille a dit :

> Pour être plus qu'un roi, tu te crois quelque chose.

A la reprise de Francfort par les Prussiens et les Hessois, un grenadier national d'un bataillon de la Haute-Saône se défendit longtemps seul sur un pont. Le roi de Prusse, Guillaume, était entré dans la ville avec son avant-garde : il vit ce grenadier qui, entouré, comme Horatius Coclès, des corps qu'il avait tués, refusait quartier, et, déjà couvert de blessures, ne voulait pas se rendre. Le roi, admirant cette grandeur de courage, fit retirer ceux qui l'attaquaient, ordonna de l'environner, de le prendre sans lui faire de mal et de le lui amener. « Français, lui dit-il, vous êtes un brave homme, c'est dommage que vous ne combattiez pas pour une meilleure cause. » Le grenadier républicain, un peu étonné de se trouver en face d'un roi, et ne voulant pas cependant démentir ses principes d'égalité, lui répondit : « Citoyen Guillaume, nous ne serions pas d'accord sur ce chapitre, parlons d'autre chose. » Le mot *citoyen Guillaume* courut dans l'armée prussienne, et souvent, en passant devant les tentes de ses soldats, le roi entendait répéter : Citoyen Guillaume, et (ce qui serait possible) cela contribua en partie à le décider à quitter l'armée et à la remettre au commandement du prince de Brunswick.

N° (PAGE 72).

Fragment des Mémoires de Camus, l'un des membres et commissaires de la Convention nationale envoyés à l'armée du Nord, commandée par Dumouriez, pour signifier à ce général qu'il était mandé à la barre de l'Assemblée. — Arrestation des commissaires et remise de leurs personnes aux Autrichiens.

Vous connaissez le décret de la Convention nationale qui vous ordonne de vous rendre à sa barre ; voulez-vous l'exécuter ? — Non. — Vous désobéissez à la loi. — Je suis nécessaire à mon armée. — Par cette désobéissance, vous vous rendez coupable. — Allons, ensuite. — Nous voulons, aux termes du décret, mettre les scellés sur vos papiers. — Je ne le souffrirai pas ; et en même temps il donna des ordres pour qu'on les mît en sûreté. — Quels sont les noms des officiers qui sont ici présents ? — Ils les donneront eux-mêmes. — Je m'appelle Devaux, je m'appelle Denise, etc. — Voici, dit Dumouriez, les demoiselles Fernig. — Une d'elles a dit à demi-voix : C'est affreux. — Nous mettrons les scellés sur leurs papiers. — Point du tout ; tout cela ne tend qu'à entraver mes opérations ; c'est une inquisition. — Vu votre désobéissance à la loi, nous vous déclarons que vous êtes suspendu de vos fonctions. — Les officiers présents : Suspendu ! nous le sommes tous ; on veut nous enlever Dumouriez ; Dumouriez, notre père, Dumouriez qui nous mène à la victoire ! — Dumouriez : — Allons donc, il est temps que cela finisse ; je vais vous faire arrêter. Lieutenant, appelez les hussards. Sur-le-champ, il entre vingt-cinq hussards : Arrêtez ces messieurs. Mon cher Beurnonville, en lui prenant la main, vous serez arrêté aussi. Messieurs, vous me servirez d'ôtages.

Beurnonville aux hussards : Je crois que vous respecterez le ministre de la guerre. Les hussards l'entourent et nous aussi. — Mais puisque nous sommes arrêtés, nous ne pouvons pas demeurer avec vous, faites-nous conduire dans une autre pièce. Dumouriez : On va vous y mener ; vous ne manquerez de rien ; on aura tous les égards qui vous sont dus. . . . .

On nous conduit dans la pièce à gauche. Vingt-cinq hussards y entrent et y demeurent avec nous.

Mon premier mouvement, lorsque Dumouriez ordonna notre arrestation, fut un sentiment de satisfaction. On doutait, me disais-je, si Dumouriez est un traître ; il se dévoile, et l'on ne sera plus incertain : c'est un grand avantage pour la République que Dumouriez se fasse connaître avant de lui avoir causé plus de mal. . .

Pendant le temps que nous étions renfermés dans la chambre avec les hussards, un de leurs officiers entra ; Beurnonville le reconnut ; il lui rappela qu'il l'avait vu à Jemmapes. — Mon général, je n'ai pas oublié que j'étais avec vous, ni comment vous sautâtes dans les redoutes pour courir à l'ennemi ; nous le battîmes ensemble. — Beurnonville : Je n'aurais pas pensé que la troupe avec laquelle j'avais battu les Autrichiens à Jemmapes dût m'arrêter un jour, et que vous la commanderiez en ce moment. L'officier resta muet. . . . .

On nous demanda si nous avions des armes. Moi et Quinette nous ne répondîmes pas. Alors on ordonna aux hussards de nous fouiller. Deux s'approchèrent de moi, et tâtèrent par-dessus mes habits si j'avais quelques armes. Ils ne s'aperçurent pas des pistolets que je portais. Le général dit qu'on ne le désarmerait pas ; on lui laissa son sabre.

A onze heures, on nous fit monter en voitures. Lamarque, Quinette, moi et Villemur, secrétaire du général, dans notre berline ; le général dans la sienne, avec Bancal et Ménoire, son aide de camp. Foucaud, notre secrétaire, était seul dans une petite chaise. On fit entrer dans notre voiture et dans celle du général un officier de Dumouriez. Ce fut Rainville, aide de camp, qui monta dans celle du général, Denise dans la nôtre. Outre cela, il y avait un nommé Rome, aussi aide de camp, à cheval, et au moins 100 hussards. La nuit était bien obscure.

Christophe, notre domestique, eut peur et nous quitta. Foucaud, au contraire, ne voulut pas nous abandonner, quoiqu'on lui offrît de le faire repartir pour Paris. . . . .

Rainville était monté dans la voiture de Beurnonville, qui s'en débarrassa. Il lui demanda où on le menait. Rainville dit qu'il ne le savait pas. Beurnonville lui dit de prendre garde à lui, parce que si on le menait sur une terre étrangère, il le tuerait comme un cochon. Peu de temps après, Rainville se trouva trop à l'étroit dans la voiture et monta à cheval.

Sur le minuit, Beurnonville demande au postillon où on le mène. Le postillon dit qu'il va sur Rumegies. Un des aides de camp s'approche, et dit, au contraire, qu'on va à Valenciennes. Beurnonville voit qu'on le conduit hors des terres de la république ; il veut sortir de la voiture, croyant qu'il n'y a qu'une escorte de 10 ou 12 hussards, dont lui et son aide-de-camp viendront bien à bout ; mais Rainville fait approcher toute l'escorte ; on crie aux hussards : Coupez, taillez tout ce qui paraîtra. Les hussards foncent dans la voiture avec leurs sabres ; Beurnonville est blessé légèrement à la cuisse ; son sabre écarte un autre coup plus dangereux, et est faussé de la force du coup. Le général et son aide de camp étaient furieux, ils voulaient sortir de la voiture ; la portière était ouverte. Ménoire avait son sabre nu. Bancal les retint, mais avec beaucoup de peine, et il ne réussit même qu'en leur disant qu'il leur ordonnait, au nom de la Convention et de la loi, de se tenir dans la voiture et de ne pas descendre. . . . .

La portière refermée, un des aides de camp s'approcha de la voiture et cria à ceux qui étaient dedans : Ah ! f. canailles, nous vous tenons ; vous avez assez coupé de têtes, nous allons couper les vôtres. . . . .

Quelque temps après, toute la carrossée dormait ; je veillais seul. Rainville s'approcha de la portière et frappa à la glace. Je voulus essayer ce que ferait un peu de tumulte, et si l'on craignait les ennemis ou si l'on n'était pas d'accord avec eux. Je me mets à crier : Qu'est ceci ? on a frappé à la portière ; sont-ce les ennemis ? Tout le monde s'éveille en sursaut ; Denise nous assure qu'il n'y a pas d'ennemis à craindre ; j'atteste qu'on a frappé à la portière, il baisse la glace ; Rainville lui rapporte que le général a été blessé. Denise réfléchit, et quelques moments après il rappelle Rainville pour lui dire que si le général a besoin de son mouchoir, il va le lui donner. Nous avançons par des chemins de traverse qui étaient détestables ; on changea deux ou trois fois de chevaux ; on en attelait beaucoup à nos voitures, pour les tirer des mauvais pas. . . . .

A neuf heures, le mardi 2 avril, nous arrivâmes à Tournay, par la porte qui est du côté de l'abbaye Saint-Martin. . . . .

A onze heures, on nous servit à dîner, en nous annonçant qu'à midi nous partirions pour Mons, où étaient Cobourg et le quartier-général de l'armée. Clairfait avait son quartier dans la même abbaye de Saint-Martin où nous étions. Après notre dîner, un major vint nous voir de la part de Clairfait : il resta peu d'instants. Un des officiers qui devaient nous conduire, apercevant la cocarde nationale à notre chapeau, nous engagea à l'ôter, pour éviter peut-être quelque insulte. Nous lui répondîmes que sur des choses de cette nature, nous pensions qu'on devait se conformer aux usages des lieux où l'on était, et nous enlevâmes les cocardes. L'usage des pays que nous avons traversés n'est effectivement pas que les personnes non employées dans le militaire portent des cocardes, et je ne pense pas que s'il avait fallu en porter une, jamais aucun de nous en eût pris une autre que la cocarde nationale. Le général et son aide de camp devant, comme militaires, porter une cocarde, ont toujours conservé leur uniforme, leur cocarde et leur panache.

A Coblentz, je ne leur ai plus vu leur cocarde ; je crois qu'ils l'ont quittée à Mastricht. . . . .

Le jour tombait, lorsque nous entrâmes à Mons. On nous conduisit à l'hôtel de la Couronne-Impériale, où le quartier général était établi, et on nous servit à souper dans une des chambres de l'auberge. . . . .

Il avait paru d'abord que nous coucherions à l'auberge, mais pendant le souper on changea de détermination, et, sur les dix heures, on nous conduisit à la maison de M. de Bezeau de Familierren, d'abord avocat, ensuite et actuellement deuxième officier municipal, et en cette qualité député du tiers état de Mons. Quand nous entrâmes dans la maison de Familierren, il se trouva quelques personnes à la porte, entre autres un homme en habit de soie bleu qui était déjà venu à l'hôtel de la Couronne-Impériale, et qui crièrent : Ah! voilà ces coquins qui nous ont fait tant de mal, qui nous ont pillés et volés ; nous les tenons. . . .

. . . .

Le mercredi 3 avril, nous commençâmes à connaître ceux qui nous accompagnaient. Deux détachements nous gardaient, l'un d'infanterie et l'autre de cavalerie. Ils étaient commandés par le comte d'Yhoullay, capitaine d'infanterie, Bellout, capitaine de cavalerie, un lieutenant et un sous-lieutenant : ces officiers étaient, le premier de Hongrie, le deuxième de Bohême. Je crois que le troisième et le quatrième étaient également de Hongrie. Le lieutenant s'appelait Haumerschaab. Les soldats étaient Hongrois. Les jours de marche, le détachement d'infanterie partait dès le matin. Il s'emparait du lieu où nous devions loger et des environs, nous gardait jusqu'au moment de son départ, et était alors remplacé par les cavaliers qui nous accompagnaient dans la route, partie en avant, partie en arrière, partie aux côtés des voitures. L'escorte pouvait être de 50 chevaux, et la garde à pied de 50 hommes. A Mons, dès le matin, on nous servit à déjeuner. Il vint ensuite plusieurs personnes, un commissaire auditeur et son secrétaire, pour inventorier nos effets ainsi que nos portefeuilles. Voici ce qu'on retint : nos pistolets ; on avait pris nos couteaux et rasoirs, le comte d'Yhoullay nous les rendit. . . . .

Le baron de Mack, aide de camp général, colonel, parut ensuite. Après avoir fait sortir tout le monde, il nous dit qu'il était envoyé par le prince Cobourg pour nous déclarer que nous étions retenus en otage pour la reine et son fils, et que nous eussions à écrire à la Convention que si l'on attentait à leurs personnes, notre tête en répondait. Je pris la parole, et lui dis que, quant à moi, je n'avais aucune déclaration à faire ni à envoyer ; que hors des terres de la République et captif, je n'avais aucun avis à donner à la Convention, à mes collègues. Mes collègues étaient du même avis. et pensaient également que dans notre situation nous n'avions aucun avis à donner à la Convention. Cependant, Bancal observa qu'en général nous ne devions répondre qu'après avoir délibéré entre nous. Il ajouta, en parlant au baron de Mack, qu'au surplus l'Europe ne verrait pas sans indignation la trahison de Dumouriez envers nous et jugerait notre détention.

Le colonel Mack fut choqué de ce que nous avions parlé de délibérer, et puis encore de ce que j'avais parlé de république. « Vous n'êtes point, dit-il, en assemblée nationale pour délibérer. Il ne doit pas être question ici d'une république qui n'est reconnue de personne ; et vous en particulier, monsieur Camus, vous pourriez bien être plus réservé ; déjà vous avez tenu hier des propos déplacés. Votre tête pourrait ne pas être très-ferme sur vos épaules. — Eh! que m'importe! lui répondis-je; vous croirez que, parce qu'on m'a trahi et livré aux ennemis de la France, je changerai de sentiments, et que vous me ferez craindre la mort? — Tel qui semble bien hardi change de ton lorsqu'il la voit de près; songez que vous êtes en notre pouvoir. — Oui, et libre dans vos fers. »

Toutes ces réponses furent adoptées par mes collègues, qui s'exprimèrent à peu près dans les mêmes termes sur le peu de cas que nous devions faire et que nous faisions de la vie. Nous observâmes au colonel Mack que quand on s'engageait dans une révolution telle que celle de France, et lorsqu'on avait accepté d'être membre de la Convention, on avait bien dû mettre dans son compte que l'on pourrait y périr; qu'ainsi on tenterait inutilement de nous effrayer, en nous représentant la mort comme plus ou moins prête à nous frapper.

Le colonel me fit alors reproche de faits qui supposaient que j'étais un des envoyés de la Convention; il me parla du jugement de Louis; je l'arrêtai, et lui dis : « N'étant pas libre, je ne dois pas me livrer à la discussion des opinions, mais je dois vous éclairer sur des faits qui ne sont pas susceptibles de contradiction. Ne croyez pas, au surplus que m'expliquant sur ces faits, je prétende faire cause à part ou de mes collègues ou de la Convention. Tout ce que la Convention prononce à la majorité fait ma loi, et je la respecte; mais enfin, s'il est question de faits personnels, c'est de mes actions que je dois répondre, et non de celles des autres. Je n'étais pas dans l'assemblée, lors du jugement de Louis ; j'étais en mission dans ce pays ; ce fait est facile à vérifier. Vous me supposez un des grands acteurs de la Convention; j'en suis absent depuis le mois de décembre. Vous me prenez pour ce qu'on appelle un *enragé*; j'en atteste mes collègues: ils vous diront que je suis un homme très-modéré. » Ils l'attestèrent en effet.

Le baron de Mack revint bientôt sur ses pas, et il me fit des excuses de ce que les propos avaient été poussés d'abord trop vivement. . . . .

Le lieutenant Haumerschaab, entrant pour la première fois, nous demanda lequel de nous était *Marat*. Nous montrâmes tous combien cette demande nous soulevait, et Haumerschaab rougit de l'avoir faite. . . . .

L'après-midi se passa à faire nos malles, lire, écrire des lettres d'après la permission qui nous avait été donnée, converser. Nous profitâmes de quelques minutes d'absence des officiers pour conférer sur la déclaration qu'on nous avait demandée le matin. Nous convînmes qu'avant de prendre un parti, il fallait voir l'écrit que le prince Cobourg devait envoyer. Nous profitâmes aussi d'un instant de liberté pour faire le partage de 83 louis que nous avions demandés en partant de Paris, et que les gens de Dumouriez n'avaient heureusement pas vus : l'acte de partage est entre mes mains. . . . .

Nous partîmes de Mons fort tranquillement. Quelques personnes étaient sur la place ou aux portes ; en général on ne disait rien. . . . .

Le vendredi 5, notre route était pour Bruxelles, où nous arrivâmes l'après-midi sur les cinq heures. Notre logement était préparé vers le milieu de la ville dans la maison qu'on appelle des Finances. Beaucoup de monde était sorti dans la campagne pour nous voir arriver. C'étaient gens de toute espèce, prêtres, moines, émigrés, filles publiques, perruquiers, beaucoup de ces gens-là nous suivirent avec des regards menaçants et des gestes tristes. Ils crièrent peu, parce que notre escorte leur imposait silence. Il en fut de même dans la ville, avec cette différence que les officiers ne pouvant pas courir aussi facilement d'un groupe à l'autre pour faire taire, on parlait un peu plus haut; on me nommait, et on paraissait m'en vouloir particulièrement. Au moment de l'entrée des voitures dans la cour, il y eut des cris assez vifs de la part des personnes qui étaient à la porte : Voilà les scélérats qui ont tué leur roi.

Je dois faire ici deux remarques : la première, que ces mouvements ne se montraient point du tout parmi ce qui forme véritablement le peuple d'une ville, c'est-à-dire les bourgeois et les artisans : c'étaient les prêtres et les émigrés qui faisaient ce tapage. La deuxième remarque est que les cavaliers hongrois qui nous accompagnaient paraissaient navrés de ces insultes. Nous avons tous présente la figure d'un bonhomme d'environ cinquante ans, qui était à cheval à la portière, et nous témoignait de l'œil et de la main une grande sensibilité. . . . .

Ce jour-là même où nous arrivions à Bruxelles, il s'y faisait des fêtes en réjouissance de l'entrée du comte de Katterinack, ministre de l'archiduc gouverneur des Pays-Bas. Il y avait des feux dans la ville, on tirait des pétards; à dix ou onze heures du soir, on vint en lancer sous nos fenêtres en criant : *Voilà pour la Convention !* Ces énénements réunis auraient pu occasionner quelque tumulte, mais M. d'Yhoulhay prit ses précautions, commanda des patrouilles, et prévint tout désordre, de concert avec le commandant de la place, qui de son côté mit beaucoup de vigilance.

Pour éviter l'affluence du peuple au moment de notre départ, on régla qu'il se ferait à l'heure du dîner : nous sortîmes de Bruxelles entre midi et une heure pour nous rendre à Louvain. Il y avait des curieux dans les rues, mais en moindre quantité, et l'effervescence n'était pas à beaucoup près égale à celle de la veille. Nous remarquâmes particulièrement, peu après être sortis de la ville, le propos d'une Française émigrée qui, en nous voyant paraître, dit : *Ah ! voilà donc ces messieurs qu'on a escroqués !* L'expression nous parut peindre ce qui nous était arrivé. . . . .

Le dimanche, 7, à Louvain, Beurnonville me dit : Voyant qu'à Paris on menaçait de me tuer, j'ai employé de l'argent pour me faire instruire de ce qui se passait ; j'y ai dépensé mes appointements de ministre. J'ai su qu'Égalité, le père, répandait beaucoup d'argent. Je me suis convaincu qu'il n'était pas possible qu'un honnête homme restât ministre au milieu des factions qui existaient ; c'est ce qui m'avait déterminé à me démettre. . . . .

Le lundi nous allâmes coucher à Tirlemont ; le mardi, à Saint-Tron. Nous ne fûmes pas fort bien dans l'un et l'autre de ces endroits. Les événements de l'arrivée dans le bourg et de la descente à notre logement étaient toujours à peu près semblables. Des prêtres, des moines, des capucins, des mendiants, couraient fort empressés de nous voir et de nous montrer qu'ils nous haïssaient. A Tirlemont, ils mirent le général Beurnonville de mauvaise humeur parce qu'ils crièrent un peu fort. Dans cette même ville, une partie des curieux, des capucins surtout, demeurèrent, après que nous fûmes entrés, sur la place, devant notre porte. Un caporal hongrois dissipa avec sa baguette de commandement cette tourbe immonde comme un troupeau. . . . .

Notre dernière couchée fut à Tongres le mercredi, 10. Nous y logeâmes dans une auberge. Là, nous fîmes le dernier souper avec les officiers qui nous gardaient; depuis neuf jours que nous ne nous quittions pas, nous avions fait pleine connaissance ensemble. Nous étions ce jour-là si librement, si amicalement, que Quinette, à côté duquel je me trouvais à table, ne put s'empêcher de me dire : « Il me semble que tout ceci soit un rêve; être ainsi au milieu des Impériaux comme entre amis; en même temps enlevés de notre patrie et prisonniers. » .

. . . .

Nous avions donc, en général, à nous louer des personnes qui composaient notre escorte. . . . .

Avec nous on s'entretenait de la Convention, du désordre qui devait régner dans la France, du défaut de pouvoir et de force pour l'exécution des lois; nous tâchions de nous rassurer sur ces maux; qu'ils n'étaient plus tels qu'on les annonçait; qu'ils étaient inséparables des révolutions. Bancal prenait souvent occasion de là pour faire quelque dissertation sur le droit public et la liberté des peuples. Quant à moi, je me livrais fort peu à ces conversations, et point du tout aux discussions. D'Yhouley le remarqua; je lui répondis que je ne savais pas discuter quand je n'étais pas en liberté. Il approuva ma réserve. . . . .

. . . .

On avait été informé à Tongres que les émigrés et nos autres bons amis attendaient avec impatience notre arrivée à Ckarstruk et qu'ils se faisaient une grande fête de nous voir. Nous avions nous-mêmes fait remarquer qu'il était extraordinaire qu'on choisît pour nous retenir en sûreté et à titre d'otages, disait-on, une ville pleine d'émigrés, et que les Français avaient bombardée un mois auparavant; mais l'ordre était donné. . . . .

Le véritable moment de notre arrivée ne fut pas ignoré. Nous étions à une lieue de Maestricht que déjà nous vîmes des émigrés à cheval venir à notre rencontre. Nous avons su dans la suite que depuis trois jours les émigrés ne cessaient d'aller le matin faire des promenades vers Tongres pour savoir si nous venions. Des femmes étaient à cheval avec eux; d'autres femmes étaient dans des voitures; beaucoup d'hommes à pied, des domestiques avec des bâtons. Leurs visages paraissaient beaucoup plus échauffés qu'à Bruxelles; on y voyait des indices de rage, et, plus nous approchions de la ville, plus le chemin était couvert de monde. On passait d'un côté à l'autre de la voiture, on indiquait Lamarck, on me désignait, et puis des gestes, et puis des propos que les officiers de notre escorte ne manquaient pas de faire cesser.

Nous conversions dans notre voiture sur cette ardeur à nous voir passer. En comparant notre situation avec celle des personnes qui nous insultaient, combien la nôtre nous paraissait supérieure! Nous étions absolument dans l'ordre de la Providence. Nous nous étions livrés pour notre patrie; notre arrestation avait dû sauver la patrie en déchirant le voile qui avait été jeté jusque-là sur les projets perfides de Dumouriez; trop heureux de mourir sans avoir rien à nous reprocher et pour avoir rempli avec fidélité la mission dont nos concitoyens nous avaient honorés ! . . . .

Beurnonville, avec ses compagnons de captivité, était arrivé à la forteresse d'Etsrentreistein, sur la rive droite du Rhin. Il fut attaqué d'une maladie grave qu'augmentait l'insalubrité de la chambre qui leur servait de prison. Cette maladie, retardant le départ des prisonniers pour leur désignation ultérieure, on fit prendre à Beurnonville, pendant plusieurs jours, une quantité excessive de quinquina, qui fit momentanément cesser la fièvre dont il était dévoré. On se mit alors en route; mais la maladie ayant repris avec une nouvelle violence, il fallut encore s'arrêter à Wurtzbourg, puis à Egra. Enfin Beurnonville arriva à Olmutz, où il resta seul plongé dans un cachot étroit et presque privé d'air jusqu'au 3 novembre 1795, époque à laquelle on lui annonça que ses fers allaient être brisés, au moyen d'un échange convenu entre les gouvernement français et autrichien. On le mena ainsi que les autres détenus à Bâle, où ils furent effectivement échangés le 27 décembre, contre la fille de Louis XVI. A peine Beurnonville était-il rentré en France, que le gouvernement, connaissant son talent militaire, le nomma général en chef de l'armée de Sambre-et-Meuse.

Arrestation du général Lafayette par les Autrichiens.

A la nouvelle des événements du 20 juin 1792, le général Lafayette, qui exerçait alors un commandement à l'armée du Nord, après s'être concerté avec le maréchal Luckner, pour que son absence ne compromît en rien le sort des troupes, accourut à Paris, et, après avoir protesté solennellement à la barre de l'Assemblée législative contre le parti dont l'influence tendait au meurtre et à l'anarchie, il s'était décidé à rejoindre son armée. Se prononçant ensuite contre la journée du 10 août avec non moins d'énergie, il donna l'ordre d'arrêter à Sédan les trois commissaires envoyés près de lui par l'Assemblée. Aussitôt d'autres commissaires furent dépêchés avec les mêmes pouvoirs que les précédents, et dans la matinée du 19, le général fut déclaré traître à la patrie et décrété d'accusation.

Le plan de Lafayette dans une démarche d'une si haute importance avait été de rallier à lui plusieurs départements, et de former, avec des membres des autorités constituées, une sorte de congrès auquel il espérait que plusieurs membres dissidents du corps législatif pourraient se joindr. Soutenu de cette force civile, dont il eût requis des ordres, secondé des armées de la Moselle et du Rhin, il pouvait maintenir une opposition à laquelle se fût rallié l'esprit public, et rétablir la constitution dans son premier état. Mais toutes les circonstances nécessaires au succès manquèrent à la fois; l'ennemi aux portes rallia tous les intérêts; la conduite versatile du roi et de la cour éloigna toute confiance et rompit toutes les mesures; l'esprit du soldat était accoutumé à ne voir et à ne connaître de puissance que celle des décrets: tout concourut à faire échouer une entreprise que la rapidité des événements n'avait pas laissé le temps de mûrir et de préparer, dont le succès partiel eût ouvert à l'ennemi les portes de la frontière, et dont le succès complet était impossible à effectuer, après les événements du 10 août. Lafayette se vit bientôt abandonné de ses soldats ; on n'avait négligé aucun des moyens d'usage pour les lui enlever ; il eût pu encore assurer sa retraite par quelques troupes que l'affection lui conservait ; il préféra généreusement supporter seul sa disgrâce, et ne se permit d'y associer qu'un petit nombre d'amis, à qui ce titre ne laissait plus d'autre sûreté. Après avoir mis ordre aux affaires civiles et après avoir pourvu à la sûreté de son camp, il partit.

Avec lui étaient Bureau-de-Pusy, Latour-Maubourg, Alexandre Lameth, qui vint le joindre, et quelques officiers de son état-major. Il renvoya, de Bouillon, son escorte de 25 cavaliers. De là, il écrivit des ordres pour les différents postes qu'occupait son armée, afin de pourvoir à leur sûreté. Il envoya en même temps aux corps administratifs des réquisitions antidatées, pour motiver au besoin leurs démarches, et faire retomber sur lui seul toute inculpation.

La part active qu'avait prise Lafayette dans tous les événements de la révolution, l'influence qu'eut sa retraite sur les événements du moment, l'intérêt et la curiosité qu'inspire naturellement un homme dont le nom marque dans l'histoire de son temps, exigent quelques détails circonstanciés qui, de plus, peignent l'esprit général et l'opinion étrangère sur la révolution de la France. Le motif urgent de Lafayette était de se soustraire au décret d'accusation qui, de ses adversaires, faisait ses juges ; son espoir était de traverser, inconnu, les postes ennemis, de gagner le territoire peu éloigné de la république de Hollande ; l'estime du parti patriote lui promettait, avec quelques apparences de succès, de pouvoir encore seconder le parti constitutionnel dans l'intérieur ; il pensait aussi que, peut-être, en débarquant dans les départements du nord, l'ancienne Normandie, il pourrait y rallier des opinions et des forces : mais toutes ces chances, éloignées et incertaines, n'étaient que des illusions d'un esprit libéral s'essayant à tromper sa douleur et cherchant quelque chose à opposer à ses regrets : ils avaient le droit d'être amers. Ce n'était pas les ennemis de la liberté, coalisés, qui le chassaient, les armes à la main, de la terre de la liberté, où lui même l'avait appelée un des premiers ; c'était au nom de cette même liberté qu'un parti, opposé plutôt de principes que d'opinions, et plutôt de moyens encore que de principes, l'accusait et le proscrivait ; et il était accusé, proscrit, pour avoir tenté de sauver et de défendre ceux mêmes sur lesquels il avait conquis cette liberté. Sa situation n'avait pas un autre exemple dans l'histoire. Marius fuyait les proscriptions de Sylla, son rival et son ennemi personnel ; les Whigs et les Torys, les Guelphes et les Gibelins tenaient pour des partis et pour des opinions prononcés et contraires ; ils se haïssaient, parce qu'ils tendaient à des buts opposés ; ils étaient encore plus adversaires qu'ennemis. Ici, il ne s'agissait que du choix des moyens pour arriver au même but avoué, une liberté publique ; mais comme, en matière de religion, l'intolérance de schisme est plus active et plus cruelle que l'intolérance de secte, les rivalités entre les sections du même parti étaient plus haineuses qu'entre les partis différents. Ceux qu'on appelait *les jacobins* haïssaient et persécutaient les constitutionnels comme adversaires et comme rivaux ; l'un et l'autre ne combattaient l'étranger que comme ennemi.

« Lafayette et ses compagnons espéraient éviter les ennemis ; mais la nuit survenant, et leurs chevaux étant excessivement fatigués par leur marche et par une forte pluie qui n'avait pas cessé depuis le matin, ils se trouvèrent à la fois dans l'impossibilité d'aller plus loin, et tout à coup au milieu des postes ennemis ; la lassitude des chevaux n'eût pas permis de rétrograder, lors même que ce mouvement eût été possible à des gens dont le départ allait être officiellement annoncé à Sédan et à l'armée. Il fallut donc feindre de la confiance, et tâcher de n'être pas reconnus. Pusy, s'avançant, demanda à parler à l'officier commandant à Rochefort : c'était le lieutenant-colonel comte d'Harnoncourt. Celui-ci ayant voulu envoyer Pusy, comme tous les émigrés l'avaient été jusqu'alors, à M. le duc de Bourbon, commandant aux postes voisins, Pusy répondit que ses compagnons et lui ne devaient pas être confondus avec les émigrés portant les armes contre leur pays ; qu'ils étaient des officiers patriotes, attachés aux lois constitutionnelles, qui avaient, à la vérité, quitté l'armée, et qui demandaient passage pour aller chercher un asile dans un pays qui ne fût pas en guerre avec la France. Le comte d'Harnoncourt, retenant Pusy, fit dire aux autres d'avancer : il n'y avait pas moyen de faire autrement. Ils furent conduits à une auberge ; Lafayette fut reconnu dès les premiers moments. Le commandant leur dit qu'il était impossible de partir avant le lendemain ; Pusy fut chargé de lui confier les noms qu'il connaissait déjà ; ce qui produisit beaucoup d'expressions de respect, mais rien de plus. Cependant on entendait arriver des hussards autrichiens ; le commandant s'était laissé aller à prononcer le nom *des prisonniers*, dont pourtant il fit des excuses ; mais il soutint qu'avant de laisser continuer la route, il lui fallait une permission du général commandant à Namur. Pusy accompagna l'officier qu'on y envoyait. Il y avait, lorsqu'il partit, le 20 au matin, des renforts de troupes à Rochefort. Le commandant de Namur, homme de soixante-dix ans, n'eût pas plutôt vu le nom de Lafayette, qu'il se mit à chanter et à sauter dans sa chambre, en disant : *Lafayette est pris ! Lafayette est pris !* Pusy demanda des passe-ports et fut refusé, comme si c'eût été la prétention la plus ridicule. « Comment pouvez-« vous croire, lui dit-il, que les puissances coalisées laisseront aller Lafayette « tombé dans leurs mains ? » Il lui donna poliment à dîner : le prince Lambesc s'y trouva et dit, dans la conversation, avoir entendu Calonne dire tout haut, lorsque l'empereur balançait à déclarer la guerre, que si on tergiversait encore, les princes français sauraient bien la faire déclarer par le gouvernement de France : rapprochement assez remarquable avec le ministère et la déclaration de guerre de Dumouriez.

« Les prisonniers firent, à Rochefort, une déclaration dont ils demandèrent le dépôt dans les mains d'un officier public, et où leurs principes sont consignés.

« Le 21, on conduisit les prisonniers de Rochefort à Namur. Il y trouvèrent pour commandant le marquis de Chasteler, celui qui, cinq années après, vint faire aux trois prisonniers d'Olmütz les propositions impériales auxquelles ils refusèrent d'accéder. Chasteler dit à Lafayette que M. le prince Charles avait été chargé, par leurs Altesses royales, de causer avec lui sur la situation de la France, et lui fit entendre que, d'après les sujets de plainte qu'il avait contre sa patrie, on espérait tirer de lui quelques renseignements. — « Je ne sais, répondit-il, si

« on a donné pareille commission, mais je ne pense pas que personne ose s'en ac-
« quitter près de moi. » En ce moment, le prince Charles entra. La conversation, obligeante de sa part, fut à peu près nulle du côté des prisonniers; et lorsqu'on eut demandé que les officiers généraux restassent seuls, ils devinrent absolument muets. « Je pense, dit M. de Chasteler, que la situation où nous sommes, doit être
« pénible pour vous et pour M. le prince Charles ; elle l'est du moins beaucoup
« pour moi, et il me semble qu'il vaut mieux abréger cette visite. » Alors on se salua et on se retira. On doit au prince Charles la justice de dire qu'il mit, dans cette entrevue, beaucoup d'égards et d'honnêteté.

« Le soir, le marquis de Chasteler vint à l'auberge des prisonniers; il demanda à Lafayette de lui parler seul : c'était pour lui montrer un projet de lettre qu'on allait, disait-il, écrire à leurs Altesses royales, la gouvernante des Pays-Bas et le duc de Saxe. On y parlait des opinions de Lafayette d'une manière inexacte, et particulièrement on lui supposait des regrets sur l'abolition de la noblesse. « Je
« vous sais gré de vos intentions, dit-il à M. de Chasteler, mais je dois vous dé-
« clarer que, si vous travestissiez ainsi mes principes et mes sentiments, je serais
« obligé de démentir hautement les assertions que votre bienveillance vous a ins-
« pirées. »

Les prisonniers furent conduits à Nivelle, où l'on commençait à les resserrer de plus près; ils y reçurent la visite d'un conseiller d'Etat, avec lequel Lafayette, Latour-Maubourg, Alexandre Lameth et Bureau-de-Pusy, tous quatre constituants, s'expliquèrent dans les termes francs et patriotiques qui leur convenaient. Quelques jours après, vint un major autrichien, chargé de recevoir le trésor qu'on supposait que Lafayette avait pris avec lui, et qui, disait-on, devait être séquestré par sa Majesté très-chrétienne. « Tout ce que je comprends à cette étrange com-
« mission, répondit Lafayette au major, c'est qu'à ma place M. le duc de Saxe
« aurait volé le trésor de l'armée. » On visita cependant, non sans beaucoup de honte de la part des Autrichiens et quelques plaisanteries des prisonniers, les porte-manteaux qu'ils avaient avec eux, et où il se trouvait moins de deux mois d'appointements pour chaque grade. Enfin, on apporta l'ordre de séparer les prisonniers. Ils étaient au nombre de vingt-deux ; les constituants seuls furent réservés, les autres traités comme prisonniers de guerre et successivement mis en liberté.

Transférés successivement à Magdebourg, à Glatz, à Vesel, à Neiss, à Olmütz privés des premiers besoins de la vie, de communications entre eux, la haine, en raffinant ses vengeances, fit oublier même la politique. Elle disait en vain que cet excès de barbarie était un avertissement, pour tous ceux d'une opinion semblable, de n'attendre aucune sûreté que de leur résistance et de leurs armes, et que les passions implacables des souverains ne laissaient plus d'autre traité.

La captivité de Lafayette dura cinq années. Sa restitution à la France fut une des stipulations du traité de Leoben.

Chants militaires.

Au nombre des principaux moyens de vaincre que la République enfanta, se trouvèrent en première ligne ces chants guerriers et républicains qui entretinrent l'exaltation dans le cœur de tous les braves. A défaut des fanfares et des marches de nos musiques militaires modernes, quelques fifres à sons aigus, perçants et peu agréables ; le bruit cadencé et les coups réguliers des tambours battant la charge ; la voix des généraux entonnant avec joie des chants connus de l'armée ; l'harmonie imposante des masses répétant ces chants en chœur, sans le secours des instruments, suffirent pour porter au plus haut degré l'enthousiasme de nos volontaires. Tels furent l'hymne célèbre des *Marseillais* et le *Chant du Départ*. — Le premier ouvrage, d'un brave et digne officier d'artillerie, *Rouget de l'Isle*, fut à tort appelé des *Marseillais;* puisque bien longtemps avant le 10 août, il parut à l'armée du Rhin.

La *Marseillaise* était le chant d'indépendance et de la guerre en 1793, un cri d'alarme, un appel aux masses en faveur de la patrie attaquée de toutes parts. Mais à la fin de 1794, grâce au courage et au succès de nos soldats, les *sillons* de nos campagnes n'avaient plus à craindre la présence de l'étranger; Chénier se chargea de célébrer la victoire, et le *Chant du Départ* prit aussitôt place parmi nos hymnes guerriers.

Cet admirable chant républicain et militaire rappelle à la fois au soldat sa famille et sa patrie.

Voici ces deux chants glorieux :

LA MARSEILLAISE.

Allons, enfants de la patrie !
Le jour de gloire est arrivé ;
Contre nous, de la tyrannie,
L'étendard sanglant est levé (*bis*).
Entendez-vous, dans les campagnes,
Mugir ces féroces soldats !
Ils viennent, jusque dans nos bras,
Égorger nos fils, nos compagnes !

Aux armes, citoyens ! formez vos bataillons !
Marchez (*bis*) ! qu'un sang impur abreuve nos sillons.

Que veut cette horde d'esclaves,
De traîtres, de rois conjurés !
Pour qui ces ignobles entraves !
Ces fers, dès longtemps préparés !

Français! pour nous, ah! quel outrage!
Quels transports il doit exciter!
C'est nous qu'on ose méditer
De rendre à l'antique esclavage!

Aux armes, citoyens! etc.

Quoi! des cohortes étrangères
Feraient la loi dans nos foyers!
Quoi! ces phalanges mercenaires
Terrasseraient nos fiers guerriers!
Grand Dieu! par des mains enchaînées,
Nos fronts sous le joug se ploieraient!
De vils despotes deviendraient
Les maîtres de nos destinées!

Aux armes, citoyens! etc.

Tremblez, tyrans, et vous, perfides!
L'opprobre de tous les partis!
Tremblez! vos projets parricides
Vont enfin recevoir leur prix.
Tout est soldat pour vous combattre!
S'ils tombent, nos jeunes héros,
La terre en produit de nouveaux,
Contre vous tous prêts à combattre!

Aux armes, citoyens! etc.

Français! en guerriers magnanimes,
Portez ou recevez vos coups;
Épargnez ces tristes victimes,
A regret s'armant contre nous.
Mais le despote sanguinaire,
Mais les complices de Bouillé,
Tous ces tigres qui, sans pitié,
Déchirent le sein de leur mère!...

Aux armes, citoyens! etc.

Nous entrerons dans la carrière
Quand nos aînés n'y seront plus;
Nous y trouverons leur poussière
Et les traces de leurs vertus.
Bien moins jaloux de leur survivre
Que de partager leur cercueil,
Nous aurons le sublime orgueil
De les venger ou de les suivre.

Aux armes, citoyens! etc.

Amour sacré de la patrie,
Conduis, soutiens nos bras vengeurs;
Liberté, liberté chérie,
Combats avec tes défenseurs!
Sous nos drapeaux, que la victoire
Accoure à tes mâles accents!
Que tes ennemis expirants
Voient ton triomphe et notre gloire!

Aux armes, citoyens! formez vos bataillons!
Marchez (*bis*)! qu'un sang impur abreuve nos sillons!

LE CHANT DU DÉPART.

UN DÉPUTÉ DU PEUPLE.

La victoire, en chantant, nous ouvre la barrière,
La liberté guide nos pas,
Et du nord au midi, la trompette guerrière
A sonné l'heure des combats.
Tremblez, ennemis de la France,
Rois ivres de sang et d'orgueil!
Le peuple souverain s'avance...
Tyrans, descendez au cercueil!

La République nous appelle,
Sachons vaincre ou sachons périr;
Un Français doit vivre pour elle,
Pour elle un Français doit mourir.

UNE MÈRE DE FAMILLE.

De nos yeux maternels ne craignez pas les larmes,
Loin de nous de lâches douleurs!
Nous devons triompher quand vous prenez les armes,
C'est aux rois à verser des pleurs.
Nous vous avons donné la vie,
Guerriers, elle n'est plus à vous,
Vos jours sont tous à la patrie,
Elle est votre mère avant nous.

La République, etc.

UN VIEILLARD.

Que le fer paternel arme la main des braves
Songez à nous au champ de Mars;
Consacrez dans le sang des rois et des esclaves
Le fer béni par les vieillards;

Et rapportant sous la chaumière
Des blessures et des vertus,
Venez fermer notre paupière
Quand les tyrans ne seront plus.

La République, etc.

UN ENFANT.

De Barra, de Viala, le sort nous fait envie :
Ils sont morts, mais ils ont vaincu ;
Le lâche accablé d'ans n'a point connu la vie,
Qui meurt pour le peuple a vécu.
Vous êtes vaillants, nous le sommes,
Guidez-nous contre les tyrans ;
Les républicains sont des hommes,
Les esclaves sont des enfants.

La République, etc.

UNE ÉPOUSE.

Partez, vaillants époux, les combats sont vos fêtes,
Partez, modèles des guerriers ;
Nous cueillerons des fleurs pour en ceindre vos têtes,
Nos mains tresseront vos lauriers ;
Et si le temple de mémoire
S'ouvrait à vos mânes vainqueurs,
Nos voix chanteront votre gloire,
Nos flancs porteront vos vengeurs.

La République, etc.

UNE JEUNE FILLE.

Et nous, sœurs des héros, nous qui, de l'hyménée,
Ignorons les aimables nœuds,
Si, pour s'unir un jour à notre destinée,
Les citoyens forment des vœux,
Qu'ils reviennent dans nos murailles
Beaux de gloire et de liberté,
Et que leur sang, dans les batailles,
Ait coulé pour l'égalité.

La République, etc.

LES GUERRIERS.

Sur ce fer, devant Dieu, nous jurons à nos pères,
A nos épouses, à nos sœurs,
A nos représentants, à nos fils, à nos mères,
D'anéantir les oppresseurs.

En tous lieux, dans la nuit profonde,
Plongeant l'infâme royauté,
Les Français donneront au monde
Et la paix et la liberté.

La République, etc.

Après l'issue fatale du mémorable combat maritime livré aux Anglais le 1ᵉʳ juin 1794 (1), la Convention nationale décréta qu'un modèle du vaisseau *le Vengeur* serait suspendu aux voûtes du Panthéon, et que, pour immortaliser le dévouement des troupes de son équipage, leur mort glorieuse serait proposée pour sujet aux poëtes, aux peintres et aux sculpteurs. Chénier, dans cette circonstance, fut encore le poëte national le mieux inspiré, ainsi que Lebrun, le Pindare de nos jours d'enthousiasme.

Nous ne citerons seulement qu'une des strophes du poëte Chénier, qui peint si énergiquement la glorieuse fin du *Vengeur*.

Lève-toi, sors des mers profondés,
Cadavre fumant du *Vengeur*,
Toi qui vis le Français vainqueur
Des Anglais, des feux et des ondes !
D'où partent ces cris déchirants ?
Quelles sont ces voix magnanimes ?
Ce sont les braves expirants,
Qui chantent du fond des abîmes
Gloire au peuple français !...
. . . .

L'ode de Lebrun est si belle, que nos lecteurs nous sauront gré de la rapporter en partie.

Toi que je chante et que j'adore,
Dirige, ô Liberté, mon vaisseau dans son cours !
Moins de vents orageux tourmentent le Bosphore,
Que la mer terrible où je cours !

Argos, la nef à voix humaine,
Qui mérita l'Olympe, et luit au front des cieux,
Quel que fût le succès de sa course lointaine,
Prit un vol moins audacieux !

Vainqueur d'Éole et des Pléiades,
Je sens d'un souffle heureux mon navire emporté ;
Il échappe aux écueils des trompeuses Cyclades,
Et vogue à l'immortalité !

(1) Voyez le chapitre des événements maritimes et coloniaux.

Mais des flots fût-il la victime,
Ainsi que *le Vengeur* il est beau de périr ;
Il est beau, quand le sort vous jette dans l'abîme,
De paraître le conquérir.

Trahi par le sort infidèle,
Comme un lion forcé de nombreux léopards,
Seul au milieu de tous sa fureur étincelle :
Il les combat de toutes parts.

L'airain lui déclare la guerre,
Le fer, l'onde, la flamme entourent ses héros ;
Sans doute ils triomphaient, mais leur dernier tonnerre
Vient de s'éteindre sous les flots.

Captifs !... la vie est un outrage ;
Ils préfèrent le gouffre à ce bienfait honteux :
L'Anglais en frémissant admire leur courage,
Albion pâlit devant eux.

Plus fiers d'une mort infaillible,
Sans peur, sans désespoir, calmes dans leurs combats,
De ces républicains l'âme n'est plus sensible
Qu'à l'ivresse d'un beau trépas.

Près de se voir réduits en poudre,
Ils défendent leurs bords enflammés et sanglants ;
Voyez-les défier et la vague et la foudre
Sous les mâts rompus et brûlants !

Voyez ce drapeau tricolore
Qu'élève en périssant leur courage indompté ;
Sous le flot qui le couvre entendez-vous encore
Ce cri : *Vive la liberté !*...

Ce cri... c'est en vain qu'il expire,
Etouffé par la mort et par les flots jaloux ;
Sans cesse il revivra répété par ma lyre :
Siècles ! il planera sur vous !

Et vous, héros de Salamine,
Dont Thétis vante encor le trépas glorieux,
Non, vous n'égalez pas cette auguste ruine,
Ce naufrage victorieux !...

Portrait de Bonaparte avant la journée du 13 vendémiaire.

Né dans la Corse, d'une famille noble et peu fortunée, Napoléon Bonaparte avait été appelé fort jeune à l'École militaire de Brienne. Il paraît que dans son adolescence il ne laissa pressentir ni les vastes ressources de son esprit, ni le pouvoir plus étonnant encore de son caractère. Ses maîtres le jugeaient un élève timide et doux, et propre seulement aux mathématiques. Mais, dès qu'il eut trouvé dans cette science un premier point d'appui pour son ambition, elle s'alluma par des lectures très-diversifiées. Cette ambition fut développée et mûrie par une révolution qui, l'habituant au bruit des grandes chutes, lui montrait aussi comme possibles les plus soudaines élévations. Tandis que, autour de lui, tout fermentait de la fureur immodérée du bien public, son âme ardente, mais seulement pour la gloire, concentrait toute son activité sur l'espoir d'un grand nom et d'une haute fortune. Ses méditations l'avaient laissé sceptique sur plusieurs points de l'ordre religieux, politique et moral, soit parce que le doute est souvent le partage des esprits étendus, soit parce qu'il traitait avec assez d'indifférence tout ce qui ne lui parlait pas de ses avantages personnels et prochains. L'amour et l'amitié n'étaient pour l'ambitieux sous-lieutenant que des moyens d'arriver à son but, ou de e délasser sur la route. Quoique né dans une île où la vengeance est souvent un besoin opiniâtre de l'âme, il pouvait sans beaucoup d'efforts sacrifier la sienne à la vaste étendue des plans qu'il s'était tracés. Témoin de la journée du 10 août il avait senti en son âme quelque pitié pour Louis XVI et quelque dégoût pour les images de désordre qu'offre une révolution ; mais cette impression avait été fugitive. Il avait pris le parti d'aimer et de défendre la révolution, qui pouvait d'ailleurs lui servir de marche-pied pour les grandeurs indéfinies dont le vague désir le tourmentait.

Ce fut d'abord au siège de Toulon qu'il se fit remarquer. Au coup d'œil d'un excellent officier d'artillerie, il avait joint celui d'un général. Ses talents commencèrent à être connus : mais lui seul connaissait tout l'empire de sa volonté. Lorsqu'il dit au général Dugommier, après avoir emporté la principale redoute extérieure des Anglais : « Maintenant vous pouvez aller vous coucher ; Toulon est à nous, » c'était comme s'il eût dit à son général : « Ce succès n'appartient qu'à moi seul. » On le vit toujours aussi vigilant à prendre possession de tous ses avantages. Le moment viendra où il pourra dire à juste titre : « La révolution m'appartient, puis« que je l'ai illustrée de mes exploits. Je saurai la défendre ; mais je puis en dis« poser à ma volonté. »

De Toulon, Bonaparte se voyait déjà maître de l'Italie. Il ne doutait point d'une aussi belle conquête, si elle lui était confiée. Il en parlait comme si les journées de Millésimo, de Montenotte, de Lodi, étaient déjà écrites dans sa pensée. Mais une rude disgrâce vint l'assaillir au début de sa carrière. Quelques mois après le 9 thermidor, le représentant du peuple Aubri le destitua, avec la note injuste et flétrissante d'un partisan de Robespierre. Bonaparte avait blâmé les inutiles cruautés commises à Toulon. On sait qu'il ne prononçait pas le nom de Robespierre avec toute l'horreur dont ce nom nous pénètre. Il estimait jusque dans l'atroce rhéteur, ce don d'une volonté inflexible sur lequel lui-même devait élever sa puissance. Mais son règne a prouvé qu'il répugnait aux barbaries révolutionnaires.

Bonaparte était venu à Paris réclamer contre cette destitution. Il frappait à la porte des comités, comme un solliciteur impérieux et indigné, et se voyait froidement éconduit. Déjà l'agitation des sections de Paris manifestait des projets hostiles contre la Convention ; on sait que Bonaparte lui offrit l'appui de ses talents militaires. . . . .

Sa taille était petite, et alors assez grêle, son teint assez basané, sa démarche brusque, son maintien privé de ces grâces, de cette aisance, et de cette légèreté qui charment les Français. Mais ses traits prononcés avaient quelque chose de romain. Ses yeux, parfaitement beaux, lançaient souvent les éclairs du génie. Comme il s'annonçait avec une réserve hautaine ou défiante, le sourire qui lui échappait quelquefois paraissait d'autant plus agréable qu'il était inattendu. C'était un homme qu'on ne remarquait pas d'abord, et avec qui même l'on ne se sentait pas à son aise, mais qui finissait le plus souvent par captiver l'attention générale. Ou bien il gardait le silence dans la conversation, ou bien il y régnait. Moins il avait de politesse habituelle, plus il excellait à séduire ceux qu'il jugeait utiles à son ambition. Son accent italien, quoique peu sensible, prêtait de la grâce à ses expressions hasardées, hyperboliques, et qui semblaient ne pas suffire encore au besoin de sa pensée. Avait-il à développer un plan, soit politique, soit militaire il faisait évanouir par la précision des détails ce que la conception eût pu présenter d'idéal ou de chimérique. Vide de toutes les passions et de tous les systèmes qui pouvaient arrêter sa marche, habile à tirer de son imagination les mouvements que ne lui suggérait pas son cœur, il savait feindre avec empire et tromper avec épanchement. En un mot, son caractère offrait le plus étonnant des phénomènes, l'égoïsme dans une âme de feu. . . . .

Notes de Napoléon sur la Vendée.

La première Vendée était-elle anglaise ? Non. Elle a été dans le principe, toute populaire, elle était le mouvement spontané d'une population nombreuse, composée d'hommes simples et ignorants qui, séparés de toute civilisation et du reste de la France par le défaut de grandes communications, et surtout par les circonstances des localités impénétrables de leur pays, ne connaissaient d'autre loi que le respect à la religion, à la royauté, à la noblesse. Les avantages de la liberté, la suppression de la féodalité, ceux résultant des décrets de l'Assemblée nationale, ne flattèrent point leurs passions ; ils ne virent dans les lois nouvelles que des attaques à la religion de leurs pères et à l'ancienne monarchie, à laquelle ils devaient leur affranchissement. Du moment où ils comprirent le danger de l'autel et du trône, ils se levèrent en masse. Cette insurrection fut spontanée, comme le mouvement qui porte à défendre son patrimoine.

Dès 1791, les prêtres non assermentés préparèrent les éléments de la Vendée. En 1792, les mandements des évêques émigrés réfugiés à Londres, ceux de leurs grands vicaires résidant dans les diocèses; les prédications des curés et des missionnaires se refusant au serment de fidélité à la constitution civile du clergé, mais bien plus encore, la haine générale contre les prêtres *intrus* avaient exalté les imaginations populaires, particulièrement dans la Vendée et les Deux-Sèvres La noblesse s'empara de l'élan des paysans, et ces malheureux devinrent les instruments de la féodalité, et de la politique anglaise. De là découlèrent tous les maux qui ont affligé cette belle partie du territoire français. La Vendée a constamment présenté deux aspects : ses villes, ses bourgs, en communications faciles depuis longues années avec les autres villes de l'intérieur, manifestèrent dès le principe des opinions favorables à la révolution ; les campagnes, au contraire, livrées aux croyances héréditaires, restèrent, à toutes les époques, dévouées aux idées monarchiques.

Cet état de choses changea, mais insensiblement et par le seul effet du contact de ces masses ignorantes avec la civilisation nouvelle. Le Consulat pacifia la Vendée, parce qu'il était un premier pas vers une réorganisation monarchique, et que le premier consul, protecteur des prêtres réfractaires lorsqu'il n'était encore que le vainqueur de l'Italie, donnait à cette population fanatique l'espérance d'un prochain rétablissement du culte. Le Concordat réalisa cet espoir. L'Empire éteignit les derniers restes de la Vendée ; et l'on vit, en 1814, six mille paysans de ces contrées, entourés à la Fère-Champenoise par des forces décuples, se battre en héros pour la cause de Napoléon, et préférant la mort à rendre leurs armes aux alliés de ces mêmes princes pour lesquels ils avaient pendant six ans résisté à tous les efforts de la République. L'héroïsme de ces braves prouve que la grande réconciliation des Français avait été opérée par Napoléon, et que la France de 1814 n'était plus la France de 1793.

La guerre de la Vendée, celle de la chouannerie, n'auraient jamais été sérieuses, si les départements de l'Ouest avaient été percés de routes, comme le sont les provinces de l'est de la France. Les Vendéens, éclairés comme les peuples de la Bourgogne, seraient accourus au-devant de la commotion qui anéantissait les débris de la servitude féodale et assurait l'indépendance et les droits politiques des Français. Une bonne administration eût prévenu tant de malheurs. La guerre civile, le plus grand fléau des peuples, n'aurait pas souillé pendant six années le sol du Poitou, de l'Anjou, de la Bretagne, et fait couler sous des armes françaises des flots de sang français. La Vendée n'a point combattu sous l'étendard royal ; son armée s'est proclamée *Armée catholique;* elle s'est levée sous l'étendard de la Foi.

La guerre de la Vendée se divise en trois époques; elle a été soutenue par deux armées distinctes : l'une, l'armée catholique, l'autre, l'armée des chouans.

Le fanatisme du paysan de la Vendée, ignorant et superstitieux, était mûr pour une guerre civile. Six semaines après la mort de Louis XVI, et quinze jours seulement après le décret de la Convention qui ordonnait une levée de trois cent mille hommes, l'insurrection éclata à Chollet; le tocsin sonna dans toute la Vendée.

Au milieu de leurs succès, les Vendéens organisèrent un gouvernement. L'évêque d'Agra, se disant vicaire apostolique, les vicaires généraux de Luçon et d'Angers, quelques chefs des premières levées, composèrent ce qu'on appela le conseil suprême. Les premiers actes de ce gouvernement annoncèrent ce qu'il était et ce qu'il devait être par la suite : son but, le rétablissement de l'autel et du trône.

Son action, elle devait être toute militaire : la dictature tombe dans la main des prêtres, ce sont eux qui appellent au combat, qui dirigent les colonnes ; le premier chef, le premier généralissime de ces intrépides paysans est le plus pieux d'entre eux, Cathelineau ; après lui, c'est le comte de Lescure, le comte de Bonchamp, non moins pieux, non moins braves, mais gentilshommes, qui sont appelés au commandement. Cependant le sacerdoce conserve son influence ; ce n'est que dans les revers que les généraux commencent à devenir indépendants. C'est à l'envie de se soustraire à la dictature ecclésiastique que l'on doit attribuer le passage de la Loire à Varades, la plus funeste des opérations militaires. C'est de cette époque que datent les dissensions entre les généraux vendéens.

Dans les six premiers mois de la Vendée, du 10 mars au 17 octobre, on n'y voit qu'une domination, celle du sacerdoce : la Vendée n'était point encore anglaise.

Cependant la Vendée a été soumise, dès les premiers moments, à une influence indirecte de l'étranger. Hérault de Sechelles, Basire, Chabot, l'ont favorisée par les mesures qu'ils ont fait décréter ; ils étaient vendus aux intrigues des puissances alliées ; ils ont payé de leur tête leur trahison à la cause de la liberté.

Depuis le passage de la Loire à Varades, et la bataille de Savenay, la Vendée a-t-elle été anglaise ? Oui, directement et indirectement.

Directement, le fait est prouvé. Elle a reçu de l'Angleterre de l'argent, des munitions, des secours de toute espèce, excepté en hommes. Elle a été en communication active avec Londres ; d'Elbée lui-même, qui s'y était longtemps refusé, reconnut enfin la direction de l'Angleterre et lui obéit.

Le Comité de salut public, de la fin de 1793, a sans doute contribué par la mission de Carrier et les ordres incendiaires dont il était porteur, à donner une nouvelle activité à l'insurrection ; mais cette mission et ces ordres étaient-ils le résultat du système de terreur qui dominait la France, ou l'effet des intrigues étrangères dont le but premier était la destruction des Français par les Français et l'affaiblissement de la nation ? Un fait incontestable, c'est que Courtois, rapporteur du procès de Robespierre, a soustrait la plus grande partie des pièces relatives à la Vendée ; c'est que Carrier, rappelé de Nantes après le 9 thermidor, fut dénoncé pour être traduit au tribunal révolutionnaire, qu'il livra aux meneurs sa correspondance, ses instructions secrètes, et qu'il échappa ainsi au danger qui le menaçait ; plus tard, il fut condamné, mais par l'effet de la réaction.

La seconde Vendée, ou la reprise d'armes de Charette, Stofflet et autres généraux vendéens ou chouans, en violation des traités de la Jaunais et de la Mabilaye, fut concertée entre Pitt et ses agents et les comités royalistes de l'intérieur.

La guerre de la Vendée se divise en trois époques. Elle a été soutenue par deux armées agissant sous des directions différentes ; l'une, l'armée catholique ;

l'autre, la chouannerie ; toutes deux ont fait en réalité la guerre pour les intérêts de l'Angleterre.

Enfermés dans leurs bois et dans leurs marais, les paysans de la Vendée n'avaient, comme on l'a déjà dit, d'autre religion que le roi, leurs nobles et leurs curés.

L'ignorance des gentilshommes et des prêtres, presque égale à celle de leurs vassaux, formait de chaque paroisse une seule famille, dont les nobles étaient les chefs et les prêtres les conseils. Aussitôt qu'ils apprirent le jugement du roi, les massacres de la noblesse et du clergé, se voyant ainsi attaqués dans tous les objets de leur culte, ils s'indignèrent. Le décret du 25 février 1793, par lequel la Convention ordonna une levée de 300,000 hommes, décida de leur révolte. Ils jurèrent tous de mourir plutôt que de servir la République.

Les nobles ne firent d'abord que suivre et avec peu d'ardeur le mouvement populaire. Ils ne furent pas les premiers à prendre les armes. Un riche artisan nommé Delouche, maire de Bressuire, donna le signal de l'insurrection armée. Il avait eu l'imprudence de publier la loi martiale contre de chauds patriotes qui le voulaient contraindre à prendre des mesures de rigueur ; obligé de fuir, il courut les campagnes, ameuta les paysans, et se trouva bientôt à la tête de 1,500 insurgés. La guerre civile commença. Au lieu de se porter de suite sur Bressuire, il marcha sur Châtillon, qui avait été évacué par les autorités. Le 24 août, il se présenta devant Bressuire, où étaient accourues les gardes nationales des villes environnantes. Le combat ne fut point un instant indécis ; les insurgés, abandonnés de leurs chefs, se mirent en déroute. Le commandant des patriotes voulut haranguer les prisonniers ; il leur dit : « Ce n'est pas à vous qu'en veut la République, c'est à vos officiers ; ils vous ont trompés : criez *Vive la Nation!* et vous serez libres. — Non, monsieur, s'écrièrent-ils, on ne nous a pas trompés, et c'est *Vive le Roi!* que nous voulons crier. » Ils périrent courageusement. Une longue guerre devait suivre de l'héroïsme de ces braves paysans.

Dans ce temps, la levée de 300,000 hommes fut proclamée. Les réquisitionnaires s'enfuirent dans les bois. Un perruquier nommé Gaston se mit à la tête de quelques-uns d'entre eux, tua de sa propre main un officier républicain, se décora de ses épaulettes, souleva plusieurs paroisses, et se porta sur l'île de Bouin pour se mettre en communication avec la flotte anglaise. Mais dans sa marche il fut arrêté par deux bataillons républicains ; il les attaqua avec impétuosité, ne consultant que son courage, et il tomba criblé de balles ; ses paysans prirent la fuite et se débandèrent. Cet homme était digne d'un meilleur sort : soit auteur du projet d'occuper l'île Bouin, soit instrument de la politique anglaise, il était homme de cœur. Ainsi, jusqu'à présent, ce sont deux artisans, Delouche, faiseur de poêles à Bressuire, et Gaston, perruquier, qui ont formé et commandé les premiers rassemblements. Delouche avait plusieurs gentilshommes sous ses ordres ; c'était de la république royale.

La haute Vendée se souleva également contre la levée de 300,000 hommes. Le 10 mars (1793), le mécontentement se manifesta dans le Maine, la Normandie, l'Anjou, la Bretagne. Dix mille hommes se présentèrent en armes devant Nantes ; mais, grâce à l'imbécillité du chef royaliste et à la vigueur des généraux républicains, cette menace fut sans effet, l'insurrection fut dissipée et la levée eut lieu, Il n'en fut pas de même à Saint-Florent-le-Vieux, petite ville sur le bord de la Loire, à huit lieues d'Angers. Les jeunes gens appelés au tirage assaillirent les administrateurs ; la garde courut aux armes et fit feu sur eux ; plusieurs furent tués, mais la masse s'élança sur une pièce de canon et s'en empara ; elle assomma les gendarmes à coups de bâton, brûla les papiers du district, et célébra par des orgies cette victoire. Après cet exploit, les vainqueurs disparurent. C'était assez pour exalter la jeunesse ; aussi va-t-on voir commencer une véritable campagne, celle de 1793 : et c'est encore un paysan qui lève l'armée royale et la rallie sous le drapeau.

La commune du Plessis en Mauge avait eu ses représentants parmi les vainqueurs de Saint-Florent. Quatre jours après, un voiturier de ce village, nommé Jacques Cathelineau, comprit le parti qu'on pouvait tirer de cette victoire ; il courut les campagnes, harangua les paysans et les appela aux armes : bon nombre le suivirent. Il sentait le besoin d'un succès, et se porta dans leur première ivresse sur le château de Jallais, dont il se saisit, et marcha sur Chemillé, chef-lieu de canton, où 500 républicains avaient pris position avec de l'artillerie. Il les força, les mit en déroute, et forma dès lors le noyau de l'armée vendéenne avec les paysans dont il venait de couronner les premiers efforts et les quatre pièces de canon qu'il avait enlevées à Jallais et à Chemillé.

Les homogènes s'attirent en révolution comme en physique. A la nouvelle de la victoire remportée par Cathelineau, Stofflet, garde-chasse, lui amena deux mille paysans de Maulévrier. Stofflet était un ancien soldat d'un régiment suisse. Un nommé Forêt, ancien domestique d'un emigré, qui s'était fait dans son village une réputation pour avoir tué un gendarme, lui amena également sept cents hommes. Tels furent les cadres de trois corps d'armée commandés, l'un par un garde-chasse de M. de Colbert Maulévrier, l'autre par un domestique, et le tout par un voiturier qui devint généralissime. Celui-ci avait reçu de la nature la première qualité d'un homme de guerre, l'inspiration de ne jamais laisser se reposer ni les vainqueurs ni les vaincus. L'affaire de Saint-Florent est du 4 mars ; le 14, il quitta son village, réunit deux cents hommes, et prit Jallais et Chemillé ; le 15, il marche sur Chollet avec une armée.

Chollet est une ville de trois mille habitants, à douze lieues de Nantes et d'Angers. Elle est destinée par sa position à jouer dans cette guerre un rôle malheureux ; elle est la première ville du Bocage, où tant de combats vont avoir lieu. Elle était défendue par sept à huit cents hommes et une forte artillerie. L'attaque fut intrépide de la part des Vendéens ; ce fut un vrai *hourra*. Leur succès fut complet. Ils trouvèrent dans Chollet quatre pièces de campagne, six cents fusils et des munitions. Il est à remarquer qu'il n'y eut dans ce combat qu'un gentilhomme de tué, le marquis de Beauveau, qui était dans les rangs des patriotes. Le principal trophée de la prise de Chollet fut une superbe pièce de canon que Louis XIII avait donnée au cardinal de Richelieu. Les Vendéens la nommèrent *Marie-Jeanne*, et attachèrent depuis à sa possession une espérance et une confiance superstitieuses. Chaque peuple a sa *Marie-Jeanne*. Le Palladium des anciens, les boucliers de Numa, les reliques des modernes, les épées de la chevalerie, la Durandal, étaient autant de *Marie-Jeanne;* c'est le cachet du véritable fanatisme. . . . .

Cependant la haute Vendée, qu'on avait crue pacifiée par la mort du perruquier Gaston, s'était rapidement recrutée, et plusieurs corps d'insurgés obéissaient à des gentilshommes. Le 10 avril, ces corps divers, sans avoir combiné leurs mouvements, se mirent en campagne. Il ne leur manquait qu'un général en chef, un prince surtout, pour en faire une armée conquérante. A cette époque, les forces républicaines disséminées dans la Vendée n'allaient pas au delà de quinze mille hommes. Si les chefs royalistes n'avaient pas eu chacun la fièvre du commandement, et qu'ils eussent réuni leurs forces, il n'est pas douteux que tout l'ouest de la France se détachait de la République. Il aurait fallu alors que la Convention retirât ses armées des pays conquis ou occupés, pour reconquérir plusieurs départements; et il est difficile de prévoir ce qu'une pareille complication d'efforts eût pu amener de funeste pour la cause de la révolution. L'étranger aurait repris ses plans d'agression; il eût été secondé par les Vendéens. L'Angleterre, qui seule alors dominait les conseils de l'Europe, eût été de droit, par sa marine, mise en communication avec les côtes de France depuis Nantes jusqu'à Rochefort, et à la tête de cette grande lutte; et beaucoup de destinées françaises ne seraient pas sorties de l'urne où elles étaient encore enfermées.

Mais il en arriva autrement. Les généraux de la Vendée firent la guerre de partisans; ils n'eurent pas même l'idée de se faire un terrain pour y établir un gouvernement royal. Cependant, en se rendant maîtres du pays par la réunion et la combinaison de leurs forces, et en y donnant le droit d'asile à tous les mécontents, à tous les malheureux, ils auraient bientôt acquis une position respectable qui eût fait trembler le Comité de salut public. . . . .

Le Comité de salut public, qui avait d'abord cru devoir sacrifier à la tranquillité de ce pays l'exécution d'une partie de ses décrets, se fit bientôt illusion sur le calme qui y régnait; il ordonna d'y mettre en vigueur la législation qui régissait le reste de la République. Ses agents commencèrent par l'arrestation de quelques nobles; ils firent des perquisitions, des réquisitions d'armes et de chevaux dans les châteaux. De ce nombre fut le château de Clisson, appartenant à M. de Lescure, qui l'habitait avec sa famille et une vingtaine de gentilshommes, parmi lesquels se trouvaient MM. Henri de Laroche-Jacquelein et de Marigny. Clisson est à une lieue de Bressuire, chef-lieu du district. Les paroisses reçurent l'ordre d'y venir tirer à la milice pour compléter la levée des 300,000 hommes. Cette mesure atteignit Henri de Laroche-Jacquelein. Les paroisses, endormies depuis un an, s'éveillèrent à cet ordre inattendu; elles se soulevèrent et proposèrent à leur seigneur de se mettre à leur tête. Le lendemain, MM. de Lescure et de Marigny furent arrêtés et conduits à Bressuire. Laroche-Jacquelein n'avait ni accepté ni refusé la proposition des paroisses; il s'était rendu dans son château de la Dorbelière; mais, à peine arrivé, cinq cents paysans vinrent le presser de se mettre à leur tête: un de ses amis le décida. Il fit sonner le tocsin; bientôt dix mille hommes, armés de fourches, de bâtons, d'une centaine de fusils de chasse, accoururent à sa voix. Ligonnier fit marcher contre lui le corps de Quétineau, qui se dirigea sur les Aubiers. Laroche-Jacquelein, au moment de se mettre en mouvement, dit à ses soldats : « Si je recule, tuez-moi ; si j'avance, suivez-moi ; « si je meurs, vengez-moi. » C'était parler en héros. Il se porta sur les Aubiers, où les patriotes ne se gardaient pas et furent surpris. Quétineau les rallia par un mouvement rétrograde. *Les voyez-vous qui fuient?* s'écria Laroche-Jacquelein, et aussitôt il se précipita avec ses paysans sur les troupes de Quétineau, qui ne put empêcher la déroute, perdit une centaine d'hommes, et se sauva avec le reste sur Thouars, abandonnant deux pièces de canon et deux barils de poudre, dont la Vendée était totalement dépourvue. . . . . . '. . . . .

Depuis l'occupation de Saumur par Cathelineau, les républicains n'occupaient plus que deux postes dans cette partie du territoire vendéen, Palluau et Machecoul. Charette fut chargé du soin de les en chasser ; il dirigea lui-même l'attaque de Palluau, que défendait le général Boulard ; mais ses ordres furent si mal exécutés, que ses colonnes se fusillèrent entre elles, et que Jolly ayant imprudemment coupé le pont qui assurait sa retraite, il fut un instant dans une position désastreuse. La déroute fut générale dans ses rangs, ses soldats se sauvaient de toute part ; chacun rentra dans ses quartiers : de sa personne il retourna à Legé, où il fut très-étonné d'apprendre le lendemain par une reconnaissance que le poste de Palluau avait été évacué par les républicains ; il ordonna aussitôt à Savin d'y établir sa division. Il ne restait donc plus que Machecoul aux patriotes ; cette position était plus importante. Charette rassembla toutes ses forces pour l'attaquer ; le 10 juin il s'y porta ; Machecoul était défendu par dix-neuf pièces de canon, des retranchements et 2,500 hommes sous les ordres du général Boisquillon ; le château était également fortifié : l'affaire fut des plus chaudes. Les républicains se défendirent avec la plus grande valeur, mais la plupart des canonniers, selon la tactique des Vendéens, ayant été tués sur leurs pièces par les chasseurs tirailleurs, l'artillerie diminua son feu. Charette profita d'un moment d'incertitude causé par la mort d'un chef pour enlever ses troupes et se précipiter au milieu des républicains. Jolly et Savin réparèrent la faute qu'ils avaient commise à l'attaque de Palluau. Le château fut emporté et l'assaut donné à la ville, les royalistes y entrèrent avec les républicains ; un combat à outrance s'engagea dans les rues et dans les maisons ; on ne faisait point de prisonniers, c'était la guerre civile dans toute son horreur : après trois heures de carnage, la victoire enfin resta aux Vendéens, les débris républicains se retirèrent par la route de Challans ; vivement poursuivis, ils périrent presque tous. La victoire des royalistes fut complète : ils s'emparèrent de dix-huit pièces d'artillerie, huit caissons et d'une quantité considérable de munitions et d'approvisionnements de toute nature dont ils manquaient absolument : 500 prisonniers et des ambulances restèrent au pouvoir des vainqueurs. Les républicains furent si effrayés de la prise de Machecoul, qu'ils s'enfuirent à Nantes, et abandonnèrent trois pièces de canon au port Saint-Père, que la Cathelinière trouva évacué. L'armée vendéenne après cet exploit reprit ses quartiers.

L'entreprise sur Machecoul avait fait partie du mouvement combiné contre Nantes, dont l'occupation était sans doute d'une grande importance pour la Vendée. Maîtres de cette grande ville, qui leur assurait l'arrivée des convois anglais, les armées royales pouvaient sans danger manœuvrer sur les deux rives de la

Loire et menacer Paris. Mais si, profitant de leurs étonnants succès, Charette et Cathelineau eussent réuni toutes leurs forces pour marcher sur la capitale, après l'affaire de Machecoul, c'en était fait de la République, rien n'eût arrêté la marche triomphante des armées royales ; le drapeau blanc eût flotté sur les tours de Notre-Dame avant qu'il eût été possible aux armées du Rhin d'accourir au secours de leur gouvernement.

La Convention avait enfin ouvert les yeux sur la nature et le danger de l'insurrection de l'Ouest; elle avait réuni 40,000 hommes à Orléans, dont 8,000 de cavalerie, et les dirigea à marches forcées sur la Vendée, avec 80 pièces de canon. C'était en raison de ces renforts que le général Salomon était rentré à Thouars avec 4,000 hommes, avait chassé l'ennemi de la Forge-Rousse et s'avançait dans le pays. Le quartier général républicain était à Saumur, Vihiers venait d'être repris, Chollet était menacée ; telles furent les nouvelles que les Vendéens apprirent à Châtillon où ils avaient donné rendez-vous à leur armée pour le 2 de juin. Stofflet, chassé de Vihiers, demanda du secours à Châtillon ; Lescure et Laroche-Jacquelein le joignirent, l'aidèrent à reprendre Vihiers, eurent l'avantage dans deux autres affaires et poursuivirent les bleus jusqu'à Doué. Alors toute l'armée de Cathelineau prit le nom de grande armée à Vihiers, où elle fut réunie au nombre de 40,000 hommes d'infanterie, 1,200 chevaux et 24 pièces de canon.

Le 12 juin, le conseil royal s'assembla à Saumur : Cathelineau fut nommé généralissime des armées réunies d'Anjou et du Bocage; les sièges d'Angers et de Nantes furent résolus ; des officiers furent envoyés à Charette pour l'engager à combiner ses forces, pour ces deux grandes entreprises, avec celles de Cathelineau ; ils le trouvèrent dans son camp de Vieille-Vigne, où il s'était établi après la prise de Machecoul ; il avait 12,000 hommes, 600 chevaux et 15 pièces de canon ; il répondit qu'on devait compter sur lui, et il se mit en marche sur Nantes, renforcé des troupes de Lyrot et de la Cathelinière.

La terreur était dans Nantes, et peut-être les royalistes s'en seraient-ils emparés à la première approche, s'ils n'avaient pas eu la forfanterie de vouloir que cette grande ville se rendît à une sommation portée aux autorités par deux prisonniers ; ils perdirent ainsi trois jours pendant lesquels le général Canclaux avait à peine 11 bataillons et 300 chevaux ; il fit venir de Rennes les munitions dont il manquait. Ce manifeste des Vendéens portait : *Sommation au nom du roi de remettre dans trois jours les clefs de la ville, les armes et les munitions entre les mains des chefs des armées catholiques et royales d'Anjou et du Poitou : qu'il en serait pris possession au nom de S. M. très-chrétienne Louis XVII, roi de France et de Navarre, et au nom de M. le Régent du royaume ; que les habitants seraient traités comme leurs frères et fidèles sujets du roi, et qu'en cas de refus, la ville serait assiégée, la garnison passée au fil de l'épée, et les habitants traités conformément aux lois de la guerre pour les villes prises d'assaut.* Ce manifeste indigna les autorités, qui répondirent simplement : *La nation ne traite pas avec les rebelles.* Toutes les mesures pour une vigoureuse défense furent prises ; de larges fossés furent creusés; le pont de la Loire au faubourg Saint-Jacques fut coupé, et de ce côté la ville fut rendue inattaquable ; de fortes batteries furent élevées sur les points les plus faibles. L'attitude des autorités civiles et militaires en imposa aux malveillants, annula l'effet des menées sourdes, des intelligences que d'Elbée se vantait d'avoir dans la ville. Nantes passa subitement de la grande frayeur à l'attitude d'une grande cité qui se lève contre la rébellion.

Ce qui nuisit toujours au parti royal, ce ne fut pas les chances malheureuses de la guerre, qui appartiennent à tout le monde ; ce fut la jalousie : elle était extrême entre les armées d'Anjou et de Poitou ; elle fut constante et se signala par les plus grands désastres. C'est le propre des révoltes : l'égalité des intérêts les commence, l'union des passions les continue, et le plus souvent elles finissent par la guerre civile, qui s'établit dans les révoltes elles-mêmes. Charette occupait le pont Rousseau sur la rive gauche de la Loire. Le lendemain de la levée du siége de Nantes, il se battit encore dans ses positions depuis midi jusqu'à six heures, et ne les évacua que dans la nuit, emmenant avec lui son artillerie ; il eut l'audace de donner le signal de son départ aux Nantais par quatre coups de canon, et prit tranquillement la route de Legé, sans être poursuivi par les troupes de Canclaux, ce qui serait inexplicable sans la faiblesse de la garnison. Mais ce qui le serait encore davantage, pour quiconque n'aurait pas connu la rivalité des armées et des officiers de la haute et de la basse Vendée, c'est l'ignorance où l'armée d'Anjou laissa Charette de la nécessité où elle se trouvait de lever le siége.

L'arrivée à Nantes des garnisons de Mayence et de Valenciennes, sous les ordres des généraux Kléber et Aubert du Bayet, porta les forces de la République dans les départements insurgés à 130 ou 140,000 hommes. Les représentants du peuple résolurent de reprendre l'offensive sur tous les points, et de se mettre à la tête des colonnes pour en surveiller les mouvements, et faire exécuter à la rigueur les décrets de la Convention.

De ce jour l'incendie des villages éclaira la marche républicaine. Ce spectacle jetait un grand effroi sur les masses vendéennes. Charette, attaqué de tous côtés, fut battu cinq fois à Port-Saint-Père, à la Chapelle-Pallicaud, à Verton, à Louin à Mortagne ; ses soldats harassés manquaient surtout de munitions, et refusaient de se battre ; ils demandaient à grands cris le secours de l'armée d'Anjou.

Les représentants du peuple avaient arrêté leur plan de campagne à Saumur : ils avaient ordonné que l'armée de Mayence et celle des côtes de Brest, renforcées de la division des Sables, se mettraient en mouvement le 11 septembre, et marcheraient par Machecoul et Bourg-Neuf sur Mortagne, en passant par Aizenay ; Saint-Fulgent et les Herbiers, positions qu'elles devaient préablement enlever, que la réserve, après avoir passé la Sèvre sur le pont de Verton, se saisirait de Château de Clisson, et de là ferait sa jonction avec l'armée ; que la division des côtes de la Rochelle garderait la défensive, que seulement elle resterait en communication avec l'armée des côtes de Brest par un mouvement de la division de Miekowski ; que la division Chalbos se porterait le 14 à la Châtaigneraye, la division Oré à Bressuire, la division de Saumur à Vihiers. Il était difficile de rien concevoir de plus absurde. Les divisions, opérant ainsi isolément, marchaient à des revers certains. Il fallait opérer en masse sur Chenillé et Saint-Fulgent ou Châtillon. Cet immense déploiement de forces bien dirigé aurait renversé comme un torrent furieux les faibles obstacles opposés à sa marche. Le danger qui menaçait la Vendée, au lieu d'abattre ces hommes qu'armait le fanatisme, donna une nouvelle action à leur courage; tous jurèrent de vaincre ou mourir.

Le 18 septembre, la grande armée royale, forte de trente à quarante mille hommes, quitta Chollet sous les ordres de d'Elbée ; à six lieues de cette ville, elle se réunit à l'armée de Charette, qui comptait quinze ou vingt mille hommes, et se retirait devant les Mayençais. Les flammes de Torfou avertirent les deux armées de l'approche des républicains; le lendemain elles marchèrent au combat. La bataille fut terrible; les républicains la perdirent, malgré la valeur des généraux Kléber et Aubert du Bayet; ils furent entourés par les colonnes ennemies qui, connaissant parfaitement le pays, dérobaient leurs mouvements et fondaient à l'improviste sur leur front, leurs flancs et leurs derrières; leur perte fut de deux mille hommes, dont moitié faits prisonniers. Leur retraite s'effectua brillamment sur le village de Getigné, dont ils défendirent le pont.

Cependant Beysser, conformément à ses instructions, marchait pour rejoindre les Mayençais et s'était rendu maître de Montaigu, où il mettait tout à feu et à sang, lorsqu'il y fut surpris par les troupes royalistes qui arrivaient à marches forcées. Ses soldats, livrés aux plus grands désordres, offrirent peu de résistance ; le carnage fut affreux; tous les prisonniers furent passés au fil de l'épée; l'artillerie de Beysser tomba au pouvoir des Vendéens.

La division des Sables, maîtresse de Saint-Fulgent, portait également partout la destruction et l'incendie; Charette y arriva le 22 septembre au soir, et attaqua cette nuit même. Le combat dura cinq heures; les républicains perdirent trois mille hommes et tout leur matériel. Le général Miekowsky, qui les commandait, ne put regagner Nantes qu'avec peine. Les combats de Coron et de Saint-Lambert ne furent pas plus heureux pour les armées républicaines, et l'audace des Vendéens en acquit une nouvelle ardeur.

La Convention apprit avec rage la défaite de ces trois armées, presque détruites par ce qu'elle appelait des paysans sans discipline et sans organisation militaire. Le Comité de salut public prit alors une mesure vigoureuse, il cassa les généraux, rappela les représentants, et refit la tête de l'armée. Clanclaux fut mandé à Paris et remplacé par l'Échelle, ancien maître d'armes. Aussitôt son arrivée à Nantes, l'Échelle, qui avait reçu des instructions terribles, connaissant d'ailleurs tout le péril qu'il courait en ne remplissant pas les vues du gouvernement, forma le projet d'écraser d'un seul coup la haute Vendée, l'armée de d'Elbée, de Lescure, de Bonchamp, de La Roche-Jacquelein, d'attaquer ensuite la Vendée inférieure, où commandait Charette; ce dernier chef s'était séparé de la grande armée, à laquelle il refusait toute coopération. Cette conduite était un grand crime dans une pareille circonstance, où il s'agissait du salut de son parti. Les chefs de la haute Vendée, instruits des mouvements ordonnés par le général en chef l'Échelle, concevaient l'étendue de leur dangers et le besoin qu'ils avaient de réunir toutes leurs forces pour combattre avec quelque chance de succès les forces que la République leur opposait; mais les haines personnelles qui existaient entre les chefs des deux Vendées s'étaient réveillées avec plus d'animosité encore depuis le siège de Nantes et la mort de Cathelineau. Charette fut, dans cette circonstance, un mauvais chevalier; il trahit la cause vendéenne en refusant de marcher; il quitta brusquement les Herbiers, et se renferma dans la ville de Legé, ce quartier général favori, qui avait pour lui tant d'attraits. Il ne pouvait servir plus efficacement les plans du général l'Échelle.

Le 15 octobre, l'Échelle, à la tête de vingt mille hommes, entra à Mortagne; il y apprit qu'il n'avait rien à craindre de l'armée de Charette, et qu'elle avait abandonné ses frères d'armes: il marcha alors sans hésiter sur les corps vendéens qui, après la victoire de Châtillon, s'étaient portés sur Chollet. Les deux armées se rencontrèrent sous les murs du château de la Tremblaye; la bataille fut sanglante. D'Elbée, Lescure et Bonchamp, tombèrent blessés mortellement; le bruit de leur mort se répandit, et sema la terreur dans les rangs de leurs armées; la déroute fut complète, le drapeau tricolore flotta sur les clochers de Chollet.

La Convention avait dit à l'armée, par sa proclamation du 1er octobre. : « Soldats de la liberté! il faut que les brigands de la Vendée soient exterminés avant la fin du mois d'octobre; le salut de la patrie l'exige, l'honneur du peuple français le commande, son courage doit l'accomplir. » La Convention avait été obéie, la rive gauche de la Loire était évacuée. . . . .

L'Échelle n'avait pas assez de jugement pour sentir que des hommes de parti sont plus redoutables, alors qu'ils sont plus désespérés; et d'ailleurs il n'y avait plus de cartel entre les bleus et les blancs : ceux-ci étaient de véritables rebelles aux yeux de la République; et au défaut d'une pareille guerre, la législation d'abord en eût fait justice : ainsi les Vendéens, qui n'avaient à attendre que la mort, devaient la faire acheter chèrement à leurs ennemis. Dans les guerres civiles, il n'est pas donné à tout homme de savoir se conduire; il faut quelque chose de plus que la prudence militaire, il faut de la sagacité, de la connaissance des hommes. La royauté, comme la République, avait ses sans culottes, ses terroristes, ses fanatiques, ses idéologues et ses spéculateurs. . . . .

Les Mayençais, après avoir livré cinq batailles et avoir porté au plus haut degré l'héroïsme du nom français, se trouvèrent réduits à un si petit nombre, qu'ils reçurent ordre de rentrer dans l'intérieur; ils donnèrent d'excellents officiers à la République; le choix que l'on fit d'eux pour commander, fut au moins un hommage national rendu à la bravoure de ceux de ces braves qui n'étaient plus. Aussitôt que la Convention eut appris le désastre de ses armées, elle rendit plusieurs décrets, témoignage de son indignation; un d'entre eux prescrivait que toute ville qui se rendrait aux Vendéens serait rasée, et les propriétés de ses habitants confisquées. Elle fit mieux, elle détacha trente mille hommes de l'armée du Nord, qui se rendirent à Orléans à marches forcées; elle ordonna la réunion à Cherbourg, sous les ordres du général Tilly, des garnisons des villes maritimes de la Normandie; les débris des divisions du général l'Échelle reçurent des instructions pour se reformer, et une force imposante s'organisa de nouveau. La Convention voulait exterminer la Vendée; elle mit en jeu toutes les ressources de sa puissance; les représentants du peuple, dépositaires des volontés du comité de salut public, imprimèrent à cette nouvelle armée le mouvement nécessaire à l'exécution des mesures vigoureuses prescrites aux généraux. Cependant le décret d'anéantissement des villes rebelles ou prises par les Vendéens devait rester comme un épouvantail et n'être point exécuté.

Ce fut à cette époque que les Anglais entrèrent ostensiblement dans les affaires de la Vendée. Ils avaient déjà, dans la campagne précédente, expédié un émigré aux chefs de l'armée d'Anjou : cette mission n'avait abouti à rien. On leur avait demandé des armes, de l'argent; ils n'avaient rien envoyé, mais ils ne purent douter, par le retour de leur envoyé, que la malheureuse Vendée ne fût en proie à toutes les horreurs de la guerre civile, et ils furent satisfaits de pouvoir ajouter aux malheurs de la France, en donnant à la guerre civile de perfides espérances. Leur seconde ambassade fut absolument un simple espionnage, du même intérêt que le premier. Deux émigrés en furent encore chargés. Cette fois cependant ils étaient porteurs d'une lettre du ministère qui offrait des secours en argent. Le conseil vendéen répondit que l'armée royale opérerait sur Grandville, mais il demandait au gouvernement anglais d'appuyer cette entreprise par l'apparition de quelques vaisseaux devant ce port ; il demanda aussi six régiments de ligne, six cents artilleurs et trois ingénieurs. Les Vendéens en furent pour leur réponse. Le ministère anglais, dès qu'il connut leurs besoins et leurs projets, se garda bien de satisfaire à aucune de leurs demandes : il n'avait d'autre but que d'entretenir la guerre civile par de fallacieuses espérances ; il ne pardonnait pas à la France son intervention dans la guerre d'Amérique ; il ne pardonnait pas à la République la conquête de la Belgique. . . . .

Le conseil vendéen, en ordonnant l'attaque de Granville, avait eu en vue deux objets importants : l'un, de donner la main à l'Angleterre par l'occupation d'une place forte maritime ; et l'autre, de renfermer dans cette place cette multitude de vieillards, de femmes et d'enfants que l'armée traînait à sa suite, qui gênait ses mouvements, et qui lui rendait ses subsistances difficiles dans des provinces où ses soldats étaient étrangers et par conséquent ennemis : car ce n'est point un des moindres fléaux de l'exécrable guerre civile que d'affamer également amis et ennemis. Les Vendéens, après le passage de la Loire, étaient aux yeux des habitants de véritables ennemis, puisqu'ils exigeaient par la force ce qui leur était nécessaire pour nourrir les 40 à 50,000 individus qui marchaient sous leurs drapeaux. Les campagnes de la Vendée, du Bocage, de l'Anjou, du littoral breton et normand, étaient impitoyablement ruinées pour longtemps par le passage de ces preux de l'armée catholique.

La discorde était entrée dans le camp de l'armée d'Anjou, comme il arrive toujours dans les longues infortunes ; elle éclata vivement dans le conseil où fut décidé le siége de Granville. Il y fut dit que ceux qui voulaient assiéger Granville avaient le projet d'abandonner l'armée et de passer en Angleterre ou d'être traîtres au parti. On cria hautement à la trahison.

L'armée vendéenne était une véritable république d'anarchistes, sur la tête desquels se plaçait à fonds perdu l'ambition de ses chefs. L'armée se mit en mouvement sur Angers, parce que le soldat voulut y retourner. Cependant la témérité revint à ces hommes indisciplinés, pour renverser tous les obstacles qui s'opposeraient à leur retour dans leurs foyers ; partout ils battirent et vainquirent le général Rossignol, dont les mauvaises dispositions assuraient, il est vrai, leur succès : il avait cependant 40,000 hommes sous ses ordres ; avec une force aussi imposante, dans les rangs de laquelle combattaient Kléber et Marceau, il pouvait anéantir l'armée de La Roche-Jacquelein, surtout après l'échec qu'elle venait d'éprouver à Granville et à Ville-Dieu. La bataille livrée sous Dol, le 21 novembre, coûta à la France plus de 30,000 hommes. Rossignol se retira sur Rennes.

Dans le conseil vendéen on opina unanimement pour tuer les prisonniers de cette journée ; mais cette férocité trouva un puissant adversaire dans un curé qui avait contribué à la victoire par le fanatisme téméraire avec lequel il s'était précipité à la tête des colonnes d'attaque, et les Français ne furent point égorgés ce jour-là par des Français, au cri de victoire. L'ange du meurtre s'étendait à cette époque sur la malheureuse France ; les prisonniers, les soldats sans défense étaient massacrés au nom de la liberté et au nom de Dieu et du Roi. . . . . .

Si dès hommes tels que Kléber et Marceau eussent, dès le principe de l'insurrection vendéenne, commandé les forces de la République, cette guerre impie eût été étouffée dans son berceau : puisque tous les revers qu'éprouvèrent dans la Vendée les armées républicaines et cette valeureuse armée de Mayence, furent l'ouvrage des représentants du peuple, de ces proconsuls qui marchaient à la tête des troupes, dirigeaient les généraux et les vouaient à la mort, quand, en vertu de leurs ordres, ils avaient été battus. Jamais pays ne fut dévoré par une anarchie plus cruelle que la Vendée : c'était une fièvre de sang qui enivrait les Français ; toute gloire s'y corrompait : il n'y a point de lauriers, quand ils sont rougis du sang des concitoyens. . . . .

C'est de cette époque que commença la guerre de la chouanerie que l'histoire flétrira à jamais du nom de brigandage, si l'on peut appeler guerre ce qui était crime d'un côté et juste répression de l'autre. La révolte des Gladiateurs, du temps des Romains, a mérité une place dans l'histoire, parce qu'ils eurent un grand homme à leur tête et qu'ils combattaient pour le plus précieux de tous les biens, pour la liberté individuelle. C'est peut-être, dans l'ordre social, le seul privilége où la nation et la loi se rencontrent au même degré.

Les chouans se recrutaient bien plus promptement encore que ne l'avaient fait les armées catholiques et royales, parce que c'était une association d'intérêts individuels, plutôt qu'une union politique. Dès ce moment, la cause de la royauté n'exista plus ; le nom du roi et celui de Dieu furent profanés par ces partisans d'une nouvelle espèce, pour qui la religion et la monarchie n'étaient plus qu'un prétexte de destructions et de rapines. Les paysans aimaient ce genre de guerre, où ils trouvaient leur profit sans courir des dangers réels ; ils le préféraient surtout à la discipline, aux fatigues d'une guerre régulière, qui avait fini par les éloigner de leur pays, et qui exposait chaque jour la fortune et la vie de leurs familles : aussi la chouanerie s'étendit rapidement dans le Morbihan, dans le pays Nantais et dans la basse Normandie ; elle forma, par le nombre de ses soldats, de véritables armées, dont les subdivisions, inaperçues, avaient des points de ralliement et d'appui. Ainsi les villes de Redon, de Savenay, de Candé, de Segré, d'Angers, de Laval, de Vitré, de Fougères, de Nogent étaient pour eux de véritables quartiers généraux et des points de ralliement ; ils infestaient toutes les routes de communication, détruisaient les moyens de correspondance du gouvernement. Toute circulation de l'agriculture et du commerce était impossible. De cette manière, le gouvernement se trouva saisi dans le centre de l'État, et il lui fut impossible de faire parvenir ses ordres dans cette vaste étendue de territoire que couvrait la chouanerie : l'Anjou, la Bretagne, la basse Normandie.

Les dernières affaires de l'année 1794 furent toutes à l'avantage des Vendéens : le 9 thermidor avait eu lieu ; Robespierre et la terreur avaient cessé d'exister ; tous les partis se sentaient également soulagés de la disparition de ce pouvoir colossal qui, pendant deux ans, avait imprimé à ses volontés un empire si redoutable. Le nouveau gouvernement s'occupa des moyens de cicatriser des plaies encore saignantes, et alla au devant de la possibilité d'entrer en négociation avec la Vendée. Le général Canclaux, qui avait remplacé Thurreau dans le commandement de l'armée, eut ordre de faire à Charette quelques ouvertures. Celui-ci les reçut avec dédain dans les premiers moments, et exigea pour condition, *sine qua non*, de toute négociation, le rétablissement du trône des Bourbons. Cependant une plus mûre réflexion amena ce chef habile à ouvrir les négociations sur des bases admissibles par le gouvernement républicain.

Le comité de salut public conduisit la négociation avec une grande habileté ; il ne perdit pas de vue un instant qu'il traitait avec des rebelles à son autorité, et qu'il fallait, avant tout, leur faire poser les armes : il écouta la question du retour des princes, de la rentrée des émigrés, de la remise immédiate à l'armée vendéenne du Dauphin et de Madame, de la reconnaissance, comme religion dominante, de la religion catholique, apostolique et romaine. Ses plénipotentiaires discutèrent toutes ces prétentions, sans en rejeter aucune de prime-abord ; mais ils les ajournèrent toutes, sous le motif, si évident, qu'il fallait du temps pour amener les esprits au passage de la République à la royauté ; enfin, ils y mirent tant d'adresse, qu'ils amenèrent Charette à signer, le 15 février, un traité par lequel il déclarait que *les Vendéens se soumettaient aux lois de la République*. Cette seule disposition annulait toutes les autres qu'on avait à dessein stipulées dans des articles secrets. Le gouvernement eut soin d'accompagner la négociation de témoignages de sa munificence et de sa bonne foi. Les *bons royaux* émis par les généraux vendéens furent acquittés jusqu'à concurrence de 1,500,000 francs ; des indemnités furent allouées aux communes ; des instruments aratoires leur furent délivrés avec profusion ; le séquestre fut levé sur toutes les propriétés des Vendéens ; l'amnistie fut générale et complète. La désertion se mit aussitôt dans les rangs de Stofflet, qui témoignait hautement son indignation de la paix, et s'était refusé à signer l'acte de pacification. Ses principaux officiers le quittèrent et reconnurent le traité. Il alla jusqu'à en arrêter un et le faire fusiller. Il investit le quartier général de Sapineau, dans l'espoir de lui faire subir le même sort ; Sapineau, prévenu à temps, se sauva ; mais son château fut livré au pillage.

La proclamation de la Convention, qui apprit à la France la pacification de la Vendée, parla aussi de la rébellion de Stofflet, et le dévoua à la vindicte publique.

Cependant Charette, enivré des honneurs que lui rendaient les représentants, avait donné tête baissée dans le piège de cette pacification, et ne résista pas à la vanité de se montrer aux habitants de Nantes à la tête de son état-major. Le jour fut fixé pour sa réception par les généraux républicains, qui étalèrent dans cette espèce de cérémonie un luxe humiliant pour la pauvreté de l'état-major vendéen.

Les représentants donnèrent à Charette un dîner splendide et le comblèrent d'égards. Il était loin de prévoir que cette grande ville, dont les autorités et les habitants l'accueillaient avec tant de faveur, et peut-être avec cette sorte d'enthousiasme qui appartient au caractère français, verrait, peu de mois après, tomber sa tête avec la plus grande indifférence. La partie était trop forte pour Charette et ses conseils. Les chefs accusés ou convaincus d'avoir reçu de grosses sommes de la République furent méprisés des paysans. Il n'y eut plus qu'intrigues et désunion, défiance et trahisons.

Cependant les représentants pacificateurs voulurent achever leur ouvrage, et tentèrent de décider aussi Stofflet à se soumettre ; il resta incorruptible par les conseils de l'abbé Bernier, et déclara qu'il ne reconnaîtrait de pacification que quand Louis XVII serait rétabli sur le trône. Cette condition était difficile à accorder ; cependant, avant de l'attaquer à force ouverte, et de recommencer une guerre désastreuse, on essaya de nouveaux moyens de conciliation, et on parvint à établir des conférences à Vihiers ; mais elles n'eurent aucun résultat. Stofflet insistait toujours sur la reconnaissance préalable de Louis XVII. L'ancien garde-chasse montra jusqu'à la fin un noble caractère ; toutefois il dut ployer devant les forces que le général Canclaux réunit contre lui ; 50,000 hommes lui furent opposés, il en comptait à peine 12,000 sur ses états de situation ; encore eut-il la preuve, quand il voulut les rallier sous ses drapeaux, que sa popularité était perdue, et que tout était sourd à sa voix. Le meurtre de Marigny lui avait aliéné beaucoup de partisans ; les violences qu'il venait d'exercer sur quelques-uns des chefs signataires du traité avaient porté le dernier coup à sa faveur populaire. Il fut contraint de fuir avec une poignée d'hommes, qu'il appelait sa garde prétorienne. Elle était composée d'anciens gardes-chasses et de déserteurs dévoués. Il se tint longtemps caché dans la forêt de Vezieu. Son habile conseiller, l'abbé Bernier, sentit que si la faiblesse de ce corps vendéen était connue du général Canclaux, il n'y avait plus ni paix ni pardon à espérer ; en conséquence, il dépêcha, la nuit, un émissaire à ce général, pour demander une suspension d'armes et proposer une conférence, espérant que la défection de ses troupes ne serait pas encore connue au quartier général républicain. Canclaux l'accorda sans hésiter. La conférence eut lieu à Varades. Stofflet accéda purement et simplement au traité de la Jaunaye, et reçut deux millions d'indemnité. La République s'engageait, en outre, à lui solder un corps de 2,000 hommes. Cette dernière clause, qui était aussi commune aux autres chefs vendéens, les faisait passer subitement de la position de généraux royalistes à celle de généraux républicains, puisqu'ils étaient soldés, eux et leurs troupes, par la République, et qu'ils devaient faire, concurremment avec ses troupes, le service des places et la police des routes, qu'infestaient toujours quelques bandes de chouans ou de brigands qui s'en donnaient le nom.

Il en fut de même pour les chouans qui avaient d'abord refusé toute espèce d'accommodement : le général Canclaux, après avoir terminé avec Stofflet, fit passer son armée en Bretagne. A la vue de ses forces, les chouans s'amendèrent et signèrent à la Mabilais, le 21 avril 1795, un traité où fut stipulée *la soumission des chouans aux lois de la République ;* on leur donna aussi de l'argent, et une partie des bons royaux qu'ils avaient émis fut acquittée.

Les articles secrets du traité de la Jaunaye donnent une juste idée de l'habileté des négociateurs républicains, et de la crédulité des négociateurs vendéens; les voici : *Les républicains, convaincus qu'après plusieurs années de combats infructueux, ils ne peuvent assujettir ni détruire les royalistes du Poitou et de la Bretagne, sont convenus des articles suivants :* 1° *la monarchie sera rétablie ;* 2° *la religion catholique sera remise dans toute sa splendeur ;* 3° *en attendant l'époque du rétablissement de la monarchie, les royalistes resteront entièrement maîtres de leur pays ; ils y auront des troupes soldées aux dépens de l'État, qui seront à l'entière disposition de leurs chefs ;* 4° *les bons signés au nom du roi, et qui ne s'élèvent qu'à 1,500,000 fr., seront acquittés sur les caisses de l'État ; les royalistes garderont en outre tout ce qu'ils ont pris aux républicains ;* 5° *les chefs et les soldats royalistes recevront de grosses sommes pour les indemniser de leurs pertes et de leurs services ;* 6° *non-seulement on ne pourra imputer aux royalistes rien de ce qui s'est passé, mais encore on lèvera le séquestre de leurs biens et de ceux de leurs parents condamnés ;* 7° *les émigrés qui se trouvent en Bretagne ou en Poitou seront censés n'être jamais sortis de France, parce qu'ils s'y sont battus pour le roi;* 8° *tous les royalistes resteront armés jusqu'à l'époque du rétablissement du trône, et, jusqu'à cette époque, ils seront exempts d'impôts, de milices et des réquisitions de tout genre.*

Tels furent ces articles secrets : ils n'engageaient que ceux qui les avaient proposés. On voit jusqu'où pouvait aller la confiance ou plutôt la présomption des chefs signataires. Le dernier article surtout était complètement illusoire, parce que l'époque du rétablissement du trône était indéfinie, et parce que dans un pays ruiné et rebelle il y avait impossibilité de lever des impôts, et danger de lever la milice. On comprend difficilement comment Charette et les autres signataires de cet acte ont pu croire un seul instant qu'il serait de bonne foi exécuté par le gouvernement républicain.

Le gouvernement, effrayé des armements de l'Angleterre que l'on portait à 25,000 hommes de débarquement, craignit avec raison de n'avoir plus en Bretagne et en Poitou de forces suffisantes pour s'opposer à une expédition aussi formidable. Il ne pouvait douter que la Vendée et les chouans ne rompissent tout à coup le traité, et qu'alors la France ne fût de nouveau livrée à tous les malheurs de la guerre civile. La Convention ordonna l'envoi de nouvelles troupes dans les départements de l'Ouest ; celles qui avaient formé l'armée du général Canclaux avaient été rappelées aux armées des frontières. Le général Hoche reçut le commandement en chef dans l'Ouest ; il justifia par sa conduite dans cette malheureuse circonstance l'estime de tous les partis. Ce fut une des plus belles réputations militaires de la révolution. On a prétendu qu'il avait inspiré de la jalousie et même de l'inquiétude au Directoire : c'était l'histoire de tous les généraux qui avaient de l'indépendance de caractère, de la popularité, et à qui on pouvait supposer des vues élevées pour le bonheur de la France. Hoche était un véritable homme de guerre. Ami de la discipline avant tout, il sentit que dans une guerre d'opinion il fallait avoir la majorité de son côté. Le misérable commandement de Rossignol et de Thurreau avait désorganisé l'armée, qui luttait de brigandage avec les chouans : Hoche rétablit, sous les peines les plus sévères, un ordre rigoureux dans son armée. Dès ce jour, les campagnes ne furent plus dévastées, et l'habitant vit un protecteur dans chaque soldat républicain : cette conduite en imposait aux ennemis de la République.

Lors de la dernière campagne, la terreur des chouans avait été jusqu'à Paris, où il y avait toujours un comité royal en permanence, et des hommes fougueux de la Convention en faisaient partie. Les traces de cette étrange association subsistent dans les aveux des contemporains. Un jour les preuves en seront livrées à la curiosité publique.

Les troupes débarquées dans la presqu'île de Quiberon n'avaient que deux choses à faire : profiter du premier moment d'enthousiasme qui avait porté au-devant d'eux une partie de la population des côtes, et conquérir le terrain nécessaire à défendre les approches de Quiberon, où se trouvaient toutes les richesses, tous les moyens, toutes les forces matérielles de cette grande expédition, ou s'établir dans la position inexpugnable de Sainte-Barbe. Les généraux en chef, dont l'un (d'Hervilly) avait le pouvoir, parce qu'il était breveté par le roi d'Angleterre, et l'autre (Puisaye) la confiance des Vendéens, divisés également de volontés et de plans, conduisirent à leur perte, sous le canon et sous le drapeau anglais, toute cette multitude d'émigrés et de Vendéens qu'ils commandaient. Chaque jour de cette expédition fut pour les royalistes marqué par un désastre : une colonne qui s'était aventurée dans le pays, sous les ordres de M. de Tinteniac, le même qui avait été envoyé aux Vendéens par les Anglais avant le passage de la Loire, fut détruite, et les royalistes de Quiberon ne l'apprirent que lorsque eux-mêmes furent perdus et prisonniers.

Tout semblait être enfin combiné entre les princes, les chefs vendéens et les Anglais pour porter la guerre au cœur de la France. Le 25 août, le lieutenant général du royaume s'embarqua à Portsmouth, à bord du *Jason*; la flotte perdit beaucoup de temps à choisir le lieu de débarquement, fit une mauvaise attaque sur Noirmoutier, et porta le prince à l'Ile-Dieu. Mais toute cette armée, dont on avait fait tant de bruit, ne se composait que de 4,000 Anglais et quelques centaines d'émigrés. Puisaye, retourné en Bretagne depuis l'affaire de Quiberon, avait reçu de Louis XVIII le titre de général en chef de ses armées de l'Ouest. Le recensement des forces royales existantes dans cette province en portait l'effectif à plus de 100,000 hommes ayant fait la guerre, et dont la moitié étaient armés : 15,000 sous Scepaux, entre la Vilaine et la Loire ; 15,000 sous Charette, à Belleville et en Anjou ; 20,000 sous Stofflet ; 4,000 sous Sapineau. Frotté, qui commençait à insurger la Normandie, avait rassemblé 6 à 7,000 hommes. Ainsi, les forces royalistes qui se trouvaient à la disposition du lieutenant général, pendant son séjour à l'Ile-Dieu, dépassaient 100,000 combattants.

Les troubles intérieurs causés par les royalistes de Paris montraient une autre Vendée dans la capitale. C'était l'époque du 13 vendémiaire. Toutes ces affaires marchaient ensemble ; il y avait correspondance et combinaison entre Paris et la Vendée. Le comité parisien recevait ses pouvoirs de la même source. Si le 13 vendémiaire sauva, par le fait, la République à Paris, le séjour inconcevable de l'expédition du lieutenant général à l'Ile-Dieu, où elle resta depuis le 2 octobre jusqu'au 17 novembre, sans débarquer en Bretagne, y contribua efficacement. La

République était perdue, si les Anglais eussent laissé descendre sur le sol de la patrie le comte d'Artois. Ce prince écrivit aux chefs vendéens qu'il était contraint de quitter l'Ile-Dieu avec les Anglais, par ordre du gouvernement britannique, mais qu'il reparaîtrait bientôt. A cette nouvelle, le découragement frappa les armées royales ; et Charette se vit tout à coup en présence de forces trop nombreuses pour pouvoir lutter contre elles. . . . .

La haute Vendée fut pacifiée par la mort de Stofflet, et la basse Vendée par celle de Charette ; mais ces provinces ne furent réellement soumises que sous le Consulat, où elles reprirent leur rang parmi les départements de la République. Seulement, en 1796, les paysans, qui avaient enfin compris leurs véritables intérêts, parce que le Directoire avait placé à la tête de ses armées un homme digne de les commander, mirent bas les armes.

Il fallait toute l'impéritie de ce gouvernement pour faire perdre à la République les avantages de la conduite du général Hoche, et replonger dans les horreurs de la guerre civile des provinces qui ne demandaient qu'à être ménagées. Depuis la pacification de 1796, elles étaient sorties de leurs ruines, et les paysans s'étaient livrés avec sécurité aux travaux de l'agriculture abandonnés depuis tant d'années. Mais les plaies étaient récentes : il y avait loin de ne plus se battre contre la République à se battre pour elle ; après une rébellion toujours victorieuse pendant plusieurs années ; après une guerre à outrance, dans laquelle les deux tiers de la population de ces provinces avait soutenu le choc de plus de 200,000 républicains, il était absurde de vouloir appeler sous les drapeaux de la révolution les conscrits de ces peuples encore irrités ; la politique voulait qu'on attendît une autre génération pour appeler au service militaire les enfants de la Vendée. Le Directoire ne le comprit pas : il ordonna des levées d'hommes dans les départements de l'Ouest ; un mouvement insurrectionnel se manifesta aussitôt dans tous ces départements. Le Bocage, pays coupé et impénétrable, qui, depuis l'origine de la Vendée, avait offert aux bandes royales un asile inexpugnable, devint le refuge des déserteurs et des réfractaires. Les délits des grandes routes recommencèrent : c'est le premier acte d'une population qui se révolte que d'intercepter les communications.

La guerre civile recommença et menaça bientôt d'envahir de nouveau l'Anjou, le Poitou, la Bretagne et la Normandie. Le Directoire comprit alors sa faute et son danger ; mais il suivit la fausse route dans laquelle il s'était lancé avec une imperturbable opiniâtreté ; il semblait qu'il fût conseillé par ses ennemis. Sans doute pour montrer à toute la République qu'il était effrayé de l'attitude menaçante de la Vendée et inquiet du civisme des Français, il fit rendre par les conseils une loi qui obligait les fonctionnaires publics de faire le serment de haine à la royauté. Peu après il ordonna des visites domiciliaires dans les départements de l'Ouest qui n'étaient pas encore révoltés ; il adoptait ainsi dans son aveuglement toutes les mesures propres à ranimer et à étendre la guerre civile ; les bandes royales enfantées par la loi de la levée deux cents mille hommes et par celle des otages, s'accrurent tout à coup d'une immense multitude de volontaires que leur envoyaient les visites domiciliaires ; elles devinrent des armées.

. . . .

Le retour de Napoléon, revenu d'Égypte pour détruire l'anarchie directoriale et donner à la France un gouvernement digne de sa grandeur et de sa puissance, mit fin à la guerre de la Vendée. Il ne se trouva pas en France un seul individu qui donnât des regrets à la chute du Directoire. Jamais révolution ne fut plus complète. Le 18 brumaire rendit à la France le rang qu'elle devait occuper en Europe, et le crédit qu'on acquit tout à coup. La pacification intérieure de la République fut un des premiers soins de Napoléon. Les chouans et les Vendéens refusèrent d'abord de reconnaître la constitution consulaire. Le gouvernement répondit au manifeste de la Vendée par son décret du 28 décembre, qui accordait aux révoltés dix jours pour se soumettre, et fit menacer la Vendée par le général Brune, qui s'y porta avec des forces considérables. Dans ce temps, le général Hédouville reçut des pouvoirs pour négocier; c'était l'homme qui convenait : gentilhomme, il avait une affinité toute naturelle avec les chefs des insurgés ; son esprit conciliateur, ses manières persuasives les gagnèrent, et la négociation commença. L'abbé Bernier, qui lors de la dernière pacification s'était retiré en Suisse, fut choisi par Napoléon pour aider Hédouville dans sa négociation. Cet abbé rendit les plus grands services dans cette occasion, tant à son pays qu'à ses anciens amis. D'Autichamp, Laprevalaye, Châtillon furent les premiers qui se soumirent. Suzannet, Bourmont, d'Audigné mirent bas les armes peu après; ils jouissaient d'un grand crédit dans leur parti.

Au milieu de ces négociations si heureuses pour la France, l'Angleterre envoya quarante vaisseaux qui jetèrent l'ancre sur les côtes de Bretagne, et y débarquèrent une grande quantité d'armes et de munitions dont Georges se saisit, et qu'il parvint, après un combat dans lequel il eut l'avantage, à faire transporter dans son camp retranché de Granchamp. L'Angleterre suivait jusqu'au dernier moment, comme elle l'a prouvé en 1814, son système de destruction contre la France : elle envoyait des armes à ces rebelles au moment où un gouvernement fort s'occupait de les amnistier. Si elle eût voulu rétablir la royauté en France, c'est-à-dire lui rendre une existence stable et glorieuse, elle eût envoyé un prince aux Vendéens. Mais en 1800 il était déjà trop tard ; la place était déjà bien occupée. Elle se contentait donc d'envoyer des aliments à la guerre civile, ce qui fut également inutile. On capitulait partout, dans le Maine, en Anjou, dans les Bretagnes; il n'y eut que Frotté et Georges qui voulurent continuer la révolte. Cette obstination, qui ne tenait plus à un parti, fut bientôt châtiée. Frotté fut battu et livré par Guidal, auquel il s'était confié. Il voulait parlementer après sa défaite, tandis qu'il avait rompu son ban en violant son traité et en refusant l'amnistie : il fut fusillé. Georges échappa et se sauva en Angleterre, d'où il revint en 1804 pour assassiner le premier consul. Il fut jugé et mis à mort comme assassin et conspirateur. Il avait trouvé moyen d'avoir pour complices deux des plus célèbres généraux de la République, Pichegru et Moreau. La fin de ces deux hommes fut tragique : Pichegru s'étrangla dans sa prison, et Moreau revint de son exil pour être tué par un boulet français au milieu des rangs étrangers qu'il dirigeait contre sa patrie : triste fin pour de si beaux commencements ! L'amnistie fut donnée aux Vendéens le 14 mars 1800, et aux chouans le 21 avril. L'ordre fut rétabli; les départements de l'Ouest rentrèrent dans le sein de la grande famille. Les généraux amnistiés purent prendre du service dans les armées nationales : il y avait de la place pour tout le monde sous l'Empire, même pour les ingrats, et par conséquent pour les traîtres ; ceux-ci sont à jamais flétris !

Bonaparte dans sa première campagne en Italie.

L'activité de Bonaparte était un spectacle merveilleux pour les peuples de l'Italie ; sa pensée ordonnait tout à la fois pour l'administration comme pour la guerre. Il y avait chez lui simultanéité de soins et de travaux divers, sans qu'on pût jamais y remarquer la moindre confusion. Il volait avec rapidité de Milan jusqu'aux villes vénitiennes, jusqu'à Florence et jusqu'aux frontières du Tyrol. Dans ses audiences, il questionnait un savant, flattait un artiste, cajolait un poète, prenait envers les tremblants ambassadeurs des États, qui attendaient leur sort, le ton de la menace ou celui de la compassion. Dans ses discours, il multipliait les images, et toujours avec effet ; réglait les comptes avec les fournisseurs, qu'il accablait de mépris et souvent de malédictions ; traçait une route pour divers corps de son armée, comme si la carte topographique la plus minutieuse et la plus exacte lui eût toujours été présente ; arrêtait avec Berthier ou Masséna le plan d'une bataille, puis, assistait, comme dégagé de tous soins, à un concert, à un spectacle, où les muses italiennes et françaises rivalisaient pour célébrer sa gloire.

C'était à regret, sans doute, qu'occupé de gagner l'affection des peuples de Milan, de Bologne et de Ferrare, et de créer en eux un enthousiasme factice pour la liberté, il se voyait obligé de les frapper de réquisitions intolérables. Ce n'était pas seulement le besoin de subvenir aux dépenses de son armée qui lui faisait une loi de ces réquisitions ; il fallait bien sur ce point capital complaire aux vues et aux ordres du Directoire, chez qui la pénurie et le désordre extrême des finances éveillaient sans cesse la cupidité, et qui, dans ses antipathies pour les princes, se fût fait un scrupule de les ménager. Il entrait d'ailleurs dans les vues ambitieuses de Bonaparte de se présenter comme le sauveur d'un trésor épuisé. Quelquefois, au lieu d'envoyer directement des millions en France, il les faisait passer aux généraux de la République qui portaient la guerre en Allemagne. Quel plaisir pour lui de se créer ce nouveau genre de suprématie sur le vainqueur de Fleurus, et surtout sur le général Moreau.

Mais par quels moyens subvenait-il à des dépenses si fastueuses, dont il ne réservait rien ou presque rien pour lui-même, car l'ambition du pouvoir suprême peut fort bien s'accommoder du désintéressement? S'il inventait ou tolérait quelque genre de spoliation, les fournisseurs de son armée, et souvent même quelques-uns de ses généraux, de ses officiers, allaient dix fois au-delà. Salicetti, commissaire civil du Directoire, imagina de fouiller partout les monts-de-piété, établissements conçus en Italie sur des bases plus étendues que les nôtres, et dont plusieurs écrivains ont loué la prévoyance. Ces monts-de-piété étaient souvent les dépositaires des épargnes du pauvre, et des sommes dont les intérêts accumulés devaient constituer la dot d'une nombreuse famille. On juge quels furent à la fois les cris et du pauvre et du riche, lorsqu'ils se virent privés et des gages et des capitaux qu'ils avaient déposés ; la désolation des campagnes était plus grande encore que celle des villes. Tandis qu'à Milan on bégayait encore d'une voix tremblante le mot de liberté, on s'armait pour la révolte à Binasco et à Pavie. Des brigands, dont l'Italie est surchargée, échauffaient par la vengeance de malheureux paysans et des citadins irrités. Bonaparte eut à se féliciter de ce que la victoire ne l'avait pas encore entraîné trop loin du théâtre de ces révoltes. A Milan même il en vit de premiers indices, qu'il fit cesser par la promptitude et la vigueur de ses mesures.

A Pavie, la fureur des habitants avait éclaté à la vue d'une statue antique que d'ignorants et grossiers soldats mutilaient comme l'image ou d'un roi ou d'un saint. La garnison française assez faible n'avait pu ni calmer ni contenir une multitude dont les flots grossissaient toujours. Cette garnison s'était retirée, au nombre de trois cents hommes seulement, dans la citadelle assez faible de cette ville. Des soldats isolés avaient péri sous les coups des révoltés. Le général Haquin, qui entra dans Pavie sans avoir eu connaissance de la sédition, fut menacé du même sort, et fut sauvé par le courage des magistrats. Le peuple des campagnes accourut aussitôt pour joindre ses fureurs à celle des habitants. Ils pressèrent les trois cents Français enfermés dans la citadelle, et ceux-ci se rendirent.

Quelle fut la fureur de Bonaparte en apprenant que trois cents soldats de sa valeureuse armée avaient capitulé devant une multitude! Déjà il est sous les murs de cette ville, d'où l'on peut apercevoir les flammes de Binasco. Frémissant lui-même de la vengeance qu'il avait à exercer, il avait envoyé dans Pavie l'archevêque de Milan, Visconti, prêtre pacifique, que les Italiens accusaient de timidité. Les efforts du vieux prélat pour rappeler les habitants de Pavie au devoir, c'est-à-dire à la résignation des vaincus, ne furent reçus qu'avec outrage et qu'avec malédiction. Cependant le peuple des campagnes, à l'aspect de la colonne française, s'écoulait par degrés. Les portes sont enfoncées à coups de canon. La cavalerie française entre au pas de charge : un massacre affreux allait commencer. Les torches étaient déjà allumées pour l'incendie. Bonaparte exigea qu'on se contenta du pillage. La brutalité du soldat y joignit le viol. Plus d'asile sacré pour l'innocence, pour la beauté, et, souvent même, plus de rançon qui puisse les racheter d'un malheur p'us affreux que la mort. Les Italiens, dans leurs relations des horribles scènes de Pavie, conviennent qu'on vit nombre d'officiers et de soldats français, non-seulement refuser de prendre part au pillage, mais s'établir, contre leurs propres compagnons, les généreux défenseurs des jeunes filles, des jeunes femmes qui les imploraient. Ils conviennent aussi que l'Université et tous les édifices consacrés aux beaux-arts, aux sciences, furent, par les ordres du chef, respectés avec un soin scrupuleux. Bonaparte, dans les Mémoires de Sainte-Hélène, rend compte de cet événement en ces simples mots : Le pillage dura quelques heures, et fit plus de peur que de mal. Les jours où les aides-de-camp de Bonaparte, et quelquefois même ses plus brillants généraux, entraient à Paris, étaient des jours de fête dont le gouvernement ne pouvait égaler l'éclat dans ses solennités les plus dispendieuses. C'était à qui obtiendrait des détails de la bouche de Marmont, ou de Duroc, ou de Bessières, auxquels il confiait ces missions glorieuses pour prix de leur bravoure et de leurs talents militaires. Surtout après les journées de Castiglione, d'Arcole et de Rivoli, on n'avait plus assez de lauriers pour couronner ces envoyés de la victoire. On ne cessait de courir à l'Hôtel des Invalides pour voir les voûtes du magnifique dôme tapissées par d'innombrables drapeaux. Tous les royalistes exaltaient sa conduite envers le pape, et le louaient d'une magnanime désobéissance aux ordres violents du Directoire. Aussi même de ce côté lui prodiguait-on les hyperboles de la louange.

Tous les autres généraux disaient *l'armée de la République;* Bonaparte seul disait *mon armée.* Il n'offensait point le Directoire dans ses missives, mais il conservait envers lui le ton d'indépendance et même de la supériorité. Bonaparte ne craignit pas d'admettre dans ses rangs des émigrés qu'il rencontrait en Italie, et quelques émigrés qui venaient l'y chercher. Il laissait à son armée toute franchise d'opinion. Les délateurs y étaient poursuivis d'un commun accord, et voués à de légitimes outrages. La discipline n'était sévère que dans les jours de bataille. Les soldats donnaient à Bonaparte le sobriquet de *petit caporal,* et semblaient indiquer gaiement le point d'où l'on part pour arriver à une grande fortune. Sa sobriété égalait sa vigilance infatigable et en était la garantie. Le climat de la voluptueuse Italie n'agissait ni sur ses sens ni sur son imagination. Il ne laissa point alors soupçonner la rigidité de ses mœurs; il écrivait à sa femme des lettres où paraissait régner tout le désordre d'une passion ardente et romanesque. Ces lettres circulaient dans le public, et les femmes vantaient un jeune vainqueur qui semblait rappeler l'empire de l'amour exalté.

Le Directoire avait tenté, peu de temps après la victoire de Lodi, de lui opposer le général Kellerman et de diviser entre eux le commandement pour diviser la gloire et la reconnaissance. Bonaparte, sur cette annonce, n'hésita point à donner sa démission, et dit que la République serait encore moins mal servie par un mauvais général que par deux bons généraux chargés de la même entreprise.

Il frappait à toutes les portes de la renommée, afin de se faire ouvrir toutes celles qui conduisent à la puissance suprême. A peine avait-il essuyé la poussière du champ de bataille qu'il venait s'entretenir de poésie avec Monti, de science avec Fontana, et des antiquités romaines avec Visconti. Sous prétexte de diriger l'envoi des monuments précieux de l'Italie en France, il avait fait venir près de lui des savants tels que Monge et Berthollet. Comme les sonnets italiens voués à sa louange l'engourdissaient un peu, il avait mandé quelques poëtes français pour le réveiller par des louanges moins monotones. Milan était sa capitale pour les scènes de magnificence; Bologne était sa ville favorite pour les plaisirs de l'instruction.

Peu de temps après la prise de Mantoue, il vint avec un respect religieux visiter les champs qu'Auguste avait rendus au père de Virgile, et s'écria : Il faut bien respecter une ville qui s'honore d'avoir produit cet admirable poëte. C'était un peu copier Alexandre, mais pour le surpasser; car Alexandre, en respectant la maison de Pindare, avait eu la barbarie de détruire la patrie de ce poëte. Bonaparte ne manqua point d'entremêler, au récit de ses victoires, ce pèlerinage poétique, si bien fait pour enflammer l'esprit des jeunes littérateurs.

Afin de donner quelque satisfaction aux républicains, il couvrit des plus grands éloges celle de Saint-Marin; il voulut même, dans son enthousiasme ou réel ou simulé, agrandir le territoire du plus petit État du monde. Cette sage république se refusa obstinément aux largesses du vainqueur. C'est la seule république qui existe encore aujourd'hui en Italie. En ne gagnant point de territoire, elle a conservé toutes ses lois.

Au milieu de tant de travaux et de combats auxquels l'hiver n'apportait point de trêve, Bonaparte reçut la visite de sa femme, auparavant madame de Beauharnais, qu'accompagnait déjà une petite cour que lui formait la victoire. Les nouvelles républiques transpadanes et cispadanes la reçurent comme une reine. Bonaparte aimait à la voir jouir d'un genre d'hommages que l'austérité des formes militaires lui permettait peu de recevoir. Comme elle était sans force et sans pouvoir pour arrêter diverses sortes de brigandage que son mari lui-même ne pouvait contenir, elle adressait des mots obligeants à ceux qu'on dépouillait. . .

. . . .

Bonaparte, comme il l'a dit lui-même dans des notes écrites sous sa dictée, ayant intercepté une correspondance qui lui dévoilait toutes les intrigues du sénat de Venise, publia sa déclaration de guerre contre la république. Mais le bruit s'étant répandu qu'un bâtiment français avait été canonné par les forts de Venise à l'entrée des lagunes, et que le capitaine avait péri, ainsi que plusieurs hommes de l'équipage, la colère de Bonaparte n'eut plus de bornes; il déclara qu'il ne voulait rien entendre avant qu'on lui eût livré les inquisiteurs d'État et les patriciens qui avaient pris part à l'action du gouvernement et ameuté le peuple. En vain les députés vénitiens essayèrent-ils de le fléchir en lui offrant des réparations d'un autre genre. « Non, non, répondit Bonaparte avec dignité; quand même vous couvririez d'or cette plage, tous vos trésors, tout l'or du Pérou ne peuvent payer le sang français. » Junot fut chargé de porter un manifeste contenant l'énumération des griefs des Français contre les Vénitiens.

Voici cette lettre : « Toute la Terre-Ferme de la sérénissime république de Venise est en armes; des brigands crient : *Mort aux Français!* Déjà plusieurs centaines de soldats de l'armée d'Italie sont tombés sous leurs coups. Vainement vous désavouez les rassemblements ordonnés par vous-mêmes. Croyez-vous, parce que je me trouve au cœur de l'Allemagne, que je ne puisse pas faire respecter le premier peuple du monde? Croyez-vous que mes légions souffriront plus longtemps vos massacres? Le sang de mes frères d'armes sera vengé. Il n'est pas un bataillon, pas un soldat français qui, chargé de cette noble mission, ne sente doubler son courage et ses forces. Le sénat de Venise a répondu par la plus noire perfidie à nos généreux procédés. Mon aide de camp vous porte cette lettre; elle vous déclare la guerre ou la paix. Si vous ne vous empressez de dissoudre les attroupements, si vous ne faites arrêter et consigner en mes mains les auteurs des assassinats, la guerre est déclarée. Le Turc n'est pas sur votre frontière, aucun ennemi ne vous menace; cependant, de dessein prémédité, vous avez fait naître des prétextes pour former un attroupement dirigé contre l'armée. Il sera dissipé dans vingt-quatre heures. Nous ne sommes plus au temps de Charles VIII. Si, contre les intentions notoires du gouvernement français, vous me réduisez à faire la guerre, ne croyez pas qu'à l'exemple des assassins que vous avez armés, les soldats français dévastent les campagnes des innocents et malheureux peuples de la Terre-Ferme. Je les protégerai, et ils béniront un jour jusqu'aux crimes qui auront contraint l'armée française à les soustraire au joug de votre tyrannique gouvernement. » Junot se fait conduire devant le conseil assemblé ; la majesté d'un sénat grand au moins par ses souvenirs semble d'abord déconcerter l'aide de camp, mais il triomphe de sa timidité par l'insolence, et le ton de sa voix semble aggraver encore un message fulminant : on l'écoute avec le saisissement de la crainte, et des hommes si habiles à dissimuler ne peuvent plus cacher une impression qui les perd. Le doge Manini, vieillard à qui un patriotisme sincère ne peut inspirer ni la dignité ni la force, répond d'une voix altérée que le sénat délibérera sur cette lettre, et ne s'écartera ni de la loyauté qu'il a promise à la nation française, ni de l'amitié qu'il lui porte. Dès ce moment on put dire : Venise n'existe plus.

Pendant que l'aristocratie chancelle, le peuple de la Terre-Ferme s'arme avec fureur pour la défense de ses maîtres ; le bruit des revers éprouvés par les Français dans le Tyrol échauffe les plus timides. On a lu des proclamations du général autrichien Laudon, qui s'annonce et s'avance en vainqueur ; à l'en croire, plus de salut pour l'armée de Bonaparte elle-même : elle est taillée, coupée ; l'Italie va être encore une fois le tombeau des Français ; mais il faut que tout Italien, que tout Vénitien surtout leur porte un coup fatal et se venge de la plus cruelle oppression. Le comte Émili, provéditeur, homme ardent, et qui dévoue son immense fortune au salut de la patrie, est venu se concerter avec le général autrichien Laudon ; l'un et l'autre ignorent que le sort de Venise est déjà décidé dans les préliminaires de Léoben, signés le 18 avril ; que des articles secrets renferment déjà un acte de partage. Par la plus triste fatalité, tout ce que le peuple vénitien va tenter pour secourir l'Autriche ne servira plus qu'à le faire tomber dans les fers de cette puissance, qu'il a contenue ou bravée pendant huit siècles. Le mouvement est donné, ou plutôt le peuple se l'est donné à lui-même ; on ne veut plus suivre les conseils de la politique, on s'abandonne à la rage ; trente ou quarante mille paysans cernent Vérone et trouvent des alliés furieux dans les habitants de cette ville. Les Français se sont retirés dans les châteaux, mais tous n'ont pu gagner cet asile.

Le général Balland, pour effrayer les rebelles, fait plusieurs décharges d'artillerie ; elles produisent un effet funeste, et qui va redoubler la rage des assaillants. On a vu tomber le faîte d'un palais renommé ; on craint l'incendie de la ville ; on traîne les restes mutilés de femmes et d'enfants déchirés par la mitraille. Cependant le tocsin sonne de tous côtés ; *Mort aux Français !* répète-t-on : on livre à d'épouvantables supplices ceux qui ont tenté vainement de pénétrer dans la citadelle et ceux qui se tiennent cachés dans les maisons. Mais voici un crime plus odieux ; c'est un massacre dans les hôpitaux. Cinq à six cents soldats français malades et blessés, que les souvenirs de Lodi, d'Arcole et de Rivoli devraient protéger contre des homicides, sont assaillis dans le sanctuaire de la souffrance et de la charité ; on frappe à coups de pique, de hache, de stylet, de marteau, des hommes désarmés, exténués, qui ne peuvent opposer aux coups qu'un sein tout couvert de glorieuses cicatrices. Pendant que le peuple s'abandonne à ces meurtres si dignes de son terrible et sanguinaire instinct, on combat autour des châteaux ; le général

Balland fait pleuvoir la mitraille et les boulets rouges sur cette population furieuse et sur les magnifiques monuments qui montrent la nouvelle et l'ancienne splendeur de Vérone. Le sang coule de tous côtés; partout des maisons, des temples et des palais s'écroulent. En vain parle-t-on de capitulation au général Balland : « Je « ne livrerai point, répond-il, mes braves soldats à des tigres. » Le comte Emili amène un renfort aux révoltés, et leur promet, dans son aveugle confiance, un puissant renfort d'Autrichiens. Le massacre de Vérone avait eu lieu le 17 avril, jour de la seconde fête de Pâques, et s'était entremêlé à des exercices de dévotion; les Français, depuis, l'ont nommé les *Vêpres de Pâques*, par allusion aux *Vêpres siciliennes*. Un capucin passait les jours et les nuits sur la place publique; un discours prononcé par ce religieux peut être considéré comme un monument d'une haute éloquence, que depuis on a attribué à l'évêque de Parme.

Mais tandis que le peuple attend pour libérateurs des Autrichiens, ce sont des Français indignés qui se présentent aux portes de la ville, sous la conduite des généraux Chabran, Lahoz et Chevalier; le nombre n'a rien qui les arrête, il s'agit d'arracher leurs compagnons à la fureur d'un peuple barbare. Après plusieurs combats, les portes sont enfoncées, et la ville attend dans une morne consternation la vengeance des Français. Tout se contint; les Français semblaient craindre l'excès de leur fureur. On laissa s'écouler le peuple des campagnes; on déclara que la vengeance ne tomberait que sur les chefs du mouvement. Parmi ceux qui furent pris les armes à la main étaient le comte Émili, les patriciens Verita, Malenza et le capucin dont l'éloquence avait enflammé les esprits d'une manière si funeste; une commission militaire les condamna à être fusillés. . . . . . .

La présence de Baraguay-d'Hilliers, général qui joignait à des talents militaires des vertus civiles et un sincère amour de l'humanité, avait empêché l'effusion du sang dans toute la Terre-Ferme, mais elle redoubla les alarmes de Venise; la terreur fut au comble dans cette ville quand on y reçut presqu'à la fois la nouvelle des massacres de Vérone, de la rentrée des Français dans cette ville et de la signature des préliminaires de paix à Léoben; ainsi donc, plus de secours à espérer de cette Autriche dont on vient de seconder les armes par des mouvements si tardifs, si désordonnés et si révoltants dans leurs résultats. Que contiennent ces préliminaires dont on affecte de tenir les articles secrets? N'y a-t-il point été question de la république de Venise? n'a-t-on pas voulu la punir d'une longue neutralité dont les puissances belligérantes se sont offensées à la fois? sans respect pour des souvenirs de gloire, n'a-t-on pas voulu profiter de sa faiblesse actuelle? jusqu'où Bonaparte n'a-t-il pas pu se porter dans sa colère? On se rassure un peu en pensant que les massacres de Vérone ont été commis le 17, et que le général français, à soixante lieues de là, n'a pu en avoir connaissance le 18, jour où les préliminaires ont été signés; mais une dépêche de Grimani, ambassadeur de Venise à Vienne, vint confirmer les plus sinistres pressentiments. « Craignez tout de la paix, a-t-il écrit à ses compatriotes, elle ne sera faite qu'aux « dépens de Venise. J'ai lu dans la pensée du baron Thugut; il veut les posses- « sions vénitiennes en indemnité du Milanais. »

Cependant la révolution française, après avoir parcouru avec rapidité la Terre-Ferme, a déjà traversé les lagunes et se montre dans cette Venise où depuis plu-

sieurs siècles tout citoyen, tout patricien, tout étranger soupçonné de l'esprit de révolte, ou même de l'esprit d'opposition contre le sénat, a disparu sous les plombs de la prison d'État, ou dans les flots de l'Adriatique. On invoque hautement le gouvernement populaire, la Déclaration des Droits de l'homme, la destruction de la noblesse, l'abolition du livre d'or; jamais des blasphèmes de ce genre n'avaient été entendus dans ces murs voués au plus sombre silence quand ils ne retentissaient pas des éclats du plaisir; c'est chez Villetard, commissaire du gouvernement français auprès de la république, que les séditieux vont prendre leurs instructions. La Terre-Ferme et les possessions les plus lointaines de Venise, l'Istrie, la Dalmatie se couvrent soit de troupes françaises, soit de troupes allemandes qui paraissent agir de concert pour la destruction d'un État dont trois siècles ont prouvé l'esprit pacifique. On croit que le roi de Sardaigne, et même celui de Naples, sollicitent chacun de son côté quelques agrandissements, quelques indemnités aux dépens de Venise. Déjà, depuis plusieurs jours, des vaisseaux de guerre français, sous prétexte de venger l'outrage fait à un bâtiment de leur nation, dominent sur l'Adriatique que l'Angleterre elle-même ne leur dispute pas; ils menacent des remparts qu'on trouve trop faibles maintenant, après les avoir déclarés trop longtemps inexpugnables. Venise reconnaît enfin qu'elle ne possède plus que le vain simulacre d'une marine, et que ses vaisseaux de ligne ne peuvent soutenir un combat; le sénat juge mal les ressources qui lui restent; quinze mille Esclavons, soldats peu disciplinés, mais valeureux et fidèles, pourraient prolonger sa défense, et peut-être opérer son salut. On s'est étonné d'entendre des cris de sédition dans Venise, et cependant la fidélité du peuple est calomniée par les craintes où le sénat se livre; l'audace des séditieux, vile audace qui ne s'appuie que sur un secours étranger, ne peut dissimuler longtemps leur petit nombre. Ils ont lancé leur manifeste, et c'est la constitution française servilement et absurdement copiée qu'ils proposent comme le seul moyen de calmer la colère des vainqueurs. Une transaction si déshonorante et désastreuse est d'abord rejetée dans le conseil avec un assentiment presque unanime; mais les préparatifs de Baraguay-d'Hilliers pour le siège de Venise ébranlent de nouveau l'imagination de sénateurs qui ont vieilli dans les délices de la paix. « Si nous soutenons un siège, se disent-ils, qui nous secondera? Est-ce
« l'Autriche qui a déjà conjuré notre ruine avec ses plus cruels ennemis, qui
« déjà même a réglé le partage de nos dépouilles et veut dévorer Venise tout
« entière? Tâchons de conserver au moins le centre et le berceau de notre répu-
« blique; fléchissons sous une dure nécessité; réservons pour des temps meil-
« leurs ce qui peut nous rester de force, de puissance et même de patriotisme;
« l'Europe dira au moins que nous périssons victimes de notre modération; notre
« sort sera celui de la Pologne; mais on ne nous reprochera pas de l'avoir mérité,
« comme ce malheureux pays, par une anarchie invétérée: un temps viendra où
« l'on jugera sévèrement ceux qui trafiquent aujourd'hui, et sans nous avoir
« combattus, de ces possessions qui rappellent l'héroïsme et la sagesse de nos
« pères. On reconnaîtra bientôt de quel poids était une république sage, forte et
« pacifique dans la balance de l'Europe; faisons à la patrie le sacrifice de nos
« dignités, de notre pouvoir, de nos biens, et, s'il le faut, de notre vie même. La

« France sera du moins obligée de respecter dans Venise les lois qu'elle-même
« lui aura imposées ; osera-t-elle consommer l'anéantissement d'une république
« qui vient de lui donner le plus douloureux et le plus déplorable gage de sa
« soumission. »

Telles étaient les dispositions des sénateurs, des sages et du doge lui-même, en se rendant le 1er mai au grand conseil. C'était par les séditieux qu'ils étaient convoqués ; l'hôtel de ville était environné de soldats, canons braqués, mêche allumée ; les cloches semblaient sonner le moment funèbre de la république ; le peuple était silencieux, et l'on nût dit, à sa profonde douleur, que c'était lui qu'on forçait d'abdiquer : le doge Manini, d'une voix lamentable et dans un discours où il craignait encore d'irriter le vainqueur par un reste de fierté, propose de faire des changements à la constitution aristocratique, selon les vœux des Français ; l'avis du doge fut mis aux voix et adopté par une majorité de cinq cent quatre-vingt-dix-huit contre vingt et une. Douze jours après, le grand conseil s'assemble de nouveau, et c'est pour déclarer une abdication définitive et absolue; ce jour même, il avait donné l'ordre aux quinze mille Esclavons qui défendaient la flotte de s'embarquer ; le peuple se voit privé de tout appui et ne peut contenir ni sa douleur ni sa rage, il reproche aux patriciens leur pusillanimité, se charge à lui seul de sauver la république ; il va chercher sur le port les Esclavons qui s'embarquent, en ramène un grand nombre, et les met à sa tête ; parcourt toute la ville, insulte les démocrates alliés des Français, pille leurs maisons, fait flotter l'étendard de Saint-Marc, et menace de mort tous ceux des patriciens qui ont montré de la faiblesse, ou qu'on accuse de trahison : l'anarchie et la désolation étaient au comble, lorsque le général Baraguay-d'Hilliers entre dans la ville avec une partie de l'armée. Au plus affreux tumulte succède un plus affreux silence ; les démocrates seuls affectent de la confiance et de la joie ; ils ont organisé une municipalité, un nouveau grand conseil ; ils se flattent maintenant de pouvoir traiter avec la République française, d'en obtenir tous les égards, tous les soins de la fraternité ; de conserver tout le territoire de Venise, ou d'être dédommagés de quelques cessions forcées par des possessions d'une même étendue et d'une même importance ; mais que deviennent-ils lorsqu'ils voient mettre à exécution les ordres rigoureux de Bonaparte? Ces vaisseaux de guerre, ces galères qui font encore l'orgueil de Venise, et qui n'ont rien pu pour sa défense, sont confisqués par les Français.... Ainsi tomba un gouvernement qui avait duré quatorze siècles.

. . . .

Quelles étaient les pensées du Directoire relativement à la paix avec l'Autriche? Il faut quelques détails pour éclaircir ce point. Ce gouvernement pentarchique offrait peu d'harmonie et brillait peu par la prévoyance. Celui des directeurs qui s'arrogeait la suprématie politique, Rewbell, avait un esprit de ruse et de mauvaise foi à laquelle sa brusquerie servait de masque ; il ne voulait que des paix partielles et transitoires ; il craignait le retour des armées, celui des généraux, et par-dessus tout celui de Bonaparte. Ce directeur, parvenu au pouvoir par le seul effet du hasard, détestait un homme qui pouvait y être porté par sa gloire et son génie.

Quant à La Réveillère-Lépeaux, sa philanthropie s'accommodait fort bien de la guerre ; il y voyait le plus sûr moyen d'affranchir les peuples, de leur faire connaître les bienfaits de la pentarchie, du nivellement politique, de cette déclaration des droits de l'homme, dont aucun article n'était respecté, même en France, enfin de cette religion naturelle qui n'était qu'une guerre déclarée au sacerdoce.

Barras croyait devoir afficher des sentiments guerriers, à cause de l'espèce de renommée militaire que lui avaient faite plusieurs journées de la révolution.

L'extrême embarras des finances pouvait affaiblir le désir de la guerre chez ces trois directeurs; mais la ressource de la banqueroute s'offrait plus naturellement à leur esprit que celle de la paix. Ces trois directeurs pensaient qu'il ne convenait pas à la République française de se montrer au-dessous de la république romaine. Ainsi c'était sur une guerre perpétuelle qu'ils fondaient le bonheur de la France et du monde. Mais les Romains avaient signé des trêves et même des traités de paix. A leur exemple, les trois directeurs, et tous les hommes de leur parti, pensaient qu'on pouvait traiter avec un État puissant, sous la condition d'écraser, pendant l'intervalle, des États faibles.

Carnot, cet ancien collègue de Robespierre, de Billaud-Varennes, auquel il était donné d'être, dans le Directoire, l'organe de tous les principes de modération qui pouvaient se concilier avec l'existence monstrueuse de la République, montrait du penchant pour une paix qui allait rendre son rôle moins brillant et ses talents moins nécessaires; il la voulait, si nous nous en rapportons à ses Mémoires, non pleine de menaces ou de fraude, mais pleine de fierté.

Le Tourneur de la Manche était, comme on le sait, entièrement soumis à l'ascendant de Carnot. Ils avaient contre eux la majorité; mais Bonaparte pouvait faire pencher la balance.

Voyons les dispositions des deux autres parties belligérantes, c'est-à-dire de l'Autriche et de l'Angleterre.

L'Autriche, quoique battue si souvent, et d'une manière si foudroyante, dans le cours de cette campagne, se faisait admirer de l'Europe et respecter de la France elle-même, par la constance avec laquelle elle supportait et savait quelquefois réparer ses revers. Louis XIV, abandonné par la fortune, avait montré moins de ténacité dans ses résolutions, et son beau royaume avait déployé moins de ressources. Pas un seul ferment révolutionnaire ne se découvrait au sein de ce vaste empire. C'était sans murmure qu'une armée nouvelle venait recueillir les faibles et tristes débris d'une armée qui avait disparu. On y faisait la guerre sans génie, sans une vive ardeur, mais chacun remplissait son métier de soldat, son devoir de sujet, sans consulter l'événement. Si Wurmser, Provera et Wuskadowich avaient fait briller une audace toute française, la fortune avait trompé ou n'avait secondé qu'un moment leurs efforts héroïques. Le savoir de presque tous les autres généraux consistait à éviter les grandes fautes et les désastres complets; ils ne tiraient, dans les batailles vivement disputées, qu'un parti insuffisant de leur cavalerie, mais, bien ménagée, elle donnait un aspect imposant à leur retraite. Comme les Autrichiens semblaient un peuple conjuré contre toute espèce de nouveautés, ils ne les admettaient pas dans l'art militaire; ils manœuvraient toujours comme dans la guerre de Sept Ans. L'esprit correct, méthodique et froid du maréchal Dawn semblait encore planer sur tous les camps autrichiens.

Il est vrai que l'archiduc Charles s'en était écarté dans cette campagne par une conception hardie, digne du fameux roi de Prusse. Mais quand on considère l'ensemble de sa vie militaire, on le trouve plus digne d'estime que d'admiration.

Le soldat autrichien allait rarement au delà de son devoir; il pensait, comme l'a dit Bonaparte, que chaque jour suffisait à sa peine, mais il était toujours prêt à recommencer le lendemain. Cet esprit national semblait une émanation de celui qui dirigeait l'empereur François II, sa famille et ses ministres. Les manières populaires de la maison de Lorraine, assise sur le trône d'Autriche, étaient devenues pour tous les cœurs un lien qu'on sentait plus puissamment dans les jours de l'adversité.

C'était avec un papier-monnaie plus déplorable encore que les assignats, puisqu'il n'avait pas de grandes propriétés pour hypothèque; c'était aussi avec quelques vieilles économies, avec quelques subsides de l'Angleterre, reçus orgueilleusement à titre d'emprunt, que l'Autriche soutenait le fardeau d'une telle guerre. Ce papier-monnaie, habillé de dix manières différentes, quoique fort décrié, ne tomba point dans un discrédit total. L'empereur et sa cour se refusaient à toutes les dépenses qui ne concouraient point au salut de l'empire. Ce fut par une vie frugale que François II, dans vingt-cinq années des plus terribles épreuves, put se maintenir un puissant souverain.

Si le baron Thugut, son premier ministre, ne s'éleva point à ces principes de politique magnanime que réclamait le salut commun, son invincible fermeté, dans les années 1796 et 1797, me paraît devoir le faire compter parmi les hommes d'État du plus ferme caractère.

Après les plus sanglantes défaites, on ne vit jamais un envoyé autrichien se présenter dans le camp français.

La patience échappa tellement au Directoire, qu'il lui prit envie, vers le temps de la prise de Mantoue, d'envoyer le général Clarke pour sonder les dispositions d'un gouvernement obstiné à ne jamais confesser ses souffrances. On ne voulut pas le recevoir. L'Autriche commençait, il est vrai, à se résigner à la perte de ses provinces belgiques, sur lesquelles, malgré leurs richesses, elle ne levait que des tributs médiocres, et dont l'esprit remuant et rebelle l'avait cruellement fatiguée; elle s'en était dédommagée d'avance dans le second démembrement de la Pologne. Mais elle ne voulut plus, en dépit des arrêts multipliés du champ de bataille, consentir à aucun sacrifice, ou bien, en paraissant céder, elle demanderait des compensations tout à son avantage. Le Directoire avait fait tous ses efforts pour lui indiquer la Bavière comme un ample dédommagement de la Lombardie; mais c'était un piège que l'Autriche sut bien démêler. Au seul mot de Bavière, le roi de Prusse et tous les princes du nord de l'Allemagne n'auraient pas manqué d'armer contre l'Autriche, et le premier auxiliaire qui serait venu à eux aurait été la France. . . . .

La déplorable journée dont je viens de parler étourdit l'Autriche et les négociateurs qu'elle avait envoyés à Campo-Formio. Ils consentaient enfin à faire l'échange de Mantoue, rendue à la république cisalpine, contre Venise, que Bonaparte ne cessait d'offrir à l'Autriche. Ce fut là la base principale de la paix de Campo-Formio, signée le 17 octobre 1797.

Même après la journée du 18 fructidor, qui semblait devoir ôter au Directoire tout reste de scrupule et de pudeur, il répugnait encore à cette autorité de sacrifier à la colère d'un gouvernement absolu les démocrates vénitiens, si dociles à sa voix. Le Directoire avait écrit à Bonaparte une lettre presque suppliante pour le détourner d'une perfidie diplomatique dont le reproche serait un jour la plus cruelle injure contre la République française. Villetard, commissaire français qui venait de présider à la révolution démocratique de Venise, s'effraya de ce qu'il avait fait, en devinant ce que le général voulait faire ; il lui écrivit de son côté une lettre ferme et pathétique en faveur des Vénitiens, qu'on allait vendre. Bonaparte répondit par la lettre suivante, fort différente de son style ordinaire ; en voici les termes :

« J'ai reçu, citoyen, votre lettre du 3 brumaire. Je n'ai rien compris à son con-
« tenu. Il faut que je ne me sois pas bien expliqué avec vous.

« La République française n'est liée avec la municipalité de Venise par aucun
« traité qui nous oblige à sacrifier nos intérêts et nos avantages à celui du comité
« de salut public ou de tout autre individu de Venise.

« Jamais la République française n'a adopté pour principe de faire la guerre
« pour les autres peuples. Je voudrais connaître le principe de philosophie ou de
« morale qui ordonnerait de sacrifier quarante mille Français contre le vœu bien
« prononcé de la nation et l'intérêt bien entendu de la République.

« Je sens qu'il n'en coûte rien à une poignée de bavards, que je caractériserais
« bien en les appelant fous, de vouloir la république universelle. Je voudrais que
« ces messieurs vinssent faire une campagne d'hiver.

« D'ailleurs, la nation vénitienne n'existe pas. Divisés en autant d'intérêts qu'il
« y a de villes, efféminés et corrompus, aussi lâches qu'hypocrites, les peuples de
« l'Italie, et spécialement le peuple vénitien, est peu fait pour la liberté. S'il était
« dans le cas de l'apprécier, eh bien ! la circonstance actuelle lui est très-avanta-
« geuse pour le prouver. Qu'il la défende ! Il n'a pas eu le courage de la conquérir,
« même contre quelques misérables oligarques ; il n'a pu même la défendre quelque
« temps dans la ville de Zara ; et peut-être, si l'armée française fût entrée en Alle-
« magne, nous aurions vu se renouveler, sinon les scènes de Vérone, du moins
« des assassinats multipliés, qui produisent le même effet sinistre pour l'armée.

« Au reste, la République ne peut pas donner, comme on paraît le croire, les
« États vénitiens.

« Ce n'est pas que, dans la réalité, ces États n'appartiennent à la République
« française par droit de conquête, mais parce qu'il n'est pas dans les principes du
« gouvernement de donner aucun peuple.

« Lors donc que l'armée française évacuera ce pays-ci, les différents gouverne-
« ments sont maîtres de prendre toutes les mesures qu'ils pourraient juger avanta-
« geuses à leur pays.

« Je vous ai chargé de conférer avec le comité de salut public sur l'évacuation
« qu'il est possible que l'armée française exécute, pour mettre à même de prendre
« toutes les mesures, soit pour leur pays, soit pour les individus qui voudraient se
« retirer dans les pays réunis à la république cisalpine, et reconnus et garantis
« par la République française.

« Vous avez dû également faire connaître au comité de salut public que les indi-
« vidus qui voudraient suivre l'armée française auraient tout le temps nécessaire

« pour vendre leurs biens, quel que soit le sort de leur pays, et que même je savais
« qu'il était dans l'intention de la république cisalpine de leur accorder le titre de
« citoyen.

« Votre mission doit se borner là. Quant au reste, ils feront ce qu'ils voudront.
« Vous leur en avez dit assez pour leur faire sentir que tout n'était pas perdu ; que
« tout ce qui arrivait était la suite d'un grand plan. Si les armées françaises con-
« tinuaient à être heureuses contre une puissance qui a été le nerf et le coffre de
« toute coalition, peut-être Venise aurait pu par la suite se trouver réunie avec la
« Cisalpine. Mais je vois que ce sont des lâches, et qu'ils ne savent que fuir. Eh
« bien ! qu'ils fuient, je n'ai pas besoin d'eux ! »

En attendant, on achevait le pillage de la riche et magnifique cité ; le duc de Modène, qui avait choisi ce refuge si peu sûr, y avait laissé en partant presque tout ce qui lui restait de son trésor : on ne manqua pas de s'emparer de cette proie. Les galeries, les églises, les chapelles, les palais des patriciens émigrés, étaient, au nom des beaux-arts, soumis à de continuelles rapines. Un savoir cruel enlevait dans les bibliothèques des manuscrits qui remontaient jusqu'au XIIIe siècle, et des ouvrages arabes achetés par le sénat avec une magnificence digne des Médicis. Les sept îles dont Venise avait fait la conquête, et qui formaient le dernier débris de son empire momentané sur la Grèce, allaient être cédées définitivement à la France, et déjà nos armes y régnaient. C'était un éclat de plus jeté sur les conquêtes de Bonaparte. L'enthousiasme s'était éveillé promptement parmi nous aux noms historiques ou poétiques de Corcyre, d'Ithaque et de Cythère. Déjà l'on voulait voir dans Bonaparte le régénérateur de la Grèce ; mais le fond des choses détruisit bientôt la magie des espérances. Les sept îles grecques perdirent ce qu'elles pouvaient encore offrir de précieux pour les lettres et les beaux-arts ; l'ignorance et l'indigence de ces peuples rendirent cette moisson peu abondante. Leur pauvreté les exposa au mépris des commissaires français, qui en firent un portrait défavorable. Cependant l'évêque grec de Corfou fit entendre à un général français des paroles où l'on croit trouver une première étincelle du feu sacré qui s'est rallumé parmi les Grecs : « Français, vous trouvez en cette île un peuple étranger aux sciences
« et aux arts dont s'honorent les nations ; ne le méprisez pas cependant, il peut
« redevenir ce qu'il fut autrefois. Apprenez par ce livre (ici l'évêque montra l'Odys-
« sée), apprenez le cas que vous devez faire de nous. »

. . . .

FIN DES PIÈCES JUSTIFICATIVES DU TOME PREMIER.

TABLE CHRONOLOGIQUE.

				Pages.
1792.	Avril	20	Déclaration de guerre de la France à l'Autriche.	19
—	—	28	Affaire de Quiévrain.	21
—	—	28	Affaire de Marquain.	21
—	Juin	13	Combat de Glinzelle.	24
—	—	18	Prise de Courtray.	24
—	—	20	Envahissement des Tuileries par le peuple.	25
—	Juillet	14	Reddition d'Orchies.	24
—	—	25	Manifeste du duc de Brunswick.	25
—	Août	12	Défense de Landau par Custine.	24
—	—	19	Combat de Fontoi.	26
—	—	22	Insurrection de la Vendée ; prise de Châtillon-sur-Sèvre.	76
—	—	23	Siége et prise de Longwy.	27
—	—	24	Investissement de Thionville.	29
—	Sept.	2	Siége et prise de Verdun.	28
—	—	4	Occupation des défilés de l'Argonne.	32
—	—	17	Retraite de Dumouriez sur Sainte-Ménehould.	34
—	—	17	Siége et bombardement de Lille.	39
—	—	20	Bataille de Valmy.	35
—	—	23	Envahissement de la Savoie et prise de Chambéry.	45
—	—	29	Conquête du comté de Nice.	46
—	—	30	Retraite des Prussiens.	58
—	—	30	Prise de Spire.	43
—	Oct.	4	Prise de Worms.	43
—	—	14	Reprise de Verdun.	38
—	—	16	Retour de Dumouriez à Paris.	47
—	—	18	Reprise de Longwy.	38
—	—	21	Prise de Mayence.	44
—	—	23	Prise de Francfort-sur-Mein.	45
—	—	28	Invasion de la Belgique.	48
—	Nov.	6	Bataille de Jemmapes.	49
—	—	7	Prise de Mons.	53
—	—	8	Prise de Tournay.	53
—	—	14	Prise de Bruxelles.	53
—	—	19	Prise de Namur.	53
—	—	21	Prise de Tirlemont.	54
—	—	23	Prise d'Oneille.	117
—	—	28	Prise de Liége.	55
—	—	29	Prise d'Anvers.	55
—	Déc.	2	Evacuation de Francfort.	60
—	—	5	Combats de la Montagne-Verte et de Pellingen.	57
—	—	11	Prise de Wessem et de Werth.	61
—	—	15	Retraite des Autrichiens entre la Meuse et la Roër.	62
1793.	Janv.	6	Combat d'Ocheim.	64
—	Fév.	14	Combat de Fospello.	118
—	—	21	Siége de Cagliari.	118
—	—	25	Prise de Breda et de Klundert.	65
—	Mars	3	Combat d'Aldenhoven.	67
—	—	5	Combat de Tongres.	68
—	—	12	Combat de Saint-Florent.	76
—	—	13	Combat de Jallais.	77
—	—	14	Combat de Chemillé.	77
—	—	14	Prise de Pornic.	78
—	—	15	Combat et prise de Tirlemont.	68
—	—	15	Combat de Machecoul.	77
—	—	15	Combat et prise de Chollet.	79
—	—	18	Reprise de Tirlemont.	68
—	—	19	Bataille de Neerwinde.	69
—	—	20	Combat de Stromberg.	73
—	—	28	Combat de Bingen.	73
—	—	29	Combat d'Oberlersheim.	74
—	—	29	Siége des Sables-d'Olonne	80

TABLE CHRONOLOGIQUE.

—	—	30	Décret de la Convention qui mande Dumouriez à sa barre. — Désertion de Dumouriez.	72
—	Avril	11	Combat de Chemillé.	80
—	—	18	Reprise d'Orchies et de Lanoy.	95
—	—	23	Bataille de Gauvillers.	82
—	—	25	Combat des Aubiers.	82
—	Mai	5	Combat et prise de Thouars.	83
—	—	16	Combat et prise de Fontenay.	83
—	—	23	Combat du camp de Famars et mort de Dampierre.	95
—	—	29	Troubles à Lyon.	120
—	Juin	2	Troubles en Normandie.	129
—	—	5	Prise et reprise de Châtillon.	147
—	—	7	Combat et prise d'Arlon.	99
—	—	10	Bataille et prise de Saumur.	87
—	—	25	Siége et prise de Bellegarde.	140
—	—	29	Siége de Nantes.	88
—	Juillet	12	Siége et reddition de Condé.	100
—	—	13	Combat de Puigariol.	140
—	—	23	Siége et reddition de Mayence.	101
—	—	30	Siége et reddition de Valenciennes.	105
—	Août	1er.	Occupation de la Corse par les Anglais.	135
—	—	1er	Combat du camp de l'Union	140
—	—	4	Combat de Douai.	108
—	—	22	Attaque et prise du camp de Mont-Louis	141
—	—	24	Prise de Puicerda.	141
—	—	27	Combat d'Olette.	141
—	Sept.	9	Levée du siége de Dunkerque.	144
—	—	9	Bataille de Hondischoote.	144
—	—	14	Combat de Pirmasens.	110
—	—	19	Bataille de Torfou.	149
—	—	21	Combat de Montaigu.	149
—	—	23	Combat de Saint-Fulgent.	149
—	Oct.	4	Affaire de la Tarentaise.	132
—	—	8	Combats de Châtillon.	149
—	—	8	Occupation de la Maurienne	132
—	—	13	Prise de Selz.	110
—	—	14	Perte des lignes de Wissembourg.	111
—	—	16	Bataille de Watignies.	146
—	—	16	Prise de Mortagne.	150
—	—	17	Prise de Chollet.	150
—	—	18	Combat de Beaupréau	150
—	—	18	Siége et prise de Lyon.	121
—	—	19	Passage de la Loire par les Vendéens.	150
—	—	22	Combat et prise de Laval.	153
—	—	22	Combat d'Utelle.	133
—	Nov.	14	Siége de Granville.	156
—	—	16	Combat de Pontorson.	158
—	—	18	Bataille d'Antrain.	160
—	—	21	Combat de Dol.	158
—	Déc.	2	Combat de Berchem.	112
—	—	5	Attaque d'Angers.	160
—	—	5	Attaque et prise du camp de Villonge.	143
—	—	8	Combat de la Flèche.	161
—	—	10	Déroute de Mons.	162
—	—	16	Combat d'Ancenis.	164
—	—	18	Siége et prise de Toulon.	124
—	—	22	Déroute de Savenay.	164
—	—	25	Siége de Landau. — Bataille de Geisberg. — Reprise des ligne de Weissembourg.	113
1794.	Janv.	2	Combats de Machecoul.	169
—	—	3	Prise de l'île de Noirmoutiers.	170
—	—	15	Combat des Essarts	171
—	—	15	Combat de Legé.	172
—	Mars	4	Combat de la Trementine. — Mort de Larochejacquelein.	172
—	—	10	Combat et occupation de Chollet.	172
—	—	18	Combat de Venansault.	173
—	—	21	Combat et occupation de Mortagne.	173

TABLE CHRONOLOGIQUE.

	Avril	8	Prise d'Oneille	194
—	—	17	Prise d'Omea et de Garessio	194
—	—	20	Prise de Foargio	195
—	—	30	Combat de Challans	174
—	—	30	Prise de Landrecies par les coalisés	177
—	Mai	1er	Combat du camp de Boulon	199
—	—	8	Prise du Mont-Cenis. — Combats dans les Alpes	196
—	—	22	Prise de Courtray	178
—	—	23	Combats sur la Sambre	179
—	—	26	Reprise des forts Saint-Elme, de Port-Vendres et de Collioure	200
—	Juin	17	Siége et prise d'Ypres	179
—	—	25	Siége et prise de Charleroi	180
—	—	26	Bataille de Fleurus	182
—	Juillet	14	Combats de Platzberg et de Tripstadt	192
—	—	15	Prise de Malines et de Louvain	188
—	—	16	Reprise de Landrecies	189
—	—	16	Prise de Namur	188
—	Août	8	Occupation de Trèves	192
—	—	16	Reprise du Quesnoy	189
—	—	27	Reprise de Valenciennes	190
—	—	29	Reprise de Condé	191
—	Sept.	14	Combat de Boxtel	200
—	—	18	Reprise de Bellegarde	200
—	—	20	Combat de Kayserlautein	192
—	—	23	Prise du fort d'Ortein	202
—	—	28	Prise du fort de Crèvecœur	202
—	Oct.	2	Bataille d'Aldenhoven et prise de Juliers	204
—	—	24	Prise de Franckental	192
—	—	26	Prise de Wenloo	202
—	Nov.	7	Bataille de la Montagne-Noire	201
—	—	8	Prise de Nimègue	202
—	Déc.	27	Prise de l'île de Bommel et du fort de Grave	203
1795.	Janv.	19	Prise de Gertruydemberg	204
—	—	20	Prise d'Utrecht et d'Amsterdam	204
—	Fév.	3	Prise de Dordrecht, Rotterdam, la Haye, Naerdem, Helvoëtstruys	204
—	—	3	Prise de Roses	205
—	—	17	Pacification de la Vendée. — Traité de la Jaunaie	175
—	Mars	7	Mort de Stofflet	220
—	—	29	Mort de Charette	220
—	Avril	28	Combat de Baccara	207
—	Juin	1er	Siége et prise de Luxembourg	222
—	—	27	Combat de Melagno	236
—	—	27	Affaire de Quiberon	217
—	Juillet	5	Prise des redoutes du Mont-Saint-Bernard	237
—	—	22	Paix conclue à Bâle entre la France et l'Espagne	209
—	Sept.	5	Siége de Mayence. — Passage du Rhin à Dusseldorf	222
—	—	20	Passage de la Sieg et de la Lahn. — Suite des opérations de l'armée de Sambre-et-Meuse	228
—	Oct.	5	Insurrection des sections de Paris. — Le Directoire succède à la Convention	233
—	Nov.		Bataille de Loano	237
1796.	Mars	27	Bonaparte prend le commandement de l'armée d'Italie	240
—	Avril	10	Bataille de Montenotte	241
—	—	13	Combat de Dego	244
—	—	14	Bataille de Millesimo	245
—	—	22	Bataille de Mondovi	245
—	Mai	9	Passage du Pô	248
—	—	15	Passage du pont de Lodi et prise de Milan	250
—	—	25	Conspiration de Pavie et reprise de cette ville	251
—	—	31	Ouverture de la campagne du Rhin	257
—	—	31	Combat d'Altenkirchen	257
—	Juin	3	Passage du Mincio	252
—	—	3	Occupation de Vérone	255
—	—	4	Investissement de Mantoue	253
—	—	10	L'armée de Sambre-et-Meuse passe le Rhin	257
—	—	20	Passage du Rhin par l'armée de Rhin-et-Moselle	258
—	—	26	Passage du Rhin à Kehl	259

—	— 30	Passage de la Sieg.	260
Juillet	1er Prise d'Uchazath	260
—	— 4 Combat d'Oos	261
—	— 4 Combat de la montagne de Knebir	260
—	— 9 Bataille de Renchen.	259
—	— 9 Passage de la Lahn.	260
—	— 9 Bataille de Rastadt.	262
—	— 10 Combat de Friedberg.	260
—	— 18 Prise de Francfort.	262
Août	1er Levée du siége de Mantoue.	274
—	— 13 Retraite de l'armée de Sambre-et-Meuse.	266
—	— 15 Combats de Salo, de Lonato et bataille de Castiglione.	274
—	— 20 Combat de Wurtzbourg.	267
—	— 22 Entrée de Moreau à Augsbourg	265
Sept.	1er L'armée de Rhin-et-Moselle passe le Danube.	267
—	— 5 Combat de Roveredo.	277
—	— 6 Occupation de la ville de Trente.	278
—	— 18 Combat de Kehl.	271
Oct.	15 Combat de Saint-Georges.	279
—	— 19 Reprise de l'île de Corse sur les Anglais.	281
—	— 27 Prise du château de Bergame.	288
Nov.	12 Le général autrichien Alvinzi arrive en Italie.	282
—	— 13 Affaires de la Brenta et de Caldiero	282
—	— 17 Bataille d'Arcole	283
1797. Janv.	7 Combat sur l'Adige	289
—	— 16 Bataille de Rivoli.	290
—	— 17 Bataille de la Favorite.	291
Fév.	9 Prise d'Ancône.	294
—	— 19 Traité de Tolentino.	294
—	— 22 Capitulation de Mantoue.	292
Mars	23 Le prince Charles remplace Alvinzi.	295
—	— 23 Combat sur le Tagliamento.	296
—	— 24 Prise de Gradisca	297
—	— 25 Combat de Tarvis.	298
—	— 31 Lettre de Bonaparte au prince Charles	299
Avril	18 L'armée de Sambre-et-Meuse passe le Rhin à Neuwied.	301
—	— 20 L'armée de Rhin-et-Moselle passe le Rhin.	303
—	— 22 Préliminaires de paix à Leoben.	304
—	— 27 Combat de Wetzlar	302
Mai	21 Insurrection à Gènes.	305
Oct.	17 Traité de paix de Campo-Formio.	306
1798. Janv.	28 Troubles en Suisse. — Insurrection du pays de Vaud. — Prise de Berne, de Zurich. — Traité d'alliance entre la France et la Suisse.	309
—	Fév. et Mars. Troubles à Rome.	308

FIN DE LA TABLE CHRONOLOGIQUE.

www.ingramcontent.com/pod-product-compliance
Lightning Source LLC
Chambersburg PA
CBHW052041230426
43671CB00011B/1745